일한언어비교

저자소개

이화여자대학교 영어영문학과 졸업

계명대학교 대학원 일어일문학과 졸업(문학석사)

일본 관서외국어대학 대학원 박사과정(언어문화) 졸업(언어학 박사)

일본 교토대학 초빙외국인연구자

미국 오하이오주립대학 초빙교수

현 영남대학교 일어일문학과 교수

일한언어비교

초판 발행 2011년 3월 13일
재판 발행 2019년 3월 10일

지은이 김양선
펴낸이 서길수
펴낸곳 영남대학교출판부

출판등록 1975년 9월 5일 경산 제16-1호
주소 경북 경산시 대학로 280
전화 053-810-1801~3
팩스 053-810-4722
홈페이지 book.yu.ac.kr

ISBN 978-89-7581-591-1 93730

이 도서의 국립중앙도서관 출판예정도서목록(CIP)은
서지정보유통지원시스템 홈페이지(http://seoji.nl.go.kr)와
국가자료종합목록시스템(http://www.nl.go.kr/kolisnet)에서 이용하실 수 있습니다.
(CIP제어번호 : CIP2019005621)

日韓言語比較

일한언어비교

김양선 지음

영남대학교출판부

머리말

일본어를 처음 배우는 사람들은 한국어와 비슷한 문법체계 때문에 일본어가 쉽다고 생각한다. 그러나 필자의 경험에 비추어 보더라도, 일본어 초급 문법의 대표적인 고비인 동사 변화를 배우기 시작하면서 일본어가 어렵게 느껴지고 마침내 일본어를 포기하기에 이르는 학습자들이 많아진다. 모든 외국어가 그렇듯이 일본어 역시 배우면 배울수록 어렵게 느껴진다는 점에서는 예외가 아닌 것 같다.

비록 동사 변화라는 초급의 거대한 산을 넘었다 하더라도, 한자(漢字)의 음이 대부분 하나 뿐인 한국어와 달리 다양하게 읽히게 되는 한자, 장유유서의 전통을 갖고 나이에 따라 절대적인 존칭이 사용되는 한국어에 비해 상대적으로 사용되는 존대표현, 한국어에 비해 자주 사용되는 수동표현 등 갈수록 학습자의 학습의욕을 저하시키는 장애물들이 등장한다. 결국 중급으로 올라갈 엄두도 못 내고 계속 초급에서 맴돌다 지쳐버리는 학습자가 속출하게 된다.

그러나 다른 외국어와 달리 일본어는 중급, 고급으로 갈수록 한국어와 유사한 문법체계와 관용적 표현 등이 비슷하여 깜짝깜짝 놀라는 경우가 많아진다. 예를 들면, "왔다리 갔다리 한다"라는 표현과 유사한 "～たり～たりする"가 있는가 하면, "풍전등화(風前の燈火)"와 같이 유사한 4자성어를 사용하고, 매우 가까운 거리를 나타내는 "코 앞"이라는 의미의 "目(め)と鼻(はな)の先(さき)"라는 표현도 있다. 이러한 유사한 표현에 대해 굳이 시간을 할애해 학습하는 것은 시간 낭비일 뿐이다. 따라서 한국어를

모어로 사용하는 일본어 학습자의 효율적인 학습 방법은 한국어에 대한 모든 지식을 충분히 활용하고, 한국어와 다른 일본어의 문법적 특성과 체계를 집중적으로 정확하게 파악하는 것이다.

그렇지만 실제로 시판되고 있는 대다수의 일본어 학습서는 주로 일본에서 출판된 교재를 답습하는 경향을 띠고 있다. 다시 말해서 일본에서 출판된 일본어 교육용 교재는 서양 언어와 다른 일본어만의 특성을 파악하는데 주력한 연구 결과에 의존하고 있다. 따라서 서양 언어와의 대조에 초점을 맞춘 체계를 이룰 수밖에 없고, 이러한 교재가 한국에서도 그대로 활용되고 있는 실정이다. 이로 인해 한국어를 알고 있는 학습자라면 굳이 설명할 필요도 없는 항목에 대해 많은 지면을 할애하여 장황하게 설명해 주는 반면, 종조사나 행위의 수수표현("~てもらう")처럼 한국어에는 아예 존재하지 않는 항목, 조건표현이나 추측표현처럼 다양한 유사표현으로 인해 그 정확한 사용법이 까다로운 항목 등에 대해서는 설명이 소홀하거나 아예 언급조차 되지 않는 비합리적인 체계를 띤 학습서가 주를 이루고 있는 것 같다.

물론 최근 일본에서도 노다 히사시(野田尙史) 등에 의해 모어의 특성을 고려한 일본어 교육이 제창되고 있으며, 한국에서도 초급 일본어의 경우 한국인의 강점을 살린 학습서가 등장하기 시작했다. 그러나 중급 이상의 일본어 학습자나 전공과 관련하여 일본어 참고문헌 등을 읽고자 하는 연구자를 위해, 한국어 지식을 바탕으로 보다 알기 쉽게 풀이한 전략적인 일본어 학습서는 아직 찾아보기 힘들다.

따라서 이 책에서는 한국어와 상당히 유사한 의미용법을 갖고 있는 경우는 간략하게 소개하고, 한국어와 다르게 표현되거나 유사한 표현이 많아 학습자들이 오용하기 쉬운 경우를 주요 항목으로 다루고자 한다. 크게 문법부문, 어휘부문, 운용부문으로 구분하였다. 일본어과 한국어의 언어적 특성을 비교하면서 양 언어의 유사점과 차이점을 파악하여 일본어 학습에 도움이 되고자 한다. 첫째, 문법부문에서는 한국어와 매우 유사하지만 외국어인 이상 상이점이 존재하는 조사를 비롯하여, 품사가 전환된 경우(명사화와 접속사), 품사를 전환시키는 경우(형식명사)와 그로 인해 파생된 문말표현, 한국어와 다른 의미영역을 갖는 지시어와 동사, 문법 항목 중 가장 큰 비중을 차지하는 동사 관련 항목("ている" vs "てある", 과거 vs 비과거, 수동 vs 능동 vs 사역 등), 한국어와 달리 유사표현이 다양한 문형표현(모달리티표현, 가정표현)을 중점적으로 다루고자 한다. 둘째, 어휘부문에서는 양언어가 공통으로 갖고 있지만 차이점 또한 존재하는 한자어와 외래어, 양언어의 문화에 근거하며 글자그대로만의 해석으로는 그 의미를 알기 어려운 관용표현, 너무나 다양한 의미를 내포하고 있어서 적당한 해석을 찾기조차 어려운 의성어/의태어를 중점적으로 파악해보고자 한다. 마지막으로 운용부문에서는 한국어와 달리 청자와 화자 간의 이해관계와 친소관계 등에 근거하여 사용되는 수수표현과 경어체계, 한국어에는 존재하지 않아 그 의미용법을 이해하기 까다롭고 화자와 청자 간의 정보

가 근거되는 종조사를 주 내용으로 다루고 있다. 특히 접속사와 종조사는 다른 일본어 학습서에서는 상세히 취급하지 않는 항목으로, 이 책에서는 각 유사표현 간의 차이점을 알기 쉽게 제시하는데 중점을 두었다.

이 책은 2011년 출판된 『전략적 일본어 문법』을 보완하면서 문법이라는 한정된 틀에서 벗어나 일본어의 언어적 특성 전반을 한국어와 비교 검토하는데 초점을 맞추었기에 제목 또한 『일한 언어 비교』로 하였다. 이 책을 계기로 한국어를 모어로 사용하는 일본어 학습자들이 본인들의 한국어 능력이 일본어 학습에 얼마나 도움이 되는지를 새삼 깨닫게 되기를 바란다. 그리고 각자의 한국어 능력을 최대한 활용하여 "일본어는 영어보다 참 쉽네", "일본어는 한국어와 비슷하구나", "영어는 실패했지만 일본어는 잘 할 수 있을 것 같아"라며 일본어에 흥미를 갖고 열심히 공부하던 초심으로 돌아가, 이번에야말로 일본어 완전정복에 도전하고 꼭 그 꿈을 이룰 수 있기를 진심으로 기원해본다.

마지막으로 이 개정판 출간을 위해 물심양면으로 도와주신 영남대학교 출판부 임성우 부장님과 이종백 실장님, 한소영 선생님께 진심으로 감사드립니다.

2019년 김양선

일러두기

일본어의 한국어 표기

① 장음과 단음은 구별하지 않는다.
헤안(平安：へいあん)

② 청음과 탁음은 명확하게 구별한다.
카타카나(片假名：かたかな), 히라가나(平假名：ひらがな)

③ 이미 한국어 한자음으로 익숙해진 경우는 한국어 한자음으로 표기한다.
명치(明治：めいじ)

④ 일본인명은 성과 이름을 구분한다.
노다 히사시(野田尙史)

일본어 예문

필자의 작례나 http://dictionary.goo.ne.jp, http://search.yahoo.co.jp의 예문을 참조한다.

일본어 예문의 한국어 번역

원문에 충실하고자 직역을 우선으로 하고, 직역이 불가능한 경우만 의역한다.

차례

제1부 · 문법

제1장 조사

제2장 품사 전환 (명사화와 접속사)

제3장 형식명사

제4장 의미영역(지시어와 동사)

제5장 시제(tense)

제6장 수동(자발/가능/존경)표현과 사역표현

제7장 모달리티 표현

제8장 가정표현

제2부 • 어휘

제9장 한자어/외래어, 관용표현, 의성어/의태어

제3부 • 운용

제10장 수수(授受)표현

제11장 경어 및 호칭(지칭)

제12장 종조사

제1부

문법

제1장

조사

제1장에서는 교착어[1]라는 공통점 때문에 한국어와 유사한 문법체계를 띠는 일본어의 특성 중 가장 대표적이라 할 수 있는 조사를 파악해 보고자 한다. 한국인 학습자[2]의 학습 효율을 고려하여 한국어와 유사한 점이나 한국어 대응어를 제시한 후, 이를 바탕으로 한국어와 다른 점 및 다양한 일본어 유사 표현 간의 구별법 등을 중점적으로 파악해 보고자 한다.

1. 「が」 = 이/가(주격조사), ~만(접속조사)

한국어와 유사점

① 주격 조사

'이/가'로 대응되며 다음 (1)과 같이 단어에 붙어서 주어를 표시한다.

(1) 僕(ぼく)[3]が行(い)きます。

내가 갑니다.

---

1 언어의 형태적 분류의 하나로, 실질적인 의미를 갖는 단어나 어간에 문법적 기능을 갖는 요소가 결합에 의해 문법적 역할이나 관계를 나타내는 언어이다. 주로 한국어, 터키어, 일본어, 핀란드어 등이 이에 속한다.

2 한국어를 모어로 하는 일본어를 학습하는 사람을 이하 '한국인 학습자'로 표기한다.

3 일본어에는 점차 그 구분이 불분명해지고는 있지만 여전히 남성어와 여성어의 구분이 존재한다. 그 대표적인 예가 1인칭 남성어 「僕(ぼく)」이다.

② 접속조사 및 접속사

접속조사는 '만'으로 대응된다. (2a)와 같이 역접관계나 (3)[4]과 같이 특별히 역접의 관계를 나타내기보다는 말문을 틀 때나 바람을 나타낼 때 사용된다. 역접의 접속조사로 사용되는 경우는 단독으로 분리시켜 (2b)와 같이 접속사 역할을 한다.

(2) a. 学校(がっこう)へ行(い)ったが、休校(きゅうこう)だった。
학교에 갔지만, 휴교였다. (역접 접속조사)
b. 学校へ行った。が、休校だった。
학교에 갔다. 하지만 휴교였다. (역접 접속사)

(3) 次(つぎ)の件(けん)ですが…
다음 건입니다만… (비역접 접속조사)

한국어와 다른 점

「が」는 4가지 경우 한국어와 다르게 사용된다.

① 희망, 능력, 선호 등의 대상을 표시할 경우는, 한국어에서는 '을'을 사용하지만 (4)~(6)과 같이 일본어는 「が」를 사용한다. 단 (6)과 같이 '선호'를 나타내는 경우는 한국어 '가'도 무방하다.

(4) 寿司(すし)が食べたい。
초밥을 먹고 싶다.

(5) あの人(ひと)は日本語(にほんご)が上手(じょうず)です。
저 사람은 일본어를 잘 합니다.

(6) 私(わたし)はサッカーが好(す)きです。

---

4 (3)의 경우 학자에 따라 '종조사'(11장 참조)로 구분하기도 한다.

나는 축구를 좋아합니다. (나는 축구가 좋습니다)

② 고어적 표현의 잔재로 소유나 소속, 동격을 표시하는 (7)～(9)의 「が」가 한국어에서는 '의'로 대응된다.

(7) 我が家(わがや)　　내(우리) 집

(8) 我が校(わがこう)　　우리(의) 학교

(9) 自由ヶ丘(じゆうがおか)[5]　　자유의 언덕

③ 한국어 '든(지)'로 해석되지만 일본어는 「が」를 사용한다. (10)과 같이 주로 <동사의 의지형 + 「が」>나 <동사 + まい + 「が」>형태를 취한다. 원래의 의지적 의미가 퇴색된 경우이다.

(10) 行こうが行くまいが、勝手(かって)にしろ。
가든 가지 말든 니 마음대로 해라.

④ 이미 (2b)에서 언급했듯이 단독으로 역접의 접속사로 사용된다.

(2b) 学校は行った。が、休校(きゅうこう)だった。
학교에 갔다. 하지만 휴교였다.

---

5 「自由ヶ丘」의 「ヶ」는 카타카나 「ケ」의 작은 글자체로 「箇/個」「个」의 약자이다. 주로 수를 세는 경우(수조사 : 数助詞) 「か」와 조사 「が」를 표기하는데 사용된다.
예) 수조사 「か」 : 3ヶ月(さんかげつ), 3ヶ条(さんかじょう), 3ヶ所(さんかしょ)
조사 「が」 : 市ヶ谷(いちがや), 関ヶ原(せきがはら)

2. 「は」= 은/는

일본어 조사 「は」는 그대로 읽으면 [ha]로 발음된다. 현대 일본어에 고어의 형태가 남아 있는 몇 안 되는 것 중 하나로, 조사로 사용되는 경우에 한하여 옛 발음 그대로 [wa]로 발음한다.[6]

한국어와 유사점

① 주제 제시

(11)과 같이 마치 주어가 2개 있는 것 같아서 서양인에게는 다소 이해하기 어렵기 때문에 많은 일본어 교재에 이에 대한 설명이 장황하게 언급되어 있다. 그러나 한국인에게는 (12)조차 크게 문제되지 않는다.

(11) 私は日本酒(にほんしゅ)はよく飲(の)みます。
나는 일본 술은 잘 마십니다.

(12) 会社(かいしゃ)としては損(そん)です。
회사로서는 손해이다.

② 대비

(13)과 같이 2가지를 대비시켜서 차이를 명확하게 하고자 하는 경우에 「は」가 사용된다.

---

6 「は」는 헤안시대(平安時代 : 794년-1185년/1192년) 중반 이후부터 단어의 중간이나 끝에 오는 경우는 일반적으로 [wa]로 발음하면서도 표기만은 「は」로 하였는데, 이를 역사적 카나 사용법(「歴史的仮名遣い」)이라 칭한다. 현대 가나 사용법(「現代仮名遣い」)에서는 조사 「は」이외에는 원음대로 모두 「わ」로 표기한다. 참고로 '카나(仮名)'란, 한자 그대로 잠정적으로 빌려온 말, 가짜 말이란 뜻으로, 카타카나(片仮名)와 히라가나(平仮名)의 총칭이고 한자인 마나(真名 : 진짜 말)와는 대비된다.

(13) 私は韓国人(かんこくじん)ですが、妻(つま)は日本人(にほんじん)です。

나는 한국인이지만, 아내는 일본인입니다.

③ 강조

(14)와 같이 주로 <동사의 ます형 +「は」+ 부정>의 형태를 취하여 강조하고자 할 때「は」가 사용된다.

(14) 絶対(ぜったい)に行(い)きはしませんでした。

절대로 가지는 않았습니다.

한국어와 다른 점

①「は」+ 의문사

한국어의 경우는 (15)와 같이 '어디'라는 의문사가 있는 경우 '은/는'이나 '이/가'가 모두 사용될 수 있다. 그러나 일본어는 의문사가 있는 경우는 반드시「は」만 사용될 수 있다.

(15) (○) おトイレはどこですか。

(×) おトイレがどこですか。

(○) 화장실은/이 어디입니까?

②「の」와 유사한 용법

주로 회화체에 사용되는 경우로 (16)과 같이 시간과 장소를 지정하는 경우에「は」가 사용되어「の(의)」의 의미를 띤다.

(16) 浅草(あさくさ)とは東京(とうきょう)は台東区(たいとうく)の地名(ちめい)です。

아사쿠사란 동경의 대동구 지명입니다.

3. 주제를 나타내는 여러 가지 표현

기왕 「は」에 대해 설명하였으므로, 「は」와 유사하게 해석되는 표현인 「なら」 「って」 「ったら」 「といえば」도 소개해보고자 한다.

「なら」 = 라면

「なら」는 상대의 말이나 상황을 받아 그것을 그대로 언급하는 경우에 사용된다. 즉 (17)과 같이 「は」와는 달리 상대의 말을 되받아서 다시 말한다는 느낌이 강하다. 이러한 성질은 가정표현 「なら：～면」과 무관하지 않다.

(8장 참조)

(17) 「田中(たなか)さんはどこですか。」
"타나카씨는 어디십니까?"
「あ、田中さんなら、食堂(しょくどう)ですよ。」
"아, 타나카씨라면 식당이지요."

「って」 = 란

격식을 깬 회화체 표현으로 「～というのは：～라는 것은」과 교환이 가능하다. 이처럼 「という：～란」의 의미가 내포되어 있어서 (18)과 같이 뭔지 모르는 것을 정의하거나 해설한다는 뉘앙스를 띤다. 물론 (19)(20)처럼 이미 잘 알고 있는 것을 새삼스럽게 예로 들어 강조하는 경우에도 사용될 수 있다.

(18) 主語(しゅご)って、どういう意味(いみ)ですか。

주어란 무슨 뜻입니까?”

(19) 漢字(かんじ)って、面白(おもしろ)いものですね。

한자란 재미있는 것이죠.

(20) 勉強(べんきょう)って、大変(たいへん)ね。

공부란 힘든 것이죠.

따라서 「って」의 유무에 따라 문장의 흐름이 달라진다. (21)의 경우처럼 「って」가 있으면 「僕というのは(나란 사람은)」로 해석될 수 있기 때문에, 나와 관련된 모든 사항 즉, ‘나의 정체가 무엇(「何」)인가’의 의미로 해석될 수 있어서 자연스럽게 느껴진다. 반면에 「って」가 없으면 오직 인간인 나만을 지칭하기 때문에 사물을 칭하는 「何(무엇)」과 같이 사용되면 부자연스럽게 느껴지게 된다.

(21) 僕(ぼく)って何(なに)。 나란(사람은) 무엇이지?

??僕は何。 ??나는 무엇?

「ったら」= ~는 참(쯔쯔)

원래는 「といったら(~라 하면)」이 줄여진 표현으로 회화체에 한정되어 사용된다. (22)(23)의 경우처럼 ‘~는 참(쯧쯧)’으로 해석되어 의외성이나 가벼운 비난을 나타내는 경우에 사용된다.

(22) 裕次(ゆうじ)ったら、野菜(やさい)は食(た)べないんだ。

유지는 참 야채는 먹지 않더군.

(23) 先輩(せんぱい)ったらこんなこと言(い)うんだよ。

선배는 참 이런 말을 하더군.

「といえば」= 라 하면

「といえば」를 직역한 '～라(고 한다)면'으로도 느낄 수 있듯이 앞에서 언급한 「なら」「って」「ったら」에 비해 다소 딱딱한 느낌이 드는 표현이다. 예문 (24)처럼 이미 문맥에 등장한 내용을 다시 언급하여, 새로운 화제로 삼고자 하는 경우에 사용된다. (25)과 같이 굳이 「最高(さいこう)/一番(いちばん) : 최고, 제일」을 붙이지 않아도 '～이(라)면 ～이다(최고/제일이다)'라는 의미도 나타낸다.

(24) ドラマ冬(ふゆ)のソナタの名台詞(めいせりふ)といえば何(なに)が一番(いちばん)ですか?
드라마 겨울연가의 명대사라(하)면 무엇이 최고입니까?

(25) ラーメン王国(おうこく)博多(はかた)のラーメンといえばとんこつラーメン[7]です。
라면왕국 하카타의 라면이라(하)면 톤코츠 라면입니다.
(톤코츠 라면이 최고/제일입니다).

4. 「の」= 의/의 것/인/ϕ[8]

소유격 조사

「の」의 용법 중 가장 대표적인 것이 (26)(27)과 같은 소유격 조사로, 한국어 '의'에 해당된다.

---

7 「とんこつ」를 한자로 표기하면 「豚骨」이다. 따라서 톤코츠 라면은 글자 그대로 돼지의 뼈를 오랜 시간 고아서 만든 국물을 스프로 사용하는 라면을 말한다.

8 'ϕ' 표시는 해당하는 대응어가 없는 경우를 나타낸다.

(26) 私(わたし)の傘(かさ)　　내(나의) 우산

(27) 吉田君(よしだくん)の鞄(かばん)　　요시다 군의 가방

소위 '소유대명사'

반복해서 사용하는 것을 피하고 간단하게 생략하고자 하는 회화체의 특성상, (28)처럼 소유주의 소유물이 생략된 경우이다. '～(의)것'으로 해석된다.

(28) 「あの黄色(きいろ)い傘はどなたのですか。」

"저 노란색 우산은 어느 분의 것입니까?"

「私のです。」

"제 것입니다."

동격 조사

다음 (29)와 같이 한국어 '인'에 해당되는 경우이다.

(29) 私の友達(ともだち)の幸子(さちこ)です。

제 친구인 사치코입니다.

→ 私の友達 = 幸子

명사 + 「の」 + 명사

한국어와 달리 일본어에서는 (30)(31)과 같이 명사와 명사를 연결하고자 하면 반드시 「の」를 사용한다.

(30) 日本語(にほんご)の先生(せんせい)です。

일본어 ___선생님입니다.

(31) 日本語日本文学科(にほんごにほんぶんがっか)の学生(がくせい)です。

일어일문학과 ___학생입니다.

수식구 내에서의 「が」와 유사 용법

어떤 단어를 수식하고자 하는 경우, (32)와 같이 수식어가 절(節)의 형태를 취하게 되는 경우 주격을 나타내는 「が」 대신에 「の」를 사용함으로써 구(句)의 형태로 변환시킨다. 즉, 「の」는 수식어를 주어와 술어가 있는 절의 형태에서 주어가 눈에 잘 띄지 않는 구의 형태로 바꾸어, 무거워 보이는 수식어를 간결하게 보이게 하는 효과를 내어 문장 전체의 균형을 잡아주는 역할을 한다.

(32) 今日(きょう)は[私の尊敬(そんけい)している]人のお話(はなし)をしたいと思(おも)います。
← [私が尊敬している]
오늘은 [제가 존경하는] 사람의 이야기를 하고 싶습니다.

형식명사

형식명사란 실질적인 의미를 갖는 것이 아니라 문법적, 형식적으로만 명사의 역할을 하는 경우를 일컫는 것이다. 「の」에도 (33)(34)와 같은 형식명사적 기능이 존재한다. 즉, 한국어의 '것'이나 '사람'으로 대응되는 경우로, 형식명사 「の」에 대한 구체적인 설명은 제2장과 제3장을 참조하기 바란다.

(33) もっと安(やす)いのをください。
좀 더 싼 것을 주세요.

(34) 冷蔵庫(れいぞうこ)のケーキを食べたのはだれ。
냉장고 안의 케이크를 먹은 사람은 누구야?

종조사

한국어에는 존재하지 않는 형식으로, (35)와 같이 문장 마지막에 붙어서 문장의 내용과는 무관하게 말하는 사람의 심정을 표시하거나, 화자의 성별을 구별하게 해주는 역할을 하는 것이 종조사이다. (35)의 경우처럼 화자가 여성으로 추측되기 쉽지만 「の」가 반드시 여성만이 사용하는 종조사는 아니다. 구체적인 설명은 제11장을 참조 바란다.

(35) 「風邪(かぜ)、どう?」　　“감기, 어때?”
　　「うん、もういいの」　　“응, 이젠 괜찮아___”

한국어와의 유사점과 차이점 요약

① 한국어와의 유사점

a. ‘의’로 해석되는 소유격 조사「の」
b. ‘것’으로 해석되는 형식명사「の」

② 한국어와의 차이점

< 한국어로 대응되는 경우>

a. 소위 소유대명사와 유사하게 ‘~의 것’으로 해석되는「の」
b. 동격을 나타내어 ‘인’으로 해석되는「の」
c. 수식구 내에서 ‘가’로 해석되는「の」
d. 형식명사 ‘사람’으로 해석되는「の」

< 한국어 대응되지 않는 경우>

a. 명사 + の + 명사
b. 종조사「の」

5.「に」= 에/에게/로부터

조사「に」는 다음의「で」와 비교하기 용이하도록 시간을 나타내는 경우, 장소를 나타내는 경우, 기타의 3파트로 구분하여 설명하고자 한다.

시간

① 한국어 ‘에’로 대응되는 경우

a. (36)(37)과 같이 반복적 ‘마다’로도 해석 가능하며 주로 <특정단위 시간 +「に」>의 형태를 취한다.

(36) 運転(うんてん)する時(とき)は2時間(じかん)に一度(いちど)、20分(にじっぷん)ぐらいは休(やす)まなければなりません。

운전할 때는 2시간에(마다) 한번 20분 정도는 쉬지 않으면 안됩니다.

(37) 会員(かいいん)は年(ねん)に二回(にかい)集(あつ)まります。

회원은 1년에(마다) 2회 모입니다.

b. (38)과 같이 ‘～안에’로도 해석 가능하며 주로 <한정된 기간(この + 시간) +「に」>의 형태를 취한다.

(38) この4ヶ月(よんかげつ)に起(お)こったことを順番(じゅんばん)に書(か)き綴(つづ)ってみようと思(おも)います。

이 4개월에(안에) 발생된 일을 순서대로 써보려고 합니다.

② 한국어 ‘에’로 대응되지 않는 경우 :「までに」

(39)(40a)와 같은 경우 ‘는’으로 해석된다. 다만 (40a)와 같이 그 시간 내에 행위가 완성된다는 점을 강조하는「までに」와, (40b)와 같이 기점이 되는

시간을 강조하는 「までに」는 한국어 해석으로 알 수 있듯이 각각 그 의미가 다르다.

(39) 授業(じゅぎょう)は2時(じ)までに始(はじ)めます(/ 終(お)わります)。
수업은 (아무리 늦어도) 2시까지는 시작됩니다/ 끝납니다.

(40) a. 2時までにこの本を読(よ)みます。
2시까지는 이 책을 (다) 읽겠습니다. (완독을 의미한다.)
b. 2時までこの本を読みます。
2시까지 이 책을 읽겠습니다. (반드시 완독을 의미하지는 않는다.)

③ 시간을 나타내는 표현 중 「に」가 붙지 않는 경우

(41)과 같이 일반적으로 자주 사용되는 시간 표현에는 「に」가 붙지 않는다. 예외가 많기 때문에 (41)은 암기가 필요하다.

(41) 去年(きょねん)　先週(せんしゅう)　今朝(けさ)　今日(きょう)
今晩(こんばん)　明日(あした)　来年(らいねん)　将来(しょうらい)

장소(공간)

「に」가 장소에 사용되는 경우는 사람이나 사물의 존재유무를 중시하여, 주로 상태동사(「ある」「いる」: 있다)나 형용사가 술어로 온다. 바로 이점이 「で」와의 차이점이다. 다만 예문 (42)(43)처럼 <사물 + 「に」>는 '에'로, (44)(45)처럼 <사람 + 「に」>는 '에게'로 대응된다.

(42) 父(ちち)は家(いえ/うち)にいます。
아버지는 집에 계십니다.

(43) ここに問題(もんだい)がある。

여기에 문제가 있다.

(44) この病気(びょうき)は子供(こども)に多(おお)いようです。

이 병은 아이들에게 많은 것 같습니다.

(45) 私には妹(いもうと)はいますが、弟(おとうと)はいません。[9]

저에게는 여동생은 있지만, 남동생은 없습니다.

기타

① (46)(47)과 같이 목적지나 도착지를 표시하는 「へ」 '에/으로'의 의미를 띤다. 다만 (48)과 같이 목적성이 명확한 경우는 「へ」보다 「に」를 선호하며 목적이 강조되어 '을'로 대응되기도 한다.

(46) 日本(にほん)に/へ行(い)く。 일본에/으로 가다.

(47) 韓国(かんこく)に/へ帰(かえ)る。 한국에/으로 돌아가다.

(48) 쇼핑을(하러) 가다.

a. 買い物(かいもの)に行く。 (118,000건 검색)

b. 買い物へ行く。 (6,500건 검색)

② 대상을 가리키는 「に」는 (49)~(51)과 같이 사람이나 사태(사물) 모두에 사용될 수 있다.

(49) 人(ひと)に頼(たよ)る。 타인에(게) 기대다.[10]

---

9 다음 예와 같이 사람에게 「ある」를 쓰는 경우가 있다. 이 경우는 (45)보다 존재유무가 더 강조된 느낌이 든다.
예) 私には妹はありますが、弟はありません。

10 「人(ひと)」는 한자 그대로 보면 '사람'으로 해석되지만, 일본어의 경우는 '다른 사람' 즉, '타인'의 의미로 해석되는 경우가 종종 있다.

(50) 仕事(しごと)に熱中(ねっちゅう)する。　　　일에 열중하다.

(51) 地理(ちり)に詳(くわ)しい。　　　지리에 밝다.

③ (52)와 같이 「に」는 은인(은혜를 준 사람)을 표시하여 「から」로도 대체될 수 있다. 한국어 '(으)로부터'로 대응된다.

(52) 人に/からもらう/借(か)りる/教(おそ)わる。
　　타인으로부터 받다/빌리다/배우다.

④ 원인을 나타내는 「に」로 (53)(54)와 같이 한국어 '에'로 대응된다.

(53) 酒(さけ)に酔(よ)う。　　　술에 취하다.

(54) 雨(あめ)に濡(ぬ)れる。　　　비에 젖다.

⑤ 기준을 나타내는 「に」로 (55)와 같이 한국어 '에'로 대응된다.

(55) この帽子(ぼうし)はこの服(ふく)に似合(にあ)いませんか。
　　이 모자는 이 옷에 어울리지 않습니까?

⑥ 변화의 결과를 나타내는 「に」로 (56)과 같이 한국어 '(으)로'로 대응된다.

(56) 円(えん)をドルに替(か)える。엔을 달러로 바꾸다.

⑦ 수동문의 동작 행위자 「に」

수동문에서 직접적인 행위를 하는 행위자는 (57)(58)과 같이 「に」로 표시되어 영어의 'by'와 같은 역할을 담당하고, 의미상으로는 능동문 「が」에

해당된다. 이는 한국어로도 '에게'와 '가'로 대응될 수 있어, 한국어와 일본어의 동일한 대응관계의 일례를 보여준다.

(57) 先生(せんせい)に叱(しか)られた。= 先生が私を叱った。
선생님에게 야단맞았다. 선생님이 나를 야단쳤다.

(58) スリに財布(さいふ)をすられた。 = スリが財布をすった。
소매치기에게 소매치기가
지갑을 소매치기 당했다. 지갑을 소매치기했다.

⑧ 사역의 대상자「に」

시킴을 당하는 당사자는 (59)처럼 일반적으로「に」로 표시되지만, 의미상「が」로도 해석된다. 한국어로도 역시 '에게' '가'로 대응될 수 있다.

(59) 親(おや)に払(はら)わせます。 = 親が払うようにさせる。
부모에게 = 부모가
지불하도록 시키겠습니다. 지불하게 합니다.

그러나 (60)처럼 자동사의 경우(「行く」「歩く」등)「に」뿐만 아니라 (60)'와 같이「を」를 쓸 수도 있다. 다만 (60)의「に」에 비해 (60)'의「を」를 사용하면 보다 강제적이라는 느낌이 강하다고 해석하는 학자도 있다. 이는 한국어로 번역해보면 그 차이가 더 명확하게 느껴진다.

(60) 生徒(せいと)に行(い)かせます。 학생에게 가도록 시켰습니다.
(60)' 生徒(せいと)を行(い)かせます。 학생을 가도록 시켰습니다.

한편 예문 (61)처럼 모든 자동사가「を」로 사용될 수 있는 것은 아니기 때문에 이러한 해석을 무시하는 편이 좋다는 학자도 있다. 그러나 이 경우는 통과지점을 나타내는 「を」가 바로 뒤에 등장하므로 「を」의 반복적 사용을 기피하고자 하는 이유로도 해석될 수 있을 것이다. 어떤 면에서 '강제의 유무'로 「に」와 「を」를 구별하는 방법도 어느 정도 일리는 있다.

(61) (○) 子供(こども)に山道(やまみち)を歩(ある)かせます。
아이에게 산길을 걷게 합니다.
(×) 子供を山道を歩かせます。
아이를 산길을 걷게 합니다.

한국어와의 유사점

「に」는 주로 한국어 '에', '에게'로 대응되면서도, 「に」가 「へ」의 의미로 사용될 때는 '(으)로'로도, 「から」의 의미로 사용될 때는 '(으)로부터'로도, 「が」의 의미로 사용될 때는 '가'로도 대응될 수 있다는 점은 매우 흥미롭다. 구체적인 내용을 정리하면 다음과 같다.

① 시간, 장소, 기준, 대상, 원인 : '에'
② 목적지나 도착지 = 「へ」 : '(으)로'
③ 은인 = 「から」 : '(으)로부터'
④ 변화 : '(으)로'
⑤ 수동문 동작의 행위자 「に」 = 「が」 : '에게', '가'
⑥ 사역문의 대상자 「に」 = 「が」 : '에게', '가'

한국어와의 차이점

다음의 경우는 한국어 '이/가'나 '을/를'으로 대응되기 때문에 한국인 학습자는 암기하는 방법 외에는 달리 왕도가 없는 부분이기도 하다.

① 「に」 + 乗(の)る : 을/를 타다

(62) バスに乗る。 버스를 타다.

② 「に」 + 成(な)る : 이/가 되다

(63) 先生になる。 선생님이 되다.

③ 「に」 + 会(あ)う : 을/를 만나다

(64) 友達(ともだち)に会う。 친구를 만나다.

④ 「に」 + 憧(あこが)れる : 을/를 동경하다

(65) アイドルに憧れる。 아이돌을 동경하다.

⑤ 「に」 + 代(か)える/代(か)わる : 을/를 대신하다

(66) あいさつに代える。 인사를 대신하다.

(67) 石油(せきゆ)に代わる新(あたら)しいエネルギー
석유를 대신할 새로운 에너지

⑥ 「に」 + 気(き)づく : 을/를 깨닫다/알아차리다

(68) 自分(じぶん)に気づく心理学(しんりがく) 자신을 깨닫는 심리학

⑦ 「に」 + 従(したが)う : 을/를 따르다

(69) みんなの意見(いけん)に従う。 모두의 의견을 따르다.

⑧ 「に」 + 背(そむ)く : 을/를 등지다/어기다

(70) 真実(しんじつ)に背く。 진실을 등지다.

⑨「に」+ 耐(た)える : 을/를 참다/인내하다

(71) 苦難(くなん)に耐える。고난을 참다.

⑩「に」+ 注意(ちゅうい)する : 을/를 주의하다

(72) 足元(あしもと)に注意する。발밑을 주의하다.

⑪「に」+ 似(に)る : 을/를 닮는다

(73) 君(きみ)は僕(ぼく)に似(に)ている。너는 나를 닮았다.

⑫「に」+ 仕(つか)える : 을/를 섬기다/모시다

(74) 悪魔(あくま)に仕える牧師(ぼくし) 악마를 섬기는 목사

⑬「に」+ 捕(つか)まる : 을/를 붙잡다

(75) つり革(かわ)に捕まる。손잡이를 붙잡다.

⑭「に」+ 倣(なら)う : 을/를 본받다/흉내내다

(76) 顰(ひそみ)に倣う(ならう)。[11] 찡그리는 것을 흉내내다.

⑮「に」+ 이동동사 (「行く」「来る」「出かける」등) : 을/를 (하러) 가다

(77) 買い物(かいもの)に行く。쇼핑을 (하러) 가다.

---

11 중국 『장자』의 고사(西施顰目서시빈목)로, 춘추시대 월나라의 서시(西施)라는 미녀가 몸이 아파서 얼굴을 찡그리는 것을 보고 추녀도 아름답게 보이고자 따라했다는 일화에서 나온 말이다. 무턱대고 남의 흉내를 낸다는 뜻이다.

6. 「で」 = ～(안)에/에서/(으)로

조사 「で」 역시 전술한 「に」와의 비교를 용이하게 하고자 동일하게 시간을 나타내는 경우, 장소를 나타내는 경우, 기타의 3파트로 구분하여 설명하고자 한다.

시간

① 특정기간에 그 일이 실행되고 끝나는 범위를 나타내며, (78)(79)와 같이 한국어 '에'로 대응된다.

(78) 2時間(にじかん)で全部(ぜんぶ)読(よ)みました。
2시간에 전부 읽었습니다.

(79) 1年(いちねん)で日本語(にほんご)をマスターしました。
1년에 일본어를 마스터했습니다.

② (80)(81)과 같이 <「～から～まで」 + 「で」>의 형태를 취하는 경우는 한국어 '～부터 ～까지 그 안에'으로, 또 <「まで」 + 「で」>와 같이 「から」가 생략된 경우 역시 한국어 '까지 그 안에'로 대응될 수 있다.[12]

(80) 1時(いちじ)から 3時(さんじ)までで全部(ぜんぶ)読みました。
= 1時から 3時までの間(あいだ)に
1시부터 3시까지 그 안에 전부 읽었습니다.
1시부터 3시까지 (그) 사이 안에

(81) 3時までで終わりましょう。
3시까지 그 안에 마칩시다.

---

12 예문 (40)과 (85)를 참고.

③ 「に」와의 비교

간략하게 비교해본다면, (82)에서도 알 수 있듯이 「に」는 반복적인 빈도를 나타내는 특성이 있는 반면, (83)의 「で」에는 그러한 특성이 없다는 점이 「に」와 「で」의 차이점이다. 즉, (84)의 경우 a처럼 「に」를 사용하면 매 4개월마다 1만 명씩 인구가 늘어났다는 의미가 되고, b처럼 「で」를 사용하면 4개월 동안에 1만 명이 늘어났다는 의미가 된다. 다만 a는 상식적으로 납득할 수 없는 내용이므로 부자연스럽게 느껴진다는 것일 뿐이다. 결국 「までで」와 함께 사용한 (85)의 경우에도 양 표현 간의 의미차이가 발생하게 된다.

(82) 1時間(いちじかん)<u>に</u>3回(さんかい)上(あ)がることができます。
　　= 1時間ごとに
　　1시간<u>에</u> 3번 올라갈 수 있습니다.
　　1시간마다

(83) 1時間(いちじかん)<u>で</u>3回(さんかい)上(あ)がることができます。
　　= 1時間の間に
　　1시간<u>에</u> 3번 올라갈 수 있습니다.
　　1시간 그 안에

(84) a. (?) 4ヶ月<u>に</u>1万人増えています。= 4ヶ月<u>ごとに</u>1万人増えています。
　　4개월<u>에</u> 1만 명이 늘었습니다　4개월마다 1만 명이 늘었습니다.
　b. 4ヶ月<u>で</u>1万人増えています。 = 4ヶ月の<u>間に</u>1万人増えています。
　　4개월<u>에</u> 1만 명이 늘었습니다.　4개월 동안에 1만 명이 늘었습니다.

(85) a. 3時<u>までで</u>終わりましょう。　3시<u>까지 그 안에</u> 마칩시다.
　b. 3時<u>までに</u>終わりましょう。　(아무리 늦어도) 3시<u>까지는</u> 마칩시다.

장소

① 「で」는 동작이 행해지는 장소를 나타내며 (86)(87)과 같이 한국어 '에서'로 대응된다. 동작의 장소를 나타내기 때문에 주로 「勉強(べんきょう)する」「寝(ね)る」 등의 동작동사와 함께 사용된다.

(86) 学校(がっこう)で勉強する。　　학교에서 공부하다.
(87) ベッドで寝(ね)る。　　침대에서 자다.

그러나 (88)(89)와 같이 상태동사와 사용되는 경우는 한국어와 일본어가 다르다. 일본어의 경우 「ある : 있다」의 주어(분화, 파티)에 동작성이 내재되어 있다면 비록 상태동사와 함께 사용될지라도 「に」가 사용되면 비문이 되고 「で」를 사용해야 자연스럽다. 반면에 한국어는 일본어와 달리 '에서'는 물론 '에'도 가능하다.[13]

(88) (○) 三宅島(みやけじま)で 噴火(ふんか)があった。[14]
(×) 三宅島(みやけじま)に 噴火(ふんか)があった。
(○) 미야케 섬에서/에 분화가 있었다.
(89) (○) 昨日(きのう)家(うち)で パーティがあった。
(×) 昨日(きのう)家(うち)に パーティがあった。
(○) 어제 집에서/에 파티가 있었다.

② 「に」와의 비교

a. <사물 + 「に」>의 형태로 장소를 나타내는 경우는 (90a)와 같이 「に」는

---

13 '에서'를 사용한 경우는 분화나 파티가 나타내는 이미지가 매우 활발하고 생동감 있게 느껴지는 반면, '에'의 경우는 그러한 이미지가 다소 약화된듯 한 뉘앙스가 있다.

14 「三宅島」는 행정적으로는 동경도(東京都)에 속해 있는 활화산이 있는 섬이다.

'에'로, (91b)와 같이 「で」는 '에서'로 대응된다. (90b)(91a)의 부자연스러움은 한국어 대응 시에도 동일하게 나타난다.

(90) a. (○)父は家にいる。(○)아버지는 집에 있다.
b. (×)父は家でいる。(×)아버지는 집에서 있다.

(91) a. (×)学校(がっこう)に勉強(べんきょう)する。(×)학교에 공부하다.
b. (○)学校で勉強する。(○)학교에서 공부하다.

b. <사람 + 「に」>의 형태로 존재의 유무를 나타내는 경우는 (92a)(93a)와 같이 오직 「に」만이 사용되며 한국어 '에게'로 대응된다. <사람 + 「に」>의 경우 역시 (92b)(93b)의 부자연스러움은 한국어 대응 시에도 마찬가지이다.

(92) a. (○) この病気(びょうき)は子(こ)どもに多(おお)いようです。
(○) 이 병은 아이들에게 많은 것 같습니다.
b. (×) この病気は子どもで多いようです。
(×) 이 병은 아이들에서 많은 것 같습니다.

(93) a. (○) 私(わたし)には妹(いもうと)はいますが、弟(おとうと)はいません。
(○) 나에게는 여동생은 있습니다만, 남동생은 없습니다.
b. (×) 私では妹はいますが、弟はいません。
(×) 나에서는 여동생은 있습니다만, 남동생은 없습니다.

기타 : 주로 한국어 '(으)로'로 대응된다.

① 도구 및 수단

(94) ノートパソコンで書(か)く。 노트북으로 쓰다.

(95) 日本語(にほんご)で話(はな)す。 일본어로 말하다.

② 기준

(96) 日本円で計算(けいさん)する。　　일본 엔으로 계산하다.

(97) じゃんけんで決(き)める。　　가위 바위 보로 정하다.

(98) これでいいです。　　이것으로 됐습니다(괜찮습니다).

③ 원인/근거

(99) 風邪(かぜ)で休(やす)む。　　감기로 쉬다.

(100) 色(いろ)でわかる。　　색으로 알 수 있다.

④ 모양

(101) 裸足(はだし)で砂浜(すなはま)を歩いてみる。

맨발로 모래사장을 걸어본다.

(102) こまった顔(かお)でお母(かあ)さんが聞(き)きました。

곤란한 얼굴로 어머니가 물으셨습니다.

⑤ 재료

(103) この机(つくえ)は木(き)で作られた。

이 책상은 나무로 만들어졌다.

(104) 神様(かみさま)の宝石(ほうせき)でできた島(しま)

신의 보석으로 만들어진 섬

⑥ 담당/역할

(105) a. 一人(ひとり)でやります。　　혼자서 하겠습니다.

b. 三人(さんにん)で行きます。　　셋(세명)이서 가겠습니다.

(106) 僕(ぼく)の方(ほう)でやっておきます。　　제 쪽에서 해두겠습니다.

한국어와 유사한 점

「で」가 한국어와 유사하게 대응되는 경우를 구체적으로 정리하면 다음과 같다.

① 시간 : '～안에'

② 장소 + 동작동사 : '에서'

③ 수단, 기준, 이유, 모양, 재료 = '(으)로'

한국어와 다른 점

「で」가 한국어와 다르게 대응되는 (88)(89)(105)(106)의 경우를 구체적으로 정리하면 다음과 같다.

① 장소 + 상태동사 : '에' '에서' 모두 가능

② 담당·역할 : '(이)서' '에서'

7. 「だけ」와 「ばかり」

「だけ」와 「ばかり」는 한국어 '뿐/만'으로 대응되기 때문에 이들의 차이점을 파악한다는 것은 상당히 까다롭다. 따라서 이 두 표현의 구체적인 뉘앙스를 파악하여 알기 쉬운 한국어 대응 어구를 찾는 것이 절실하다. 요약하자면 「だけ」는 '오직 ～뿐/만'으로, 「ばかり」는 '온통(계속) ～뿐/만'으로 대응시킨다면, 각 표현의 특성이 보다 두드러져 오용이 다소 방지될 수 있다.

「だけ」 = (오직) 뿐/만

① 한정

「のみ」와 유사한 의미를 띤다. 물론 「のみ」쪽이 다소 문장체적이라는 차이는 있다. (107)～(109)와 같이 한국어 '(오직)뿐/만'으로 대응되며, 다른 어떤 것도 아니고 오직 그것임을 규정한다.

(107) 世界(せかい)に一つ(ひとつ)だけの花(はな)

(오직) 세계에 하나뿐/만인 꽃

(108) あなただけに話す。　(오직) 당신에게만 이야기한다.

(109) 怒(おこ)ってだけいる人(ひと)。　(오직) 화만 내고 있는 사람

② 정도

(110)~(112)와 같이 '최대한으로' '그 이상은 없다'는 뜻으로 '만큼/한'으로 대응된다.

(110) 好(す)きなだけ食(た)べなさい。　좋아하는 만큼/한 먹어라.

(111) 寝(ね)たいだけ寝ていい。　자고 싶은 만큼/한 자도 돼.

(112) できるだけ応援(おうえん)します。　가능한 만큼/한 응원하겠습니다.

③ 「～だけあって」←「～だけのことがあって」

높은 평판이나 예상했던 대로 사실임이 확인되었을 때 사용된다. 따라서 (113)(114)와 같이 「さすが(に)」「なるほど」등과 같이 사용되기 쉬우며, 한국어로의 대응은 '과연 (소문대로)'로 첨가하면 그 의미가 더 명확해진다.

(113) この画家(がか)はさすがに有名(ゆうめい)なだけあって、高(たか)い値段(ねだん)が付(つ)いているね。

이 화가는 과연 (소문 대로) 유명해질 만한 게 있어 높은 가격이 붙어 있군.

(114) なるほど、自慢(じまん)するだけのことはある。最高(さいこう)にうまいラーメンだ。

과연 (소문 대로) 자랑할 만한 것은 있네. 최고로 맛있는 라면이군.

「ばかり」= (온통) ~뿐(만)

① 전부/모두

해당되는 것 전부/모두란 의미로, 한국어의 속어 중 '천지 빼가리' 라는 표현을 떠올리면 이해가 쉬울 것이다. (115)~(118)와 같이 '(온통/계속) ~만/뿐'으로 대응된다.

(115) この教室(きょうしつ)には女子大生(じょしだいせい)ばかりいます。

이 교실에는 (온통) 여대생만 있습니다.

(116) 日曜日(にちようび)にはテレビばかり見ています。

일요일에는 (온통) 텔레비전만 봅니다.

(117) 渡(わた)る世間(せけん)は鬼(おに)ばかり。

살아갈 세상은 (온통) 도깨비만.

(118) 怒(おこ)ってばかりいる人(ひと)。

(온통) 화만 내고 있는 사람.

② 정도 < 수량 + 「ばかり」>

(119)(120)과 같이 '정도/쯤'으로 대응되며 「くらい」보다는 다소 딱딱한 느낌이 든다.

(119) この教室には10人(じゅうにん)ばかりいます。

이 교실에는 10명 정도(쯤) 있습니다.

(120) 一万円(いちまんえん)ばかりかしてくれ。[15]

만 엔 정도(쯤) 빌려줘.

---

15 일본 돈을 셀 때 한국어와 달리 천 단위까지는 '1'을 생략하지만, 만 단위에서는 반드시 '1'을 붙인다.
百円(ひゃくえん : 백엔), 千円(せんえん : 천엔), 一万円(いちまんえん : 만엔)

③ <동사의 부정형 + 「んばかりに」>, <동사 부정형 + 「ぬばかりに」>

과장적이며 옛 말투 같은 느낌이 나고, (121)과 같이 거의 그럴 것 같은 상태를 강조하고자 하는 경우에 사용된다. 직역을 하자면 '(~하지 않았을 뿐 거의) ~하는 듯'이 된다.

(121) 父が、実(じつ)に「もっともだ」、と言(い)わんばかりに「うん、うん」と2度(にど)頷(うなづ)いた。
아버지는 정말로 '그렇고말고'라고 말하는 듯 '응, 응'이라 2번 끄덕였다.

④ <동사 과거형 + 「ばかり」>

동작을 막 끝낸 상태를 나타내는 표현으로, (122)(123)과 같이 '막 ~한'으로 대응된다.

(122) できたばかりの建物(たてもの)。　막 생긴 건물
(123) いま、食べたばかりです。　지금, 막 먹었습니다.

⑤ <동사 원형 + 「ばかり」>

동작이 막 실행되려는 단계를 나타내는 표현으로 (124)와 같이 주로 상황 묘사에 자주 사용되는 「ところ」와 함께 자주 쓰인다. 한국어로는 '막'으로 대응된다.

(124) でかけるばかりのところです。　막 나가려는 참입니다.

⑥ <단어/문장 + 「ばかりか」>

직역하면 '~뿐(만)인가?'가 된다. 풀어 쓰면 '그것뿐만이 아니라 다른 것도 있지 않는가?' 즉, '~는 물론 다른 것까지도'라는 의미로 해석되어 다

음 (125)(126)과 같이 한국어 '뿐만 아니라'로 대응되곤 한다.

(125) 風(かぜ)ばかりか雨(あめ)も降(ふ)ってきた。
바람뿐(만) 아니라 비도 내리기 시작했다.

(126) 所得税(しょとくぜい)が戻(もど)るばかりか住民税(じゅうみんぜい)も安(やす)くなる。
소득세가 되돌아올 뿐(만) 아니라 주민세도 싸진다.

⑦ <문장 + 「ばかりに」>

「ばかり+に」를 직역하면 '～뿐(만)인데'로, 사소하게 생각하여 단지 그 행동만을 했을 뿐인데 뜻밖에 그 결과가 나빠졌다는 의미로 해석될 수 있다. 따라서 (127)(128)와 같이 주로 화자의 억울함과 애석함을 나타내곤 한다.

(127) ちょっと油断(ゆだん)したばかりに、どんでもないことになってしまった。
좀 방심했을 뿐인데 말도 안 되는 일이 벌어져버렸다.

(128) 競馬(けいば)に手(て)を出(だ)したばかりに人生(じんせい)を棒(ぼう)に振(ふ)った。
경마에 손을 댔을 뿐인데 인생을 망쳤다.

「だけ」 vs 「ばかり」

① 한정

a. 유사점

「だけ」「ばかり」는 교환이 가능한 경우가 있다. 다만 그 뉘앙스를 굳이 비교하자면 (129)(130)과 같이 「だけ」는 '오직'이 강조되고, 「ばかり」는 '온통/계속'이 강조되었다고 볼 수 있을 것이다.

(129) おこってだけいる人。　　(오직) 화만 내고 있는 사람.

(130) おこってばかりいる人。　　(온통/계속) 화만 내고 있는 사람.

b. 차이점

그러나 모든 '한정' 표현이 교환 가능한 것은 아니다. '오직'과 '온통'의 의미와 부합하는 경우만이 상호 교환이 가능한 것이다. 즉, (131)(132)과 같이 '온통 세계에 하나 뿐인 꽃'이나 '온통 당신에게만 말한다'는 내용 자체가 모순이라서 부가 설명조차 필요치 않다.[16] 참고로 (132)'과 같이 「に」와 함께 사용되는 경우도 일본어와 한국어는 동일하게 대응한다.

(131) (○) 世界に一つだけの花　　(○) (오직) 세계에 하나뿐/인 꽃
(?) 世界に一つばかりの花　　(×) (온통) 세계에 하나뿐/인 꽃

(132) (○) あなただけに話す　　(○) (오직) 당신만에게 말한다.
(?) あなたばかりに話す　　(×) (온통) 당신만에게 말한다.

(132)' (○) あなたにだけ話す　　(○) (오직) 당신에게만 말한다.
(?) あなたにばかり話す　　(×) (온통) 당신에게만 말한다.

따라서 (133)와 같이 「だけ」는 일반적으로 특정한 수식어(「必要な」)가 있는 경우에 사용되기 쉽고, (134)와 같이 그러한 지정 사항이 없는 경우는 「ばかり」가 사용되기 쉽다는 차이점을 추출해낼 수 있겠다.

(133) a. (○) **必要(ひつよう)な**テレビだけ見る習慣(しゅうかん)
(○) (오직) 필요한 텔레비전만 보는 습관

---

16 일상 생활에서 자주 사용되는, 선물 등을 줄 때 사용하는 인사말에서도 「だけ」와 「ばかり」의 차이를 직관할 수 있을 것이다.
예) (○) 心(こころ)ばかりの物ですが。 (×) 心(こころ)だけの物ですが。

b. (×) 必要なテレビばかり見る習慣

(×) (온통/계속) 필요한 텔레비전만 보는 습관

(134) a. (○) テレビばかり見るな!

(○) (온통/계속) 텔레비전만 보지 마라.

b. (×) テレビだけ見るな!

(×) (오직) 텔레비전만 보지 마라.[17]

② 정도

(135)(136)처럼 숫자와 함께 사용되어 그 정도를 표시하고자 하는 경우, (135)의 「だけ」를 사용한다면 최대치를 의미하는 것이 되고, (136)의 「ばかり」를 사용한다면 대략의 기준치를 의미하게 된다. 즉, 「一万円だけ」는 만 엔 이상을 빌리고자 하는 마음이 없음이 나타나 있지만, 「一万円ばかり」는 만 엔 이상도 괜찮다는 의미로 해석될 것이다.

(135) 一万円だけ貸してくれ。　　만 엔만 빌려줘

(136) 一万円ばかり貸してくれ。　　만 엔 정도(쯤) 빌려줘.

③ 명령/의지 표현과 사용 가부

명령이나 의지 표현을 쓰고자 하는 경우는 (137)과 같이 「だけ」가 자연스럽다. 이는 「だけ」의 '오직', '다만'이라는 한정의 의미가 남에게 강요하는 명령이나 반드시 하고자 하는 의지와 상호 시너지 효과를 내기 쉽기 때문일 것이다.

(137) a. (○) ちょっと見るだけで、すぐ帰ってきなさい/来よう。

---

17 물론 '다른 것은 다 보아도 되지만 텔레비전만은 보지마'라는 의미로 사용한다면 자연스러운 표현이다. 그러나 이러한 해석은 일반 상식으로는 다소 예외적인 내용이기 때문에 비문으로 표기했다.

(○) (오직/다만) 조금 보기만 하고, 금방 **돌아와라**(/**돌아와야지**).

b. (×) ちょっと見るばかりで、すぐ帰ってきなさい/来よう。

(×) 온통(계속) 조금 보기만 하고, 금방 **돌아와라**(/**돌아와야지**).

8. 부조사(副助詞)「も」「まで」「さえ」「こそ」

부조사[18]로 앞에 붙은 단어를 강조하는「も」「まで」「さえ」「こそ」는 상당히 유사한 표현들이지만, 각 특성에 맞는 적절한 한국어의 대응을 통하여 그 의미를 명확하게 구분할 수 있을 것이다.「も」는 '도'로,「まで」는 격조사인「まで」와 통일시켜 '까지'로,「さえ」는 '조차'로,「こそ」는 '이야말로'로 대응시킬 수 있다.

「も」= ～도 (역시) / 숫자 + (씩)이나

한국어 '～도 (역시)'와 거의 유사한다. (138)와 같이 이미 언급한 것과 동일함을 강조하는 표현이다. 강조하고자 하는 느낌이 더 강해지면 (139)와 같이「まで」가「さえ」로 교체될 수 있는 경우에도 사용될 수 있다. 다만 (140)과 같이 숫자와 사용되는 경우는 한국어 '(씩)이나'로 해석되는 것이 자연스럽다.

(138) 私はテニス部で、彼氏(かれし)も同(おな)じです。

나는 테니스부고, 남자친구도 (역시) 같습니다.

(139) 猿(さる)も木(き)から落(お)ちる。

---

18 '부조사(副助詞)'란 한자 그대로 부사와 유사한 기능을 갖는 조사라는 뜻으로, 야마다 요시오(山田孝雄 1873-1958)란 학자가 붙인 용어이다. 다양한 품사에 붙어서 그 의미를 한정하고 수식하는 역할을 한다. 일본어의「は」역시 엄밀히 말하자면 부조사이지만, 일본어 구문의 중심적 존재이기 때문에 '주제 조사' '係助詞(かかりじょし)'라 하여 따로 분리하기도 한다.

원숭이도 (역시) 나무에서 떨어진다.

(140) 百人(ひゃくにん)も来ました。

백 명(씩)이나 왔습니다.

「も」의 이러한 강조하고자 하는 특성으로 인해 (141)과 같이 유명한 율리우스 카이사르(영어 : 쥴리어스 시저)의 명대사에도 사용되었다.[19] a의 일본어에서는 강조의 「も」와 의문조사 「か」를 함께 사용하여 '브루투스 너도 (역시 나를 죽이려하나)?'와 같이 브루투스가 자신을 살해하리라고는 도저히 믿을 수 없는 카이사르의 분노의 의구심을 의문문으로 표출시키고자 한다. 반면 b의 한국어에서는 '브루투스 너마저 (나를 죽이려하는군)'과 같이 이미 끝난 일로 체념하면서 자조하는 느낌을 긍정문으로 강조하려고 한다. 일본어 번역과 한국어 번역 그 어느 쪽이 원문에 더 가까울까 궁금하기도 하다.

(141) a. 「ブルータス、お前(まえ)もか」　"브루투스 너도 (역시)?"

b. "브루투스 너마저"

「まで」= 까지

(142)와 같이 극단적인 예를 제시하여 강조하는 표현이다. 즉, 전혀 발생될 것 같지 않은 경우를 예로 들어 강조한다. (143)~(146)처럼 다른 조사 「に」「へ」「から」「で」와 같이 사용할 수 있지만, (147)과 같이 「まで」와 겹쳐서 사용되지 않는다. 이는 한국어 대응 시에도 동일한 결과를 보인다.

(142) 私まで間違(まちが)ってしまいました。

나까지 틀려버렸습니다.

19 원문은 셰익스피어의 『줄리어스 시저』의 대사이다.

(143) 子供(こども)にまでそんなことを言われました。

아이에게까지 그런 말을 들었습니다.

(144) 昼食(ちゅうしょく)のため外国(がいこく)へまで行った。

점심을 먹으러 외국에까지 갔다.

(145) 日本からまで毎年(まいとし)来た。

일본에서까지 매년 왔다.

(146) 手でまで食べました。

손으로까지 먹었습니다.

(147) (×) 3時までまで終(お)わります。

(×) 3시까지까지 끝냅니다.

아울러 (148)과 같이 격조사로 사용하여 도착점을 나타내는 「まで」도 한국어로 '까지'로 대응되기 때문에, 결국 「まで」는 격조사이든 부조사이든 상관없이 항상 '까지'로 대응되어 한국어와 얼마나 유사한지를 실감시켜준다.

(148) 家(うち)から学校(がっこう)までは30分(さんじっぷん)かかります。

집에서 학교까지는 30분 걸립니다.

「さえ」= 조차/만(+ 조건문 「ば」)

「さえ」는 이미 다른 경우는 언급할 필요도 없이 '당연히 그럴 것이다'라는 전제가 성립되어 있는 상황에서 사용되는 표현이다. (149)(150)과 같이 가장 필수적이며 기초적임을 강조하고자 하는 경우에 흔히 사용된다.

(149) のどが痛(いた)くて、水(みず)さえ飲(の)めない。

목이 아파서 물조차 마실수 없다.

(150) 子供(こども)さえ分(わ)かることです。

아이조차 알 수 있는 것입니다.

다만 (151)(152)과 같이 「ば」 조건문 내의 강조의 부조사는 오직 「さえ」만 사용이 가능하고 이때는 '만'으로 대응된다.

(151) これさえ読(よ)めば分(わ)かる。　이것만 읽으면 알 수 있다.

(152) 生(い)きていさえすればいいのよ。[20]　살아있기만 하면 돼.

「こそ」= 이야말로

'다른 어떤 것이 아니라 바로 이것'이라는 기분을 강조하기 위해 사용하는 표현이다. 따라서 (153)～(155)와 같이 '～이야말로'로 대응될 수 있다.

(153) こちらこそ、よろしくお願(ねがい)いします。

이쪽이야말로 잘 부탁드립니다.

(154) これこそ(が)問題です。

이것이야말로 문제입니다.

(155) 好(す)きこそものの上手(じょうず)なれ。

좋아하는 것이야말로 잘하게 만든다.

---

20 참고로 「さえ～ば」의 접속방법 방법은 다음과 같다.

①명사 + さえ + 동사 ば형 : 용례 (151)

②동사 ます형 + さえすれば : 용례 (152)

③동사 て형 + さえいれば : 예) 毎日薬を飲んでさえいれば、治ります。

제2장

품사 전환 (명사화와 접속사)

일본어의 경우 (1)과 같이 <「い」형용사 + 「く」>의 형태를 취하여 부사와 명사가 동일한 형태를 취하고, 또 명사형으로만 수식해야 하는 경우가 있어서 한국인 학습자의 오용을 유발시키기도 한다. 따라서 제2장에서는 품사가 전환된 경우를 통합해서 검토해보고자 한다. 특히 품사 전환의 대표주자인 명사화(전성명사, 형식명사)와 여러 요소가 복합적으로 결합되어 만들어진 접속사에 대해 구체적으로 살펴보고자 한다.

(1) 가까운 우체국

(×) 近(ちか)い郵便局(ゆうびんきょく)

(○) 近(ちか)くの郵便局

1. 명사화

명사화란 명사가 아닌 것이 명사로 전환된 경우를 말한다. 소위 전성명사가 가장 대표적인 경우라 할 수 있겠다. 즉, 전성명사(転成名詞)란 다음 (2)(3)과 같이 동사가 자체활용을 통하여 명사로 바뀌거나, (4)(5)와 같이 형용사가 어간에 접미사 「さ」「み」등을 추가하여 명사로 바뀌는 경우를 일컫는다.

(2) 読(よ)む[yomu] 읽다 → 読み[yomi] 읽기

(3) 書(か)く[kaku] 쓰다 → 書き[kaki] 쓰기

(4) 暑い 더운, 덥다 → 暑さ 더위

(5) 温かい 따뜻한, 따뜻하다 → 温かみ 온화함

그러나 명사화를 보다 넓은 의미로 해석해본다면 (5)과 같이 형식명사[1]의 힘을 빌려 명사의 기능을 띠게 되는 경우까지도 포함시킬 수 있을 것이다. 따라서 이 절에서는 넓은 의미에서의 명사화에 대해 살펴보고자 한다.

(5) 毎朝(まいあさ)早(はや)く起(お)きるのはかなり辛(つら)いです。
매일 아침 일찍 일어나는 것은 상당히 힘듭니다.

전성명사

① 동사

일본어의 동사는 마지막 어미의 발음이 무조건 [u] 발음으로 끝나는 특성이 있고, 주로 사전에 볼 수 있는 형태라 하여 '사전형'이라 부르기도 한다. 소위 기본형인 것이다. 이러한 기본형의 [u] 발음을 위의 (2)(3)과 같이 [i] 발음으로 바꾸면, 존대표현으로 자주 사용되는 「ます(ㅂ니다)」형태가 되기 때문에 통상 'ます형'이라 부르는데, 이 'ます형'을 문법용어로 '연용형(連用形)'[2]이라 칭한다. 동사가 바로 이 연용형으로 바뀌면 명사가 된다.

② 형용사

일본어 형용사는 크게 2가지로 나뉜다. 어미가 (6)과 같이 「い」로 끝나는 경우와 (9)와 같이 「な」로 끝나는 경우로, 각각 'い형용사' 'な형용사'[3]로 불린다. 'い형용사'는 동사의 경우와 마찬가지로 (7)(8)과 같이 마지막 「い」를 연용형인 「く」로 바꾸면 부사로도 명사로도 전환이 되며, 'な형용사'는

---

1 '형식명사'란 그 자체의 실질적인 의미를 갖고 있지 못하고 수식어를 받아서 명사로서의 기능적인 역할만 하는 명사이다. 대표적인 것으로 「こと」「の」「もの」등을 들 수 있다. 상세한 내용은 제3장을 참조바란다.

2 한자 그대로 해석하면 '용언과 연결되는 형태'라는 뜻이다.

3 'な형용사'란 주로 추상적인 의미를 띠는 명사에 「な」가 붙어서 형용사적인 역할을 하는 경우를 말하며, 학자에 따라서는 '형용동사'라는 용어를 사용하기도 한다.

(10)과 같이 「に」로 바꾸면 부사가 되고 (11)과 같이 「な」만 없애면 명사가 된다.

(6) 美(うつく)しい花(はな) 아름다운 꽃
(7) 花が美しく咲きました。 꽃이 아름답게 피었습니다
(8) 多(おお)くの人々(ひとびと) 많은 사람들[4]
(9) 誠実(せいじつ)な人(ひと) 성실한 사람
(10) 誠実に生きる。 성실히 살다.
(11) 誠実_とはなんだろうか。 성실_이란 무엇일까?

특히 'い형용사'의 어미가 「く」로 활용되면 부사도 되고 명사도 된다는 점은 이미 (1) 「近(ちか)く」로 설명하였듯이, (8)의 「多(おお)く」 역시 형용사 형태로 명사를 수식하지 못하고 「く」형태로만 명사를 수식하는 특성을 갖고 있다. 물론 (13)처럼 모든 형용사가 「く」활용으로만 명사를 수식하는 것은 아니다. 따라서 반드시 명사형으로만 수식되는 「多く」「近く」는 유념해둘 필요가 있다.

(12) 먼 하늘
(○) 遠い空
(○) 遠くの空

다만 「近く」의 경우는 숫자와 같이 사용되었을 때(접미사 역할을 할 때)는 '거의 그 정도'를 나타내는 용법으로 사용되는데 이 또한 (13)처럼 '가까

4 예문 (1)과 유사한 경우로, 다음 예와 같이 'く'가 부사이기도 하고 명사이기도 하다.
예) 많은 사람들 (×)多(おお)い人々(ひとびと)
(○)多くの人々

이'로 대응되어 한국어와 일본어의 놀라운 대응능력을 보여준다.

(13) 50000時間(じかん)近く使(つか)えるLED電球(でんきゅう)
5만 시간 가까이 사용할 수 있는 LED전구

이처럼 형용사의 경우는 어미가 활용되어서 명사가 되는 경우 이외에도 'い형용사'의 경우 (14)와 같이 접미어 「さ」「み」「げ」등을 추가하여 명사를 만들 수 있다. 「さ」와 「み」의 차이를 굳이 언급하자면 「み」에 다소 추상적인 의미가 더 가미되어 있다고 할 수 있고, 「げ」에는 기색이나 모습 등 외적인 면이 강조되어 있다고 구분해볼 수 있다. 그러나 모든 'い형용사'가 「さ」「み」「げ」 등이 붙어서 명사로 만들어지는 것은 아니다. 예를 들어, (14)의 「温(あたた)かい」는 위 3개의 접미어가 모두 붙을 수 있지만, 그 반대어인 (15)의 「冷(つめ)たい」와 (16)의 「重い」는 그렇치 못하다. 이와 같은 현상에 대한 정확한 문법적 설명이 아직 정립되어 있지 않아서 학습자들을 힘들게 만든다. 다만 이 3개의 접미어 중 「さ」는 다른 접미어보다는 객관적인 의미를 부여해주기 때문에 — 형용사를 온도나 무게 등으로 객관화·수치화시켜주는 역할을 담당하기 때문에 — 대다수의 형용사에 쉽게 붙을 수 있다.

(14) 温(あたた)かい　　따뜻한(온화한/온화하다)
温かさ　　따뜻한 정도(온도)
温かみ　　온화함
温かげ[5]　　따뜻하게 보이는 모습

5 같은 발음으로 읽히지만 한자가 다른 「暖かい」는 「げ」가 붙지 못한다.
(×) 「暖(あたた)かげ」

(15) 冷(つめ)たい 차가운(냉정한)/차갑다(냉정하다)
冷たさ 차가운 정도(냉기)
(×) 冷たみ
(×) 冷たげ

(16) 重い 무거운/무겁다
重さ 무거운 정도(무게)
重み 장중함
(×) 重げ[6]

'な형용사'의 경우도 (17)과 같이 「さ」「げ」「み」가 붙어서 명사가 되지만, (18)처럼 모든 'な형용사'에 「さ」「げ」「み」가 붙을 수 있는 것은 아니다. 이 역시 'い형용사'의 경우처럼 명확한 문법적 설명을 제시할 수 없는 실정이다. 또 다른 문제로는 'な형용사'에 내재되어 있는 추상명사적 특성 때문에, 'い형용사'에서 기준이 되었던 「さ」와 「み」의 '객관' 과 '추상'이라는 구별법만으로는 그 차이를 설명하기가 쉽지 않다는 점도 있다.

(17) 誠実(せいじつ)さ 성실함의 정도(성실도)
≒ integrity(インテグリティ) 근면
誠実み 성실성
誠実げ 성실하게 보이는 모습

(18) 綺麗(きれい)さ 청결함/아름다움의 정도(청결/미의 척도)
(×) 綺麗み
綺麗げ 청결하게/아름답게 보이는 모습

6 「重げ」는 사용되지 않지만, 「重たげ」는 가능하다.

따라서 'な형용사'에 붙는 「さ」와 「み」의 구별법을 'い형용사'와의 일관적인 설명을 위해서는 일단 '추상'적 특성만을 근거로 삼아보고자 한다. 비록 추상적인 의미를 띠는 명사이지만, 「さ」는 본래의 추상성이 다소 구체화되는 반면, 「み」는 그 추상성이 구체화되지는 않았다고 이해할 수 있을 것 같다. 예를 들면, 「誠実さ」는 성실함의 정도 즉, 어느 정도 구체적으로 성실한가를 나타내는 표현이고, 「綺麗さ」는 청결함이나 아름다움의 정도 즉, 어느 정도 구체적으로 청결한지 아름다운지를 나타내는 표현이다. 반면에 「誠実み」는 그러한 구체적인 척도나 기준치가 개입되어 있지 않고 단지 추상적인 상태만을 나타내는 표현으로 구분지을 수 있지 않을까? 좀 더 실질적이며 구체적인 연구가 기대되는 항목이다.

형식명사(「の」「こと」「もの」 등)에 의한 명사화

형식명사란 문장을 하나로 묶어 명사로 만들어줄 필요가 있을 경우, 예를 들면, 주절이나 목적절을 만들어야 할 필요가 있는 경우에 그 역할을 해주는 도우미라 할 수 있겠다. 즉, 실질적인 의미를 갖지 않고 문법적이며 형식적인 역할만을 담당하는 명사인 것이다. (19)~(20)과 같은 「の」「こと」「もの」 등이 그 대표이다. 특히 「の」는 1-4에서 살펴본 것처럼 다양한 의미용법을 갖고 있지만 형식명사로도 사용되기도 한다. 다만 이들 모두가 한국어 '것'으로 대응되기 때문에 학습자들에게 어렵게 느껴지는 항목이기도 한다. 따라서 이들의 구체적인 용법에 대해서는 제3장에서 상세히 다시 설명하겠다.

(19) これ以上(いじょう)人(ひと)を疑(うたが)いながら生(い)きていく<u>の</u>は嫌(いや)です!
이 이상 사람을 의심하면서 사는 <u>것</u>은 싫습니다!

(20) 鱈(たら)の肝油(かんゆ)は目(め)を鍛(きた)える<u>こと</u>に使われる<u>の</u>ですか?

명태(대구)의 간유는 눈을 단련시키는 것에 사용되는 것입니까?

(21) 音楽(おんがく)は素晴(すば)らしいものだ。

음악은 멋진 것이야.

2. 접속사

접속사는 순접[7]을 나타내는 「それから(=それ+から) : 그(것) 이후」와 같이 원래는 2개의 품사로 이루어졌던 것이었는데 독립된 하나의 품사로 전환된 것이 많다. 접속사 역시 일종의 품사 전환이라 볼 수 있겠다.

우선 접속사는 石黒圭(いしぐろけい)(2008:57)에 의거하면 다음 <표1>과 같이 구분된다.

論理の接続詞	順接の接続詞	「だから」系 「それから」系
	逆接の接続詞	「しかし」系 「ところが」系
整理の接続詞	並列の接続詞	「そして」系 「それに」系 「かつ」系
	対比の接続詞	「一方」系 「または」系
	列挙の接続詞	「第一」系 「最初」系 「まず」系

7 문장과 문장을 연결해주는 접속사는 크게 순접과 역접으로 나눌 수 있다. 순접은 앞문장과 뒷문장이 인과관계(원인→결과)를 나타내어 예상된 결과가 제시된 경우이고, 역접은 반대로 예상 밖의 결과가 나타난 경우를 일컫는다.

	換言の接続詞	「つまり」系 「むしろ」系
理解の接続詞	例示の接続詞	「たとえば」系 「とくに」系
	補足の接続詞	「なぜなら」系 「ただし」系
展開の接続詞	転換の接続詞	「さて」系 「では」系
	結論の接続詞	「このように」系 「とにかく」系

<표1 : 石黒圭(2008)의 일본어 접속사 4종 10류>

그러나 지면상 모든 접속사를 다룰 수 없고 유사한 표현이 많기에, 학습자가 그 사용법을 명확하게 알기 어렵기 때문에, 우선 한국어 대응을 기준으로 중점적으로 살펴보고자 한다. 그 구체적인 목록은 <표2>와 같다.

접속사	
병렬	「そして/そうして」「それから」
첨가	「それに」「そのうえ」「しかも」「また」
순접	「だから」「そのため」「それで」「そこで」
환언	「つまり」「すなわち」「要(よう)するに」「要は」
부가/보족	「ただし/ただ」「もっとも」「なお」
화제전환	「それでは」「さて」「ところで」
역접	「しかし」「(だ)が」「ところが」
선택	「それとも」「あるいは」「もしくは」「または」

<표2 : 일본어 접속사 7분류>

병렬「そして/そうして」「それから」

① 「そして/そうして(然して)」= 그리고

「そして」보다「そうして」가 보다 문장체적인 느낌이 강하지만, 일반적으로 둘은 동일한 의미 ('계기(継起)'[8]와 '병렬(並列)')를 띤다. <표1>에 의하면 '정리의 접속사' 중 '병렬 접속사'에 소속되며, 한국어의 '그리고'로 대응되기 쉽기 때문에, (22)과 같이 앞문장과의 관련성이 지나치게 희박한 경우「そして/そうして」가 사용되면 부자연스럽게 느껴진다.

(22) (?) これは安いです。そして、あれは赤いです。
(?) 이것은 쌉니다. 그리고 저것은 빨갛습니다.

우선 '계기(継起)'의 의미로 사용되는 경우를 살펴보겠다. (23)(24)와 같이 앞의 내용을 바탕으로 그 다음 행위가 일어나는 경우에「そして」가 사용되는 것이다. 특히 회화체에서 (25)처럼 다음 이야기를 재촉하고자 할 때 자주 사용되며「それから」와 유사한 의미를 띠게 된다.

(23) 訳(やく)すな、構造(こうぞう)を理解(りかい)せよ、そして、とにかく長(なが)いのを読(よ)め。
번역하지마, 구조를 이해하라, 그리고 어쨌든 긴 것을 읽어라.

(24) ある時(とき)、マイケルは教師(きょうし)ジーナと出会(であ)って恋(こい)に落(お)ちた。そして3ヶ月後(さんかげつご)、マイケルはレストランでジーナに結婚(けっこん)を申(もう)し込(こ)んだ。
어느 날 마이켈은 교사 지나와 만나 사랑에 빠졌다. 그리고 3개월 후 마이켈은 레스토랑에서 지나에게 결혼을 신청했다.

---

8 '계기(継起)'란 이미 발생한 앞 사건으로 인해 뒤 사건이 계속적으로 발생되는 경우를 칭한다.

(25)「で、そして、どうしたの?」=「で、そして?」
　　"그래, 그리고 어떻게 됐어?" "그래, 그리고?"

다음으로 (26)과 같은 「そして」는 '병렬'로 사용되었다. 병렬이란 말 그대로 대등하게 나열하는 것으로 「〜ている」나 상태동사 표현과도 같이 사용될 수 있다는 특성을 띤다. 이러한 특성으로 인해 문장을 나열시키는 것은 물론, (27)과 같이 단어를 열거하는 경우에도 사용될 수 있다.

(26) オフィーリアの葬式(そうしき)は、彼女(かのじょ)の兄(あに)であるレアティーズが取(と)り仕切(しき)っていた。そして、王(おう)や王妃(おうひ)、廷臣(ていしん)たちはみな列席(れっせき)していた。
　　오필리아의 장례식은 그녀의 오빠인 레어티스가 집관하고 있었다. 그리고 왕이나 왕비, 신하들은 모두 참석해 있었다.

(27) 韓国(かんこく)ドラマ『あなた、そして私(わたし)』
　　한국 드라마「그대 그리고 나」

② 「それから」= 그 다음(/후)에

「それから」의 용법은 크게 2가지로 요약될 수 있다. 첫째는「そして」와 동일하게 '계기(継起)'를 나타낸다는 점과, 둘째로「そして」와는 달리 '(새로운 정보의)추가'의 용법을 가지고 있다는 점이다.「それから」의 '계기'의 특성은, (23)〜(25)의「そして」를 (23)'〜(25)'과 같이「それから」로 바꾸어 쓸 수 있다는 점으로도 입증된다. 그렇다면 한국어의 대응 역시「そして」와 똑같이 '그리고'로 대응시키는 것이 가장 최적의 선택일까?

(23)' 訳(やく)すな、構造(こうぞう)を理解(りかい)せよ、それから、とにかく長(なが)いのを読(よ)め。

번역하지마, 구조를 이해하라, 그리고 어쨌든 긴 것을 읽어라.

(24)' ある時、マイケルは教師ジーナと出会って恋に落ちた。それから3ヶ月後、マイケルはレストランでジーナに結婚を申し込んだ。

어느 날 마이켈은 교사 지나를 만나 사랑에 빠졌다. 그리고 3개월 후 마이켈은 레스토랑에서 지나에게 결혼을 신청했다.

(25)'「で、それから、どうしたの?」

"그래, 그리고 어떻게 됐어?"

순서가 명확하게 제시하고자 하는 (28)의 경우는 일본어로는「そして」보다는「それから」가 더 적절하다. 즉,「そして」와「それから」는 유사하지만 완전히 동일한 표현은 아닌 것이다.「それから」에는「から : 부터」의 특성상이 내재되어 있어「それ以後 : 그 다음에/후에」의 의미가「そして」보다 강조된 표현이다. 결국「それから」는 '그리고' 보다는 순서를 강조한 '그 다음에/후에'로 대응시키는 편이 한국인 학습자의 이해증진에 도움이 된다.[9]

(28) 놀러가려면 숙제하고 그 다음에/후에 가거라.

(○) 遊びに行くなら、宿題をして、それから行きなさい。

(×) 遊びに行くなら、宿題をして、そして行きなさい。

---

9 (23)'~(25)'도 '그 다음/후에'로 대응시켜도 다음과 같이 자연스럽다.

(23)' 訳(やく)すな、構造(こうぞう)を理解(いかい)せよ、それから、とにかく長(なが)いのを読(よ)め。

번역하지마, 구조를 이해하라, 그 다음/후에 어쨌든 긴 것을 읽어라.

(24)' ある時、マイケルは教師ジーナと出会って恋に落ちた。それから3ヶ月後、マイケルはレストランでジーナに結婚を申し込んだ。

어느 날 마이켈은 교사 지나를 만나 사랑에 빠졌다. 그 다음/후에 3개월 후 마이켈은 레스토랑에서 지나에게 결혼을 신청했다.

(25)'「で、それから、どうしたの?」

"그래, 그 다음/후에 어떻게 됐어?"

또한 「それから」의 '(새로운 정보의)추가'로 인해, 단순한 '병렬'상태를 나타내어 상태동사와 함께 사용되거나 단어를 연결하는 (26)(27)의 「そして」를 (26)'(27)'과 같이 「それから」로 바꾸면 부자연스럽게 느껴진다. 반면에 추가의 행위가 강조된 (29)의 「それから」는 자연스럽다. 한국어 대응 역시 (26)'(27)'를 '그 다음/후에'로의 대응시키면 부자연스럽고, (29)는 자연스럽다. 결국 「それから」는 「そして」와의 차이를 명확하게 부각시켜주는 '그 다음(후)에'로 대응시키는 것이 가장 적절하다고 판단된다.

(26)' (?) オフィーリアの葬式(そうしき)は、彼女(かのじょ)の兄(あに)であるレアティーズが取り仕切(とりしき)っていた。それから、王(おう)や王妃(おうひ)、廷臣(ていしん)たちはみな列席(れっせき)していた。

(?) 오필리아의 장례식은 그녀의 오빠인 레어티스가 집관하고 있었다. 그 다음/후에 왕이나 왕비, 신하들은 모두 참석해 있었다.

(27)' (?) 韓国ドラマ『あなた、それから私』

(?) 한국 드라마 「그대 그 다음/후에 나」

(29) 懇談会(こんだんかい)には田中君(たなかくん)が来た。それから、山田君(やまだくん)も来た。

간담회에는 타나카군이 왔다. (또) 그 다음/후에 야마다 군도 왔다.

이상의 접속사인 「それから」이외에 (30)와 같이 <지시어(それ) + 「から」>의 형태를 취하는 '문맥 지시' 역할을 하는 경우가 있으므로 혼동하지 말아야 한다. '문맥 지시' 「それから」는 직역하여 '그 후(로)'로 해석된다. 물론 (31)(32)과 같은 「あれから」「これから」 형태의 문맥 지시도 가능하다.

(30) 夏目漱石(なつめそうせき)の『それから』

나츠메소세키의 『그 후』

インターネットの歴史(れきし)と過去(かこ)のニュースのそれからについて語るブログ。[10]

인터넷 역사와 과거 뉴스의 그 후에 대해 말하는 블로그

(31) あれから、何年(なんねん)経(た)ったかな。

그 후로 몇 년이 지났나.[11]

(32) これから勉強(べんきょう)しましょう。= 今から勉強しましょう。

이 후부터 공부합시다. 지금부터 공부합시다.

③「そして」vs「それから」

이상의「そして 」「それから」를 정리하면 크게 2가지로 요약될 수 있겠다. 첫째,「そして」와「それから」는 공통적으로 '계기'의 용법이 있어서 이 경우에는 서로 교환해서 사용할 수 있다. 다만,「そして」는「〜ている」등 상태를 나타내는 표현과도 같이 사용될 수 있는 반면에,「それから」는 이러한 정적인 표현과는 사용이 불가능하다. 또, 앞 문장과 뒤 문장 간의 시차를 명확하게 하고자 하는 특성을 지니고 있다.

둘째,「そして」에는 단순한 '병렬'의 의미가,「それから」에는 '(새로운 정보의) 추가'의 의미가 내포되어 있어 이 경우는 서로 바꾸어 사용되기 힘들다.

따라서「それから」는「そして：그리고」와 달리 '그 다음/후에'로 대응시키는 편이 유사한 이 2가지 표현의 의미용법을 명확하게 파악하는데 도움이 될 것이다. 이상을 요약하면 <표3>와 같다.

---

10 어떤 일본인 모어화자에게는「過去ニュース」를 기준으로 하기 때문에「それから」보다는「その後(ご)」가 더 자연스럽다는 지적도 있었지만, 비문은 아니라는 판정을 받았다.

11 '문맥지시'의「あ」계는 '장소지시'와 달리 한국어 '그'계로 대응된다.

병렬 접속사	「そして」 그리고	「それから」 그 다음(후)에
계기(継起)	○ (+「〜ている」)	○ (−「〜ている」)
새로운 정보 추가		○
순서 강조		○
다음 내용 채근 (회화체)	○	○

<表3 :「そして」vs「それから」>

④「そして/それから≠그래서」vs「それで[12] = 그래서」

「それから」와 동일하게「それ」가 사용되는 것으로「それに」「それで」등이 있다. 이들에 대해서는 다음 항목에서 구체적으로 살펴보겠지만, 우선「それで」는 (33)과 같이 앞 문장을 근거를 뒤 문장에서 그 이유를 설명하고자 하는 경우에 사용된다는 점이 명백하게 다르다. 한국어 '그래서' 역시 동일한 현상을 나타낸다.

(33) a. (○) 太郎(たろう)は昨日(きのう)花子(はなこ)と喧嘩(けんか)した。
それで機嫌(きげん)が悪(わる)いのだ。
(○) 타로는 어제 하나코와 싸웠다. 그래서 기분이 나쁜 것이다.
b. (×) 太郎は昨日花子と喧嘩した。
そして/ それから/ それに機嫌が悪いのだ。
(×) 타로는 어제 하나코와 싸웠다.
그리고/ 그 다음(후)에/ 게다가 기분이 나쁜 것이다.

12 2-2-3 순접 접속사 참조

첨가「それに」「そのうえ」「しかも」「また」

'첨가'의 대표적인 표현으로「それに」「そのうえ」「しかも」「また」를 들 수 있다. 특히 이들 중「それに」「そのうえ」「しかも」는 모두 한국어 '게다가'로 대응될 수 있기 때문에 각 사용법을 명확하게 파악해 둘 필요가 있다.

①「それに」= 게다가

「それに」는 (34)의「～し」, (35)의「それから」와 유사하다. 또 (34)(35)와 같이 뒤의 내용이 마이너스적(부정적)인 것이나 플러스적(긍정적)인 것이나 모두가 첨가될 수 있다는 특성을 띤다. 따라서 '게다가'로 대응되는 3개의 표현 중「それに」가 사용상 제한이 가장 적다고 할 수 있겠다.

(34) お金(かね)がありません。それに年齢(ねんれい)が気(き)になります。
돈이 없습니다. 게다가 연령이 신경 쓰입니다.
= お金がありませんし、年齢が気になります。
돈이 없고, 나이도 신경이 쓰입니다.

(35) 忙(いそが)しい中(なか)、西垣(にしがき)さんも来て下(くだ)さったし、それに京都(きょうと)からも鈴木(すずき)さんたちが来てくださいました。
바쁘신 중, 니시가키씨도 와 주셨고, 게다가 교토에서까지 스즈키씨 일행도 와주셨습니다.
= 忙(いそが)しい中(なか)、西垣(にしがき)さんも来て下(くだ)さったし、それから京都(きょうと)からも鈴木(すずき)さんたちが来てくださいました。
바쁘신 중, 니시가키씨도 와주셨고, 그 다음/후에 교토에서까지 스즈키씨 일행도 와주셨습니다.

물론 (36)와 같은 <지시어 + 「に」>인 문맥지시적인 용법과는 구분할 수 있어야 할 것이다. 이러한 경우는 '게다가'가 아니라 '그것에'로 대응된다.

(36) 複数(ふくすう)の色(いろ)の指定(してい)と単語(たんご)を組(く)み合(あ)わせて、それにマッチする画像(がぞう)を検索(けんさく)するシステム.
복수의 색지정과 단어를 결합하고 그것에 매치하는 영상을 검색하는 시스템

② 「そのうえ」 = 게다가 ← 그 위에

「そのうえ」를 직역하면 '그 위에'가 되듯이, (37)(38)과 같이 뒤 문장에는 앞 문장과 동일한 기준으로 평가될 수 있는 내용이 와야만 한다. 즉, 뒤 문장은 앞 문장과 동일한 화제(내용)이여야만 하고, 또 그 정도가 한 수 위라는 의미가 추가되어야 사용할 수 있는 표현인 것이다.

(37) ごちそうになり、そのうえお土産(みやげ)まで頂(いただ)いて恐縮(きょうしゅく)です
잘 대접받고, 게다가 선물까지 받아서 몸 둘 바를 모르겠습니다.

(38) 美味(おい)しくて満足(まんぞく)、そのうえ安心(あんしん)。
맛있어서 만족, 게다가 안심.

③ 「しかも」 = 게다가

「そのうえ」와 유사한 면도 있지만, 앞 문장의 상황의 좋고 나쁨이 더 세분화되어 제시되는 특성을 띤다. (39)와 같이 앞 문장과 뒤 문장이 동일한 화제를 다루고 있다는 점에서는 「そのうえ」와 유사하므로 「そのうえ」와 교환이 가능하다. 그러나 (40)(41)와 같이 뒤 문장이 앞 문장을 한층 더 상

세화시키고 구체화시키는 역할은「しかも」만의 고유한 특성이라서「そのうえ」와 교환되면 다소 부자연스러워진다. 즉,「しかも」는 대단히 말도 안 되는 일을 저질렀다는 그 사태와 관련해서 그 일을 저지른 주체자의 수가 언급되거나, 아침 일찍 전화하는 예절에 어긋나는 일과 관련해서 그 전화의 내용까지 들먹이는 등 앞 문장의 내용의 좋고 나쁨을 더욱 강조하는 특성이 있다.

(39) この本(ほん)は薄(うす)くて高(たか)い。

しかも/ (〇)そのうえ、内容(ないよう)がない。

이 책은 얇고 비싸다. 게다가 내용이 없다.

(40) よくまあ、こんなすごいことをやったもんだ。

しかも/ (?)そのうえ、一人で。

아이고 참, 이런 대단한 일을 저질렀군. 게다가 혼자서.

(41) 妹(いもうと)が朝(あさ)早(はや)くから電話(でんわ)をかけてきた。

しかも/ (?)そのうえ、つまらない用事(ようじ)だった。

여동생이 아침 일찍부터 전화를 걸어왔다.

게다가 쓸데없는 용건이었다

또 하나 더「しかも」만의 특성은 (42)와 (42)'를 비교해보면 드러날 수 있다. 즉, (42)의「そのうえ」에 비해 (42)'의「しかも」는 화자가 기대하지도 않았던 결과가 발생되었다는 '의외성'을 나타내는 특성이 강하다.

(42) 美味(おい)しくて満足(まんぞく)、そのうえ安心(あんしん)。(- 의외성)

맛있고 만족스럽고 게다가 (예상대로) 안심할만한 음식이다.

(42)' 美味(おい)しくて満足(まんぞく)、しかも安心(あんしん)。 (+ 의외성)

맛있고 만족스럽고 게다가 (예상치도 않게) 안심할만한 음식이다.

물론 (43)(44)와 같이 「しかも」「そのうえ」가 연달아 사용되는 경우도 있다.

(43) 私の妻は家事が大嫌いだ。
しかも、そのうえ、おしゃべりで買い物好きだ。
내 처는 집안일은 아주 싫어 한다.
게다가 (또) 수다쟁이고 쇼핑을 좋아한다.

(44) そのうえしかも握手までできるなんて。
게다가 (또) 악수까지 할 수 있다니.

④「また」= 또(또한)

「そして」「それから」「しかも」에 비해 앞 문장과 뒤 문장이 동질일 필요는 없다. 단 이들에 비해 다소 객관적 사실을 나열하는 경향이 강하다. 즉, (45)의 「また」는 단지 눈에 보이는 사실을 묘사한다는 느낌이 들지만, (45)'의 「それに」「その上」「しかも」로 교체시는 그 공원이 얼마나 좋은지를 묘사하고자 하는 화자의 평가 의도가 묻어나온다. 물론 (46)(47)과 같이 「しかも」와 「また」가 연달아 사용되는 경우도 있다.

(45) この公園(こうえん)は木(き)がたくさんある。
また、花(はな)も植(う)えられている。
이 공원은 나무가 많이 있다. 또(또한) 꽃도 심어져 있다.

(45)' この公園は木がたくさんある。
それに/その上/しかも、花も植えられている。(大変よい公園だ。)
이 공원은 나무가 많이 있다.
게다가 꽃도 심어 있다. (좋은 공원이다.)

(46) 今日(きょう)は雨(あめ)。しかもまた強風(きょうふう)。
오늘은 비. 게다가 또 강풍.

(47) 可愛(かわい)いんだなぁ…これがまたしかも素直(すなお)なんだよなぁ。

귀엽군 이게 또 게다가 순수하기도 하군.

⑤ 「それに」 vs 「そのうえ」 vs 「しかも」 vs 「また」

이상의 '게다가'로 대응되는 「それに」「そのうえ」「しかも」의 차이점 및 「また」를 비교 정리하면 <표4>와 같다.

<table>
<tr><th colspan="2">첨가 접속사</th><th>「それに」
게다가</th><th>「そのうえ」
게다가</th><th>「しかも」
게다가</th><th>「また」
또/또한</th></tr>
<tr><td colspan="2">앞문장과 뒤문장은 관련 내용</td><td>○</td><td>○</td><td>○</td><td>△</td></tr>
<tr><td rowspan="2">주관적
판단추가</td><td>앞문장 내용을
뒤문장에서 강조</td><td></td><td></td><td>○</td><td>○</td></tr>
<tr><td>뒤문장에 한층 더
구체성 및 의외성 추가</td><td></td><td></td><td></td><td>○</td></tr>
<tr><td colspan="2">객관적 내용 위주</td><td></td><td></td><td></td><td>○</td></tr>
</table>

<표4 : 「それに」 vs 「そのうえ」 vs 「しかも」 vs 「また」>

순접 「だから」「そのため」「それで」「そこで」

위의 <표1>에 의하면 「だから」「それで」는 '논리 접속사' 중 '순접접속사'에 속한다. 따라서 이 절에서는 유사표현인 「そのため」「そこで」를 포함한 4개의 순접 접속사를 검토해보겠다.

① 「だから」 = 그러니

(48)과 같이 앞 문장을 근거로 하여 화자의 논리 전개(이유)를 나타낼 뿐만 아니라 (49)(50)과 같이 의지나 명령 표현과 함께 사용된다. 특히 (51)과 같은 회화체에서는 논리적 이유를 나타내기보다는 오히려 화자의

강한 판단이나 결론을 피력하는 경우에 사용되기도 한다. 결국 「だから」는 高野(2012)에서 지적했듯이 보고서나 논문 등의 문장체적 표현과는 어울리지 않는 특성이 강하다고 볼 수 있겠다.

(48) スパム送信業者(そうしんぎょうしゃ)はもうかる。
だからスパムは増(ふ)える。
스팸 송신업자는 돈을 번다. 그러니 스팸은 늘어난다.

(49) 明日(あした)は休(やす)みだ。
だから、ゆっくり朝寝坊(あさねぼう)しよう!
내일은 쉰다. 그러니 늦게까지 늦잠자야지!

(50) 勉強すれば受(う)かるよ。だから、がんばりなさい。
공부하면 합격한다. 그러니 열심히 해라.

(51) 「きのう、台風(たいふう)が上陸(じょうりく)したそうです」
"어제 태풍이 상륙했다고 합니다"
「だから、今日も雨ですね」
"그러니 오늘도 비가 오겠네요"

② 「そのため」 = 그러므로(접속사), 그 때문(명사)

간략하게 설명하자면 (52)과 같이 상품설명서 등에 사용되는 「だから」의 문장체적 표현이라 할 수 있겠다. 물론 (53)과 같이 접속사가 아니라 <その(연체사 : 그) + ため(명사 為 : 이유/목적)>로 '그 때문'으로 대응되는 경우도 있다.

(52) 本(ほん)商品(しょうひん)は品質(ひんしつ)保持(ほじ)のため、メーカーから直接(ちょくせつ)発送(はっそう)させて頂(いただ)きます。そのため、代金(だいきん)引換(ひきかえ)での購入(こうにゅう)ができませんので、あらかじめご了承(りょうしょう)下(くだ)さいませ。

본 상품은 품질 보전을 위해 회사로부터 직접 발송하고 있습니다. 그러므로 대금상환식의 구입은 불가능하므로 미리 양지해주시기 바랍니다.

(53) 彼(かれ)はたしかに病身(びょうしん)だが成功(せいこう)しないのはそのためばかりではない。

그는 분명 병자이지만 성공하지 못한 것은 그 때문만은 아니다.

③ **「それで」 = 그래서(접속사), 그것으로(지시어)**

「それで」는 「それなので : 그것 때문에」에서 유래되었다. 이처럼 「ので」로 연결된 표현이기 때문에, (48)의 「だから」는 앞문장이 원인이 되어 자연스런 결과를 나타내는 경우이므로, (48)'와 같이 「それで」로의 교환은 가능하다. 그러나 (49)'(50)'와 같은 의지표현이나 명령문과 같이 사용되는 경우에는 부자연스럽게 느껴진다. 이러한 현상은 한국어 '그래서'에도 정확하게 나타난다.

(48)' スパム送信業者はもうかる。それでスパムは増える。

스팸 송신업자는 돈을 번다. 그래서 스팸은 늘어난다.

(49)' (?) 明日は休みだ。それで、ゆっくり朝寝坊**しよう**!

(?) 내일은 쉰다. 그래서 늦게까지 늦잠**자야지**!

(50)' (?) 勉強すれば受かるよ。それで、がんばり**なさい**。

(?) 공부하면 합격한다. 그래서 열심히 **해라**.

「それで」에는 (54)와 같이 상대의 말을 받아 다음 사태를 되묻는 경우에도 사용된다. 이는 「だから/そこで」와는 교환될 수 없는 「それで」만의 특성이라 할 수 있겠다.

(54) a.「財布(さいふ)を落(おと)しちゃったんです」
"지갑을 잃어버렸는데요."
b.「<u>それで?</u>」 "그래서?"
(×)「だから?/そこで?」[13] (×) "그러니?"

물론 (55)와 같이 「それで」를 한 단어(접속사)로 해석하지 않고 「それ(지시대명사 : 그것) ＋ で(조사 : 로)」로 해석해야 하는 경우도 있기 때문이 주의가 필요하다. 한국어 "그것으로"로 대응되거나 문장 중에 위치하는 것으로 구분해보는 것도 하나의 방편이 될 것이다.

(55) 美しければ<u>それで</u>いい。
아름답다면 <u>그것으로</u> 됐다(충분하다).

④ **「そこで」= 그래서(접속사), 거기에서(지시어)**

한국어의 '그래서'로 대응되어 「それで」와 혼동되기 쉽다. 그러나 「そこで」는 (56)과 같이 주로 뒤 문장에 화자의 새로운 사고나 의지를 피력하는 표현(의지동사)과 함께 사용되어 새로운 방안이나 정보를 제시하는 뉘앙스를 나타낸다. 따라서 (57)과 같이 형용사가 사용된 경우는 「そこで」보다는 「それで」가 더 자연스럽고, (58)과 같이 새로운 적극적인 방안을 제시하지 못한 상황에서는 「だから」가 오히려 더 자연스럽다. 이는 다음의 「だから」항목에서 확인할 수 있을 것이다.

(56) PCでギターを録音(ろくおん)したいと思(おも)ってます。

---

13 만일 굳이「だから」를 사용한다면 시비할 때의 '그러니(어쩌라고)?'로 해석될 수는 있을 것이다.

そこでアンプシミュレーター[14]を買(か)おうと思(おも)ったのです。

컴퓨터로 기타를 녹음하고 싶었습니다. 그래서 암프시뮤레이터를 사려고 생각했습니다.

(57) 試験(しけん)は中止(ちゅうし)になった。

(×)そこで/ (○)それで、みんな助かった。

시험이 중지되었다. 그래서 모두 살았다(한숨 놓았다).

(58) こんなにお金が余(あま)った。

(×)そこで/ (○)だから、おいしいものを食べに行こう。[15]

이렇게 돈이 남았다.

(×)그래서/ (○)그러니 맛있는 것을 먹으러 **가자**.

물론 (59)와 같이 「そこで」도 「そこ(지시대명사 : 거기) + で(조사 : 에서) = 거기에서」로 해석될 수 있음을 주의할 필요가 있다.

(59) a. 「知らないと言ってはだめ、そこで会話がとぎれてしまう」

“모른다고 해서는 안돼, 거기에서 이야기가 끊겨버려”

b. 「諦(あき)めたらそこで試合(しあい)終了(しゅうりょう)ですよ」

“포기하면 거기에서 시합 종료이지요”

⑤ 「だから/そのため」 vs 「それで」 vs 「そこで」

이상의 「だから/そのため」 「それで」 「そこで」의 유사점과 차이점을 정리하면 <표5>과 같다.

---

14 アンプシミュレーター란 녹음시 필요한 amplifier simulator의 약자이다.

15 만약 상대에 대한 권유가 아니라 (58)'과 같이 화자의 단순한 생각을 나타내는 표현(「と思った」)과 함께 사용된다면 「そこで」도 그리 부자연스럽지는 않을 것이다.
(58)' こんなにお金が余(あま)った。そこで、おいしいものを食べに行こうと思った。

순접 접속사	「だから」그러니/「そのため」그러므로	「それで」그래서	「そこで」그래서
앞 문장을 근거로 자연스런 결과 유추	○	○	○
화자의 주장을 굳힘(회화체)	○		
다음 사태를 채근함(회화체)		○	
뒤 문장에 의지 · 명령표현	○		
앞 문장을 근거로 새로운 적극적인 방안 및 화자의 의지 제시 (주로 의지동사와 사용)			○

<표5 : 「だから/そのため」 vs 「それで」 vs 「そこで」>

환언 「つまり」 「すなわち」 「要(よう)するに」 「要は」

「つまり」 「すなわち」 「要(よう)するに」 「要は」 등은 <표1>의 '이해 접속사' 중 '환언(換言) 접속사'에 해당되듯이, 앞 문장을 다시 한 번 이해하기 쉽게 요약하여 설명해주는 역할을 하는 접속사이다. 특히 「つまり」 「すなわち(即ち)」는 모두 한국어 '즉'으로 대응되기 때문에 각각의 차이점을 좀 더 명확하게 파악해볼 필요가 있겠다.

① 「つまり」 = 즉

「つまり」는 동사 「詰まる : 꽉 차다, 가득 차다」에서 유래되었는데, 앞 문장의 주요 내용을 다시 한 번 알기 쉽게 설명해주는 용법을 갖고 있다. 따라서 「すなわち」 보다는 개인의 주관적 해석이 첨가될 가능성이 높고, (60)과 같은 문장체에서나 (61)과 같은 회화체에서나 제한 없이 사용된다.

(60) 今(いま)の日本(にっぽん)では、ジバン･カンバン･カバンの「3つのバン」が選挙(せんきょ)の決(き)め手(て)になると言(い)う。ジバンとは地盤(じばん)、つまり候補者(こうほしゃ)の當選(とうせん)により何(なに)からの恩恵(おんけい)を得(え)る支持(しじ)組織(そしき)などの存在(そんざい)のこと。カンバンとは看板(かんばん)、つまり知名度(ちめいど)のこと。カバンとは鞄(かばん)、つまり資金(しきん)力(りょく)のこと。

지금 일본에서는 지방, 칸방, 가방의 '3개의 방'이 선거에 결정적이라고 한다. 지방이란 지반(地盤) 즉 후보자의 당선으로 뭔가 은혜를 받을 수 있는 지지조직 등의 존재. 간방이란 간판(看板) 즉 지명도. 가방이란 가방 즉 자금력.

(61) つまり「電子書籍(でんししょせき)」ってなんなの?

즉 '전자서적'이란 뭐야?

② 「すなわち」= 즉, 곧

「すなわち」는 (62)와 같이 주로 문장체에서 사용되며 「即ち」로도 표기하기도 한다. 특히 a의 경우는 앞의 「東京オリンピック」을 누구나 알기 쉽게 「1964年」으로 알려준다는 의미에서 '즉'인 「つまり」와 거의 유사하다. 반면에 b와 같이 <AはすなわちBだ>의 형식인 경우는 거의 '='의 의미로 해석되어 한국어 '곧'으로 대응될 수 있다. 결국 「すなわち」는 「つまり」와 유사하게 쉽게 설명하고자 하는 '즉'의 용법은 물론 동일시하는 '곧'의 용법도 모두 갖고 있다고 볼 수 있겠다.

(62) a. 東京オリンピック以後、即ち1964年以後、東京の町は変わった。

동경올림픽 이후 즉 1964년 이후 동경의 거리는 변했다.

b. 「無心はすなわち真心なり、真心はすなわち無心なり」

"무심은 곧 진심이고, 진심은 곧 무심이다"

③ 「要(よう)するに」 = 요컨대

「要(よう)するに」는 글자 그대로 해석해도 알 수 있듯이 어렵거나 긴 내용을 쉽게 요약하고 정리한다는 의미가 강한 접속사라 할 수 있겠다. 따라서 (63)과 같이 문장체에서 자주 사용된다.

(63) ブレーンと言(い)われている某(ぼう)教授(きょうじゅ)の著作(ちょさく)を読(よ)みましたが, 要(よう)するに増税(ぞうぜい) ⇒ 雇用(こよう)創出(そうしゅつ) ⇒ 需要(じゅよう)創造(そうぞう) ⇒ 景気(けいき)拡大(かくだい)で ⇒ 増税(ぞうぜい)分(ぶん)は所得(しょとく)増(ぞう)で帳消(ちょうけ)しになるという図式(ずしき)で説明(せつめい)してしる。

브레인이라 불리는 모교수의 저서를 읽었는데, 요컨대 증세(増税) ⇒ 고용창출(雇用創出) ⇒ 수요창조(需要創造) ⇒ 경기확대(景気拡大)로 ⇒ 증세분(増税分)은 소득증대로 상쇄된다는 도식으로 설명된다.

④ 「要(よう)は」 = 요는(요점은)

「要は」는 「要点(ようてん)は : 요점은」의 줄임말로 요점을 정리하거나 중요 부분을 강조하는 기능을 갖고 있다. 다만 문장체에서 주로 사용되는 「ようするに」와 달리 (64)와 같은 문장체는 물론 (65)과 같이 회화체에서도 자주 사용된다.

(64) 何(なん)でもやればできるようになる。

要(よう)は練習(れんしゅう)することである。

뭐든지 하면 할 수 있게 된다. 요는(요점은) 연습하는 것이다.

(65) 「要(よう)は、何(なに)が言(い)いたいの?」

"요는(요점은) 뭘 말하고 싶지?"

⑤ 「つまり」 vs 「すなわち(即ち)」 vs 「要(よう)するに」 vs 「要(よう)は」

이상의 「つまり」「すなわち(即ち)」「要(よう)するに」「要(よう)は」의 특성 및 차이점을 정리하면 <표6>과 같다.

환언 접속사	「つまり」 즉	「即ち」 즉, 곧	「要(よう)するに」 요컨대	「要は」 요는
쉬운 설명	○	○	○	
동격		○		
요점 정리			○	○
문장체적	○	○	○	○
회화체적	○			○

<표6 : 「つまり」 vs 「すなわち(即ち)」 vs 「要(よう)するに」 vs 「要(よう)は」>

부가 · 보족(補足) 「ただし/ただ」 「もっとも」 「なお」

「ただし/ただ」「もっとも」「なお」 등은 보충적 내용이나 예외적 단서를 추가하는 기능을 갖고 있다. 한국어로는 모두 '단/다만'으로 대응되므로 한국인 학습자가 한국어 대응만으로 각각의 사용법을 명확하게 파악하기는 힘들다. 여기에서는 각 표현의 차이점을 구체적으로 알아보도록 하자.

① 「ただし/ ただ」 = 단/다만,

「ただし」는 (66a)와 같이 '※' 처럼 시선을 끄는 표시와 함께 사용하여 예외적 단서를 붙이든가, (66b)와 같이 앞의 내용과 관련하여 화자가 정말

강조하고자 하는 주된 내용을 첨가하고자 하는 경우에 사용된다. 따라서 법규의 구체적인 내용을 삽입하고자 할 경우 자주 사용한다.

반면에 「ただ」는 (67)과 같이 회화체에서 사용된다. 결국 「ただし」와 「ただ」는 문제적 차이로 구분 지을 수 있겠다. 이러한 특성을 감안한다면 「ただし」는 한국어 '단'으로, 「ただ」는 '다만'으로 대응시키는 것이 다소 자연스러울 것이다.

(66) a. 文末(ぶんまつ)に「※ただし、イケメンに限(かぎ)る」と付(つ)けるだけで絶望(ぜつぼう)感(かん)いっぱいのフレーズに早変(はやが)わりだ。

문장 끝에 "※단 잘생긴 남자에 한한다"를 붙이는 것만으로 절망감 가득한 문구로 급변한다.

b. 失敗(しっぱい)せよ、ただし、成長(せいちょう)する自信(じしん)は失(うしな)うな。

실패하라, 단 성장하겠다는 자신감은 잃지 마라.

(67) フリーソフトの「LTらすた」を活用(かつよう)させていただいています。ただ、今回(こんかい)は元(もと)の画像(がぞう)が悪(わる)いのか、画像(がぞう)がぼやけてシャープに出力(しゅつりょく)できません。

후리 소프트 'LT라스타'를 활용하고 있습니다. 다만, 이번에는 원래 영상이 나쁜지 화상이 흐려서 정확하게 출력되지 않습니다.

물론 「ただ」에는 접속사로서의 쓰임 이외에도 (68)과 같이 명사(평범/보통, 공짜/무료)나 (69)와 같이 부사(오직, 그저)로 사용되는 경우도 있다는 점에도 주의가 필요하다.

(68) a. ただのメモが資料に早変わる。

평범한 메모가 자료로 변한다.

b. ピクネットtada(ただ)はパソコンから携帯へ画像を送る、タダ(無料)のサービスです。

피크네트 tada는 컴퓨터에서 휴대전화로 영상을 옮기는 공짜(무료) 서비스입니다.

(69) ただ無事(ぶじ)を祈(いの)るだけです。[16]

그저(오직) 무사를 기원할 뿐입니다.

③ 「もっとも」= 단

「もっとも」는 앞문장의 내용과 반대되거나 수정 부분을 추가시키고자 하는 경우에 사용된다. 따라서 (70)과 같이 <もっとも +「~が : ~지만」>과 같은 형태를 취하기도 하고, (71)과 같이 화자의 비평적 평가를 덧붙이는 경우에 사용되기도 하여 학자에 따라서는 '부정 보족(否定補足ひていほそく)'라 부르기도 한다.

(70) 明日(あした)の社会(しゃかい)見学(けんがく)には全員(ぜんいん)参加(さんか)してください。もっとも病気(びょうき)などの場合(ばあい)は別(べつ)ですが。

내일 회사견학에 전원 참가해주세요. 단 아프거나 한 경우는 별개입니다만.

(71) 提案(ていあん)には皆(みな)が賛成(さんせい)した。もっとも、心(こころ)の中(なか)まではわからない。

제안에는 모두가 찬성했다. 단 마음속까지는 모르겠다.

16 「ただ」를 강조하여 특히 회화체에서 「たった」로 발음하기도 한다.

「もっとも」는 이상의 접속사 용법 이외에 (72)(73)과 같이 부사 (「最も : 가장)나 형용동사(尤もだ : 지당하다)로 사용되는 경우도 있다.

(72) 世界(せかい)でもっとも危険(きけん)な建物(たてもの)トップ10
세계에서 가장 위험한 건물 톱 텐

(73) ご尤(もっと)もです。
지당하십니다.

④ 「なお」= 단

「なお」는 주로 문장체에 사용되므로 「ただし」와 유사하다. 다만 「ただし」와 달리 (74)와 같이 앞 문장과 행을 달리하여 표기하는 것이 원칙이라고 한다. 이는 「ただし」만큼 앞 문장과 관련해서 중요한 내용을 덧붙이는 기능을 갖고 있지 않고 단지 참고로 붙여둔 것이라는 느낌이 들게 한다. 「なお」와 「ただし」의 이러한 차이는 (66b)과 (74)를 비교해도 알 수 있을 것이다.

(66) b. 失敗(しっぱい)せよ、ただし、成長(せいちょう)する自信(じしん)は失(うしな)うな。
실패해라, 단 성장하겠다는 자신감은 잃지 마라.

(74) 新(あたら)しい用語(ようご)を定(さだ)める場合(ばあい)には、その概念(がいねん)の明確(めいかく)化(か)を図(はか)って定義付(ていぎづ)けを行(おこな)い、その定義(ていぎ)に対応(たいおう)する適切(てきせつ)な用語(ようご)を選定(せんてい)する。
なお、外来(がいらい)語(ご)を片仮名(かたかな)書(が)きで用語(ようご)として採用(さいよう)することは、それが一般(いっぱん)的(てき)に受(う)け入(い)れられているものでない限(かぎ)り避(さ)ける。
새로운 용어를 규정할 경우에는 그 개념의 명확화를 위해 정의를 붙여야 하고, 그 정의에 대응하는 적절한 용어를 선정한다.
단, 외래어를 카타카나로 표기해 용어로 채용하고자 하는 경우 그것이 일반적으로 받아들여지는 것이 아니라면 피한다.

(75)과 같이 사전에 자주 나오는 부사의 예문으로 '더욱/훨씬/한층'으로 사용되는 경우도 있다.

(75) a. 今(いま)もなお健在(けんざい)だ。
지금도 더욱 건재하다.
b. 会(あ)えば別(わか)れがなお辛(つら)い。
보면 헤어짐이 훨씬 힘들다.

⑤ 「ただし/ただ」 vs 「もっとも」 vs 「なお」

이상의 내용을 정리하면 <표7>과 같다.

부가·보족(補足) 접속사	「ただし」 단	「ただ」 다만	「もっとも」 단	「なお」 단
앞 내용과 관련된 주요 내용 수정	○	○		
앞 내용에 대한 비판적 내용 부가			○	
문장체적	○		○	○
회화체적		○		

<표7 : 「ただし/ただ」 vs 「もっとも」 vs 「なお」>

화제전환 「それでは」「さて」「ところで」

「それでは」「さて」「ところで」등은 화제를 전환하는 표현이기 때문에 주로 회화체의 경우이다. 한국어로는 대체로 '그러면/그럼'으로 대응되지만, 다소 다른 뉘앙스를 지니고 있다. 이를 구체적으로 살펴보기로 하자.

① 「それでは/では」= 그러면/그럼

「それでは/では」는「それ(그것) + で(으로) + は(는)」가 한 단어로 뭉쳐져서 만들어진 접속사이다. 따라서 앞의 내용을 이어 받아서 (76)과 같이 화자의 판단이나 의견을 제시하거나 (77)의 a, b와 같이 새로운 행동을 시도할 때 사용된다. 또 (78)과 같이 인사 표현으로 사용되며 때로는「それ」가 생략되기도 한다.

(76) 「それではエリートの記者(きしゃ)の皆(みな)さん、思(おも)いっきり私(わたし)をけなす記事(きじ)を書(か)いて下(くだ)さい。」
"그럼 엘리트 기자 여러분, 맘껏 나를 깍아내리는 기사를 써 주십시오."

(77) a.「それでは、授業を始めましょう。」 "그럼 수업을 시작합시다."
b.「それでは、行ってきます。」 "그럼 다녀오겠습니다."

(78) 「それでは(じゃ)、またあした!」 "그럼 또 내일 보자!"
=「それじゃね!」 "그럼 또 봐!"
=「じゃね!」 "그럼"

물론 (79)와 같이 접속사가 아니라 원래의 의미인 <「それ(지시어 : 그것)」+「で(조사 : 으로)」+「は(조사 : 는)」= 그것으로는>로 해석되는 경우도 있다.

(79) 「これで聞けますか??」
"이것으로 들을 수 있습니까?"

「いいえ、それでは聞けませんよ。」

"아니죠, 그것으로는 들을 수 없지요"

② 「さて」 = 자/그럼

「さて」는 (80)과 같이 새로운 시도를 한다는 면에서 「それでは」와 유사하지만, 일단 일단락을 짓고 다음 행동으로 옮겨간다는 뉘앙스가 「それでは」보다 다소 강하다. 즉, 「それでは」는 그 말 자체에 이미 앞에서 언급한 내용인 「それ」가 존재해 있지만, 「さて」는 반드시 그럴 필요는 없는 것이다. 따라서 (81)과 같이 굳이 이미 앞에 어떤 말이 있어야할 필요가 없는 혼잣말에 사용될 수 있다.[17]

(80) 「さて、次の企画は?」 "자/그럼 다음 기획은?"

(81) 「さて、何食べようかな…」 "자/그럼 뭘 먹을까…"

③ 「ところで」 = 그런데

「ところで」는 (82)와 같이 앞 문장과 전혀 관련성이 없는 동떨어진 화제로 옮기고자 할 때 사용된다. (83)과 같이 「って(何)?」「(と)は?」와 같이 의문형태나 의문사를 취하기 쉽다. 따라서 한국어 '그런데'가 가장 자연스럽게 대응된다.

(82) 福田(ふくだ)首相(しゅしょう)の「ビンボーくじまんじゅう」発売(はつばい)! ところで「肖像権(しょうぞうけん)」は?

후쿠다 수상의 '쪽박 빵'[18] 발매! 그런데 '초상권'은?

(83) a. ところで、SOHO[19]って(何)? 그런데 소호란?

17 학자에 따라서는 감동사로 분류되기도 한다.

b. ところで「参政権(さんせいけん)」(と)は?　그런데 '참정권'이란?

「ところで」 역시 접속사 이외에도 (84) <所(명사 : 곳, 장소) + 「で」(조사 : 에서)= 곳에서>와 같이 명사에 조사가 결합된 형태로도 해석될 수 있다.

(84) ケンカは見えないところでやれ。

싸움은 보이지 않는 곳에서 해.

④ 「それでは」 vs 「さて」 vs 「ところで」

이상의 내용을 정리하면 <표8>과 같다.

화제 전환 접속사	「それでは/では」 그러면/그럼	「さて」 그럼	「ところで」 그런데
앞 문장과 관련성 다소 유지	○		
인사말(헤어질 때)	○		
앞 문장의 관련성 미비		○	

18 정치가를 모티브로 한 단팥빵을 발매하기로 유명한 회사에서 후쿠다 수상의 '쪽박 발언'과 관련시켜서 만들었다고 한다.

福田康夫(ふくだ やすお : 1936年~, 2007－2008 91대 총리역임)

화제 전환 접속사	「それでは/では」 그러면/그럼	「さて」 그럼	「ところで」 그런데
혼잣말		○	
전혀 다른 화제 제시			○
의문문 형태와 함께 사용			○

<표8 :「それでは」vs「さて」vs「ところで」>

역접「しかし」「(だ)が」「ところが」

「しかし」「が」「ところが」등의 역접은 한국어 '그러나', '그렇지만', '그런데' 등에 해당될 것이다. 각 표현의 사용법을 구체적으로 파악해보고 한국어 대응 관계를 알아보자.

①「しかし」= 그러나

「しかし」는 (85)와 같이 앞 문장과 반대되거나 모순되는 내용으로 이끌어 가는 역할을 한다. 물론 (86)과 같이 소제목 등에 주로 사용되어, 정반대의 의미보다는 다른 측면을 추가하여 보다 함축적인 의미를 표현하고자 하는 경우에도 사용될 수 있다.

(85) 個人(こじん)能力(のうりょく)が高(たか)いチームであれば、多少(たしょう)強引(ごういん)な形(かたち)でもゴールはできる。しかし、日本(にっぽん)にはそんなストライカーは居(い)ない。
개인능력이 높은 팀이라면 다소 억지스런 형태일지라도 골을 넣을 수 있다. 그러나 일본에는 그런 스트라이커가 없다.

---

19 SOHO란 'Small Office Home Office'의 약자로 특정 직종이 아니라 일하는 방식을 가리키는 말이다. 주로 인터넷이나 휴대전화 등의 정보통신기기를 이용하여 자택이나 소규모 오피스를 사무실로 활용하며 일하는 사람을 칭한다.

(86) a. 謙虚(けんきょ)に、しかし、絶望(ぜつぼう)せず！

겸허하게 그러나 절망하지 말고!

b. きもい[20]！ しかし可愛い！

징그럽다! 그러나 귀엽다!

② 「だが/が」 = 그렇지만/그치만(회화체), 하지만

「だが」는 (87)(88)과 같이 문장체에도 회화체에도 사용될 수 있으며[21] 단어를 연결하기도 하여 「しかし」와 유사한 역할을 하다. 다만 제1장에서도 언급하였듯이 「だが」는 접속조사 「が」만 따로 독립시켜서 사용할 수도 있다. 화자의 확고한 확신을 나타내는 단정의 「だ : 이다」가 없어졌기 때문에 「が」가 「だが」보다 좀 덜 딱딱하게 느껴진다.

(87) それは理解(りかい)している。だが、認(みと)めない。

그것은 이해한다. 그렇지만 인정 못한다.

(88) a. カプコンがプログラマを募集中(ぼしゅうちゅう)、だが条件(じょうけん)が…

카프콤이 프로그래머를 모집 중, 그렇지만 조건이…

b. 機能(きのう)は少(すく)なめ、だが安(やす)い！

기능은 적은 편, 그렇지만 싸!

또 「だが」는, (85)(86)과 같이 앞 문장과 완전히 반대되는 내용 또는 다른 측면을 어필하고자 하는 「しかし」보다는, (87)(88)과 같이 앞 문장에서 미처 제시하지 못한 내용이나 간과되기 쉬운 부분을 다시 한 번 덧붙여 주

---

20 「きもい」는 「気持(きもち)悪(わる)い : 기분 나쁘다. 징그럽다」의 줄임말이다.

21 회화체에서는 '그렇지만'의 줄인 표현인 '그치만'으로도 대응될 수 있다.

는 역할을 한다고 볼 수 있다. 따라서 「しかし」처럼 직설적인 반대 표시가 아니라 다소 간접적인 반대 표시라 할 수 있겠다. 따라서 한국어 대응은 단호한 '그러나' 보다는 왠지 좀 여지가 느껴지는 '그렇지만'으로 대응시키는 것이 더 자연스러울 것이다.

결국 「だが」는 '그렇지만'으로, 「だが」보다 다소 회화체적인 「が」는 (87)'(88)'에서도 알 수 있듯이 '하지만'으로 대응시키는 것이 자연스럽다.

(87)' それは理解(りかい)している。<u>が</u>、認(みと)めない。

그것은 이해해. <u>하지만</u> 인정 못해.

(88)' a. カプコンがプログラマを募集中(ぼしゅうちゅう)、<u>だが</u>条件(じょうけん)が…

카프콤[22]이 프로그래머를 모집 중, <u>하지만</u> 조건이…

b. 機能(きのう)は少(すく)なめ、<u>だが</u>安(やす)い!

기능은 적은 편, <u>하지만</u> 싸!

한편 다음 (89)와 같이 「(だ)が」와 「しかし」가 동시에 사용되는 경우도 있다. 이는 화자의 강조하고자 하는 마음의 표현일 것이다.

(89) a. 本日(ほんじつ)もだんだんと眠(ねむ)くなってまいりました。

<u>が、しかし、</u>まだやることはいっぱい残(のこ)っているのです。

오늘도 점점 졸려졌습니다. <u>그렇지만, 그러나</u> 아직 해야 할 일이 가득 남아 있네요.

b. <u>しかし、が</u>それを受け入れる筈(はず)がない。

<u>그러나, 그렇지만</u> 그것을 받아들일 리가 없다.

---

22 카프콤(CAPCOM): 일본 게임 개발 및 판매 회사

c. しかしだが、昨年(さくねん) 7月(しちがつ)の市長選(しちょうせん)で前任(ぜんにん)の藤井(ふじい)氏(し)が引退(いんたい)。

그러나 그렇지만 작년 7월의 시장선거에서 전임인 후지이씨가 은퇴.

d. しかし、だがしかし、広告(こうこく)代理(だいり)店(てん)というのは星(ほし)の数(かず)程(ほど)あるのです。

그러나, 그렇지만 그러나 광고대리점이란 별의 숫자만큼 있기 마련입니다.

③ 「ところが」 = 그런데

「ところが」의 경우는 「しかし」「だが」와 달리 생각도 못했던 의외의 사태가 발생하였음을 암시하는 특성을 지니고 있다.[23] 한국어로 '그런데'로 대응되는 것이 자연스럽다. 물론 (90a)와 같이 플러스적 내용(좋은 결과)이 올 수도 있고 (90b)와 같이 마이너스적 내용(나쁜 결과)이 올 수도 있을 것이다.

(90) a. 「CO_2が地球(ちきゅう)環境(かんきょう)に与(あた)える影響(えいきょう)」など、わかるはずがないのである。ところがコンピュータは、その辺(へん)の計算(けいさん)を実(じつ)にうまくやってくれる。

'CO_2가 지구 환경에 미치는 영향' 등 알 리가 없다. 그런데 컴퓨터

23 다음 예문과 같이 「どころが」가 의지표현과 함께 사용될 수 없는 특성은, b의 예문으로 알 수 있듯이 화자도 예상하지 못한 상태를 언급하면서 화자의 강한 주장을 표현하는 것 자체가 서로 모순되기 때문일 것이다. 또한 c와 같이 전건과 후건의 연관성이 없는 경우에도 사용될 수 없다.

예) a. あの人も知らないかもしれない。 (○)しかし、聞いてみよう。
b. あの人も知らないかもしれない。 (×)ところが、聞いてみよう。
c. 彼はピアノが上手だ。 (×)ところが、雨が降った。

는 이런 유의 계산을 실로 능숙하게 해준다.

b. 将来(しょうらい)を考(かんが)えて転職(てんしょく)しました。ところが、転職(てんしょく)先(さき)のレベルが低(ひく)すぎて落胆(らくたん)しています。

장래를 생각해서 전직했습니다. 그런데 전직한 곳의 레벨이 너무 낮아서 낙담하고 있습니다.

다만 화제를 전환하고자 할 때 사용하는 「ところで」와 구분해야 할 것이다. 즉, 「ところが」는 역접의 접속사이고, 「ところで」는 회화체에서 화제를 바꾸고자 할 때 사용하는 전환의 접속사라는 점을 잊지 말아야 한다. 또 대부분의 다른 접속사가 그렇듯이, 「ところが」 역시 (91)과 같이 <所(명사 : 곳, 장소) + 「が(조사 : 가)」>로 해석되거나, (92)와 같이 문장과 연결되는 접속조사로 사용되는 경우도 있기 때문에 그 구별에도 유의해야 한다.

(91) 暖(あたた)かいところがいいです。

따뜻한 곳이 좋습니다.

(92) 傘(かさ)を持(も)っていったところが、雨(あめ)は降(ふ)らなかった。

우산을 갖고 갔지만, (예상 밖에) 비는 내리지 않았다.

④ 「しかし」 vs 「だが/が」 vs 「ところが」

이상을 종합하면 <표9>과 같이 정리될 수 있다.

역접 접속사	「しかし」 그러나	「だが/が」 그렇지만/하지만	「ところが」 그런데
직접적 반대 (함축적 내용)	○		

역접 접속사	「しかし」 그러나	「だが/が」 그렇지만/하지만	「ところが」 그런데
간접적 반대 (부차적 내용)		○	
의지적 표현과 공기	○	○	
뜻밖의 사태(±)와 연결			○

<표9 : 「しかし」 vs 「だが」 vs 「ところが」>

⑤ 「ところ」 관련어

효율적인 학습을 위해서 접속사 「ところで」「ところが」와 관련하여 「ところ」가 사용된 주요표현을 종합해서 파악해 보고자 한다.

a. <동사 원형 + ところだ> : 막 ~하려던 참 (시작, 출발)

(93) 「いまから風呂(ふろ)にいくところだよ。」

“지금부터 막 목욕가려던 참이야”

b. <동사 원형/명사 + どころか> : ~커녕

(94) a. 家庭(かてい)環境(かんきょう)も悪(わる)くて私(わたし)は休(やす)むどころか居場所(いばしょ)無(な)くし辛(つら)いです。

가정환경도 나빠서 나는 쉬기는커녕 있을 곳도 없어 힘듭니다.

b. テスト勉強(べんきょう)どころか課題(かだい)すら終(お)わっていない。

시험 공부는커녕 과제조차 못 끝냈다.

c. <(동작)동사 과거형 + ところだ> : 막 다~한 참이다. (마침, 완료)[24]

(95) 「今(いま)お昼休(ひるやす)みでお弁當(べんとう)を食(た)べたところだよ。」

“지금 점심시간에 도시락을 막 다 먹은 참이야.”

d. <동사 과거형 + ところで、~부정> : ~한들 + 원치 않는 결과

(96) 勉強(べんきょう)したところで、君(きみ)の頭(あたま)じゃどうにもならんよ。

공부한들 네 머리론 어쩔 수 없지.

선택 「それとも」「あるいは」「もしくは」「または」

「それとも」「あるいは」「もしく」「または」등은 선택할 수 있음을 표시하는 기능을 갖는다. 따라서 주로 의문문 형태를 취한다. 다만 ‘아니면’에 해당되는 「それとも」 이외는 한국어 ‘혹은’으로도 ‘또는’으로도 대응되기 때문에 각 용법을 구분하는 것이 까다롭다.

① 「それとも」 = 아니면(양자 택일)

「それとも」는 (97)과 같이 주로 회화체에서 사용되며, 둘 중에 하나를 선택하는 경우에 사용된다. 또 (98)과 같이 단어를 연결하는 경우에도 사용된다. 한국어 대응은 ‘혹은’이나 ‘또는’보다는 ‘아니면’이 더 자연스럽다.

(97) a. 鈴木(すずき)えみちゃんは本当(ほんとう)に中国人(ちゅうごくじん)ですか? それともハーフ?

---

24 다음 예와 같이 동사에 동작성이 결여된 경우는 예외적이다.
예) ローマ市民予備軍と言ったところだ。(『ローマ人物語』I : 211)
말하자면 로마시민 예비군이다. (『로마인이야기』I : 233)

스즈키 에미 양은 정말 중국인입니까? 아니면 혼혈?

b. 行きますか? それとも行かないですか?

갑니까? 아니면 안갑니까?

(98) 「あなたはマック? それともマクド?」[25]

당신은 맛크? 아니면 마크도?

② 「あるいは」= 또는, 혹은

「それとも」의 문장체 버전이라 할 수 있겠다. (99)(100)과 같이 두 문장이나 두 단어 중 선택할 수 있는 여건을 만들어 준다. (99)의 「あるいは」의 경우는 '도래하는가'와 '끝나는가'를 대등한 선택지로 제시하여 '또는'으로의 대응이 적절한 것 같다.

(99) 新(あたら)しい日本(にっぽん)の食(しょく)文化(ぶんか)時代(じだい)の到来(とうらい)か、あるいはブームで終(お)わるのか。

새로운 일본 식문화시대가 도래하는가 또는 붐으로 끝나는가.

(100) ご意見(いけん)·ご感想(かんそう)、あるいはご要望(ようぼう)などございましたら、電子(でんし)メールで上記(じょうき)のアドレスへお願(ねが)いします。

의견·감상 혹은 요망 등이 있으시다면 전자메일로 상기 주소로 부탁드립니다.

그러나 (100)의 「あるいは」는 반드시 양자택일적인 선택지를 제시할 때만 사용되지는 않는다. 왜냐하면 (99)의 경우도 자문 형식을 취해 예를 들어

---

25 햄버거로 유명한 '맥도널드'의 일본어표기는 「マクドナルド : 마크도나루도」이지만, 관동지역에서는 주로 「マック : 맛크」란 약칭으로, 관서지역에서는 주로 「マクド : 마크도」란 약칭으로 통한다. (98)은 어떤 애칭을 사용하는가를 묻는 질문인 것이다.

2가지 정도만 제시했을 뿐이지 실제로는 중간적인 다양한 상황도 예측될 수 있을 것이다. 또 (100)의 경우도 「など」와 함께 사용되어 선택의 다양함을 암시하고 있다. 따라서 「あるいは」는 한국어 '또는'은 물론 '혹은'으로도 대응될 수 있을 것이다. 이는 (101)의 국립국어원의 표준국어대사전의 설명으로도 알 수 있듯이, '또는'의 의미는 물론이고 다른 선택의 여지도 암시하고 있다고 볼 수 있겠다. 결국 「あるいは」는 한국어 '또는', '혹은' 모두로 대응될 수 있다.

(101) a. 또는 : 그렇지 아니하면

b. 혹은 : 그렇지 아니하면, ('혹은~, 혹은~'의 구성으로 쓰여) 더러는

③ 「もしくは」 = 혹은

(102)와 같은 법률 용어의 경우, 「または」보다는 작은 범주를 가리킨다는 점을 이용한다면 「または」와의 차이점이 확실해질 것이다. 우선 「または」에 의해서 "3년 이하의 징역"을 살 것인가, "5백만엔 이상"을 지불할 것인가가 가장 우선 선택되어야 하고, 「もしくは」는 그 다음 단계로 5백만엔을 벌금으로 낼 것인지 과태료로 낼 것인지를 선택하는데 작용하게 된다는 해석이다. 따라서 「もしくは」는 그 자체가 갖고 있는 「もし(부사 : 혹시) + く(부사형어미) + は(조사 : 은)」의 의미를 고려하여 양자 택일의 대등한 의미를 띠는 '또는' 보다는 '혹시 가능하면'이라는 뜻이 내재되어 다소 부차적인 선택을 한다는 뉘앙스를 갖는 '혹은'으로 대응시키는 것이 타당한 것 같다. 이는 (103)과 같이 「もしくは」가 여러 개의 선택사항을 제시할 수 있다는 점과도 상관이 있다.

(102) 三年(さんねん)以下(いか)の懲役(ちょうえき)<u>または</u>五百万円(ごひゃくまんえん)以上(いじょう)の罰金(ばっきん)<u>もしくは</u>科料(かりょ

う)に処(しょ)す。

3년 이하의 징역 또는 5백만엔 이상의 벌금 혹은(혹시 가능하면) 과태료에 처한다.

(103)「A、B若(も)しくはC」のように選択(せんたく)するものを読点(とうてん)で区切(くぎ)って列挙(れっきょ)し、最後(さいご)のものの前(まえ)に「若(も)しくは」をつける。

'A、B 혹은(혹시 가능하면) C'와 같이 선택하는 것을 쉼표로 구분하여 연결하고 마지막 것 바로 앞에 'もしくは'를 붙인다.

「もしくは」에 내재된 부차적인 선택의 이미지는 (104)에서도 잘 나타나있다. 즉, "임상공학기사"와 "임상공학기사가 되려는 사람"은 대등한 선택사항이 아니다. 화자는 "임상공학기사"를 원하는 것이지 "임상공학기사가 되려는 사람"을 원하는 것이 아님이 「もしくは」로 표현된다.

(104)臨床工学技士(りんしょうこうがくぎし)、もしくは臨床工学技士(りんしょうこうがくぎし)を目指(めざ)している方(かた)に質問(しつもん)です。

임상공학기사 혹은(혹시 가능하면) 임상공학기사를 목표로 하는 분에게 질문합니다.

④ 「または」= 또는

(105)의 예로 알 수 있듯이 「または」는 대등한 선택지를 표시해주는 역할을 한다. 따라서 (105b)와 같이 한국어 '또는'으로 대응되는 것이 자연스럽다. 다만 (105a)의 「または」와 같이 「とか」나 「たり」와 같이 사용되어, 비록 일일이 나열하지는 않았지만 자유를 회복하는 방식에는 그 외의 다른 내용도 있음을 암시해 주는 경우에도 사용된다. 즉, 「または」는 암시적으로 다수의 선택지를 제시하는 특성을 갖고 있다. 이는 오직 2가지의 선

택지만 제시하는 「それとも」와는 다른 특성이라 할 수 있겠다. 아울러 「または」는 (105b)와 같이 회화체적 표현에도 사용되곤 한다.

(105) a. このローマでは、長年の献身的な奉仕に主人が報いる**とか**、<u>または</u>貯めこんだ金で買っ**たり**して自由を回復できた奴隷は、解放奴隷と呼ばれ、彼らの子の代になればローマ市民権を取得できた。(『ローマ人物語』(I:222))

로마에서는 오랫동안 헌신적으로 봉사한 노예에게 주인이 보답하는 의미로 자유를 주거나, 노예 자신이 저축한 돈으로 자유를 살 수 있었다. 이렇게 하여 자유를 회복한 노예를 해방노예라고 부르고, 그들의 자식대에는 로마 시민권을 취득할 수 있었다. (『로마인 이야기』(I:244))

b. 子供(こども)の頃(ころ)から親(おや)に言(い)われていた「家訓(かくん)」<u>または</u>親(おや)の「座右(ざゆう)の銘(めい)」はなんですか。宜(よろ)しかったら教(おし)えてください。

어릴 때부터 부모에게 들었던 '가훈' <u>또는</u> 부모의 '좌우명'은 무엇입니까? 괜찮으시면 알려주세요.

⑤ 「それとも」 vs 「あるいは」 vs 「もしくは」 vs 「または」

이상을 요약하면 <표10>과 같다.

선택 접속사	「それとも」 아니면	「あるいは」 또는, 혹은	「もしくは」 혹은 (혹시 가능하면)	「または」 또는
대등적 선택지	○	○		○
부차적 선택지			○	
양자 선택지 (+ 의문형식)	○			

선택 접속사	「それとも」 아니면	「あるいは」 또는, 혹은	「もしくは」 혹은 (혹시 가능하면)	「または」 또는
다자 선택지 (+など, とか, たり 등)		○		○
회화체적	○			○
문장체적		○	○	○

<표10 : 「それとも」 vs 「あるいは」 vs 「もしくは」 vs 「または」>

요약

이상 일본어 접속사의 특성 및 한국어와의 대응관계를 정리하면 <표11>과 같다.

<table>
<tr><th colspan="5">한국어 대응에 의한 일본어 접속사</th></tr>
<tr><td>병렬 접속사</td><td colspan="2">「そして/そうして」
그리고</td><td colspan="2">「それから」
그리고/그 다음(후)에</td></tr>
<tr><td>첨가 접속사</td><td>「それに」
게다가</td><td>「そのうえ」
게다가</td><td>「しかも」
게다가</td><td>「また」
또(한)</td></tr>
<tr><td>순접 접속사</td><td>「だから」
그러니</td><td>「そのため」
그러므로</td><td>「それで」
그래서</td><td>「そこで」
그래서</td></tr>
<tr><td>환언 접속사</td><td>「つまり」
즉</td><td>「すなわち」
즉/곧</td><td>「要(よう)するに」
요컨대</td><td>「要は」
요는</td></tr>
<tr><td>부가/보족 접속사</td><td>「ただし/ただ」
단/다만</td><td colspan="2">「もっとも」
단</td><td>「なお」
단</td></tr>
<tr><td>화제전환 접속사</td><td>「それでは」
그러면/그럼</td><td colspan="2">「さて」
그럼</td><td>「ところで」
그런데</td></tr>
<tr><td>역접 접속사</td><td>「しかし」
그러나</td><td colspan="2">「(だ)が」
그렇지만/하지만</td><td>「ところが」
그런데</td></tr>
<tr><td>선택 접속사</td><td>「それとも」
아니면</td><td>「あるいは」
또는/혹은</td><td>「もしくは」
혹은</td><td>「または」
또는</td></tr>
</table>

<표11 : 한국어 대응에 의한 일본어 접속사 8분류>

제3장

형식명사

제3장에서는 형식명사 「の」「もの」「こと」「ところ」「わけ」에 대해서 살펴 보고자 한다. 이들은 형식명사가 갖는 특성, 즉 어떤 표현과 함께 사용되었는가에 따라 그 의미가 결정되는 특성 때문에 그 의미용법이 매우 다양해질 수 밖에 없다. 특히 한국어의 '것'으로 대응되는 일본어 「の」「もの」「こと」는 그 차이점을 파악하는 것이 그리 쉬운 일은 아니다. 한국어의 대응관계가 이들을 파악하는데 힌트가 되어주지를 못하는 실정인 것이다. 따라서 이 장에서는 益岡·田窪(1992) 등을 참조하여 「の」「もの」「こと」「ところ」「わけ」의 구체적 용례를 바탕으로 각 특성을 파악하는데 주력하고자 한다. 형식명사에 대해서는 제1장에서 간략하게 언급하였지만, 일단 형식명사가 무엇인가에 대해서 다시 한 번 (1)에서 확인해 두겠다.

(1) 형식명사 : 그 자체의 실질적인 의미를 갖는 것이 아니라 다른 표현과 함께 문법적인 역할을 수행함으로써 비로소 의미를 갖게 되는 명사이다.

1.「の」

조사 「の」는 제1장에서 상세히 설명했듯이 다양한 실질적인 의미를 갖고 있지만, 형식명사 「の」는 실질적인 의미가 존재하지 않는다. 따라서 형식명사 「の」는 그 의미용법을 유추해 볼 수 있는 근거조차 없다. 결국 어떤 표현과 사용되는가가 「の」의 용법을 파악하는 관건이 된다. 그러므로 문장 내에 어디에 위치하는가, 즉 문장 중간인가 끝인가의 위치에 의거하여 형식명사 「の」의 의미용법을 파악해 보고자 한다.

문장 중간에 위치한 경우

① 「の」= 사물, 사람(≠「こと」)

(2)(3)은 사물이나 사람을 가리키는 경우로 형식명사「こと」로는 대체될 수 없다. 다만 사람을 지칭하는 (3)은 형식명사「もの」로 대체될 수 있다.[1]

(2) a. 一番(いちばん)食(た)べごろの(/もの)をください。
   가장 제철인 것을 주세요.
  b. コーヒーは熱(あつ)いの(/もの)が好(す)きです。
   커피는 뜨거운 것을 좋아합니다.

(3) 入院(にゅういん)されているのはどなたですか。
  입원해 계신 분은 누구십니까?

② 「の」+ 감각동사(見る、見える、聞く、聞こえる、感じる) (≠「こと」)

(4)(5)처럼 <~のが + 감각동사>의 형태를 취하는 경우는「こと」로 교환될 수 없다.

(4) 皆既(かいき)日食(にっしょく)の直前(ちょくぜん)、無数(むすう)の黒(くろ)い影(かげ)が地表(ちひょう)を走(はし)るのが見(み)える場合(ばあい)があります。
  개기일식 직전 무수한 검은 그림자가 지표를 달리는 것이 보이는 경우가 있습니다.

(5) 初秋(しょしゅう)から晩秋(ばんしゅう)まで、垣根(かきね)や小(ちい)さな木立(こだち)で鳴(な)いているのが聞(き)ける。

---

1 (3)의 경우 문장의 전반적인 균형을 맞추자면, 사람의 높임 표현인「方(かた) : 분」이 더 적절할 것이다.

초가을부터 만추까지 나무 울타리나 작은 나무에서 지저귀는 것을 들을 수 있다.

③ 동작성 표현 + 「の」: 동작 자체의 명사화 (≠「こと」)

(6)의 a와 b를 비교해 보자. 한국어로 번역하면 모두 '것'이 되기 때문에 구분하기 힘들다.

(6) a. (○)ケーキを作るのを手伝う。 (○)케이크 만드는 것을 돕는다.
b. (×)ケーキを作ることを手伝う。 (○)케이크 만드는 것을 돕는다.

(7) ジャカルタの同窓会(どうそうかい)を作ることを手伝うことになった。
쟈카르트타의 동창회를 만드는 것을 돕게 되었다.

다만 (6a)와 같이 동작하는 것 자체('만드는' 행위)에 초점을 두는 경우에는 「こと」보다는 「の」가 사용되기 쉽다는 기준을 정해두면 그 차이점이 보인다. 즉, (6a)의 「の」는 케이크를 만드는 과정에 필요한 행위 즉 밀가루를 체에 치거나 계란 흰자를 거품내거나 하는 등의 케이크를 만드는 직접적인 행위를 돕겠다는 의미를 나타내기 때문에 자연스럽게 느껴진다. 반면에 (6b)의 「こと」는 케이크를 만들 수 있는 제반 환경이나 상황, 즉 케이크 만드는 레시피 등 이론적인 지원이나 설비나 자료 제공 등의 재정적 지원을 하겠다는 다소 특수한 도움을 주겠다는 뉘앙스를 나타내어 부자연스럽게 느껴진다. 이러한 「こと」의 특성으로 인해 (7)과 같이 '만드는' 동작에 초점을 맞추기보다는 하나의 총체적 사건이나 사태로 파악하고자 하는 경우에 「こと」가 자연스럽게 된다.

따라서 한국어 대응 역시 두 표현의 차이점을 부각시키고자 한다면 (6)'(7)'과 같이 <동작성 동사 + 「の」>는 '~하는 것(동작/행위)'으로, <동작성 동사 + 「こと」>는 앞 문장 전체를 다 통틀어서 하나의 사건으로 보는

'～한다는 것(상황/사태)'으로 대응시키는 것이 보다 더 효과적일 것이다.

(6)' a. ケーキを作るのを手伝う。

　　케이크를 만드는 것(동작/행위)을 돕는다.

　b. (?)ケーキを作ることを手伝う。

　　(?)케이크를 만든다는 것(상황/사태)을 돕는다.

(7)' ジャカルタの同窓会(どうそうかい)を作ることを手伝うことになった。

= [ジャカルタの同窓会(どうそうかい)を作る]ということを手伝うことになった。

　　쟈카르타의 동창회를 만든다는 것(상황/사태)을 돕게 되었다.

<동작성 동사 + 「の」/「こと」>는 (8)과 같이 요약할 수 있겠다.

(8) <동작성 동사 + 「の」>:

　　동작 자체의 명사화. 단순 수식 '～하는 것(동작/행위)'

　　<동작성 동사 + 「こと」>:

　　동작의 사태화. 전체 수식 '～한다는 것(상황/사태)'

④ 도치(강조)문의 「の」 (≠「こと」)

「の」는 (9a)와 같이 강조하고자 도치시킨 문장에서 사용된다. 그러나 (9b)와 같이 「こと」와는 교환될 수 없다.

(9) a. 彼女(かのじょ)と会(あ)ったのは3年(ねん)前(まえ)だった。

　　← 三年前彼女と会った。

　b. (×)彼女と会ったことは3年前だった。

⑤ 「の」: 추상적, 구체적 내용 = 「こと」 (단 <~の(/こと)は~こと(/の)だ>형태는 부자연)

어떤 문법책에서는 「の」는 추상적인 내용이든 구체적인 내용이든 상관없이 사용될 수 있는 반면에, 「こと」는 주로 추상적인 내용에 사용된다고 설명하기도 한다. 과연 그런지 확인해보고자 (10)(11)처럼 조사를 시도해보겠다. 구체적인 내용은 「食べる」로, 추상적인 내용은 「生きる」로 검토해 보았으나, 「の」와 「こと」의 사용법상 큰 차이점을 발견할 수는 없었다.[2] 오히려 (11b)와 같이 소위 추상적인 내용에 사용된 「こと」의 숫자가 더 적게 나타났다.[3] 다만 (12b)의 <~ことは~こと>형태가 <~のは~こと>형태 보다 자연스럽다는 점은 지적할 수 있겠다.

(10) a. 食(た)べるのは楽(たの)しい。
먹는 것은 즐겁다. (58,500건 검색)
b. 食べることは楽しい。
먹는다는 것은 즐겁다. (44,000건 검색)

(11) a. 生(い)きるのは大変(たいへん)だ。
사는 것은 힘들다. (44,000건 검색)
b. 生きることは大変だ。
산다는 것은 힘들다. (19,900건 검색)

(12) a. 働(はたら)くのは生きること。
일하는 것은 사는 것. (75건 검색)

---

2 물론 (8)에서 정리한 <동작성동사 + 「の」/「こと」>의 의미적 차이는 존재한다.

3 (11a)의 「生きるのは大変だ」는 「の」를 사용함으로써 인간이 살아가는 행위 그 자체가 힘들다는 의미로 삶의 고달픔이 절실하게 느껴지게 하는 효과를 나타내는 반면에, 「生きることは大変だ」라고 「こと」를 사용하면 산다는 것이 마치 본인과는 동떨어진 객관화된 하나의 사태를 나타내는 것 같은 뉘앙스를 풍겨 삶의 고달픔이 「の」보다는 덜 절실하게 느껴지기 때문은 아닐까 추측해볼 수는 있겠다.

b. 働くことは生きること。

일한다는 것은 사는 것. (43,800건 검색)

⑥ 「~というの」 정의, 인용(재언급) = 「こと」

정의나 인용(재언급) 등에 사용되는 (13)의 경우도 「こと」와 상호 교환이 되지만, 위 ⑤와 유사하게 뉘앙스 차이를 나타낸다.

(13) a. 人生(じんせい)というの(こと)は生(い)きるに値(あたい)する。

인생이란 것은 살아가는 것이다.

b. 一緒にともに生きていくというの(こと)を、決して忘れてはいけない。

같이 함께 살아간다는 것을 결코 잊지는 말아야 한다.

문장 끝에 위치한 경우 = '문말(文末) 표현'

① 「のだ」 설명(이유, 원인, 근거 등)

문장 끝에 사용되는 「のだ」는 (14)(15)와 같이 원인이나 이유 등을 설명하는 역할을 하며 주로 「~ので」「~から」등과 함께 사용되기 쉽다. 회화체에서는 「んだ」로 사용되기도 한다.

(14) ガイドブックの地図(ちず)だけでは市(し)の全体(ぜんたい)像(ぞう)が見(み)え難(がた)い**ので**、やはり大(おお)きな地図(ちず)が欲(ほ)しかったのだ。

가이드북의 지도만으로 시 전체상을 보기 힘들기 때문에 역시 큰 지도가 갖고 싶었던 것이다.

(15) 悪(わる)いことをした**から**謝(あやま)るのだ。

악행을 저질렀으니까 사죄하는 것이다.

② 「のだ」 강조(주장, 명령 등)

「のだ」에는 화자의 생각을 강조하는 역할을 한다. 따라서 주장이나 명령의 뉘앙스를 띠게 된다. (16)의 a와 b를 비교하면 쉽게 알 수 있을 것이다. 만약 b와 같은 표현을 상사나 연장자로부터 듣게 된다면 '주장'의 의미를 넘어서 '명령'으로 들릴 것이다.

(16) a. ごめんねとすぐに謝(あやま)る。
미안하다고 곧바로 사과한다.
b. ごめんねとすぐに謝(あやま)るのだ。
미안하다고 곧바로 사과하는 것이야.

③ 「のか」 의문/의심, 당혹/불만(회화체 의문문 형태 + 「一体(いったい)」「ほんとうに」)

「のだ」가 의문문 형태를 취하여 (17)과 같이 「のか」[4]로 바뀌면 당연히 의심이나 의문을 나타낸다.[5] 다만 (18)과 같이 상대가 눈앞에 있는 회화체의 경우, 특히 「一体(いったい)」「ほんとうに」와 같은 표현과 함께 사용될 경우는 의문의 단계를 넘어서 당혹함이니 불만까지를 표현하게 될 수 있다.

(17) ほんとうにインターネットで恋愛(れんあい)が始(はじ)まるのか。
정말로 인터넷에서 연애가 시작되는 것인가?

---

4 「のだ」의 의문형은 「のだか」의 형태를 취하지 않고 단정을 나타내는 「だ」가 의문을 나타내는 「か」로 바로 교체되어 「のか」로 표기된다.

5 다음 예문처럼 불확실한 사태에「のだ」가 사용되지 못하는 것은「のだ」의 '기정성(既定性)' 때문일 것이다. 따라서 (18)처럼 기정사실화된 내용에 굳이 의문문 형태를 사용하면 오히려 반어법으로 해석되어 불만을 표출시키는 것으로 여겨지게 된다.
예) a. 金さんは合格すると思う?
b. (×)きっと合格するんだ。
(○)きっと合格する(だろう)。

(18) 「いったい何(なに)が始まるんです?」

"도대체 무엇이 시작되는 건가요? (의심/의문이 든다)"

④ 「んですが」 말 건네기(회화체)

「のだ」가 회화체에서 (19)과 같이 사용되어 주로 「んですが」의 형태를 취하면 특별한 의미를 나타내기보다는 모르는 사람에게 말을 건네는 경우에 습관적으로 사용하는 관용적 표현으로 취급된다. 이는 모르는 사람에게 본인의 마음을 설명하고자 하는 「のだ」의 '설명'을 나타내는 특성에서 유래된 것으로 보인다. 이와 같은 말을 건네는 용법으로 사용되는 「の」는 한국어 대응이 불필요하다.

(19) 駅(えき)まで行きたいんですが、どういけばよろしいでしょうか。

역까지 가고 싶습니다만, 어떻게 가면 좋을런지요?

2. 「もの」

형식명사 「もの」는 「の」와 달리 원래 실질적인 의미를 갖는 명사 「物(もの : 물건)」가 존재한다. 따라서 「の」와는 달리 단독으로 사용될 수도 있다. 또한 다음 (20)과 같은 실질명사, (21)과 같은 종조사, (22)과 같은 접두어, (23)와 같은 관용구 등 다양한 용법을 갖고 있다. 여기서는 주로 형식명사와 문말표현을 중심으로 논해보자 한다.

(20) a. 食べ物(たべもの 음식물), 飲み物(のみもの 음료),

物置(ものおき 헛간, 광) 등

b. あるべきものがない。

있어야 할 물건/것이 없다.

c. 読書そのものが好(す)きにならない。

독서 그 것/자체가 좋아지지 않는다.

(21) a.「だって時間がないんですもの/もん。」

"왜냐면 시간이 없걸랑"

b.「でもお父さんがそうおっしゃったんですもの/もん」[6]

"그치만 아버지께서 그렇게 말씀하셨걸랑요."

(22) a. 物悲(ものかな)しい。

왠지 슬프다.

b. 一千年(にせんねん)以上(いじょう)もの長(なが)い歳月(さいげつ)。

2천 년 이상 엄청 긴 세월.

(23) 両親(りょうしん)はとても厳(きび)しい。少(すこ)しでも口答(くちこたえ)えしようものなら、平手(ひらて) たたかれたものだ。[7]

양친은 너무나 엄격하다. 조금이라도 말대답을 하려 치면 손바닥으로 맞곤 했었지.

문장 중간에 위치한 경우

① 「もの」 정의, 설명 (「~というものは」의 형태)

(24)의 「もの」는 실질명사인 '물건'으로도 형식명사 '것'으로도 해석이 가능하다. 그러나 (25)~(27)의 경우처럼 사람이나 추상명사에 사용되는 경

---

6 주로 여성이「だって」「でも」등과 함께 사용하면서 본인의 불만을 표현하거나 방어용 이유나 해명을 하고자 하는 경우에 사용한다.

7 <동사 의지형 + ものなら>는 주로 매우 안 좋은 결과를 상정하여 표현하고자 할 때 사용된다. 이는 현실 불가능한 경우를 상정할 때 사용되는 표현인 다음 <(가능)동사원형 + ものなら> 예문과 비교하면 그 차이가 명확해질 것이다.
예) やれるものなら、やってみてほしいね。할 수 있는 것이라면 하면 좋겠어(하라면 못하면서).

우는 '물건'으로는 해석할 수는 없기 때문에, 「~というものは」의 「もの」를 정의를 내릴 때 사용하는 형식명사로 파악하고 한국어 '~(이)란 것은/란'으로 대응시키면 된다. 다만 (25a)(26a)와 같이 사람과 함께 사용된 경우는 사람이라는 특성상 굳이 형식명사를 한국어로 대응시킬 필요 없이 '~(이)란' 만으로도 충분할 것이다.

(24) 車(くるま)というものは便利(べんり)だ。
자동차라는 물건은 편리하다. (실질명사로 해석)
자동차라는 것은/란 편리하다. (형식명사로 해석)

(25) a. 人(ひと)というものはその本質(ほんしつ)である「こころ」とそしてそれを表現(ひょうげん)するための「からだ」で構成(こうせい)されている(その他にもあるかもしれない…)。
사람이란 것은/란 그 본질인 '마음'과 그리고 그것을 표현하기 위한 '몸'으로 구성되어 있다(그 외에도 있을지 모른다…).
b. 工夫(くふう)というものは無限(むげん)にある!
궁리라는 것은/란 무한하게 존재한다!

(26) a. 人(ひと)というものはどういうものか。
사람이란 어떤 것(존재)인가?
b. 願いが叶いやすい人というのは、手放し上手な人なんです。
소원을 이루기 쉬운 사람이란 버리는 것을 잘하는 사람인 것이다.
c. 本を読むということはどういうことか?
책을 읽는다 라는 것은/란 어떤 것인가?

또한 (26bc)로 알 수 있듯이 정의나 설명을 나타내는데 사용되는 형식명사는 「もの」 이외에도 「の」 「こと」도 사용될 수 있다. 다만 「というものは」는 「ものだ」와, 「というのは」는 「のだ」, 「ということは」는 「ことだ」와 짝을 이루려는 경향도 있는 것 같다.

② 「もの」 언어, 사고(수식어 없이 단독 사용 가능) (≠ 「こと」「の」)

「もの」에는 다른 형식명사와 달리 (27)~(29)와 같이 단독으로 사용되며, 동사에 해당되는 영역 전부를 총체적으로 가리킨다. 이는 「こと」「の」에서는 찾아볼 수 없는 독특한 특성이다. 즉, (27)의 경우는 「いう」의 대상인 '말' 전체를, (28)는 「書く」의 대상인 '글' 전체를, (28)는 '思う/考える'[8]의 대상인 '생각, 사고' 전체를 총체적으로 대신한다.

(27) ものをいう。　　　말을 하다.[9]

(28) ものを書く。　　　글을 쓰다.

(29) ものを思う/考える。　　　생각(/사고)을 하다.

문장 끝에 위치한 경우 = '문말 표현'

① 「ものだ」 상식적 설명(+ 순접) : '~하기 마련인 것이다'

의외·놀람(+ 역접) : '(놀랍게도)~(이/하)다'

「ものだ」는 (30)과 같이 실질명시 「もの」에 「だ」기 붙어서 물건을 가리키

---

8 「思う」와 「考える」의 차이점에 대해서는 제4장을 참조 바란다.

9 「ものを言う」의 경우 다음 예문 a처럼 단순히 '말을 하다'의 의미 이외에, b와 같이 '(말하다 → 대변하다 → 발휘하다 →)효과를 나타내다'의 의미로도 사용된다. 다만 b의 경우는 의역.

예) a. 目は口ほどにものを言う。눈은 입만큼 말을 한다.

b. ペリクレスは、クリステネスの改革によって完成したと思われていたアテネの民主政を、より徹底させた。市民集会での選挙で選ばれていた政府役員や行政·軍事の担当者を、才能と経験がものを言う軍事と財政関係をのぞき、ほかはみな抽選で選ぶと決めたのである。(『ローマ人物語』1:133)

페리클레스는 클레이스테네스의 개혁으로 다져진 아테네의 민주정치를 더욱 철저하게 민주화했다. 그때까지는 정부관리와 행정 및 군사담당자를 민회에서 선거로 뽑았지만, 페리클레스는 재능과 경험이 중요한 군사와 재정 책임자를 제외하고는 모두 추첨으로 선출하기로 결정했다.(『로마인이야기』1:150-151)

는 경우와, (31)(32)과 같이 형식명사로서 누구나 동의할 수 있는 상식적인 내용을 나타내는 경우로 구분될 수 있다. 특히 (32)과 같이 <と(いうもの)は〜ものだ> 의 형태를 취하기도 하며 화자의 설명을 이끌어낸다.[10] 의역하면 '〜마련인 것이다'로 대응된다.

(30) これはいいものだ。
　　이것은 좋은 것(물건)이다.
(31) 誰(だれ)だって、解雇(かいこ)はイヤなものだ。
　　누구라도 해고는 싫은 것이다/싫기 마련인 것이다.
(32) 人間(にんげん)というものはいつか死(し)ぬものである。
　　인간이란 언젠가 죽는 것이다/죽기 마련인 것이다.
(33) a. 年(とし)をとると、忘(わす)れっぽくなるものだ。
　　　나이를 먹으면 쉽게 잊어버리기 마련인 것이다.
　　b. 年をとっても、元気(げんき)なものだ。
　　　나이를 먹어도 (놀랍게도) 건강하기도 하군.

특히 위의 (33a)와 같은 상식적인 내용을 (33b)와 같은 「ても」로 연결된 역접 표현으로 바꾸어서 표현한다면, 상식을 벗어났기 때문에 당연히 '의외/놀람'으로 해석될 것이다. (33b)와 같은 경우를 「ものだ」의 '의외/놀람'으로 구분하여 설명하기도 하는데, 이는 오히려 「ものだ」에 근본적으로 상식적인 요소가 존재한다는 것을 한 번 더 입증해주는 예이기 때문에 굳이 따로 분리시켜 설명할 필요는 없을 것 같다. 다만 (33b)의 놀람의 경우는 「ものだ」를 굳이 한국어로 대응시키기보다는 '놀랍게도'와 같은 부사로 대처하는 것이 더 자연스러울 것이다.

---

10 P.103의 예문 (21)참조.

② 「ものだ」 권고/비난(회화체) '~것이다/것이야'

「ものだ」에 내재된 상식적 요소로 인하여 (34)의 「ものだ」는 「しましょう」등과 사용된 것으로도 알 수 있듯이 소위 '권고'로 해석된다. 단 (35)의 경우 이야기를 듣고 있는 청자가 '아이' 본인이라면 야단맞고 있는 상황이 될 것이다.

(34) 夢(ゆめ)はつかむものだ。私(わたし)と一緒(いっしょ)にネットビジネスであなたの夢(ゆめ)を実現(じつげん)しましょう。

꿈은 잡는 것이다. 나와 함께 인터넷 비즈니스로 당신의 꿈을 실현해 봅시다.

(35) 子供(こども)は早(はや)く寝(ね)るものだ。いつまでも大人(おとな)といっしょに起(お)きているものではない。

아이들은 일찍 자는 것이야. 언제까지 어른과 같이 자지 않고 있어서는 안 된다.

③ 「ものだ」 회상 : '~었지'

감개/감탄 : '하군(하구나)' (<과거형 + 「ものだ」>)

주로 <과거형 + ものだ>의 형태를 취하는 경우 위 (23)의 문말의 「ものだ」나 (36)과 같이 과거 '회상'으로 해석된다. 그 회상에 좀 더 감정이 실리면 (37ab)와 같은 '감개'로, 이 '감개'에 긍정적인 평가가 가미되면 (37c)와 같은 '감동'이 될 것이다.

(23) 両親(りょうしん)はとても厳(きび)しい。少(すこ)しでも口答(くちこたえ)えしようものなら、平手(ひらて)たたかれたものだ。

양친은 너무나 엄격하다. 조금이라도 말대답을 하려치면 손바닥으로 맞곤 했었지.

(36) 昔(むかし)のひとは良(よ)く言(い)ったものだ。

옛날 사람은 자주 얘기 하곤 했었지.

(37) a.「歳(とし)をとったものだ」と感慨深(かんがいぶか)げ。

"나이를 먹었구나" 하고 감개 깊은 모양.

b. 思(おも)えば遠(とお)く来(き)たものだ。

생각해보니 멀리도 왔군.

c. よくぞここまで調(しら)べたものだ。

아주 제대로 여기까지 조사했군.

④ 「ものか」 반어법

「ものだ」의 의문형 「ものか」는 (38a)과 같이 의문사와 사용된 단순의문을 나타내지만, (38b)와 같이 「二度と」등의 강조 표현과 함께 사용하여 반어법의 효과를 더 짙게 내는 경우도 있다. 회화체에서는 (39)과 같이 주로 반어법의 의미로 사용되며 「もんか」로 발음된다.

(38) a. 大学(だいがく)で「贅沢(ぜいたく)とはどういうものか」を学(まな)ぶコースが登場(とうじょう)。

대학에서 '사치란 어떤 것인가'를 배우는 코스가 등장.

b. 二度(にど)と精神科(せいしんか)なんて行(い)くものか。

두 번 다시 정신과에 가겠는가? = 두 번 다시 정신과에는 가지 않지.

(39) 「負(ま)けるもんか。」 지겠는가? = 지지 않지.

⑤ 「명사 + そのものだ」 강조

이미 (20c)에서 명사에 붙어서 실질명사인 '自体(じたい 자체)'로도 해석이 가능한 경우를 언급했다. 이와 같은 '명사 + そのもの'가 문말에 사용되었을 경우는 (40)에서 알 수 있듯이 a와 a'를 비교하면 알 수 있듯이 강조

적인 뉘앙스를 띤다. 다만 b와 같이 일본어의 경우는 '自体'만으로는 교체될 수 없지만, 한국어의 경우는 교체가 가능하다는 차이가 나타난다.

(20c)' 読書そのもの/自体が好(す)きにならない。
　　독서 그 것/자체가 좋아지지 않는다.
(40) a. あの映画(えいが)は彼(かれ)の人生(じんせい)そのものだ。
　　　그 영화는 그의 인생 그 것/ 그 자체이다.
　　a' あの映画は彼の人生(じんせい)だ。
　　　그 영화는 그의 인생이다.
　　b. (×) あの映画は彼の人生自体だ。
　　　(○) 그 영화는 그의 인생 자체이다.

결국 일본어의 경우, 실질명사로 해석 가능한 (20c)'의 「ものだ」는 '自体'로 대체될 수 있지만, 형식명사로 문말표현에 사용된 (40b)의 「ものだ」는 '自体' 만으로 대체될 수 없다는 특성이 확인되었다.

3.「こと」

「こと」에는 원래 실질명사 「事 : 일, 사태」가 존재한다. 즉, (41b)의 「綺麗事 : (겉보기만)깨끗한 것」와 같이 일반 명사로도 사용되기도 한다. 한편 형식명사로 사용될 경우도 이미 제3장의 「の」와 비교하여 설명하였고 위 (8)에서 그 특성을 언급하였듯이 '사태화'의 특성이 나타난다. 즉, (41a)와 같이 「こと」는 단순히 「悪い : 나쁜」를 명사화시키기보다는 전반적인 하나의 행위(사태)인 '짓'으로 해석되는 것이 자연스럽다. 그리고 이러한 사태화의 특성은 보다 정확하고 객관적인 눈으로 파악해보고자 하는 뉘앙스와 자연스럽게 결합되어 주로 「〜ということは : 〜란 것은」의 형태를 취하게 된다.

(41) a. 悪(わる)いことをした。
(×)나쁜 것을 했다.
(○)나쁜 짓을 저질렀다. = 악행을 저질렀다.
b. 生(い)きるということは綺麗事(きれいごと)ではない。
산다는 것은 아름답고 깨끗한 것만은 아니다.

문장 중간에 위치한 경우

① 「こと」(<과거형 + ことがある>) 경험 : '〜한 적이 있다'

「こと」는 <과거형 + ことがある>의 형태를 취하여 (42)와 같이 과거에 경험했던 일을 언급한다. 따라서 한국어 '〜한 적'에 대응된다.

(42) a. 日本に行ったことがあります。
일본에 간 적이 있습니다.
b. 日本の天婦羅(てんぷら)を召し上がったことがありますか。
튀김을 드신 적이 있습니까?

② 「こと」 결심 <현재형 + ことにする> : '〜려고 한다'
습관 <현재형 + ことにしている> : '〜려고 하고 있다'

「こと」는 <ことにする>의 형태를 취하여 (43)와 같이 화자의 결심, 결의 등을 나타낸다. 이러한 결심이 (43)'와 같이 「毎日 : 매일」, 「いつも」 등과 함께 사용되면 습관화시키려고 노력하고 있다는 뉘앙스를 띤다. 이와 같은 「こと」는 한국어 번역시는 생략하는 것이 오히려 자연스럽게 느껴진다.

(43) a. ジョギングすることにする。
(×) 조깅하는 것으로 한다.

(○) 조깅하려고 한다.

b. 20回(にじゅっかい)噛(か)むことにします。

(×) 20회 씹는 것으로 합니다

(○) 20회 씹으려고 합니다.

(43)' a. 毎日(まいにち)ジョギングすることにしている。

(×) 매일 조깅하는 것으로 하고 있다.

(○) 매일 조깅을 하려고 (노력) 하고 있다.

b. いつも20回噛むことにしています。

(×) 늘 20회 씹는 것으로 하고 있습니다.

(○) 늘 20회 씹으려고 (노력)하고 있습니다.

③「こと」(<과거형 + ことにする>) 반사실적(反事実的) 사태화 : '～한 것으로 한다(치다/여기다)'

「こと」가 (44)와 같이 <과거형 + ことにする>의 형태로 사용된 경우는 실제로는 일어난 일이 아니지만 그렇게 여기기로 한다는 뜻이다. 다시 말해서 사실과 반대되는 '반사실적(反事実的)' 사태로 취급하고자 한다는 것이다. 한국어 '～한 것으로 한다(친다/여긴다)'로 대응된다.

(44) a. すべて無(な)かったことにする。

모두 없었던 것으로 한다(/친다).

b. あなたが商品を買(か)ったことにする。

당신이 상품을 산 것으로 한다(/친다).

④「こと」(<원형 + ことができる>) 능력/가능 : '～할 수 있다'

「こと」는 (45)과 같이 <원형 + ことができる>의 형태를 취하여 능력이나 가능을 나타낸다.

(45) 泳(およ)ぐことができます。

수영을 할 수 있습니다.

⑤ 「こと」(<명사 + の+こと>) 구체화 : '에 관한 모든 것'

(단 <사람 + こと>의 경우는 해석 불필요)

「こと」는 <명사 + の + こと>의 형태를 취하여 앞에 있는 명사를 구체화시키는 역할을 한다. (46)에서는 「日本」 「お金」의 모든 세부사항이, (47)에서는 「彼(かれ) : 그」의 구체적인 모든 것이 「こと」에 의해서 구체적으로 이미지화 될 수 있다. 그러나 (48)와 같이 이미 누가 보아도 알 수 있는 구체적 사물인 「りんご : 사과」에는 굳이 구체화의 역할을 담당하는 「こと」를 필요로 하지 않는다. 물론 구체적인 사물인 「りんご」일지라도 (49)와 같이 「知らない : 모른다」처럼 더 구체적인 내용을 언급해야 할 경우에는 「こと」를 필요로 하는 경우도 있다.

(46) a. 日本(にほん)のことを話(はな)しました。

일본과 관련된 모든 것을 이야기했습니다.

(×) 日本を話しました。 일본을 이야기했습니다.

b. お金(かね)のことを考(かんが)える。

돈과 관련된 모든 것을 생각한다.[11]

(×) お金を考える。[12] 돈을 생각한다.

(47) a. 彼(かれ)のことが好(す)きです。

---

11 「お金のこと」란 돈과 관련된 모든 일을 의미한다. 따라서 (39b) 「お金のことを考える」를 한국어로 제대로 번역하고자 한다면 그 문장이 쓰인 전후 문맥을 고려하여 '경제적 문제를 고려하다', '돈벌이를 생각하다' 등으로 번역하는 것이 더 정확할 것이다.

12 다음 예문과 같이 「お金」를 구체적으로 지칭하는 문구가 있는 경우는 자연스러운 표현이다. 「話す」 「考える」에 구체적인 내용은 제4장을 참조 바란다.
예문 : 引越や生活必需品購入にかかるお金を考えます。

(?) 그에 관한 모든 것을 좋아합니다.

b. (?) 彼が好きです。

그를 좋아합니다.

(48) a. (×) りんごのことが好きです。

(×) 사과에 관한 모든 것을 좋아합니다.

b. りんごが好きです。

사과를 좋아합니다.

(49) **知(し)らない**りんごのこと、あれこれ。

잘 모르는 사과에 관한 모든 것, 이것저것.

결국 대응하는 한국어는 사람과 관련된 (47)만이 일본어와 상반된 결과를 나타낸다. 즉, 구체적 사물(사과)과 사용된 경우인 (48)(49)는 일본어와 동일한 결과를 띠고, 추상적 사물(일본)과 사용된 경우인 (46)은 한국어로는 그 어느 쪽도 가능하기 때문에 문제될 것이 없다. 따라서 한국인 학습자는 <사람 + のこと>의 형태의 「こと」는 해석이 불필요하다는 점을 반드시 기억해두어야 할 것이다.

⑥~⑨의 경우 역시 「の」와 교체될 수 없는 「こと」만의 특성이라 할 수 있겠다. 크게 구분해본다면, 중요성을 강조하는 표현, 본인의 결심이나 약속, 상대에 대한 명령이나 제안 표현, 기원과 바람의 표현 등이 「こと」가 함께 사용되는 경향이 나타난다.

⑥ 「こと」 + 중요성 강조 표현(「大切(たいせつ)だ」 「必要(ひつよう)だ」 등) (≠「の」)

(50) 人間(にんげん)は趣味(しゅみ)を持(も)つことが**必要だ / 大切だ**。

인간은 취미를 갖는 <u>것</u>이 **필요하다 / 중요하다.**

⑦ 「こと」+ 결정이나 약속 표현(「決(き)める」「約束(やくそく)する」 등)
(≠「の」)

(51) a. 大学院(だいがくいん)を受(う)ける<u>こと</u>に**決めた。**
대학원시험 치는 <u>것</u>을 **결정했다.**
b. 二度(にど)と遅刻(ちこく)しない<u>こと</u>を**約束します。**
두 번다시 지각하지 않을 <u>것</u>을 **약속합니다.**

⑧ 「こと」+ 명령이나 제안 표현(「命(めい)じる」「提案(ていあん)する」 등)
(≠「の」)

(52) a. 部長(だいがくいん)は鈴木(すずき)さんに報告書(ほうこくしょ)をすぐに提出(ていしゅつ)する<u>こと</u>を**命じた。**
부장은 스즈키씨에게 보고서를 바로 제출할 <u>것</u>을 **명했다.**
b. 日本(にほん)の伝統(でんとう)を楽(たの)しむ<u>こと</u>を**提案する。**
일본 전통을 즐길 <u>것</u>을 **제안한다.**

⑨ 「こと」+ 기원이나 바람 표현(「祈(いの)る」「望(のぞ)む」 등)
(≠「の」)

(53) a. 病気(びょうき)が早(はや)くよくなる<u>こと</u>を**祈る。**
병이 빨리 좋아지<u>길</u> **기도한다.**
b. 私は労働時間(ろうどうじかん)がもっと短(みじかく)くなる<u>こと</u>を**望む。**
나는 노동시간이 더 짧아지<u>길</u> **바란다.**

문장 끝에 위치한 경우 = '문말 표현'

문장 끝에 위치하는 「ことだ」는 실질명사 「事 : 일, 사태」가 존재하기 때문에 (54)와 같이 실질명사인지 형식명사인지를 굳이 구분할 필요성이 미비한 경우가 종종 있다.

(54) 世(よ)の中(なか)一番(いちばん)怖(こわ)いのは無視(むし)されることだ。
세상에서 가장 무서운 것은 무시당하는 일/것이다.

① 「ことだ」 제안, 명령 : '~것이다'

「ことだ」는 (55)(56)과 같이 주로 <동사원형 + ことだ>의 형태를 취하고 상대에게 화자의 생각을 제안하는 경우에 사용된다. 그 상대가 화자보다 아랫사람인 경우는 명령의 의미를 띠게 되며 (57a)와 같이 「ことだ」대신에 「こと」로만 사용되기도 한다. 이 경우 회화체에서 사용되는 (57b)와 같은 명령표현과는 달리 문장체에서 주로 사용된다.

(55) 生(い)きるとは呼吸(こきゅう)することではない。
行動(こうどう)することだ。
산다는 것은 호흡하는 것이 아니다. 행동하는 것이다.

(56) Jリーグで、良いプレーをすることだ。
J리그에서 좋은 플레이를 하는 것이다.

(57) a. 勉強(べんきょう)すること。 공부할 것
b. 勉強しろ / 勉強して / 勉強せよ。 공부해(라)

이상과 같이 한국어 대응도 「こと」가 제안을 나타내는 경우는 '것이다'로, 명령을 나타내는 경우는 '것'으로 정확하게 대응되며, 「こと」의 명령표현

이 회화체라기보다는 문장체적이라는 특성 또한 한국어와 일치한다.

② 「ことだ」(< 명사 + とは〜ことだ >) 정의, 설명 : '〜것이다'

「ことだ」가 (58)과 같이 ＜명사 + とは(って)〜ことだ＞의 형태를 취하면 화자 나름대로의 개인적인 정의를 내리고 있다는 느낌을 나타내는 반면에, 만약 (58)'와 같이 「ものだ」로 교체한다면 누구나 인정하는 상식적인 선에서의 일반적인 정의를 내리고 있다는 뉘앙스가 강해진다.

(58) 生きるって人とつながることだ。
산다는 것은 사람과 연결되는 것이다.

(58)' 生きるって人とつながるものだ。
산다는 것은 사람과 연결되기 마련인 것이다.

③ 「こと(だ)」(+「なんて/なんと(いう)」) 한탄 : '무슨(어찌된) 일인가?'
영탄/감탄 : '너무나 〜구나/군!'

「ことだ」가 「なんて」「なんと(いう)」등과 함께 사용되는 경우는 (59)(60)과 같다. 즉 (59)은 마이너스적인 이미지로 한탄하는 것이고, (60)는 플러스적인 이미지로 영탄(감탄)하는 것이다. 다만 한국어 대응 시 영탄의 「こと」는 해석하지 않는 경향이 있다.

(59) おお…**なんという**ことだ = **なんて**ことだ〜〜。
아아 무슨(어쩐/어찌된) 일인가? = 무슨(어쩐/어찌된) 일이…

(60) **なんて**美しいこと! = **なんて**美しいことだろう。
너무나 아름답군! = 얼마나 아름다운가?

4. 「の」 vs 「もの」 vs 「こと」

이상 「の」「もの」「こと」의 각 특성을 문장 내의 위치에 의거하여 정리해보고자 한다.

문장 중간에 위치한 「の」「もの」「こと」

문장 중간 위치	「の」	「もの」	「こと」
실질명사	무	유(「物」)	유(「事」)
사람 지칭	○	○	
사물 지칭	○	○	
단독 사용 가능(말, 글, 사고를 대변)		○	
사태화			○
추상적 내용과 결합	○	○	○
구체적 내용과 결합	○	○	○
+ 감각동사	○		
+ 동작성 표현	○		
도치문 내 사용	○		○
+ 필요/중요 표현			○
+ 결정/약속 표현			○
+ 명령/의뢰 표현			○
+ 기원/바람 표현			○
경험 (과거형 + ～がある)			○
결심/습관(원형 + ～にする/している)			○
반사실적 사태화(과거형 + ～にする)			○
능력, 가능			○
구체화 (명사 + の + ～) 단 <사람 + の + ～>일본어 작문시 주의			○

<표1 : 문장 중간에 위치한 「の」 vs 「もの」 vs 「こと」>

문장 끝에 위치한 「のだ」 「ものだ」 「ことだ」

문장 끝 위치(문말표현)	「の/んだ」	「もの/もんだ」	「ことだ」
설명 (이유, 원인)	○		
강조 (주장, 명령)	○	Δ (「명사 + そのものだ」)	
의심/의문, 당혹/불만 (+ 의문)	○		
말 건네기 (회화체)	○		
상식적 정의와 설명(+ 순접), 의외/놀람(+ 역접)		○	
권유, 불만/비난		○	
회상<감개<감동 (과거형 + ～)		○	
반어법 (+ 의문)		○	
화자 나름의 일반적 정의와 설명 시도			○
제안<명령			○
한탄/감탄 (+ なんて 등)			○

<표2 : 문말에 위치한 「のだ」 vs 「ものだ」 vs 「ことだ」>

5.「ところ」

형식명사「ところ」는 원래 실질명사인「所 : 장소/곳, 주거지(주소) 등」가 존재하기 때문에 (61)과 같이 실질명사로도 형식명사로도 해석이 가능한 경우가 있다. 따라서 굳이 형식명사와 실질명사를 구분하는 것이 합리적인 것 같지는 않다. 그러나 다른 형식명사와의 비교를 위해 지금까지와 동일한 방법으로「ところ」의 의미용법을 정리해 보고자 한다. 즉, 단독으로 사용되지 않고 형식적이며 추상적인 의미로 사용되는「ところ」(소위 형식명사)로 한정하고, 문장 중간에 위치한 경우와 문장 끝에 위치한 경우로 구분하여 그 의미용법을 검토해보고자 한다.

(61) 良いところ悪いところ
좋은 장소(곳) 나쁜 장소(곳)　　(실질명사)
좋은 점(장점) 나쁜 점(단점)　　(형식명사)

문장 중간에 위치한 경우

①「ところ」 시간화

(62)(63)과 같이「ところ」는 원래 공간적 개념인 '장소(곳)'에서 시간적 개념인 '무렵/즈음' '때(중)'로 전환되어 사용되기도 한다. 특히 (62)와 같이 시간을 나타내는「ところ」는「その」「あの」와는 부자연스럽고, 오직「この」와만 결합하는 정형화된 형태를 보여준다. (63) 역시 인사말로 정형화된 표현이다.

(62) このところの円高(えんだか)は何(なに)が原因(げんいん)なのでしょうか?
요즈음의 엔고는 무엇이 원인인지요?
(×) そのところ

(×) あのところ

(63) お忙(いそが)しいところ、お越(こ)しいただきまして、ありがとうございます。

= お忙しい中、おいでくださりありがとうございます。

바쁘신 때(중) 와주셔서 감사합니다.

② 「ところ」 특정 부분 강조화 : 특성을 띤 부분

형식명사 「ところ」는 다음 (64a)와 같이 어떤 특정한 부분이나 그 특징을 가리키는 용법으로 사용된다. 즉, (64a)의 「ところ」는 (64b)의 「どころ」와 같이 명사나 형용동사('な형용사')의 어간과 결합하여 그 단어의 어떤 특정 부분이나 특징을 가리키는 접미사적인 역할을 하는 경우와 유사하다고 할 수 있겠다.

그러나 (64)의 「ところ」와 (65)의 「ところ」는 다소 성격이 다르다. 왜냐하면 (65a)는 '장소'를 나타내는 「ところ」의 실질명사이고, (65b c, d)는 접미사적인 역할을 한다. 명사「米」에 붙어서 그것을 명산품으로 만들어내는 지역(65b)을, 동사의 연용형('ます형')「出(で)」와 결합하여 그 동작이 행해지는 장소(65c)를, 동사의 연용형「捨(す)て」와 결합하여 그 동작이 반드시 행해져야 하는 장소(57d)를 가리키기 때문이다.

(64) a. 納豆(なっとう)のどんなところが好きですか。

낫토[13]의 어떤 (특성을 띤) 부분이 좋습니까?

b. きれいどころが集(あつ)まっている職業(しょくぎょう)があります。

예쁜 (특성을 띤) 이들이 모여 있는 직업이 있습니다.

---

13 '낫토'는 일본 전통 발효 음식으로, 한국의 청국장과 유사하지만 찌개로 끓여서 먹지 않고 날 것으로 먹는 점이 다르다.

(65) a. 教会(きょうかい)ってどんなところ?　　교회란 어떤 곳?
b. 米(こめ)どころ。　　쌀로 유명한 곳(명산지)
c. うわさの出(で)どころ。　　소문이 나오는 곳(출처)
d. ごみの捨(す)てどころ 。　　쓰레기 버리는 곳

③ 「ところ」 추상화 : 점

형식명사 「ところ」는 (66)(67)와 같이 물리적 장소가 추상적 장소로 그 의미가 확장된다. 즉, 화자의 정신 영역인 판단이라는 행위를 하는 곳을 가리키는 것이다. 이러한 경우는 (66)과 같이 주로 「思う」「考える」와 같이 사고나 인지와 관련된 표현이나 (67)와 같이 장점이나 단점을 이야기하는 경우에 사용되곤 한다.

(66) a. 不満(ふまん)に思(おも)うところもあると思います。
불만으로 생각되는 점도 있으리라 생각합니다.
b. 映画(えいが)を見(み)ていろいろ考(かんが)えるところがあった。
영화를 보고 여러 가지 생각할 점이 있었다.
(67) 君(きみ)の長所(ちょうしょ)は明(あか)るいところだね。
자네의 장점은 밝다는 점이지.

④ 「ところ」 상황/장면

「ところ」는 (68)(69)과 같이 사태가 진행되고 있는 상황을 나타내주는 역할을 한다. 따라서 (68)과 같이 진행 중의 「~中」와, (69)과 같이 동사의 진행형 「ている」와 함께 사용되곤 하며, 번역할 때는 굳이 한국어 해석을 하지 않는 것이 더 자연스럽다.

(68) a. 今(いま)のところ、予定(よてい)はありません。

지금(상황), 예정은 없습니다.

b. 今のところ求職中(きゅうしょくちゅう)です！

지금(상황) 구직중입니다.

(69) 実際(じっさい)のところどうなっているのか。

실제(상황), 어떻게 되고 있는가.

⑤ 「ところ」 부사화

「ところ」는 (70a)와 같이 부사로 만드는 역할을 하며 주로 뒤에 의지형의 동사와 함께 사용되는 경우로, (70b)와 구분되어야 할 것이다. 회화체로 특별히 격식을 차리지 않아도 되는 경우에 「ところ」를 줄여서 「とこ」로 사용하곤 한다.

(70) a. 早いとこ(ろ)かたづけよう。

빨리 치우자.

b. 早いところは既にお盆休みのお店もあります。

빠른 곳은 이미 추석 휴업을 한 가게도 있습니다.

문장 끝에 위치한 경우 = '문말 표현'

① 「ところだ」 현재 상황 간략화 : '～정도이다'

「ところだ」가 문장 중간에 사용되어 '상황'을 나타내던 것이 문장 끝으로 이동되면 (71)과 같이 자연히 그러한 상황에 대한 설명을 하고 있는 느낌이 강조될 것이다. 특히 「こんな」「そんな」등과 함께 사용하여 앞 내용을 요약해서 설명하고자 하는 경우에 주로 사용된다.

(71) a. まあ、こんなところだろう。

뭐 이런 정도이겠지.

b. まあ、そんなところだ。

뭐 그런 정도이다.

② 「ところだ」:「というところは~ところだ」

'현황(현재 상황)이다 = 현재 문제이다'

「ところだ」는 (72)처럼 「というところは~ところだ」의 형태로 짝을 맞춰 사용되곤 한다. 다른 「とは~のだ/ものだ/ことだ」등과 다른 점이라면 '현황' 즉, 현재 진행 중인 상황을 설명하고 있다는 뉘앙스가 다소 강조되었다고 볼 수 있겠다. 이는 실질명사인 '장소'가 갖는 한정된 범위라는 특성으로 인해 상황도 오직 현재의 상황으로만 한정되어버린 것처럼 느껴진다.

(72) 国の責任**というところは**、難しいところだ。

국가의 책임**이란 것은** 어려운 상황이다.

= 국가의 책임**이란** 현재 어려운 문제이다.

③ 「ところだ」 동작의 진행 상황(발생/계속/완료) 강조 : '참(상황)이다'

「ところだ」가 (73)와 같이 동작동사와 같이 사용된 경우는 그 동작의 진행과정의 영향을 받게 된다. 따라서 동사의 원형과 함께 사용되면(73a) 동작 시작 전[14], 진행형과 함께 사용되면(73b) 진행 중, 과거형과 함께 사용되면 완료(73c)를 나타내게 된다.

(73) a. 今から、コーヒー**をいれる**ところです。

지금부터 커피를 **탈** 참(상황)입니다.

14 일본어의 시제는 2시제, 즉 과거와 비과거의 2가지로 구분된다. 따라서 다음 예문처럼 동작성 동사의 기본형(원형)은 현재를 나타내는 것이 아니라 미래를 나타낸다.
예) 食べる : 앞으로 먹을 것이다(아직 안 먹은 상태).

b. 今、コーヒーをいれているところです。

지금 커피를 **타고 있는** 참(상황)입니다.

c. たった今、コーヒーをいれたところです。

막 지금 커피를 **탄** 참(상황)입니다.

6.「わけ」

형식명사「わけ」에도 (74a)와 같은 실질명사「訳：이유, 까닭」가 존재하고, 또 (74b)와 같이 실질명사로도 형식명사로도 해석될 수 있는 경우도 있다. 따라서 반드시 형식명사로 분리시켜야만 할 필요는 없다. 그러나 다른 형식명사와의 비교를 위해 지금까지와 동일한 방법으로, 문장 중간에 위치한 경우와 문장 끝에 위치한 경우로 구분해서 그 의미용법을 구체적으로 파악해보겠다.

(74) a. 面白(おもしろ)い訳(わけ)はこれだ。

재밌는 이유는 이것이다.

b. これは面白い訳だ。

이것은 재미있는 이유이다. (실질명사)[15]

이것은 (당연히) 재미있는 것이다. (형식명사)

문장 중간에 위치한 경우

①「〜わけにはいかない」형 :

'(본인의 의향과는 상관없이 당연히) ～할 수는 없다'

(75)과 같이 모든 사람들이 상식적으로 당연하게 판단되는 내용을 강조하

15 실질명사로 사용되는 경우는「これは」보다는「これが」가 더 자연스러울 것이다.

는 표현으로, 한국어 '~할 수는 없다'에 대응되며 조사 「は : 는」의 대응까지도 정확하다. 이 경우 「わけ」에는 원래의 실질명사 '이유/까닭'이 잔존해 있는 것 같다. 즉, (76)과 같이 당연한 도리이므로 비록 본인은 원하지 않더라도 그렇게 하지 않으면 안 된다는 이유를 설명하는 것으로 해석된다.

(75) こんな無責任(むせきにん)な行動(こうどう)を見逃(みのが)すわけにはいかない。
이런 무책임한 행동을 눈감아 줄 수는 없다.

(76) どんなに酔(よ)っ払(ぱ)っていたって、仕事(しごと)を休(やす)むわけにはいかないんだ。
아무리 취했다하더라도 일을 쉴 수는 없는 것이지.

② 「~わけがない」형 : '~리가 없다'

(77)과 같이 상식적으로는 도저히 이치에 맞지 않거나, (78)과 같이 지금까지 정황으로 보아 도저히 있을 수 없는 일임을 표현하고자 할 때 사용된다. '~할 리가 없다'로 대응된다. 조사 「が : 가」의 대응도 맞아떨어진다.

(77) 夏(なつ)に雪(ゆき)が降(ふ)るわけがない。
여름에 눈이 내릴 리가 없다.

(78) 俺(おれ)の妹(いもうと)がこんなに可愛(かわい)いわけがない。
내 여동생이 이렇게 귀여울 리가 없다.

문장 끝에 위치한 경우 = 문말 표현

① 「わけだ」 필연적 결과 : '(당연히) ～것이다.(+ 「～から」)'

「わけだ」는 (79)(80)와 같이 누구나 인정할 수 있는 당위성을 포함한 표현으로 사용된다. 이 경우 특히 (80)와 같이 「～から」와 같은 원인절과 함께 사용되곤 한다.

(79) みんないつかは必(かなら)ず死(し)ぬわけだよな。

모두 언젠가는 반드시 (당연히) 죽는 것이죠.

(80) 田中(たなか)さんは4年間(ねんかん)デュイスブルグ大学(だいがく)でドイツ語(ご)を勉強(べんきょう)したのだ**から**、ドイツ語(ご)が上手(じょうず)なわけだ。

타나카씨는 4년간 Duisburg대학에서 독일어를 공부했기 **때문에**, (당연히) 독일어가 능숙한 것이다.

② 「わけだ」 설명, 주장 : 명확한 근거 제시 '(당연히) ～하지'

「わけだ」는 (81a)와 같이 명확한 근거를 제시하여 사태를 설명하거나, (81b)와 같이 「たら」등의 조건절이나, (81c)의 「道理(どうり)で」와 함께 사용되는 경향이 있다. 또 화자가 1인칭(私)이면 주어를 생략하기 쉬운 특성을 지닌 일본어임에도 불구하고 (82)와 같이 굳이 「私」를 명시하여 본인의 생각을 강조하는 문장에 자주 사용된다.

(81) a. 波(なみ)が高(たか)いわけだ。

台風(たいふう)が近づいているんだった。

파도가 (당연히)높은 것이지. 태풍이 가까이오고 있었지.

b. こんなに食(た)べて**たら**やせないわけだ。

이렇게 **먹으니** (당연히) 살이 빠지지 않는 것이다.

c. **道理**(どうり)で苦労(くろう)するわけだ.

그럼 그렇지 (당연히) 고생인 것이지.

(82) まあ、**私**(わたし)も投票(とうひょう)で民主党(みんしゅとう)を選(えら)んだわけだから、あなた方(かた)の政策(せいさく)がどうなるのか、興味津々(きょうみしんしん)で見(み)ています。

뭐 **나**도 투표로 민주당을 뽑은 것이니까, 당신들 정책이 어떻게 되는지 흥미진진하게 보고 있습니다.

7. 요약

이상에서 형식명사 「の」「もの」「こと」「ところ」「わけ」의 각각의 의미용법을 파악해 보았다. 그리고 3-4에서 유사표현인 「の」「もの」「こと」의 비교 결과를 <표1> <표2>로 정리하기도 하였다. 따라서 <표1>과 <표2>를 바탕으로 「の」「もの」「こと」「ところ」「わけ」의 개별적, 대표적 특성을 추출하여 다음 <표3>에서 정리해보고자 한다. <표1> <표2>와 동일하게 문장 중간에 위치한 경우와 끝에 위치한 경우로 구분하여 요약하였다.

형식명사	「の」	「もの」	「こと」	「ところ」	「わけ」
문장 중간	ⓐ사람, 사물 ⓑ + 감각동사 ⓒ + 동작성 ⓓ도치문내 사용	ⓐ사람, 사물 ⓑ추·구상적 내용 ⓔ단독사용可 (언어, 사고)	ⓑ추·구상적 내용 ⓒ + 의지동사 ⓒ' + 명령/결정/약속/중요 표현 등 ⓕ경험 (～がある) ⓖ결심/습관 (～にする) ⓗ반사실적 사태화 ⓘ능력/가능 (～ができる) ⓙ명사의 구체화 (명사 + ～)	ⓚ강조화 ⓛ강조화 (특징/부분) ⓜ추상화 ⓝ상황/장면 ⓞ부사화	ⓟ「～わけにはいかない」: '～할 수는 없다' ⓠ「～わけがない」: '～할 리가 없다'
문말	ⓐ설명 (이유/원인) ⓑ강조 (주장/명령) ⓒ의심/의문, 당혹/불만 (+ 의문형) ⓓ말건네기	ⓔ상식적 설명(+ 순접), 의외/놀람 (+ 역접) ⓕ권유, 불만/비난 ⓖ회상, 감개, 감동 (+ 과거형) ⓗ반어법 (+ 의문형)	ⓘ제안, 명령 ⓙ화자 나름대로의 정의 ⓚ한탄/감탄 (+ 「なんて」)	ⓛ요약화 ⓜ현재 상황 ⓝ동사의 진행상황 강조	ⓜ필연적 결과 ⓞ설명,주장
실질명사	없음	「物」	「事」	「所」	「訳」

<표3 : 「の」 vs 「もの」 vs 「こと」 vs 「ところ」 vs 「わけ」>

의미영역(지시어와 동사)

지시어의 「こ」「そ」「あ」「ど」의 개념은 (1)과 같이 한국어 '이' '그' '저' '어느'에 대체로 대응되고, 동사 역시 (2)와 같이 <한자어 + する(하다/되다)> 형태로 사용되는 경우는 거의 '한자어 + 하다/되다'로 대응되는 유사점을 갖고 있다. 그러나 (3)(4)와 같이 동일한 대응을 하지 않는 경우도 있다. 따라서 여기에서는 한국어와 그 사용 의미영역이 다른 지시어와 동사를 중점적으로 파악해 보고자 한다.

(1) この方(かた)は小泉(こいずみ)さんです。
이 분은 코이즈미 씨입니다.

(2) 健康(けんこう)のためにと几帳面(きちょうめん)に運動(うんどう)する人(ひと)が増(ふ)えてきています。
건강을 위해서라며 규칙적이고 꼼꼼하게 운동하는 사람이 늘고 있습니다.

(3) 그 사람 보고 싶다.
(×) その人が見(み)たい。
(○) あの人に会(あ)いたい。

(4) 오늘 아침에는 된장국을 먹었습니다.
(×) 今朝(けさ)、味噌汁(みそしる)を食(た)べました。
(○) 今朝(けさ)、味噌汁(みそしる)を飲(の)みました。

1. 지시어

「こ」「そ」「あ」「ど」

일본어의 「こ」「そ」「あ」「ど」는 화자(말하는 사람)와 청자(듣는 사람) 간의 거리를 기준으로 사용되어, 한국어 '이', '그', '저', '어느'에 대체로 대응된다. 구체적인 내용은 다음과 같다.

① 대명사

a. 사물 지시어

これ	それ	あれ	どれ
이것	그것	저것	어느 것

b. 장소 지시어

ここ	そこ	あそこ	どこ
여기	거기	저기	어디

c. 방향 지시어

こち(ら)	そち(ら)	あち(ら)	どち(ら)
이쪽	그쪽	저쪽	어느 쪽

② 연체사[1]

a. 지시 연체사

この	その	あの	どの
이	그	저	어느

---

1 일본어 품사 중 하나로, '연체사(連体詞)'라는 한자가 의미하듯이 자립적으로 독립해서는 사용될 수 없고 체언을 수식하는 경우에만 사용되는 품사이다. 「あらゆる要素 : 모든 요소」「ある日 : 어느 날」「たいした事 : 대단한 일」의 「あるゆる」「ある」「たいした」 등도 이에 해당된다.

b. 상태 연체사

こんな	そんな	あんな	どんな
이런	그런	저런	어떤

③ 부사

こう	そう	ああ	どう
이렇게	그렇게	저렇게	어떻게

지시어의 한·일 대조

① 「あ」 계열

「あ」 계열은 한국어 대응시 '저'로 대응되어야 하겠지만 실제로는 반드시 그렇지만은 않다. 일본어의 경우는 (5)(6)과 같이 화자의 눈앞에 존재하는 '현장지시'와 그렇지 못한 '문맥지시'로 구분되기 때문에,

(5) 현장지시 : 눈으로 볼 수 있는 상황 + 모르는 경우

あの人(ひと)はどなたですか。

저 사람은 누구십니까.

(6) 문맥지시 : 눈으로 볼 수 없는 상황 + 이미 아는 경우

こういう料理(りょうり)をあの人と一緒(いっしょ)に食べたいなあと思った。

이런 음식을 그 사람과 함께 먹고 싶다는 생각을 했다.

(5)와 같은 '현장지시'의 경우는 한국어와 동일하게 '저'로 대응되지만, (6)과 같은 '문맥지시'의 경우는 「あ」 계열이 '그' 계열로 대응된다.

② 방향 지시 대명사 「こち(ら)·あち(ら)·そち(ら)」

방향을 나타내는 지시 대명사 「こち(ら)·あち(ら)·そち(ら)」는 (7b)와 같이

방향뿐만 아니라 사람을 칭하기도 한다. 일본어의 특성 중 하나인 직접적인 표현을 삼간다는 점에서 (7b)는 (7a)보다 오히려 정중한 느낌을 띠고, (7c)와 같이 인사말로도 사용된다.

(7) a. この人が山梨(やまなし)さんです。
　　이 사람이 야마나시 씨입니다.
　b. こちらが山梨(やまなし)さんです。
　　이쪽이 야마나시 씨입니다.
　c. こちらこそよろしくお願(ねが)い致(いた)します。
　　이쪽이야말로 잘 부탁드립니다.

③ 복합형

지시어는 이상과 같이 단독으로 사용될 뿐만 아니라 (8)과 같이 다른 표현과 합쳐져서 사용되는 경우도 많다.

(8)				
	こういう	そういう	ああいう	どういう
	이런	그런	저런	어떤
	このような	そのような	あのような	どのような
	이러한	그러한	저러한	어떠한
	このように	そのように	あのように	どのように
	이렇게	그렇게	저렇게	어떻게
	こうして	そうして	(ああして)	どうして
	이리하여	그리하여	저리하여	어찌하여[2]

2 「どうして」는 직역하면 '어찌하여'이지만 일반적으로는 「なぜ : 왜」의 의미로 사용된다.

2. 동사

일본어 동사는 일반적으로 한국어보다 그 의미영역이 세분화되어 있다. 예를 들면, 한국어 '있다'는 「いる」와 「ある」로 구분되고, '~고(/어) 있다' 역시 「~ている」와 「~てある」로 구분된다. 이처럼 1개의 한국어가 2개의 일본어로 사용되는 표현은 한국인 학습자들에게 상당히 까다로운 문제이다.

따라서 이 절에서는 동사의 구체적인 의미영역을 파악하기 전에 우선 일본어 동사의 특성을 간략하게 검토해보고, 이를 바탕으로 한·일간 의미영역이 다른 몇 개의 동사 – '있다' = 「いる vs ある」, '먹다' = 「食べる vs 飲む vs かむ」, '보다' = 「見る vs 読む vs 会う」, '가다' = 「行く vs 帰る」, '말하다' = 「話す vs 言う」, '생각하다' = 「思う vs 考える」 등 –를 구별해보고자 한다.

동사의 특성

일본어 동사는 간략하게 3가지 특성을 가진다.

① 동사의 기본형(사전형, 원형)은 다음 (9)와 같이 마지막 발음이 [u] 발음으로 끝난다.

(9) いる[iru], 飲む[nomu], かむ[kamu], 話す[hanasu],
会う[au], 帰る[kaeru]

② 동사는 (9)에서 볼 수 있듯이 크게 마지막에 「る」가 있는 경우(「~る」)와 「る」가 없는 경우 「~Φ」로 구분된다.

③ (10a)와 같은 상태를 나타내는 동사(상태동사)는 기본형이 현재를 나타내지만, (10b)와 같은 동작을 나타내는 동사(동작동사)는 미래를 의미한다.

(10) a.「いる : 있다」(상태동사) : (지금) 있다 = 현재

b.「飲む : 마시다」(동작동사) : (앞으로) 먹을 것이다 = 미래

동사의 분류

동사의 분류는 학자에 따라 다양하게 분류되겠지만, 일본어 학습에 도움이 될 수 있는 가장 기본적인 분류법을 소개해 보고자 한다. 동사는 크게 형식상 분류와 의미상 분류로 구분될 수 있는데 그 구체적인 내용은 다음과 같다.

A. 형식상 분류

① 규칙 활용 동사(5단동사 / 1단동사) vs 불규칙 활용 동사

a. 규칙 활용 동사

★5단(활용)동사 : (11)과 같이 5개 모음([a][i][u][e][o])으로 모두 활용되는 동사이다.

구체적으로는「る」가 없는 모든「〜Φ」형 동사나,「る」가 있지만「る」앞에 [a][u][o] 발음이 있는「〜a/u/o + る」형 동사나,「帰(かえ)る」와 같은 예외 5단동사[3]의 3가지 유형이 있다.

(11)「〜Φ」형 :

行か[ka]ない　行き[ki]ます　行く[ku]　行け[ke]ば　行こ[ko]う

「〜a/u/o +る」형 :

終わら[ra]ない　終わり[ri]ます　終わる[ru]　終われ[re]ば

終わろ[ro]う

---

3 1단동사의 특성인「~ i/e + る」의 형태를 띠고 있지만 표기할 때는 다음 예문처럼 [i/e]발음을 감추고「~ + る」로만 표기하는 동사이다. 외적으로는 1단동사의 모양을 갖추고 있지만 실질적인 활용은 5단동사와 같이 [a/i/u/e/o] 의 5단을 모두 활용하기 때문에 '예외5단동사'이라 부른다. 예) [kaeru] = (×)「帰える」, (○)「帰る」

★1단(활용)동사 : 다음 (12)와 같이 일본어의 2개 모음([i][e])만으로 활용되는 동사이다. 구체적으로는 「る」앞에 [i][e]발음이 있는 「～i/e + る」형 동사이다.

(12) 「～i/e + る」형 :

食べない　食べます　食べる　食べれば　食べよう

b. 불규칙 활용동사

동사 활용에 규칙성을 찾아 볼 수 없는 동사로, 일본어의 경우는 (13)과 같이 오직 2개만이 불규칙적 활용 동사이다.

(13) する　：し[si]ない　し[si]ます　す[su]る　す[su]れば　し[si]ろ

来(く)る ：こ[ko]ない　き[ki]ます　く[ku]る　く[ku]れば　こ[ko]い

② 「～ている」접속 가부에 의한 4분류 = 킨다이치 하루히코(金田一春彦)[4]의 분류

킨다이치 하루히코(金田一春彦)는 2가지 기준, 즉 「～ている」을 취할 수 있는지 없는지의 여부와, 「～ている」를 취했을 때 발생되는 동사의 의미 변화라는 2가지 기준에 의해, 크게 제1종 상태동사, 제2종 계속동사, 제3종 순간동사, 제4종 특수동사의 4가지로 분류하였다. 이는 다음의 동사 「アスペクト(aspect : 양상, 국면)」를 나타내는 「～ている」형을 설명하는데도 상당한 도움을 주기 때문에 이하 각각의 특성을 요약해보고자 한다.

---

4 金田一春彦(1950), 「国語動詞の一分類」, 『言語研究』15
――――(1976),『日本語動詞のアスペクト』, むぎ書房

a.「～ている」형태가 가능한 동사 : 순간동사, 계속동사

대부분의 동사는「～ている」형태를 취할 수 있다. 다만「～ている」형태를 취했을 경우 (14)(15)와 같이 그 의미가 다소 달라질 수 있다. 즉 (14a)의「倒れている : 넘어져있다」는「れる:넘어지다」라는 동작이 시작되고 그 동작이 완료된「倒れた : 넘어졌다」가 발생된 후에야 비로소「倒れている : 넘어져 있다」의 상태로 변화되게 된다. 즉,「倒れる」시작 →「倒れた」→「倒れている」의 순서 중 마지막 단계인 셈이다. 반면에 (15)의「食べている : 먹고 있다」는「食べる」동작이 시작되어 아직 끝나지 않고 그 동작이 계속되고 있는 단계를 나타낸다.「食べる」시작→「食べている」→「食べた」의 과정 중에서 중간단계인 진행 중임을 의미한다.

(14) a. 路上(ろじょう)で倒(たお)れている女性(じょせい)は助(たす)けないほうがいいのか? (순간동사)
노상에 쓰러져 있는 여성은 도와주지 않는 편이 좋은 것인가?
b. 人はみな仮面をかぶっている。(순간동사)
인간은 모두 가면을 쓰고 있다.

(15) 今食べています。うまい。(계속동사)
지금 먹고 있습니다. 맛있다.

이처럼 동사는「～ている」와 접속해서 어떤 의미를 나타내는가에 따라서 순간동사와 계속동사로 구분된다. 다시 말해서「～ている」형을 취함으로써 한 순간에 그 동작이 끝나고 새로운 상태로 변화하게 되는 동사는 '순간동사'로,「～ている」형을 취함으로써 그 동작이 계속 진행 중인 상태로 변화되는 동사를 '계속동사'로 구분된다.

이들 순간동사와 계속동사는 각각 한국어 '～아(어) 있다'와 '～고 있다'

로 대응되기 쉽다. 그러나 (14b)와 같이 순간동사이면서도 '～고 있다'로 대응되기도, (16)과 같이 순간동사가 계속동사로 전환되기도 하기 때문에 단순히 한국어 대응만으로는 구분하기 어렵다. 따라서 2가지 특성을 잘 파악해둘 필요가 있다.

첫째, 순간동사는 (16)으로 알 수 있듯이 「～ながら」와 같이 동작이 동시에 발생되고 있음을 나타내는 표현과 같이 사용되면 계속동사로 전환될 수 있다.

둘째, (14)'(15)'에서 알 수 있듯이 순간동사와 계속동사의 구분은 한국어 '～중이다'로의 해석 가부로써 구분될 수 있다.

(16) 鏡を見**ながら**、帽子をかぶっている。(순간동사→계속동사)

거울을 보면서 모자를 쓰고 있는 중이다.

(14)'a. 路上(ろじょう)で倒(たお)れている女性(じょせい)は助(たす)けないほうがいいのか?

(×) 노상에 쓰러지는 중인 여성은 도와주지 않는 편이 좋은 것인가?

b. 人はみな仮面をかぶっている。

(×) 인간은 모두 가면을 쓰고 있는 중이다.

(15)'今食べています。

지금 먹고 있는 중입니다.

b.「～ている」형태가 불가능한 동사 : 상태동사

(17a, b)과 같이 「いる/ある : 있다」와 「できる : 할 수 있다/가능하다」같은 동사는 「～ている」의 형태를 취할 수 없다. 이들 상태동사는 이미 시간관념을 초월하여 현재의 상태를 나타내는 것이기 때문에 현재 어떤 상태로 변환되었는지를 표시해 주는 「～ている」와 결합되는 것 자체가 모순인 것이다.

(17) a. (×)ここにいている。

b. (×)英語(えいご)ができている。

c. 「～ている」형태만을 취하는 동사 : 특수동사

金田一春彦(1950)에 의하면 (18a)(19a)와 같은 「そびえる : 솟다」「優(すぐ)れる : 뛰어나다」「似(に)る : 닮다」 등의 동사는 '특수동사'로 칭하여 「～ている」형태로만 사용된다고 한다. 그러나 (18b)(19b)와 같이 연체수식의 경우는 반드시 그렇지만은 않다는 점도 참고해둘 필요가 있겠다. 아울러 「優れる」의 경우는 (19)에서 알 수 있듯이 「に」와 「が」가 같이 사용된다는 점도 알아두자.[5]

(18) a. 山がそびえている/(×)そびえる。[6]

산이 (○)솟아 있다 / (×)솟다.

b. そびえている/そびえる山[7]

(○)솟아 있는/(○)솟은 산

(19) a. 性能(せいのう)が優れている/(×)優れる。[8]

성능이 (×)뛰어나 있다/(○)뛰어나다.

b. 化粧水(けしょうすい)で保湿(ほしつ)に優れている/優れる化粧品(けしょうひん)はどれなのでしょうか。

---

5 검색결과 「に優れる」는 256,000건으로, 「が優れる」는 15,400건으로 조사되었다 .

6 검색결과 「山がそびえている」는 136,000건이고, 「山がそびえる」은 1,280건이지만 그 중 70% 이상이 수식형으로 사용되었다.

7 검색결과 「そびえている山」는 139,000건이고. 「そびえる山」는 107,000건이다.

8 검색결과 「性能が優れている」는 6,240건이고, 「性能が優れる」는 653건이지만 그 중 70% 이상이 수식형으로 사용되고 있다.

스킨[9] 중에서 보습에 (×)뛰어나 있는/(◯)뛰어난 화장품은 어느 것인지요?

그러나 이들 「〜ている」만을 취하는 특수동사를 한국어로 대응시키면, (18a, b)와 같이 '〜아/어 있다'만이 자연스러운 경우도 있고, (19)와 같이 '〜아 있다'가 부자연스러운 경우도 있다. 이는 동사의 4분류가 일본어의 특성을 즉 「〜ている」형으로 바뀔 수 있는지 없는지를 근거로 분류되어 한국어의 특성이 전혀 고려되지 않았기 때문일 것이다. 이러한 분류는 일본어의 동사 특성을 이해하는 데는 도움이 되기 때문에 알아두는 편이 좋겠다.

B. 의미상 분류

이상에서 동사를 형식이나 형태라는 외적 특성에 의해서 분류해보았다. 이를 바탕으로 이번에는 내적인 의미를 근거로 분류해보고자 한다. 일반적으로 크게 목적어의 유무로 자동사와 타동사로 구분하며, 화자의 의지의 유무로 의지동사와 무의지동사로 분류하기도 한다.

① 자동사와 타동사

동사의 목적어 즉 「を」격조사가 있는지 없는지의 여부에 따라 (20)(21)과 같이 구분한다. 그러나 (22)와 같이 반드시 「を」가 있어도 자동사인 경우도 있다. 따라서 「を」의 유무로 자동사와 타동사를 구분하는 것은 목적어의 유무가 중요한 서양의 문법체계를 일본어에 그대로 답습한 결과라고 비판하며, (22a)의 「を」를 목적어가 아니라 이동의 「を」로, (22b)를 출발점의 「を」로 칭하며 「を」에 대한 새로운 해석을 시도하기도 하였다.

---

9 일본어 화장품 용어는 한국어와 다소 다르다. 예를 들면 (19b)와 같이 '스킨'은「化粧水(けしょうすい)」로, 로션은「乳液(にゅうえき)」로 명명되어 있다.

또한 '③ 의지동사 vs 무의지동사'의 항목과 같은 분류를 시도함으로써 이러한 문제점을 해결하려는 방안을 모색하기도 하였다.

그러나 자동사와 타동사의 구분은 일본어 문법을 설명하는데 특히 다음의 '② 쌍을 이루는 자·타동사'의 사용법과 「～ている」와 「～てある」의 구별을 설명하는데 상당히 효과적이다. 현실적으로 80% 정도의 동사는 자동사와 타동사의 구분으로 충분히 설명될 수 있다는 장점 또한 분명히 있다.

(20) 私は行(い)きます。(자동사)
　나는 갑니다.

(21) 私は鞄(かばん)を持(も)っている。(타동사)
　나는 가방을 들고 있다.

(22) a. 横断歩道(おうだんほどう)を渡(わた)る。('이동'의 「を」)
　　횡단보도를 건너다.
　b. 部屋(へや)を出(で)る。('출발점'의 「を」)
　　방을 나가다.

② 쌍을 이루는 자·타동사

일본어 동사에는 매우 유사한 형태를 띤 자동사와 타동사의 한 쌍을 자주 볼 수 있다. 이들을 정리하면 (23)～(27)과 같은 유형으로 분류할 수 있다. 일본어의 특색 중 하나로 이와 같은 쌍을 이루는 자·타동사를 자주 지적하고 있지만, 한국어 대응으로 알 수 있듯이 한국어에도 이와 같은 자·타동사의 대응이 이루어지고 있다. 다만 한국어의 경우 일본어와 같은 형태상의 가시적인 유사점을 추출할 수 있는지는 좀 더 조사해 보아야 하겠지만, 일단 (23)～(28)을 근거로 본다면 자동사는 주로 '～지다'로, 타동사는 '～뜨리다/게 하다'로 대응되는 것이 눈에 띈다.

a.「～[a]る」vs「～[e]る」형

(23)	スープが暖(あたた)まる	vs	スープを暖(あたた)める
	스프가 데워지다/따뜻해지다		스프를 데우다/따뜻하게 하다
	成績があがる	vs	成績(せいせき)をあげる
	성적이 오르다		성적을 올리다

b.「～[i]る」vs「～[a]す」형

(24)	才能が伸(の)びる	vs	才能(さいのう)を伸(の)ばす
	재능이 늘어나다		재능을 늘리다

b'.「～[e]る」vs「～[a]す」형

(25)	脂肪(しぼう)が燃える	vs	脂肪を燃(も)やす
	지방이 타다		지방을 태우다
	平和(へいわ)が壊(こわ)れる	vs	平和を壊(こわ)す
	평화가 망가지다/깨지다		평화를 망가뜨리다/깨뜨리다
	目が覚(さ)める	vs	目を覚(さ)ます
	눈이 떠지다		눈을 뜨다
	体重(たいじゅう)が減(へ)る	vs	体重を減(へ)らす
	체중이 늘다		체중을 늘리다

b".「～[o]る」vs「～[o]す」형

(26)	風邪がなおる	vs	風邪をなおす
	감기가 고쳐지다/낫다		감기를 고치다(낫게 하다)

c.「～[u]」vs「～[e]る」형

(27)	寿命(じゅみょう)が縮(ちぢ)む	vs	寿命を縮(ちぢ)める

수명이 줄다　　　　　　　　　수명을 줄이다

d.「～[e]る」vs「～[u]」형

(28) 肌が焼ける　　　　vs　肌を焼く

피부가 타다　　　　　　　피부를 태우다

③ 의지동사와 무의지동사

자·타동사의 모순을 해결하고자 하는 의도에서 동사를 화자의 의지 표현이 가능한지를 기준으로 의지동사와 무의지동사로 구분한다. 따라서 (29)와 같이 의지동사는「を」의 유무만으로 무의지동사와 구분되지는 않기 때문에 자동사일수도 타동사일수도 있다. 한편 무의지동사는 (30)과 같이 주로 자동사이다.

(29) a. (私は)今(いま)横断歩道(おうだんほどう)を渡(わた)ろうとしています。(의지동사/자동사)

(나는) 지금 횡단보도를 건너려고 합니다.

b. (私は)明日(あした)彼(かれ)に手紙(てがみ)を書(か)きます。(의지동사/타동사)

(나는) 내일 그에게 편지를 쓰겠습니다.

(30) a. 雨(あめ)が降(ふ)る。(무의지동사/자동사)

비가 내린다.

b. 変(へん)な臭(にお)いがします。[10] (무의지동사/자동사)

이상한 냄새가 난다.

10「する」는 타동사로 한국어 '하다'로 대응되지만 (29b)나 다음 예문과 같이 소리, 냄새 등 지각동사로 사용될 경우에는 자동사로 '난다/들린다'로 해석된다.
예)「音(おと)がする：소리가 난다/들린다」「声(こえ)がする：목소리가 난다/들린다」

「～ている」 vs 「～てある」 vs 「～てしまう」

「～ている」「～てある」「～てしまう」의 차이를 파악하기 위해서는 우선 각 표현을 의미용법을 검토해보고자 한다. 특히 「～ている」형은 전술한 '동사의 분류' 항목에서 이미 설명한 것을 참고하기 바란다.

A. 「～ている」 = 「자·타동사 + ている」

「～ている」의 의미를 한국어 대응을 고려하여 2가지로 나누어서 살펴보고자 한다. 즉, 「～ている」의 형식을 그대로 반영하여 한국어로도 '～아(어) 있다' '～고 있다'로 대응되는 경우(「～ている」의 기본적 의미)와 그러한 형태적 특성을 무시한 경우(「～ている」의 파생적 의미)로 구분하여 검토해보고자 한다.

① 기본적 의미 : '～아(어) 있다' '～고 있다'

「～ている」는 자동사이든 타동사이든 상관없이 상태동사 이외에는 모든 동사가 취할 수 있다. 전술한 金田一春彦의 4분류에 의거하면 다음과 같은 의미를 나타낸다. 특히 특수한 경우인 특수동사를 제외하면 대부분의 「～ている」(다음 a, b)는 한국어 '～아(어) 있다' '～고 있다'로 대응된다.

a. 동작의 진행 중 : 「동작동사 + ている」, 예문 (15) 참조
b. 동작이 끝나고 변화된 상태 : 「순간동사 + ている」, 예문(14) 참조
c. 특별한 의미 변화 없음 : 특수동사(항상 「～ている」형으로만 사용되는 동사) 예문(18a)(19a) 참조

② 파생적 의미 : 한국어로 다양한 대응

「～ている」의 (31)～(36)는 기본적 의미만으로는 해석이 불가능하다. 이들은 한국어의 경우는 굳이 「～ている」에 대응되는 '～아(어) 있다' '～

고 있다'를 사용하지 않아도 되며, 오히려 사용하면 부자연스럽게 느껴지는 경우도 있기 때문에 주의가 필요하다.

a. 습관이나 반복적 사건

「~ている」는 (31)(32)과 같이 「普段」 「毎日」등과 함께 사용하여 습관이나 반복적인 내용임을 나타내고자 하는 경우에 사용된다. 이 경우 한국어로 대응시키면 현재형도 다소 자연스럽게 느껴진다.

(31) 普段(ふだん)食べている/(?)食べる野菜(やさい)はどこから来るのでしょうか。[11]
평소에 먹고 있는/먹는(?먹을) 야채는 어디에서 오는 것일까요?

(32) 毎日(まいにち)どこかで交通事故(こうつうじこ)が起(お)きている/(?)起きる。
매일 어디에선가 교통사고가 일어나고 있다/일어난다.

b. 경험, 보고

「~ている」는 (33)(34)과 같이 완전히 과거에 일어났던 사건이 아니라 현재의 일이며 동시에 그 동작이 완료된 느낌을 나타내고자 할 때 사용된다. 특히 (33)에서 알 수 있듯이 「昔 : 과거」는 「見た」라는 과거형이 사용되었지만, 화자의 현재 위치를 고려한 표현에는 「見ている」가 사용되는 것이다. 따라서 완전히 동떨어진 과거의 사건으로 치는 과거형 보다는 현재의 시점을 고려하는 「~ている」가 (34)와 같은 보고문의 형식

11 검색결과「普段食べている野菜」는 502건,「普段食べる野菜」는 77건 발견됐다. 뉘앙스로는 「食べている」가 사용되면 '(습관적으로) 먹고 있는'의 의미가 강한 반면,「食べる」가 사용되면 다음 예문처럼 '(앞으로/ 미래에) 먹을 예정'의 의미를 띠는 차이가 있을 것이다.
예) 明日食べる野菜(내일 먹을 야채)

에 자주 사용되는 것 같다. 다만 한국어로 대응시켰을 경우 과거형이 더 자연스럽다.

(33) 昔(むかし)見(み)た洋画(ようが)だということに全(まった)く気(き)づかず、幕切(まくぎ)れの場面(ばめん)になって"これは、前(まえ)に見(み)ているな"と思(おも)い當(あ)たってニガ笑(わら)いすることも多(おお)くなっている。

예전에 보았던 서양영화라는 것을 전혀 알아차리지 못하고, 거의 마지막 장면이 되어서 '이건 전에 보았지/(×)보고 있지'란 생각이 들어 씁쓸히 웃는 일도 많아졌다.

(34) 発見(はっけん)を報告(ほうこく)したのは、西山(にしやま)さんと椛島(かばしま)さんのベテラン天体(てんたい)捜索者(そうさくしゃ)コンビで、お二人(ふたり)は今年(ことし)2月(にがつ)にもさそり座(ざ)に出現(しゅつげん)した新星(しんせい)を発見(はっけん)している。

발견을 보고한 사람은 니시야마씨와 카바시마씨 베테랑 천체수색자 콤비로, 두 분은 올해 2월에도 전갈자리에 출현한 신성을 발견했다/(×)발견하고 있다.

c. 사물이나 사태의 무변화 상태

「~ている」는 (35)(36)와 같이 사물이나 사태의 있는 그대로의 상태를 표현하는 경우에도 사용된다. (35)(36)의 「~ている」를 기본적 의미, 즉 순간동사로 해석하자면 어떤 변화된 상태가 나타나야 되겠지만, 이 경우는 그저 원래부터 그런 상태(굽어 있는 상태/ 맑은 상태)인 것이다. (35)의 경우는 한국어로 대응하자면 과거형도 가능하지만, (36)의 경우는 현재형만이 자연스럽다.

(35) 道がくねくねと曲(ま)がっている。
길이 구불구불 굽어 있다/굽었다.

(36) この湖の水はとても澄(す)んでいる。
이 호수는 너무 맑다/(×)맑아 있다.

B. 「〜てある」=「사물が + 타동사 + てある」

「〜てある」는 「いる」와 달리 「ある」가 사용되었다는 점에 초점을 두어야 할 것이다. 「ある」는 다음 항목에서도 설명하겠지만, 사물이나 움직임이 없는 생명체(식물 등)에 만 사용할 수 있다는 특성이 있다. 따라서 「〜てある」는 (37)과 같이 우선 주어가 사물이어야 한다는 전제조건이 필요하며, 오직 타동사만이 올 수 있다는 제한이 있다.

(37) a. 窓(まど)が<u>開(あ)けてある</u>。(누군가에 의한 결과)
창문이 열려 있다.
b. いつもたくさん本<u>を読んである</u>だけあって、文章(ぶんしょう)も素敵(すてき)! (준비)
늘 많은 책을 읽어 둔 만큼 문장도 멋짐!

(37a)의 「〜てある」는 창문이 '이미 누군가에 의해서'라 생략된 상태로, 행위가 감추진 채로 결과만이 부각된 상태라고 해석하면 된다. 따라서 (37b)와 같이 감추어진 행위가 좋은 의미로 해석되어 사전 준비라는 뜻으로도 해석될 수 있겠다. 결국 「〜てある」는 '누군가에 의한 결과'와 '준비'로 설명된다.

C. 「〜ている」 vs 「〜てある」

예를 들어, 위 (37a)와 다음 (38)을 비교하면 이들의 차이가 명백해질 것

이다. (38)의 a의 「~ている」는 타동사인 동작동사와 결합되어 동작이 진행되고 있는 중임을 나타내고 있고, b의 「~ている」는 자동사인 순간동사와 결합하여 이미 여는 동작이 완료되어 열려져 있는 변화된 결과를 나타내고 있다.

(38) a. (私は)窓を開けている。
(나는) 창문을 열고 있다. (진행 중)
b. 窓が開いている。
창문이 열려 있다. (변화된 결과)

결국 「~ている」와 「~てある」의 각각의 의미용법을 비교하면 <표1>과 같이 정리될 수 있다.

	「자·타동사 + ている」	「타동사 + てある」
기본적 의미 ('~아/고 있다' 로 대응)	• 변화된 결과 (+순간동사) • 진행 중 (+ 동작동사) • 주어의 제한 없음	• 누군가에 의한 결과 • 주어는 사물만 <Aが~てある>
파생적 의미 (현재나 과거로 해석)	• 습관, 반복적 사태 • 경험, 보고 • 사물이나 사태의 무변화 상태	• 준비 <Aを~てある>

<표1 : 「~ている」 vs 「~てある」>

D. 「~てある」 vs 「수동태 + ている」

「~てある」의 의미에 '누군가에 의한 결과'가 있기 때문에 수동형과 유사한 성격을 띤다고도 볼 수 있겠다. 따라서 「수동태 + ている」와의 차이점을 (39)(40)에서 검토해보고자 한다. (39)(40)는 한국어로는 동일하게 해석된다. 다만, (39)의 「置いてある」는 앞에서도 설명했듯이 단지 화자가 확실하게 모르는 누군가에 의해서 눈앞에 '꽃병이 놓여 있다'고 해석되기 때문에 화자에게는 다소 의아해하거나 불안한 마음이 있음을 암시한다. 반면에 (40)의 「置かれている」는 정확하게 수동형으로 사용함으로써 이미 누군가에 의해 행해진 객관적인 사태로 받아들이고 있기 때문에 의심이나 불안의 마음을 암시하는 느낌이 없어진다. 오히려 「～ている」의 파생적 의미에서 언급하였던 눈앞에 꽃병이 없더라도 '반복적 사태'로 또는 중립적인 뉘앙스의 '보고' 형식으로 설명하고 있다는 느낌을 준다.

(39) 花瓶が置いてある。　　(꽃병이 눈앞에 있음)
꽃병이 (누군가에 의해서) 놓여 있다.
(40) 花瓶が置かれている。　　(꽃병이 눈앞에 없어도 무방)
(늘) 꽃병이 놓여 있다(고 한다).

이상을 정리하면 <표2>와 같다.

차이점	「～てある」	「수동태 + ている」
현장감(불안, 의심)	○	
객관화, 일반화		○

<표2 : 「～てある」 vs 「수동태 + ている」>

E. 「～てしまう」

원래 「しまう」는 사전에 의하면 (41)과 같은 다양한 의미를 갖고 있다. 그 중 아직도 한국어에는 일을 마친다는 의미로 「しまう」의 명사형인 「しまい」를 사용하여 '시마이한다'라는 표현이 일본어의 잔재로 남아있다.

(41) 「しまう」【仕舞う / 終う / 了う】

a. 하던 일을 끝내다(＝終業する)

예) 仕事(しごと)をしまう。업무를 마치다.

b. 폐업하다(＝たたむ)

예) 店(みせ)をしまう。가게를 (완전히) 닫다.

c. 사용 중인 물건이나 중요한 물건을 원래 장소나 서랍 등에 정리하다.(＝かたづける)

예) 夏物(なつもの)をしまう。여름 물건을 치워두다.

d. 과거형 「しまった!」는 실패했을 경우 사용하는 감탄사

예) しまった、間(ま)に合(あ)わなかった。아차/아이고, 놓쳤다.

이러한 「しまう」의 의미가 「〜てしまう」로 사용되었다고 해서 완전히 다른 뜻으로 바뀔 리는 없을 것이다. 「〜てしまう」는 크게 (42)과 같이 동작이 완전히 끝난 상태(완료)를 나타내는 경우와 (43b)와 같이 화자의 의도와 다른 결과가 발생한 아쉬움이나 불만을 나타내는 경우로 구분될 수 있겠다.

(42) 食べ始める → 食べている → 食べた → 食べてしまった。

먹기 시작하다 먹고 있다 먹었다 먹어버렸다

(43) a. ダイエット中なのに、ごはんを食べてしまった。

다이어트 중인데 밥을 먹어버렸다.

b. 負(ま)けてしまった。

져버렸다.

c. 道(みち)に迷(まよ)ってしまった。

길을 잃어버렸다.

동사의 의미영역

이미 서두에 언급한 (3)(4)와 같이 한·일간 그 의미영역이 달라서 오용이 자주 발생하는 경우가 종종 있다. 그 대표적인 몇 가지 동사의 사용가능한 의미영역을 좀 더 구체적으로 검토해보고자 한다.

(3) 그 사람 보고 싶다.
(×) その人が見(み)たい。
(○) あの人に会(あ)いたい。

(4) 오늘 아침에는 된장국을 먹었습니다.
(×) 今朝(けさ)、味噌汁(みそしる)を食(た)べました。
(○) 今朝(けさ)、味噌汁(みそしる)を飲(の)みました。

① 「いる : 있다」 vs 「ある : 있다」

한국어로는 '있다' 하나면 충분한데 일본어로는 「いる」와 「ある」로 구분해서 표현해야 한다. 「いる」는 (44)와 같은 의미영역을 갖는다.

(44) 「いる」: 스스로 움직일 수 있는 것에 사용된다.

즉, 「いる」는 (45)의 a와 같이 움직일 수 있는 유생물이나 b와 같이 비록 생명체는 아니지만 움직임이 있는 것에는 사용될 수 있다. 반면에 c와 같이 비록 유생물이지만 움직일 수 없는 '나무'에는 사용될 수 없다.

(45) a. 고양이가 있다. 猫(ねこ)がいる。
b. 아직 전차가 있습니까?(운행 중인 전차) まだ電車はいますか。

c. 나무가 있다. (×) 木(き)がいる。

반면에 「ある」는 (46)와 같은 의미영역을 갖는다. 즉, (47)과 같이 대표적으로 무생물에 주로 사용되고, 스스로 움직일 수 없는 식물 등의 유생물에 사용된다. 또한 (48)과 같이 스스로 움직일 수 있는 유생물이지만 그 존재의 유무만이 강조되어 사용되는 경우, 즉 가족이나 친구가 있는지를 표현하는 경우에도 「ある」가 사용된다. 이러한 경우에 영어도 'have'동사를 사용하는 것과 유사하다.

(46) 「ある」 : 무생물 및 스스로 움직일 수 없는 유생물에 사용된다. 단 움직일 수 있는 유생물일지라도 그 존재의 유무가 중요시 되는 경우(가족, 친구)에는 사용 가능하다.

(47) a. この教室(きょうしつ)にはコンピューターがあります。
이 교실에는 컴퓨터가 있습니다.
b. 庭(にわ)に木がたくさんある。
정원에 나무가 많이 있다.

(48) a. (私は)3人兄弟(さんにんきょうだい)があります。
= I have three brothers
b. (私は)子供(こども)が三人(さんにん)あります。
= I have three children.

② 「食べる : 먹다」 vs 「飲む : 마시다」 vs 「噛む : 씹다」

(49)과 같이 한국어로는 모두 '먹다'가 사용될 수 있지만, 일본어로는 각기 다른 동사를 사용한다.

(49) a. 빵을 먹다. パンを食べる

b. 국을 먹다. スープを飲(の)む

c. 껌을 먹다[12]/씹다. ガムを嚙(か)む

따라서 「食べる」「飲む」「嚙む」의 사용 영역을 (50)과 같이 세부적으로 규정된다.

(50) 「食べる」: 씹는 동작 + 삼키는 동작

「飲む」: Φ + 삼키는 동작

「嚙む」: 씹는 동작 + Φ

③「読む」vs「見る」vs「会う」

(51)과 같이 모두 한국어 '보다'로 해석될 수 있다. 그러나 일본어로는 각각 「読む」「見る」「会う」로 구분하여 사용한다.

(51) a. 편지를 보다/읽다 手紙(てがみ)を読(よ)む

b. 만화를 보다/읽다 漫画(マンガ)を読む

c. 만화영화를 보다 アニメを見(み)る

d. TV를 보다 テレビを見る

e. 내일 보자/만나자(인사) 明日(あした)会(あ)おう

f. 보고 싶다. 会いたい

g. 메일을 보다/읽다 電子(でんし)メールを見る/読む

h. 잘 봐 주세요(=잘 부탁합니다). (×) よく見てください

(○) よろしくお願(ねが)いします。

12 껌의 경우 '씹다'가 가장 자연스럽지만, '먹다'도 허용 가능한 것 같다.

즉, a와 b처럼 「読む」는 활자로 인쇄된 것을 볼 때, c와 d처럼 「見る」는 영상물을 볼 때, e와 f처럼 「会う」는 사람을 볼 때 등으로 구분되어 사용되는 것이다.

다만 g의 전자메일의 경우는 「読む」 「見る」를 모두 사용할 수 있다. 아마도 전자메일의 경우, 이용 매체는 모니터의 화면을 이용하지만 그 주 내용은 편지 형식을 취하고 있기 때문이리라. 물론 「読む」를 사용할 때와 「見る」를 사용할 때의 뉘앙스는 다소 다를 수 있다. 「読む」는 그 내용을 충분히 파악하며 본다는 의미, 「見る」는 대강 쭉 훑어본다는 의미가 강한 것 같다. 또 h와 같은 경우는 원래의 한국어 의미가 무엇인지 유의하여 익혀두어야 한다.

이를 정리하면 (52)와 같다.

(52) 「読む」 : 활자 인쇄물 + 구체적·복합적 파악
「見る」 : 영상물 + 피상적·외적 파악
「会う」 : 사람

④ 「行く」 vs 「帰る」 vs 「戻る」

(53)과 같이 한국어의 '가다'는 일본어로는 각각 「行く」와 「帰る」로 구분된다. 본인이 원래 소속된 곳을 가는 경우만 「帰る」를 사용할 수 있는 것이다. 따라서 (54)의 a와 b의 화자의 국적은 다르다. a는 「帰る」를 사용했기 때문에 한국인이며, b는 「行く」를 사용했기 때문에 절대 한국인일 수 없다. 이를 정리하면 (55)와 같다.

(53) a. 학교에 가다. 学校(がっこう)へ行(い)く。
b. 집에 가다. うちに帰(かえ)る。
(54) a. 韓国(かんこく)へ帰る。 (한국인)

b. 韓国へ<u>行く</u>。 (외국인)

(55) 「行く : 가다」: 본인이 소속된 곳(고향, 고국 등) 이외의 목적지.

「帰る : 돌아가다」: 본인이 소속된 곳.

참고로 「帰る」를 한국어로 '돌아가다'로 대응시키면 「戻る」와의 차이점이 궁금해진다. 즉 「戻る」도 '돌아가다'로 해석되기 때문이다. 다만 「戻る」는 (56)의 예문으로 알 수 있듯이 반드시 되돌아가는 곳이 장소만이 아니라는 특성을 띠고 있다. 이를 모두 정리하면 (55)'와 같다.

(56) a. 来た道みちを<u>戻る</u>。

온 길을 <u>되돌아가다</u>.

b. よりが<u>戻る</u>。

원래 <u>관계가 되돌아오다</u>(헤어진 남녀가 다시 합치다)

(55)' 「行く : 가다」: 태생적으로 소속된 곳(고향, 고국 등) 이외의 목적지.

「帰る : 돌아가다」: 태생적으로 소속된 곳.

「戻る : 되돌아가다」: 후천적/환경적으로 소속된 장소나 신분, 관계 등

⑤ 「話す」 vs 「言う」

한국어의 경우는 '말하다' '이야기하다'의 구분이 그리 명확하지 않은 것 같다. 그러나 (57)의 a와 b의 '말하다'와 '이야기하다'는 다소 차이가 느껴진다. 즉, b의 경우 '친구와 말하다'는 지금까지 친구와 싸웠던지 뭔가 이유가 있어서 서로 말을 하지 않다가 다시 화해해서 말을 건네게 되었다는 특수한 경우에 사용되는 표현처럼 느껴져, 단순히 '친구와 이야기하다'와는 다르게 해석될 수 있다.

(57) a. 선생님께 <u>말해주세요</u>. = 선생님께 <u>이야기 해주세요</u>.

b. 친구와 이야기하다.　　≠ 친구와 말하다.

물론 일본어에도 (58c)와 같이 제한적으로 사용되는 경우가 있다. 즉, a와 b처럼 「話す」와 「言う」가 같이 사용되는 경우도 있지만, c와 같이 참았던 불만 등을 터뜨리고자 할 경우나 누군가에게 이르겠다(고자질하겠다)는 의미를 나타낼 경우는 「言う」가 자연스럽다. 한국어의 경우도 '이야기하다' 보다는 '말하다' 쪽이 좀 더 자연스럽게 느껴진다.

(58) a. もしも授業中(じゅぎょうちゅう), 具合(ぐあい)が悪(わる)くなった場合(ばあい)には先生(せんせい)に話(はな)してください。
만약 수업 중 몸이 안 좋은 경우에는 선생님에게 이야기(/말)해주세요.

b. 家(いえ)に帰(かえ)っても,鍵(かぎ)がなくて家(いえ)の中(なか)に入(い)れないという人(ひと)は、担任(たんにん)の先生(せんせい)に言(い)ってください。
집에 갔는데 열쇠가 없어서 집안으로 들어갈 수 없게 된 사람은 담임선생님께 말(/이야기)해주세요.

c. 一言(ひとこと)言ってやる。　　한마디 (말)해야지(일러야지).
(×) 一言話してやる。　　(?) 한마디 이야기해야지

따라서 굳이 「話す」와 「言う」를 한국어로 대응시킨다면 「話す」는 '이야기하다'로, 「言う」는 '말하다'로 대응시키는 것이 타당하다. 이상을 근거로 (59)과 같이 「話す」와 「言う」의 사용 영역을 규정해볼 수 있다.

(59) 「話す：이야기하다」：쌍방적 의사소통
「言う：말하다」：쌍방적 의사소통 + 일방적 전달

⑥ **「思う」vs「考える」**

「思う」와 「考える」는 (60)과 같이 「こと」와 함께 사용되는 공통점을 갖고 있다. 즉, 제3장의 「こと」에서 설명하였듯이, 추상적인 내용을 구체화시킨 표현(「こと」)과 함께 사용되는 경향이 있다. 반면에 「思う」「考える」는 (61)과 같은 차이점도 존재한다. 「思う」는 (61a)와 같이 「お金」자체에 대해 구체적인 관심을 표명하는 「~について」와는 함께 사용되기 힘들지만, 「考える」는 그러한 제한이 없다. 따라서 「思う」는 단순히 생각하는 것이고 「考える」는 곰곰이 숙고하는 것으로 구분될 수 있겠다. 이를 정리하면 (62)와 같다.

(60) a. (×) お金を<u>思う/考える</u>。
　　b. (○) お金のことを<u>思う/考える</u>。
(61) a. (×) お金について<u>思う</u>。[13]
　　b. (○) お金について<u>考える</u>。
(62) 「思う : 생각하다」 : 즉흥적으로 떠오르는 생각, 추억
　　「考える : 숙고하다」 : 여러 측면에서 깊이 생각하는 숙고/사고

「~に就(つ)いて/につき」vs「~に関して」vs「~に対して」

「思う」와 「考える」의 차이를 비교하기 위해 잠시 언급한 「~について」에 대해서 좀 더 구체적으로 파악해보겠다. 이를 위해서 유사표현인 「~に関して」「~に対して」에 대한 검토도 필요하다. 따라서 한국어 '에 대해서'로 대응될 수 있는 유사표현인 「~について」「~に関して」「~に対して」의 각 특성을 검토하여 한국인 학습자의 학습효과 증진을 위해 보다 정확한 한국어 대응을

---

13 굳이 「~について」를 함께 사용하고자 한다면 다음과 같이 단순히 머릿속에 떠오른 것(생각)이란 의미로 해석되게 만들어줘야 한다.
예) お金について思うこと。돈에 대해 생각나는 것

찾아보고자 한다.

① 「〜について/につき」 : 〜에 대해(서)

우선 「就(つ)く」에서 유래된 「〜について」와 「〜につき」에 대해서도 살펴보자. (63)〜(67)를 바탕으로 「〜について」의 의미용법을 파악할 수 있다.

(63) 1976年(ねん)5月(ごがつ)30日(にち)初版(しょはん)を元(もと)テキストにして、『朝鮮人(ちょうせんじん)虐殺(ぎゃくさつ)事件(じけん)に就(つ)いて』を引用(いんよう)してみます。

1976년 5월 30일 초판을 기본 텍스트로 삼아, 『조선인학살사건에 대해서』를 인용해보겠습니다.

(64) 「人物(じんぶつ)研究(けんきゅう)に就(つ)いての私見(しけん)」

"인물연구에 대한 사견(私見)"

(65) 「仮性(かせい)認知(にんち)症(しょう)と真性(しんせい)認知(にんち)症(しょう)の差異(さい)に就(つ)いて」

"가성 인지병과 진성 인지병의 차이에 대해서"

(66) 在職(ざいしょく)証明書(しょうめいしょ)についての悩(なや)みです。

재직증명서에 대한 고민입니다.

(67) 表題(ひょうだい)の件(けん)につきましてお聞(き)き致(いた)します。

표제 건에 대해서 여쭙겠습니다.

위 (63)〜(67)에서 알 수 있듯이 「〜について」는 주로 사건, 연구, 차이점, 서류 등과 함께 사용되어, 이들 자체에 대해 집중적으로 조명하고자 하는 화자의 관심을 표면화시키는 역할을 수행한다. 단, (67)처럼 「〜について」가 정중표현으로 사용되기도 한다. 결국 「〜について」는 대상 자체에 대해 화자의 심층적이며 분석적인 판단을 제시하고자 하는 경우에 사용된다고 요약할 수 있겠다.

다음으로 「~につき」에 대해서는 사전적 설명에 의거하여 (68)에서 그 의미용법을 요약하였다.

(68) 「~につき」:

a. 에 대해(주로 문장체적) ≒「~について」

예) 上記(じょうき)の件(けん)につきご教示(きょうし)をお願(ねが)い致(いた)します。

상기 건에 대해 교시를 부탁드립니다.

b. 때문에 ≠「~について」

예) 好評(こうひょう)につきカムバック連載(れんさい).

호평으로 인해 컴백 연재.

c. 당(단위나 수량과 함께 사용) ≠「~について」

예) 1本(ほん)につき11円(えん)をアフリカに寄付(きふ)。

담배1개비 당 11엔을 아프리카에 기부.

(68)에서 알 수 있듯이 a와 같이 「~について」와 유사한 용법도 있지만, b, c와 같이 전혀 다른 용법도 있다는 점에 주의해야 할 것이다. 다만 a의 경우 「~について」보다는 다소 딱딱한 문장체라는 느낌이 강하며, b와 c 역시 문장체적이다.

이상의 「~について」와 「~につき」를 정리하면 (69)과 같다.

(69) 「について」: 대상 자체에 대한 화자의 집중적인 관심표출의 역할을 한다. 이러한 특성을 '집중적 관심'으로 명명한다. 한국어 대응은 '~에 대해서'가 적절하다.

「につき」: '~에 대해서'(≒「について」), '~로 인해(때문에)', '~당'의

3가지 의미로 사용된다.

② 「～に関(かん)して」: ～와 관련해서

「～に関(かん)して」는 「関(かん)する」에서 유래된 표현이다. 그 구체적인 특성은 (70)～(72)의 용례로 파악해보자. 한국어로는 직역한 '～에 관해서'로 대응시켜두겠다.

(70) その件(けん)にかんして、二、三質問(しつもん)があります。
그 건에 관해서 2,3 질문이 있습니다.

(71) 子供(こども)に関(かん)して等(など)、メールでのやりとりを行(おこな)っています。
아이들에 관해서 등, 메일을 주고받곤 합니다.

(72) よくある質問(しつもん):
成人識別(せいじんしきべつ)に関(かん)して; 電子(でんし)マネー「ピデル」に関(かん)して; 申込書(もうしこみしょ)に関(かん)して; 氏名(しめい)·住所(じゅうしょ)変更(へんこう)等(など)に関(かん)して; 再発行(さいはっこう)に関(かん)して; 紛失(ふんしつ)·盗難(とうなん)·故障(こしょう)に関(かん)して; 退会(たいかい)に関(かん)して; 個人情報(こじんじょうほう)に関(かん)して; その他(た)
자주 있는 질문:
성인식별에 관해서; 전자 머니 '피데루'에 관해서; 신청서에 관해서; 이름·주소 변경 등에 관해서; 재발행에 관해서, 분실·도난·고장에 관해서; 탈퇴에 관해서; 개인정보에 관해서; 기타

(70)의 경우 「～に関(かん)して」는 거의 「～について」와 유사하다. 다만 「～に関して」를 사용함으로써 「この件」자체에 대한 질문이라기보다는

「この件」과 관련된 사항에 대해서 질문을 하겠다는 뉘앙스가 강해진다. 이러한 「〜に関して」의 특성은 (71)(72)의 경우도 마찬가지이다. 즉 어떤 특정 대상에 대해서 집중적으로 추궁하여 답을 얻고자 하는 것이 아니라 그 대상과 관련된 다양한 측면에서 정보를 얻고자 하는 경우에 「〜に関して」가 사용되기 쉽다고 볼 수 있겠다. 따라서 (72)와 같이 모든 사람들이 자주 하는 일반적인 질문에 「〜に関(かん)して」가 사용되는 것도 이러한 「〜に関して」의 특성 때문일 것이다.

이러한 「〜に関して」의 특성은 (73a)과 같이 작문 제목으로 사용되는 「〜について」와 비교해보면 보다 더 명확해 질 것이다. 왜냐하면 「〜について」를 사용하면 부모 자체에 대해서 작문을 하겠다는 의미가 명확하여 작문제목으로 자연스럽지만, (73b)처럼 「〜に関して」를 사용하면 부모보다 부모와 관련된 주변 일에 대해 작문하겠다는 뉘앙스가 강해져 작문제목으로는 부자연스럽게 느껴진다. 이는 「〜について」는 원래 「つく：붙다」에서 유래된 표현으로 좀 더 밀착된 시점으로 사태를 집중적으로 파악하고자 하는 성향이, 「〜に関して」는 앞에서 언급했듯이 「関する：관련하다, 관계하다」에서 유래되어 다소 거리를 둔 시점에서 다각적으로 사태를 파악하고자 하는 성향이 내재되어 있기 때문이다.

(73) a. 自分(じぶん)の親(おや)について。　　　　(검색 결과 202건)
　　본인의 부모에 대해서/관해서
　b. ? 自分の親に関して。　　　　(검색 결과 26건)
　　본인의 부모에 관해서/대해서

그러나 (73)의 a와 b는 양쪽 모두 한국어로 '〜에 대해서'로도 '〜에 관해서'로도 대응되므로, 이런 식의 한국어 대응은 두 표현의 각 특성을 극명하게 드러나지 못한다는 단점이 있다. 따라서 (73)'의 a와 b와 같이 「

～について」는 그대로 '～에 대해서'로 대응시키는 반면, 「～に関して」는 원래의 의미를 강조한 '～와 관련해서'로 대응시킨다면 두 표현의 차이가 보다 명확하게 드러날 수 있을 것이다. 이상의 「～に関して」의 특성은 (74)와 같이 요약된다.

(73)' a. 自分(じぶん)の親(おや)について。

본인의 부모에 대해서.

b. ? 自分の親に関して。

? 본인의 부모와 관련해서.

(74) 「～に関して」 : 대상과 관련된 주변사항에 주로 초점을 맞춰지는 경향이 있다. 이러한 특성을 '분산적 관심'이라 명명할 수 있으며, 이런 특성으로 인해 작문에 제목에는 부자연스럽게 느껴진다. 한국어 대응은 '～와 관련해서'가 적절하다.

③ 「～に対(たい)して」 : ~에 대면(대항)해서

「～に対して」는 그 글자 그대로 「それに対面(たいめん)・対抗(たいこう)して : 그에 대면・대항하여」의 뜻으로 사용된다. 따라서 「に対して」는 (75a)(76a)와 같이 주로 반대되는 내용이나 의문시되는 내용과 함께 사용되기도 하고, (77a)(78a)과 같이 상대에게 행하는 언어적 행위를 나타낼 때 사용되기도 한다. (75b)를 제외한 (76b)(77b)(78b)의 경우는 「対して」를 생략하여도 의미상 큰 문제는 발생하지 않는다. 다만 대립적이며 대항적인 뉘앙스와 문장체적 느낌이 없어질 뿐이다.

(75) a. 現在(げんざい)の宇宙(うちゅう)開発(かいはつ)における広報(こうほう)に対して苦言(くげん)を呈(てい)されていましたので、まとめてみました。

현재의 우주개발 홍보에 대해서 쓴 소리를 하셨기 때문에 정리해 보았습니다.

b. ? 現在の宇宙開発における広報に苦言(くげん)を呈(てい)されていましたので、まとめてみました。

(?) 현재의 우주개발 홍보에 쓴 소리를 하셨기 때문에 정리해 보았습니다.

(76) a. チョコレートは人体(じんたい)に対してこんなにも危険(きけん)!

초콜릿은 인체에 대해서 이렇게까지 위험!

b. チョコレートは人体にこんなにも危険(きけん)!

초콜릿은 인체에 이렇게까지 위험!

(77) a. 彼氏(かれし)に対して言いたいけど言えないことランキング。

남자 친구에 대해 말하고 싶지만 말해서는 안 되는 것 랭킹

b. 彼氏(かれし)に言いたいけど言えないことランキング。

남자 친구에게 말하고 싶지만 말해서는 안 되는 것 랭킹

(78) a. 民主党(みんしゅとう)が韓国(かんこく)に対して謝罪(しゃざい)しても次(つぎ)に自民党(じみんとう)政権(せいけん)に戻(もど)れば踏襲(とうしゅう)しなければ問題(もんだい)無(な)し。

민주당이 한국에 대해서 사죄하더라도 다음에 자민당 정권으로 돌아오면 답습하지 않으면 문제 없다.

b. 民主党が韓国に謝罪しても次に自民党政権に戻れば踏襲しなければ問題無し。

민주당이 한국에 사죄하더라도 다음에 자민당 정권으로 돌아오면 답습하지 않으면 문제 없다.

그렇다면 왜 (75a)의 경우 「対して」를 생략하면 (75b)와 같이 부자연스럽게 되는 것인가에 대해 생각해보기로 하자. (75a)의 「広報」는 (76a)(77a)(78a)와

달리 행위를 받는 사람(간접목적어)이 될 수 없는 반면, (76a)(76a)(77a)의 「人体」「彼氏」「韓国」[14]는 행위를 받을 수 있는 사람(간접목적어)이 될 수 있기 때문인 것이다. 결국 (75a)의 「〜に対して」만이 「〜について」와 「〜に関して」와 유사한 공통점이 지니고 있을 뿐, 나머지 (76a)(76a)(77a)는 「〜について」「〜に関して」와 공유되는 점이 없는 오직 「〜に対して」만의 고유한 특성이라 할 수 있다.

④「〜について/つき」vs「〜に関して」vs「〜に対して」

이상을 정리하면 <표>3과 같다.

	「について」 '에 대해서'	「につき」 '에 대해' '로 인해(때문에)' '〜 당'	「に関して」 '와 관련해서'	「に対して」 '에 대면 (대항)해서'
문장체적	○	○	○	○
회화체적	○		○	
집중적 관심	○	○		
분산적 관심			○	
간접목적어 (대상)화 (「対して」 생략 가능)				○
반대 · 비판적				○

<표3 : 「〜について」vs「~につき」vs「~に関して」vs「~に対して」>

14 「韓国」는 국가이지만 파생적인 의미로 사용되면 그 구성원인 한국인을 지칭할 수 있다.

제5장

시제(tense)

제5장에서는 전 장인 제4장 동사와 밀접한 관련이 있는 시제에 관해서 살펴보고자 한다. 시제란 주로 동사에 의해 표현되는 시간의 흐름이다. 한국어나 영어에서는 크게 3시제(현재, 과거, 미래)로 구분하지만 일본어에서는 2시제(과거, 비과거)로 구분한다. 즉, 일본어에서는 (1)과 같이 명사, 형용사, 상태동사는 현재를 나타낼 수 있지만, (2)과 같이 대부분의 동사(동작동사)는 기본적으로 미래를 의미하기 때문에, 동사의 원형(기본형)이 현재와 미래를 모두 관할하는 셈이 되는 것이다. 결국 일본어의 동작동사의 현재형은 단지 과거와 비(非)과거의 2체계로 구성되는 시제(tense) 체계로는 표현되기 힘들어서, 제4장에서 설명했듯이 「~ている」형의 도움을 받을 수밖에 없다.

(1) a. こちらは益岡(ますおか)先生(せんせい)です。
　　이쪽은 마스오카선생님입니다.
　b. 先生は優(やさ)しい。
　　선생님은 친절해.
　c. 先生は研究室(けんきゅうしつ)にいらっしゃる。
　　선생님은 연구실에 계셔.

(2) a.「お昼はどうする。」　　“점심은 어떻게 할 거니?”
　b.「これから、食べる。」　　“지금부터 먹을 거야”

이 장에서는 동사의 원형에 「る」로 끝나는 동사가 많다는 특징을 따서 비과거형은 「る」형으로, 과거형은 과거를 나타내는 조동사 「た」를 따서 「た」형으로 칭하고자 한다. 이하 「る」형과 「た」형의 특성을 파악하고, 아울러 「た」형의 파생적 용법 중 하나인 명령표현에 대한 구체적인 검토 또한 시도해보고자 한다.

1. 「る」형 : 비과거(현재, 미래, 시간 초월)

비과거의 「る」형은 크게 기본적 용법과 파생적 용법으로 구분할 수 있다. 기본적 용법이란 현재나 미래를 나타내는 경우이고, 파생적 용법은 시간을 나타내는 표현임에도 불구하고 시간을 초월한 경우를 말한다.

기본적 용법

① 현재 : 상태표현(형용사, 명사, 상태동사)

위의 (1)과 같이 「る」형이 현재를 나타낸다. 다만 (3)과 같이 비록 상태동사가 사용되었지만 「後」와 같은 미래표현과 함께 사용되는 경우는 미래를 나타난다. 그리고 제4장에서 설명했듯이 (4)와 같이 「る」형 대신 「～ている」형을 취해야만 하는 특수동사도 존재한다.

(3) 歴史(れきし)のテストが一週間(いっしゅうかん)後(ご)にあるんですが。
역사 시험이 일주 후에 있겠습니다만.

(4) a. 結果(けっか)が異(こと)なっている。
결과가 다르다.

b. 私は母親(ははおや)に似(に)ている。
나는 엄마를 닮았다.

② 미래 : 동작동사

위의 (2)와 같이 일반적으로 동작 동사는 아직 동작이 실행되지 않은 상태를 나타내어 미래 또는 미완료라 설명되곤 한다. 다만 (5)(6)과 같이 「る」형으로 사용된 모든 동작동사가 미래의 의미로 사용되는 것은 아니다. 특수하게 시간을 초월한 표현으로 해석되기도 한다. 이러한 시간 초월에 관해서는 다음 항목에서 다시 설명하겠다.

(2) a.「お昼はどうする。」　　“점심은 어떻게 할 거니?”

b.「これから、食べる。」　　“지금부터 먹을 거야”

(5) 私は毎朝(まいあさ)ヨーガ[1]をします。

나는 매일 아침 요가를 합니다.

(6) 次(つぎ)はキュウリを千切(せんぎ)りする。

다음은 오이를 채 썹니다.

파생적 용법(시간 초월)：진리, 습관, 사용법(요리법) 등의 설명 등

위에서도 설명하였듯이 (5)와 같은 반복되는 습관이나 (6)과 같은 요리법 설명, (7)과 같은 누구나 상식적으로 받아들여지는 진리 등에 사용된「る」형은 현재를 나타내지도 미래를 나타내지도 않는다. 이들을 시간을 초월한 경우로 따로 분리할 필요가 있다.

(7) 地球(ちきゅう)は回る(まわる)。

지구는 돈다.

한·일간 시제의 차이

위의 (4b)를 주목해 보자. 한국어로는 분명히 '닮았다'라는 과거형이 사용되었지만 일본어에서는「〜ている」를 사용하고 있다. (8)의 경우도 동일한 케이스이다. 또 (9)와 같은 경우도 한국어로는 현재형을 사용하지만 일본어에서는 현재형이 아니라「〜ている」형을 취해야 한다.

(4) b. 엄마를 닮았다.

(×) 母親に似た。

---

1 yoga는「ヨガ」로도 표기된다.

(○) 親に似ている。[2]

(8) a. "점심 먹었습니까?"

b. "아직 안먹었습니다."

(×)「いいえ、まだ食べませんでした。」

(○)「いいえ、まだ食べていません。」

(9) 사랑합니다

(×) 愛します

(○) 愛しています。

한국어의 경우는 '닮았다'라는 것은 이미 '닮다'라는 동작이 완료된 상태이기 때문에 과거형이 사용되었다. "점심 먹었습니까?"라는 과거형 질문에 대한 답도 안 먹었기 때문에 당연히 과거 부정형이 사용되고, "사랑합니다"는 현재 그런 마음이라는 점을 강조해야 하기 때문에 당연히 현재형이 사용되어야 하는 것이다.

반면에 일본어의 경우는「似る」는 늘「〜ている」로만 사용해 온 특수동사이고,「まだ」와 함께 현재 먹지 않은 상태를 나타내주어야 하므로, 현재 상태를 나타내는「〜ている」의 부정형이 타당하다.「愛しています」는 동작동사이기 때문에 지금 현재 사랑하고 있다는 진행 중임을 강조하려면「〜ている」를 사용해야 한다.

결국 한·일 간의 동사의 시제 체계, 특히 동사의 현재형을 따로 분리해서 인정하는 한국어와, 현재형이 따로 분리될 수 없는 일본어, 이 두 나라의 시제 체계를 얼마나 정확하게 인식하느냐가 일본어 학습 효과에 상당한 변수로 작용할 것이므로, 다음의 과거를 나타내는「た」형에도 집중해주길 바란다.

---

2 요즈음「似っている」와 같이 촉음을 넣어 표기하기도 하지만 기본적으로는「似ている」가 올바른 표현이다.
yahoo.co.jp 조회 결과 : 似っている(115,000건) vs 似ている(50,900,000건)

2. 「た」형

과거의 「た」 역시 기본적 용법과 파생적 용법으로 크게 구분하여 설명해보고자 한다. 기본적 용법은 과거를 나타내는 경우이고, 파생적 용법은 기본적 의미에서 발전되어 시간의 개념을 초월한 경우이다.

기본적 용법

① 과거 : 상태표현(형용사, 명사, 상태동사)

위의 (1)의 현재 「る」형을 과거형으로 바꾼 (1)'가 과거라 할 수 있겠다. 상태표현은 「る」가 현재를, 「た」형이 과거를 나타낼 수 있다.

(1)' a. 益岡(ますおか)先生(せんせい)でした/だった。

마스오카 선생님였습니다/이었다.

b. 先生は優(やさ)しかった。

선생님은 친절했다.

c. 先生は研究室(けんきゅうしつ)にいらっしゃった。

선생님은 연구실에 계셨다.

② 동작동사 : 완료

반면에 동작을 나타내는 (2)와 같은 동작동사의 경우는 (2a)와 같은 질문에 대한 대답으로 (2b')와 같이 「た」형으로 바꾸면 이미 먹었다는 완료의 의미를 나타낸다. 물론 (2b")와 같이 「～ている」형의 부정형인 「～ていない」를 사용하면 아직 안 먹은 상태임을 나타낸다.

(2) a 「お昼はどうする。」 "점심은 어떻게 할 거니?"

b' 「もう食べた。」 "벌써 먹었어."

b"「まだ食べていない。」 "아직 안 먹었어."

또 동작동사의 「た」형은 (10)과 같이 화자가 반드시 그 상황에 직면해서 그 동작이 완료되는 광경을 목격해야 한다. 만약 옷을 사러 가서 옷을 입어본 후 점원에게 (11)의 a와 같이 말하면 점원은 분명 좋은 얼굴을 하지 않을 것이다. 왜냐하면 옷을 입어보면서 망가뜨렸다는 가능성을 내포하기 있기 때문이다. 그런 오해를 받지 않으려면 b와 같이 이미 제4장에서 설명했듯이, 이미 그 동작이 일어났고 그로 인해 변화된 결과를 나타내주는 <순간동사 + 「~ている」>형을 취해야 한다. 이러한 차이는 한국어 해석으로도 수긍이 갈 것이다.

(10) 「あ、バスが来た」
"아, 버스가 왔다."

(11) a. 「すみませんが、ズボンのファスナーが壊(こわ)れました。」
"여기요, 바지 지퍼가 망가졌습니다."

b. 「すみませんが、ズボンのファスナーが壊(こわ)れています。」
"여기요, 바지 지퍼가 망가져 있습니다."

파생적 용법

위와 같은 기본적 용법에서 파생되어 시간과의 관련이 희박해진 용법으로는 다음과 같은 경우를 들 수 있겠다.

① 발견 :

잃어버린 물건을 발견했을 경우, (12)와 같은 표현을 사용한다. 한국어로 대응시키면 현재형으로도 과거형으로도 사용할 수 있지만, 일본어로는 반드시 과거형을 사용한다.

(12) あ、ここにあった!
　　아 여기 있네/있었네.

② **상기, 재확인 :**

잊어버린 기억을 되찾고자 할 경우에 비록 현재 상황임에도 불구하고 (13)과 같이 「~た + っけ」의 형태를 취하면서 「た」형을 사용한다. 한국어와의 대응도 동일하게 과거형을 사용한다.

(13) 池田(いけだ)さんでしたっけ。
　　이케다 씨였던가.

③ **명사 수식 :**

(14)(15)와 같이 명사를 수식하는 경우에 마치 형용사처럼 사용된다. 이는 한국어의 대응도 동일하며, (16)과 같이 영어의 과거분사가 형용사처럼 사용되는 경우와 유사하다.

(14) 冷(さ)めたピザ。
　　식은 피자

(15) ひげをはやした聖徳太子(しょうとくたいし)のキティちゃん[3]
　　수염을 기른 성덕태자 키티

3　나라(奈良)지역에서 한정판매되는 작은 사이즈의 손 타월 도안

(16) well-known news

유명한 뉴스

④ 명령 :

(17)(18)과 같이 명령표현으로도 사용된다. (17)는 「待(ま)つ : 기다리다」의 「た」형을, (18)은 「退(ど)く : 물러서다, 비키다」의 「た」형을 사용하여 명령의 의미를 나타낸다. 주로 사람이 붐비는 장소 등에서 사용되는 다소 거친 표현이다. 명령표현에 대해서는 다음 항목에서 구체적으로 설명하겠다.

(17) 「ちょっと待った!」

"좀 기다려!"

(18) 「どいた! どいた! 神輿(みこし)のお通(とお)りだ～ 」

"물러서라, 물러서라. 신령이 타신 가마 납시오～"

⑤ 관용표현

(19)～(22)와 같이 「た」를 사용하는 다양한 관용어가 있다. 즉 (19)는 「～た + ことがある」의 형식을 취하며 '～한 적이 있다'라는 경험을, (20)은 「～た + ほうがいい」의 형식으로 '～하는 편이 좋다'라는 권유를 나타낸다. (21)은 「～た + まま」의 형식으로 '～한 채'로 해석되는데 대부분의 동사에 사용될 수 있다.

(19) 日本に行ったことがあります。

일본에 간 적이 있습니다.

(20) タクシーにのったほうがいいです。

택시를 타는 편이 좋습니다.

(21) 扇風機(せんぷうき)をつけたまま寝(ね)ると、～

선풍기를 틀어둔 채로 자면, ~

(22) a. ? 窓(まど)を閉(し)めたまま寝ました。

? 창문을 닫은 채로 잤습니다.

窓を閉めて寝ました。

창문을 닫고 잤습니다.

b. ? 靴(くつ)を脱(ぬ)いだまま上(あ)がってください。

? 신을 벗은 채로 올라오세요.

靴を脱いで上がってください。

신을 벗고 올라오세요.

다만 「~た + まま」는 (21)같이 상식적이지 못한 행동에 사용하면 자연스럽지만, (22)와 같이 상식적인 행동에는 오히려 부자연스럽다는 점에도 주의해야 할 것이다. 이는 한국어의 경우도 마찬가지인 것 같다. 상식적인 내용에 굳이 '~인 채로'를 강조해서 덧붙일 필요까지는 없기 때문이다.

3. 「る」 vs 「た」

이상의 「る」와 「た」의 기본적 용법과 파생적 용법을 정리하면 <표1>과 같다.

시제		「る」(비과거)	「た」(과거)
기본적 용법	상태표현	현재	과거
	동작동사	미래	완료 +현장목격

시제	「る」(비과거)	「た」(과거)
파생적 용법	• 습관 • 진리 • 사용법, 요리법 등 설명	• 발견 • 상기, 재확인 (「だ」+「っけ」) • 명사 수식 • 명령 • 관용표현 (「た」+「ことがある」/「ほうがいい」/「まま」)

<표1 : 「る」 vs 「た」>

4. 명령표현

앞에서 간략하게 언급했던 명령표현에 대해 좀 더 구체적으로 검토해보고자 한다. 동사의 활용형 중 하나인 명령형을 사용하는 방법과 그 외의 다른 표현을 추가하는 방법으로 구분해서 살펴보기로 하자.

동사의 명령형을 사용하는 경우

동사의 활용형 중 하나인 명령형을 사용하여 명령표현을 만드는 경우로, 제4장에서 설명한 동사 분류에 따라 크게 규칙적 활용과 불규칙적 활용으로 구분할 수 있다.

① 규칙적 활용

a. 5단동사 : 「～[u]」→「～[e]」

(23)과 같이 마지막 [u] 발음을 [e] 발음으로 바꾸면 된다. 다만 (24)와 같은 존대의 의미를 갖는 동사는 그 활용이 다소 다르다.

(23) a. 行く[iku] → 行け[ike]

b. 走る[hasiru] → 走れ[hasire]

(24) a. いらっしゃる(いる、くる의 존대 : 계시다, 오시다) → いらっしゃい

b. おっしゃる(話す、言う의 존대 : 말씀하시다) → おっしゃい

b. 1단동사 :

(25)와 같이 마지막 「る」를 「ろ」나 「よ」로 바꾼다.

(25) a. 食べる → 食べろ/食べよ

b. 見る → 見ろ/見よ

② 불규칙적 활용

불규칙동사인 「する」「くる」는 (26)과 같이 「しろ/せよ」와 「こい」로 바뀐다.

(26) a. する → しろ、せよ

b. くる → こい

다른 표현이 추가되는 경우

① 「た」형

이미 앞에서 언급한 (17)(18)과 같은 경우이다.

(17) 「ちょっと待った!」

"좀 기다려!"

(18) 「どいた! どいた! 神輿(みこし)のお通(とお)りだ～ 」

"물러서라, 물러서라. 신령이 타신 가마 납시오～"

② 「〜て(ください)」 : 〜해(주세요)

「ください」를 생략하고 「〜て」만 사용한 경우는 (27)의 a와 같이 명령적으로 들린다. 물론 b처럼 「ください」를 붙이면 '〜해주세요'로 되어 다소 부드러운 느낌이 들게 된다. 그러나 (27)의 c, d와 비교하면 상당히 정중도는 떨어지기 때문에 손님이 가게 주인에게나 사용하는 것 같은 뉘앙스가 느껴진다. 따라서 본인이 필요해서 남에게 무엇인가를 부탁하고자 할 때에는 「〜てください」 형태보다는 c, d와 같은 <겸양/존대 + 가능 + 부정 + 의문>의 형태를 사용하여 상대의 의향을 충분히 존중하고자 한다는 의도를 뚜렷하게 나타내는 표현을 사용하는 것이 더 효과적이라 할 수 있겠다.

(27) a. コピーして。 복사해.
b. コピーしてください。 복사해 주세요.
c. コピーしていただけませんか。 복사해 주실 수 없겠습니까?
d. コピーしてくださいませんか。 복사해 주실 수 없겠습니까?

다만 c의 경우는 국어로 지역하면 "복사해 받을 수 없겠습니까?"와 같이 화자 자신을 낮추어서 상대적으로 상대를 높이는 효과를 내는 겸양표현(「いただく」 : 「もらう 받다」의 겸양표현)이 사용되었다. 반면에 d의 경우는 상대를 높이는 존대표현(「くださる」 : 「くれる 주다」의 존대표현)이 사용되었다는 차이만 있을 뿐 두 표현의 의미는 유사하다. 그러나 일본인의 경우, 타인이 주어가 되는 직접적 의뢰표현인 c보다는 화자 본인이 주어가 되는 간접적인 의뢰표현인 d가 보다 정중한 뉘앙스가 있다고 느껴져서 더 선호하는 경향이 있다.

③ 「〜[i] + (なさい)(よ)」「お〜[i] +(なさい)」: '〜하시오'

「〜なさい」형 중 가장 익숙한 표현이 「おやすみなさい : 안녕히 주무세요」이기 때문에 「〜なさい」가 설마 명령표현일까 의심하는 경향이 있다. 그러나 「おやすみなさい」도 (28)과 같이 해체시켜 보면 알 수 있듯이 소위 미화어인 「お」(제11장 참조)가 붙어서 명령의 의미를 다소 부드럽게 해주고 있을 뿐이다.

(28) おやすみなさい = お + 「やすむ」의 ます형 + なさい

결국 「〜なさい」자체만으로는 상당히 강한 명령을 나타내기 때문에 (29a, b)와 같이 주로 「お」와 함께 사용하거나 종조사 「よ」를 첨가하여 사용하기도 한다. 물론 (29c)와 같이 「なさい」를 생략할 수도 있다. 다만 (30)과 같이 「みる」「くる」 등의 2음절인 1단동사나 불규칙동사는 「お〜なさい」형으로 사용되지 못한다.

(29) a. お入(はい)りなさい。

b. 食べなさいよ。

c. さっさとお入り。

(30) a. (×)お見(み)なさい。

b. (×)お来(き)なさい。

④ 「る」형 + な

<「る」형 + な>의 형태로 (31)과 같이 부정명령표현을 나타낸다.

(31) テレビばかりみるな。

(늘) 텔레비전만 보지 마. (공부, 독서 등 다른 일을 해라.)

⑤ 「る」형 + こと

<「る」형 + こと」>는 주로 문장체적인 표현으로 누구나 반드시 지켜야 하는 규칙 등을 정해서 나열할 때 주로 사용된다. (32)는 매너 규정을 나열한 것 중 일부분을 소개한 것이다.

(32) 下駄(げた)、スリッパ、ヒール及(およ)びミュール等(など)、歩(ある)くときに音(おと)がする履物(はきもの)は禁止(きんし)すると共(とも)に静(しず)かに歩(ある)くこと。
나막신, 슬리퍼, 힐, 샌달 등 걸을 때 소리가 나는 신발은 금지하고 동시에 조용히 걸을 것.

⑥ 「る」형 + ように

<「る」형 + こと>에 비해 회화체적이다. 직역하면 '~하도록'으로, (33)과 같은 명령표현으로도 (34)와 같은 기원표현으로도 사용될 수 있다. 동일한 표현이 명령으로도 기원으로도 해석된다는 것은 그 사용 장면이 문제가 된다. 즉, 명령표현은 화자와 상대와의 관계가 (33)처럼 상하관계가 바탕에 깔려있는 경우에, 기원표현은 (34)와 같이 상하관계에서 벗어난 비교적 평등한 경우에 발생되기 쉽다.

(33) 大学(だいがく)でC言語(げんご)を勉強(べんきょう)するように言(い)われました。
대학에서 C언어를 공부하도록 하라는 말을 들었다.
대학에서 C언어를 공부하라고 했다.

(34) 病(やまい)の方々(かたがた)が速(すみ)やかに癒(いや)されて行(い)くように祈(いの)ります。
병에 걸린 분들이 빨리 나아지시도록 기원합니다.

⑦ 「る」형, <「る」형 + のだ/んだ> (↔ <「る」형 + のではない/じゃない>)

일본어 「る」형은 (35)처럼 그 자체로 명령을 나타내기도 한다. 또 제3장에서 설명하였듯이 「のだ」가 갖는 명령적 뉘앙스로 인해 <「る」형 + のだ/んだ(회화체)>는 (36a)처럼 좀 더 강한 명령을 띠게 되고, (36b)과 같이 「のだ」의 부정표현인 「のではない/んじゃない」로도 부정명령을 나타내곤 한다.

(35)	早(はや)く座(すわ)る!	빨리 앉는다!	= 빨리 앉아라.
(36)	a. 早く座るんだ!	빨리 앉는 거지!	= 빨리 앉지 않고 뭐해.
	b. 座るんじゃない!	앉는 게 아니지!	= 앉지 말라고 했지.

⑧ 동사부정형 + か

<동사 부정형 + か>는 (37)(38)과 같이 동사의 부정형에 의문의 「か」를 붙여서 반어법을 사용한 명령을 표현한다. (37)과 같이 주로 회화체에서 사용되지만, (38)과 같이 문장체에서 사용하여 화자의 의견문의 제목 등으로 사용되기도 한다.

(37) 「いい加減(かげん)にしないか」[4] = 「いい加減にしろ」

"적당히 하지 못하나" = 적당히 그만 둬라.

(38) 面接(めんせつ)で志望(しぼう)動機(どうき)をきくのもうやめないか。

= 「～もうやめろ」

면접에 지망동기를 묻는 것 이제 그만두지 못하나?

---

4 「いい加減」은 직역하면 '좋은 가감'으로 다음 예문 a처럼 좋은 뜻으로 '적당함, 알맞음'으로 해석될 때도 있지만, b와 같이 '무책임한, 대충의'로, c와 같이 부사로 '정말, 아주'로 해석되기도 한다.

예) a.「お風呂(ふろ)はちょうどいい加減です : 목욕물은 딱 알맞습니다」

b.「あいつはいい加減な奴(やつ)だ : 저 녀석은 무책임한 놈이다」

c.「いい加減疲れた : 정말/아주 지쳤다」

= ～이젠 그만둬라

요약

명령표현	
활용형 이용(동사의 명령형)	**다른 표현 추가**
• 5단동사 : 「～[u]」 → 「~[e]」 • 1단동사 : 「～る」 → 「~ろ/よ」 • 불규칙동사 : する → しろ、せよ くる → こい	• 「た」형 • 「て(ください)」 • 「～なさい(よ)」, 「お～(なさい)」 • <「る」형 + な> • <「る」형 + こと> • <「る」형 + ように> • 「る」형 or <「る」형 + のだ/んだ(「る」형 + のではない/じゃない)> • <동사 부정형 + か」>

<표2 : 다양한 명령표현>

제6장

수동(자발/가능/존경)표현과 사역표현

일본어의 수동을 나타내는 「~(ら)れる」형태는 '자발', '가능', '존경'도 표현할 수 있다. 이와 같이 하나의 형태로 다양한 의미를 나타내는 현상에 대해 학자들은 여러 가지 해석을 제시하였다. 예를 들어, 야마다 요시오(山田孝雄:やまだよしお)에 의하면 태초부터 인간과 대자연과의 수동적관계를 고려하여 「受身」에서부터 발생되어 「自発 → 可能 → 尊敬」의 순으로 전개되었다[1]고 주장하였으며, 킨다이치 쿄스케(金田一京介:きんだいちきょうすけ)는 고어 「(ら)る」의 기원이 「生(な)る:(열매가) 열리다」이기 때문에 「自発」에서 발생되었다고 주장하기도 하였다. 그 기원이야 어찌되었든 「~(ら)れる」가 '수동', '자발', '가능', '존경'의 다양한 의미를 갖고 있기 때문에 일본어 학습자가 그 각각의 용법을 명확하게 구분하는 것이 그리 간단하지만은 않다. 또한 한국어와 마찬가지로 (1)과 같이 「2자한자어 + する」의 형태로 일본어 어휘의 상당부분을 차지하고 있지만, 한국어로는 일본어와 달리 '2자한자어 + 하다/되다'로 모두 대응되기 때문에 한국인 학습자의 오용이 자주 눈에 띄는 부분이기도 하다.

(1) 체중은 운동에 의해 감소 [했다(○)/되었다(○)].
体重(たいじゅう)は運動(うんどう)によって減少(げんしょう)[した(×)/された(○)]。

따라서 이 장에서는 수동 「~(ら)れる」는 물론 대응되는 능동 및 사역(「~(さ)せる」), 즉 일본어 동사의 태(態 = voice)에 대해서 중점적으로 파악해보고자 한다.

---

1 태초부터 대자연의 힘에 순종할 수밖에 없어서 가장 먼저 「受身(うけみ)」가 발생되고, 그 다음 자연적으로 발생되는 사태를 보고 「自発」을 떠올리고, 「自発」현상을 보고 인간은 어떤 「可能」성을 찾게 되고, 「可能」은 곧 인간의 능력과 힘을 이끌어 내어 결국 타인의 「尊敬」을 끌어내게 되었다는 해석이다.

1.「2자 한자어 + する/される」

이상의 (1)을 해결하고자 하는 하나의 방편으로 (2)를 제안하고자 한다.

(2) 「2자 한자어 + される」 : ' + 동작주(상징·암시, 생략포함)'인 경우에만 사용할 수 있다.

(1a)'의 경우처럼 비록 「によって」와 같은 수동태의 표식이 있다 하더라도, 대응하는 능동문 (1b)가 부자연스럽고 오히려 (1c)와 같은 사역태가 자연스러운 경우는 수동형 「される」가 사용될 수 없다. 다시 말해서 「運動」과 같이 행위를 실제로 하는 동작주가 될 수 없는 경우는 수동형 「される」를 사용할 수 없다는 것이다.

(1)' a. 体重は運動によって減少した。[2]

체중은 운동에 의해 감소했다.

= 体重は運動のため減少した。

= 체중은 운동으로 인해(때문에) 감소했다.

b. (×)運動は体重を減少した。

(×)운동은 체중을 감소했다.

c. 運動は体重を減少させた。

운동은 체중을 감소시켰다.

---

2 (1'a)의 「によって」는 다음 예문처럼 영어 수동문에 사용되는 동작주를 나타내는 'by'의 역할이 아니라, 단순히 「~に因(よ)る : ~에 의하다/기인하다」라는 이유나 근거를 나타내는 동사의 「て」형일 뿐이다.
예) 安土城(あづちじょう)は信長(のぶなが)によって建てられた。

따라서 (3)과 같이 한국어로는 '하다'로도 '되다'로도 모두 대응될 수 있지만 자동사의 성격이 강한 「한자어 + する」는 「する」를 택하는 것이 더 자연스럽다. (3)은 암기해 두는 것이 편리하겠다.

(3) 한국어 '2자 한자어 + 하다/되다'이지만 「2자 한자어 + する」가 자연스런 경우 : 減少(げんしょう)する, 回復(かいふく)する, 崩壊(ほうかい)する, 安心(あんしん)する, 判明(はんめい)する, 発達(はったつ)する, 緊張(きんちょう)する 등 자동사의 성격이 강한 경우

한편 (4)~(6)과 같이 「される」를 택하는 것이 더 자연스러운 경우도 유념해 두자. 결국 (7) 또한 암기해 두는 것이 좋겠다.

(4) アイスワイン, 凍(こお)ったブドウから生産(せいさん)<u>される</u>。
아이스 와인, 얼은 포도에서 생산된다.

(5) ゴールデンウイークが明(あ)けると、私は新(あたら)しい部署(ぶしょ)に配属(はいぞく)<u>される</u>。
매년 황금연휴가 끝나면 나는 새 부서에 배속된다.

(6) 先日(せんじつ)、高校(こうこう)から推薦(すいせん)<u>される</u>ことになりました。
며칠 전 고등학교로부터 추천받게 되었습니다.

(7) 「한자어 + 하다/되다」이지만 「한자어 + される」가 자연스런 경우 : 「生産される」와 같은 원료나 「配属される」「推薦される」와 같이 본인의 의지와 무관한 사태를 나타내는 경우

물론 (8)과 같이 명사를 수식하는 경우는 「する」「される」모두 사용할 수 있다. 한국어 대응 결과로도 추측할 수 있듯이 의미상으로 미묘한 차이가 있

다.[3] 그러나 수식형의 특성상 동사적 의미가 형용사적인 의미로 변화되었기 때문에 수동이든 능동이든 크게 문제 되지는 않는다. 다만 (9)와 같이 전혀 의미가 달라지는 경우도 있다.

(8) a. アフリカで生産(せいさん)する中国(ちゅうごく)の高級茶(こうきゅうちゃ)。
   아프리카에서 생산하는 중국 고급차
   b. アフリカで生産される中国の高級茶。
   아프리카에서 생산되는 중국 고급차

(9) a. 推薦する人。
   추천하는 사람
   b. 推薦される人。
   추천받는 사람

따라서 이상을 바탕으로 「2자 한자어 + する」의 수동형 사용법은 (10)과 같이 요약될 수 있겠다.

(10) 한국어 '2자 한자어 + 하다/되다'로 모두 대응하는 일본어 「2자 한자어 + する」는 수동이 암시되거나(eg. 「生産」) 본인의 의사와 무관하더라도(eg. 「配属」「推薦」), 동작주가 존재하는 경우라면 「2자한자어 + される」를 택할 수 있다. 단 명사수식형으로 사용되는 경우는 이러한 제한이 약화된다.

---

3 (8a)의 경우는 차를 생산하는 생산지인 「アフリカで : 아프리카에서」에 초점이 맞춰졌다는 느낌이 강한 반면, (8b)는 생산된 상품인 「中国の高級茶 : 중국 고급차」에 초첨이 맞춰졌다는 느낌이 강하다.

2. 「～(ら)れる」: 수동, 자발, 가능, 존경

이상과 같이 한국인 학습자가 「する」를 사용할까, 「される」를 사용할까 망설이게 되는 것은 일본어의 수동표현에 대한 정확한 지식이 부족한 것도 그 원인 중 하나일 것이다. 따라서 이 절에서는 「～(ら)れる」형식을 취하는 일본어의 수동표현을 비롯하여, 동일한 형식으로 표현됨에도 불구하도 다양한 의미를 나타내는 '자발', '가능', '존경'에 대해서도 파악해 보고자 한다.

수동

① 수동표현의 분류

일본어의 수동표현은 크게 직접수동과 간접수동으로 구분된다. 그 차이는 대응하는 능동표현의 유무이다. 우선 직접수동표현을 살펴보겠다. (11)(12)와 같이 대응하는 능동표현이 있는 경우인 것이다.

(11) a. キャベツが害虫(がいちゅう)に食べられた。
양배추가 해충에게 먹혔다.
b. 害虫がキャベツを食べた。
해충이 양배추를 먹었다.

(12) a. サンダルで満員(まんいん)電車(でんしゃ)に乗(の)るのはよそう。
ヒールのかかとで素足(すあし)なのに踏(ふ)まれた。
샌달을 신고 만원전차를 타는 것은 그만두자.
힐 굽으로 맨발인데 밟혔다.
b. (だれかが)私の素足を踏んだ。
(누군가가) 내 맨발을 밟았다.

즉 (11)의 경우 「食べる」를 하는 행위자인 「害虫」와 그 행위를 받는 대상자 「キャベツ」가 명확하며, (12)의 경우 역시 비록 생략되어 있기는 하지만 상식적으로 추측할 수 있다. 이러한 경우를 직접수동표현이라 한다.
물론 수동표현이라고 해서 반드시 (11)(12)와 같이 피해를 입은 경우에만 사용되는 것은 아니다. 한국에서는 수동표현을 주로 피해를 입은 경우에 사용하기 쉽기 때문에, 일본어에서는 (13)과 같은 표현으로도 사용된다는 점도 기억해두자.

(13) a. 私はきのう上司(じょうし)に誉(ほ)められた。
　　나는 어제 상사에게 칭찬받았다.
　b. 上司はきのう私を誉めた。[4]
　　상사는 어제 나를 칭찬했다.
(14) a. 宇宙食(うちゅうしょく)ドロボー?野口(のぐち)さんの分(ぶん)、同僚(どうりょう)に食べられた。
　　우주식 도둑? 노무라씨의 몫, 동료에게 먹혔다.
　a' 野口さんは自分の分を同僚に食べられた。
　　노구치씨는 자신의 몫을 동료에게 먹혔다.
　a" [野口さんは [同僚が野口さんの分を食べる] ことを された]
　　[노구치씨는 [동료가 노구치씨 몫을 먹는다] 를 당했다]
　b. 同僚が野口さんの分を食べた。
　　동료가 노무라씨 몫을 먹었다.

다만 (14b)와 (11b)의 「食べた」는 그 성격이 조금 다르다. (11b)의 경우는 먹고 먹히는 대상이 주어인 「害虫」와 목적어인 「きゃべつ」가 되겠지만,

---

4 (13b)를 보다 자연스럽게 사용하자면 다음 예문과 같이 「~てくれる」를 사용하여 칭찬해 준 것에 대한 감사의 마음을 표현하는 것이 더 좋을 것이다.
예) 上司はきのう私を誉めてくれた。상사는 어제 나를 칭찬해주었다.

(14b)의 경우는「野村さん」과「同僚」일 수 없는, 소위「持ち主の受身(もちぬしのうけみ) : 소유자 수동」이라 불리는 경우이다. (14a)의 경우는 (14a')의 의미로 나타내며 그 내부 구조는 (14a")와 같이 이루어졌다고 볼 수 있다. 통상적으로 이와 같은 수동문은 (15)와 같이 소유자와 소유물을 분리하여 표현하지만, (14a)의 경우는「宇宙食ドロボー?」와 같이 독자의 관심을 끌려는 제목을 사용했기 때문에 보다 더 명확한 대답을 제시하고자 굳이 소유자와 소유물을 분리시키지 않았다.

(15) スリが私の財布をすった。

→(×) 私の財布がスリにすられた。[5]

(○) 私は財布をスリにすられた。

다음은 간접수동에 대해 알아보자. 간접수동표현은 크게 자동사문과 타동사문으로 구분될 수 있다. 우선 (16)~(18)과 같이 행위자와 그 행위를 받는 대상자가 불분명하기 때문에 대응하는 능동표현이 없는 자동사문 간접수동표현을 살펴보겠다. 일반적으로 서양어에서 이러한 간접수동표현을 찾기 힘들다고 한다. 따라서「迷惑(めいわく)の受身(うけみ)」라 칭하며 주로 피해를 받았다는 점을 강조하곤 한다. 다만 직접수동표현도 피해를 입은 경우에 사용되기 때문에 굳이 이 경우만을「迷惑の受身」라는 명칭으로 구분할 필요가 있는지는 의문이다.

(16)	a. 雨に降られた。	비에 맞았다.
	a'. [私は [雨がふる] ことを される]	나는 [비가 내리다]를 당하다.

5 반드시 비문은 아니지만, 마치 외국어의 어색한 번역문 같은 느낌이 든다.

(17) a. 子供に死なれた。

아이가 죽었다 (그래서 슬프다).

a'.[私は [子供が死ぬ] ことを される]

나는 [아이가 죽다]를 당하다.

(18) a. 赤(あか)ちゃんに泣かれ、一睡(いっすい)も出来なかった。

아기가 울어대서 한숨도 못잤다.

a'.[私は [赤ちゃんが泣く] ことを される]

나는 [애기가 울다]를 당하다.

다음은 (19)와 같은 타동사문의 간접수동표현을 살펴보겠다. (19) 역시 직접능동문이 존재하지 않고 (19a')의 의미 구조를 띤다.

(19) a. 冷蔵庫(れいぞうこ)にとっといたプリンを家族(かぞく)に食べられた。

a'.[私は [家族がプリンを食べた]ことをされる]

≠ プリンが私を食べた / 家族が私を食べた。

나는 [식구가 푸딩을 먹었다]를 당하다

≠ 푸딩이 나를 먹었다 / 가족이 나를 먹었다.

이상의 2분류법은, 직접수동문에 소위 「持ち主の受身」인 (15)를 포함시켜 (12)～(15)를 직접수동문으로, (16)～(19)를 간접수동문으로 구분한 것이다. 그러나 「持ち主の受身」를 간접수동문에 소속시켜 직접수동문을 (12)～(14)로, 간접수동인 (15)～(19)로 분류시키는 경우도 있다. (16a')～(19a')의 경우 비록 직접적으로 대응되는 능동표현이 존재하지는 않지만 그 구조는 (14a")와 유사하기 때문이다. 이처럼 수동표현의 분류는 그 어느 쪽도 나름대로 일리 있는 주장을 하고 있다.

따라서 수동표현을 어떻게 분류하느냐는 중요한 것이 아니다. 일본어의 수동표현에는 능동문으로 교환이 가능한 전형적인 수동표현과, 화자와 소유 관계에 있는 사물과 관련된 수동표현(「持ち主の受身」)과, 직접적인 능동문이 존재하지 않는 수동표현(「迷惑の受身」)의 3개의 타입이 있는 것과 그 특성이 무엇인가를 정확하게 파악해두는 것이 중요하다.

② 수동문의 사용 조건

이상과 같은 특성을 지닌 수동문은 과연 어떠한 경우에 사용되는가? 이오리 이사오(庵功雄 : いおりいさお)(2002 : 104)에 의하면 다음 4가지를 들고 있다. 그러나 ⓑⓒ는 문법적인 문제라기보다는 문체적인 문제이기 때문에, (20)(21)로 쉽게 이해가 될 것이다. 대부분의 문장은 주어에 관심을 두기 마련이므로 (20a)의 화자의 관심 대상인 「太郎」가 (20b)과 같이 수동문으로 바뀌면서 「次郎」로 바뀌었으며, (21a)를 (21b)와 같이 주어를 통일시키니 문장 전체가 잘 다듬어진 깔끔한 인상을 준다.

ⓐ 対応(たいおう)する能動文(のうどうぶん)の動作主(どうさしゅ)を不問(ふもん)に付(ふ)したい場合
대응하는 능동문의 동작주를 불문에 붙이고자 하는 경우

ⓑ 影響(えいきょう)の受け手(うけて)の方(ほう)が影響の与え手(あたえて)より身近(みじか)な場合
영향을 받는 사람 쪽이 영향을 주는 사람 보다 더 가까운 경우

ⓒ 従属節(じゅうぞくせつ)の主語(しゅご)を主節(しゅせつ)の主語(しゅご)と統一(とういつ)したい場合
종속절의 주어를 주절의 주어와 통일시키고자 하는 경우

ⓓ 迷惑(めいわく)な気持(きもち)を表(あらわ)したい場合
피해를 입었다는 기분을 표시하고자 하는 경우

(20) a. 太郎(たろう)は次郎(じろう)を殴(なぐ)った。

타로는 지로를 때렸다.

b. 次郎は太郎に殴られた。

지로는 타로에게 맞았다.

(21) a. 太郎が遅く帰ってきたので、父が叱った。

타로가 늦게 돌아와서 아버지가 혼냈다.

b. 太郎は遅く帰ってきたので、父に叱られた。[6]

타로는 늦게 돌아와서 아버지에게 혼났다.

결국 문법적인 측면에서 수동문의 주요 특성은 ⓐⓓ로 요약될 것이다. ⓓ의 피해의 기분을 표시하고자 하는 경우는 이미 앞에서 충분히 설명했으므로, ⓐ의 동작주를 불문에 붙이고자 하는 경우를 좀 더 구체적으로 살펴보기로 하자. ⓐ는 크게 'a. 행위자가 불분명한 경우'와 'b. 행위자를 암시하고자 하는 경우'로 구분할 수 있을 것이다.

a. 행위자가 불분명한 경우

(22)(23)과 같이 「開く : 열다」「作る : 만들다」의 행위자가 누구인지 명확하게 제시할 수 없는 경우에 주로 수동문이 사용되는 것이다. 따라서 역사적 사실과 물건에 관한 내용이 자주 수동문으로 표현되기 쉽고 다소 문장체적 뉘앙스를 띠게 된다.

(22) a. オリンピックがソウルで開かれた。

올림픽이 서울에서 열렸다.

---

6 「が」와 달리 「は」는 「ので」종속절을 넘어서 그 다음 주절까지 영향력을 끼칠 수 있다. 즉, 「父に叱られた」의 주어의 기능을 수행할 수 있는 것이다. 이는 한국어 「은/는」의 경우도 마찬가지다.

b. X(だれか)がオリンピックをソウルで開いた。

X(누군가)가 올림픽을 서울에서 열었다.

(23) a. あの建物は19世紀に作られた。

저 건물은 19세기에 지어졌다.

b. X(だれか)があの建物を19世紀に作った。

X(누군가)가 저 건물을 19세기에 지었다.

b. 행위자를 암시하고자 하는 경우

(24)(25)를 한국어로 대응시키면 유사한 의미를 띤다. 그러나 일본어에서는 수동형으로 사용했을 경우와 능동형으로 사용했을 경우는 그 뉘앙스가 달라진다.

(24) 会議(かいぎ)が始まった。　　회의가 시작되었다.

(25) 会議が始められた。　　회의가 시작되었다.

즉, (24)과 같이 자동사로 사용되는 경우와 (25)와 같이 타동사를 수동형으로 사용하는 경우는 그 뉘앙스가 달라지는 것이다. (24)의 경우는 「会議 : 회의」가 화상회의와 같이 시작시간이 되어 자동적으로 시작되었다는 뉘앙스가 있어서 행위자는 전혀 안중에도 없게 된다. 반면에 (25)의 경우는 비록 그 행위를 수행한 행위자는 명확하게 제시되어 있지 않지만 그 누군가에 의해서 회의가 시작되게 되었다는 그 누군가의 존재를 암암리에 어필하고 있는 표현으로, 행위자의 존재감이 다소 느껴진다.

③ 요약

이상의 수동문의 특성을 정리하면 <표1>과 같다.

「～(ら)れる」 수동표현	전형적 수동	파생적 수동[7]	
		소유자 수동 「持ち主の受身」	피해의 수동 「迷惑の受身」
능동문으로 교환	○	○	×
피해 의식	○/×	○	○
칭찬 표현	○	×	×
무생물 주어	○ (단 문장체적)	△	×
의도적 목적	○	○	△/×[8]

<표1 :「～(ら)れる」수동표현>

자발

일본어의 「～(ら)れる」자발표현은 (26)(27)과 같이 주로 주관적인 생각이나 감각을 나타내는 동사에 한정되어 있다. 특히 (27)의 a와 b의 경우처럼 「を」와 「が」가 모두 사용될 수 있다는 점에도 주의를 기울일 필요가 있을 것이다.[9]

(26) 古(ふる)いシングルをかけるとあの頃(ころ)が思(おも)い出(だ)される。

---

7 학자에 따라서는 「中間的(ちゅうかんてき)な受身 : 중간적 수동」으로 분류되기도 한다.

8 (14)와 같은 타동사문의 경우처럼 상대가 의도적으로 그런 행위를 하지 않았을 수도 있고(그 기사의 본문에 동료들이 일부러 먹지 않았다는 전말이 밝혀진다), 의도적으로 할 수도 있기 때문에 반드시 의도적인 목적이 있다고는 규정짓기는 힘들다. 또 (16)~(18)과 같은 자동사문의 경우는 당연히 의도적인 목적이 있다고는 볼 수 없다.

9 일본어 교사는 다음 예문의 a와 b 중 b가 보다 문법적으로 맞는 표현이라는 설명을 하곤 하지만, 어떤 조사에 의하면 오히려 a가 더 많이 사용되며 b를 사용하지 못하는 경우가 더 많다는 결과가 나왔다고 한다.
예) a.「～をしたい」 b.「～がしたい」

오래된 싱글판을 틀면 그 무렵이 생각난다.

(27) a. 夏(なつ)を感(かん)じられる画像(えいぞう)。
여름을 느끼게 하는 영상

b. アラフォー[10]のリアルが感じられる3冊(さつ)
40세전후 여성의 실제가 느껴지는 3권

따라서 이들 자발표현의 특성을 정리하면 (28)과 같다.

(28) 「~(ら)れる」 자발표현 : 주로 화자의 주관적인 생각이나 감각 등을 나타내는 동사(「思う→思われる : 생각나다」「悩む→悩まれる : 고민되다」「感じる→感じられる : 느껴지다」「偲ぶ→偲ばれる : 그리워지다」 등)로 표현된다.

가능

가능을 나타내는 표현은 앞에서도 언급했듯이 「~(ら)れる」 형태로 (29)(30)과 같이 가능을 표현할 수 있다. 다만 모든 동사가 「~(ら)れる」형으로 가능표현이 되는 것은 아니다. 즉, 「~(ら)れる」형으로 가능표현이 가능한 동사는 불규칙동사 「来る」와 1단동사의 경우에만 가능하다. 이 경우 소위 「ら抜き言葉(らぬきことば) : ら를 뺀 말」이라 하여 「ら」를 생략하고 「~れる」를 붙여서 주로 회화체에서 사용하기도 한다.

(29) 名古屋(なごや)から無料(むりょう)バスで来(こ)られる(来れる)。
나고야에서 무료버스로 올 수 있다.

---

10 「アラフォー」는 「アラウンドフォーティー(around 40)」의 약자로 40세 전후(35-44세)의 여성을 가리키는 말로 2008년 드라마 「around 40」가 인기를 끌면서 2008년도 유행어 대상을 받기도 하였다.

(30) 自分(じぶん)で決(き)められる(決めれる)。
스스로 정할 수 있다.

불규칙동사 「する」는 (31)과 같이 「出来る(できる)」「한자어 + できる」로, 5단동사는 (32)와 같이 <동사의 어간 + [e] + る>의 형태로 가능을 표현한다. 이처럼 동사에 따라서 가능표현을 만드는 법이 다른 복잡한 문법 체계를 타파하고 보다 간단한 표현을 선호하고자 하는 심리가 작용하여 「ら抜き言葉」를 탄생시킨 것 같다.

(31) a. 家庭(かてい)で出来る(できる)食中毒(しょくちゅうどく)予防(よぼう)のポイント
가정에서 할 수 있는 식중독 예방의 포인트
b. 人生(じんせい)は逆転(ぎゃくてん)できる!
인생은 역전할 수 있다!

(32) 名古屋(なごや)から無料(むりょう)バスで行ける。[11]
나고야에서 무료버스로 갈 수 있다.

가능 표현은 (33)과 같이 <동사원형 + ことができる>형태로도 표현될 수 있다. 다만 한국어로의 대응으로도 알 수 있듯이 다소 문장체적인 느낌이 나타나는 차이점이 있다.

---

11 「行く」의 가능동사인 「行ける」는 굳이 한자로 표기하지 않고 「いける」로 표시한다면 다음 예문과 같이 전혀 다른 의미를 나타내는 다른 동사이기도 하다. 「売れる」도 마찬가지이다.
예) これはいけますね。≠ これはいくことができる。
이것은 (맛, 품질, 상품성 등) 괜찮군요.
あの子は売れている。≠ あの子は売ることができる。저 애는 잘 나갑니다.

(33) 名古屋から無料バスで行くことができる。
나고야에서 무료버스로 가는 것이 가능하다.

한편 (34)와 같이 타동사의 가능표현과 자동사는 상당히 유사하다. 다만 한국어 대응으로도 알 수 있듯이 a의 경우는 타동사의 가능표현답게 어떠한 노력의 결과로 넣을 수 있게 되었다는 뉘앙스가, b는 자동사답게 저절로 그렇게 되었다는 뉘앙스가 나타나는 차이가 있다.

(34) a. 入(い)れられる　　넣을 수 있다. (←入れる 넣다)
b. 入(はい)る　　들어가다

존경

「～(ら)れる」형은 (35)와 같이 존경의 의미로도 사용된다. 다만 (36)과 같이 존경을 전담하는 표현과 비교하면 다소 정중도가 떨어진다. 아마도 (37)과 같은 관서지방에서 사용하는 가벼운 존경표현인 「～はる」와 유사한 것 같다. [12]

(35) 証明書(しょうめいしょ)を本学(ほんがく)へ取(と)りに来(こ)られる方(かた)へ。
증명서를 우리 대학에 받으러 오시는 분께.
(36) 証明書を本学に取りにいらっしゃる方へ。
증명서를 우리 대학에 받으러 오시는 분께.

(37) いわはる(言う), おきはる(起きる), みやはる(見る), きやはる(来る),

12 교토말 중 보다 정중도가 높은 표현으로는 「お~になる」에 해당되는 다음과 같은 「お~やす」가 있다.
예) お見やす, お書きやす, お食べやす

しやはる(する)[13]

3. 「~(さ)せる」사역

사역과 타동사

한국어의 사역형으로는 '~게/도록 시키다/하다' 등을 들 수 있듯이, 일본어의 경우는 「~(さ)せる」가 대표적이다. (34)와 같이 가능동사가 자동사와 유사한 의미를 띤다면 사역형은 (38)과 같이 타동사와 근접한 성격을 띤다고 할 수 있겠다. 다만 a의 경우는 「子供」의 의지에 반해서 억지로 시킨다는 뉘앙스가 b의 경우보다 강할 수 있다는 차이는 있을 것이다.

(38) a. 子供(こども)を寝(ね)かせる。 아이를 자도록 시키다.
b. 子供を寝かす。 아이를 재우다.

따라서 실질적으로 시킴을 받아서 행동을 하지 못하는 (39)의 a와 b는 위의 (38a)의 「寝る」와는 다른 의미로 해석될 것이며, c는 부자연스럽게 느껴진다. 그리고 (40)과 같이 그 행위의 주체자가 명확하게 달라진다. 즉, a의 경우 옷을 입는 실질적인 행위자는 「子供」이지만, b의 경우는 「子供」가 아니라 화자인 것이다.

(39) a. 人形(にんぎょう)を寝かせる。
인형을 눕히다.

---

13 「~はる」는 <なさる → なはる → はる>와 같이 변천하는 과정에서 만들어졌다고도 하며, 5단동사는 「[a] + はる」, 1단활용동사는 「る」대신 바로 「はる」, 1단활용동사 중 2음절 동사와 불규칙 동사는 「~ + や + はる」로 만들어 진다. 다만 「や」는 생략되기도 한다.

b. 味噌(みそ)を1年半(いちねんはん)ねかせる。

된장을 1년 반 숙성시키다.

c. ? 車を寝かせる。

? 차를 자게 하다.

(40) a. 子供に自分(じぶん)で服(ふく)を着(き)させる。

아이에게 스스로 옷을 입게 시키다.

b. 子供に服を着せる。

아이에게 옷을 입히다.

사역의 파생적 용법

이상과 같은 사역을 기본적인 용법으로 본다면 다음 4가지 경우는 파생적 용법이라 할 수 있겠다. 왜냐하면 사역의 '강제성'이 소멸되었기 때문이다.

① 방임·허가 「～に～(さ)せる」

(41a)와 같이 비록 「～(さ)せる」 형태를 취하고 있지만 강제성은 찾아 볼 수 없다. 아이를 억지로 놀게 시킨다는 의미보다는 아이에게 놀도록 허락하거나 놀 수 있도록 내버려 둔다는 의미로 해석될 수 있겠다.

(41) a. 子供に公園(こうえん)で遊(あそ)ばせる。

아이에게 공원에서 놀게 하다/두다.

b. 子供を公園で遊ばせる。

아이를 공원에서 놀게 하다/두다.

물론 (41b)의 「子供を」처럼 「を」를 사용하여 아이를 시키는 대상으로 본다면 사역의 강제성이 다시 되살아날 것이다. 즉, 공원에서 놀고 싶지 않고 다른 실내에서 다른 놀이를 하고 싶어 하는 아이를 억지로 공원에서 놀도록 강요하는 뉘앙스가 되살아나는 것이다.

② 겸손「～させていただく」

사역의 특성은 (42a)(43a)의 경우에도 소멸되어 버린다. 오히려 가장 겸손한 표현으로 전환되어 있다. (42a')(43a')를 종교적인 해석, 즉 전지전능한 신과 보잘 것 없는 인간과의 관계나 혹은 대자연과 인간과의 관계에 입각해서 생각해본다면 다소 이해될 수 있을 것이다. 모든 일에 본인 스스로의 재능으로 능동적으로 대처하는 것이 아니라 오로지 전지전능한 절대자나 자연으로부터 부여받은 재능을 잠시 빌려서 사용하는 것뿐이라는 측면에서 해석해본다면, 사역형이 어떻게 겸손한 표현으로 전환될 수 있는지 이해될 수 있을 것이리라.

(42) a. それでは、発表させていただきます。

a'.[私は [だれか(神, 全知全能な者, 大自然など)が 私に 発表させる] ことを いただきます]

?? 그러면 발표시킴을 받겠습니다.

그러면 발표하겠습니다.

(43) a. 今日は早く帰らせていただけませんか。

a'.[私は [だれか(神, 全知全能な者, 大自然など)が 私に 帰らせる] ことを いただけませんか]

?? 오늘은 빨리 귀가시킴을 받을 수 있겠습니까?

오늘은 빨리 귀가해도 되겠습니까?

4. 사역수동「～(さ)せられる」: (억지로)~하게 되다/당하다

「～(さ)せる」로 표현되는 (44a)와 같은 사역표현「～(さ)せる」는 사역이 갖는 강제성 때문에 상하관계의 상위에 해당되는 사람이 주로 사용할 수 있어 일상생활에서 누구나 쉽게 사용할 수 있는 표현이라고는 할 수 없다. 오히려 (44b)와 같이 사역수동표현「～(さ)せられる」가 더 일상생활에서는 자주 쓰이는 것 같다. 이는 회화체에서는 아무래도 1인칭인 화자가 중심이 되는 표현이 선호되기 때문일 것이다.

(44) a. 先生は(私に)日記(にっき)を書かせた。　(사역표현)
선생님께서 (나에게) 일기를 쓰라고 시키셨다.
b. (私は)先生に日記を書かせられた。　(사역수동표현)
(나는) 선생님으로부터 일기를 쓰라는 말씀을 들었다.

사역수동형 만드는 방법

사역수동이란 사역표현과 수동표현이 결합한 표현이다. (45)와 같이 사역형이 먼저 만들어지고 그 다음에 수동형으로 전환되는 형태로 결합하기 때문에 '사역수동'이란 이름으로 불린다.

(45) a. 子供をお使(つか)いに行かせる。　(←「行く」)[14]
아이를 심부름 (가라고) 시키다.
b. 子供はお使いに行かせられる。　(←「行かせる」)
아이는 심부름 가라는 시킴을 당한다.

---

14 (45a) 역시 (41a)처럼「子供に」로 바뀐다면 사역의 강제성은 다소 소멸될 것이다.

단축형 「～[a] + される」

회화체에서는 (46)과 같이 사역수동형을 간략하게 축약시켜 「～[a] + される」형태로 사용한다.

(46) a. 行かせられる → 行かされる
b. 書かせられる → 書かされる

그러나 모든 동사가 사역수동형의 단축형이 사용되는 것은 아니다. (47)과 같이 1단동사, 불규칙동사, 5단동사 중 「～す」로 끝나는 동사는 예외이다.

(47) a. 食べる → 食べさせられる → (×) 食べさされる
b. 来る → 来させられる → (×) 来さされる
c. 話す → 話させられる → (×) 話さされる

제7장

모달리티 표현

제7장에서도 역시 일본어 표현 중 한국인 학습자를 힘들게 하는 표현 중 하나를 파악해보고자 한다. 화자의 심정을 나타내는 모달리티 표현이다.[1] 일본어에서는 (1)과 같이 화자 자신과 관련된 미래나 미지의 사건에 대한 추측은 물론, (2a)와 같이 타인의 마음 상태나 생각을 묘사하고자 할 때에도 이들 모달리티 표현이 사용된다. 이러한 특성은 한국어로 대응해 보아도 수긍이 될 것이다.

(1) (私は)明日学校に行けそうだ。

(나는) 내일 학교에 갈 수 있을 것 같다.

(2) a. (×) 彼は行きたい。[2] (×) 그는 가고 싶다.

b. (○) 彼は行きたがっている。 (○) 그는 가고 싶어한다.

c. (○) 彼は行きたいようだ。 (○) 그는 가고 싶은 것 같다.

= [私は [彼は行きたい]と 思う]

나는 그는 가고 싶다고 생각한다.

따라서 (2b)와 같이 주어(「彼」)의 심리적 상태를 직접적으로 표현하는 형용사 「ほしい : 원한다」를 「～がる」를 붙여 동사로 만든 후 「～ている」로 전환

1 다음 예문의 밑줄 친 부분과 같이 객관적 사태를 제외한 화자의 주관성을 짙게 나타내는 부분을 'モダリティ(modality)' 표현이라 한다.
예) a. どうやら彼が来るらしい。아무래도 그가 올 것 같다.
b. 勉強しなければならない。공부하지 않으면 안 된다.

2 소설 등에서 작가와 등장인물의 시선이 일치된 경우, 즉 감정이입이 된 경우에는 이러한 표현이 가능하다.

하여 객관화시키거나,[3] (2c)과 같이 생략되어 있는 화자(私)의 생각이나 추측을 나타내는 「ようだ」를 붙이는 것이다. 이러한 경우는 반드시 형용사에만 한정되는 것은 아니다. (3)과 같은 동사의 경우도 마찬가지이다. 일본어 동사 특히 동작동사의 「る」형은 제5장에서도 설명하였듯이 화자의 미래의 확고한 의지가 표현되기 때문에 (3a)는 부자연스럽고 (3b)와 같이 모달리티 표현으로 바꾸어야 한다.

(3) a. (×)彼は行く。[4] 그는 간다.

b. (○)彼は行くだろう(でしょう/らしい/ようだ·みたいだ/そうだ/はずだ/かもしれない/に違いない)。

그는 가겠지[~겠지요/ ~것 같다(같아 보인다/듯하다)/당연히 ~것 같다(당연히 ~겠지)/~지 모르겠다/~것임에 틀림없다].

문제는 「らしい」「ようだ」「そうだ」모두가 한국어 '것 같다'로 대응된다는 점이다. 이러한 문제를 해결해보고자 한국어와 1 : 1 대응을 하는 경우와 그렇치 못한 경우로 구분하여 각 표현의 구체적인 특성을 파악해보고자 한다.

1. 한국어와 1:1 대응이 불가능한 모달리티 표현

한국어로 1 : 1 대응이 불가능한 모달리티 표현으로는 위의 (3b)에서 알 수 있듯이 「らしい」「ようだ/みたいだ」「しそうだ」「はずだ」등을 들 수 있겠다. 이하 이들을 구체적으로 검토해보겠다.

---

3 「~ている」형을 사용함으로써 단순히 현상 자체만을 묘사한다는 '현상(묘사)문'의 성격이 강조된다. (4-2-3 참조)

4 예문 (2)의 경우와 마찬가지로 소설 등에서는 가능하다.

「らしい」

① 조동사「らしい」vs 접미사「らしい」

「らしい」는 반드시 추측을 나타내는 경우에만 사용되지는 않는다. (4)(5)와 같이 접미사적 역할도 하기 때문에 우선 그 구분법부터 명확하게 해둘 필요가 있다. 즉, (4)의「らしい」는 화자가 보기에 그 사람이 남자인지 여자인지는 확실히 모르겠지만 화자가 알고 있는 여러 가지 근거(윤곽, 키, 목소리 등)에 비추어 아마도 남자인 것 같다고 추측하는 경우 조동사일 수도 있고, 완전히 (5)의「らしい」처럼 남자의 특성을 아주 많이 갖추고 있는 확신의 단계를 나타낼 수 있는 접미사일 수도 있다.

(4) あの人は男(おとこ)らしい。저 사람은 남자인 것 같다/남자답다.
= [私は {あの人が男だ}と 思う]
나는 저 사람이 남자인 것 같다고 생각한다.
= [私は{あの人は男として持っている特徴をたくさん持っている}と思う]
나는 저 사람은 남자가 가지고 있는 특징을 매우 많이 가지고 있다고 생각한다.

(5) 吉田(よしだ)さんは男らしい男だ。요시다씨는 남자다운 남자이다.
= [私は{吉田さんは(男として持っている特徴をたくさん持っている)男だ}と思う]。
나는 요시다상은 남자가 가지고 있는 특징을 매우 많이 가지고 있는 남자라 생각한다.

결국「らしい」의 용법은 어떤 특성이 존재하는데 그 특성이 명확한지 불명확한지를 구분해서 사용하는 표현이라 정의할 수 있겠다. 이를 구체적으로 정리하면 (6)과 같다.

(6) 「らしい」: 판단의 근거를 가지고 있을 경우에 사용된다. 다만 그 근거가 명확한 경우는 접미사로서 앞의 명사의 특성을 강조하며 주로 「명사 + らしい + 명사」의 형태를 취하며('~다운/답다'), 그 근거가 불명확한 경우에는 조동사로서 그와 같은 특성이 내재되어 있음을 주로 문장 끝에 붙여서 나타낸다('~것 같다').

② 조동사 「らしい」: 추측, 전언 '~것 같다/듯 하다'

추측을 나타내는 「らしい」는 다음 (7a)와 같이 '전언'을 나타내기도 한다. 전언은 출처를 근거로 하기 때문에 추측의 (4)보다는 확실성이 많이 높아졌다고는 하지만, 대표적인 전언표현인 「という : (라)고 한다」에 비하면 추측성은 아직도 내재되고 있다고 할 수 있겠다. 즉, 똑같이 소문을 근거로 들고 있지만 (7a)의 「らしい」는 떠도는 소문으로 상당히 신빙성이 없을 수 있다는 뉘앙스를 나타내는 반면, (7b)의 「という」는 소문의 출처가 어느 정도 분명하고 믿을 만하다는 뉘앙스를 띠기 때문이다. 따라서 비록 전언의 용법으로 사용된 「らしい」라 할지라도 '~것 같다'로 대응시키는 것이 바람직하다.

(7) a. 噂(うわさ)によるとこいつらはまだ若(わか)いから数年(すうねん)で刑務所(けいむしょ)から出(で)る<u>らしい</u>。
소문에 의하면 이 녀석들은 아직 어리기 때문에 수년 만에 형무소에서 나온다는 <u>것 같다</u>.
b. 噂(うわさ)によると當初(とうしょ)の設定(せってい)からだいぶ変(か)えて脚本(きゃくほん)書(か)きなおした<u>という</u>話(はなし)もあります。
소문에 의하면 당초 설정에서 많이 바꿔서 각본을 고쳐 썼다고 <u>하는</u> 이야기도 있습니다.

「ようだ」(「みたいだ」는 주로 회화체)

① 조동사 「ようだ」 vs 형식명사 「よう(に)」

「ようだ」는 (8)(9)와 같이 조동사 용법과 형식명사 용법으로 크게 나눌 수 있다. (8)의 조동사의 용법은 「どうやら」등과 같이 사용되어 추측을 나타낸다. 반면 (9)의 형식명사 용법은 주로 「ように」의 형태를 취하며 a와 같은 '기원', b와 같은 '예시', c와 같은 '목적'등의 의미로 사용된다.

(8) どうやら辞任(じにん)は決(き)まったようだな。
   아무래도 사임이 결정된 것 같군.

(9) a. 無事(ぶじ)帰ってこれますよう(に)…
      무사히 돌아오시길…
   b. このように書いてください。
      이처럼(이것 같이) 써 주세요.
   c. ブログで利用(りよう)できるように写真(しゃしん)の大(おお)きさを変更(へんこう)する。
      블로그에서 이용할 수 있도록 사진 크기를 변경한다.
   d. お祭(まつ)りに行(い)くために親(おや)を説得(せっとく)したいんです。
      축제에 가기 위해서 부모를 설득하고자 합니다.

단, c는 d와 유사하게 '목적'을 나타내지만 다음 (10)과 같이 접속되는 표현이 다르다는 점에 주의가 필요하다.

(10) 무의지 동사, 가능동사, 동사의 부정형 + 「よう(に)」 : '~하도록' (예 : (9c))
   의지동사, 명사 + 「ため(に)」 : '~위해서'[5]

② 조동사「ようだ(みたいだ)」: 추측, 비유, 완곡

조동사「ようだ」가 추측만을 표현하지는 않는다. (11)과 같이 전형적으로「まるで : 마치」와 함께 사용되는 '비유(직유)'를, (12)와 같이 '완곡'을 나타내기도 한다. 물론 (12)가 일반인이 한 말이라면 단순한 추측으로 해석되겠지만, 내과 전문의가 환자에게 한 말이라면 추측으로 해석되기보다는 '완곡'으로 해석되는 것이 자연스러울 것이다. 이러한 완곡적인 표현을「ようだ」가 대변하기 때문에 일상회화에서 자주 들을 수 있다.

(11) まるで酔(よ)っぱらいの踊(おど)りのようだ。
마치 술 취한 사람이 추는 춤과 같다.

(12) 風邪(かぜ)をひいたようですね。[6]
감기 걸린 것 같습니다.

「みたいだ」는「ようだ」와 유사하게 (13)의 a와 같이 어떤 사태에 추측의 표현으로, b와 같이 화자 자신의 상태에 대한 완곡한 표현으로[7], c와 같이 비유적 표현으로도 사용된다. 다만 (9)'와 같이「ようだ」에 존재하는 형식명사의 기능이 없고, 명사와 결합할 때 (13b, c)와 같이 굳이「の」를 삽입할 필요가 없으며, 원래「見たようだ」에서 유래되었다는 특성상「みたいだ」가「ようだ」보다는 현장감 전달이 뛰어나다는 점이 다를 뿐이다. 이러한 현장감이 높은 특성으로 인해 주로 회화체에서 사용된다.

---

5 (9d)가 의지동사와 결합한 예문이고, 다음 예문이 명사와 결합한 예문이다.
예)子供のために、やるしかない。아이를 위해서 하지 않을 수 없다.

6 예문 (15c)와 비교

7 본인 문제이기 때문에 단정적으로「僕はもうだめだ」로 표현할 수 있겠지만 보다 완곡한 표현을 쓰기 위해「みたいだ」를 추가하였다고 해석할 수 있다.

(13) a. プロレス界(かい)は未(いま)だに八百長(やおちょう)があるみたいだね。

프로레슬링 세계는 아직도 승부 조작이 있는 것 같네.

b. 僕(ぼく)もう駄目(だめ)みたいだ。

나는 이젠 더 이상 안 될 것 같다.

c. (まるで)ロミオとジュリエットみたいだ。

(마치) 로미오와 줄리엣 같다.

(9)' a. (×) 無事帰ってこれますみたいに…

b. (×) このみたいに書いてください。

c. (×) ブログで利用できるみたいに写真の大きさを変更する。

「らしい」vs「ようだ/みたいだ」

이상에서 「らしい」와 「ようだ(みたいだ)」의 각 특성을 근거로 이들의 유사점과 차이점을 검토해보고자 한다.

① 유사점 : 추측표현 '것 같다'

(4)'(8)'(13a)'와 같이 추측을 나타내는 「らしい」「ようだ」「みたいだ」는 모두 사용될 수 있다. 단, (4)'의 「ようだ」가 (14)와 같이 비유적 표현으로 해석할 수 있다는 점을 고려하지 않는다는 전제 하에서는 상호 교환이 가능한 것이다.

(4)' あの人は男らしい/のようだ。

저 사람은 남자(인 것) 같다.

(8)' どうやら辞任は決まったようだ/らしいな。

아무래도 사임이 결정된 것 같군.

(13)’ a. プロレス界は未だに八百長があるみたいだ/ようだ/らしいね。

프로레슬링 세계는 아직도 승부조작이 있는 것 같네.

(14) a. 男の中の男のような人もいれば一般的(いっぱんてき)なイメージそのもののゲイもいる。

남자 중 남자 같은 사람도 있고, 일반적인 이미지 그 자체인 게이도 있다.

b. 女性(じょせい)にだって男のような人はいますよ。

여성이라도 남자 같은 사람이 있습니다.

② 차이점 :

다만 「らしい」는 전언의 의미를 갖고 있기 때문에, 그 현장에서 바로 목격한 상황 등 본인의 직접 체험을 근거로 한 표현에 사용하면, 또는 전문가 입장을 피력할 경우에 사용하면 (15)와 같이 부자연스럽다. 따라서 「らしい」는 「ようだ」와 달리 화자 본인에 관한 내용이나 본인의 판단을 강조해야 하는 경우에는 어울리지 않는다는 차이점을 지적할 수 있다.

(15) a. (会場を見渡して)

皆さんお集まりのようですから、そろそろ始めましょう。

? 皆さんお集まりらしいから、始めましょう。

b. (味見をして)

これはちょっと味が濃すぎるようです。

? これはちょっと味が濃すぎるらしいです。

c. (医者が診察して)

単なる風邪のようだですね。心配はいりません。

? 単なる風邪らしいですね。心配はいりません。

물론 모달리티 표현에 한정시키지 않는다면 (5)의 「らしい」의 접미사적 용법과 (14)의 「ようだ」의 비유적 용법도 서로 완전히 반대되는 성격을 띤다고 볼 수 있다. 왜냐하면 전자는 사실 그대로를 더욱 강조하고자 하는 특성을 띠는 반면에, 후자는 사실무근의 과대 포장으로 강조하고자 하는 특성을 갖고 있기 때문이다. 결국 이 두 가지 요소 또한 「らしい」와 「ようだ」의 차이점을 부각시키는 주요 역할을 한다고 볼 수 있다.
이상을 정리하면 <표1>과 같다.

	「らしい」	「ようだ」	「みたいだ」
의미 용법	• 조동사 : 추측, 전언 • 접미사 : '～다운/답다'	• 조동사 : 추측, 비유, 완곡 • 형식명사 : 기원, 예시, 목적	• 조동사 : 추측, 비유, 완곡
특성	• 외부근거 >화자 판단 • 현장감 低 • 접속방법 <명사 + ～>	• 외부 근거 < 화자 판단 • 현장감 高 • 접속방법 <명사 + 「の」 + ～>	• 외부 근거 < 화자 판단 • 현장감 최고 • 접속방법 <명사 +～>

<표1 : 「らしい」 vs 「ようだ」 vs 「みたいだ」>

「(し)そうだ」 : '～같아 보인다/것 같다/듯하다'

① 「(し)そうだ」 vs 「(る)そうだ」

「そうだ」는 소위 '양태(様態) 조동사'라 불리지만, 「そうだ」의 의미가 반드시 양태만으로 한정되지는 않는다. 따라서 이 책에서는 「そうだ」를 모달리티 표현에 소속시켰다. 추측을 나타내는 「そうだ」의 구체적인 의미용법을 검토하기 전에 우선 '전언'의 「そうだ」와 구분지어 보고자 한다. 그 구별법은 접속 방법이다.

추측을 나타내는 경우는 (16)(17)과 같이 동사의 「ます」형과 「い/な형용사」의 어간(「い/な」를 제외한 부분)에 접속하고, 전언을 나타내는 경우는

(18)과 같이 어떠한 어형변화 없이 전달하고자 하는 내용과 그대로 접속하면 된다. 따라서 편의상 모달리티 표현을 「(し)そうだ」로, 전언표현을 「(る)そうだ」로 표기하여 구분하기도 한다.

(16) 雨が降りそうです。
비가 내릴 것 같아 보입니다.

(17) 美味しそうですね。
맛있어 보이네요/맛있을 것 같네요.

(18) 彼は明日帰ってくるそうです。
그는 내일 돌아온다고 합니다.

② 「(し)そうだ」

a. 양태표현 : <상태동사/い · な형용사 + 「(し)そうだ」> '~(같)아 보인다'

위의 (17)과 (19)처럼 주로 형용사는 상태동사와 결합한 경우이다. 즉, (17)의 경우 화자의 눈앞에 아마도 먹음직스러운 음식이 있을 것이라 유추해낼 수 있을 것이고, (19)는 멋진 선글라스를 낀 여성의 사진 밑에 붙은 문구로, 만약 그런 사진이 없다 하더라도 일본 동경의 대표적인 패션 거리인 「青山(あおやま)」가 주는 이미지만으로도 머릿속에서 어떤 사람인가를 충분히 그려낼 수 있을 것이다. 그래서 소위 '양태 조동사'라고 불린다.

(19) 青山(あおやま)あたりにいそうです。
아오야마 근처에 있을 것 같아 보이네요.

<상태동사/い·な형용사 + 「(し)そうだ」>의 부정표현은 (17)'(17)"(17)'''와 같이 3가지로 표현된다. 다만 형용사와 접속된 「(し)そうだ」의 부정표현인 (17)"의 경우 a의 「なさそうだ」는 935건이 검색되었지만 b의 「さ」가

생략된 「なそうだ」는 9건에 불과했다. 이는 동사와 접속된 부정표현인 (20)과는 대조적이다. 결국 형용사와 접속된 「なさそうだ」의 경우 「さ」가 생략되기 어렵지만, 상태동사와 접속된 경우에는 「さ」가 비교적 쉽게 생략될 수 있다.

또한 (17)'(17)"(17)'"와 같이 3가지 표현 중 (17)"의 「なさそうだ」형이 가장 부정의 강도가 낮다. 이는 한국어 대응으로도 알 수 있듯이, (17)'는 단정의 부정형 「ではない」가, (17)'"는 강조의 「も」가 있기 때문에 자연히 강한 부정을 띠기 마련일 것이다.

이는 (21)로 정리될 것이다.

(17)' 美味しそうではない。

맛있어 보이지는 않는다.

(17)" a. 美味しくなさそうだ。 (935건 검색)

맛있을 것 같지 않다.

b. ? 美味しくなそうだ。 (9건 검색)

(17)'" 見た目ちょっと美味(おい)しそうもないけど。

보기에 전혀 맛있어 보이지도 않지만.

(20) a. 皆(みんな)寝(ね)ているし、今(いま)この船(ふね)の周囲(しゅうい)で起(お)こった事(こと)に気(き)づいていたのは僕(ぼく)以外(いがい)にいなそうだ。 (4,720건 검색)

모두 자고 있고 지금 이 배 주위에서 일어난 일을 알아차린 사람은 나 이외에 없는 것 같다.

b. 絶対(ぜったい)恋人(こいびと)いなさそうだよね。(14,600건 검색)

절대로 애인이 없는 것 같네요.

c. 彼氏いそうもない。

남자친구가 있는 것 같지도 않다.

(21) <상태동사/い・な형용사 + 「(し)そうだ」>의 부정표현 :

「(し)そうではない」「な(さ)そうだ」「(し)そう(に)もない」로 표현되며, 그 중 「な(さ)そうだ」가 가장 부정의 강도가 약하다. 단 형용사에 접속된 경우는 「さ」가 생략되기 어려우나, 상태동사와 접속된 경우는 「さ」를 생략할 수 있다.

b. 동작 실행 직전의 긴박함, 예측, 과장 :

<동작동사 + 「(し)そうだ」> '～듯 하다/것 같다'

동작동사에 「(し)そうだ」가 결합된 경우는 동작동사의 특성상 움직임이 예상되므로 (22)와 같은 동작이 실행되기 직전의 긴박함을 표현하거나, (23)과 같이 주로 미래의 시간 표현과 같이 사용되어 미래를 예측하거나, (24)와 같이 과장적 표현으로 사용되기도 한다.

(22) 普通(ふつう)に地面(じめん)に立(た)とうとしても薄(うす)いからパタンって倒れそうだ。

보통으로 지면에 세우려고 해도 얇아서 퍽하고 넘어질 듯 하다/것 같다.

(23) 暗(くら)くならないうちにそこに着(つ)きそうだ。

어두워지기 전까지 그 쪽에 도착할 듯 하다/것 같다.

(24) a. 心臓(しんぞう)がとまりそうだった。

심장이 멈출 듯 했다/것 같았다.

a'. まるで心臓がとまるようだった。

마치 심장이 멈출 것 같았다.

b. 死にそうだ。

죽을 것 같다.

b.' まるで死ぬようだ。

마치 죽을 것 같다.

물론 (22)와 (24)의 차이가 명확하지는 않다. 다만 (22)는 누가 보더라도 인정될 만한 객관적인 사태가 실제로 존재하는 상황인 반면, (24)의 경우는 화자 자신만이 느낄 수 있는 긴박한 사태라는 차이는 지적할 수 있다. 따라서 (24)의 a,b는 「(し)そうだ」가 나타내는 화자가 느끼는 절박함과 「ようだ」가 나타내는 단순한 비유표현이라는 차이를 무시한다면, a', b'와 같이 과장적인 특성을 나타낸다.

<동작동사 + 「(し)そうだ」>의 부정표현은 (25)(26)(27)과 같이 「(し)そうではない」「な(さ)そうだ」「(し)そう(に)もない」의 3가지로 표현된다. <상태동사/い·な형용사 + 「(し)そうだ」>의 부정표현과 마찬가지로, 이 3가지 표현 중 「なさそうだ」가 가장 부정의 강도가 약하다.

(25) たしかにあのスタンドなら倒れそうではないですね。
확실히 저 스탠드라면 넘어질 것 같지는 않습니다.

(26) まだ下(した)の岩盤(がんばん)は崩(くず)していかなければ大岩(おおいわ)は倒(たお)れそうもない。
아직 아래 암반은 무너지지 않았고 큰 바위는 넘어질 것 같지도 않다.

(27) a. 結構(けっこう)重(おも)いので倒れなさそうだ。(21건 검색)
상당히 무겁기 때문에 넘어지지 않을 것 같다.
b. デブなんで食事(しょくじ)の量(りょう)減(へ)らしても部活(ぶかつ)中(ちゅう)倒(たお)れなそうだから 良(よ)かったです。(7건 검색)
뚱보라서 식사량을 줄이더라도 동아리 활동 중 넘어(쓰러)지지 않을 것 같아서 다행이었습니다.

(28) a. なんか絶対(ぜったい)自分(じぶん)の口(くち)からは言(い)わなさそうです。(134건 검색)

왠지 절대 자기 입으로는 말하지 <u>않을 것 같습니다</u>.

b. 本當(ほんとう)にいやとしても、相手(あいて)の気持(きも)ちを考(かんが)えて、遠回(とおまわ)りして、直接(ちょくせつ)に言わ<u>なそうです</u>。(124건 검색)

정말 싫다하더라도 상대의 기분을 고려해서 우회적으로 하고 직접 말하지 <u>않을 것 같습니다</u>.

단 (27)(28)에서 알 수 있듯이 「なさそうだ」와 「なそうだ」의 검색 결과의 차이가 그리 엄청나게 난다고 볼 수는 없다. 따라서 동작동사와 결합된 「(し)そうだ」의 경우도 「さ」의 생략이 어느 정도 인정될 수 있다. 이를 정리하면 (29)과 같다.

(29) <동작동사 + 「(し)そうだ」>의 부정표현 :
「(し)そうではない」「なさそうだ」「(し)そう(に)もない」로 표현되며, 부정의 강도는 「なさそうだ」가 가장 약하다. 또한 「なさそうだ」의 「さ」는 생략될 수 있다.

「はずだ」

「はずだ」는 (30)과 같이 상당한 확신을 갖고 추측하는 경우에 사용되는 표현이다. 다만 (31a)와 같이 화자 자신에 대한 이야기에 「はずだ」를 사용하면 부자연스럽고 오히려 (31b)와 같이 단정적인 표현이 자연스럽다. 이는 「はずだ」가 아무리 화자의 확신이 내포된 표현이라고는 하지만 모달리티 표현이기 때문에, 본인이 그 행동을 충분히 결정할 수 있는 상황에 사용하면 어색하게 되는 것이다.

(30) 彼は行く<u>はずだ</u>。

그는 확실히 갈 것 같다.

(31) a. (×) 私は行く<u>はずです</u>。

? 나는 확실히 갈 것 같습니다.

b. (○) 私は行きます。

나는 갑니다/가겠습니다.

(32) a. 行く<u>はずではない</u>。 (31건 검색)

확실히 갈 것 같지는 않다.

b. 行く<u>はずがない</u>。 (2,390건 검색)

갈 리가 없다.

또한 「はずだ」의 부정형은 (32)와 같이 「はずではない」「はずがない」의 2가지로 표현되지만, a와 b의 검색된 수자를 비교하면 알 수 있듯이, 또 한국어 대응으로도 알 수 있듯이 일반적으로 「はずがない」쪽이 더 많이 사용된다. 「はずがない」와 유사한 표현으로 주로 회화체에서 격의 없는 사이에서 사용되는 (33)의 <ます형 + 「っこない」>를 들 수 있다.

(33) これじゃ巨人は勝て<u>っこない</u>。

이래선 거인(일본 프로야구단)이 이길 리가 없다.

「らしい」「ようだ」「みたいだ」「(し)そうだ」「はずだ」 요약

이상의 <표1>을 바탕으로 「(し)そうだ」「だろう」를 포함시켜 한국어와 일본어가 1:1로 대응되지 않는 모달리티 표현의 특색을 요약하면 <표2>과 같다.

<table>
<tr><th>1:1
대응
불가</th><th>「らしい」</th><th>「ようだ」</th><th>「みたいだ」</th><th colspan="2">「(し)そうだ」</th><th>「はずだ」</th></tr>
<tr><td rowspan="2">의미
용법</td><td rowspan="2">• 조동사:
추측, 전언
• 접미사:
'~다운/
답다'</td><td rowspan="2">• 조동사:
추측, 비유,
완곡
• 형식명사:
기원, 예시,
목적</td><td rowspan="2">• 조동사:
추측, 비유,
완곡</td><td>「+형용사/
상태동사」</td><td>양태('같아
보인다')</td><td rowspan="2">확신</td></tr>
<tr><td>「+동작
동사」</td><td>직전, 예측,
과장
('~듯 하다/
~것 같다')</td></tr>
<tr><td rowspan="2">특성</td><td rowspan="2">• 외부근거
>화자 판단
• 현장감 低
• 접속방법:
「명사 + ~」</td><td rowspan="2">• 외부근거
<화자 판단
• 현장감 高
• 접속방법:
「명사 + の
+ ~」</td><td rowspan="2">• 외부근거
<화자 판단
• 현장감
최고
• 접속방법:
「명사 + ~」</td><td>「+형용사/
상태동사」</td><td>• 외부근거
>화자 판단
• 현장감
최고</td><td rowspan="2">• 외부근거
≦화자 판단
• 현장감 中
• 「はずがない : ~일 리가 없다」</td></tr>
<tr><td>「+동작
동사」</td><td>• 외부근거
>화자 판단
• 현장감 中</td></tr>
</table>

<표2 : 「らしい」 vs 「ようだ」 vs 「みたいだ」 vs 「(し)そうだ」 vs 「はずだ」>

2. 한국어와 1:1 대응되는 모달리티 표현

한국어와 1:1 대응되는 모달리티 표현은 위 (3b)에서 알 수 있듯이 「だろう/でしょう」 「かもしれない」 「に違いない」 「に決まっている」 「っこない」등이 있다. 이하 이들의 의미용법을 구체적으로 검토해보고자 한다.

「だろう/でしょう」 : ~겠지/겠지요

「だろう/でしょう」는 다음과 같이 모달리티 표현으로 사용되는 기본적 용법과 추측성이 소멸된 파생적 용법으로 구분될 수 있다.

① 기본적 용법 : 추측, '~겠지/겠지요'

「だろう」는 (34)와 같이 타인에 대한 화자의 추측을 나타내는 경우에 사용된다. 다만 「らしい」「ようだ/みたいだ」「(し)そうだ」「はずだ」등과 같이 뭔가 화자 나름대로의 객관적인 판단 근거를 바탕으로 한 모달리티 표현과 달리, 화자의 극히 주관적인 추측이라는 특성을 갖고 있다. 따라서 (35a)와 같은 1인칭 주어에도 사용될 수 있다.

(34) a. 彼はたぶん行くだろう。　　　그는 아마도 가겠지.
　　b. 彼はたぶん行くでしょう。　　그는 아마도 가겠지요.

(35) a. 私は行くだろう。
　　b. (×)私は行くらしい。
　　c. (×)私は行くようだみたいだ。
　　d. (×)私は行きそうだ。
　　e. (×)私は行くはずだ。

② 파생적 용법 : 반어/독백, 확인, 동의, 감탄

a. 반어/독백

(36)와 같이 의문문에 사용되면 화자 혼잣말처럼 들리며 그 의미는 반어적으로 해석된다.

(36) 彼は行くだろうか。
　　그는 가겠는가? = 가지 않을 것이다.

b. 확인 및 동의 : だろ(う)↗ / でしょ(う)↗ '~하지/하지요(하죠)?'

반면에 (37)과 같이 인토네이션만 의문문을 취하고 화자의 말을 들어주는 상대가 눈앞에 존재한다면, 상대에 대한 확인이나 동의를 나타내기도 한

다. 마지막 「う」는 생략되기도 한다.

(37) a. 行くだろ(う)/でしょ(う)? 가지/가지요(가죠)?
b. いいだろ(う)/でしょ(う)? 좋지/좋지요(좋죠)?

c. 감탄 : <なんて/なんと +「だろう」> '너무나 ~ 하군!'
「だろう」는 (38)과 같이 주로 「なんて」「なんと」등과 함께 사용되어 감탄문의 형식을 만든다.

(38) **なんて**美しいだろう。
얼마나 아름다운가! = 너무나 아름답군!

「かもしれない/かもしれません」: ~지도 모르겠다/모르겠습니다

「かもしれない/かもしれません」은 (39)과 같이 긍정형에도 부정형에도 동시에 사용될 수 있기 때문에 가능성 50%를 갖고 있다고 한다. 따라서 그리 확신에 찬 표현은 아니다.

(39) 「週末(しゅうまつ)にスキーに行くかもしれないし、行かないかもしれない。」
주말에 스키에 갈지도 모르고, 안 갈지도 모른다.

「に違(ちが)いない/に違いありません」: ~임에 틀림없다

「に違(ちが)いない」는 「~に違いがない(ありません) : ~에 틀림이 없다/없습니다」로 해석되듯이 글자 그대로 확신에 찬 표현이다. 그러나 이 표현 역시 어디까지나 화자의 추측일 뿐이다. 따라서 (40)의 경우 전혀 예상치 못한 사람이 진범으로 밝혀지는 경우도 있을 수 있는 것이다. 물론 유사표현으로

(41)의 「〜に決まっている：당연히 〜할 것이다」를 들 수 있다.

(40) a. 冷蔵庫(れいぞうこ)に入(い)れておいたケーキがない。妹(いもうと)が食(た)べたにちがいない。
냉장고에 넣어 두었던 케이크이 없다. 여동생이 먹었음에 틀림없다.
b. 絶対(ぜったい)にアイツが 犯人(はんにん)に違(ちが)いない！
절대로 저 녀석이 범인임에 틀림없다.

(41) 増税(ぞうぜい)したら景気(けいき)が冷(ひ)え込(こ)むに決まっている。
증세하면 경기가 당연히 얼어붙을 것이다.

「だろう」 vs 「かもしれない/かもしれません」 vs 「に違いない」 요약

이상의 한국어와 일본어가 1:1로 대응하는 경우를 요약하면 다음 <표3>과 같다.

<table>
<tr><th>1:1
대응</th><th colspan="3">「だろう/でしょう」</th><th>「かもしれない/
かもしれません」</th><th>「に違いない/
違いありません」</th></tr>
<tr><td rowspan="3">의미
용법</td><td>「−의문문」</td><td colspan="2">추측(‘〜겠지/겠지요’)
감탄(「＋なんて」
‘너무〜하구나’)</td><td rowspan="3">추측
(‘〜지도
모르겠다/
모르겠습니다’)</td><td rowspan="3">확신
(‘〜임에
틀림없다/
없습니다’)</td></tr>
<tr><td rowspan="2">「＋의문문」</td><td>청자無</td><td>반어/독백
(‘〜할 것인
가? =〜하지
않을 것이다’)</td></tr>
<tr><td>청자有</td><td>동의/확인
(‘〜하지/하지
요/하죠?’)</td></tr>
<tr><td>특성</td><td colspan="3">• 1인칭과 사용가능</td><td>• 가능성 50%정도
제시</td><td>•「〜に決まっている：당연히〜할
것이다」와 유사</td></tr>
</table>

<표3：「だろう」vs「かもしれない」vs「に違いない」>

3.「はずだ」vs「に違いない」

「はずだ」와「に違いない」는 (42)와 같은 경우 매우 유사한 의미를 갖지만, (43)(44)의 경우는 반드시 그렇지만은 않다. 즉, 國廣哲彌·柴田武他(1998)의 예문을 빌자면 (43b)(44a)의 경우 「はずだ」와「に違いない」의 상호 교환은 불가능하다. 더구나 이들 모두의 한국어 대응은 자연스럽기 때문에 한국인 학습자들에게 그 구분이 특히 어렵다.

(42) a. ここは盆地(ぼんち)だから夏は暑いに違いない。
여기는 분지라서 여름은 더울 것임에 틀림없다.
b. ここは盆地(ぼんち)だから夏は暑いはずだ。
여기는 분지라서 여름은 확실히 더울 것 같다.

(43) a. 一目(ひとめ)見てその男が犯人(はんにん)に違いないと感じた。
한 눈에 보고 그 남자가 범인임에 틀림없다고 느꼈다.
b. (×) 一目(ひとめ)見てその男が犯人(はんにん)のはずだと感じた。
(○) 한 눈에 보고 그 남자가 확실히 범인일 것 같다고 느꼈다.

(44) a. (×) どうりで暑いに違いない。36度もある。
(○) 예상대로 더울 것임에 틀림없다. 36도나 된다.
b. どうりで暑いはずだ。36度もある。
예상대로 확실히 더울 것 같다. 36도나 된다.

따라서 柴田武·國廣哲彌他(1998)을 참조하여 (45)와 같은 규정을 제시해보고자 한다.

(45) 「に違いない」: 절대적 근거가 있는 경우는 사용 불가(예문 44a) ←
진위가 아직 확인은 안 되지만 주관적으로는 사실로 인지(예문 43a)

「はずだ」: 절대적 근거가 있는 경우 사용 가능(예문 44b) ←
근거를 바탕으로 한 주관적 확신 단계 (예문 43b)

제8장

가정표현

일본어 가정표현은 대표적인 표현만도 「と」「ば」「たら」「なら」의 4가지 형태를 들 수 있듯이 상당히 다양한 형태로 표현된다. 그러나 (1)과 같이 한국어로 모두 똑같이 '～면'으로 대응되기 때문에 한국어 학습자는 각 표현의 차이점을 명확하게 파악하는 것이 무엇보다 중요하다.

(1) a. 年(とし)をとると、～　　　나이 들면

b. 年をとれば、～　　　나이 들면

c. 年をとったら、～　　　나이 들면

d. 年をとるなら、～　　　나이 들면

따라서 제8장에서는 학습자의 사용상의 편리를 최우선으로 고려하여 우선 가정표현을 (2)와 같이 7가지 형태로 구분하여 사용 여부를 파악하고, 이를 바탕으로 가정표현의 대표격인 「と」「ば」「たら」「なら」의 각각의 고유한 특징을 추출해 보겠다. 아울러 유사하게 해석되는 「とすると」「とすれば」「としたら」등의 차이점도 파악해 보고자 한다.

(2) 가정표현의 7가지 형태 :

①～④의 가정표현의 기본적 의미와 ⑤⑥의 파생적 의미, ⑦의 문체적 제한 사항으로 구분하여 검토해보고자 한다.

① 확정(確定)조건을 나타내는 경우 (いつも～」) :

전건이 일어나면 반드시 후건이 발생된다.[1]

1 '전건'이란 가정표현의 전제나 조건절(종속절)을 지칭하고, '후건'이란 그 전제를 근거로 발생되는 결과 또는 주절을 지칭한다.

② 가정(假定)조건을 나타내는 경우 (「もし～ならば、～」) :
전건의 조건 하에서만 후건이 발생된다.

③ 기정(既定)조건을 나타내는 경우 (「すでに～なので、～」) :
전건이 이미 실현된 상황으로 보고 이를 바탕으로 후건이 발생된다.

④ 반사실적(反事実的) 조건을 나타내는 경우 :
전건이 현실적으로는 전혀 발행할 수 없는 가상이란 조건하에서 후건이 발생된다.

⑤ '습관'의 의미를 나타내는 경우

⑥ '발견'의 의미를 나타내는 경우

⑦ 문체적 제한

1. 「と」「ば」「たら」「なら」

기본적 용법

① 확정조건 : 「と」「ば」「たら」

전건이 일어나면 반드시 후건이 발생되는 확정조건을 표현할 수 있는 경우는 (3)과 같이 「と」「ば」「たら」이다. 즉, 전건을 굳이 가정해 볼 필요도 없이 전건과 후건의 관계는 무조건적이며 필연적인 특성을 띤 확정조건은 「なら」로는 표현되기 힘들다는 점을 파악할 수 있다. 이는 '만약에 가정해 본다면'의 가정적 성격이 「なら」에 가장 내재되어 있다고도 해석될 것이다.

(3) a. 春になると、桜が咲く。　　봄이 되면 벚꽃이 핀다.
b. 春になれば、桜が咲く。　　봄이 되면 벚꽃이 핀다.
c. 春になったら、桜が咲く。　　봄이 되면 벚꽃이 핀다.

d. (×) 春になるなら、桜が咲く。

② 가정조건 : 「もし」+「と」「ば」「たら」「なら」

가정표현의 4가지 대표적 표현이라 불리는 「と」「ば」「たら」「なら」는 비록 그 정도의 차이는 있겠지만 (4)과 같이 당연히 가정조건을 나타낸다. 따라서 가정조건에 가장 잘 어울리는 「もし : 만약에」와도 같이 사용될 수 있다.

(4) a. (もし)お酒を飲むと、顔が赤くなる。
(만약) 술을 마시면 얼굴이 빨게 진다.
b. (もし)お酒を飲めば、顔が赤くなる。
(만약) 술을 마시면 얼굴이 빨게 진다.
c. (もし)お酒を飲んだら、顔が赤くなる。
(만약) 술을 마시면 얼굴이 빨게 진다.
d. (もし)お酒を飲むなら、顔が赤くなる。
(만약) 술을 마시면 얼굴이 빨게 진다.

③ 기정조건 : 「と」「たら」

기정조건은 학자에 따라 확정조건에 소속시키기도 하고, '사실조건'이라 부르기도 하지만 이 책에서는 '기정조건'으로 명명해보고자 한다. 왜냐하면 확정조건이 위의 (3)과 같이 전건과 후건이 무조건적 필연관계를 나타내는 반면에, (5)와 같이 무조건적 필연관계로만 볼 수는 없는 경우도 있기 때문이다. 또 '확정', '가정'과 더불어 '기정'이 명칭의 통일성을 더해주는 장점이 있기 때문이다. 따라서 확정조건이 전건을 가정해 볼 때 반드시 후건이 이루어진다는 특성을 띤 조건문이라면, 기정조건은 전건을 이미 발생된 기정사실화 된 사태로 보는 조건문으로 구분하고자 한다.

(5) a. 出かけると、なかなか帰ってこない。
나가면 좀처럼 돌아오지 않는다.
b. (?) 出かければ、なかなか帰ってこない。
c. 出かけたら、なかなか帰ってこない。
나가면 좀처럼 돌아오지 않는다.
d. (×) 出かけるなら、なかなか帰ってこない。

이상의 (5)에서 알 수 있듯이 기정조건에서는 b의 「ば」는 다소 부자연스럽고, d의 「なら」는 사용될 수 없다. 이는 확정조건에서도 언급했던 「なら」에 가정성이 가장 짙게 내포되어 있다는 사실을 재확인시켜주며, 그 다음이 「ば」라는 점도 알려준다.

④ **반사실적(反事実的) 조건(과거 사실의 반대) : 「ば」「たら」「なら」**

반사실적 가정이란 (6)과 같이 소위 영어의 가정법 과거완료에 해당되는 것으로, 과거에 그랬으면 좋았을 텐데 그렇게 하지 못해 후회스럽다는 뉘앙스를 나타내는 표현이다. 이를 일본어로 바꾸면 (6)'와 같이 「ば」「たら」「なら」로 표현될 수 있다.

(6) If he had not been there, I couldn't have carried it out.
= Since he was there, I could carry it out.
그가 없었다면, (나는) 그것을 이루지 못했을 것이다.
= 그가 있어서, (나는) 그것을 이룰 수 있었다.

(6)' a. 彼がいなければ、それを成し遂げることはできなかった(だろう)。
= 彼がいたから、それを成し遂げることはできた。
b. 彼がいなかったら、それを成し遂げることはできなかった(だろう)。

= 彼がいたから、それを成し遂げることはできた。

c. 彼がいなかったなら、それを成し遂げることはできなかった(だろう)。

= 彼がいたから、それを成し遂げることはできた。

물론 (7)과 같이 후건에 <비과거형 + 「のに」>의 형태를 취하는 경우는 「のに : 에도 불구하고(역접조사)」의 영향으로 「と」「ば」「たら」「なら」모두가 사용될 수 있다.

(7) a. 楽(たの)しかった夏休(なつやす)みも終(お)わっちゃった…。
またお休(やす)みになるといいのになぁ…(ため息(いき))
즐거웠던 여름방학도 끝나버렸다…
또 방학이 되면 좋을 텐데… (한숨)

b. 明日(あした)学校(がっこう)休(やす)みになればいいのに。
내일 학교 쉬면 좋을 텐데.

c. 皆(みな)さんのコメント、有難(ありがと)うございました。
可愛(かわい)い言葉(ことば)があったらといいのにな〜…
여러분의 코멘트, 감사합니다. 귀여운 말이 있으면 좋을 텐데…

d. 毎日(まいにち)が休(やす)みならいいのに…
매일이 휴일이면 좋을 텐데…

파생적 용법

① 습관 : 「と」, 「ば」 (「たら 일회성」)

가정표현으로 (8)와 같이 습관을 나타낼 수 있다. 주로 「と」「ば」가 사용된다. 다만, 매년 행해지는 습관적으로 반복되는 사태를 나타내는 a와 b의 「と」「ば」와 달리, 「たら」는 c와 같이 습관적으로 발생되는 연례행사

라기보다는 어쩌다 한 번 발생한 일회적 사태라는 뉘앙스가 강하다.

(8) a. 毎年(まいとし)のことですが、夏休(なつやす)みになると体調(たいちょう)を崩(くず)します。
매년 있는 일입니다만, 여름방학이 되면 몸 컨디션이 나빠집니다.
b. むかし、夏休みになれば近(ちか)くの島(しま)に二人(ふたり)ですんでいる、おじいちゃんとおばあ
ちゃんに会(あ)いに行(い)ったものです。
옛날에 여름방학이 되면 가까운 섬에 두 분이 사는 할아버지와 할머니를 뵈러 가곤 했습니다.
c. 夏休みになったら、初(はじ)めての海外(かいがい)旅行(りょこう)をする予定(よてい)です。
여름방학이 되면 최초로 해외여행을 할 예정입니다.

② 발견 : 「と」, 「たら 의외성」

가정표현을 사용하여 전체적으로 무엇인가 새로운 사실을 '발견'하는 의미가 강조되는 경우는 주로 (9)와 같이 「と」와 「たら」가 사용된다. 이 경우 후건이 과거형으로도 사용된다는 점이 특징적이다.

(9) a. 発砲(はっぽう)スチロールの箱(はこ)を開(あ)けると、海の匂がしました。
발포 스티롤 상자를 열자, 바다 내음이 났습니다.
b. 誕生(たんじょう)日(び)にもらったiPod[2]の箱(はこ)を開(あ)けたらiPodではなく「石(いし)」が出(で)てきた。

2 애플사에서 출시한 휴대형 디지털 음악 플레이어이다.

생일날 받은 iPod 상자를 열었더니 iPod가 아니라(의외로)돌이 나왔다.

다만 a와 b는 '의외성'의 유무로 구분될 수 있다. 즉, b의 「たら」를 사용한 경우가 a의 「と」보다 의외성이 존재한다는 점에서 구분된다. a는 「発砲スチロールの箱 : 발포 스티롤 상자」가 상징하는 냉장식품의 이미지가 「海」와 자연스럽게 연상될 수 있는 반면, b는 「iPodの箱 : iPod 상자」와 「石」는 전혀 의외의 사태인 것이다[3]. 결국 「たら」는 의외의 발견을, 「と」는 자연스런 발견을 나타낸다고 구분 지을 수 있다.

문체적 제한

한국어 학습자에게는 모두 '∼면'으로 대응되어 가정표현을 사용하는데 문체적 제한이 거의 없다. 그러나 일본어의 경우는 그러한 제한이 존재하기 때문에 한국어 학습자가 반드시 습득해야 한다. 편의상 전건과 후건으로 구분하여 검토해보고자 한다.

① 전건

a. 의문사와 함께 사용되는 경우 : 「ば」 「たら」

(10)과 같이 전건에 의문사가 사용되는 경우는 주로 「ば」 「たら」의 경우다. 다만 한국어로는 모두 '∼하면'으로 모두 대응되지만, 일본어의 경우는 「ば」 「たら」가 주로 대응되기 때문에 한국어 학습자에게 주의가 필요한 부분이다.[4]

---

3 이러한 의외성을 나타내고자 화자 역시 「石」로 강조 표시를 하였다.

4 참고로 前田直子(1998)에서는 다음과 같은 예를 제시하기도 했다.
예) {どうすれば / どうしたら / どうすると / (×)どうするなら} 英語が上手に話せるようになるでしょうか。

(10) a. (×) どういくといい? (0건 검색) 어떻게 가면 좋니?
b. どういけばいい? (1,340건 검색) 어떻게 가면 좋니?
c. どういったらいい? (3,160건 검색) 어떻게 가면 좋니?
d. (×) どういくならいい? (0건 검색) 어떻게 가면 좋니?

b. 강조의 「さえ」와 함께 사용되는 경우 : 「ば」

(11)과 같이 「さえ」[5]는 가장 「ば」와 함께 사용되기 쉽고, 「と」와는 사용되기 어렵다. 기존의 문법 서적에서는 「さえ」는 오직 「ば」와만 사용될 수 있다고 했지만, 압도적인 차이는 나지만 「たら」 「なら」와도 사용될 수 있다는 점 또한 무시할 수 없는 사실이다.

(11) a. (×) 君さえいると (0건 검색) 너만 있다면
b. 君さえいれば (31,900건 검색) 너만 있다면
c. 君さえいたら (137건 검색) 너만 있다면
d. 君さえいるなら (47건 검색) 너만 있다면

② 후건

a. 과거 : 「と」 「たら」

후건이 과거로 표현되는 경우 사용가능한 가정표현은 다음 (4)'에서 알 수 있듯이 「と」와 「たら」이다. 과거표현이 갖고 있는 현실성으로 인해, 9-1-3에서 설명했던 가정성이 높은 「なら」 「ば」와는 함께 사용되기 어렵기 때문일 것이다. 결국 이는 「と」 「たら」에 비해 「なら」 「ば」가 가정성이 높다는 점을 다시 한 번 더 재확인시켜준다.

---

5 1장 참조

(4)' a. お酒を飲むと、顔が赤くなった。

술을 마시자(/니) 얼굴이 빨개졌다.

b. (×) お酒を飲めば、顔が赤くなった。

술을 마시자(/니) 얼굴이 빨개졌다.

c. お酒を飲んだら、顔が赤くなった。

술을 마시자(/니) 얼굴이 빨개졌다.

d. (×) お酒を飲むなら、顔が赤くなった。

술을 마시자(/니) 얼굴이 빨개졌다.

다만 (4)와 달리 후건이 과거로 바뀌자 한국어 대응도 대표적인 가정표현인 「～면」에서 「～자/니」가 바뀌었다는 점도 간과해서는 안 되겠다.[6] 이는 그만큼 가정성이 줄어들었다는 것을 재확인시켜준다.

b. 의문 : 「と」, 「ば」, 「たら」, 「なら」

(12)에서 알 수 있듯이 후건에 의문형이 가능한 경우는 「と」「ば」「たら」「なら」 모두이다. 다만 검색 수가 「たら」가 압도적이다.

(12) a. 赤字になると、どうするのか。 (2건 검색)

적자가 되면 어떻게 하나?

b. 赤字になれば、どうするのか。 (2건 검색)

적자가 되면 어떻게 하나?

c. 赤字になったら、どうするのか。 (71건 검색)

적자가 되면 어떻게 하나?

d. 赤字になるなら、どうするのやね。 (1건 검색)

6 8장의 「としたら」항목에서도 동일한 현상이 발생된다.

적자가 되면 어떻게 하나?

c. 화자의 주관성이 강한 표현(소위 모달리티 형식)이 가능한 경우 : 「ば」「たら」

다음 (13)~(16)과 같이 후건의 화자의 주관이 강한 표현(희망, 의지, 명령 등)이 올 수 있는 경우 압도적으로 「ば」「たら」이다. 다만 「ば」의 경우 (13b)~(15b)와 같은 형용사나 (16)과 같이 동작성이 약화된 부정표현이나 상태동사로 제한된다.

(14) a. 安いと、買いたい。 (9건 검색) 싸면 사고 싶다.
b. 安ければ、買いたい。 (579건 검색) 싸면 사고 싶다.
c. 安かったら、買いたい。 (410건 검색) 싸면 사고 싶다.
d. 安いなら、買いたい。 (76건 검색) 싸면 사고 싶다.

(14) a. 安いと、買おう。 (1건 검색) 싸면 사야지.
b. 安ければ、買おう。 (84건 검색) 싸면 사야지.
c. 安かったら、買おう。 (217건 검색) 싸면 사야지.
d. 安いなら、買おう。 (7건 검색) 싸면 사야지.

(15) a. 安いと、買え。 (0건 검색) 싸면 사라.
b. 安ければ、買え。 (84건 검색) 싸면 사라.
c. 安かったら、買え。 (85건 검색) 싸면 사라.
d. 安いなら、買え。 (0건 검색) 싸면 사라.

(16) a. 機会(きかい)があれば食(た)べたいです。
기회가 있으면 먹고 싶습니다.
b. カキ氷(こおり)は並(なら)ばなければ食(た)べたいです。
빙수는 줄서지 않으면 먹고 싶습니다.
c. 誰(だれ)か一緒(いっしょ)に行(い)く人(ひと)がいれば行(い)こうかな。

누군가 함께 갈 사람이 있으면 갈까.

d. 夏期(かき)講習(こうしゅう)とかぶらなければ行(い)こうと思(おも)います。

하계강습과 겹치지 않으면 가고자 합니다.

e. 機会があれば食べてください。

기회가 있으면 먹어요.

f. 気(き)にならなければ食べてくださいね。

신경 쓰이지 않는다면 먹어요.

2. 가정표현 비교

「と」 vs 「ば」 vs 「たら」 vs 「なら」

이상의 7가지 형태로 사용 여부를 검토해 본 결과를 근거로 「と」「ば」「たら」「なら」의 고유한 특징을 추출해보고자 한다. 4가지 모두 가정표현이기 때문에 공통적으로 가정조건을 나타내는 것은 공통점은 갖고 있지만 각 표현만의 차이점 또한 내재되이 있다. 이를 정리하면 <표1>괴 같다.

가정표현		「と」	「ば」	「たら」	「なら」
공통점	확정조건	○	○	○	
차이점	기정조건	○		○	
	반사실적 조건(과거사실의 반대)		○	○	○
	'발견'	○		○ (의외성)	
	'습관'	○	○	Δ (일회성)	

<table>
<tr><th colspan="4">가정표현</th><th>「と」</th><th>「ば」</th><th>「たら」</th><th>「なら」</th></tr>
<tr><td rowspan="5">차이점</td><td rowspan="5">문체적 제한</td><td rowspan="2">전건</td><td>의문사</td><td>△</td><td>○</td><td>○</td><td></td></tr>
<tr><td>「さえ」</td><td></td><td>○
(압도적)</td><td></td><td></td></tr>
<tr><td rowspan="3">후건</td><td>과거</td><td>○</td><td></td><td>○</td><td></td></tr>
<tr><td>의문사</td><td>○</td><td>○</td><td>○
(압도적)</td><td>○</td></tr>
<tr><td>주관적 표현
(희망, 의지, 명령)</td><td></td><td>○
(압도적,
단 상태적
표현에만)</td><td>○
(압도적)</td><td>△</td></tr>
</table>

<표1：「と」vs「ば」vs「たら」vs「なら」>

다만 (4)"와 같이 「と」「ば」「たら」「なら」가 모두 가정조건을 나타낼 수 있다고는 하지만, 분명 「と」「ば」「たら」「なら」의 각 표현 간에는 미묘한 차이가 존재할 것이다. 이하 이를 구체적으로 파악해보겠다.

(4)" a. お酒を飲むと、顔が赤くなる。
b. お酒を飲めば、顔が赤くなる。
c. お酒を飲んだら、顔が赤くなる。
d. お酒を飲むなら、顔が赤くなる。

① 「と」

(4)"a의 「と」는 술을 마시기만 하면 즉시 얼굴이 빨개진다는 의미를 나타낸다. 즉, 전건의 결과로 후건이 즉각적으로 발생되는 경우에 「と」가 사용되는 것이다. 따라서 (17)과 같이 해석될 수 있으며, (18)과 같은 거리나 위치 발견 등의 표현에 자주 사용된다.

(17) お酒を飲むと、すぐ顔が赤くなる。

술을 마시면 바로 얼굴이 빨개진다.

(18) まっすぐ行くと、駅(えき)があります。

똑바로 가면 바로 역이 있습니다.

② 「ば」

(4)"b의 「ば」는 술을 마시면 당연히 얼굴이 빨개진다는 의미를 나타낸다. 즉, 전건과 후건이 인과관계로 엮여 있어서 전건의 결과 당연히 후건이 발생되는 경우에 「ば」가 사용되는 것이다. 따라서 (19)와 같이 해석되며, (20)과 같이 주로 속담이나 격언에 사용되는 특색을 띤다.

(19) お酒を飲めば、必ず顔が赤くなる。

술을 마시면 반드시 얼굴이 빨개진다.

(20) 風(かぜ)吹(ふ)けば桶屋(おけや)が儲(もう)かる。[7]

바람 불면 나무통 장수가 돈을 번다.

③ 「たら」

(4)"c의 「たら」는 원래 과거형인 「た」에 「ら」가 붙어서 만들어진 표현이기 때문에, 이미 술을 먹었고 그 결과로 얼굴이 빨개진다는 의미를 나타낸다. 즉, 전건의 술을 먹는 행위가 이미 이루어져서 그 결과로 후건이 발생된 것이라는 뜻이다. 따라서 (21)과 같이 해석될 것이며, (22)와 같이 후건

7 원래는 바람이 불면 흙먼지가 눈에 들어가 눈병이 생겨서 결국 장님이 되는 사람이 많아지고, 장님은 샤미센(三味線 : 줄이 3개인 일본 전통 현악기) 연주를 주로 하여 생계를 이어가는데 그 샤미센이 고양이 가죽으로 만들어져 있기 때문에 고양이 수요가 늘어 고양이가 많이 없어지게 된다. 그러면 그 여파로 쥐들이 많아지고 많아진 쥐들은 나무통을 마구 갉아서 결국 나무통 장수가 돈을 벌게 된다는 이야기이다. 소위 나비효과와 같은 연쇄작용으로 의외의 결과가 발생됨을 비유한 표현으로 사용된다.

도 주로 과거형이 자연스럽다.

특히 (22)와 같이 후건도 과거형인 경우는 전건에서 술을 마신다는 것을 이미 전제하기 때문에 오히려 순접의 뉘앙스를 띠게 된다. 그래서 한국어 대응 역시 '～면'이 아니라 '～자/니'가 더 자연스럽게 느껴질 것이다.

(21) こんなにお酒を飲んだら、顔が赤くなる。
　　이렇게 술을 마시면(/자/니) 얼굴이 빨게 진다.

(22) お酒を飲んだら、顔が赤くなった。
　　술을 마시((×)면/자/니) 얼굴이 빨게 졌다.

④ 「なら」

(4)"d의 「なら」는 만약에 술을 먹는다는 가정 하에 얼굴이 빨개질 것이라고 판단하는 것이다. 즉, 전건이 발생된다고 만약에 가정해 본다면 후건도 발생될 것이라는 의미이다. 따라서 (23)과 같이 '만약에 ～한다면'으로 해석될 것이며, (24)와 같이 가상으로 설정되는 상황에 자주 사용되는 경향이 있다. 또 제1장에서 이미 설명했듯이 주제를 나타내는 경우와도 연관이 된다. 즉, (25)와 같이 '싸고 맛있는 와인을 추천하자면'이란 전제를 제시한다는 것 역시 가정표현과 일맥상통하기 때문이다. 따라서 「なら」의 한국어 대응은 '～면'이 적절한 것 같다.

(23) もしお酒を飲むなら、顔が赤くなる。
　　만약에 술을 마신다면 얼굴이 빨개진다.

(24) こんな場合、あなたならどうしますか。
　　이런 경우 당신이라면 어떻게 하겠습니까?

(25) 安くて美味しいワインなら、イタリアがおすすめですよ。
　　싸고 맛있는 와인이라면, 이탈리아를 추천합니다.

「とすると」 vs 「とすれば」 vs 「としたら」

① 「すると」 vs 「とすれば」

「とすると」는 (26)과 같은 가정조건(「もし」「たぶん」등과 함께 사용)에서 사용되며, (27)의 「とすれば」와 유사하다. 「とすると」「とすれば」모두 한국어 '~고 하면'으로 대응된다.

(26) もし私(わたし)が英会話(えいかいわ)を上達(じょうたつ)させるために英会話(えいかいわ)学校(がっこう)に通(かよ)うとすると、たぶん、集団(しゅうだん)指導(しどう)より個別(こべつ)指導(しどう)を選(えら)ぶだろう。
만약에 내가 영어회화를 능숙하게 하기 위해 영어회화 학교를 다닌다고 하면 아마도 집단지도보다 개별지도를 선택하겠지.

(27) 次に映画を見るとすれば多分(たぶん)アリスかな!
다음에 영화를 본다고 하면 아마도 앨리스일까!

다만 (28)(29)와 같이 「とすれば」에 비해 「とすると」는 <동사의 기본형(「る」) + とすると> 보다 <동사의 의지형(「う/よう」) + とすると>의 형태를 취하기가 쉽고, 「とすれば」는 (29b)[8]와 같이 「するほど」와 함께 사용되기 쉽다.

(28) a. 幽霊(ゆうれい)はある一定(いってい)の場所(ばしょ)に出現(しゅつげん)するとすると、幽霊(ゆうれい) というのは、重力(じゅうりょく)の影響(えいきょう)を受(う)ける物質(ぶっしつ)(我々と同じ様に)ということになります。(16,800건 검색)
유령이 어떤 일정한 장소에 출현한다고 하면, 유령이라는 것은 중

8 (28b)는 (26a)와 동일하지만 편의상 다시 사용했다.

력의 영향을 받는 물질(우리들과 똑 같이)이라 할 수 있습니다.

b. 標準(ひょうじゅん)化(か)しようとすると、かえって生命(せいめい)運動(うんどう)としての本質(ほんしつ)が失(うしな)われる。(385,000건 검색)

표준화하려고 하면 오히려 생명운동으로서의 본질을 잃게 된다.

(29) a. 今年(ことし)を一言(ひとこと)で表現(ひょうげん)するとすれば、今(いま)まで以上(いじょう)「写真(しゃしん)に傾倒(けいとう)した一(いち)年(ねん)」でした。(86,000건 검색)

올해를 한마디로 표현한다면 지금까지 제일 '사진에 치우쳤던 1년'이었다.

b. 論理(ろんり)矛盾(むじゅん)を説明(せつめい)しようとすればするほど、膨大(ぼうだい)な論証(ろんしょう)が必要(ひつよう)になる。(62,000건 검색)

논리모순을 증명하려고 하면 할수록 방대한 논증이 필요하게 된다.

② 「としたら」

「としたら」는 (30)의 a, b와 같이 「仮に」와 함께 사용되거나 현실적으로 실행가능성이 없는 반사실적 조건문, c와 같은 가정적 조건문에도 사용될 수 있다. 이는 「とすると/とすれば」와는 다른 특성이다.

(30) a. 仮に生(う)まれ変(か)わるとしたら男(おとこ)がいいか女(おんな)がいいか。

다시 태어난다고 하면 남자가 좋을까 여자가 좋을까.

b. 今夜(こんや)は七夕(たなばた)でひとつだけ願(ねが)いが叶(かな)うとしたらどうする?

오늘밤은 칠석이라 하나만 바람이 이루어진다고 하면 어떻게 할래?

c. ペットを飼(か)うとしたら、やっぱり病気(びょうき)は心配(しんぱい)になっちゃうなぁって思(おも)いました。

애완동물을 키우려 하면 역시 병이 걱정이란 생각이 듭니다.

(31)과 같이 <동사의 기본형(「る」) + としたら> <동사의 의지형(「う/よう」) + としたら>의 형태를 모두 취할 수 있다. 다만 b와 같이 <동사의 의지형(「う/よう」) + としたら, ～ + 과거>로 화자의 의지가 이미 실시된 경우는 b'와 같이 가정의 뉘앙스는 사라지고, b"와 같이 순접의 접속사로 해석되어 한국어 '～자/니'와 대응된다.

이는 위의 (28b)를 (28b)'와 같이 <동사의 의지형(「う / よう」) + とすると, ～ + 과거>로 바꾸면 부자연스러워지는 「とすると」와는 다르다. 앞에서 언급했듯이 「たら」형이 「과거형た + ら」에서 유래되었다는 점이 이들 표현간의 차이점을 두드러지게 한 것이라 할 수 있겠다. 한국어 대응 역시 '～자/니'가 부자연스럽다.

(31) a. 自給自足(じきゅうじそく)の生活(せいかつ)をするとしたら海(うみ)と山(やま)どっちがいい? (172,000건 검색)

자급자족 생활을 한다고 하면 바다와 산 어느 쪽이 좋아?

b. 結婚(けっこん)しようとしたら親(おや)に猛(もう)反対(はんたい)された。(327,000건 검색)

결혼하려고 하자(/니) 부모가 맹렬하게 반대했다.

b'. (×) 仮に結婚しようとしたら親に猛反対された。

(×) 가령 결혼하려고 하자 부모가 맹렬하게 반대했다.

b". (○) 結婚しようとして、親に猛反対された。

(○) 결혼하려고 해서 부모가 맹렬하게 반대했다.

(28) b'. (×) 標準化しようとすると、かえって生命運動としての本質が失われた。

(×) 표준화하려고 하자(/니) 오히려 생명운동으로서의 본질이 없어졌다.

③ 「とすると」 vs 「とすれば」 vs 「としたら」

「とすると」「とすれば」「としたら」의 특성을 요약하여 정리하면 <표2>와 같다. <표1>과 비교하면 다음 2가지 차이점을 들 수 있겠다.

첫째, '반사실적 조건'과 '후건 과거'는 오직 「としたら」에만 허용되고 「とすると」「とすれば」에는 부자연스럽다. 이는 「としたら」자체가 과거형이 사용된 표현이기 때문에 가정성이 약화되어 버려 순접의 의미를 나타내기 때문일 것이다.

둘째, 「とすると」「とすれば」「としたら」모두는 '확정조건', '기정조건'을 표현할 수 없다. 이는 「とすると」「とすれば」「としたら」가 비록 가정표현인 「と」「ば」「たら」의 특성이 바탕에 깔려 있다하더라고 원래 <「と」+「すると/すれば/したら」>라는 이중의 가정표현형식을 취하고 있어서 가정성이 강화된 표현이 될 수밖에 없었을 것이다.

		「とすると」	「とすれば」	「としたら」
'~고하면'	가정조건	○	○	○
	반사실적 조건			○
'~자/니'	순접 (후건 과거)			○ (가정성 소멸)
전접 동사		사전형 < 의지형	사전형 > 의지형	사전형 < 의지형

<표2 : 「とすると」 vs 「とすれば」 vs 「としたら」>

제2부

어휘

제9장

한자어/외래어, 관용표현, 의성어/의태어

제9장에서는 일본어 어휘 학습의 효율성을 높이고자 3가지를 파악해두고자 한다. 첫째, 동일한 한자를 사용하면서도 한국어와 다른 표기를 하는 한자어와, 한국어와 다르게 표기하는 외래어를 파악한다. 둘째, 일본어 관용표현을 한국어와의 대조를 통해 한국어와 유사하게 표현하는 경우와 한국어와 다르게 표현하는 경우로 구분해서 정리한다. 셋째, 다양한 뉘앙스를 갖고 있어서 한국인 학습자를 힘들게 하는 일본어의 의성어와 의태어의 전반적인 특성을 제시하고 아울러 한국어와 동일하게 사용되는 의성어와 의태어를 간략하게 소개한다.

1. 한자어와 외래어(カタカナ표기)

일본어 어휘의 상당 부분을 차지하는 한자어는 (1)과 같이 유사하게 발음되어 한국인 학습자가 일본어를 습득할 때 상당히 유리하게 작용한다. 이러한 장점은 정확한 발음을 익히는데 게을리 하게 만들어, (2)와 같이 장음과 단음의 구별이 중요한 일본어의 특성을 무시하고 발음하여 정확한 의사 전달의 방해 요소가 되기도 한다. 따라서 동일한 한자를 사용하지만 일본어가 약자체를 사용한다는 점은 일단 제외하고, 한자의 표기가 전혀 다른 경우와 약간 다른 경우, 앞뒤의 순서가 바뀐 경우의 3가지로 구분하여 파악해보고자 한다.

(1) a. 도시　　都市　　とし
　 b. 산보　　散歩　　さんぽ

c. 가구	家具	かぐ
d. 의미	意味	いみ
e. 무리	無理	むり

(2)	a. 도로	道路	どうろ
	b. 수도	水道	すいどう
	c. 동화	童話	どうわ
	d. 수리	修理	しゅうり
	e. 취미	趣味	しゅみ

주로 *カタカナ*로 표기하는 외래어의 경우 (3)의 a, b와 같이 일본어 발음 체계가 갖고 있는 한계로 인하여[1] 원어 발음을 제대로 표기하지 못하는 경우도 있지만, c와 같이 한국어와 다르게 표기하거나 d와 같이 장음 표기까지 정확하게 하여 한국인 학습자를 힘들게 만드는 경우가 있다. 따라서 이 절에서는 한국어와 전혀 다르게 표기하는 경우와 장음 표기를 정확하게 하는 경우를 중점적으로 파악해 보고자 한다.

(3)	a. 맥도널드	マクドナルド
	b. 샐러드	サラダ
	c. 노트북	ノートパソコン
	d. 뮤직	ミュージック

한자어

동일한 한자에서 유래되어 한국과 일본에서 사용되는 한자어 중 그 표기를 전혀 다르게 하는 경우와 약간만 다르게 하는 경우, 순서를 바꾼 경우로 구

---

1 일본어의 모음은 단모음이 5개(a, i, u ,e, o), 반모음이 4개(ya, yu, yo, wa)에 불과하다.

분하여 검토해보겠다.

① 전혀 다른 경우

a. 공부(工夫)[2] = 勉強(べんきょう)
b. 애인(愛人)[3] = 恋人(こいびと)
c. 방학(放学) = 休み(やすみ)
d. 학원(学院)[4] = 塾(じゅく)
e. 여중(女中)[5] = 女子中(じょしちゅう)
f. 무고(誣告) = 冤罪(えんざい)
g. 좌/우회전(左/右回転) =左/右折(さ/うせつ)
h. 단속(團束) = 取締り(とりしまり)
i. 접수(接受) = 受付(うけつけ)
j. 신상(身上)[6] = 境遇(きょうぐう)
k 일기(日氣) = 天気(てんき)[7]
l. 현수막(懸垂幕) = 横断幕(おうだんまく)
m. 저장(貯蔵 : 컴퓨터 용어) = 保存(ほぞん)

2 일본어에서 「工夫(くふう)」는 '궁리' '고안'의 의미로 사용된다.

3 일본어에서 「愛人(あいじん)」은 불륜관계의 '정부'를 의미한다.

4 일본어에서는 「○○学院高校」「○○学院大学」와 같이 학교를 의미한다.

5 일본어에서 「女中(じょちゅう)」는 '식모, 가정부'를 의미한다.

6 일본어에서 본인이 놓인 형편이나 상황의 의미로 사용하자면 「身の上(みのうえ)」로 표기해야 한다.

7 한국어에도 1960년대 영화에서 날씨를 '천기'로 사용한 경우를 볼 수 있었다.

② 약간 다른 경우

a. 대학교(大學校)[8] = 大学(だいがく)

b. 생일(生日) = 誕生日(たんじょうび)

c. 남학생(男学生) = 男子学生(だんしがくせい)

d. 부통령(副統領) = 副大統領(ふくだいとうりょう)

e. 여대(女大) = 女子大(じょしだい)

f. 상가(商街) = 商店街(しょうてんがい)

h. 식목(植木) = 植木(うえき)

③ 순서가 뒤바뀐 경우

a. 흑백(黑白) = 黒白(くろしろ)

b. 영광(榮光) = 光栄(こうえい)

c. 약혼(約婚) = 婚約(こんやく)

d. 남녀노소(男女老少) = 老若男女(ろうにゃくなんにょ)

e. 현모양처(賢母良妻) = 良妻賢母(りょうさいけんぼ)

외래어

한국인 학습자들이 자주 틀리기 쉬운 경우, 즉 외래어를 한국어와 일본어에서 전혀 다르게 표기하는 경우와 장음을 명확하게 표기하는 경우에 대해 검토해보겠다.

① 다르게 표기하는 경우

a. 컴퓨터 パソコン

---

8 일본어에서 「大学校」는 정부에서 주도하여 국가공무원을 배출하는 대학으로 예를 들면 「防衛大学校」「警察大学校」등이 있다.

b. 스킨 化粧水(けしょうすい)

c. 로션 乳液(にゅうえき)

d. 아파트[9] マンション

e. 커피 コーヒー

f. 카피(복사) コピー

g. 골뱅이(@) アットマーク

② 장음 표기 명확한 경우

a. 소파 ソファー

b 스토리 ストーリ

c. 볼륨 ボリューム

d. 노트 ノート

e. 스카트 スカート

f. 메모리 メモリー

g. 룰 ルール

h. 라이터 ライター

2. 관용표현

일본어 관용표현을 한국어와의 대조를 통해 한국어와 유사하게 표현하는 경우와 한국어와 다르게 표현하는 경우로 구분해서 정리해보겠다.

9 일본어의 「アパート」는 학생이나 서민이 사는 임대용 주거 중 가장 저렴한 주거 형태이다.

유사한 경우

도마에 올리다	俎板(まないた)にのせる。
풍전등화	風前(ふうぜん)の灯火(ともしび)。
풍파를 일으키다	風波(なみかぜ)を起(お)こす。
오뉴월 감기는 개도 아니 걸린다	夏(なつ)の風邪(かぜ)は犬(いぬ)も引(ひか)かぬ。
마이동풍	馬耳東風(ばじとうふう)。
백문이 불여일견(不如一見)	百聞(ひゃくぶん)は一見(いっけん)に如(し)かず。
코웃음 치다	鼻(はな)で笑(わら)う/鼻の先(さき)で笑う。
그림의 떡	絵(え)に描(か)いた餅(もち)。
등골이 오싹하다	背筋(せすじ)が寒(さむ)くなる。
가슴을 졸이다	胸(むね)を焦(こ)がす。

약간 다른 경우

속이 검다	腹(はら)が黒(くろ)い。 배가 검다.
손을 씻다	足(あし)を洗(あら)う。 발을 씻다.
발이 넓다	顔(かお)が広(ひろ)い。 얼굴이 넓다.
엉덩이가 가볍다	腰(こし)が軽(かる)い。 허리가 가볍다.
손바닥 만한	猫(ねこ)の額(ひたい)。 고양이 이마 만한(매우 작은)
돼지에게 진주	猫(ねこ)に小判(こばん)。 고양이에게 돈
작심 3일	三日坊主(みっかぼうず)。 3일 스님
코 앞	目(め)と鼻(はな)の先(さき)。 눈과 코 앞
규중 처녀	箱入り娘(はこいりむすめ)。 상자 속 처녀

금강산도 식후경	花(はな)より団子(だんご)。꽃 보다 경단
버린 밥으로 잉어를 낚는다	海老(えび)で鯛(たい)を釣(つ)る。새우로 도미를 낚는다.
이도 안 들어간다	歯(は)が立(た)たない。이가 서지 않는다.

전혀 다른 경우

自腹(じばら)を切(き)る。	안 써도 되는데 어쩔 수 없이 본인이 돈을 내다.
尻(しり)が軽(かる)い。	여자가 정조 없다.
のどから手が出る。	몹시 탐나다.
鼻(はな)の下(した)が長(なが)い。	호색한이다.
歯痒い(はがゆい)	답답하다.
あごがおちる	너무 맛있다.
腹(はら)を割(わ)る	솔직하게 다 말하다
へそを曲(ま)げる	토라지다.
一山(ひとやま)當(あ)てる	대박내다. 금맥을 잡다.
猫(ねこ)の手(て)を借(か)りたい	너무 바쁘다.
猫(ねこ)をかぶる	내숭떨다.
鶴(つる)の一声(ひとこえ)	상황을 완전히 뒤바꾸는 권력자의 발언.
薮(やぶ)から棒(ぼう)	뜬금없이, 갑자기

3. 의성어와 의태어

의성어(擬声語)와 의태어(擬態語)는 글자 그대로 소리나 모습을 글자로 표기한 것이다. 그런데 이들은 개 울음 소리 하나만 보더라도 (4)와 같이 각국마다 다르게 표기한다. 결국 의성어와 의태어에는 그 나라 사람만이 느끼는 고유한 인지 방식이 있다. 따라서 이들을 외국어로서 학습한다는 것은 상당히 어려운 일이며 좀처럼 마스터하기 힘든 부분이기도 하다.

(4) 개 울음 소리 :

일본어	wan-wan (ワンワン)
영어	bow-wow, bark-bark, woof-woof, arf-arf, ruff-ruff
독일어	wau-wau
프랑스어	ouaf
중국어	wang-wang (汪汪)

또한 의성어와 의태어는 그 구분 또한 애매하다. 예를 들어, (5)를 비가 내리는 소리를 들으면서 표현한 경우는 의성어가 되겠지만, 이어폰으로 음악을 들으면서 비가 격하게 내리는 모양만 보면서 표현한 경우는 의태어라 할 수 있겠다.

(5) 雨がザーザー降っている。
비가 좍 좍 내리고 있다.

다만 일본어에는 크게 (6)과 같이 청음과 탁음의 차이로 뉘앙스가 구분되는 특성과, (7)과 같이 발음 자체가 지니는 이미지로 구분된다는 특성이 있다. 그러나 이러한 특성은 일본어뿐만 아니라 (8)의 한국어의 경우도 해당되며 아마도 전 세계 모든 언어에서 일반적으로 나타내는 특성이라고도 할 수 있을 것이다. 물론 이 두 가지가 완전히 분리되어 나타나는 것은 아니고 경우에 따라서는 융합적인 형태를 취할 수도 있을 것이다.

(6) 청음(か, さ, た, は행) : 가볍고 작고 밝은 플러스적 느낌
예) キラキラ, コロコロ カサカサ
탁음(が, ざ, だ, ば행) : 무겁고 크고 어두운 마이너스적 느낌
예) ギラギラ, ゴロゴロ ガサガサ

(7) 파열음 : 거칠고 힘찬 느낌 예) カタカタ
유음 : 탄력 있고 흔들리는 느낌 예) ブルブル, るんるん
비음 : 부드럽고 원만한 느낌 예) メロメロ, ノホホン

(8) 'ㅏ' : 가볍고 작고 밝은 느낌 예) 달랑달랑
'ㅓ' : 무겁고 크고 어두운 느낌 예) 덜렁덜렁

이상의 의성어와 의태어의 특성을 바탕으로 과연 한·일 간에 공통으로 발생되는 의성어와 의태어가 존재하는지를 파악해보자. 飛田良文·浅田秀子(ひだよしふみ·あさだひでこ)의 『現代下擬声語擬態語用法辞典』(2002)에서 한국어에도 동일한 표현이 있는지를 조사해보았다. 그 결과를 정리한 것이 <표1>이다.

의성어·의태어	용례	한국어대응
あっさり	叔母(おば)は金銭(きんせん)に対(たい)してあっさりしている。	깔끔(앗사리<?>)
けんけん	片足でけんけんしてごらん。	깽깽 (한 쪽 발로 뛰기)
ざくざく	野菜を大きめにざくざく切って煮込んだ。 砂利をざくざくと踏む。 しじみは水でこするようにざくざくと洗う。 正直じいさんが掘ると小判がざくざくと出てきた。	석둑석둑 서벅서벅 벅벅 자꾸자꾸

의성어·의태어	용례	한국어대응
じぐざぐ (zigzag)	山道は頂上までじぐざぐに続いている。	지그재그
しゃぶしゃぶ	薄切りの牛肉を銅鍋の湯のなかでしゃぶしゃぶと洗って、色が変ったらさっとポン酢をつけて食べる。 日本のしゃぶしゃぶが好きだ。	살살(흔들어) 샤브샤브(음식명)
ぴー	やかんがぴーとなった。お湯が沸いたようだ。 子供がおもちゃの笛をぴーっと吹いた。	삐

<표1 : 한국어와 동일한 일본어 의성어・의태어>

<표1>이 모든 일본어의 의성어와 의태어를 대변할 수는 없겠지만, 일단 위 <표1>에 의거하자면 일본어의 의성어와 의태어는 (9)와 같이 3가지 유형으로도 분류될 수 있을 것이다. 특히 외국어(한국어)와 유사한 경우는 주로 의성어로 악기나 보편적인 소리에 한정되는 것 같다.

(9) 일본어 의성이와 의대이의 3가지 유형

① 외국어(한국어)로 유입된 경우 :「あっさり」「しゃぶしゃぶ」

② 외국어(영어)에서 유입된 경우 :「じぐざぐ(zigzag)」

③ 외국어(한국어)와 유사한 경우(의성어) :「ぴー」

제3부

운용

제10장

수수(授受)표현

제10장에서는 사물이나 행위를 주고받는 경우에 사용되는 수수표현을 파악해보겠다. 한국어에 비해 일본어 수수표현은 주고받는 행위에 (1)의 3가지를 고려해야만 비로소 사용될 수 있는 독특한 특성을 띠고 있다.

(1) 수수표현 사용 시 반드시 고려해야 할 사항
① 화자 측 사람인가 아닌가?
② 사회적 지위나 연령은 어느 쪽이 더 높은가?
③ '은혜'의 행방이 어느 쪽에 있는가?

특히 ①③과 같은 항목은 한국어에서는 고려하지 않는 항목이기 때문에 한국인 학습자들의 특별한 주의가 필요하다. 따라서 보다 쉽게 이해할 수 있도록 주고받는 대상을 크게 사물인 경우와 행위인 경우로 이분하여 검토해보고자 한다.

1. 사물

사물을 주고받는 경우는 행위를 주고받는 경우보다 다소 간단하다. (1)의 '① 화자 측 사람인가 아닌가?'와 '② 사회적 지위나 연령은 어느 쪽이 더 높은가?'의 2가지만 고려하면 되기 때문이다. 다만 (2)와 같이 한국어 '주다'가 일본어에서는 「やる/あげる」와 「くれる」의 2가지 표현으로 구분되어 사용되기 때문에, 한국인 학습자는 (3)(4)의 각 표현의 정확한 사용법을 익혀두어야 할 것이다.

(2) a. やる(あげる)/さしあげる　: 주다/주시다.
b. くれる/くださる　: 주다/주시다.

(3) 「やる(あげる)/さしあげる」: 화자(화자 측)가 상대에게 물건을 주는 경우에 사용되며, 일반적으로 「やる」는 화자와 상대가 동등한 관계이거나 다소 하위인 경우에, 「あげる」는 상대가 다소 상위인 경우에, 「さしあげる」는 상대가 상위인 경우에 사용된다.

(4) 「くれる/くださる」: 상대가 화자(화자 측)에 물건을 주는 경우에 「くれる」를, 특히 상대가 지위나 연령 등에 상위에 있는 경우에는 「くださる」를 사용한다.

「やる/あげる」「くれる」: 주다

위의 (3)(4)는 (5)와 같이 간략화 시킬 수 있다. 물론 X가 지위나 연령이 높은 사람이라면 각각 「さしあげる」와 「くださる」로 교체되어야 한다.

(5)	私(생략가능)/Xが		Xに	사물を	「やる/あげる」
	Xが		私(생략 가능)/내 측に	사물を	「くれる」

그리고 (6)(7)과 같이 사용될 수 있다. 특히 (7)의 「くれる」의 경우는 b와 같이 X에 무생물체가 올 수도 있으며, c와 같이 의문형식을 취할 경우는 「Xに」에 1인칭 「私」 대신 2인칭인 「あなた」가 올 수도 있다.

(6) a. 私は毎朝犬(いぬ)に餌(えさ)<u>をやる</u>。[1]
나는 매일 개에게 밥을 준다.

---

1 최근 존대의 남용으로 대등한 관계에 사용되던 「やる」의 사용이 급격히 감소되고, 「あげる」의 존대성도 희박해져 동물에도 자주 사용되며, 오직 「さしあげる」만이 존대의 의미를 나타낸다고 한다.

b. 田中(たなか)さんが吉田(よしだ)さんにプレゼントをあげた。

타나카 씨는 요시다 씨에게 선물을 주었다.

c. 私は友達にお土産(みやげ)をあげる。

나는 친구에게 기념품을 준다.

d. 先生にお茶をさしあげる。

선생님께 차를 드린다.

(7) a. あなたが脈絡(みゃくらく)もなくキスをくれる時。

당신이 맥락도 없이 키스를 줄 때.

b. 言葉(ことば)が力(ちから)をくれる。

말이 힘을 준다.

c. あなたに適切(てきせつ)なアドバイスをくれるのは誰(だれ)?

당신에게 적절한 어드바이스를 주는 사람은 누구?

d. お父様(とうさま)が妹にお花をくださる。

아버님께서 여동생에게 꽃을 주신다.

「もらう」: 받다

'주다'와 달리 '받다'에 대응하는 일본어는 오직 「もらう」뿐이라서 다소 간단하게 (8)과 같이 요약될 수 있다. 즉, 화자나 내 측에 속하는 사람이 X에게 사물을 받을 경우에 사용되며, 그 타인이 연장자이거나 지위가 높은 경우는 「いただく」를 사용한다.

(8) 私(생략가능)/내 측が　　Xに(から)　　사물を　　「もらう/いただく」

「もらう」는 「に」격뿐만 아니라 「から」격으로도 가능하다는 점이 「やる/あげる」「くれる」와 다르다. (9)에서 알 수 있듯이 「に」「から」는 별 차이는 없다. 다만 이전 1장에서도 설명하였듯이 「に」의 다양한 의미용법으로 인해 (10)과 같은

「に」[2]와의 혼동을 막고 명확한 출처를 강조하고자 「から」를 사용하는 것 같다. 이는 (10b)(11)의 「から」에 대응하는 한국어로도 짐작할 수 있을 것이다.

(9) a. クリスマスプレゼントをサンタに<u>もらう</u>。
크리스마스 선물을 산타에게 받다.
b. クリスマスプレゼントをサンタ**から**<u>もらう</u>。
크리스마스 선물을 산타로부터 받다.

(10) 中国人(ちゅうごくじん)を嫁(よめ)**に**<u>もらう</u>男(おとこ)が増(ふ)えてるらしい。
중국인을 아내로 맞는 남자가 늘어가는 것 같다.

(10) a. 北野武(きたのたけし)監督(かんとく)がフランス**から**勲章(くんしょう)を<u>もらう</u>。
키타노 타케시 감독이 프랑스로부터 훈장을 받다.
b. 妻(つま)**から**<u>もらう</u>バレンタインのチョコは、義理(ぎり)か本命(ほんめい)か。[3]
아내로부터 받는 발렌타인 초콜릿은 의리상 주는 것인가 진심인가.
c. 野菜(やさい)**から**<u>もらう</u>「生命(せいめい)の気(き)」
야채로부터 받는 '생명의 기'

---

2 「嫁にもらう」란 관용적 표현으로 '부인으로 맞다'라는 의미로, 간접목적어 역할을 하는 (9a)의 「に : 에게」와는 그 용법이 전혀 다르다.

3 일본은 발렌타인 날에 본인이 좋아하는 남자에게 마음을 전하는 수단으로 주는 경우를 「本命(ほんめい)チョコ」라 하고, 일반적인 직장동료나 학급친구들에게도 주는 것을 「義理(ぎり)チョコ」라 구분한다.

「やる/あげる」 vs 「くれる」 vs 「もらう」

우선 「やる/あげる」와 「くれる」의 차이를 알기 위해서는 주는 사람이나 받는 사람 모두가 제3인칭으로 사용된 위의 (6)의 b를 b'와 같이, 「あげる」를 「くれる」로 교체한다면 그 뉘앙스가 어떻게 달라지는가를 알 수 있을 것이다. 즉, b의 경우는 「田中さん」이 화자와 가까운 사람이란 느낌을 주고, b'의 경우는 「吉田さん」이 화자와 가까운 사람이라는 느낌을 준다. 「あげる」는 행위를 하는 사람에게 초점을 두어 그 쪽을 가깝게 나타내는 표현이고, 반면에 「くれる」는 행위를 받는 사람에게 초점을 두어 그 쪽을 가깝게 나타내는 표현인 것이다.

(6) b. 田中(たなか)さんが吉田(よしだ)さんにプレゼントを<u>あげた</u>。
b'. 田中(たなか)さんが吉田(よしだ)さんにプレゼントを<u>くれた</u>。

다음으로 「やる/あげる」와 「もらう」의 차이를 확인해보자. (6)의 b"와 같이 b의 「あげる」를 「もらう」 b"로 교체하면 그 차이를 알 수 있다. 왜냐하면 b와 b"는 사실상 타나카씨는 선물을 주었고 요시다씨는 그 선물을 받았다는 동일한 사태를 나타내지만, 이 두 사람에 대한 화자의 관심도에는 차이가 나기 때문이다. 즉, 화자가 b의 「あげる」를 사용하여 말한 경우에는 「田中さん」에게, b"의 「もらう」를 사용하여 말한 경우는 「吉田さん」에게 관심을 갖고 있는 것으로 해석된다. 화자와 좀 더 가까운 사람이거나 화자에게 더 중요한 사람이 누구인지를 암시하고 있다고도 볼 수 있다. 이는 주요한 비즈니스 석상에서는 놓칠 수 없는 주요 정보가 될 것이다.

(6) b. 田中(たなか)さんが吉田(よしだ)さんにプレゼントを<u>あげた</u>。
b". 吉田(よしだ)さんが田中(たなか)さんにプレゼントを<u>もらった</u>。

2. 행위

사물을 주고받는 것을 표현하는 것보다 행위를 주고받는 것을 표현하는 것이 다소 복잡하다. 사물을 주고받는 표현은 (1)의 '① 화자 측 사람인가 아닌가?'와 '② 사회적 지위나 연령은 어느 쪽이 더 높은가?'의 2가지만 고려하면 되었지만, 행위를 주고받는 표현에는 '③ 은혜의 행방'까지도 고려해야 하기 때문이다. 즉, 행위를 주고받는 표현은 사물을 주고받는 표현인 「やる/あげる」「くれる/くださる」「もらう/いただく」의 특성을 기반으로 하여 그 위에 '은혜의 행방'을 명백하게 표시해야 하는 것이다. 따라서 크게 「〜てやる/あげる」「〜てくれる/くださる」형과 「〜てもらう/いただく」형으로 구분해서 파악해보고자 한다.

「〜てやる/あげる」「〜てくれる」: 〜해주다

우선 「〜てやる/あげる」에 대해 살펴보자. 「〜てやる/あげる」는 기본적으로 (11)(12)과 같이 상대에 대해 무엇인가 은혜를 베풀려고 하는 화자의 마음을 표현할 때 사용된다. 그렇지만 (13)과 같이 「あげる」의 존대어인 「さしあげる」를 사용한 「〜てさしあげる」가 한국어 대응과 달리 절대로 존대어로 사용되지 않는다는 점을 반드시 기억해야 한다. 이는 「〜てやる/あげる」만으로도 본인이 상대보다 우위에 있어서 무엇인가 은혜를 주겠다는 다소 거만한 뉘앙스를 풍길 수 있기 때문에 상대를 배려하고 공경하고자 하는 존칭과는 기본적으로 상충되기 때문이다. 따라서 「〜てやる/あげる」는 주로 동년배거나 아랫사람에게 사용하는 경향이 강하다.

(11) a. 名前(なまえ)をつけてやる。

이름을 붙여줄게.

b. 野菜(やさい)嫌(ぎら)いをなおしてあげる。

야채 싫어하는 것을 고쳐준다.

(12) a. 君にジュースを買ってあげる。

너에게 주스를 사줄께.

b. 野菜(やさい)嫌(ぎら)いをなおしてあげる。

야채 싫어하는 것을 고쳐준다.

(13) a. (×) 鞄(かばん)を持ってさしあげましょう。

(○) 가방을 들어 드릴까요?

b. (○) 鞄(かばん)をお持ちしましょうか。[4]

(○) 가방을 들어 드릴까요?

다만 「〜てやる」의 경우 (14)의 a와 같이 반드시 상대에게 플러스적(긍정적)인 행위만을 베푸는 것도 아니고, 또 b와 같이 타인에게만 베푸는 것이 아니라 본인의 의지를 표명할 경우에 사용되기도 한다. 즉 상대에게 마이너스적(부정적)인 영향을 미치는 행위도 일부러 할 수도 있으며 또 자신을 위해서도 사용할 수 있다는 것이다. 이상을 정리하면 (15)와 같다.

(14) a. のろってやる。

저주하고 말거야.

b. 絶対(ぜったい)やせてやる。

절대로 살 빼고 말겠어.

(15) 「〜てやる/あげる」: 상대에게 은혜를 베풀어 주겠다는 표현으로 다소 거만하게 들릴 수 있기 때문에 주로 동년배나 아랫사람에게 사용

---

4 일본어의 겸양 표현을 나타내는 표현 중 하나인 <お + ます형 + する>형식을 취해서 겸양어를 사용함으로써 상대를 높여준다.

된다. 따라서 「やる/あげる」의 높임말인 「さしあげる」를 사용한 「〜てさしあげる」는 절대 높임말이 될 수 없다. 다만 「〜てやる」의 경우 베풀고자 하는 은혜가 반드시 상대에게 이익이나 보탬이 된다는 보장도 없으며 화자 자신에게도 사용하여 의지표현을 나타낼 수도 있다.

다음은 「〜てくれる」를 검토해보자. 일본어에서는 상대보다 우위에서 무엇인가를 베풀어준다는 뉘앙스를 풍기는 「〜てやる/あげる」보다 「〜てくれる」는, (16)과 같이 「言葉」와 같은 사물이나 「県民」과 같은 일반대중을 막론하고 그 누군가로부터 내가 은혜를 입었다는 의미를 나타내기 때문에 그 사용상 제한이 적어 광범위하게 사용되는 경향이 있다. 일본어에서는 특히 c와 c'를 비교하면 알 수 있듯이, 「手をふってくれる」 쪽이 「手をふっている」보다 훨씬 본인이 은혜를 받았다는 뉘앙스가 강하게 느껴져 그 뒤에 이어지는 「嫌われてると思えない：싫어한다고 여겨지지는 않는다」와의 연결이 더 자연스럽다. 이러한 뉘앙스의 차이는 한국어 대응에도 마찬가지이다.

(16) a. あなたに勇気(ゆうき)を<u>与(あた)えてくれる</u>魔法(まほう)の言葉(ことば)たち
당신에게 용기를 부여해주는 마법의 말들
a'. あなたに勇気(ゆうき)を<u>与(あた)える</u>魔法(まほう)の言葉(ことば)たち
당신에게 용기를 부여하는 마법의 말들
b. 出版(しゅっぱん)<u>してくれる</u>出版社(しゅっぱんしゃ)を探(さが)しています。
출판해줄 출판사를 찾고 있습니다.
b'. 出版(しゅっぱん)<u>する</u>出版社(しゅっぱんしゃ)を探(さが)しています。
출판할 출판사를 찾고 있습니다.

c. 鳩山(はとやま)首相(しゅしょう)「沖縄(おきなわ)県民(けんみん)、みんな手(しゅ)を振(ふ)ってくれる。嫌(きら)われてると思(おも)えない」

하토야마 총리 "오키나와 현의 현민 모두 손을 흔들어 준다. 싫어한다고 여겨지지는 않는다"

c' ?「沖縄(おきなわ)県民(けんみん)、みんな手(しゅ)を振(ふ)っている。嫌われてると思えない」

? "오키나와 현의 현민 모두 손을 흔들고 있다. 싫어한다고 여겨지지는 않는다"

따라서 청자나 화자간의 은혜가 오고 간 경우라면 그 은혜가 아무리 사소하고 서로 동등한 관계일지라도 (17)과 같은 인사말에는 「～てくれる」를 사용하여 은혜를 받았음을 명백히 밝혀야 한다. a의 경우 비록 a'에 비해서 그 정중도는 떨어질지라도 상대에게서 받았다는 의미가 정확하게 전달되는 반면, b의 경우는 마치 본인이 보냈다는 의미로 해석되어 버린다. 한국어 대응 역시 동일한 뉘앙스를 나타낸다. 이상을 정리하면 (18)과 같다.

(17) a. 送ってくれた切符、ありがとう。 보내준 티켓 고마워

a'. 送ってくださった切符、～[5] 보내주신 티겟 ～

b. ? 送った切符、ありがとう。 ? 보낸 티켓 고마워

(18) 「～てくれる/くださる」: 누군가가 나 또는 내측에 도움(은혜)를 준 경우에 사용하고, 특히 은혜를 준 사람의 연령이나 지위가 높은 경우에는 「くださる」를 사용한다. 다만 원활한 커뮤니케이션을 위해서

---

5 보다 정중하게 표현하고자 한다면 비록 「ます형」이지만 명사를 수식하는데 사용하여 「送ってくださいました切符」라고 표현할 수도 있다.

는 아무리 사소한 것이라도 상대로부터 도움(은혜)를 입은 경우는 될 수 있으면 「～てくれる」를 사용하는 것이 좋다.

「～てもらう/いただく」해 받다

「～てもらう/いただく」는 한국어로 직역하면 '(행위를)해서 받다'로, 최근에 일본어의 영향으로 일본어를 전공하는 학생들 사이에는 사용되고는 있지만 부자연스러운 한국어임에는 틀림없다. 「～てもらう/いただく」는 (19)과 같이 해석된다.

(19) a. 私(내측)が　　X に(から)　　～てもらう。
=私(내측)は　　[(Xが ～する) 행위]を もらう。
나(내측 사람)는 X가 한 행위(의 은혜)를 받는다.
(X : 행위자, 나 : 은혜 받는 사람)
b. 私(내측)が　　X(연장자나 윗사람)に(から)　　～ていただく。

(20a)와 같이 질문에 대한 답을 할 때 주의가 필요하다. 왜냐하면 한국인은 내가 남한테 빌리는 경우에 사용할 수 있는 동사가 「借りる : 빌리다」이기 때문에, 단순히 생각하여 「借りてもらう : 빌려 받다」로 생각하기 쉽기 때문이다. (19a)에서도 설명했듯이 행위자는 내가 아니고 친구이기 때문에, 다른 사람에게 빌려줄 때 사용하는 동사인 「貸す : 빌려주다」를 사용하고 그 다음에 그 행동의 은혜를 내가 받는다는 「もらう」를 사용해야 하는 것이다. 즉, 친구가 돈을 빌려 주는 행위(「貸す」)를 하고 그 결과로 내가 혜택을 받는다(은혜를 입는다)는 뜻이 나타내도록 「貸してもらう」로 표현하는 것이다. 이러한 표현을 구사하기 어렵다면 단순하게 그냥 내가 남에게 빌릴 때 사용하는 「借りる」만으로도 충분히 의사 전달이 가능하다.

(20) a. お金を家(いえ)へ忘(わす)れたとき、あなたはどうしますか。
　　돈을 집에 두고 왔을 때, 당신은 어떻게 합니까?
　b. (×) 友達にお金を借りてもらいます。
　　(×)친구에게 돈을 (내가)빌려주고 받습니다.
　　(○) 友達にお金を貸してもらいます。
　　(○)친구에게 돈을 빌려 받습니다.
　　(○) 友達にお金を借ります。
　　(○)친구에게 돈을 빌립니다.

이처럼 「〜てもらう/いただく」는 한국어에 마땅한 대응어를 찾기는 어려워 한국인 학습자에게는 (21)의 a보다 b의 형태를 사용하는 것이 당연히 더 쉬울 것이다. 그러나 어떤 설문조사에 의하면 「〜てもらう」형을 학습한 한국인 학습자는 오히려 a를 더 선호한다는 의외의 결과가 나왔다고 한다. 그 이유는 한국어에 없는 일본어 고유의 표현이므로 본인이 그 누구보다 자연스러운 일본어를 구사할 수 있다는 자신감을 느끼게 해주며, 또 한국어에 없는 표현이 주는 신선함을 느낄 수 있기 때문이라고 하는데, 어떤 면에서는 수긍이 간다.

(21) a. 親(おや)から買ってもらった大事(だいじ)な物(もの)。
　　?부모한테서 사 받은 소중한 물건
　　(= 부모가 사준 소중한 물건)
　b. 親が買ってくれた大事な物。
　　부모가 사준 소중한 물건

제11장

경어 및 호칭(지칭)

제11장에서는 일본어의 특성 중 하나로 손꼽히는 다양한 경어에 대해서 파악해 보고자 한다. 한국어의 경우 존대어는 대체로 동사에 '시'를 붙이면 간단하게 만들 수 있고, 겸양어로는 현재 주로 사용되는 것으로는 1인칭 '저' 정도인데, 일본어의 경우는 동사만 보더라도 다음 <표1>과 같이 한국어 보다 상당히 다양한 존대어와 겸양어 표현이 있다.

동사	존대어	겸양어
たべる(食べる) / のむ(飲む) 먹다 마시다	めしあがる (召し上がる)	いただく
いく(行く) / くる(来る) 가다 오다	いらっしゃる	まいる(参る)
いる 있다(+ 생명체)		おる
ある 있다(-생명체)		ござる
いう(言う) 말하다	おっしゃる	もうす(申す)
する 하다	なさる	いたす(致す)
みる(見る) 보다	ご覧(らん)になる	拝見(はいけん)する/ いたす
もらう 받다	くださる	いただく たまわる(賜る) ちょうだいする (頂戴する)
ねる(寝る) 자다	お休(やす)みになる	
あう(会う) 만나다		お目(め)にかかる, うかがう

<표1 : 동사의 존대어와 겸양어>

(1)과 같이 본인의 부모에 대해서는 존경표현을 하지 않기 때문에 한국인 학습자들에게는 존경표현을 학습하는 것이 상당이 부담스럽다.

(1) a. (○) 아버님이 계시다.
  (×) 아버지가 있다.
 b. (×) お父(とう)さんがいらっしゃる。
  (○) 父(ちち)がおる。

따라서 이 장에서는 우선 일본어의 존경표현이란 무엇이고 그 분류는 어떻게 되는지를 (2)(3)과 같이 정의하고, 이를 근거로 이하 각 표현을 검토해보고자 한다. 경박하고 비하적인 뉘앙스를 풍기지만 일상생활에서 자주 듣게 되는 (4)의 경비어(軽卑語)에 대해서도 간략하게 언급보고자 한다.

(2) 존경 표현 : 상대에게 화자의 존경심을 표현하고자 할 때 사용하되, 소위 '상대존경(相對尊敬)'[1]으로 내 편 즉 본인이나 본인이 속한 그룹(가족, 회사, 학교, 동아리 등)내의 사람들에게는 사용하지 않는다.

(3) 존경표현의 4종류 : 한국어에 비해 상당히 다양하다.
 ①존대어 : 상대를 높임으로써 상대에 대한 화자(나)의 존경심을 표현하는 말
 예) <표1>의 동사의 존대어

1 존경어 사용방법에 따라 '절대존경'과 '상대존경'으로 구분하기도 한다. 즉, 한국어와 같이 연령이나 지위 고하에 따라 연령이 높거나 지위가 높으면 절대적으로 존대어를 사용하는 경우를 '절대존경'이라 하고, 일본어와 같이 내 편에 속하는 사람에게는 비록 연령이나 지위가 높다하더라도 존대어를 사용하지 않고 상대에 따라 존대어를 가려서 사용하는 경우를 '상대존경'라 구분한다.

②겸양어 : 화자(나 또는 내 쪽 사람)를 낮춤으로써 상대에 대해 존경심을 표현하는 말

예) <표1>의 동사의 겸양어

③정중어 : 청자에 대한 정중함을 표현하는 말

예) 「형용사/명사 + です」체, 「동사 + ます」체[2]

④미화어 : 주로 명사에 「お/ご(御)」등을 붙여서 상대를 높이거나 화자 자신의 말투를 우아하고 부드럽게 하기 위해 사용하는 말

예) おトイレ ご質問(しつもん)

(4) 경비어 : 한국어에 비해 적다.

예) くう(食う)

이와 같은 존경표현은 (1)에서도 알 수 있듯이 결국 「おとうさん」「ちち」와 같은 호칭이나 지칭과도 관련될 수밖에 없다. 한국어의 호칭도 서양에 비해 매우 복잡하다고 하지만, 일본어 역시 동양문화권의 특성상 한국어만큼 상당히 잘 발달되어 있다. 게다가 일본어는 내 편 사람과 남의 편 사람을 구별하는 언어적 취향으로 인해 내 편인가 아닌가의 거리감, 즉 친소(親疎)까지도 고려해야 하기 때문에 한국인 학습자에게는 다소 까다롭게 느껴지는 부분이기도 하다. 따라서 호칭 및 지칭법까지도 명확하게 정리해보고자 한다.

2 공손한 표현을 나타내는 '~ㅂ니다'에 해당하는 일본어는 어떤 품사인가에 따라서 다르다. 즉, '학생입니다', '덥습니다'와 같이 명사나 형용사인 경우는 「学生です」「暑いです」처럼 「です」를 사용하고, '갑니다'와 같은 동사의 경우는 「行きます」와 같이 「ます」를 사용한다.

1. 경어

존대어

존대어는 위의 <표1>과 같이 각 동사의 전용 존대어가 있는가 하면 ⑸와 같이 공식화된 표현으로 나타낼 수 있다. 단 동사의 경우 ⑹의 경우처럼 <표1>의 전용 존대어를 갖고 있으면 그 쪽을 사용하고 그런 전용 존대어가 없을 경우에만 ⑸의 공식을 활용하면 된다.

⑸ 존대어 공식 :

①동사 : <お + 「ます형」 + に + なる > 와 <동사 [a] +れる/られる >를 사용할 수 있지만, <お + 「ます형」 + に + なる > 쪽이 더 공손하게 들린다. 단 <표1>과 같은 전용적인 존대어가 따로 있다면 그 쪽을 사용하는 것이 우선이다.

②명사/형용사 : お/ご(御) + 명사/형용사

⑹ a. 先生(せんせい)が来(く)る。

b. (×)先生がお来になる。

c. (○)先生がいらっしゃる。

d. (○)先生が来(こ)られる。

겸양어

겸양어의 경우도 <표1>과 같은 전용적인 겸양어가 있는 경우에는 그것을 사용하겠지만, 없는 경우에는 ⑺과 같은 공식화된 표현을 사용할 수 있다. 이미 앞에서도 설명하였듯이 일본어에서는 ⑻과 같이 내 편과 남의 편으로 구분지어서 내 편에 해당되는 경우, 즉 본인의 가족, 회사 동료 등을 소개하거나 이야기할 때에는 겸양표현을 사용한다.

(7) 겸양어 공식 :

①동사 : < お +「ます형」+ する >

단 전용적 겸양어가 우선적으로 사용되어야 한다.

②명사 : 명사 + でござる[3]

③형용사 : ウ/シュウ/ヨウ음편[4] + ござる

(8) a. (×) 明日(あした)お母(かあ)さんが先生に行きます。[5]

b. (×)明日母(はは)が先生にお行きします。

c. (○)明日母が先生にまいります。

요즈음 일본에서는 겸양어와 존대어의 구분을 정확히 하지 못하고 혼동해서 사용하는 경우가 많다는 지적이 있다. 특히「ござる」「いただく」가 겸양어로 본인을 낮춤으로써 상대를 높여주는 효과를 나타내는데도 불구하고, 전체적으로 공경하는 표현을 띤다는 점에만 주목을 하여 (9)와 같이 상대방에게도 사용한다고 개탄하는 학자들도 많다. 다만 b와 같은「いただく」는 너무나 자주 오용되어 어느 정도 존대어로 용인되기도 하는 것 같다.

---

3 「でござる」는 문장체에서 주로 사용하는 '이다'라는 단정을 나타내는「である」에서 온 말로, <표1>의「ある」의 겸양어인「ござる」를 사용하여 만든 겸양표현인 것이다.

4 형용사의 음편은「ウ音便」「シュウ音便」「ヨウ音便」등이 있다.「ウ音便」은 다음 예문 a처럼 형용사의 마지막 발음[い]가 [う]로 바뀌는 경우,「シュウ音便」은 b처럼「しゅう」로 바뀌는 경우,「ヨウ音便」은 c처럼「ヨウ」로 바뀌는 경우를 일컫는다. 특히 c의「ヨウ音便」은 아침인사「おはやようございます」로도 잘 알려져 있다.

예) a. 暑い < 暑いです < 暑うございます

b. 涼しい < 涼しいです < 涼しゅうございます

c. 早い < 早いです < 早ようございます

5 물론 어린아이가 본인의 어머니를「お母さん」이라 칭할 수는 있다. 다만 아직 어린아이라서 존대법을 잘 몰라서 그러려니 하고 넘기는 것이기 때문에, 초등학교 고학년이나 중고등학생만 되어도 이런 표현은 사용하지 않는다.

(9) a. (×)先生でございますね。

(○)先生でいらっしゃいますね。　　　　선생님이시죠.

b. ?どうぞ、いただいてくださいね。

정중어

정중어는 위의 (3)에서도 설명하였듯이 화자가 하는 말을 듣는 사람(청자)에 대한 공경의 표시로 「です/ます」체를 사용하는 것이다. 상황에 따라서는 (10)과 같이 대화 중인 상대에 대한 정중함을 나타낼 수도 있고, (11)과 같이 상대를 대우해줄 필요가 없는 무생물이 주어인 경우에도 듣는 사람에 대한 정중을 표시하고자 사용하기도 한다. 특히 (10)과 같이 상대와 직결되는 경우는 겸양어나 존대어 등과 결합되기 마련이다.

(10) a. 先生 ：金君、いつ来られますか。

b. 金　 ：明日うかがいます。

(11) 改正(かいせい)労働基準法(ろうどうきじゅんほう)は、平成(へいせい)[6]22年(ねん)4月(しがつ)1日(ついたち)から施行(しこう)されます。

개정노동기준법은 헤세 22년(2010년) 4월 1일부터 실시됩니다.

그 이외에도 (12)와 같은 「と思う」형을 취하곤 한다. a와 같은 <동사 의지형 + 「と思う」>의 형태를 취하여 화자의 생각을 강하게 피력하고자 하는 경우는 한국어로 번역해도 무방하지만, b와 같이 「〜ばいい : 하면 좋다」와 같이 남에게 권유하고자 하는 경우 본인의 의견이 너무 강하게 들리지 않기를 바라며 사용하는 것이기 때문에 한국어로 직역을 하면 상당히 부자연스러운 문장이 된다. 오히려 「と思う」를 생략하고 「いい」를 정중어 「いいです」로 해석하

---

6 헤세(平成)는 일본이 현재 사용하고 있는 연호로 1989년부터 시작되었다.

는 것이 이 더 자연스럽다. 이상을 정리하면 (13)과 같다.

(12) a. 京都(きょうと)を旅行しようと思(おも)いますが…
교토를 여행하려고 생각합니다만…
b. 円山公園(まるやまこうえん)と八坂神社(やさかじんじゃ)と知恩院(ちおんいん)あたり巡(めぐ)ればいいと思います。
(×) 마루야마공원과 야사카신사와 치온인 주변을 둘러보면 좋다고 생각합니다.
(○) 마루야마공원과 야사카신사와 치온인 주변을 둘러보면 좋습니다.

(13) 정중어「です/ます」체 :「と思う」형으로도 사용된다. 다만「と思う」가 상대에 대한 권유표현 등과 함께 사용되어 지나치게 강요하는 느낌을 줄이고자 하는 경우에는 한국어 대응시「と思う」를 생략하는 것이 자연스럽다.

그러나 정중어가 반드시 청자에 대한 공경만을 의미하는 것이 아니다. 일본 아이들은 잘 지내다가도 싸움을 시작하면 그 말투가「です/ます」체로 바뀌는 광경을 종종 목격할 수 있다. 또 어떤 일본 학생은 친하게 지내는 한국인 유학생이 늘 존대어만 사용하여 불만스럽다고 토로하는 경우도 종종 있다고 하며, 반대로 한국인 유학생이 일본인 학생이 감히 나이도 어린데 반말을 했다며 화를 내었다는 풍문도 있다. 한·일 간의 존경어 표현이 기본적으로 다르기 때문에 이를 다소 과장적으로 전하는 내용일 수도 있겠지만, 무엇보다 절대존경체계를 사용하는 한국과 상대존경체계를 사용하는 일본과의 차이를 이해하는 것이 원활한 커뮤니케이션을 위해서는 필요할 것이다. 따라서 (2)의 존경표현에 대한 정의는 (2)'로 수정되어야 하겠다.

(2)’ 존경 표현 : 상대에게 화자의 존경심을 표현하고자 할 때 사용하되, 소위 ‘상대존경(相對尊敬)’으로 본인이나 본인이 속한 그룹(가족, 회사, 학교, 동아리 등)내의 사람들에게는 사용하지 않는다. 아울러 상대와의 거리를 줄이고 친밀감을 강조하고자 한다면 존경표현을 사용하지 않는 것이 좋다. 결국 일본어의 존경표현은 좋은 의미든 나쁜 의미든 상대에 대한 거리감의 표현이라 할 수 있다.

미화어

미화어 자체가 한국어는 존재하지 않기 때문에 한국인 학습자에게는 생소하며 또 (14)～(18)와 같이 다양하게 사용되며 직접 대응되는 구체적인 한국어조차 없다. 따라서 한국인 학습자에게 상당히 부담이 되는 항목 중 하나이다. 그러나 상대에 대한 존대나 본인에 대한 겸양을 나타내기 때문에 원활한 커뮤니케이션을 위해서 일본어 표현에서 빠질 수 없는 주요 항목이기도 하다.

(14) a. 先生がお見えになりました。
선생님께서 오셨습니다.
b. 私がお書きします。
제가 쓰겠습니다.

(15) a. どうぞ、ごゆっくり。
천천히(일 보세요 /노세요/쉬세요 등 상황에 따라 해석된다.)
b. せっかく訪(たず)ねて下(くだ)さったのに、お構(かま)いもしませんで。
모처럼 방문해주셨는데 아무런 신경도 쓰지 못해서 (송구합니다).
c. ご丁寧(ていねい)に鈴木(すずき)さんから残暑(ざんしょ)見舞(みま)いの葉書(はがき)が来(き)ましたよ。
정중하게도 스즈키씨로부터 여름 문안 엽서가 왔습니다.
d. ご理解(りかい)·ご支援(しえん)を賜(たまわ)りましたことを、この場(ば)を借(か)りて厚(あつ)く御礼(おんれい)申(もう)し上(あ)げます。

이해와 지원을 해 주신 것을, 이 장소를 빌어 깊이 감사드립니다.

(16) a. お金(かね)を増(ふ)やす方法(ほうほう)。 돈을 불리는 방법

b. お菓子(かし)づくりレシピ 과자 만드는 레시피

c. おなか、ぺこぺこ。 배가 꼬르륵꼬르륵

(17) a. お疲(つか)れ様(さま)でした。 수고 많으셨습니다.

b. ご苦労(くろう)様(さま)でした 。 수고하셨습니다.

c. お休(やす)みなさい。 안녕히 주무세요/쉬세요

(18) a. おトイレはどこですか。 화장실은 어디입니까?

b. おビール、一本(いっぽん)。 맥주 한 병

미화어는, (14)와 같이 동사의 존대어나 겸양어 만드는 공식에 사용되기도 하고, (15)와 같이 상대에 대한 배려나 공경을 나타내기도 하며, (16)과 같이 특별하게 상대를 높인다기보다는 습관적으로 사용되거나 화자 본인의 교양을 나타내기도 하고, (17)과 같이 관용화된 사교적인 인사말에 사용되기도 하고, (18)과 같이 외래어에 사용되기도 한다.

이상의 미화어의 특성을 정리하면 (19)와 같다.

(19) 미화어의 사용법

①「お」: 대체로 명사(「和語(わご)」「訓読(くんどく)」)[7]와 동사에 붙어 존대나 겸양을 나타낸다(예 : (17)의 「お疲(つか)れ」「お休(やす)み」「お話する」등). 다만 기본적으로 긴 단어이나 외래어 또는 「お」로 시작되는 경우는 굳이 「お」를 붙이지 않는다 (「(×) おワイン : 와인」「(×) おおたまじゃくし : 올챙이」「(×) お王子様(おうじさま) : 왕자님」 등). 반면에 「お」가 분리될 수 없기 때문에 반드시 사용되

어야 하는 경우도 있다(「おやつ : 간식」「おなか : 인간의 배」 등)

②「ご(御)」 : 대체로 명사(「漢語(かんご)」「音読(おんどく)」)와 부사에 사용되어 주로 존대를 나타낸다(예 : (15)의 「ごゆっくり」「ご丁寧に」「ご理解」「ご支援」등). 습관적으로 「ご」를 꺼려하는 경우가 있다(예 : 「お天気(てんき)」「お電話(でんわ)」등 일상생활과 밀접한 어휘)

③「おん(御)」 : 명사(「漢語(かんご)」「音読(おんどく)」)에 사용되며 존대를 나타낸다. 예)「御礼(おんれい)」

④「み(御)」 : 명사 (「和語」「訓読」)에 사용되며 존대를 나타낸다. 예)「御国(みくに)」「御神(みかみ)」

⑤「おみ(御御)」 : 명사(「和語」「訓読」)에 사용되며 존대를 나타낸다. 예)「おみ(御御)足 : (남의) 발을 존대한 말」「おみくじ(御御籤/御神籤) : 신사나 절의 운세 용 뽑기」

⑥「おみお(御御御) : 명사(「和語」「訓読」)에 사용되며 존대를 나타낸다. 예)「おみおつけ(御御御汁/御味御汁) : 국을 존대한 말」

위의 (19)의 규칙이 그대로 유지되지 않고 (18)과 같이 외래어에도 「お」가 사용되기도 하고 (20)(21)과 같이 「お」「ご」가 혼동되어 사용된다. 이를 고려하여 (19)의 「お」를 (19)'와 같이 수정하고자 한다.

---

7 한자로 표기된 어휘는 크게 2가지 방식 즉, 중국어 「漢語」에서 유래된 발음으로 읽는 방법인 「音読」과, 일본어 고유어(「和語(わご)」)의 발음에서 유래된 훈(뜻)으로 읽는 방법인 「訓読」로 읽힌다. 기본적으로 앞 글자를 음독으로 읽으면 뒤 글자도 음독으로 읽고, 앞 글자를 훈독으로 읽으면 뒤 글자도 훈독으로 읽는 것이 일반적이다. 그러나 다음 같은 예외적인 방법도 있다.

예) a. 「湯桶読み(ゆとうよみ)」: 「湯桶(ゆどう): 탕 등을 넣는 칠기 그릇」처럼 「訓読 + 音読」으로 읽는 방법

b. 「重箱読み(じゅうばこよみ)」: 「重箱(じゅうばこ): 찬합」처럼 「音読+訓読」으로 읽는 방법

(20) a. お会計(かいけい)　　(377,000건 검색)

b. ご会計　　(1,150건 검색)

(21) a. お散歩(さんぽ)　　(1,250,000건 검색)

b. ご散歩　　(237건 검색)

(19)' 「お」: 대체로 명사(「和語(わご)」「訓読(くんどく)」)와 동사에 붙어 존대나 겸양을 나타낸다. 다만 기본적으로 긴 단어나 외래어 또는 「お」로 시작되는 경우는 굳이 「お」를 붙이지 않는다. 일상생활에서 자주 사용되는 명사((「漢語(かんご)」「音読(おんどく)」)와 외래어는 「お」를 선호한다.

이상을 정리하면 다음 <표2>과 같다.

접두사	「お」	「ご(御)」
의미	존대, 겸양, 습관, 교양	존대
사용법	• 기본직으로 <「お」+ 명사(「和語」「訓読」)>나 동사에 사용. 단, 일상생활과 밀접한 어휘는 <「お」+ 명사(「漢語(かんご)」「音読(おんどく)」)> 도 가능하다. (「お電話」「お散歩」등). • 기본적으로 외래어에 사용불가. 단, 일상생활에서 이미 친숙해진 경우는 예외이다. (「(○)おビール」「(×)おワイン」등) • 길이가 길거나 「お」로 시작되는 경우는 사용불가. (「(×)おおたまじゃくし」「(×)お王子様」등) • 「お」의 분리가 불가능하여 반드시 사용. (「おなか」「おやつ」등)	• 기본직으로 <「ご」+ 명사(「漢語(かんご)」「音読(おんどく)」)> 와 부사에 사용한다. • 「おん」「み」등으로도 발음되며 「おみ」「おみお」와 같이 겹쳐서 사용되기도 한다.

<표2 : 「お」 vs 「ご(御)」>

기타 : 경비어(軽卑語)

경비어는 존대표현과 반대되는 경우지만 일상생활에서 자주 접하게 되는 표현 중 하나이기도 하다. 물론 범죄집단이나 특정집단에서 사용하는 은어(隠語)도 넓은 의미에서는 경비어에 포함시킬 수도 있겠지만, 그 구체적인 내용이 상당히 다양하기 때문에 일단 여기에서는 은어는 제외시키고자 한다.

외국인인 한국인 학습자가 이러한 경비어를 본인이 직접 사용할 수 있는 장면은 희박하겠지만 드라마나 영화 등을 이해하려면 알아둘 필요가 있기 때문에 간략하게 소개하고자 한다. 주로 화자의 마음을 대변해 주는 형용사(い/な형용사)에 다음 (22)와 같은 접두사를 붙이는 경우가 보편적이다.

(22) 경비어

①접두사 추가

a.「ど」: 주로 ナ형용사에 붙인다.

예) ド派手(はで)な(← 派手な : 화려한), ドでかい(← でかい : 큰)[8]

b.「すっ」: 주로 ナ형용사나 명사에 붙인다.

예) スッとんきょうな(← とんきょうな : 엉뚱한, 얼빠진),

스ッぱだか(← はだか : 맨 살)

c.「こ/こっ」: 주로 イ형용사에 붙인다.

예) コはずかしい/コッぱずかしい (← はずかしい : 부끄러운)

②생략형

a. イ 생략 : 주로 イ형용사의 마지막 「い」를 생략하여 사용

예) すご(← すごい)

b. ラ 생략 : 주로 5단 동사의 가능형 「+られる」의 「ら」를 생략해서 사용[9]

---

8 「でかい」자체가 「大きい」의 경비어이기도 하다.

예) 食べれる(← 食べられる)

③신형

a. 동사 : 食う(← 食べる), やらかす(← する)

b. 형용사 : やばい(← あぶない : 위험한), しんどい(← つらい : 힘든)

うめい(← うまい : 맛있는), すげい((← すごい : 대단한)

2. 호칭 및 지칭

일본어의 호칭과 지칭[10] 역시 존대와 겸양표현과 동일하게 상대의 연령이나 지위는 물론 화자와의 친소(親疎)까지도 고려되어야 한다. 따라서 (24a)와 같이 본인이 속해 있는 회사의 사장을 직접 부르는 호칭만 제외하면 (23)(24b)와 같이 대부분은 한국어와 전혀 반대되는 대응 결과를 나타낸다. 물론 (23)(24)에서 알 수 있듯이 호칭만 절대 존대어로 바꿀 수 있다.[11]

(23) a. (○) お父(とう)さん、お昼食べます?

(×) 아버지, 점심 머을겁니까?[12]

(×) お父さん、お昼召し上がります?

(○) 아버지, 점심 드실겁니까?

---

9 요즈음은 상당수가 「ラ」를 빼고 사용하는 것(「ら抜き言葉 : ら를 뺀 말」)에 거부감이 없다고 하지만, 아직 문장체에서의 사용은 부자연스럽게 느끼기 때문에 경비어에 소속시켰다.(6-2-3 참조)

10 '호칭'이란 상대를 직접 눈앞에 두고 부를 경우에 사용되는 말이고, '지칭'이란 상대가 눈앞에 없을 때 부르는 경우에 사용되는 말이다.

11 물론 일본의 극소수인 황족이나 귀족 출신 집안에서는 가족끼리도 서로 존대어를 사용한다고 하지만, 이는 극히 예외적인 경우일 뿐이다.

12 물론 친근감의 표시로 반말을 사용할 수는 있겠지만, 한국어의 존대어법에는 어긋난다고 판단된다.

b. (○) 父(ちち)はお昼をいただきました。

(×) 아버지는 점심을 먹었습니다.

(×) お父さんはお昼をめしあがりました。

(○) 아버지께서는 점심을 드셨습니다.

(24) a. 社長(しゃちょう)さん、もうすぐご出発です。

(○) 사장님, 이제 곧 출발이십니다.

b. (○) 社長は今日はおりません。

(×) 사장은 오늘 없습니다.

(×) 社長さんは今日はいらっしゃいません。

(○) 사장님께서는 오늘 안 계십니다.

이처럼 세분화된 사용법이 손윗사람에게 무조건 존대를 붙이는 절대존대에 익숙한 한국인 학습자에게는 다소 어렵게 느껴질 것이다. 따라서 일단 상대가 내 쪽과 남의 쪽인지를 구분하여 호칭과 지칭을 검토해보고자 한다.

내 편

① 호칭

우선 위의 (23a)(24a)와 같이 본인이 소속된 가족이나 학교, 회사 등 소위 내 편에 해당되는 사람을 눈앞에서 직접 부를 때는 비록 그 사람이 내 편이라 할지라도 존칭을 사용하여 부른다. 그 외에 다른 경우에는 존대표현을 사용해서는 안 되고 겸양표현을 사용해야 한다. 이를 정리하면 (25)와 같다.

(25) 내 편의 호칭 : 비록 화자 쪽에 속하는 사람일지라도 직접 면전에서 부를 때는 연령이나 지위를 고려하여 존칭인 「さん/さま」등을 사용한다. 물론 호칭 이외의 다른 표현은 절대 존대어로 사용할 수 없다.

② 지칭

호칭과 달리 (23b)(24b)와 같이 눈앞에 존재하지 않는 사람을 가리킬 때는 10-1에서 설명한 존대의 법칙을 그대로 준수하여 늘 겸양표현을 사용한다. 이를 정리하면 (26)과 같다.

(26) 내 편의 지칭 : 눈앞에 없는 화자 편이 속하는 사람을 가리킬 때는 존칭을 사용하지 않고 무조건 겸양표현을 사용한다.

남의 편

(27)과 같이 비록 연령이 화자보다 어리거나 지위가 낮더라도 남의 편이 소속된 사람을 부르거나 가리킬 때에는 연령이나 지위 고하를 막론하고 무조건 존칭을 사용한다. 따라서 일본어에서는 상대가 화자보다 나이가 어린아이일지라도 본인의 가족이나 친지가 아니고 남의 아이일 경우는 일반적으로 존칭을 사용한다. 그러나 한국어로는 어린 아이에게 존칭을 직접 호칭으로든 지칭으로든 사용하는 경우는 드물다.[13] 결국 일본어의 존대는 모르는 사람에 대한 거리감으로서 사용될 수 있다는 점을 반드시 기억해두는 편이 더 타당하다. 이상을 정리하면 (28)과 같다.

(27) a. 화자보다 나이 어린 사람을 직접 부를 때(호칭)

(○) 野村(のむら)さんのお兄(にい)さん、どこへ行かれます。

? 노무라 씨댁 형님, 어디로 가세요?

(×) 野村さんのあに、どこ行くの?

(○) 노무라 씨댁 형, 어디 가니?

---

13 신분의 차이가 엄격하여 직접 모시는 소위 '영애'나 '영식'의 경우는 '아가씨'나 '도련님'의 호칭을 사용하지만, 매우 제한적인 경우라 볼 수 있겠다.

b. 화자보다 나이 어린 사람을 가리킬 때(지칭)

(○) 昨日(きのう)野村さんのお兄さんにお会いしました。

? 노무라 씨댁 형님을 만나뵈었습니다.

(×) 昨日野村さんのあにに会いました。

(○) 노무라 씨댁 형을 만났습니다.

(28) 남의 편의 호칭과 지칭 : 남의 쪽 사람에게는 아직 친하지 않다는 거리감이 존재하기 때문에 기본적으로 연령이나 지위고하를 막론하고 존칭을 사용한다.

제12장

종조사

기존의 문법에 관한 연구가 주로 문장체를 주 대상으로 하였기 때문에 전적으로 회화체에서 사용되는 종조사는 문법 연구가의 관심을 상대적으로 덜 받았던 것 같다. 그러나 근래 외국어 학습시 원활한 커뮤니케이션이 중시되면서 회화체에 대한 관심이 높아짐에 따라 회화체의 다양한 표현에 대한 연구도 활발히 진행되면서 일본에서는 종조사에 대한 다양한 연구가 시도되고 있다. 반면에 한국에서는 종조사에 대응하는 한국어가 명확하게 없기 때문인지, 일본어 모어화자가 아니면 파악하기 힘든 미묘한 의미용법 때문인지, 종조사에 대한 기존의 연구 결과를 문법서에 적극적으로 활용한 경우는 그리 눈에 띄지 않는 것 같다. 주로 초급 문법서에 간략하게 언급되고 있는 실정이다. 그러나 종조사는 일상회화에서는 빠질 수 없는 표현이고, 또 (1a)와 같이 종조사를 잘못 사용함으로써 첫인상을 망치는 안타까운 경우를 미연에 방지하기 위해서라도 각 종조사의 사용법을 좀 더 정확하게 파악할 필요가 있다.

(1) a. ? 始(はじ)めまして、金です<u>ね</u>/<u>よ</u>。

처음 뵙겠습니다. 김입니다.

b. 始めまして、金です。

처음 뵙겠습니다. 김입니다.

(1)의 a는 한국인 학습자가 자주 범하게 되는 실수로, 「ね」는 일본어 회화시간에 자주 들어서 무심코 사용하고, 특히 「よ」는 발음이 한국어 '~요'와 유사하기 때문에 공손한 표현인 줄 알고 잘못 사용하곤 한다. 한국어로 「ね/よ」에 대응하는 표현이 없기 때문에, b와 같이 「ね/よ」를 사용하지 않을 때나

a와 같이 사용했을 때나 한국어 번역만으로는 그 차이를 정확하게 포착하기 힘들다. 그렇다면 왜 본인을 처음 소개할 때 「ね/よ」를 사용하면 부자연스러운지 「ね」와 「よ」에서 정확하게 파악할 수 있기를 바라고, 아울러 다른 종조사의 사용법도 정확하게 이해하기를 바란다.

우선 종조사를 (2)와 같이 정의해두겠다.

(2) 종조사(終助詞) : 글자 그대로 문장의 제일 마지막에 붙여서 화자가 말하고자 하는 객관적 사태와 달리 화자와 청자 간의 교감을 표현하는 말로, 감동사[1]나 간투사[2]와 공유되는 부분이 많다. 따라서 종조사를 감동사나 간투사 등을 모두 통합시킨 광범위한 의미로 사용하고자 한다.

1. 「ね」

「ね」는 일상회화에서 가장 많이 들을 수 있는 종조사 중 하나이다. 그만큼 일상회화에서는 상대와의 교감이 중시되기 때문일 것이다. 즉, 「ね」에는 다음 (3)과 같은 특성이 내재되어 있다고들 한다. (4)에서 알 수 있듯이 화자가 말하고자 하는 내용(「お天気」)에 대해 이미 상대(청자)도 알고 있거나(좋은 날씨를 직접 체험 중) 때로는 오히려 청자가 더 많이 알고 있다고 판단될 때

---

1 사전적 설명에 의하면 감동사란 간투사나 감탄사라 불리우는 것으로, 감동(「ああ」「まあ」등)이나 응답(「はい」「うん」등), 인사말(「おはよう」「こんにちは」등), 부르는 말(「もしもし」「おい」등) 등이 이에 해당된다고 한다. 특히 그 자체가 활용되지도 않고 다른 말을 수식하지도 않고 수식받지도 않으며, 단독으로 충분히 하나의 문장이 될 수 있는 특성을 가지고 있다.

2 간투사(間投詞)는 말 그대로 문장의 중간에도 삽입될 수 있어서 문장 어디든지 사용되며 감동사나 감탄사 등과 동일한 기능을 한다고 정의할 수 있다. 다만 종조사(終助詞)라는 명칭 자체가 문장의 마지막에 사용되는 조사라는 점에서 간투사와 구분되기는 하지만, 종조사의 대부분이 문장 중간에도 사용되므로 이 책에서는 굳이 구분하지 않겠다.

「ね」를 사용하는 것이다.

(3) 「ね」: '화자의 정보 ≦ 청자의 정보'

(4) A : お天気ですね。　　　좋은 날씨네요.

B : そうですね。　　　그렇네요.

따라서 「ね」에는 위 (4)와 같이 상대와의 공감을 직접적으로 확인하고자 하는 표현은 물론이고, (5)와 같이 직접 상호 교감 형성은 불가능하다 하더라도 이미 상대도 예전의 경험을 통해서 깨닫고 있으리라 추측 가능한 내용을 교감하고자 하는 경우에도 사용할 수 있다. 또 (6)과 같이 한 문장을 끊어서 중간에 화자 스스로 말할 것인지 말 것인지를 재확인해본다는 의미의 간투사적 용법으로 사용될 수도 있다.[3]

(5) ああ、映画(えいが)って面白(おもしろ)いですね。

아 영화란 재미있군요.

(6) あのね、実はね、やっちゃいました。

저기요, 실은요, 저질러버렸습니다.

= あの、実はやっちゃいました。

저어 실은 저질러버렸습니다.

결국 「ね」는 상대와의 공감대 형성이나 화자 자신과의 공감대 형성을 수행하는 기능을 갖고 있다고 요약할 수 있다. 따라서 (7)과 같은 공감대 형성이

3 간투사적 용법은 한 문장을 끊어서 말하기 때문에 왠지 뜸을 들이는 듯한 느낌이 들고 정중한 느낌이 없다. 따라서 공적인 장소나 윗사람에게는 사용하지 않는 것이 좋다. 「ね」등의 간투사적 용법 역시 주로 여성들이 많이 사용하기 때문에 친한 여성 간에 사용하는 것이 무난하다고 할 수 있다.

불가능한 일방적인 하달의 의미를 지닌 명령문에는 당연히 사용되기 어려운 것이다. 또 (1a)과 같이 공감대가 전혀 없는 첫인사 때 사용하면 부자연스럽다. (3)의 「ね」의 정의를 보충 설명하자면 (3)'가 된다.

(7) (×)早(はや)く来(こ)いね。

(3)' 「ね」: '화자의 정보 ≦ 청자의 정보'의 특성이 있고, 「ね」를 사용하기 위해서는 다음의 2가지 전제조건이 필요하다.

①화자가 청자 쪽이 본인보다 그 사태나 상황에 대해 더 많이 알고 있다고 판단한 경우(동의).

②화자가 청자도 본인의 생각에 공감하고 있다고 판단하는 경우(공감대 형성)

③화자가 그 상황이나 사태를 계속 말할 것인지를 스스로에게 다시 한 번 확인해보고 동시에 또 청자에게 과연 계속 들어줄 의사가 있는지도 가늠해보고자 하는 경우(재확인).

2. 「よ」

「よ」는 (8)과 같이 자녀와 떨어져 있다가 오랜만에 만나 근황을 묻는 엄마에게 아들이 b와 같이 대답하는 경우에 사용되듯이, 상대(엄마)는 잘 모르겠지만 자꾸 물으면 귀찮고 잔소리 듣기 싫기 때문에 강하게 반박하는 상황에 사용된다. (9)와 같이 일반적으로 '화자의 정보 > 청자의 정보'로 설명되듯이, 상대가 잘 모르는 상황을 본인은 잘 알고 있다는 뉘앙스를 띠는 표현인 것이다.

(8) a. 母：このごろ朝御飯、食べてるの?　요새 아침밤 먹고 있니?

b. 息子：食(た)べてるよ、ちゃんと。　먹고 있고 말고요, 제대로.

b'. 息子：食べてる、ちゃんと。　먹고 있어. 제대로

(9) 「よ」: '화자의 정보 > 청자의 정보'

따라서 위 (7)의 「よ」를 「ね」로 교환한 다음 (7)'의 a는 명령문으로도 자연스럽고, 뉘앙스도 「よ」가 없는 b 보다 부드럽게 느껴지며, (10)과 같이 상대에게 대해 권유하거나, (11)과 같이 상대가 모르는 사실을 주의시키거나, (12)와 같이 상대에 대한 강한 불만을 나타내는 표현 등에 사용되기 쉽다. 즉, (8)의 경우 b처럼 오랜만에 만나서 노파심에 묻는 엄마의 질문에 「よ」를 사용함으로써 부모를 안심시키고 더 이상의 잔소리를 듣지 않고자 하는 마음이 「よ」를 사용하지 않은 b'보다 강하게 전달된다. (10)의 경우도 a처럼 「よ」를 사용하면 화자를 포함하여 모두가 열심히 해보자고 하는 동등한 공감대가 강조되는 것 같아 「よ」를 사용하지 않는 b보다 친밀감이 느껴진다. (11)의 경우 역시 한국어 해석을 참조하면 알 수 있듯이, a는 b보다 상대에 대한 압박의 수위가 높음을 암시한다. 특히 (12)의 경우 a는 이미 알고 있는 것을 자꾸 캐묻거나 본인의 행동에 대해 비난받을 경우 '무엇이 잘못 되었는가?', '무엇이 불만인가?' 등의 의미를 줄여서 「何よ：뭐야」라고 표현하기 때문에 「よ」를 사용하지 않은 b의 단순히 물어보는 「何：무엇」과는 뉘앙스가 다르다.

(7)' a. 早(はや)く来(こ)いよ。　빨리 오지.

b. 早くこい。　빨리 와.

(10) a. 野手陣(やしゅじん)の皆(みな)さん、もうちょっと頑張(がんば)りましょうよ。

야수진 여러분, 좀 더 열심히 해주세요, 꼭.

b. 野手陣の皆さん、もうちょっと頑張りましょう。

야수진 여러분 좀 더 열심히 합시다.

(11) a. お茶が入(はい)りましたよ。 차를 준비했습니다, 어서 마시세요.

b. お茶が入りました。 차를 준비했습니다.

(12) a. 何(なに)よ。 뭐지, 뭐가 불만이지.

b. 何。 뭐?

또한 「よ」는 (13)과 같이 간투사적 용법도 존재한다.

(13) a. 実(じつ)はよ、俺(おれ)よ、バツイチの子持(こも)ちなの。

실은 저, 나는 저, 이혼하고 애가 딸렸지.

b. あのよぉ、しつこいと思(おも)うんやけどよぉ、～

저기, 집요한 것 같지만,

이상을 근거로 (8)를 보충하면 (8)'가 된다. 따라서 (1a)가 왜 부자연스러운지도 이해가 될 것이다.

(8)' 「よ」 : '화자의 정보 > 청자의 정보'의 특성이 있고, 「よ」를 사용하기 위해서는 다음의 3가지 전제조건이 필요하며, 간투사적 용법으로도 사용된다.

①화자는 청자보다 그 사태에 대해 더 잘 파악하고 있다고 판단한 경우(강조표현) : 단 명령표현 + 「よ」 = 완화

②화자가 알고 있는 것을 청자도 반드시 알아야 합당하다고 판단한 경우(주의환기).

③화자의 생각을 상대에게 새삼 강조할 필요가 있다고 판단한 경우(불만표현).

3. 「な(あ)」

「な(あ)」는 여성보다는 주로 남성이 사용하는 경향이 있고 크게 2가지로 그 용법이 구분된다. 상대에 대한 금지나 명령을 나타내는 경우와 굳이 상대가 있을 필요가 없는 혼잣말로 사용하는 경우로 구분될 수 있다.

① 상대에게 사용하는 경우 : 「な」

「な」를 상대에게 사용하는 경우는 크게 의문문 형식을 취하는가 아닌가로 구분될 수 있다. (14)(15)와 같이 하강 인토네이션을 취하면 주로 금지와 명령을 나타낸다. (14)와 같이 금지를 나타내는 경우는 <동사 사전형(「る」형) + 「な」>의 형태를, (15)와 같이 명령을 나타내는 경우는 <동사 ます형 + 「な」[4]>의 형태를 취하며 모두 길게 발음되지 않고 「な」로만 표기한다.

(14) 行くな。　　　가지마.
(15) プリントアウトしてもって行(い)きな。　　　프린트해서 가지고 가.

반면에 (16)(17)과 같이 의문형식을 취하거나 상승 인토네이션을 사용하면 상대에게 확인해보거나 본인 생각에 동의하는지를 확인하는 의미에서 사용된다. 「な」의 이러한 특성은 (18)과 같이 간투사적인 용법과 직결된다. 왜냐하면 간투사를 사용하는 이유가 상대가 본인의 말을 잘 듣고 있는지 확인하면서 이야기를 진행시키고자 사용하는 것이기 때문에, 「な」의 이러한 상대에 대한 확인이나 동의 요구의 특성이 자연스럽게 간투사적 용법으로 유도된 것이다.

4　「なさい」를 줄여서 표현한 것이라고 해석하기도 한다.

(16) 分(わ)かるかな? 알겠나?

(17) インフルエンザだな。↗ 인플루엔자지?

(18) あのな、ウチの嫁(よめ)がな、～。 저기말야, 우리 며느리가 말야, ～.
= あの、ウチの嫁が～。 저 우리 며느리가 ～.

이러한 「な」의 특성은 「よ」와 비교한 (19)로도 설명될 것이다. 왜냐하면 「はっきり : 명확하게, 정확하게」와 같은 강한 의도를 나타내는 표현이 「な」보다 「よ」와 같이 사용되기 쉽다는 것은 「よ」가 「な」보다 좀 더 강한 명령의 성격을 띠고 있다고도 해석될 수 있기 때문이다.

(19) a. はっきりしなさいよ。 (885건 검색) 명확하게 해라.
b. はっきりしなさいな。 (7건 검색) 명확하게 해.

② 혼잣말인 경우 : 「なあ」

「な」를 혼잣말로 사용할 때는 (20)의 a, b와 같이 주로 감탄이나 한탄 등으로 사용한다. 본인의 심정을 토로하게 되므로 자동적으로 길어져서 「なあ」를 선호하는 것 같다.

(20) a. あ～今日(きょう)は楽(たの)しかったなあ。
아 오늘은 (참) 즐거웠지.
b. 花(はな)を綺麗(きれい)に撮(と)るのって難(むずか)しいなあ。
꽃을 아름답게 찍는다는 게 (참) 어렵네.

이상의 「な」의 특성을 정리하면 (21)과 같다.

(21) 「な」 : 눈앞에 상대가 있을 경우 긍정문 형식은 금지나 명령을 나타

내고, 의문문 형식(상승 인토네이션)은 확인이나 동의요구를 나타내며, 간투사적 용법으로도 사용된다. 반면에 상대가 없이 혼잣말로 사용할 경우는 주로「なあ」로 길게 발음되며 감탄이나 한탄 등을 나타낸다.

4.「さ」

「さ」는 (22)의 a와 같은 반말체에는 사용되지만 b와 같은 정중어「です」와는 같이 사용할 수 없듯이 거의 남성들이 자주 사용하며 다소 거칠게 느껴지는 표현이다. 구체적인 용법은 (22)와 같은 책임회피나 임시방편적 용법과, (23)과 같은 강조적 용법으로 구분될 수 있겠다.

(22) a. いいさ、これで。 돴지 뭐, 이걸로.
a'. いい、これで。 됐지, 이걸로.
b. (×)いいですさ、これで。
(23) a. 用心(ようじん)しなけりゃだめさ。 조심하지 않으면 안 돼지.
a'. 用心しなけりゃだめ。 조심하지 않으면 안 돼.

(22)의 경우 단정적인「いい」보다「さ」를 붙임으로써 뭔가 여지나 여운을 주는 것 같다. 한편 (23)의 a는「さ」가 하나 더 붙은 만큼 a'보다는 화자의 강조하고자 하는 마음이 더 나타낸다고 볼 수 있다.「さ」의 용법은 어떠한 상황에서 사용하는가가 관건인 것이다. 다시 말해서 화자가 확신이 있는 상황에서 사용하면 강조표현을 만드는 역할을 하겠지만, 반대로 화자에게 확신이 없는 상황에서 사용하면 책임 회피나 임시방편적인 뉘앙스를 띠게 되는 것이다. 이러한 차이를 (24)와 같이 좀 더 많은 문장을 대상으로 구분해보자.

(24) a. 虹子(にじこ)[5]が作(つく)ってくれたのだからそりゃあ、飲(の)むさ！

니지코가 만들어 준 것이기 때문에 그건 마셔야지.

b. 今日(きょう)こそ飲むさ、あぁ、飲むさ。

오늘이야말로 마셔야지, 암 마셔야지.

c. 「ジャンプが成功したあかつきには、チップを置いて」と観客に言っているところ」

"점프가 성공한 표시로 팁을 놓아줘" 라고 관객에게 말하는 중.

「お客(きゃく)さんが、

$100くれたら良(い)い部屋(へや)に引っ越(ひっこ)すさ。

손님이 100달러 주면 좋은 방으로 이사하지 뭐.

$50くれたら学費(がくひ)にして勉強(べんきょう)するさ。

50달러 주면 학비로 써서 공부하지 뭐.

$20くれたらお母(かあ)さんにプレゼントを買(か)うさ。

20달러 주면 어머니께 선물 사지 뭐.

$1くれたら俺(おれ)らだけでビールを飲むさ。

1달러 주면 우리들끼리만 맥주를 마시지 뭐.

クオーターだったら、明日(あした)も踊(おど)るさ…」

25센트면 내일도 춤추지 뭐

d. 先生が飲めて言うなら飲むさ。

선생님께서 마시라고 하면 마시지 뭐.

(24)는 모두 「飲むさ」이지만 a와 b는 강조적 용법으로, c와 d는 임시방편적인 용법으로 사용되었다고 볼 수 있다. a와 b처럼 화자가 확신을 갖고 있는 근거가 제시되거나 (「虹子が作ってくれたのだから」), 강조표현과 함께 사용한(「こ

5 虹子는 사람에 따라서 「こうこ」로 불리기도 한다.

そ」) 경우에는 강조적 표현이 되지만, c와 d처럼 조건문과 함께 사용되어 화자의 의지로 어쩔 수 없는 상황에서는 다소 임시방편적인 표현으로 바뀌는 것이다. 이 두 경우는 한국어로 굳이 대응시키자면 각각 '～야지'와 '～지 뭐'로 구분될 수 있다.

그리고 「さ」는 (25)와 같이 간투사적 용법도 가능하다.

(25) a. あのさ、知ってる?
　　 저, 알고 있니?
　 b. 実(じつ)はさ、同(おな)じクラスの女子(じょし)が好(す)きなんだけど…
　　 실은 저, 같은 반 여자애를 좋아하는데…

이상을 정리하면 (26)과 같다.

(26) 「さ」: 정중한 표현과는 사용되지 못하는 다소 거친 표현으로 대체로 남성이 사용한다. 화자의 확신 여하에 따라 강조용법과 책임회피적·임시방편적 용법으로 구분될 수 있고, 각각 '～야지'와 '～지 뭐'로 대응된다. 또한 간투사적 용법도 가능하다.

5.「の」

「の」는 이미 제1장(조사), 제2장(명사화), 제3장(형식명사)에서 설명한 적이 있다. 이번에는 「の」의 종조사로서의 기능을 살펴보고, 이를 바탕으로 「の」의 다양한 기능을 구분할 수 있는 구분법을 제시해보고자 한다.

종조사 「の」

「の」는 「さ」와 달리 다소 여성적인 뉘앙스를 풍기는 특성이 있다. 특히 (27)과 같이 정중체와 함께 사용하면 상당히 여성스럽고 고풍스런 말투가 된다. 이는 (28)의 a와 b를 비교해보면 더 명확하다. 즉 (28)의 「の」만 사용한 a는 「か(い)」까지 붙은 b보다는 여성적 뉘앙스가 강하다고 할 수 있겠다. 의문형식으로 사용할 경우는 남성은 주로 「か(い)」를 붙이는 경향이 있기 때문이다.

(27) a. ユーリ様(さま)はどちらのお生(う)まれでいらっしゃいますの?
유리님께서는 어디에서 태어나셨는지요?
b. 私(わたし)の名前(なまえ)は白井黒子(しらいくろこ)ですの。
제 이름은 시라이 쿠로코이예요.

(28) a. 戻(もど)れなくてももういいの。 되돌아 올 수 없어도 좋아?[6]
b. 戻れなくてももういいのか(い)。 되돌아 올 수 없어도 좋은가?

그러나 「の」는 반드시 여성만이 사용하는 것은 아니다. (29)의 a와 같이 의문문을 사용하여 반어적 용법으로 사용되는 강조적 표현 등에는 남녀 구분이 없다. 이와 같은 강조용법은 특히 b의 「のだ」용법과 일맥상통할 것이다(3-1-2 참조). 이처럼 부드러운 뉘앙스와 강한 뉘앙스를 동시에 표현할 수 있는 「の」는 특히 한국어 번역시 그러한 뉘앙스가 잘 나타나도록 주의할 필요가 있다.

(29) a. 荒(あ)れる中学(ちゅうがく)、これでいいの?
황폐해진 중학교, 이대로 좋은가?

---

6 의문문(상승 인토네이션)으로 해석했지만, 회화시 하강 인토네이션이면 긍정문으로도 해석된다.

b. これでいいのだ![7]

이대로 좋은 것이지.

「の」의 간투사적 용법은 이전의 용례 (6)의 「ね」를 「の」로 교체한 다음 (6)'에서 알 수 있을 것이다. (ㄱ)은 동일한 발음이 겹치기 때문에 부자연스럽지만, (ㄴ)은 다소 노인 같은 말투로 느껴지긴 해도 완전히 부자연스럽다고 할 수는 없다. 따라서 「の」의 간투사적 용법은 제한적이라 할 수 있다.

(6)' (×)あのの(ㄱ)、(○)実はの(ㄴ)、やっちゃいました。

이상의 「の」의 종조사로서의 용법을 정리하면 (30)과 같다.

(30) 「の」: 정중표현과 사용되면 상당히 여성적인 뉘앙스가 강하지만, 강조 용법으로 사용하고자 한다면 남성도 사용할 수 있다. 간투사적 용법은 발음이 동일한 경우(예 : 「あの」)와 접속되지 않는다면 대체로 사용될 수는 있지만, 사용하게 되면 다소 노인 말투처럼 되어 버린다.

종조사 vs 조사(제1장) vs 형식명사(제2장과 제3장)

이상의 「の」의 종조사로서의 용법은 과연 조사나 형식명사와 어떻게 구분될 수 있을까? 크게 2가지 방법을 제시하고자 한다. 첫째는 한국어 해석에 의지하는 방법이다. 즉, (31)과 같은 조사의 경우는 한국어 '의/가'로, (32)와 같은 형식명사는 '것/것이다'로 해석되면 각각 조사와 형식명사이고, (33)처럼 주로 문장 끝에 붙어서 별다른 해석이 필요 없으면 종조사인 것이다.

---

7 일본의 유명한 만화작가인 고(故) 赤塚 不二夫(あかつか ふじお)의 만화인 『天才(てんさい)バカボン : 천재 바카본』의 바카본의 아버지가 자주 사용한 대사 「これでいいのだ」을 따서 만든 赤塚 不二夫를 주제로 한 2010년 영화 제목이다.

(31) 私のいい人連れて来い。 내가 좋아하는 사람 데리고 와.

(32) a. いいのは顔だけ。 좋은 것은 얼굴뿐.

b. これでいいのだ。 이대로 좋은 것이지.

(33) 私はいいの。 나는 좋아(괜찮아) ϕ.

둘째 방법은 접속 방법으로 구분하는 것이다. 우선「の」앞에 접속하는 것으로 구분해보자면, (31)와 같이 체언[8]이 앞에 오면「の」는 조사가 될 것이고, (32)(33)와 같이 용언[9]이 앞에 오면 형식명사나 종조사가 될 것이다. 다음으로「の」뒤에 접속하는 것으로 구분해보자면 조사의 경우는 제한이 없지만, 형식명사의 경우는 그 뒤에 조사(「は」)나 조동사(「だ」)로 제한되며, 종조사의 경우도 그 접속이 다른 종조사로 한정된다. 특히 종조사의 경우 (34)와 같이 다른 종조사와 결합은 할 수 있지만, 그 외의 표현과 접속하면 (33)의 b 같이 형식명사로 전환되어 버리기 때문에 가장 제한적이라 할 수 있다.

(34) 私はいいのよ。

이상을 정리하면 <표1>과 같다.

<table>
<tr><th colspan="5">「の」</th></tr>
<tr><th colspan="2">품사</th><th>조사</th><th>형식명사</th><th>종조사</th></tr>
<tr><td colspan="2">한국어 대응</td><td>'의' '가'</td><td>'것', '것이다'</td><td>무(ϕ)</td></tr>
<tr><td rowspan="2">접속방법</td><td>전접어</td><td>체언</td><td>용언</td><td>용언</td></tr>
<tr><td>후접어</td><td></td><td>조사, 조동사</td><td>다른 종조사</td></tr>
</table>

<표1 :「の」의 용법>

8 체언은 명사, 대명사, 수사 등으로 주로 주어나 목적어의 역할을 담당한다.

9 용언은 동사나 형용사 등으로 주로 술어의 기능을 한다.

6.「わ」

「わ」는 일반적으로 여성들이 많이 사용한다고 하지만[10] 그것은 동경을 중심으로 한 관동어(関東語)[11]인 표준어의 경우이고, 관서어의 경우는 남성들도 자연스럽게 사용한다. 관서어는 요즈음 TV나 영화 등을 통해 많은 주목을 받아, 일본의 어느 대학에서는 외국인 유학생을 대상으로 한 관서어를 가르치는 교과목을 개발하기도 할 정도로 관서어 또한 일본어를 이해하는데 주요한 부분을 차지하고 있는 실정이다.

그러나 기존의 일본어 문법 대상은 표준어이기 때문에, 이 책에서도 관동어인 표준어를 기준으로 「わ」의 특성을 파악해보고자 한다. 물론 표준어에서 「わ」는 지나치게 우아하고 여성스러움을 강조하기 때문에(우아한 척하는 느낌을 주기 때문에), 요즈음에는 소설의 대화문에서 화자가 여성임을 나타내기 위해 사용하는 경우를 제외하면 그리 자주 사용하지 않는다고는 하지만, (35)(36)과 같이 그 용례는 쉽게 찾을 수 있다.

(35) a. ほんともーまじめでこまるわー。 정말 너무 진지해서 곤란해.
b. やっぱしこれうまいわ![12] 역시 이것 맛있어!

---

10 표준어에서 남성이 「わ」를 사용하면 게이거나 그 쪽 취향의 사람으로 취급될 것이다.

11 일본의 관동지역과 관서지역의 구분은 시대에 따라 다르다. 중세 이후 하코네(箱根)를 경계로 동쪽지역인 東京都(とうきょうと), 神奈川(かながわ),・埼玉(さいたま),・群馬(ぐんま),・栃木(とちぎ),・茨城(いばらき),・千葉(ちば)의 6개 현을 관동지역이라 칭한다. 반면에 관서지역은 오사카, 교토를 중심으로 좁은 지역을 의미하기도 하고 일본의 서쪽 지역 전부를 가리키기도 한다.

12 일반적으로 「おいしい」는 여성이, 「うまい」는 남성이 사용한다고 하지만 다음과 같이 「わ」는 「おいしい」에도 「うまい」에도 사용된다. 이러한 결과는 「うまい」가 원인인지 「わ」가 원인인지 불분명하지만, 소위 남성어와 여성어의 구분이 없어지는 추세인 것만은 분명하다.
① 「うまいわ」: 40,300건 검색 ② 「おいしいわ」: 16,500건 검색

c. ついつい財布(さいふ)を買(か)ってしまった。(笑(わらい))買(か)ったのは二(ふた)つ折(お)りの財布(さいふ)。元々(もともと)欲(ほ)しかったといえば欲(ほ)しかったんだけど、まぁ衝動買(しょうどうが)いだわ。

결국 지갑을 사버렸다. (웃음)산 것은 둘로 접히는 지갑. 원래 갖고 싶기도 했었지만, 뭐 충동구매지.

(35)' a. ほんともーまじめでこまる。

b. やっぱしこれうまい!

c. ついつい財布を買ってしまった。(笑)買ったのは二つ折りの財布。元々欲しかったといえば欲しかったんだけど、まぁ衝動買いだ。

(36) a. これだから素人(しろうと)は困(こま)るんですわ。

이래서 아마추어는 곤란한 것이지요.

b. やはりこれうまいですわー。

역시 이것 맛있네요.

c. 週末(しゅうまつ)のお出(で)かけで、またもや"衝動買い"ですわ…。

주말 외출해서 또 다시 '충동구매'이에요.

(36)' a. これだから素人(しろうと)は困(こま)るんです。

b. やはりこれうまいです。

c. 週末(しゅうまつ)のお出(で)かけで、またもや"衝動買い"です。

「わ」는 크게 (35)(36)과 같이 반말체로도 정중체로도 사용된다. 「わ」가 없는 단정적 표현인 (35)'(36)'와 비교해보면 「わ」의 역할을 추측할 수 있을 것이다. a와 같이 상대와 관련된 내용에도 b,c와 같이 화자 본인에 대한 내용으로도 사용지만, a와 같이 상대와 관련된 내용에 사용된 경우는 「わ」를 덧붙임으로

써 상대의 결점을 지적하면서도 지나치게 단정적이고 강하게 들리지 않도록 하고자 하는 화자의 배려가 느껴진다. b와 c처럼 본인과 관련된 내용에 사용된 경우는 화자의 감정(감탄이나 후회 등)을 일방적이며 직설적으로 드러내는 것을 완충시키는 역할을 하여 부드럽고 우아하게 들리게 만든다.

물론 이와 정반대로 a의 경우 귀부인과 같은 우아함을 연출하는 「わ」를 사용함으로써 화자가 본인의 신분이나 위치가 상대보다 더 높다는 뉘앙스가 풍겨 상대를 오히려 무시하고자 하는 의도가 있다고 해석될 수도 있고, b와 c의 경우도 다소 내숭스럽고 우아한 척하는 것처럼 들릴 수도 있을 것이다.

그리고 (37)과 같이 종조사 「よ」가 붙어서 「わよ」로 사용될 수 있고, 이 경우 의미상의 차이를 무시한다면 「わね」로도 교환이 가능하다. (37)'과 같이 「な」「さ」「の」등과는 함께 사용하기 어렵고, (37)"와 같이 「よわ」「ねわ」처럼 <타종조사 + 「わ」>형태로도 취하기 어렵다. 또한 (6)"과 같이 간투사적 용법도 부자연스럽다.

(37) a. スキーのワックスがけは無駄(むだ)ですわよ(/わね)。ワックスを塗(ぬ)るとスキーに土(ど)がつきやすくなり、スピードはかえって下(さ)がるのだ。
스키에 왁스칠 하는 것은 쓸데없는 일이에요. 왁스를 칠한 스키는 흙이 붙기 쉬워서 스피드는 반대로 떨어지기 마련이지.
b. 更(さら)に更新(こうしん)ですわよ(/わね)。
다시 변경입니다.
c. テスト終(お)わったのですわよ(/わね)。
테스트 끝났습니다.

(37)' a. (×) スキーのワックスがけは無駄(むだ)ですわな(/さ/の)。
b. (×) 更に更新ですわな(/さ/の)。
c. (×) テスト終わったのですわな(/さ/の)。

(37)"a. (×) スキーのワックスがけは無駄(むだ)ですよわ(/ねわ)。

b. (×) 更に更新ですよわ(/ねわ)。

c. (×) テスト終わったのですよわ(/ねわ)。

(6)" (×) あのわ、実はわ、～

이상을 정리하면 (38)과 같다.

(38) 「わ」: 표준어에서는 주로 여성이 사용하며 상당히 부드럽고 우아한 느낌을 나타낸다. 부드러운 뉘앙스로 상대에 대한 배려나 화자의 감정의 직접적 노출을 완충시키는 역할을 하지만, 정반대로 오히려 상대를 위에서 내려다보고 우아한 척하는 느낌을 줄 수도 있다. 다른 조동사와의 결합은 <「わ」 + 타 종조사(「よ/ね」)>형만이 가능하다. 간투사적 용법은 부자연스럽다.

7. 「ぞ」

「ぞ」는 (39)과 같은 종조사의 용법과 (40)와 같은 부조사의 용법이 있다. 따라서 우선 종조사 「ぞ」의 특성을 파악하고, 이를 근거로 부조사와의 구분을 시도해보고자 한다. 부조사의 특성에 대해서는 제1장을 참조 바란다.

(39) 絶対(ぜったい)東大(とうだい)行(い)くぞ!
반드시 동경대에 가고 말거야!

(40) これぞ現代(げんだい)の正統(せいとう)少年(しょうねん)マンガ!
이것이야 말로 현대 정통 소년 만화!

종조사

「ぞ」는 위의 (39)와 같이 본인의 생각에 사용한 경우는 굳은 결심을 나타내기도 하며, (41)과 같이 상대와 관련된 사항에도 사용하여 특히 「ぞっ」과 같이 강하게 발음하며 명령의 의미를 나타내기도 하고, (42a)와 같이 <의문사 + 의지형 「う/よう」>와 함께 사용하여 반어법을 나타내기도 한다. (42a)와 같은 형식은 다소 문장체적인 어투로 (42b)와 같이 주로 역사물의 대화체에 등장한다.

(41) 良(よ)い子(こ)は寝(ね)る時間(じかん)だぞっ!
착한 아이는 잘 시간이지!
= 寝なさい! = 자거라!

(42) a. 母(はは)ひとり無残(むざん)なことにならないと誰(だれ)が保証(ほしょう)できようぞ。
어머니 혼자 무참한 일은 당하지 않는다고 누가 보증할 수 있겠는가.
b. 「万一(まんいち)のことあらば、差(さ)し違(ちが)えしてくれようぞ」[13]
만일의 사태가 일어난다면, 내가 죽는 한이 있어도 널 죽여주리라.

또한 「ぞ」는 (43)과 같이 「よ」와 결합해서 사용되는 반면, (43)'의 「ね」와는 부자연스럽다. 아마도 「ぞ」의 강조하고자 하는 의미가 상대와의 공감을 유도하고자 하는 「ね」보다는 「よ」와 더 잘 어울리기 때문일 것이다. 그리고 「ぞ」는 다음 (6)'''과 같이 간투사적 용법이 부자연스럽다.

13 이것은 前田利家(まえだとしいえ)가 豊臣秀頼(とよとみひでより)를 徳川家康(とくがわいえやす)로부터 지켜내려는 굳은 결심을 표명하는 장면의 만화 대사이다. 「刺し違える」는 '서로 칼을 겨누다'란 의미이다.

(43) a. 本當(ほんとう)に一気(いっき)にだね～～寒(さむ)いぞよ～～。

정말로 갑자기네~ 정말 춥네~

b. 外食(がいしょく)ばかりじゃ、いかんぞよ。

외식만하면 안돼죠.

(43)' a. (×) 本當に一気(いっき)にだね～～寒(さむ)いぞね～～。

b. (×) 外食ばかりじゃ、いかんぞね。

(6)''' (×) あのぞ、実はぞ、～

이상을 정리하면 (44)와 같다.

(44) 종조사「ぞ」: 명령, 결심을 나타내며 간투사적 용법으로는 사용되지 않는다. 다만「よ」와 결합되어「ぞよ」의 형태로는 사용될 수 있다.

종조사 vs 부조사

부조사「ぞ」의 사전적 설명에 의하면 (45)과 같이 요약된다. (45)의 ①의 경우는 의문사와 함께 의문문에 사용되어 부정확함을 나타내는 '가'로, ②와 같은 경우는 긍정문에 사용되어 '야말로/씩이나/참~도'로 한국어 대응이 이루어진다.

(45) 부조사「ぞ」

①부정확함 :「だれ」「どこ」「なに」 등의 의문사와 함께 사용한다.

(예)「どこぞに休んでいくか : 어딘가에 쉬어 갈까?」

②강조 :「これ」「よく」「つい」등의 말에 붙는다.

(예)「よくぞがまんしてくれた : 참 잘도 참아주었다」

이상의「ぞ」의 종조사와 부조사의 차이를 정리하면 <표2>와 같다.

「ぞ」		종조사	부조사
한국어 대응		무(ɸ)	'가', '~야말로/씩이나/참~도'
의미 용법		결심, 명령	부정확함(' + 의문사'의 의문문), 강조(긍정문)
접속방법	전접어	용언	체언
	후접어	종조사 「よ」	

<표2 : 「ぞ」의 용법>

8. 「ぜ」

「ぜ」는 (46)~(50)과 같이 주로 남성이 사용하며 다부진 느낌을 주는 표현이다. 그 특성은 크게 4가지로 요약될 수 있겠다. 첫째는 (46a)와 같이 권유형 「う (よう)」에 붙어 상대에게 함께 하자는 권유의 용법이다. 권유표현은 (46b)의 그 사용용례의 수에서도 알 수 있듯이 명령을 나타내는 「ぞ」보다 「ぜ」가 더 잘 어울린다.

(46) a. 一緒(いっしょ)にやろうぜ。　(5,240건 검색)　함께 하자.
　　 b. 一緒にやろうぞ。　(13건 검색)　꼭 함께 하자.

둘째는 일반적으로 「ぜ」는 혼잣말에는 잘 사용하지 않는다고 설명되곤 했지만, 실제로는 (47a)와 같이 혼잣말로 사용 가능하다. 특히 (47b)와 같이 <「てやる」+「ぜ」: 하고 말거야> 형을 취하여 반드시 하고 말겠다는 결심을 나타내기도 한다.

(47) a. どんな顔(かお)するか楽(たの)しみだぜ…!
어떤 얼굴을 할까 기대되는군.
b. しょうが紅茶(こうちゃ)で痩(や)せてやるぜぇ。
생강 홍차로 살 빼고 말거야.

셋째, 비록「ぜ」가 거친 뉘앙스를 띤다 하더라도 (48b)와 같은 정중체「ます」와도 함께 사용될 수 있다.

(48) a. やるときゃやるぜ! (165,000건 검색) 할 때는 꼭 하지!
b. やるときゃやりますぜ。 (1,990건 검색) 할 때는 꼭 하지요.

넷째,「ぜ」의 간투사적 용법은 (6)''''와 같이 부자연스럽다. 반면에 (49b)과 같이「よ」와 결합한「ぜよ」는 명언 같이 무게감이 있는 느낌이 들게 된다고 한다. 이는 화자의 결심을 나타내는「ぜ」와 상대보다 우위에 서 있다는 뉘앙스를 풍기는「よ」가 결합되었기 때문에 권위적인 분위기가 연출되기 때문이라 추측된다.

(6)'''' (×)あのぜ、実はぜ、~
(49) a. 龍馬(りょうま)の消費(しょうひ)されてるっぷりを紹介(しょうかい)してみたいと思(おも)うぜよ。
료마(龍馬)[14]가 소비되고 있는 모양을 소개해보고 싶군.
b. 多確(たし)かに「ぜよ」を付加(ふか)しただけでどんな言葉(ことば)も見事(みごと)に名言(めいげん)っぽくなるものだったのでした。

14 사카모토 료마(坂本龍馬 : 1836-1867)는 일본 근대 말기에 활약한 무사로 명치유신을 이끌어낸 원동력이 된 사람이다.

분명 「ぜよ」를 붙인 것뿐인데 어떤 말이든 놀랍게도 명언처럼 되는 것이었습니다.

이상의 「ぜ」를 정리하면 (50)과 같다.

(50) 「ぜ」 : 주로 남성이 권유와 결심을 나타낼 때 사용하며, 간투사적 용법으로는 사용되지 않는다. 단, 「よ」와 결합하여 「ぜよ」라는 무게감이 느껴지는 (다소 권위적인) 용법으로 사용될 수 있다.

9. 「もの(もん)」

「もの」는 (51)처럼 종조사는 물론 제3장의 형식명사로서의 용법도 존재한다. (52)와 같은 형식명사의 경우 (51b)와 같이 문장 마지막에 위치하는 종조사와 혼동될 수 있겠지만, 대부분은 「ものだ」와 같이 「だ」가 붙기 때문에 종조사와의 구분은 용이하다.

(51) a. 女です<u>もの</u>。 여자니까.
b. だって好きなんです<u>もの</u>。 왜냐면 좋아하니까.

(52) a. 子供は早く寝る<u>ものだ</u>。
아이들은 일찍 자는 거야(자야 한다).
b. 「正義」とはトラウマのような<u>ものだ</u>。
'정의'란 트라우마와 같은 것이지.

종조사 「もの」는 (51b)처럼 「だって」라는 이유를 나타내는 표현과 함께 사용되어 주로 이유를 나타내는 여성적 표현으로 설명되어 왔다. 그래서 주로 한국어 '하니까'로 대응되곤 하였다. 그렇다면 이유를 나타내는 「から」와는 어떤 차이가 있는 것일까?

예문 (52)을 살펴보자. (52a)는 물을 뒤집어쓰면 여자가 되는 고등학생 람마의 이야기를 다룬 일본 만화 「らんま1/2」에서 주인공 람마가 여자가 되고 싶어 여자 옷을 입고 좋아하는 모습을 처참한 심정으로 바라보면서 말하는 여자 친구의 대사이다. 그런 복잡한 마음이 「もの」와 마지막 「…」로 표현되었지만, 만약 b와 같이 「から」로 바꾼다면 굳이 「…」와 같은 여운도 필요하지 않을 것이다.

(52) a.「そう、あなたは女ですものその方がいいわ…」

"그래 너는 여자인걸(내가 어쩔 수 없는 일이지), 그 쪽이 귀엽네…"

b.「そう、あなたは女ですからその方がいいわ」

"그래, 너는 여자니까(나도 당연히 인정하는 일이지) 그 쪽이 귀엽네"

결국 「もの」는 화자로서는 어쩔 수 없는 불가항력적인 사태라는 점을 암시해주는 역할을 하는 것이다. 따라서 한국어로 '～이니까' 보다는 '～ㄴ걸(어쩔 수 없지 뭐)'로 해석하는 것이 더 적절하다. (51)의 한국어 대응도 (51)'와 같이 수정하는 것이 「もの」의 의미를 고려한 적절한 해석이라 할 수 있을 것이다. (51)'의 한국어 대응으로도 알 수 있듯이 화자 자신에 대한 이유를 설명할 때는 다소 책임을 회피하는 것처럼 들린다는 점 또한 주의할 필요가 있을 것이다.

(51)' a. 女ですもの。

여잔걸 (여자라서 어쩔 수 없어서…)

b. だって好きなんですもの。

왜냐면 좋아하는 걸(좋아해서 어쩔 수 없어서…)

또한 「もの」는 다음 (51)"와 같이 회화체에 사용될 때 「のん」으로 발음된다. 그리고 (53)과 같이 「ね」와 결합하기는 쉬워도 「よ」와는 부자연스럽고,[15] (6)""""처럼 간투사적 용법도 부적절하다.

(51)" a. 女ですもん。

b. だって好きなんですもん。

(53) a. 女ですものね/ (?)のよ。

b. 女ですのんね/ (?)のよ。

(6)"""" (×) あのもの、実はもの、～

이상을 정리하면 (54)과 같다.

(54) 종조사 「もの(もん)」 : 여성이 주로 사용하며 그 사태가 본인의 의지로서는 도저히 어쩔 수 없게 되었다는 것을 암시하고자 할 때 사용한다. 한국어 'ㄴ걸 (어쩔 수 없어서)'로 대응된다. 따라서 화자 자신과 관련된 사태의 이유를 설명하고자 할 때 사용한다면 다소 책임 회피적이며 무책인하다는 뉘앙스를 풍길 수 있다. 간투사적 용법은 부자연스럽지만, 「ね」와 결합하여 「ものね」로 사용되기도 한다.

10. 「かしら」

「かしら」는 원래 「かしらん」으로 「か知らぬ : 인가 모르겠다」에서 변화한 말인데 주로 여성이 사용하며 크게 3가지 기능을 갖는다. 첫째, (55)와 같이 가

15 「ですのね」는 14,800건이 검색되었지만, 「ですのよ」는 30건 정도였다.

벼운 의문을 표현하여 「かな」와 유사한 기능을 한다. 둘째, (56)와 같이 혼잣말로 사용하기도 한다. 셋째, (57)과 같이 상대에게 질문하기도 한다. 다만 (57)에서 알 수 있듯이, c의 「ですかしら」와 같이 정중어와 함께 사용한 쪽이 사용하지 않은 a나 b보다 그 용례가 적다는 점에서 추측할 수 있듯이[16], 손위 사람이나 연장자에게 사용하기보다는 동년배나 친한 사이에 사용하는 것이 더 적절한 사용법이다. 또한 (6)""""와 같이 간투사적 용법으로는 사용되지 않는다.

(55) a. 雨が降るかしら/かな。

비가 내리려나?

b. 今日(きょう)の心は何色(なにいろ)かしら/かな。

오늘 마음은 무슨 색일까?

(56) a. 今日(きょう)の晩(ばん)御飯(ごはん)、何(なに)にしようかしら。

오늘 저녁밥은 뭘로 할까?

b. (夢の中で、あなたへ) 結婚式(けっこんしき)はいつにしましょうかしら?? やっぱり6月がいいかしら? あ!それよりドレスの方はどうしましょう!

(꿈속에서 당신에게) 결혼식은 언제로 할까요?? 역시 6월이 좋을까? 아, 그것보다 드레스는 어떻게 하지!

(57)	a. 温泉(おんせん)はどうかしら。	(98,800건 검색)	온천은 어때?
	b. いかがかしら。	(15,700건 검색)	어때요?
	c. いかがですかしら。	(40건 검색)	어떠신지요?

(6)"""" (×)あのかしら、実はかしら、～

16 (62)의 경우도 a는 77,200건이, b는 892건이 검색되는 차이를 나타낸다.

이상을 정리하면 (58)과 같다.

(58) 「かしら」: 여성이 주로 사용하며 가벼운 의문, 질문, 혼잣말로 사용되며, 간투사적 용법은 부자연스럽다.

11. 「や」

「や」는 (59)~(62)와 같이 크게 4가지 용법으로 요약될 수 있다. (59)은 감탄사, (60)는 병렬조사, (61)은 접미사, (62)는 종조사인 것이다.

(59) a. や、しまった。　　아, 저질러 버렸네.

b. や、しばらく。　　아, 오랫만이군.

(60) a. お湯(ゆ)につかりリフレッシュした後(のち)はお食事(しょくじ)やマッサージなどもあります。

온탕에 들어가 개운해진 다음은 식사나 마사지 등도 있습니다.

b. (×)食事とマッサージなどもあります。

(61) a. 婆(ばあ)や　　할멈

b. 坊(ぼう)や　　아가야[17]

(62) a. もういい加減(かげん)ビニール袋(ぶくろ)やめようや。

이제 그만 비닐봉지는 그만두자.

b. みんなタバコやめろや。　　모두 담배는 그만둬라.

c. まあ、いいや。　　뭐 됐다.

17 주로 사내아이를 부를 때 사용한다.

종조사「や」

우선 (62)의 종조사「や」의 특성을 파악해보자.「や」의 종조사 기능은 크게 3가지로 요약될 수 있다. 우선 a와 같이 상대에 대한 강한 권유를 나타내기도 하고 b와 같이 명령을 나타내기도 한다. c와 같이 포기를 나타내기도 한다. (6)”””’과 같은 간투사적 용법은 부자연스럽고, (63)과 같이 주로 관서어에서 사용되는「やね」는 있지만, 일반적으로「や」전후에 어떤 종조사도 붙지 않는다. 이상의 종조사「や」를 정리하면 (64)와 같다.

(6)””””’ (×)あのや、実はや、～

(63) 仕事(しごと)で言(ゆ)うたら、いわゆる打(う)ち上(あ)げやね。[18]
일에 비유하자면 소위 파장이지.

(64) 종조사「や」: 권유와 명령 및 포기를 나타내지만 간투사적 용법은 부자연스럽다.

「や」의 다기능

「や」의 대표적인 4가지 용법은 그 위치에 따라 구분될 수 있다.
첫째, 위 (59)와 같은 감탄사로 사용된 경우는 주로 문장 맨 앞에 위치한 후 바로 다음에 쉼표를 찍어 독립성을 강조하는 특성이 있다. 한국어로는 주로 ‘아’로 대응된다. 특히 b와 같이 뜻밖에 우연히 만났을 때는 주로 남성이 사용한다.
둘째, (60a)와 같은 병렬조사로 사용된 경우는 주로 단어와 단어를 연결해주는 역할을 한다. 유사표현인 (60b)의「と」와 달리「など : 등」와 함께 사용되어 여러 개 중 대표적인 것만을 예로 들어 나열하고 있음을 의미한다. 따라서

---

18 관서어에서는「言う」의 과거형「言った」대신에「言うた」라 하고,「だ : 이다」대신에「や」를 사용하기 때문에 종조사「や」와는 근본적으로 다르다.

한국어 대응시 「や」는 '(이)나/랑'으로, 「と」는 '과(와)'으로 대응된다.

셋째, (61)과 같이 사람 호칭이 붙어서 사람을 친숙하게 부를 때, 즉 a처럼 주로 집안일을 도와주는 나이 많은 아랫사람을 부를 때나 b처럼 아이를 부를 때 사용한다. 한국어의 호칭에 사용되는 '～야'와 발음도 유사하다. 다만 한국어의 경우는 아무리 아랫사람이라도 나이들은 사람에게는 '～야'를 사용하지 않기 때문에, a의 경우는 한국어 대응을 하지 않고 b의 경우만 '～야'로 대응시킬 수 있다. 물론 (65)과 같이 무생물에 붙여서 하이쿠(俳句)[19]에도 자주 사용되며, 이 경우는 시적인 여운을 살리고자 한국어 '여'로 대응하는 것이 자연스럽다.

(65) 古池(ふるいけ)や蛙(かわず)飛(と)び込(こ)む水(みず)の音(おと)[20]
해묵은 연못이여 개구리 뛰어드는 물소리 나누나.

넷째, 위의 (62)와 같이 종조사로 사용된 경우는 문장 맨 마지막에 붙는다. 물론 (66)의 「～や否(いな)や：～하자마자 곧」와 같은 관용적 용법도 참고하면 좋을 것 같다.

(66) ツイッターで書(か)くやいなや現物(げんぶつ)を見(み)ることが出来(でき)ました。
트위터에 쓰자마자 곧 현물을 볼 수 있게 되었습니다.

이상을 정리하면 <표3>과 같다.

---

19 5·7·5의 3구로 구성된 총 17음절의 일본 고유의 정형단시이다.

20 「かわず」는 「かえる」의 옛 이름이고, 이 하이쿠의 저자는 하이쿠의 명인 松尾芭蕉(まつおばしょう)이다.

<table>
<tr><th colspan="2">「や」</th><th>감탄사</th><th>병렬조사</th><th>접미사</th><th>종조사</th></tr>
<tr><td colspan="2">한국어 대응</td><td>‘아’</td><td>‘(이)나/랑’</td><td>‘야/여’, 무(ɸ)</td><td>무(ɸ)</td></tr>
<tr><td colspan="2">의미</td><td>놀람, 한탄</td><td>나열</td><td>호칭</td><td>권유, 명령, 포기</td></tr>
<tr><td rowspan="2">접속 방법</td><td>전접어</td><td></td><td>명사</td><td>명사</td><td>용언</td></tr>
<tr><td>후접어</td><td></td><td></td><td></td><td>「ね」</td></tr>
</table>

<표3 : 「や」의 용법>

12. 「とも」

「とも」는 크게 종조사와 조사 「と」에 「も」가 붙은 강조 표현으로 구분될 수 있다. 종조사의 경우는 (67)과 같이 다소 남성적인 표현으로 상대의 제안을 받아 물론 그렇게 하겠다고 동조할 때 사용된다. 물론 (68)과 같이 다른 종조사와 결합하는 경우는 있지만, (6)”””’’과 같이 간투사적 용법은 부자연스럽다.

(67) a. A : 「来てくれるかな」 “와 주겠니”

B : 「いいとも」 “좋고 말고”

b. A : 「もしかして冷(ひ)やし中華(ちゅうか)ってもう始(はじ)まってます?」

“혹시 중국 냉면 벌써 시작했습니까?”

B : 「ああもちろんだとも」 “아 물론이고 말고”

(68)「そうそう。寒いものね。無理はないともね」

(6)”””’’ (×)あのとも、実はとも、～

이상의 종조사 「とも」를 정리하면 (69)와 같다.

(69) 종조사「とも」: 주로 남성이 사용하며 상대의 제안이나 이야기를 맞장구를 치는 경우에 사용된다. 간투사적 용법은 없고,「ね」와 결합된다.

반면 조사「と」에「も」가 붙은 강조 표현은 (70)(71)과 같이 다양하게 사용되며 각각 <격조사「と」+「も」[21]>의 형태와 <접속조사「と」+ も」>의 형태로 구분된다. 즉, (70)의 a는 <격조사「と : 와(과)」+「も : 도」>로 한국어 '와도'로 대응되고, b는 주로 <명사 +「ともあろう」+ 명사(「者/人」등)>의 형태로 '～라는 자/사람'으로 대응되어 다소 경멸조로 사용되며, c는「～と思う」에 강조의「も」가 추가되어 강조를 나타낸다. 한편 (71a)는 다소 문장체적인 표현으로 <동사의 의지형 + 접속조사「と」+「も」>형을 취하며「ても」와 유사하게 역접을 나타내고, (71b)는 주로「多く/少なく/遅く」등에 붙어서 수량의 한도를 나타내기도 한다.

(70) a. 同(おな)じ寮内(りょうない)の学生(がくせい)ともすぐに仲良(なかよ)くなりました。

같은 기숙사 학생과도 (서로) 금방 사이가 좋아졌습니다.

b. 早稲田大学(わせだだいがく)の学生(がくせい)ともあろう者(もの)が、このような破廉恥(はれんち)な事件(じけん)を起(お)こすなんて、信(しん)じられない。

와세다대학 학생이란 자가 이같은 파렴치한 사건을 일으키다니 믿을 수 없다.

c. そんな所に行きたいとも思わない。

---

21 「も」는 일본의 전통적인 학교문법에서는 계조사(係助詞 :「は」「も」「こそ」「さえ」「しか」「しも」「でも」등)에 속한다. 그러나 부조사(副助詞 :「さえ」「まで」「ばかり」「だけ」「ほど」「くらい(ぐらい)」「など」「やら」등)와도 의미상으로 유사한 점이 많기 때문에 굳이 구분하지 않는 경우도 있다.

그런 곳에는 가고 싶다고도 생각하지 않는다.

(71) a. だれが来(こ)ようとも門(もん)は閉(し)めておきなさい。

누가 오더라도 문은 잠가두어라.

b.「遅(おそ)くとも来年(らいねん)4月(しがつ)には施行(しこう)したい」

"늦어도 내년 4월에는 실행하고 싶다"

이상을 정리하면 <표4>와 같다.

「とも」	종조사	<격조사 「と」+「も」>형			<접속조사 「と」+「も」>형	
		「명사 + とも」형	<명사 + ともあろう + 명사 (「者/人」등)>형	「～とも思う」형	<동사의 의지형 + 접속조사 「とも」>형	<「多く/少なく/遅く」+「とも」>형
한국어 대응	'～고 말고'	'와(과)도 (서로)'	'～이란 자 (사람)'	'～라고도'	'～라 하더라도'	'도'
의미	맞장구	상호	경멸	강조	역접	한도
접속 방법	전접어	명사	명사	용언	동사의 의지형	부사
	후접어	「ね」	명사	思う		

<표4 : 「とも」의 용법>

참고문헌

기타무라다다시(北村唯司)(2004), 『한국어피동표현연구』, J&C

김동식(1984), 「동사 '되다'의 연구」, 『국어국문학』 92

김창섭(1997), 「'하다' 동사 형성의 몇 문제」, 『관악어문연구』 22

서정주(1975), 『동사 "하-"의 문법』, 형설출판사

―――(1991), 「"하-"와 "되-"에 대하여」, 『어학연구』 27-3, 서울대학교

시정곤(1994), 「'X를 하다'와 'X하다'의 상관성」, 『국어학』 24

이남순(1993), 「'하-'의 범주 중립적 특성에 대하여」, 『국어사 자료와 국어학 연구』, 문학과 지성사

이상복(1975), 「'하다' 동사에 대하여」, 『연세어문학』 6, 연세대학교

이익섭(1968), 「한자어 조어법의 유형」, 『이숭녕박사송수기념논총』, 을유문화사

임홍빈(1998), 『국어 문법의 심층 2』, 태학사

조미정(1987), 「우리말 형용사의 특징과 문법동사 '-하'의 관계」, 『국어국문학』 97

채희락(1996), 「"하-"의 특성과 경술어 구문」, 『어학연구』 32-3, 서울대학교

최선아·김양선(2017), 「윤치호의 『우순소리』 저본연구」, 『인문연구』 79, pp. 197-228

한정한(1993), 「'하-'의 조응적 특성과 통사정보」, 『국어학』 23

相原林司(1987), 「接続句と文章の展開」, 『日本語学』 6-9, pp.37-45

浅見徹(1969), 「まい」,『月刊文法』 6, 明治書院

安平鎬・張根壽(2001), 「『一字漢語 + スル』と『一字漢語 + 하다(hada)』」, 『筑波大学「東西言語文化の類型論」特別プロジェクト研究 研究成果報告書IV別冊 平成12年度「하다」と「する」の言語学』, アレス

庵功雄(2002), 『新しい日本語学入門』, スリーエーネットワークJ&C 大堀寿夫編(2002)、『認知言語学II：カテゴリー化』所収, 東京大学出版会

庵功雄他(2002a),『初級を教える人のための日本語文法ハンドブック』, スリーエーネットワーク
────(2002b),『中上級を教える人のための日本語文法ハンドブック』, スリーエーネットワーク
石井瞳(2011),「『だから』と『それで』」,『奈良女子大学 英語学英米文学論集』37, pp.25-39
石黒圭(2008),『文章は接続詞で決まる』, 光文社
石神照雄(1993),「推量の認識と構造」,『国語学』174
井上優・生越直樹・木村英樹(2002),「テンス・アスペクトの比較対照 日本語・朝鮮語・中国語」,『対照言語学』所収, 生越直樹(編), 東京大学出版会
岩澤治美(1985),「逆接の接続詞の用法」,『日本教育』56
大阪外国語大学朝鮮語研究室編(1986),『朝鮮語大辞典』, 角川書店, p.547
大野秀(1956),「ベシ・ベカラズ、 マシジ・マジについて」,『国語学』25
岡本真一郎・多門靖容(1998),「談話におけるダカラの諸用法」,『日本語教育』98, pp.49-60
生越直樹(1982),「日本語語漢語動詞における能動と受動ー朝鮮語hata動詞との対照ー」,『日本語教育』48
────(2001),「現代朝鮮語の하다動詞における하다形と되다形」,『筑波大学「東西言語文化の類型論」特別プロジェクト研究 研究成果報告書IV 別冊 平成12年度「하다」と「する」の言語学』, アレス
尾崎奈津(1997),「否定の条件表現『ナケレバ』の意味・機能」,『岡山大学言語学論叢』
影山太郎(1993),『文法と語形成』, ひつじ書房
樺島忠夫(1969),「話しことばにおける助動詞の実態」,『月刊文法』6, 明治書院
管野裕臣(1986),「オノマトペの響き ＜豊かな語彙と音＞」,『月刊 言語』11-11
菊地康人(2000),「いわゆる様態の『そうだ』の基本的意味—あわせて、その否定

各形の意味の差について—」,『日本語教育』107
金慶惠(2004),「現代日本語における仮이想的条件表現の再考」,『日本学報』58
金水敏・今仁生美(2000),『意味と文脈』, 岩波書店
金田一春彦(編)(1976),『日本語動詞のアスペクト』, むぎ書房
金良宣(2000),「現代日本語における『(し)そうだ』の意味」,『KLS』20
———(2001a),「現代日本語における『ようだ』の多義」,『日本学報』47
———(2001b),「現代日本語における『みたいだ』の意味分析」,『日本学報』49
———(2001c),「現代日本語における疑問文での『だろう(か)』の意味」,『日本語文学』21
———(2002a),「現代日本語における『N(名詞.・形容動詞) + らしい』の意味分析」,『日語日文学研究』40
———(2002b),「現代日本語における平叙文での『だろう』の意味」,『日本学報』51
———(2004a),「現代日本語における『はずだ』の意味」,『日語日文学研究』48-1
———(2004b),「現代日本語における『かもしれない』の意味分析」,『日本学』58
———(2004c),「現代日本語における書き言葉での『にちがいない』の意味」,『日本語文学』24
———(2004d),「현대일본어의 인식적 모댈리티 형식과 의무적 모댈리티 형식에 관한 연구」,『日語日文学研究』49
———(2006a),「日本語 'VNする'와 韓國語 'VN하다'의 대조-『일본어능력시험출제기준(개정판)』을 중심으로-」,『日本文化研究』19
———(2007a),「사전에서만 한국어 'VN하다'로 대응하는 일본어 'VNする'-기초적 어휘를 중심으로-」,『人文研究』53, pp.195-216

―――(2007b),「한국어 ‘VN하다’만으로 대응하는 일본어 ‘VNする-기초적어휘를 중심으로-」,『日本語学研究』 18, pp.65-80
―――(2007c),「한국어 대응에 의한 ‘2자한자어(VN) + する’의 4분류과 그 특성」,『日本語文学』 39, pp.23-52
―――(2008),「韓國語 ‘VN하다/되다’로 대응하는 日本語 ‘VNする’-기초적인 어휘를 중심으로-」,『日本学報』 74-1, pp.15-36
―――(2009),「현대일본어 비유표현과 모달리티 형식-직유표현과 인식적 모달리티 형식을 중심으로」,『日本語文学』 46, pp.37-64
―――(2010a),「韓國語 ‘VN하다’로만 대응하는 日本語 2자한자어(VN)의 의미분포」,『일어일문학연구』 72-1, pp.53-73
―――(2011),「한국어사전에만 ‘하다’로 대응하는 일본어‘2자한자어(VN)’의 의미분포」,『일어일문학연구』 78(1), pp.81-100
―――(2012a),「接続詞『従って』と『そこで』」,『일본어문학』 56, pp.1-26
―――(2012b),「『だけ』의 의미분화」,『일본어문학』 58, pp.25-46
―――(2013a),「문장체에서의 일본어 접속사-한국어 대응을 중심으로-」,『일본어문학』 61, pp.65-88
―――(2013b),「『それに』의 의미네트워크-문장체를 중심으로-」,『일어일문학연구』 85(1), pp.173-195
―――(2013c),「문장체에서의 『そのうえ』의 의미용법」,『일본문화연구』 47, pp.77-97
―――(2014),「문장체에서『しかも』의 의미용법」,『일본어학연구』 40, pp.3-17
―――(2015),「문장체『ただ』와『ただし』-한국어 대응을 활용한 의미요법 비교」,『동아인문학』 31, pp.193-221
―――(2016),「일본 만화 영역본에서의 신체관련 이디엄의 특성―학습서와의 비교를 중심으로―」,『동아인문학』 34, pp.226-255
―――(2016),「The Characteristics of Idiomatic Expressions with

Body Parts in Manga Translated into English」, 『언어과학회』 76, pp.69-83
———(2017), 「문장체에서의 접속사『それで』」, 『일본어문학』 76, pp.71-92
———(2018), 「회화체에서의 일본어 이디엄(idiom) 특성」, 『일본어학연구』 55, pp.19-38
金英淑(2004), 「VNする」の自他交替と再帰性」, 『日本語文法』 4-2, 日本語文法学会
김리나・김양선(2014), 「日韓企業内における敬語使用の比較* ー話題人物に対する敬語使用を中心にー」, 『일본문화연구』 51, pp.5-27
工藤浩他(2006), 『日本語要説』, ひつじ書房
楠見孝(1995), 『比喩の処理過程と意味構造』, 風間書房
(2002), 「メタフアーとデジャビュ」, 『月刊言語』 31ー8
楠見孝・辻幸夫(2002), 「知識獲得のメカニズムを探る」, 『月刊言語』 31ー2
倉持保男(1982), 「べきだ(べきです)」, 『日本語教育事典』, 大修館書店
倉持益子・鈴木秀明(2007), 「日本語学習者における接続詞の習得ー留学生の接続詞使用状況ー」, 『神田外語大学紀要』 19, pp.211-234
言語学研究会(編)(1983), 『日本語文法連語論(資料集)』, むぎ書房
小池清治(2001), 『現代日本語探究法』, 朝倉書店
小池清治・赤羽根義章(2002), 『文法探究法』, 朝倉書店
小池清治・氏家洋子・秋元美晴(2007), 『日本語教育探究法』, 朝倉書店
小泉保(1997), 『ジョークとレトリクの語用論』, 大修館書店
———(2008), 『現代日本語文典』, 大学書林
国立国語研究所(1951), 『現代語の助詞.助動詞ー用法と実例ー』, 秀英出版
——————(1964), 『語彙分類表』, 秀英出版
——————(2004), 『増補改訂版語彙分類表』, 大日本図書
国立国語研究所・中村明(1997), 『比喩表現の理論と分類』, 秀英出版

国立国語研究所・中村明(1977),『比較表現の理論と分類』, 国立国語研究所報告57, 秀英出版

小林英樹(1997),「自他両用法をもつ二字漢語動名詞の意味体系における分布」,『計量国語学』21-3

小林幸江(1980),「推量の表現及びそれと呼応する副詞について」,『日本語学校論集』7, 東京外国語大学附属日本語学校

近藤研至(2010),「接続詞ダカラについて」,『立教大学 言語と文化』23, pp.31-49

佐伯哲夫(1976),『語順と文法』, 関西大学出版部

佐竹久仁子(1986),「『逆接』の接続詞の意味と用法」『論集日本語研究(1)現代編』, 明治書院

酒入郁子・佐藤由紀子・桜木紀子・中村貴美子・中村寿子・山田あき子(1991),『日本語を教える④ 外国人が日本語教師によくする100の質問』, バベル・プレス

柴田武・國廣哲彌他(1998),『ことばの意味3 辞書に書いてないこと』, 平凡社

ジェニファ-・コ-ツ(1983),『英語法助動詞の意味論』, 沢田治美訳, 1992, 研究社

ジョージ・レイコフ(1987),『認知意味論ー言語から見た人間の心理ー』, 池上嘉彦, 川上誓作 他 訳(1993), 紀伊国書店

須賀一好・早津恵美子(編)(1995),『日本語研究資料集第一期第8巻 動詞の自他』, ひつじ書房

菅野盾樹(1987),「メタフアーの理論と人間科学」,『月刊言語』16ー13

————(1988),「メタフアーと自己」,『月刊言語』17ー4

砂川由里子他(2002),『教師と学習者のための日本語文型辞典』, くろしお出版, pp140, 168-169

瀬戸賢一(2002),「メタフアーの研究の系譜」,『月刊言語』31ー8

鷹野次長(2004),『外国人のための楽しい日本語辞典』, 三省堂
高野愛子(2012),「接続詞『だから』をめぐる文体差」,『東京外国語大学 留学生日本語教育センター論集』38, pp. 39-56
田中章夫(1971),「そうだ」,『日本文法大辞典』所収, 松村明(編), 明治書院
谷口一美(2003),『認知意味論の新展開 メタファーとメトニミー』, 研究社
田中寛(2006),『日本語の教え方ハンドブック』, 国際語學社
田野村忠温(1988),「『部屋を掃除する』と『部屋の掃除をする』」,『日本語学』7-11
―――――(2002),『現代日本語の文法1』, 和泉書院
田村直子(1998),「命題要素のモダリティ化について―ナケレバナラナイやテモイイ等を例に-」,『筑波応用言語学研究』5
――――(1999), 「ナケレバナラナイの用法と命題要素とのかかわり―ザルヲエナイ, ベキダ, ハズだとの置換性を手がかりに-」,『日本語教育』101
辻幸夫(2002), 「メタフアーの基本用語」,『月刊言語』31―8
寺村秀夫(1984),『日本語のシンタクスと意味II』, くろしお出版
飛田良文・浅田秀子(2002),『現代擬音語擬態語用法辞典』, 東京堂
殿塚照美・野口マリ(1976),「〈日本語教育から〉伝聞・様態・推量」の『よう・そう・らしい』について」,『研修』184.185
豊田豊子(1987),「『そうだ』(様態)の意味.用法と否定形(1)」,『日本語学校論集』14
友松悦子他(2008),『どんな時どう使う日本語表現文型辞典』, アルク
中野収(1988), 「現代社会のメタフアー化現象」,『月刊言語』17―4
西村義樹(2002),「換喩と文法現象」, 西村義樹編,『認知言語学I:事象構造』所収, 東京大学出版会
仁田義雄(1991),『日本語のモダリティと人称』, ひつじ書房
――――(2010),『日本語文法の記述的研究を求めて』, ひつじ書房

日本語教育学会(1982),『日本語教育事典』, 大修館書店
野田尚史(1984),「〜にちがいない/〜かもしれない/〜はずだ」,『日本語学』3-10
―――(2000),「用例の分類法·分析法」,『日本語学』19-5
―――(編)(2005),『コミュニケーションのための日本語教育文法』, くろしお出版
野林靖彦(1996),「ベキダ/ホウガイイ」「ナケレバナラナイ」が表し分ける評価的態度の差異と類似」,『文芸研究』141, 日本文芸研究会
―――(2001),「モダリティと副詞の共起.呼応現象の記述」,『国語学研究』40, 東北大学文学部
野間秀樹(1997),「朝鮮語の文の構造について」,『日本語と外国語との対照研究IV 下』, くろしお出版
野村雅昭 (1988),「二字漢語の構造」,『日本語学』7-5
益岡隆志・窪田行則(1992),『基礎日本語文法ー改訂版ー』くろしお出版, pp. 36-37, 182-184
萩原孝恵(2006),「『だから』と『それで』と『そこで』の使い分け」,『群馬大学留学センター論集』6, pp.1-11
蓮沼昭子(1991),「対話における『だから』の機能」,『姫路独協大学外国語学部紀要』4号, pp.137-153
馬場俊臣(2005),「国語教育における接続詞指導・習得に関する研究文献とその概要」,『札幌国語研究』, pp.1-25
濱野清志(2002),「心理臨床におけるメタフアーの活用」,『月刊言語』31ー8
林四郎・野元菊雄・南不二男・国松昭編(1984),『例解新国語辞典』, 三省堂
原田芳起(1983),「やうなり」,『古語大辞典』所収, 中田祝夫 他(編), 小学館
榛谷泰明(2002),『比喩の日本語』, 白水社
阪田雪子(1982a),「助動詞」,『日本語教育事典』所収, 小川芳男 他(編), 大修

館書店
────(1982b),「そうだ(そうです)」,『日本語教育事典』所収, 小川芳男他(編), 大修館書店
平尾得子(1995),「'VNガスルとVNスルとVNヲスルーサ変動詞と構文的制約ー」,『日本語類義表現の文法 上』所収, 宮島達夫.仁田義雄(編), くろしお出版
ひけひろし(1997),「接続詞のはなし(4)—『そこで』と『そして』—」,『教育国語第2期』, 国語科学研究会・国語部会, pp.23-30
平田真美(2001),「『かもしれない』の意味—モダリティと語用論の接点を探る—」,『日本語教育』108
前田直子(1998),「バ、ト、ナラ、タラー反仮定条件を表わす形式」,『日本語類義表現下』(宮島達夫・仁田義雄編), くろしお出版
巻下吉夫・瀬戸堅一(1997：115),『日英語比較選書1 文化と発想とレトリック』(中右実編), 研究社
益岡隆志(1991),『モダリティの文法』, くろしお出版
────(2002),「判断のモダリティ」,『日本語学』21-2
益岡隆志.窪田行行(1992),『基礎日本語文法ー改訂版ー』, くろしお出版
益岡隆志.仁田美雄.郡司隆男.金水敏(2004),『言語科学5 文法』, 岩波書店
松岡知津子 (2004),「複合動詞『〜スル』を形成する漢語名詞について」,『日本語教育』120
松村明(編)(1969),『古典語現代語助詞助動詞詳説』, 学灯社
────(編)(1988),『大辞林』, 三省堂
────(1996),『日本文法大辞典』, 明治書院
松本曜(2000a),「『教わる/教える』などの他動詞/二重他動詞ペアの意味的性質」,『日本語意味と文法の風景』所収, 山田進・菊地康人・山洋介(編), ひつじ書房

―――(2000b),「日本語における身体部位詞から物体部位詞への比喩的拡張ーその性質と制約」, 坂原茂編『認知言語学の発展』所収, ひつじ書房
南不二男(1983),「現代日本語の資料について」,『国文学 解釈と鑑賞』48ー6
―――(1993),「連想と言語研究」,『日本語学』12ー8
―――(1996),「話しことばの研究と各種資料の性格」,『日本語学』15-4
三宅知宏(1995),「『推量』について」,『国語学』183
宮崎和人(2000),「ムードとモダリティ」,『日本語学』19
宮島達夫・仁田義雄(1995),『日本語類義表現の文法(上)』, くろしお出版
森山卓郎(2000),『ここからはじまる日本語文法』, ひつじ書房, pp.191-193
森田良行(1980),『基礎日本語辞典』, 門川書店
―――(1996),『意味の分析の方法』, ひつじ書房
―――(2002),『日本語文法の発想』, ひつじ書房
―――(2006),『日本語の類義表現辞典』, 図書印刷
森山卓郎(1997),「日本語における事態選択形式―『義務』『必要』『許可』などのムード形式の意味構造―」,『国語学』188
―――他(2000a),『モダリティ』, 岩波書店
―――(2000b),『ここからはじまる 日本語文法』, ひつじ書房
―――(2002),「可能性とその周辺―『かねない』『あり得る』『可能性がある』等の迂言的表現と『かもしれない』―」,『日本語学』21-2
山田進(1993),「連想と意味」,『日本語学』12ー8
山中桂一(1988),「記号, シンボル, メタフアー」,『月刊言語』17ー4
山梨正明(1988),『コレクション認知科学5 比喩と理解』, 東京大学出版会. pp. 36-39
吉田則夫(1987),「国語教科書の接続語」,『日本語学』6-9, pp.95-103
劉怡伶(2004),「接続語『したがって』と『それゆえ(に)』の意味・用法」,『日本語

教育』120, pp.43-52

鷲尾龍一(1998),「韓国語漢語動詞における動詞選択の問題ー『對應하다』,『對應되다』の場合」,『先端的言語理論の構築とその多角的な実証(2・A)COE形成基礎研究費報告書』

———(2001),「하다・되다を日本語から見る」,『筑波大学「東西言語文化の類型論」特別プロジェクト研究 研究成果報告書IV別冊 平成12年度「하다」と「する」の言語学』, アレス

Eve E. Sweetser(1990), From etymology to pragmatics, Cambridge University Press

John Lyons(1977), Semantics 2vols, Cambridge Universitiy Press

Lakoff, George (1987), Women, Fire, and Dangerous Things, The University of Chicago Press

Friedrich Ungerer & Hans-Jörg Schmid(1996), An Introduction to Cognitive Linguistics , Addison Wesley Longman Limited. F.ウンゲラー・H.-J.シュミット著, 池上嘉彦他訳(1998),『認知言語学入門』, 大修館書店

Palmer F.R.(1979), Modality and the English Modals, London : Longman

저자 소개_ 이해영 李海盈, Lee, Hae Young

號: 良田

현재 영남대학교 행정학과 교수

영남대학교 행정대학원 원장

University of Maryland, Baltimore 졸업(1990년), 정책학박사(Ph.D.)

전자우편: haylee@ynu.ac.kr

대표적 연구문헌:

「정책학신론: 이론-실제 이원론의 극복」, 전정2판, 2004, 서울: 학현사

「조사방법의 이해」, 2005, 서울: 대영문화사

「정치지도자의 정책리더십」, 2003, 서울: 집문당

「다차원 정책론: 실체와 적용」, 2001, 서울, 법문사

"분배의 정의와 실천원칙에 관한 논의: 정책균형에의 함의를 중심으로,"
2008, 「행정논총」, 46(3), 외 다수.

정책균형이론
政策均衡理論

초판 인쇄 _____ 2008년 11월 10일

초판 발행 _____ 2008년 11월 15일

저 자 ________ 이해영

출판사 ________ 영남대학교 출판부

출판등록 _____ 1975년 9월 5일 경산 제16-1호

주 소 ________ 경북 경산시 대동 214-1

전 화 ________ 053) 810-1801~3

FAX ________ 053) 810-4722

홈페이지 _____ book.yu.ac.kr

ISBN 978-89-7581-363-4 93350

정책균형이론

政策均衡理論

정책균형이론

政策均衡理論

李海盈 著

이 해 영 지음

영남대학교출판부

序文

政策은 본질적으로 限定된 사회자원을 어떻게 원만하고 조화롭게 사용할 것인가를 결정하는 것이다. 이때 원만하고 조화롭게 사용한다는 것은 정책학의 존재가치인 인간의 존엄성과 民主主義의 실천을 의미한다.

무릇 모든 정책의 최종목표는 인간의 존재가치를 실현하는 것이다. 그리고 그 실현방법으로 민주주의를 選擇한다는 것이다. 따라서 政策均衡理論이란 정책을 결정하면서 발생하게 될 또는 발생된 자원의 분배와 재분배에 관한 결정이 均衡되어야 하고 만약 不均衡된다면 이것을 修正하고 補正하고 校正할 수 있도록 계속적이고 동태적으로 정책을 결정하고 시행하는 것을 의미한다.

그래서 정책균형이론은 兩邊에 치우치지 아니하면서도 동시에 兩邊을 포섭하는 中道나 中庸 사상에 의한 균형balance 이론과 균형감각을 중심개념으로 하고 있다. 二元論的 변증법에 의한 正과 反의 合에 의한 체제균형system equilibrium이 아니라 높으면 낮추고 낮으면 높이며, 부족하면 보태거나, 넘치면 조절하는[1] 中道의 방법론을 현실의 정책결정에서 인식하고 실천하는 하나의 정책이론이다.

1 이것을 실천하는 것이 곧 하늘의 도天道를 실천하는 것이라고 일찍이 老子가 강조하였다(『道德經』,「제77장」: "天之道 其猶張弓與 高者抑之 下者擧之 有餘者損之 不足者補之."

때문에 정책균형이론은 정책의 물리적 조건의 균형 뿐만 아니라 정신적이고 사상적 조건의 균형도 설명할 수 있는 이론이다. 예를 들면, 정책의 물리적 인과관계 뿐만 아니라 정책을 중심으로 하는 정책 그 자체나 정책주체의 정책철학에 의한 精神的 인과관계mental causation도 설명할 수 있어야 정책균형이론은 절반이론half-theory의 수준을 免할 수 있을 것이다. 이와 같은 정책의 心(정신)·物(물질) 인과관계를 동시에 설명하면서 조화로운 균형을 찾는 방법으로 정책의 分配의 正義를 들 수 있다. 때문에 정책의 구체적 실현에 의한 인과관계는 분배의 정의를 실현할 수 있도록 구성되어야 한다.

정책에서의 분배의 정의는 개인의 문제가 아닌 社會正義의 문제이지만, 어떻게 분배의 정의를 실현할 것인가 하는 방법론에서는 다양한 이론과 논쟁이 있을 수 있다. 정책균형이론이 추구하는 분배의 정의는 정책을 통한, 정책의 인과관계를 相互交涉mutual interpretation의 원칙으로 실현할 수 있다고 보았다. 왜냐하면, 고립된 존재로서의 정책이 아니라 모든 정책은 상호간에 정책의 존립 및 필요성 등과 같은 실체를 인정하면서도 의존적으로 존재하고 있기 때문이다. 또한 방해나 장애의 의존이 아닌 정책의 固有가치를 실현할 수 있는 의존이다. 때문에 정책은 그 자체로서 다양한 정책과의 균형을 유지할 수 있다.

그러나 政策均衡理論은 아직까지 정책학계 등에 널리 流布된 이론이 아니다. 더욱이 서양 중심의 정책이론이 아닌 東洋의 균형사상을 기초로 한 이론이다. 따라서 정책균형이론을 이해하고 현실적으로 실천하기가 그리 쉽지 않을 수도 있다.

그럼에도 불구하고 정책균형이론은 하나의 학문적 이론으로서 뿐만 아니라 정책현실에서도 適實하고 타당한 실천적 이론으로 발전할 가능성은 크다. 왜냐하면, 문화적이고 사회적이며 역사적으로 서양과 큰 차이가 있는 동양사회의 정책현실에 초점을 둔, 기반을 둔, 사상적 기초를 둔 정책이론이기 때문이다. 또한 균형과 균형감각 등을 현실에 적용 가능한 수준으로 操作하면서 정책균형policy balance의 이론과 실천방법 등을 제시하고 있기 때문이다.

물론 정책의 결정과정과 진행을 과학적이고 실증적으로 記述하고 描寫하는 것도 중요하다. 동시에 정책의 주체들, 즉 정책의 實務에서 현실적으로 정책을 결정할 때 필요한 이론적인 지침이나 정책사상적 定向에 관한 규범이론도 정책학의 중요한 이론임에 틀림없다.

그러나 무엇을 어떻게 결정할 것인가 하는 정책결정과정에서 진행되는 과정이나 결과에 대한 균형감각, 즉 비용과 효과의 算術的 계산만이 아니라 다양한 정책들이 상호간에 어떻게 연계하여 존재하고 있는가, 정책의 존재가치가 과연 인간의 존엄성과 민주주의의 실천가치에 어느 정도로 타당한가, 정책의 결과나 효과가 인과관계로 실현될 때 사회적으로 나누어 가지는 방법과 정도가 正義로운가, 만약 정의롭지 못하다면 어떻게 是正하고 校正하고 修正할 것인가 하는 등등의 현실적 고민과 고뇌에 필요한 정책이론도 정책학의 중심이론이다. 그래서 아직까지 완성된 이론으로서 더욱 발전되어야 함에도 불구하고 필자는 하나의 小品으로 政策均衡理論을 定立해 보려고 했다.

2001년의 『多次元 政策論』에 이어서 『政策均衡理論』이라는 또 하나의 정책이론을 출간하면서 그러나 필자는 때때로 상당한 회의와 덧없는 수고로움만 했구나 하는 虛無도 실감하고 있다.

北宋때의 文章家인 구양수(歐陽脩, 1007－1072)가 文字의 성립이래로 수많은 저술들이 있었지만 흩어지고 닳아 없어지면서 百分의 一도 남아 있지 않다고 했다. 더욱이 책 속의 화려한 문장, 훌륭한 표현, 아름다운 노래 등을 쓰고자 한 뭇 先人들의 用心과 수고로움이 우리네 인간들이 살아가기에 급급했던 것과 무엇이 다르겠는가. 그래서 현재의 학자들이

옛 聖賢을 欽慕하면서 일생동안 부지런히 글을 쓰고 있는 것을 그는 모두가 슬픈 일悲事이라고 했다.[2]

또한 신라 때의 부설거사浮雪居士는 비단같은 마음을 마치 바람과 천둥 같은 三寸의 혀로 표현하거나 수많은 빼어난 시와 문장으로 諸方의 賢人을 감동시키는 筆力이 있어도, 곰곰이 생각해 보니 이것 모두가 허망하기가 뜬구름虛浮浮 같다고 했다.[3]

그렇다면 필자도 구구히 힘쓰고 애써 이런 저런 논쟁을 하면서 잘난 체하고 또한 이런 저런 이론을 주절거리는 일만戱論之糞 부지런히 한 것과 같다. 그래서 하루의 품삯에 목메어 이 동네, 저 고을, 저 나라 등을 전전하면서傭賃展轉 소득이 있을 때도 있었고 없을 때도 있었지만 얄팍한 일당봉투一日之價에 스스로 만족自足하는, 50여 年이 넘는 세월 동안에 거름치고 청소하는 하찮은 일들을 즐겁다고樂爲鄙事 했던 咄男子임에 틀림

2 구양수歐陽脩, 「送徐無黨南歸序」: "自三代秦漢以來 著書之士… 而散亡磨滅 百不一二存焉… 予竊悲其人 文章麗矣 言語工矣 無異 草木榮華之飄風 鳥獸好音之過耳 方其用心與力之勞 亦何異衆人之汲汲營營… 今之學者 莫不慕古聖賢之不朽 而勤一世 以盡心於文字間者 皆可悲也"(이장우 · 우재호 · 박세욱, 옮김, 2003. 『古文眞寶 · 後集, 서울: 을유문화사: 713-5).

3 부설거사浮雪居士: "錦心繡口風雷舌 千首詩經萬戶候 增長多生人我本 思量也是虛浮浮" 『이것이 부설거사의 四浮詩(뜬구름 같은 인생을 읊은 네 편의 시)의 세 번째 詩다(이진두, 불교신문, 1977년 10월 31일): www.buddhistnews.net… 검색일: 2008년 4월 10일』.

없다.[4]

그렇지만 허망하고浮 슬프다고悲 해서 여기에만 도취하면 이것도 잘못일 것이다. 세상살이의 연극무대에서 주어진 配役에 최선을 다 하듯이, 비록 세월이 지나면 아득히 사라지고 잊혀질 덧없는 이론을 戱論한 拙著이지만 정책의 균형과 균형감각에 의한 정책균형의 필요성과 실천가능성을 諸方에 알리는 일을 하지 아니할 수도 없었다. 그래서 정책학을 硏鑽하는 學徒로서 정책의 본질적 존재가치를 물리적이고 정신적 인과관계에 의한 정책의 정의로운 분배의 실천덕목을 제시하는 일이, 비록 小事이고 無常할 것이지만 그 자체로서 존재의 小分도 있을 것이라고 同道의 諸賢에게 머리 숙여低頭 기대할 뿐이다.

그리고 序文에서 독자들, 특히 漢字 解讀능력이 좀 약한 독자들의 海諒을 구하고자 한다. 한글전용이 지나치게 강조되면서 한자문화를 중심으로 하는 한국의 학술저서와 이론들이 한글의 편리함 속에 스스로 갇히고 있다. 東洋文化圈에서 한글만을 사용한다면 日本이나 中國 등 한자를 이해할 수 있는 세계에서 한국의 학문적 업적은 고립되고 만다. 만약 日

4 『妙法蓮華經』, 「信解品」: "諸法戱論之糞, 於中 勤加精進… 一日之價, 旣得此已 心大歡喜 自以爲足..求索衣食 從邑至邑 從國至國 或有所得 或無所得… 傭賃展轉"

本의 학술연구들이 한자를 倂用하지 않고 히라가나, 가타카나만 사용한다면 日本은 스스로 고립되고 말 것이다. 물론 영어로 표기하여 널리 알릴 수 있지만 일단 한자문화권에서 쉽게 통용되기 어렵다. 한글專用 정책이 잘못 강조되면 아시아 한자문화권 속에서 한국의 孤立정책으로 전환된다. 이것은 또 하나의 커다란 쇄국정책이다. 따라서 일본학계나 중국학계가 日本語나 中國語(杆體)만을 專用하지 아니하는 이유를 韓國學界가 注目해야 할 것이다. 그래서 漢字 해독이 弱한 독자들에게 부담이 되겠지만 책의 題目부터 시작해서 目次를 한자로 표기했으며 본문의 내용도 필요한 경우에 漢字를 倂記했다. 다시 한 번 독자들의 이해를 구하면서 적어도 학문의 세계에서만이라도 한자 사용의 중요성을 이해하여 주시기를 간곡히 당부한다.

정책균형이론의 성공은 정책균형의 균형감각을 실천하여 적용하는 정책실무계에 달려있다. 政策實務에서 이 책에서 논의한 정책균형이론을 실천적으로 활용하여 가능성이나 문제점 또는 한계점 등을 지적하면 할수록 정책균형이론의 未來는 밝을 것이다. 정책실무자 여러분의 指導鞭撻을 거듭 부탁드린다.

작고도 보잘 것 없는 원고이지만 기꺼이 접수하여 『政策均衡理論』을 출간해 주신 영남대학교 출판부에게 깊은 감사의 인사를 드린다.

아마도 구양수歐陽脩 선생이 어리석은 필자를 보면, 하루 종일 부지런히 문자를 희롱하면서 귀중한 세월을 보낸다고 또 다시 슬프다고 할 것이다. 그러나 自慢하지 말라는 忠言으로 받아들이면서 政策均衡理論에 잘못과 誤謬가 발견되면 修訂할 것이다. 정책균형이론이 하나의 작은 정책이론이지만 성장하고 발전할 수 있도록 독자 여러분의 성원과 채찍을 진심으로 仰望한다.

良田 李 海 盈(이해영) 識

戊子年(2008) 夏日

目次

제 3 장 政策均衡理論의 特徵

제 4 장 政策均衡理論의 實踐基準 定立

제 1 장 | 政策均衡理論의 必要性

제 1 장

政策均衡理論의 必要性

1절 問題의 提起

정책현실이 점점 더 복잡하고 다단해지면서 정책에 관련된 각종의 이해관계를 원만하고도 정의롭게 조정할 수 있는 정책균형政策均衡 policy balance에 관한 이론과 그의 실천방법이 정책학이나 기타 관련학계에서 중요한 이론으로 등장하고 있다. 특히 현실적으로 사상이나 이념 또는 지역적이며 세대간이나 사회계층간에 갈등이나 균열과 분열현상을 겪고 있는 사회에서의 정책균형의 이론과 방법이 국가정책의 기본과 근간을 확립할 수 있는 실천이론으로 요구되고 있다. 더구나 컴퓨터를 이용한 정보통신기술의 발달에 따른 사이버사회에서는 인터넷이라는 가상공간에서 시간과 공간을 초월하는 정보의 유통과 소비가 진행되면서 정보주체인 개인의 자유의지와 자율성이 생활철학이 되고 있다. 이와 같은 사회에서는 더욱 더 국가정책에 관한 이해관계를 공평하고도 정의롭게 조율하고 조정할 수 있는 정책균형이 정책을 성공시킬 수 있는 중요한 변수가 되고 있다.

그러나 정책학계나 정책실무계 또는 정책현장에서도 정책균형이론은 아직까지 초보적이고 생소하다. 특히 정책학을 연구하는 정치·행정학자나 또는 인근의 경제·사회학자들도 정책균형을 전통적인 체제균형 system equilibrium이나 또는 힘의 균형power balance 등으로 이해하고 있다. 더군다나 정책균형이나 조정에 관련된 다양한 이론인 정책조정론, 조절이론, 코프라티즘corporatism, 세력균형론 그리고 보다 구체적이고 실증적 이론인 비용-편익분석이나 공공선택론 등이 발달되면서 정책균형이론의 중요성과 실천방법이 강조되기 어려웠다.

정책균형에 관련된 이와 같은 이론들의 공통적 특징은 서양을 중심으로 하는 변증법적 이원론을 그 뿌리로 하고 있다는 점이다. 正*thesis*과 反*antithesis*에 의한 合*synthesis*이 필연적이고 역사적으로 진행되면서 그 合은 또 다시 正의 기능을 하다가 일정한 시간이 경과되거나 환경이 변화되면 正-反-合의 진행과정을 반복하면서 발전할 수도 있고 또한 퇴보할 수도 있다. 즉 몸과 마음, 물질과 정신, 원인(과정)과 결과, 객관과 주관, 사실과 가치, 보수와 진보, 목적과 수단 등과 같이 항상 二元的으로 구분하는 이론이 중심이었다. 그렇기 때문에 正과 反이나 몸과 마음 및 주관과 객관 등이 조화되고 균형되는 상태를 설명할 수 있는 이론이나 패러다임이 발달되기 어려웠다.

정책학도 서양 중심의 二元論을 학문적 기초로 하고 있지만 정책현실에서 다양한 정책세력과 이해관계가 원만하게 조화되고 조정될 수 있어야 정책학의 본질인 인간존재의 실현을 설명할 수 있을 것이다. 때문에 이제 정책학에서도 이원론적 패러다임의 한계나 문제점 등을 극복할 수 있는 정책이론의 하나로서 정책균형이론을, 특히 중도中道나 중용中庸의 동양사상을 기초로 하는 정책균형의 개념과 현실적 실천방법 등을 제시할 필요성이 크게 대두하고 있다.

특히 지금까지의 정책균형에 관련된 정책조정론이나 조절이론 또는 비용－편익분석 등을 중심으로 해서는 정책현장의 실무에서 현실적으로 균형적인 정책결정과 그에 따른 효과를 실천할 수 있는, 즉 정책현실에 적용할 패러다임이나 모형을 찾아내기 어려웠다는 비판이 대두되고 있다. 그래서 정책균형이론을 정책학의 순수이론으로 정립시키면서 동시에 정책현실에도 타당하고 적실한 실천이론으로 응용될 수 있는 수준으로 발달시키는 것이 중요한 연구과제로 등장하고 있다.

정책현실에서 보면 정책균형이론의 중요성이나 필요성은 더욱 더 절실하다. 특히 21세기가 진행되면서 정책현실이 점점 더 불균형不均衡 되고 있는 정책환경에서 정책균형이론의 현실적 적용과제는 더욱 절실할 것이다. 예를 들면, 정보통신기술을 중심으로 하는 인간의 기술수준과 인지人知가 발달되면서 인류사회는 급격한 사회변동과 가치관이나 문화의 변화를 경험하고 있다. 여기에 더하여 공산주의와 민주주의라고 하는 이데올로기의 二元的 대립이 사라지면서 인류는 보편타당한 인간성에 기초한 인간중심의 사회체제를 발달시킬 수 있다고 믿었다.

그러나 종교와 그에 따라서 발생되는 문화적이고 역사적 다양성에 의한 갈등과, 경제적이고 기술적인 선진사회와 非선진사회와의 불균형, 가진 자(정보, 자원, 기술(특히 컴퓨터 관련 기술과 과학), 문화(유형과 무형 포함), 가치와 도덕 등)와 가지지 못한 계층과의 불균형 등은 21세기 인류사회의 조화로운 발전과 진보에 커다란 장애요인이 되고 있다.

한국의 정책현실에서 볼 때도, 한국사회는 정신적으로 뿐만 아니라 물질적으로도 상당히 불균형되어 있다. 특히 한국사회의 불균형은 南北으로 분단된 한반도라는 사실에서도 밝혀지고 있다. 또한 분단된 남한과 북한의 불균형도 심각하지만 남한의 불균형은 전형적으로 서울과 지방의 불균형으로 정형화定型化 되고 있다. 좋은 것은 좋은 것대로, 나쁜 것은 나쁜 것대로 모든 측면에서 불균형되고 있다. 서울과 지방 뿐만 아니라 도시와 농촌간의 불균형이나 東西(영호남) 지역간의 불균형도 심각한 수준이다.

특히 2002년 대통령선거 이후에 나타난 사회적이고 이념적 불균형은 국가정책의 기본인 정책균형을 더욱 어렵게 하고 있다. 때문에 한국사회는 국가 전체적으로 점점 더 커다란 균열hiatus과 갈등conflict과 충돌clash 현상을 경험하고 있다. 사회 각 분야와 계층에 걸쳐서 물질적이고 정신적으로 상당한 충돌현상을 보이고 있다. 상호간에 신뢰하고 협조하여 상호공존과 상생相生의 삶을 추구하기보다는 자신이나 집단의 이익과 손익관계에 함몰되면서 지역적이고 이념적이며 계층적으로 그리고 성별性別이나 세대간에 엄청난 갈등과 분열현상이 한국사회의 큰 문제점으로 대두되고 있다.

때문에 서양에서 발달되고 있는 조정과 타협과 협상을 중심으로 하는 변증법적 이원론이 정책현실에서 한계와 문제점을 가지고 있다는 사실이 半世紀에 걸친 정책학의 발달에서 증명되고 있다. 그렇다면 21세기의 새로운 정책현실에 타당하고 적실適實한 정책이론으로서 정책균형이론은 동양사상東洋思想을 근간으로 하면서, 이론적 타당성 뿐만 아니라 정책현실적으로도 활용될 수 있는 실천기준을 제시해야 할 것이다.

2절 政策均衡理論은 왜 必要한가?

1. 政策理論에서의 必要性

우선 정책이론에서 보면, 정책균형이론의 핵심은 정책의 다양한 이해관계를 정치적인 수단인 선거나 또는 경제적인 기준인 능률성과 효율성 등으로 조정하고 정리하는 것이 아니다. 인간의 존엄성과 존재의 가치, 민주적인 절차나 상호간의 인정相互交涉, 정책의 비용과 효용에 대한 사회적인 형평, 권력과 자원의 사회적 가치를 원만하고 정의롭게 조정하는 분배의 정의 등을 기준으로 하는 실천이론이다.

그러나 정책학계의 현실에서는 정책균형이라는 현실적인 필요성과 중요성에도 불구하고 이에 관한 이론이 연구되거나 논의되지 못하고 있다. 더구나 정책결정이나 정치사회학 등에서 정책균형에 관한 연구도 미미微微하다. 뿐만 아니라 구체적으로 정책균형이론이라고 하는 이론적 모형이나 패러다임을 제시한 것도 드물다.

정책균형이론과 유사한 것으로 정책조정론이나 정치사회학의 조절이론 등과 같은 전통적 연구는 계속되고 있지만, 정책결정 그 자체의 이념과 가치 및 이해관계를 형평과 분배의 정의의 개념과 기준 등에 따른 정책균형이론으로 연구하는 일은 정책학의 탄생지인 미국에서도 잘 발견되고 있지 않다. 물론 구체적 정책문제에서 정책균형이라는 용어를 사용한 연구는 있지만 이와 같은 연구들도 정확하게 정책균형을 이론적이고 방법론적 관점에서 정의하고 조작하여 이에 따라서 정책결정체제나 과정이 어떻게 균형되었는지, 만약 불균형되었다면 이를 균형화시킬 방법이나 지식은 무엇인지 하는 것 등을 구체적으로 제시하지 못했다. 따라서 정책의 결과산물(정책영향policy impacts 포함, 이것을 총체적으로 정책효용policy utility이라고 할 수 있다)이 어떻게 균형되었는지, 만약 불균형 되었다면 이것을 균형화시킬 수 있는 방법에 관한 이론이 되기 어려웠다.

정책균형에 관련된 기존의 선행연구와 이들의 한계점 등에 관한 자세한 것은 제2장의 정책균형이론과 관련된 기존의 이론을 소개하면서 설명하겠다. 그러나 '정책균형policy balance' 이라는 학술적 용어와 이를 중심으로 하는 이론적 패러다임을 경제학이나 체제이론, 정치학에서의 세력균형론 등과 汎학제적으로 연계될 수 있는 이론으로 발달시키고 정립시킬 필요성을 여기서 설명할 필요가 있다. 특히 하나의 중범위中範圍 이론a middle-range theory[1]으로서 정책균형이론의 필요성과, 동시에 방법론적으로 정책현실에서 정책균형의 실천방법 등을 제시할 필요성이 대두되고 있다는 점을 우선 밝힐 필요가 있다.

정책균형이론은 정책의 다양한 이해관계를 정치적 수단인 선거나 또는 경제적 기준인 능률성과 효율성 등으로 조정하고 정리하는 것이 아니다. 선거는 다수결의 원칙에 의한 승자와 패자를 결정하기 때문에 다수가 아닌 소수의 이해관계나 이익은 무시당하거나 배제되기 쉽다. 반대로 경제적 능률성에 의한 정책가치는 개인의 능력과 자격에 의한 무한경쟁의 원칙이다. 때문에 자유경쟁시장의 원칙만을 강조하면 결과적으로 경제적 힘(돈)과 지식과 정보를 가진 자만이 살아남을 수 있는 밀림의 자유가 판을 치게 된다. 대신에 정책균형은 인간의 존엄성과 존재의 가치, 민주적인 절차나 상호간의 인정, 정책의 비용과 효용에 대한 사회적 형평, 권력과 자원의 사회적 가치를 인과관계에 기초하여 정의롭게 조정하는 분배의 정의 등에 따른 정책과정과 결과를 중요시하고 있다.

1 하나의 중범위이론으로서의 필요성이란 정책균형이론이 제한적이고 일시적 정책현상을 설명하는 이론이나 모형이 아니라 정책현상을 일반적이고 보편적으로 설명할 수 있는 보편이론이 되어야 한다는 의미이다. 즉 한국을 중심으로 발달된 정책균형이론이 한국의 정책현실에 타당할 뿐만 아니라 한국 以外의 정책현실에도 타당한 이론이 될 수 있어야 중범위이론이 될 수 있다는 뜻이다.

정책의 최종목적은 인간존재人間存在의 실현이다. 정책학의 근대적 창시자創始者인 Harold Lasswell(1902-1978)은 정책학은 과학적이고 객관적이며 기술적 지식과 방법 뿐만 아니라 인간의 존재가치를 실현할 수 있는 이론과 지식을 추구하는 것이라고 했다. 즉 정책의 실체를 이해하고 정책학을 연구하기 위해서는 자유로운 사회에서 인간이 우주의 중심이며, 우주의 중심에 있는 인간의 존엄성에 관한 기본적인 가치관인 복지, 사랑, 존경, 권력, 부, 기술, 청렴 등을 공유할 수 있어야 한다고 했다(Lasswell and McDougal, 1992: 738-41).

이와 같이 인간존재의 실현이란 정책의 이해관계자나 참여자 그리고 실질적인 결정자 모두는 개인으로서 인간의 선택의 자유와 자율성을 충분히 보장받아야 된다는 의미이다. 나아가 사회 전체적으로도 사회 고유의 기능과 역할을 할 수 있는 사회적 균형과 정의를 달성할 수 있어야 한다는 뜻이다. 이것이 정책균형이론의 핵심적 과제이고 이것을 설명하는 것이 정책균형이론의 목적이다.

또한 정책균형은 개인적일 뿐만 아니라 사회적으로도 우리 모두는 독자적이고 독립적인 실체와 존재를 가진 개체라는 사실을 알고 있어야 달성된다. 동시에 개인적 실체는 상호간에 의존하고 있다. 그러나 의존이란 상호간의 존재에 방해가 되거나 짐이 되는 의존이 아니라 서로의 존재가치를 향상시킬 수 있는 의존이어야 한다. 이와 같은 상태에서 개인이나 사회의 다양한 이해관계는 조화된 상태, 즉 상호교섭相互交涉의 상태에 도달할 수 있다. 상호교섭에서는 정책의 다양한 이해관계는 조정되고 조화될 수 있을 것이다. 이와 같은 논의가 정책균형이론의 핵심과제이다.

정책균형이 달성된 상태에서의 정책은 성공할 수 있다. 때문에 정책에 관련된 다양한 이해관계를 정책의 인과관계로 분석할 수 있는, 즉 누가,

무엇을, 어떻게, 왜 부담하며, 어떤 정책혜택을 받을 것인가 하는 정보와 지식이 필요하다. 동시에 정책에 의한 문제와 불균형이 발생된다면 이를 명확하고 분명하게 정립하여 조정하고coordinating 교정하며correcting 보정할compensating 수 있는 정책균형의 실질적인 절차와 과정에 관한 이론과 지식이 정책균형이론에서 논의되어야 한다.

따라서 각종 국가정책에 따른 정책의 비용과 혜택을 분명하고도 정확하게 정립할 수 있는 정책균형의 이론과 지식이 있어야 하고, 또한 이것을 현실적으로 실천할 수 있고 적용할 수 있어야 국가정책은 성공할 수 있을 것이다.

그래서 Lasswell도 일찍이 다양한 인종적 뿌리와 가치를 가진 미국사회가 2차 세계대전 이후의 사회적인 분열현상을 치유하기 위해서 "점점 더 상호간에 의존하고 있는 지구촌사회에서 공동의 목적과 善을 달성하기 위해서 자신의 사상적이고 이념적이며 종교적인 관점과 편향을 이제 접어두고(그는 이것을 休戰이라고 표현했다), 인간존엄성의 신성한 가치를 받아들일 수 있도록 준비하자; 나아가 다양하고 구체적인 이념이나 사상에서 우리들이 충분히 동의할 수 있는 공통의 요소를 발견할 수 있는 준비된 사람으로 다시 태어나자"고 주장했다.[2] 이것은 각종 국가정책에 의해서 문제점이나 불균형과 불편함과 차별과 불이익 등이 발생된다면 인과관계를 명확하고 분명하게 조정할 수 있는 정책균형의 이론과 기술이 있어야 된다는 것을 강조한 것이다.

2 "Since one of our ultimate aims is the fostering of a world commonwealth on a global scale we are committed to furthering peaceful cooperation among the millions who have entered the modern epoch with predispositions carrying the imprint of the principal derivational systems of human history. To this end we declare a personal truce on proselytizing in the name of religious or metaphysical systems, and join with those who are prepared to accept the dignity of the individual and who find that they have enough in common to agree on many concrete specifications"(Lasswell and McDougal, 1992: 761)

국가정책의 궁극적 목적은 정책의 인과관계를 정의의 기준에 의해서 공평하고도 형평하게 분배하는 것이다. 이것이 실천될 수 있어야 본질적이고 원천적인 정책의 목적인 인간의 존엄성과 인간존재의 가치를 실현할 수 있을 것이다. 즉 정책의 이해관계자나 참여자 그리고 실질적인 정책결정자 등 모두는 개인으로서 인간의 선택의 자유와 자율성을 충분히 실현할 수 있을 것이다. 나아가 사회 전체적으로도 그 사회 고유의 기능과 역할을 할 수 있는 사회적 균형과 정의를 달성할 수 있을 것이다.

특히 오늘날과 같이 정보사회와 민주주의 사회에서는 정책에 관련된 정보를 이해관계자 뿐만 아니라 일반 시민들도 소유하고 있다. 또한 주민들의 이해관계도 분명하게 표시되고 있다. 때문에 이를 달성하고자 하는 사회에서는 정책의 비용부담과 혜택에 관한 합리적 조정과 형평의 기준과 방법이나 절차 등이 정책성공의 필수요소가 되고 있다. 더구나 개인의 이해관계가 분명하게 표시되고 존중되는 사회로 발전하면 할수록 정책의 비용부담과 그의 반대급부를 명확하게 제시하여 정책혜택이 환원되는 것을 밝히는 일이 중요하다. 이것이 제대로 진행되지 못하면 일반 시민들은 정부정책을 불신하고 정책에 대한 불만은 더욱 가중되게 된다(Lasswell, 1936: 3-4; Page, 1983: 7-8; 배병룡 · 이시원, 1988: 393-439).

때문에 과거 성장위주의 급격한 정책환경의 변화에서 흔히 잘 이용되었던, 다수多數와 전체 국가의 이해관계를 위하여 개인의 이해관계는 희생되어야 한다는 소박한 애국심愛國心에 의존하는 정책전략은 더 이상 통용되기 어려울 것이다. 일반적으로 대다수 시민들은 어둡고 추우면서도 무더운 방에서 먹을 것과 입을 것 등을 아껴 가면서 살아간다. 이들이 절약하고 열심히 노력한 혜택과 보람이 궁극적으로 그들에게 되돌아 온다는 보장을 할 수 없는 사회는 희망과 발전을 약속받을 수 없다.

21세기의 인터넷과 사이버사회에서는 시민들의 내핍된 생활을 강요하기보다는 보다 풍요로운 정신적이고 물질적인 삶을 보장하기 위한 정책과 아이디어를 정책결정자가 제시하는 일이 더욱 더 효과적일 것이다. 구체적으로 정책비용과 부담의 대가로 정책혜택을 시민들이 궁극적으로 향유할 수 있는 방법이 제시되고 이것이 실제로 실천될 수 있어야 정부의 정책은 성공할 수 있을 것이다(Brooks and Cheng, 2001: 1343-75).

그래서 최근에 각종 정책의 실질적 효용인 정책영향을 정책대상자나 수혜자 입장에서 평가하고자 하는 정책의 영향평가제도가 급격히 확대되고 있다. 대표적으로, 1993년의 「환경영향평가법」(이 법은 2001년에 「환경 · 교통 · 재해 등에 관한 영향평가법」으로 대체되었다)에 의한 환경영향평가제도가 시행되었다. 이것은 자연적이고 사회경제적 생활환경에 미치는 정책의 영향을 객관적이고 과학적으로 조사하여 정책결정에서부터 정책비용과 혜택의 인과관계를 분명히 정립하여 정책균형을 달성하고자 했다.

그 이후로 국가의 모든 정책영역에서 정책의 영향을 평가하려는 노력이 활발하다. 그 예로서, 정책시행에서 발생될 교육환경에 유해한 영향을 사전事前에 평가하여 이것을 정책비용과 혜택 및 정의의 수준에서 정리하고 균형화하고자 하는 '교육환경영향평가제도'(김재연, 2003), 국가정책의 수립과 집행과정에서 발생할 국민의 문화적 삶과 국가의 문화적 정체성에 영향을 미치게 될 범위와 요소를 평가하여 정책에서 문화의 참여와 가치를 정책균형의 기준으로 제시해야 한다는 '문화영향평가제도'를 실시하고자 하는 경우나(www.2.kmib.co.kr… 2004년 12월 20일), 국민의 인권을 침해하게 되거나 될 여지가 있는 정책을 사전에 평가하여 이것을 是正할 수 있는, 정책에서의 인권과 정책목표와의 균형을 달성하고자 하는 국가인권위원회를 중심으로 하는 '인권영향평가제도'

(kr.news.yahoo.com… 2004년 12월 20일), 국가정책에 性인지적 관점을 반영하고 부각시켜서, 특히 여성의 상대적 지위를 균형화하고자 하는 '성별영향분석평가'(moge.news.go.kr… 2004년 12월 20일), 그리고 정보기술의 발달에 의한 전자정부가 현실화되면서 공공기관의 행정정보의 이용에서 발생될 개인의 사생활私生活 등을 보호하고자 하는 '프라이버시 영향평가제도'(구병문, 2003) 등을 들 수 있다.

이와 같은 각종 영향평가제도는 그 자체가 정책으로서 다양한 국가정책의 부정적 외부효과를 사전에 분석하여 정책시행에서 발생될 가능성을 줄이면서 동시에 정책의 필연적 결과라면 이것에 대한 보상과 보정 및 방지책을 제시하여 전체적으로 정책의 수혜자와 비용부담자간의 균형을 이룩하고자 하는 것이 목적이다.

그러나 국가정책을 모든 측면에서 긍정적 효과나 부정적 외부영향 등을 평가해서 완벽한 의미의 정책, 즉 어느 측의 이해관계에도 부정적으로(잠재적이거나 현재적으로) 영향을 미치지 아니하는 정책을 수립하고 결정한다는 것은 불가능하다. 각종 정책의 영향평가를 너무 강조하는 그 자체가 또한 정책균형이론에서는 불균형의 대표적 현상으로 본다. 그 대표적 예로, 한국경제연구원이 '한국경제의 10大 불가사의不可思議'[3]를 제시한 경우를 들 수 있다. 즉 경제정책분야에서 균형과 성장, 균형발전과 개

3 한국경제연구원(2004)이 제시한 한국경제 10가지 불가사의不可思議는 다음과 같다. 『1.경제민주화와 균형성장정책 기조 속에 선진화를 위한 경제개혁은 오히려 한국경제의 역동성을 앗아갔다; 2.지역균형발전정책 속에 대한민국 수도(수도권)공화국이 되었다; 3.도·농 균형발전정책 속에 농촌은 더 피폐해졌다; 4.자원배분의 왜곡을 시정하기 위한 경제력 집중억제와 균형성장정책 속에 경제집중력은 더 심화되었다; 5.대기업 규제 속에 중소기업 보호와 육성정책은 중소기업 경쟁력을 더 약화시켰다; 6.형평과 분배지향정책 속에 소득분배는 더 악화되었다; 7.균등교육기회를 지향하는 교육평준화 속에 初·中·高生의 해외유학은 더 늘어났고 서울 강남학군의 서울대 진학률은 더 증가하였다; 8.금융자율화 주창 속에 관치금융은 더 심화되고 은행산업의 경쟁력은 개선되지 못했다; 9.개혁·청산대상인 1960-70년대의 개발연대 패러다임이 한국경제의 도약, 즉 한강의 기적을 가져왔다; 10.우리는 지금 그 동안 불균형을 심화시켜 온 그리고 우리경제의 경쟁력을 약화시켜 온 정책들을 더 강화하려고 하고 있지는 않는가?』.

혁, 민주와 규제 등의 변수를 강조하면서 국가 전체적으로 원래 경제정책이 추구하던 목표와 이상을 달성할 수 없게 되었다고 주장한 경우이다.

모든 정책은 추구하는 목표에 따라서 어느 정도로 사회적 조화와 통합의 수준에서 용인되거나 인정될 수 있는 정책영향을 분석할 수 있다. 그래서 긍정적 요인과 부정적 영향, 혜택과 비용, 손실과 보상, 과정과 결과 등 다양한 요소를 고려하여 정책균형을 유지하는 것이 사회적으로나 개인적으로도 중요하다. 때문에 多次元적인 정책의 특성과 본질에서 전체적이면서도 다양한 차원에서 균형의 감각과 그에 필요한 철학과 기준 등을 제시하고 설명하고자 하는 정책이론이 필요하다. 이와 같이 정책균형의 이론적 필요성을 크게 세 가지로 요약해 볼 수 있다.

첫째, 정책균형이론의 존재론적 목표는 성공적으로 정책을 진행시키는 것이다. 성공적 정책이란 정책의 인과관계가 시장의 자동조절기능에 따라서 자동으로 정리되고 균형되는 것이 아니다. 정책주체들이 적극적이고 능동적으로 정책의 인과관계와 그들의 상호교섭에서 발생되는 불평등을 형평화衡平化 equalization 하고 균등화均等化 balancing 할 수 있어야 가능하다. 때문에 이러한 조건을 충족할 수 없는 정책은 실패하게 된다.

국가정책의 기본은 정책을 균형되게 결정하고 시행할 수 있는 균형감각이다. 모든 국가사업이나 현실생활에서 균형, 즉 밸런스를 조절하고 맞출 수 있는 현실적 지식과 능력이 국가정책의 기본이라고 할 수 있다. 이와 같은 기본이 흔들리면 정상적인 상태가 아닌 비정상적인 불균형상태가 된다. 불균형상태에서 국가정책은 성공할 수 없을 것이다. 따라서 정책균형이론은 우선 정책을 성공적으로 시행하기 위한 전제조건으로서 정책의 인과관계나 분배의 정의 및 정책주체나 대상자들의 상호간의 교섭을 중점적으로 설명하는 이론이다.

둘째, 때문에 정상적인 균형상태에서 국가정책을 결정하고 시행하기 위해서는 정책의 다양한 인과관계를 분배의 정의의 기준과 방법에 따라서 균형화할 수 있는 이론적 지식과 기술이 필요하다.

셋째, 보다 구체적인 정책균형의 이론으로, '누가, 무엇을, 어떻게, 왜 정책에 대한 비용이나 정책의 시행에서 발생될 부정적이고 바람직하지 못한 정책비용도 부담해야 되며 이에 대한 대가로서 어떤 혜택과 편익을 제공받을 수 있을 것인가' 하는 보다 구체적이고 校正的인 정책균형에 필요한 실질적인 정보와 제도를 마련할 수 있는 이론적인 패러다임과 기준이 필요하다.

2. 政策現實에서의 必要性

정책균형이론을 현실적으로 적용하고 실천하는 것은 정책결정자의 균형감각이라고 할 수 있다. 균형감각均衡感覺 balanced sense은 정상적인 상태에서 합리적으로 의사를 결정하고 시행할 수 있는 능력과 자질이라고 할 수 있다. 왜냐하면, 균형감각을 가진 정상적 상태에서만 합리적 의사결정을 할 수 있기 때문이다. 그래야만 현실적으로 다양한 이해관계의 불균형을 균형적으로 조절할 수 있을 것이다. 만약 정상상태에서 벗어나서 개인적이거나 조직적 이해관계나 기타 정실적 측면에서 국가사업을 분석하고 일을 결정하면 어떤 일이든지 그 일에 소요되는 비용과 효과를 공정하고도 정의롭게 결정하거나 분배할 할 수 없다. 때문에 말썽이 생기고 갈등이 빚어진다면 정책은 균형화될 수 없고 결국 성공할 수 없게 된다.

21세기에 진입하면서 정책현실은 과거와 비교할 수 없을 정도로 다양하고 복잡해지고 있다. 다양하고 복잡하다는 것은 정책의 이해관계에 관한 지식과 정보가 보편화되면서 정책결정의 과정이 복잡하고 역동적으로 진행되고 있다. 나아가 정책결과나 영향에 정책주체나 대상자들은 더욱 더 민감하게 반응하게 된다는 의미이다.

그러면서도 동시에 거시적 측면에서 본 정책균형이론은 정책현실에서 다양화되고 다극화된 정책결정의 힘policymaking power을 균형화시키는 것이다. 정책현실이 정책결정의 힘, 즉 세력간에 균형되어 있다면 정책은 굳이 균형자론을 주장할 필요없이 이들 세력간의 원만한 합의에 의하여 결정될 수 있다.[4] 그러나 정책현실에서 정책주체나 정책대상자들의 이해관계를 중심으로 하는 정책의 힘이 불균형되거나 다극화多極化 되어 있다면 정책은 이들 정책세력을 균형적으로 조정하고 형평화시킬 수 있어야 한다.

물론 형평화라고 해서 절대적 의미의 평등원칙에 따라서 자신의 입장이나 능력, 자격과 조건에 따라서 정책혜택과 효용을 향유하는 것이 아니다. 정책이라는 독립변수에 의하여 구체적 정책의 이해관계에서 불균형(이하에서는 이것을 '정책불균형政策不均衡' 으로 표기하고자 한다)이 발생된다면 이것을 보정하고 수정하는 정책결정이 정책균형의 형평화이다. 물론 이전에 불균형되어 있다면 우선적으로 이해관계자의 불균형에 일정한 힘과 조건을 제공하여 그 불균형을 균형적으로, 즉 시소see-saw

4 정책결정의 힘, 즉 세력의 균형에 관한 논의는 대단히 중요하고 복잡하다. 따라서 구체적인 것은 제2장의 정책균형이론의 특징에서 설명하기로 한다. 여기서는 우선적으로 정책균형이론은 힘의 균형상태를 유지하기 위한 정책(이것을 정확하게는 "balance"라기 보다 "stasis"의 개념에 해당한다고 본다), 특히 외교나 국가안보 및 군사정책에서 힘을 가진 자가 힘의 지렛대역할을 할 수 있는 세력균형론이나(대표적으로 Mogenthau, 1993; 이철현, 1998 등) 또는 참여정부가 주장하는 동북아 균형자론(힘의 有無에 관계없이 의지와 사상(이것을 연성국력(soft power)이라고 표현하고 있다)을 공유하는 국가와 전략적으로 연대하여 미국과 중국 등의 兩大 힘의 세력을 한국이 균형적으로 조절할 수 있다는 정책이나, 민주주의와 시장경제의 가치를 중심으로 한미동맹을 기초로 해서 한국은 동북아에서 종속적 지위가 아닌 주요 행위자key actor로서 역할을 한다는 주장(국가안전보장회의(NSC: National Security Council) 사무처, "동북아 균형자 설명자료,"(koreascope.org 제공, 2005년 6월 13일) 등과는 다르다는 점을 우선 밝히고자 한다.

게임과 같이, 양쪽 무게중심을 적절히 조정하여 게임을 계속되게 하는 수동적이고 소극적 의미의 균형도 필요하다. 그러나 정책균형이론에서는 불균형된 정책현실을 균형될 수 있도록 적극적이며 능동적으로, 즉 정책 그 자체가 주체가 되어 균형상태를 달성하고자 노력하는 것이다. 이것이 정책현실에서 정책균형이론이 정립되어야 할 필요성이다.

따라서 정책균형이론이 현실적으로 제기되는 필요성을 21세기의 시작과 동시에 한국사회가 겪고 있는 충돌과 분열과 양극화에 의한 전체적인 불균형의 실태에 따라서 설명할 수 있다. 즉 구체적인 정책을 실천할 수 있는 정책영역별로 좀 더 실증적으로 설명하여 정책균형이론의 필요성을 제기해 보는 것이 필요하다. 여기서 정책영역별로 사회적 불균형이나 양극화현상을 설명하는 것은 불균형현상을 구체적인 정책분야별로 논의하면서 이와 같은 분야에 따라서 여기에 대응할 다양한 정책을 마련하고 실천할 수 있는 정책영역이라는 의미이다.

이론적으로 정책영역policy domain은 정책을 실제로 결정하고 집행하는 방법과 주체(정책결정자)와 그들의 세력관계 및 정책이 미치는 영향력과 이에 대응하는 정책대상자나 집단의 반응 등을 설명하기 위한 이론이다. 이것은 전통적인 정책과정 중심이 아니라 정책결정주체와 객체와의 세력과 그들 사이의 정치현상을 중심으로 하는 정책이론이다(대표적으로 Van Horn 외, 2001). 이와 같은 정책영역에 따라서 한국사회의 불균형의 현실을 지역간(중앙과 지방포함), 이념간, 사회계층간(세대간, 참여와 비참여계층간, 노사勞使간, 소득이나 직업간, 男女간 등) 등으로 구분하여 설명하면서 이에 따라서 정책균형의 실천적 방법, 즉 다양한 정책을 제시할 수 있는 방법을 찾을 수 있을 것이다.

地域間의 不均衡

지역간의 불균형으로 우선 중앙(수도권)과 지방간의 불균형이 가장 전형적이다. 예를 들면, 2001년 기준으로 수도권(서울, 인천, 경기도)에 전국 인구의 46.4%(면적은 전 국토의 11.8%)가 분포되어 있으며, 지역내 총생산(GDRP: gross regional domestic product)은 47.1%를 차지하고 있고, 최종소비지출은 48.0%, 총자본형성은 43.1%를 점유하고(국중호, 2005: 5) 있다.[5] 따라서 한국의 인구와 경제활동의 절반이 수도권에 집중되고 있음을 알 수 있다. 그리고 지방에서도 지역간의 경제적이고 인구분포적 불균형이나 도시와 농촌간의 불균형이 존재하고 있다. 더구나 한국적 특성이라 할 수 있는 東의 영남지방과 西의 호남지방간의 불균형도 있다.

이와 같은 지역간 불균형이 국가정책의 어려운 과제중의 하나가 되고 있다. 그렇기 때문에 참여정부는 국가균형발전을 추진하기 위한 다양한 정책(대표적으로 「국가균형발전특별법」(2004년, 법률 제07061호), 「지방분권특별법」(2004년, 법률 제07060호), 「지역균형개발 및 중소기업육성에 관한 법률」(2004년개정, 법률 제07061호) 등을 제정하면서, 특히 중앙과 지방간의 균형적 발전전략과 국토의 효율적 이용과 지방의 특화사업 등을 정책균형의 수단으로 제시하였다.

국가균형발전은 지방과 중앙간의 균형발전, 지역간의 균형발전, 기회와 자원의 균형적인 조정 등을 정책이념으로 하고 있다(성경륭, 2003: 5-6). 그러나 이와 같은 정책을 지금까지 상대적으로 지방정부가 재정과 인적 자원에서 그리고 정책결정권이 중앙정부에 비교하여 약소하고 허약

5 비교적으로 일본의 수도권(東京都(도쿄), 埼玉縣(사이타마), 千葉縣(치바), 神奈川縣(가나가와)의 집중현상을 보면, 2001년 기준으로 총인구의 26.4%가 수도권에 집중되고 있고, 지역내총생산은 30.9%, 최종소비지출은 29.7%, 총자본형성은 27.9%가 수도권에 편중되어 한국의 수도권 불균형 집중도보다는 상당히 낮다(국중호, 2005: 6).

한 것을 보충하고 교정하고 수정해야 한다는 정책균형이론으로 설명할 필요가 클 것이다(자세한 것은 제3장에서 논의한다). 그리고 실제로 중앙과 지방간의 정책균형을 논의하면서 단순히 낙후된 또는 상대적으로 불리한 위치에 있는 지방을 지역적으로 균형화시키는 것만이 정책균형이 아니라는 점도 지적할 필요가 있다.

그러나 한국사회의 지역간 불균형의 초점은 역시 東의 영남과 西의 호남이라는 지역간의 격차이다. 그 중에서도 동서의 경제적이고 산업적이며 국토의 이용측면이라는 물리적 불균형도 문제이지만 현재의 불균형은 이념적이고 정치적 측면에서의 불균형이 더욱 문제이다. 하나의 예로서, 16대 대통령선거(2002년)에서 나타난 영 · 호남간의 대통령후보 지지율을 보면 광주를 중심으로 하는 호남지역에선 절대다수(평균 93.4%)가 노무현후보를 지지했고 이회창후보의 득표율은 평균 4.8%이었다. 동시에 영남지역에서는 이회창후보가 평균 67.7% 득표했으며 노무현후보의 득표율은 평균 27.7%이었다. 영 · 호남의 중심축이라고 할 수 있는 대구와 광주를 비교하면 지역에 따른 득표율의 차이는 더욱 심각하다(〈표 1-1〉 참조).

〈표 1-1〉 16대 대통령선거(2002년)에서 지역간(영호남) 대통령후보 지지율(%)*

후보자 / 지역	전체	부산	울산	경남	대구	경북	광주	전남	전북
이회창	46.59	66.75	52.88	67.52	77.75	73.47	3.58	4.63	6.19
노무현	48.91	29.86	35.27	27.08	18.68	21.65	95.18	93.39	91.59

* 이회창과 노무현 이외의 4명의 후보자 득표율은 미미하기 때문에 제외하였다.
출처 : 중앙선거관리위원회(www.nec.go.kr/Tgm_main_top.html), 검색일: 2003년 2월 5일.

지역에 따라서 후보자간의 득표율이 절대다수에서 절대소수 등으로 나타나는 이유를 과학적으로 설명하기에는 한계가 있다. 그러나 이와 같은 지역별 득표율의 차이가 지역감정이나 지역정서의 반영이라고 하는 것은 사실이다. 특히 김대중정부는 영·호남간의 지역감정이나 불균형을 조정하기 위하여 각종 다양한 동서화합東西和合 정책을 추진해 왔다. 그럼에도 불구하고 16대 대선에서 나타난 지역간의 감정이나 이념차이에 의한 후보자의 득표율은 실제로 15대 대통령선거(1997년)와 큰 차이가 없다. 즉 15대 대선에서 당시의 김대중후보는 광주에서 97.3%, 전북에서 92.3%, 전남에서 94.6%를 득표했다. 마찬가지로 영남지역에서는 이회창후보가 부산에서 53.3%, 경남에서 55.1%, 경북에서 61.9%, 그리고 대구에서 72.7%를 득표했다. 따라서 지역에서(특히 호남지역) 거의 10년간의 몰표현상은 대통령선거에서 지역주의에 의한 투표행태가 계속되고 있음을 나타낸 것이다(강원택, 2003).

또한 지역간의 불균형을 겪고 있는 한국사회는 물론 지방과 수도권지역과의 불균형도 문제이지만, 특히 도시화가 급진되면서 도시지역과 농촌지역간의 불균형도 심각한 수준이다. 이것은 경제적이고 문화적인 삶의 질質 수준 뿐만 아니라 국가정책의 구체적인 이해관계 등에서 정책의 비용과 혜택 측면에서 도시와 농어촌간의 불균형이 심화되고 있다는 증거이다. 또한 신개발지역과 개발이 제한되거나 오지지역 등의 불균형도 더욱 더 증가되고 있다.

理念間의 不均衡

정책학에서는 정책철학과 윤리 등으로 이념이나 신념 등을 자세히 설명하고 있다. 여기서는 국가정책의 근본을 구성하는 정책이념policy ideology이 될 수 있는 진보와 보수의 兩大 이념에서 본 한국사회의 불균형을 진단하여 이와 같은 불균형을 균형시킬 정책균형이론의 필요성을 설명하고자 한다.

정치나 정책에 관한 이념으로 진보와 보수를 구분하는 것도 서양식 二分法dichotomy의 대표적 예이지만 그래도 정책결정자나 대상자의 이념을 진보와 보수의 강도로 구분하여 정책성향을 조사연구(대표적으로 온도계식 성향의 조사)하는 것이 한국사회의 이념간의 불균형을 알 수 있는 한 방법이다. 따라서 보수와 진보 및 온건 성향 등이 정상적으로 분포되지 못하고 兩極으로 분산된다면 이념간의 불균형현상이 존재한다고 할 수 있다.

그 대표적 예로서, 역시 16대 대통령선거(2002년)에서는 보수와 진보(혁신)라는 이념이 지금까지의 어느 대통령선거에서보다 더욱 대립적으로 나타난 점을 볼 때 한국사회의 이념도 양극화되어 있다고 할 수 있다. 이와 같은 이념의 양극화현상도 연령이나 교육수준, 소득수준, 직업별, 성별, 거주지역(도시와 농촌 등) 등의 차이에서 발생된 것도 있다. 그러나 특이한 점은 영·호남이라는 지역간의 이념차이가 가장 크게 부각된 점이다. 따라서 이념간의 불균형도 근원적으로 지역간 불균형의 한 양상이라고 할 수 있지만 지역간의 이념 뿐만 아니라 사회계층간의 이념을 종합적으로 살펴 볼 필요가 있다.

우선 지역간의 이념성향을 비교한 연구에 의하면(강원택, 2003), 대구와 경북이 가장 보수적인(3.12) 반면에, 광주와 전남이 가장 진보적(2.60)이라고 했다.[6] 또한 중앙일보(2002년 2월 4일)[7]가 조사한 국민여론조사에

6 2002년 대통령선거 이후에 나타난 자료조사에서 계산한 것으로, 1(매우 진보)에서 5(매우 보수)까지의 5점 척도이며, 전국적인 평균점수는 2.82라고 했다. 따라서 지역간의 이념차이가 통계적으로 의미가 있는지를 분석한 결과에 의하면, 영·호남간의 지역균열이 보수와 진보의 이념차이와 중첩된다는 주장을 할 수 없다고 했다(강원택, 2003). 그러나 언론의 조사에 의하면(중앙일보, 2003년 2월 12일), 구체적인 정책분야에서도 호남지역의 노무현 지지자들은 대미對美정책에서 미국중심에서 탈피해야 한다는 진보적인 성향을 보인 반면, 영남은 한미동맹의 강화를 주장하는 보수적인 성향을 보였다. 김대중정부의 부정부패의 처리문제에서도 영남지역은 47%가 철저한 사정을 찬성하였지만 호남지역은 22%만이 찬성한 경우 등에서도 지역간의 이념차이가 구체적인 정책분야에서의 이념차이와 연계되는 경우가 있음을 보여 주기도 했다.

서 나타난 지역별 이념도 전체평균이 4.5에서, 대구 · 경북이 4.7로 보수적이었고, 광주 · 전남이 4.3으로 진보적으로 나타났다.[8]

이와 같은 지역간의 이념격차에 따라서 사회계층간의 이념도 크게 변화된 것으로 보인다. 예들 들면, 사회 전체적 이념성향이 16대 대통령선거 이후에 보수에서 진보로 급격히 변화되고 있다. 즉, 2002년 8월 조사에서는 국민들의 평균이념 점수가 5.30이었지만, 대통령선거 이후인 2003년 1월 조사에서는 4.97로, 짧은 기간동안에 진보성향으로 크게 변화되었다는 사실을 알 수 있다. 특히 이와 같은 脫보수화 경향이 50대 이상을 제외한 전체 연령층에서 나타났고, 특히 40대서 더욱 큰 변화를 보였다고 했다(중앙일보, 2003년 2월 11일).

이념간의 불균형에서 한 가지 더 언급되어야 할 사항으로, 국가정책의 최고결정권자인 노무현대통령(당시는 당선자)의 이념성향에 관한 것이다. 대통령이 된 이후에 그의 정책이나 정치적 이념을 분명하게 측정하긴 어렵지만 국회의원이나 대통령후보 때의 정책이념은 진보성향이 대단히 강하면서 진보와 보수와의 이념균형을 기대하기 어렵게 하고 있다.

예를 들면, 구체적 정책분야에 따라서 스스로 평가한 이념적 정체성에서는 온건적인 진보성향(4에서 6)이라고 했지만(중앙일보, 2002년 2월 1일), 2002년 2월 그 당시에는 대선예비 후보자[9]나 국회의원 전체에서도 가장 진보적(1.5)이었다는 사실이다. 더욱이 일반 국민들은 대통령선거 이전(2002년 8월)과 이후(2003년 1월)에 노무현당선자의 이념이 4.20에

7 언론의 조사내용이나 보도내용 중 중앙일보를 중점적으로 인용한 이유는 인용자료의 일관성과 타당성을 유지하기 위한 것이다. 또한 실질적으로 언론기관의 내용보도에 큰 차이가 없고 여론조사의 경우도 여타의 내용을 다시 인용해야 할 정도로 큰 편차가 없다. 때문에 하나의 언론보도와 조사내용을 일관적으로 인용하는 것이 자료의 해석에 보다 더 타당할 것으로 판단된다.

8 이념성향의 척도측정에서 0은 가장 진보이고 10은 가장 보수이며 5는 중도를 의미한다.

9 2002년 2월 그 당시의 대선 예비주자 9인(노무현, 유종근, 김근태, 김중권, 한화갑, 박근혜, 이인제, 정동영, 김종필 등으로 진보에서 보수의 순서임) 중에서(중앙일보, 2002년 2월 1일).

서 3.83으로 보다 진보적으로 변화되었다고 평가(중앙일보, 2003년 2월 11일)하기도 했다.[10]

개인적 이념은 자신의 자유의지의 결과산물이기 때문에 논의의 대상이 될 수 없다. 그러나 대통령은 국가정책의 최고결정권자로서 다양한 정책이념과 철학을 균형적으로 조정하고 정리해야 하는 정책책무를 수행해야 한다. 이와 같은 경우에 이념성향에 따라서 정책의 균형을 유지할 수 없다면, 어느 한 분야에 편중되어 최고정책결정권자로서 정책지휘자policy conductor의 역할을 할 수 없는 경우에 문제가 된다. 특히 극단으로 치우친 이념인 경우에 실질적으로 다양한 여론이나 정책정보, 지식이나 이론 등을 국가정책에 주입할 수 없게 될 것이다. 그러면 정책은 상당히 불균형적으로 형성되면서 성공적인 정책을 기대하기 어려워진다. 따라서 구체적 정책분야에서 혼란과 갈등이 형성되어 사회 전체적으로 정책을 균형화시키기 어렵게 될 것이다.

국가정책의 결정권자의 구체적인 정책분야에서의 이념을 정확하게 측정하기는 상당히 어렵고 복잡하지만 일반적으로 한국인의 이념이 보수에서 진보적인 성향으로 급격히 변화되고 있는 것은 사실이다. 더구나 진보와 보수간의 이념변화가 극히 단기간에 그리고 그 변화의 속도가 빨리 진행되는 현상이 문제이다. 따라서 16대 대통령선거 이후에 이념의 변화가 더욱 크게 나타난 것은 일반 국민들의 이념간의 격차와 충돌이 중요한 사회적 이슈로 등장하고 있음을 보여 주고 있다.

이와 같이 한국인의 이념이 보수에서 진보로 이동된 것이 현 정부의 진보적인 정책개혁에 국민이 '호응' 할 준비가 되어 있다는 해석도 있지

10 노무현당선자(당시)는 한국국방연구원과 미국의 Heritage재단이 공동으로 주최한 학술회의("Mandate for Leadership: 새 정부의 정책과제")에서, 자신이 진보적이라고 해서 이것이 곧 좌파적이거나 과격한 이념성향을 가진 것은 아니라고 주장했다(중앙일보, 2003년 2월 21일).

만(중앙일보, 2003년 2월 11일, 강원택교수의 반응), 정책균형이론에서 보면 그 반대적인 현상이 문제일 것이다. 왜냐하면, 개혁적이고 진보적인 정책이라고 하더라도 정책의 이해관계가 항상 진보적일 수 없다. 동시에 구체적으로 정책의 비용과 혜택의 인과관계를 진보와 보수라는 이념으로 판단하기 어려울 때가 많다. 또한 정책의 분배기준을 진보적 성향으로 결정하면 진보와 보수간의 정책불균형은 더욱 심화될 것이다. 더욱이 극단적 진보성향에 정책의 우선순위를 두게 되면 중립적이고 객관적이며 과학적인 정책지식과 기술이 진보정책의 侍女역할을 하게 될 가능성이 커진다. 이렇게 정책이 진보와 보수라는 이념에 포획되면 국가정책은 균형을 잡을 수 없다. 더구나 진보에 기울어진 불균형된 정책을 수정하고 교정하기 위한 다양한 정책을 시행한다고 하더라도 이와 같은 정책은 보수적 내용을 중심으로 하지 않을 수 없다. 그러면 진보계층의 정책저항과 반감이 증가하게 될 것이다. 따라서 정책은 진보와 보수간의 불균형을 더욱 악화시킬 가능성이 많아진다.

社會階層間의 不均衡

사회계층간의 불균형은 다양한 현상이지만 정책균형이론이 중요하면서도 필연적으로 대두된다는 관점에서 보면 우선 세대간의 정책불균형, 인터넷과 다양한 시민단체의 참여가 급증하면서 발생되는 참여와 非참여 계층간의 불균형, 노동자와 사용자 계층간의 근로현장에서의 불균형, 그리고 남성과 여성간의 불균형 등이 중요한 정책현실이 되고 있다.

첫째, 세대간의 정책불균형은 20대와 30대 세대와 50대 및 60대 세대간에 심각하다. 예를 들면, 南北문제나 한미韓美간의 국제관계 등에서는 兩 세대간의 차이가 크다. 북한의 핵개발에 관계없이 민족적 차원에서 북한을 지원해야 한다는 주장에 20대는 62.2%가 찬성한 반면에, 50세 이상은 43.2%만 찬성하였다. 16대 대통령선거에서 후보선택에 가장 큰 영향력을 미친 것으로, 20대는 노무현－정몽준의 선거공조(20.4%)와 여중생 추모시위(13.2%)라고 대답한 반면, 기성세대는 행정수도 이전(16.1%)과 북한의 핵문제(14.4%)라고 응답한 사실에서(중앙일보, 2003년 1월 7일) 세대간의 차이를 알 수 있다.

특히 20대와 30대의, 소위 2030세대는 인터넷을 중심으로 하는 정보통신기술을 이용하여 자신들의 정치적 성향이나 이념 또는 이해관계를 적극적으로 표현하고 참여할 수 있는 세대이다. 따라서 2030파워 세대를 형성할 수 있었다. 반면에 기성세대는 정보격차의 불이익을 가장 많이 받은 세대로서 사회의 중심추를 형성하기 어려웠다. 특히 인터넷 매체를 이용한 정책참여가 20대와 30대의 젊은 연령층에 집중되면서 실제로 한국사회의 주도적인 세력으로 등장하여 세대교체의 혁명이라고(김상배, 2003) 할 정도로 사회구조적으로 변화되고 있다. 때문에 50대와 60대의, 소위 5060세대는 흘러가는 물처럼 충격과 허탈에 빠진 심리적 공황상태나 갑자기 늙은 느낌으로 사회의 뒷전으로 내몰리면서(중앙일보, 2003년 1월 16일) 세대간의 간격, 특히 구체적 정책영역에서의 불균형은 심화되고 있다.

물론 대통령선거라는 짧은 기간 동안에 나타난 세대간의 지지자 차이나 선호, 인터넷독점이라는 일시적 현상에 따라서 나타난 세대간의 격차나 균열이 사회 전체적인 균열이나 분열의 현상이라고 판단하기는 어렵다고 하더라도(조중빈, 2003), 정책현장에서 세대간에 二元的으로 분열되면 구체적 정책영역에서의 불균형이 더욱 가속화 될 수 있다.

둘째, 참여와 非참여 계층간의 정책불균형이 정책현실이 되고 있다. 국가정책에 참여하는 것은 민주주의의 기본이다. 정책이론도 민주주의를 통하여 인간의 존재가치를 실현할 수 있는 수단적 가치를 기본으로 하고 있다. 그러나 현실적으로 국가정책에의 참여방법이나 주체, 절차 등은 대단히 복잡하고 추상적인 경우가 많다.

이와 같은 참여의 주체와 방법이 어느 한 사회계층에게 집중되거나 양극화되는 현상이 문제이다. 특히 인터넷을 중심으로 하는 세대와 또는 다양한 시민단체 등이 참여를 독점하면서 구체적 정책에서의 자신들의 입장을 반영하거나 주도하는 과정이나 결과에 불균형이 심화되고 있다. 예로서, 온라인 사회에서는 네티즌간의 친구맺기나 일촌맺기 등의 인맥을 형성하여 자신들만의 이해관계를 과잉으로 참여시키는 계층이 등장하고 있다. 물론 자발적이고 구조적인 非참여 계층까지도 보호해야 할 것인가, 즉 권리위에 잠자는 자도 참여시킬 수 있는 방법과 전략을 국가가 실행해야 할 것인가 하는 권리철학에 관한 문제도 제기된다. 그러나 경제적이고 기술적이며 정치냉소적political cynicism 사회제도에서 구조적 非참여계층은 정책현실의 불균형을 심화시키게 된다.

예를 들면, 2002년 16대 대통령선거나 기타 선거에서 운동권이면서 엘리트그룹이 일반유권자를 선동하거나 동원하는 효과적인 의사전달의 수단으로 인터넷 등을 이용하면서 노무현정부에 지나치게 참여한다거나 (김상배, 2003), 온라인으로 정부정책에 참여하는 층은 주로 新세대들이며(젊은 세대일수록 인터넷을 통해 후보를 인지하는 비율이 높았고), 고학력자나 도시거주자 등도 인터넷을 통한 후보인지에서부터 기타 국정에의 참여비율이 높다는 사실(김형준, 2003) 또는 운동권이나 시민운동가 등과 같이 급진주의적 대통령과 동일한 이념과 성향을 가진 급진주의자들이 노무현정부 구성에 과도하게 참여하게 된 점(중앙일보, 2003년 2월 15일) 등은 참여계층간의 불균형이 심화되고 있는 정책현실의 한 측면이다.

물론 선거에서 승리한 측이 일정한 정치적 임명직이나 정부구성권을 독점적으로 가질 수 있는 엽관주의에 기초를 둔 人事는 타당하다. 이것은 이념과 가치를 공유하고 추종하는 집단을 중심으로 통치조직을 구성하는 보편적 현상이다. 그러나 정책균형이론에서 볼 때, 참여계층의 심각한 불균형은 결국 정책철학과 가치관 및 목표설정에 대한 불균형적 이해관계를 정치적으로 대표하게 되면서 균형된 감각(관점)에서 국가정책을 결정하고 수행할 수 없게 된다는 사실이 문제이다.

셋째, 한국사회의 계층에서 노동자와 사용자간의 정책불균형이 정책균형이론의 발전을 재촉하고 있다. 관리자이고 고용자인 사용자와 피고용자인 노동자의 힘의 불균형은 시장경제원칙에 의한 자유경쟁의 자본주의 사회의 피할 수 없는 현실이다. 그렇기 때문에 勢에서 불리한 노동자들이 조직적으로 자신들의 힘을 결집하여 사용자와의 힘의 균형을 유지하면서 자본주의는 발전할 수 있었다. 특히 노무현정부 이후에는 구체적인 노사정책의 균형보다 사회적인 제도와 역학力學논리에서 노사간의 균형을 유지하겠다는, 즉 지금까지 한국사회는 노사간의 힘의 균형에서 노동계에 비해서 자본경제계의 힘이 컸기 때문에 노勞와 사使간의 힘의 불균형을 시정할 수 있는 정책을 추진하였다.[11]

그러나 역으로 노동자의 세력균형이 강조되면서 강성노조가 지배하는 산업현장이나 또는 정규직과 총 임금근로자의 37%에 해당되는(2004년 8월 기준) 非정규직[12] 근로자간의 임금이나 근로조건의 차별, 노동조

11 〈각주 4〉에서도 간단히 언급했듯이, 정책균형에서는 힘power을 다차원적 개념으로 이해할 필요가 크다. 즉 주관적인 이해관계를 객관적으로 표출시키거나 또는 다원주의적 관점에서 협상의 비교우위를 가질 수 있는 잠재적인 능력이나 노력 그리고 정책안을 제안하거나 실행하지 않겠다는 소극적이면서도 우회적인 노력 등의 작용으로 나타나는 개념(Luke, 1974: 24-7) 등으로 이해하는 것이 중요하다. 자세한 것은 제3장 1절의 "세력균형론"을 참조할 수 있다.

12 非정규직 근로자의 범위와 성격에 관한 합의된 정의가 아직까지 없는 실정이기 때문에(자세한 것은 이병훈 · 윤정향, 2001: 1-33 참조), 비정규직 근로자가 전체 임금금로자의 50%를 넘고 있다는 주장도 있지만(허갑수, 2004: 81), 노사정勞使政위원회와 노동조합간의 2002년에 합의한 개념에 의하면, 고용형태에 의한 한시적 근로자(기간제)와 시간제 근로자(part-time근로자) 및 비전형근로자(파견, 용

합 내부의 비민주적 의사결정과 부정부패(예: 부패노조사건 등)에 의한 지지세력의 감퇴 등이 문제점으로 부각되고 있다. 따라서 정책현실에서 과거의 노동자와 사용자 계층의 불균형이 이제는 노동자의 지위를 가진 자와 가지지 못한 계층(비정규직)이나 민주노총이나 한국노총과 같이 조직적 힘을 가진 노동자와 그렇지 못한 계층간의 불균형이 정책현실로 등장하고 있다.[13]

넷째, 男女間의 정책불균형이 또한 현실이다. 한 예로, 한국의 네티즌 1200만 명의 친구맺기를 분석하면 19세에서 24세의 남자가 온라인 사회의 주도자역할을 하고 있고, 인터넷 카페활동은 13-18세의 여자(여학생)가 주도하면서 사회여론과 정부정책에의 참여 등으로 강력한 영향력을 행사하고 있다고 했다(중앙일보, 2005년 5월 10일).

일반적으로 한국사회에서 여성이 남성에 비교하여 사회경제적으로 상당한 차별을 받고 있는 것은 사실이다. 동일조건과 환경에서도 여성의 임금수준이 남성에 비교하여 평균 임금지수 39.4 정도로 낮다.[14] 가사노동이나 육아 등의 부담 때문에 사회활동에 참여하는 비율도 낮다. 공직을 중심으로 하는 공공기관이나 공직담당의 여성비율이 낮다거나, 중요

역, 특수고용형태, 가정내근로, 일일근로) 등을 비정규직으로 구분할 할 수 있다. 실제로 이들이 근로현장에 종사하는 비율은 총 임금근로자 1,458,400명 중 37.0%로서 539,400명(2004년 8월 기준)이다(통계청, "경제활동인구 부가조사 결과(2004년 8월 실시)" www.nso.go.kr....검색일: 2005년 5월 28일). 따라서 비정규직 근로자 보호 및 권익증진의 각종 정책(예: 기간제 및 단시간 근로자 보호 등에 관한 법률(정부안), 파견근로자보호 등에 관한 법률(정부안)이 제시되고 있으며 최고정책결정권자인 대통령도 2005년 2월의 취임2주년 국회 국정연설에서 정규직과의 연대임금제, 일자리나누기 등의 정책을 제안하였다(www.president.go.kr... 검색일: 2005년 5월 28일).

13 한국노동조합총연맹(한국노총www.fktu.or.kr)은 2004년 12월 기준으로 총 조합원수 918,248명에 총 노동조합수 3,510개의 노조가 가입되어 있으며(2005년 6월 27일 한국노총본부 전화확인), 전국민주노동조합총면맹(민주노총)은 2004년 12월 기준으로 총 조합원수 619,204명에 744개의 개별노동조합이 가입된 조직이다(nodong.org, 검색일: 2005년 5월 25일).

14 예를 들면, 2003년 10월, 25-29세의 월급여액을 100으로 했을 때 남자의 경우는 25세가 지나면 여자보다 높아져 45-49세에 월 임금이 158.9를 기록하는 반면에 여자는 30-34세에 최고수준(115.5)을 기록하다가 그 후 계속 감소하여 남녀차이(지수)가 평균 39.4가 되고 있다(노동부, 2003: 8).

한 국가의 정책결정에 여성이 참여하는 비중이 현저히 저조하다는 등, 여성의 사회적이고 경제적이며 정치적(정책결정권과 영향력을 포함하여) 참여와 비중이 남성보다 낮다는 것은 사실이다.

그래서 여성부女性部가 여성의 사회적 지위와 권익을 증진하고 男女간의 평등한 사회제도를 추진하는 중심조직으로 활동하면서 대표적으로 「남녀차별금지 및 구제에 관한 법률」(2005년 3월 폐지), 「여성발전기본법」(법률 제06836호), 「남녀고용평등법」(법률 제06508) 등 다양한 정책수단을 제시하고 있다.[15]

다섯째, 이와 같은 일반적인 불균형 뿐만 아니라 한국사회의 양극화 현상은 정책의 불균형을 정형화시키고 있다. 예를 들면, 일반 시민들의 일상생활이면서도 가장 중요한 소득의 원천이면서 사회생활의 중심인 직업분포가 불균형되고 있다. 예를 들면, 중간정도의 임금수준을 가진 직업은 1990년대 중반기부터 거의 정체되는 반면에, 하위 30%와 상위 30%의 임금수준에 해당되는 직업은 큰 폭으로 증가되는 일자리 양극화 현상이 심화되고 있다(전병유, 2005). 따라서 근로소득의 양극화현상은 당연히 전체 소득수준을 양극화시키면서(신동면, 2005) 한국사회를 전체적으로 가진 자와 가지지 못한 자, 정규직과 非정규직,[16] 전문기술집단인 엘리트계층과 非엘리트계층 등으로 兩分시키는 결과를 가져오고 있다.[17]

15 男女間의 정책불균형을 논의할 때는 여성과 남성과의 사회적인 불균형이나 또는 차별의 종류와 정도 등을 정확하게 이해하는 것이 중요하다. 그러나 사회적으로 남녀간의 참여의 정도나 종류도 이해할 필요가 있다. 그 하나의 예로서, 남녀간의 사회참여의 변화를 조사한 연구에 의하면(어수영 · 곽진영, 2001: 165-88), 1984년의 경우에 투표에서만 여성이 남성보다 참여율이 높았을 뿐 그 이외의 선거유세나 정보추구, 항의활동 등에서는 여성의 참여가 현저히 낮았다. 그러나 10여 년이 지난 1995년의 경우에는 투표참여에서는 여성이 남성보다 낮은 반면 그 이외의 참여활동에서는 여성의 참여가 현저히 증가하여(물론 남성보다는 아직 낮지만), 그 폭이 축소되고 있음을 알 수 있다.

16 우선 근로임금의 경우만으로도, 2004년 6~8월의 전체 근로자의 월 평균임금이 154만 2천원임에 비교하여 비정규직의 수준은 그의 65% 정도에 그치는 95만 9천원이었다(통계청, 2004: 7).

17 하나의 예로서, 임금소득의 불평등도를 나타내는 지니계수(0: 완전균등, 1:완전불균등)를 비교하면,

직업(일자리)과 소득이 양극화되면서 당연히 이에 따라서 파생되는 거의 모든 생활, 문화생활이나 여가선용의 수준, 의료서비스[18]나 교육서비스, 심지어 결혼수준도 양극화되고 있다. 그래서 사회적 갈등과 불화, 충돌과 균열 등이 자연적 현상으로 발생되고 있다. 때문에 국가정책을 원만하고 합리적으로 결정하고 집행하기 어려운 정책환경으로 변화시키고 있다. 각 계층과 집단은 더욱 더 자신들의 이해관계에 집착하여 국가적이고 대승적 이상과 목표를 가진 정책을 외면하는 현상이 심화되고 있다.

이와 같은 사회적 양극화 현상이 진행되면서 이것을 정책적으로 치유하기보다 정치적 이해관계에 우선순위를 두는 정책, 소위 선거에 의한 유권자의 득표전략이나 선거에서 지지한 지역이나 계층에 대한 정치적 보상에 관한 국가정책이 결정되는 일들이 많아지고 있다. 예를 들면, 국가균형발전위원회의 정책입안들, 정부혁신지방분권위원회의 지방과 중앙의 분권발전방안들, 신행정수도특별법을 마련하여 신행정수도를 건설하겠다는 분권정책이나 균형발전 정책이 그 대표적이다.

물론 이와 같은 정책들이 정책이념과 목표를 항상 정치적으로 조정하고 계산하는 것은 아니다. 그러나 최고수준의 정책결정자들의 입장에서는 당파적 이념과 선거전략 및 정치협상과 타협의 소용돌이에서political whirlpool and correctness 국익國益 우선의 대승적이고 합리적 정책대안으로

1997년의 금융위기(IMF구제금융) 때의 0.278에서 해마다 증가하여 2003년에는 0.306까지 기록하여 소득불평등도가 계속되고 있다. 이와 같은 소득불평등은 근로계층의 저임금근로자 비중이 1997년의 23.6%에서 계속 증가하여 2003년에는 24.3%까지 증대하면서(노동부, 2003: 12-3) 빈익빈 부익부 현상이 더욱 惡化되고 있음을 나타내고 있다.

18 의료서비스 양극화의 한 예로서, 건강보험료 체납실태(2004년)를 조사한 바에 의하면(백운국 외, 2004), 조사대상 건강보험료 체납세대의 62.5%가 가구소득 월 100만 원 이하의 하위계층이었다. 이것을 가구원 數에 따른 최저생계비를 고려할 경우 체납세대의 46.7%가 최저생계비 이하의 생활수준이라고 하는 점이다. 실제로 상위 소득계층은 해외 의료기관의 고급의료서비스를 받기 위해서 개인적 의료비지출을 걱정하지 아니하는 반면에 건강보험료를 체납한 가구의 다수(68.4%)는 보험료 조차도 비싸서 낼 수 없다고 하는 현실이다.

국가균형발전에 필요한 정책을 결정하고 선택하기 어렵게 하고 있다. 때문에 대통령의 직속기관으로 설치된 「신행정수도건설위원회」가 중심이 되어 진행했던 「신행정수도건설을 위한 특별조치법」은 헌법재판소에서 위헌판결(2004년 10월 21일, 2004 헌마 554 · 556(병합) 전원재판부)을 받았다. 그러나 違憲의 여지를 제공하지 아니하는 범위에서 새로운 신도시 건설이라는 정책승계의 모습을 취한 정책인 「행정중심복합도시건설특별법」을 결정하여,[19] 원래의 정치적 보상과 선거전략이라는 정책목표를 실현하고자 하는 것을 볼 수 있다. 이것은 원칙적으로 수도권과 지방의 발전격차를 줄이면서 불균형적으로 형성된 지역간의 삶의 질과 수준을 균형화하고자 하는 국가정책의 본질적 목표와 상당히 차이가 있다.

정책현실이 이와 같이 구체적 정책문제와 과제에서 불균형적으로 진전되면 국가정책에 대한 이해관계가 사회계층간이나 지역간, 이념간에 정책현장에서 균열되거나 충돌하게 된다. 따라서 국가정책의 결정자는 이러한 문제들을 성공적으로 교정하고 수정할 수 있는 정책철학과 비전을 제시하면서 구체적 정책사업을 수행하기 어렵게 된다. 즉 이념적이고 지역적이며 세대간, 다양한 사회계층간의 이해관계를 균형적으로 조정하고 교정하고 보정해야 하는 현실적 정책과제를 해결할 수 없게 된다.

국가정책은 다양한 이해관계와 이념과 가치에 의해서 분열되고 균열된 사회를 상호공존의 상생相生의 사회로 만들어 갈 수 있도록 결정되고

19 「신행정수도건설을 위한 특별조치법」(2004년, 법률 제7062)의 違憲결정에 따라서 정부는 행정수도건설이 헌법에 위배되지 아니하는 법률적 범위와 정치적 동의 및 행정적 가능성 등을 고려하여 2004년 11월에 국무총리 산하에 「신행정수도대책위원회」를 구성하여 행정수도 건설을 계속적으로 추진하기로 하였다. 이에 따라서 「행정중심복합도시건설특별법」(보다 정확하게는 「신행정수도 후속대책을 위한 연기 · 공주지역 행정중심복합도시 건설을 위한 특별법」)을 2005년 3월에 제정하고(법률 제7391호) 이것을 추진할 대통령 직속기관인 「행정중심복합도시건설추진위원회」(www.macc.go.kr)를 2005년 4월에 구성하여 '신행정수도'라는 용어 대신에 '행정중심복합도시(일명 행복도시 또는 세종)'라는 용어를 사용하여 신행정수도건설정책을 승계하고 있다.

집행되어야 한다. 정책대상자와 정책결정자, 정책목표나 정책수단, 정책의 비용과 혜택, 정책결정과정과 정책공간에의 정책참여 등을 균형적으로 조정하고 교정할 수 있는 정책균형을 이룩할 수 있어야 정책조화를 달성할 수 있고 나아가 상호공존의 사회로 발전할 수 있다.

따라서 정책균형을 지금까지의 체제균형의 이론이나 최상의 합리적 선택만을 주장하는 비용과 편익분석의 개념 또는 다양한 정책세력간의 타협과 협상에 의한 세력균형 등으로 설명해서는 한계가 있다. 대신에 정책현장의 실무에서 현실적으로 균형적인 정책결정과 그에 따른 효과를 실천할 수 있는, 즉 정책현실에 적용될 수 있는 패러다임이나 모형을 제시할 수 있어야 한다. 때문에 정책균형이론政策均衡理論은 단순히 정책의 다양한 이해관계를 정치적인 수단인 선거나 또는 경제적인 기준인 능률성과 효율성 등으로 조정하고 조절하는 것이 아니다. 대신에 인간의 존엄성과 민주적 가치 및 상호교섭에 의한 공존의 질서 등을 추구하기 위하여 정책의 인과관계와 사회적 형평과 권력과 자원의 사회적 가치를 정의롭게 조정할 수 있는 분배의 정의 등을 기준으로 하는 실천이론인 정책균형이론이 절실히 요구되고 있다.

참고문헌

강원택, 2003, "2002년 대통령선거와 지역주의," 2003년도 한국정치학회 춘계학술회의 발표논문.

구병문, 2003, "전자정부에서의 개인정보보호 관련 현안과 프라이버시 영향평가제도의 국내법적 도입 방향," 한국전산원, 2003년 9월 26일.

국가안전보장회의(NSC: National Security Council) 사무처, "동북아 균형자 설명자료," (koreascope.org/jsp/person/simple/··· 제공, 검색일: 2005년 6월 13일).

국중호, 2005, "주요통계로 본 지역간 한일비교," 제37차 대경콜로키움(DGI Colloquium) 발표논문.

김상배, 2003, "정보화시대 한국사회의 변화와 영속성," kifs.org/main/dbbank/ print.php?s-id··· 감색일: 2003년 1월 16일.

김재현, 2003, 『도시개발 시 교육환경영향평가제도 도입방안연구』, 교육인적자원부.

김형준, 2003, "미디어와 인터넷 선거운동에 대한 평가," 2003년도 한국정치학회 춘계학술회의 발표논문.

노동부, 2003, "2003년 임금구조실태분석," 노동부 노동경제담당관실. 2003년 10월

배병룡 · 이시원, 1988, "정부불신의 원인과 결과," 『한국행정학보』 22권 2호: 393-434.

백운국 · 최인덕 · 이애경 · 조미경, 2004, "체납자 실태분석 및 효율적 관리방안연구," 국민건강보험공단 연구보고서 2004-11.

성경륭, 2003, "국가 균형발전의 비전과 과제," 『지방자치정보』 144호: 5-17.

신동면, 2005, "소득 양극화와 정책과제" KNSI 특별기획 제2호: 8-17 (knsi.org/bbs/view ··· 검색일: 2005년 6월 1일).

어수영 · 곽진영, 2001, 한국인의 정치참여의 변화와 지속성: 남성과 여성의 참여변화를 중심으로, 『한국정치학회보』 35집 4호: 165-88.

이병훈 · 윤정향, 2001, "비정규 노동의 개념정의와 유형화에 관한 연구," 『산업노동연구』 7권 2호: 1-33.

이철현, 1999, 『현대 국제정치의 세력균형론: 서양외교사적 고찰』, 서울: 박인사.

전병유, 2005, "일자리 양극화와 정책과제" KNSI 특별기획 제2호: 2-7 (knsi.org/bbs/view··· 검색일: 2005년 6월 1일).

조중빈, 2003, "16대 대통령선거와 세대," 2003년도 한국정치학회 춘계학술회의 발표논문.
통계청, 2004, "경제활동인구 부가조사 결과(2004년 8월 실시)," www.nso.go.kr/newnso/notice/report/view.html··· 검색일: 2005년 5월 28일.
한국경제연구원, 2004, "한국경제 10대 불가사의."
허갑수, 2004, "정규직과 비정규직 근로자의 노동조건 개선방안에 관한 연구," 『인적자원관리연구』 9집: 81-93
Brooks, Clem and Simon Cheng, 2001, "Declining Government Confidence and Policy Preferences in the U.S.: Devolution, Regime Effects, or Symbolic Change?" *Social Forces* 79(4): 1343-75.
Lasswell, Harold D., 1936, *Politics: Who Gets What, When, How*, New York, New York: McGraw-Hill Book Company, Inc.
Lasswell, Harold D. and Myres S. McDougal, 1992, *Jurisprudence for a Free Society: Studies in Law, Science and Policy*, 2 volumes, New Haven, Connecticut: New Haven Press.
Morgenthau, Hans J., 1993, *Politics among Nations: the Struggle for Power and Peace*, brief edition, revised by Kenneth W. Thompson, Boston, Massachusetts: McGraw-Hill.
Page, Benjamin I., 1983, *Who Gets What from Government*, Berkeley, California: University of California Press.
Van Horn, Carl E., Donald C. Baumer, and William T. Gormley, Jr., 2001, *Politics and Public Policy*, 3rd edition, Washington, D.C.: CQ Press.
http://www,nec.go.kr/Tgm_main_top.html. 검색일: 2003년 2월 5일.
http://152.99.78.12:7778/jsp/homepage/xm/_view··· 검색일: 2005년 5월 17일.
http://kr.news.yahoo.com 검색일: 2004년 12월 20일.
http://www2.kmib.co.kr 검색일: 2004년 12월 20일.
http://moge.news.go.kr 검색일: 2004년 12월 20일.
중앙일보, 2002년 2월 4일; 2003년 1월 7일; 1월 16일; 2월 11일; 2월 15일; 2월 21일; 2005년 5월 10일.

제 2 장 | 政策均衡의 概念

1절 政策均衡에서 均衡의 概念

1. 政策의 概念
2. 均衡의 概念 定義

2절 政策均衡의 概念 定義

1. 政策均衡의 概念 定義
2. 政策事例에서 본 政策均衡의 概念

3절 東洋思想에서 본 政策均衡의 概念

1. 均衡感覺에서 본 東洋思想에서 政策均衡의 概念
2. 東洋思想의 實踐的 意味에서 본 政策均衡의 概念

제 2 장

政策均衡의 概念

1절 政策均衡에서 均衡의 概念

1. 政策의 概念

정책균형은 아직까지 개념적이고 이론적 틀로서 정확하게 정의되어 보편적으로 사용될 수 있는 정책학의 전문용어로 정립되지 못한 실정이다. 때문에 정책균형에 관한 연구나 실천방법론 등은 미미하다. 그러나 정책균형의 조작적 정의나 구체적 내용과는 좀 차이가 있지만 정책균형 이론과 가장 밀접히 관련되는 분야가 경제학에서의 균형이론이나 국방이나 외교정책에서의 힘의 균형론(세력균형론) 등이 있다.

예를 들면, 경제학에서 화폐의 공급과 수요에 관한 균형정책이나 세입과 세출의 예산균형, 완전고용과 물가상승과의 균형 등 다양한 경제정책 분야에서 정책균형이라는 용어를 사용하고 있다. 그리고 국방정책이나 외교정책 분야에서 힘의 균형과 불균형의 논리에 의한 정책균형, 보다 정확하게는 세력균형론 등을 들 수 있다.

그리고 구체적인 정책분야에서 정책균형에 관한 연구, 예를 들면, 지역정책의 균형, 정당과 민주주의 관계, 가족이나 보건정책, 참여정책, 인터넷에서 사생활보호와 정보공개의 균형 등도 우선 지적할 수 있다. 그러나 사회 전체적 관점에서 제기된 정책불균형을 균형적으로 조정하고 해결할 수 있는 방법과 이론을 제시하고자 하는 정책균형의 개념정립에 크게 도움이 되기 어렵다(자세한 것은 제3장의 선행연구의 검토에서 설명한다).

그러면 정책균형policy balance을 어떻게 개념적으로 정의할 것인가 하는 것이 문제이다. 아직까지 보편적 수준에서 학계에서 통용되는 용어가 없기 때문에 여기서는 정책균형이론을 실천적 측면에서 정립하기 위한 하나의 공작적 수준에서 정의하고자a working definition 한다.

우선 정책균형이라는 개념을 구성하는 용어를 구분하여 볼 수 있다. 먼저 정책政策 policy의 어원은 그리스어나 산스크리트어 또는 라틴어에서 유래했다. 즉 그리스어에서 국가를 뜻하는 *polis*와, 산스크리트어의 *pur*, 라틴어의 *politia* 등이 후에 중세영어에서 *policie*로 진화되면서 국가의 정책을 의미하게 되었다. 그러나 독일어나 슬라브어에서는 오늘날의 정책이나 정치를 의미하는 단어가 구분되지 못하고 한 단어, politik, politika로 존재하였다. 그래서 현재 정치학이나 행정학 또는 법학 등에서 정책을 다의적多義的으로 이해하는 한 원인이 되기도 했다(Dunn, 2004: 34).

정책의 다의적 해석과 불분명한 의미에 관해서는 일찍이 정책학계에서도 지적하였다. 특히 유럽의 많은 언어에서는 정책과 政治를 분명하게 구분하지 아니하면서 '政策'의 의미가 때로는 行政administration이나, 계획 프로그램, 일의 순서, 전력이나 전술, 특히 위대한 정치가의 능력statesmanship 등으로 다양하게 이해되고 있다(Parsons, 1995: 13).

그래서 사전적辭典的 의미에서 보면, 정책을 "정치적 목적을 이루려는 方策"(한글학회 지음, 『우리말 큰사전』, 1992) 이라고 했다. 현재 인터넷 검색에서 가장 많이 등장하는 네이버 국어사전이 제공하는 인터넷 사전 검색에서도 정책을 "(정부나 정치단체의) 정치에 관한 방침과 그것을 이루기 위한 수단"(krdic.naver.com)이라고 해서 역시 정치와 정책을 혼합해서 이해하고 있음을 알 수 있다.

그러나 영미권의 대표격인 옥스퍼드 영어사전(1989년 판)에는 정책을 "정부나 정당, 통치자, 정치인 등이 추구하고 채택하는 행동노선"이라고 했고, 온라인으로 제공되는 옥스퍼드 사전에서는 "개인이나 조직이 제안하고 채택하는 행동노선"(www.askoxford.com, 2005년 6월 4일)이라고 정의하면서 정책과 정치를 구별하고 있다. 이것은 옥스퍼드 사전에서도 언급했듯이, 정책학의 근대적 창시자인 Harold Lasswell(1902-1978)이 1951년에 "정책정향"이라는 글에서 처음으로 정책과학policy sciences을 정의한 것과 일치된다. 즉 그는 정책을 "어느 시기 동안에 정책정향의 내용을 지적한 목적을 가진 용어"라고 정의하면서, 정책과학에는 1)정책과정을 탐구하는 방법, 2)정책연구 결과, 3)그 시대의 지적 요구에 가장 훌륭하게 공헌할 수 있는 학문적 지식을 찾은 일 등이 포함된다고 했다.[1]

이것은 정치와 정책을 구별하지 않던 일반적 의미의 정책을 시민행정, 정부, 헌법, 정체政體 등과 같은 의미로 정책을 정의하던 방법에서 발전한 것이다. 그래서 정책학계가 등장하면서 국가사업의 진행과정이나 행동노선 및 절차라고 하는 정책학에서의 정책의 定意(초기의 것이지만)를 받아 들이고 있는 것을 볼 수 있다.

이와 같이 정책에서 정치를 분리하여 이해하기 시작한 또 하나의 중요

1 "We may use the term 'policy sciences' for the purpose of designating the content of the policy orientation during any given period. The policy sciences includes (1)the methods by which the policy process is investigated, (2)the results of the study of policy, and (3)the findings of the disciplines making the most important contributions to the intelligence needs of the time"(Lasswell, 1951: 3-4).

한 계기로 미국행정학의 효시라고 불리는 Woodrow Wilson(1856-1924)이 1887년(197-222)에 그의 유명한 논문, "행정의 연구"에서 "정책이란 단순히 집행하고 행정(경영business의 한 분야이다)하는 것이 아니라 국가의사(물론 정치적 목적이 포함된다)의 결정에 관한 행동노선이고 계획"이라고 한 것을 들 수 있다.

그래서 정책학이 반세기 정도로 발달하면서 이제는 정책에서의 정치는 정치적 합리성을 추구하고 달성할 수 있는 주요한 방법과 통로로 이해되고 있다. 그래서 Lasswell(1951: 5)은 정책은 공사公私생활에 공통적으로 사용될 수 있는 용어이며, 정치적 당파성이나 정치부패 등과 같은 '정치적political' 이라는 부정적 의미에서 자유로울 수 있었다고 선언하였다.

그렇다면 일반적으로 정치라고 하는 당파적 결정이나 이해관계에 의한 협상과 타협의 이전투구의 결과라고 하는 의미는 정책에서 제거되었다고 할 수 있다. 이와 같은 정치성을 제거한 정책학이 정책과학으로 발전하면서 중립적이고 객관적이며 수단적 과학으로서 국가나 조직(심지어 개인 수준에까지)이 당면하는 문제를 해결하고, 추구하는 목적을 가장 합리적이고 경제적이며 이성적으로 달성할 수 있는 이론과 지식을 축적하는 학문으로 발전하고 있다.

그러나 이와 같은 초기의 정책과학에서의 정책, 즉 정치를 제거한 정책과학은 결국 국가의사의 결정에 초점을 두지 아니할 수 없었다. 국가의사는 정치적 결과산물이면서 정치적 이해관계를 분배하고 조정하는 수단(비록 이론적이고 방법론적으로 객관적이고 중립적이며 합리적이라는 가발을 쓰면서도(이것을 과학의 정치화politicization of science라고 한다)이라고 하는 사실을 정책현실에서 외면할 수 없었다.

그래서 과학적이거나 학문적 의미에서 보면, 정책을 합리적 의사결정이나 그 결과 또는 구체적 사업(프로그램)이나 기획, 논리적이거나 가치지향적 행동방안의 진술이나 지침 등이라고 할 수 있다(Parsons, 1995: 14). 여기에 더하여 정책은 정치적 의미를 본질적으로 포함하고 있다는 점을 이해하고 이것을 어떻게 설명할 것인가 하는 것이 더욱 중요하다.

정책에서의 정치政治는, 물론 역사적이고 구체적 사건이나 정치철학에서 논의되어야 하지만 Douglas Torgerson(1986: 33-59)이 제시하는 바와 같이, 과학적이고 합리적 정책이론과 지식에 정치(본질적 定義는 접어두고서도)의 의미를 어떻게 해석하고 받아들일 것인가 하는 점을 이해할 필요가 있다. 즉 어떤 경우에 정책지식과 이론이 정치를 대체할 수 있을 정도로 과학적이고 객관적인가, 어떤 경우에 정치가 정책이라는 과학적 지식의 가면을 쓰고 나타날 것인가, 그리고 어떤 경우에는 정치와 정책의 지식이 상호간에 조화로운 위치를 달성할 것인가 하는 점 등이다.

그렇기 때문에 정책이라는 용어에 정치를 제거하여 이해하는 것은 과학적이고 합리적 지식과 방법이 정책현실에 필연적으로 요구된다는 당위성을 먼저 이해하는 하나의 방법이다. 그 다음으로 정책의 용어에는 또한 본질적으로 싫든 좋든, 정치라고 하는 사실이 포함되면서 이것을 어떻게 정리하고 이해하면서 설명할 것인가 하는 점이다.

사실 정책학에서의 정치의 중요성은 정책학의 존재목적인 인간의 존엄성과 민주주의를 실현하는 수단적 성격에서부터 밝혀지고 있다. 그러나 무엇이 정치政治인가 하는 것을 정확히 이해하는 일이 정책의 중요성을 이해하는 하나의 지름길이다. 정책에서의 정치는 정치적 이해관계의 분배이지만 이것을 어떤 기준과 방법(즉 이론적이고 현실적 정당성과 정의)에 따라서 실천할 것인가 하는 것이 문제이다. 즉 어떻게 하는 것이 원만한 분배의 정의를 달성할 수 있을 것인가 하는 것이 핵심이다. 이것이 바로 정책에서의 정치의 핵심적 내용이다.

좀 더 쉽게 설명하면, 만약 어느 집단이나 개인이 어떤 이익을 얻고 그에 대한 대가를 지불할 것인가 하는 것을 과학적인 분석과 기준에 의해서 결정할 때 아무런 문제가 없다면 다행이다. 그러나 여기에는 항상 불평과 불만과 갈등과 손해의식이 존재하기 마련이다. 왜냐하면, 현실적으로 정책이란 한정된 사회자원의 분배, 즉 이익과 손해의 분배에 관한 법적이고 행정적이며 실천적 기준이라고 할 수 있기 때문이다.

그렇다고 해서 정책문제에 필요한 수단의 선택과 결정이 항상 정치적 타협과 협상으로 해결된다는 것은 아니다. 과학적이고 합리적이며 분석적인 기준과 절차에 의해서 정책문제가 해결되고 목표가 원만히 달성되는 경우도 많다. 그러나 현실적으로는 정책수단을 되도록 과학적이고 계량적으로 탐색하고자 하는 과정에서도 과학적 지식과 기준이 정치와 조화되어야 한다. 이때의 정치는 정책에서 이해관계의 분배의 정의를 실천하는 것이다. 그 본질은 공평하고도 타당한 이해관계의 원만한 분배, 즉 정책수혜자를 중심으로 하는 수혜자受惠者 정치client politics이다(Berman, 1991/92: 30; 이해영, 2004: 198-201). 정책과정이나 결과의 분배는 항상 갈등과 긴장의 연속이다. 그렇기 때문에 정책과정은 어떻게 하면 보다 원만한 정의의 기준에 따라서 공통적인 정책목표나 가치를 달성할 것인가 하는 것을 설명하고 해결할 수 있어야 한다.

이와 같이 수혜자 정치를 정책의 정치를 이해하는 중요한 패러다임으로 보는 이유는 수혜자 정치, 즉 '누가, 무엇을, 어떤 방법과 절차에 따라서 손해와 이익을 받아야 하는가' 하는 것에 문제와 불만과 잘못과 오류와 정치적 계산이 있다면 이것을 수정하고 교정하여 원만한 해결책을 추구하기 때문이다. 물론 정책학계에서도 정치에 대한 정확한 그리고 보편적 정의는 아직까지 없다. 그러나 일반적으로 정책에서의 정치는 수혜자 정치인 선택과 분배의 정의에 관한 현상이라고 할 수 있다. 왜냐하면, 이것이 여기서 제안하고 이론적 패러다임으로 발전시키고자 하는 정책균

형이론의 본질이기 때문이다.[2]

2. 均衡의 概念 定義

정책의 개념을 어의적語義的이면서도 현실적으로 정치와의 관계에서 이해했다면 이제 균형의 개념을 이해해야 정책균형의 개념을 이해하고 그에 따라서 조작적 수준에서 이것을 정의할 수 있다.

우리말에서는 균형均衡이란 단어가 간단히 하나로 표기되지만 영어권에서는 우리말로 균형으로 번역되는 어휘가 상당히 많다. 먼저 사전적 의미의 균형balance은 "어느 한 쪽으로 치우치거나 기울지 않는 상태"(우리말 큰사전, 1992) 또는 "고른 상태"(krdic.naver.com)라고 정의하고 있다. 이와 같은 개념은 아마도 정적인 상태의 균형을 의미하는 영어의 'Equilibrium' 에 해당되는 것이거나 체제이론에서 체제의 정상상태의 균형을 의미한다. 때문에 정책균형이론에서 본 균형의 개념 정의와는 거리가 있다.

영어권에서 균형balance의 어의적 개념은 보다 다양하고 복잡하다. 먼저 옥스퍼드 영어사전(1989년 판)에서는 균형의 개념을 자구字句 의미로, "중심축에 따라서 자유롭게 움직이게 할 수 있는 비교형량의 장치"

2 정책에서의 政治를 이해관계의 분배의 정의를 확보할 수혜자 정치로 보았지만 현실적으로는 또한 정치를 권력(세력)과 정책에 관한 전문지식의 정치적 작용의 관계로 이해할 수도 있다. 물론 정책에 관한 전문지식 그 자체도 설명의 권위와 합리성이라는 면에서 권력(힘)을 행사할 수 있다. 그러나 실질적으로 다양하고 복잡한 정책과정에서 정책결정자나 정치인의 리더십, 협상력, 이데올로기, 권력의 분배 등과 같은 정치의 본질적인 요인도 강하게 작용하게 될 것이다. 이것을 정책에서 정치로 설명하고 있는 많은 연구도 있다(대표적으로 Charles Lindblom, Aaron Wildavsky 등의 연구 참조). 그리고 정책과 정치에 관한 보다 자세한 내용은 여러 참고 문헌 중에서 대표적으로 Lasswell(1936, *Politics: Who Gets What, When, How*)과 Harold Seidman(1998, *Politics, Position, and Power*), Carl Von Horn 외 3人(2001, 3판, *Politics and Public Policy*) 등을 참조할 수 있다.

라고 했고, 비유적 의미에서는, "행동(방법)이나 원칙에 따라서 평가하고 고찰하는 정의나 이성, 여론의 균형"이라고 했다. 그리고 다양한 세력간의 균형equilibrium을 생성하는 조건이나 절차" 또는 "수입과 지출, 부채와 자산 등의 총액의 회계적인 일치와 조정" 등을 균형이라고 했다. 또한 역학이나 기계에서는 방향과 힘을 가진 벡터vector의 합이 영(0)인 상태, 즉 수축력과 이완력의 합이 영이 되어 움직이지 아니하는 정적인 상태라고 정의하고 있다(askoxford.com). 따라서 수평계가 지시하는 방향에 따라서 조정하여 균형상태(이를 일상적으로 '수준level 맞춘다' 라고 한다)를 유지하거나 또는 저울에서 양측 무게의 중심을 유지하여 정적인 균형상태를 설정하는 것 등을 균형이라고 정의하고 있다. 또한 발레ballet 등에서는 무용수가 한쪽 발로서 몸의 무게중심을 잡는 것을 균형이라고 하고 있다.

여기서 정책균형을 조작적으로 정의하면서 동시에 이를 전제로 하는 정책균형이론을 정립하기 위한 범위에서 보면, 물리적이고 체제적 측면에서의 균형 뿐만 아니라 정신적이고 감성적 측면에서 균형의 개념을 이해할 필요도 있다. 먼저 정신적이고 감성적 측면에서 균형은 안정된 상태stability나 균형equilibrium을 유지하거나 창출할 수 있는 능력과 자질에 관한 문제에 초점이 맞추어 진다. 그래서 이것을 사전적 의미에서 보면, "모든 요소를 고려하여 균형을 유지하는 상태on balance" (askoxford.com)라고 할 수 있다.

이와 같이 심리적이고 정신적 상태에서 모든 요소를 고려한 균형은 합리적 판단과 원만한 행동의 기본이 된다. 모든 요소를 고려한다고 하는 점을 부각시킨다면 이것은 전통적 의미의 합리성rationality의 중요한 내용이 된다. 그렇다면 합리성을 우선 정의해야 된다. 합리성에 관한 다양한 논의와 논쟁은 그에 관련된 참고자료를 이용하기로 하고 여기서는 하나의 조작적 개념으로, '어떻게 하면 최대다수 구성원의 원만한 합의에 의해서 갈등과 편견과 무지를 최소화하면서 일반적으로 인식하고 또 추구하고 있는 것을 달성할 것인가 하는 강도나 정도에 따라서 합리와 非 또는 不합리를 구별할 수 있다'는 정도로 합리성의 개념을 이해할 수 있으면 될 것 같다.[3]

정신적 균형상태에서 합리적 의사결정과 판단을 할 수 있는 것이 균형감각의 핵심요소이다. 먼저 정신과 감정의 균형상태가 달성된 후에 합리성을 얻을 수 있다. 물론 정신세계의 진행과정을 물질세계를 구분하듯이 균형상태와 합리성 간의 분명한 선후先後관계로 구분하기는 어렵지만, 정신세계의 균형상태도 외부의 물질적이고 정신적인 자극과 투입을 중요한 판단요소로 고려한다. 어느 한 편에 치우치거나 또는 편협되지 아니하면서도 사물의 본질을 이해하고자 한다.

그러나 변증법적 상대개념, 즉 是와 非, 물질과 정신, 객관과 주관, 고저장단, 너와 나, 有와 無, 선과 악, 정의와 불의, 질서와 무질서 등의 한계에 따라서 행동하고 판단하는 것은 아니다. 이것은 현상세계를 二元的으로 구분하는 훈련된 습관이고 하나의 패러다임이다. 본질적인 측면에서 보면 이것이 항상 대립되면서도 상호간에 원만히 교섭적交涉的으로 조화되고 있다. 즉 상대를 의지하면서 자신의 독자적 본질을 드러내지만 이것이 어느 한 쪽에 흡입되거나 없어져 버리는 상태가 아니다. 따라서 事

3 합리성合理性에 대한 분명한 개념정의가 대단히 어려운 것이 사실이다. 즉 무엇이 합리적이며 이를 결정할 기준은 무엇인가 하는 것이 문제이다. 이것은 가치판단적이고 상황적이며 유동적이다. 왜냐하면, 시대상황이나 사회적 조건, 조직문화와 가치 등에 따라서 합리성을 구성하고 판단하는 개념이나 기준은 다양하기 때문이다. 따라서 이것을 초월할 수 있는, 즉 공통적이고 무차별적으로 적용되는 합리성이란 존재하기 어렵다. 또 어떤 측면에서는 불필요할지도 모른다. 왜냐하면, 상황적이고 구체적 욕구와 변화를 수용하지 못하는 그 자체는 非합리적이기 때문이다. 합리성에 관한 다양한 논쟁은 아래의 문헌을 참조할 수 있다(정준표, 2003: 415-39; 김기현, 2004, "이론적 합리성과 실천적 합리성"(『철학사상』 19집: 3-33).

의 세계인 구체적 현상이나 개별적 사건이나 사물의 실체와, 理의 세계인 事의 세계의 존재가치나 질서 또는 실존의 법칙 등을 밝히는 세계를 동시에 활용하고 이를 보편적 질서나 법칙의 작용으로 이해하고 활용하는 능력이 심리적 균형상태의 완성이다.

이것을 Michael Goldberg(1989: 155-8)에 의하면, 균형된 판단balanced judgment이라고 할 수 있다. 즉 善과 惡이나 의식과 무의식, 주관과 객관 등의 이중성에서 끊임없이 움직이는 결코 종결될 수 없는 역동적 작용속에서 균형을 이루고 있다. 이것을 그는 이중의 균형balanced dualism이라고 하기도 했다.

균형을 어느 한 쪽이나 양변에 치우치지 않는 고른 상태이면서 실천적으로는 안정되고 평온한 심리상태에서 합리적이고 이성적 결정과 행동을 할 수 있는 감각을 의미한다면, 이와 같은 내용의 핵심은 동양사상東洋思想의 중도中道 또는 중용中庸의 의미와 상통될 수 있다. 즉 동양사상에서의 중용(물론 그 의미에서)을 다른 말로 균형이라고 표현할 수 있다는 뜻이다. 동양사상에서 중용은 유교의 중용과 불교의 중도사상으로 집대성되고 있다.

먼저 『중용』에서 '중용'을 실천윤리의 덕목으로 설명하고 있다. 즉 희로애락喜怒愛樂의 표현과 사용을 되도록 절제하고 마음의 평정 상태와 행복을 추구하는 것이라고 했다. 중용에서 '中'이란 편벽되거나 치우치지 않고, 넘치거나 모자람이 없는 것이고 '용庸'은 평상적인 상태라고 했다. 또한 희노애락의 마음을 발생시키지 아니하는 것이 中이지만 이와 같은 마음, 즉 정을 발생시키지만 모든 사물의 이치와 윤리에 타당한 것을 '화和'라 했다. 따라서 中은 천하의 근본이고 和는 천하의 평상적 상태인 도의 세계를 실천하는 '達道'라고 했다. 그래서 中과 和를 현실적으로 실천하고 이것을 현상의 세계에서 마음대로 활용할 수 있으면 천지의 모든 사물과 모습이 제자리를 찾고 만물이 성장하고 발전하는, 즉 정상의 상태에서 본질적으로 조화된다고 했다.[4]

이와 같은 중화中和를 실천하는 능력과 자질을 가진 자는 군자君子이고 그렇지 못하면 小人이라고 했다. 때문에 역시 개인적 수준에서 중용을 실천할 수 있는 능력과 자질을 교육하고 훈련하고 수행하는 것(이것이 수기修己 또는 수신修身의 근본이다)을 강조하고 있다. 때문에 이와 같은 중용의 최후의 길은 말과 언어나 논리의 세계가 아니라 각자 마음의 깨달음의 세계인 도의 세계이다. 즉 孔門(공자의 도를 논의하는 학파)에서 전수해 오는 마음의 법心法이라고 했다.[5]

이와 같은 실천적 어려움이 있는 중용의 세계를 孟子도 孔子의 말을 인용하면서, 중도를 실천할 수 있는 사람을 바란다. 그러나 중도의 실천자는 못되지만 그래도 뜻은 높고 크면서 진취적이지만 실천력이 부족한 사람(이를 광자狂者라 했다)이나 불의不義를 행하지 아니하며 부끄러움을 알면서 본분을 지키는 자(이를 견자狷子)를 차등으로 이야기하고 있다.[6] 따라서 일반적으로 정상적인 균형상태에서 합리적 판단과 이성적 결정을 할 수 있는 개인적 자질과 능력의 수준인 정신세계를 유교의 중용사상이 강조하고 있다고 할 수 있다.

불교사상은 중용을 중도 또는 중론, 중관 등으로 표기하고 있으나 일반적으로 중도라고 통칭할 수 있다. 중도는 어의 그대로 중간the middle way이 아니라 양 변에 치우치지 아니하면서도 동시에 양 변의 입장을 원

4 「中庸」: "中者 不偏不倚無過不及之名 庸 平常也. 喜怒哀樂之未發 謂之中 發而皆中節 謂之和 中也者 天下之大本也 和也者 天下之達道也, 致中和 天地位焉 萬物育焉."

5 「中庸」: "子程子曰 不偏之謂中 不易之謂庸 中者 天下之正道 庸者 天下之定理 此篇 及孔門傳授心法 子思恐其久而差也."

6 「孟子」「盡心 下」: "孟子 曰 孔子 不得中道而歟之 必也狂獧乎 狂者 進取 獧者 有所不爲也 孔子 豈不欲中道哉 不可必得故 思其次也..."

만하게 조화시킨 상태를 의미한다.[7] 이와 같은 의미에서 보면 중용의 치중화致中和, 즉 조화와 화합의 극치를 이룬다는 의미와 같다. 다시 말하면, 『周易』에서 지적하는 것과 같이, 중용에 의한 화합의 상태를 순수하면서도 밝고, 정확하다中正純粹[8]고 한 것과 같다.

중도는 근본적으로 변증법적 이원론의 상대주의에 의한 양 변의 극단을 버리고 가운데中의 입장離邊處中을 취하고 있다. 그러나 이와 같은 이변처중離邊處中을 기하학적 의미의 상대개념으로 중간에 선다는 것으로 이해해서는 안된다. 중간의 입장을 취한다는 것은 양 변을 부정하는 것이 아니다. 왜냐하면, 중간이란 가장자리邊가 존재하는 것을 상정했을 경우에만 성립되는 상대개념이기 때문이다.

또한 중간이나 양 변을 中道에서는 모두가 영원불변한 것이 아니라 조건과 상황에 따른 일시적이라는 것을 강조했기 때문이다. 이것을 중용에 선 수시隨時라고 할 수 있고 불교철학에서는 수의隨宜 또는 수순隨順 등이라고 해서, 시간과 공간의 조건과 상황에 따라서 가장 합리적이고 타당한

7 中道를 영어로 표기하는 방법에서도 동서양의 차이를 어느 정도 짐작할 수 있다. 예를 들면, 中道라는 한자어의 의미를 그대로 번역할 경우에는 'the middle way'라고 할 수도 있지만 이 경우에는 중도의 본질적 의미가 잘못 전달될 가능성이 크다. 즉 이것도 아니고 저것도 아닌 중간적 입장이라는 의미의 평이한 용어를 구사하여 중도를 널리 알리고자 하는 의도는 바람직하나 중도의 잘못된 의미가 전달될 가능성이 크다. 따라서 서양에서는 중도를 철학적이거나 수학적 의미의 황금률golden mean 또는 황금분할golden section 정도로 이해하고 있다는 지적도 있지만(김용재, 2004: 각주 54), 중도 또는 중용의 철학적인 어원을 정확히 밝히는 경우에는 '*Madhyamika*' 또는 '*Madhyamika* philosophy'라고 번역하는 것이 보다 타당하다. 사실 영어권에도 중도를 학술적으로 번역할 때는 'the middle way' 대신에 '*Madhyamika* philosophy'로 통일하고 있다(Santina, Peter Della, 1987, "The *Madhyamika* Philosophy," *Journal of Indian Philosophy* 15(1): 173-85). 이것은 용수龍樹의 저서 『中論頌』을 산스크리트어로 *Madhyamika-sutra*, sastra, 또는 *Mulamadhyamakakarika*라고 한 것에서부터 시작하여 그의 고유명사를 따서 중도를 '*Madhyamika*'로 영어화 한 것이다.

8 『周易』, 「乾爲天」: "乾乎 剛健中正 純粹精也..." 『周易』에서는 계속해서 이와 같은 중용의 덕과 그 작용을 다양하게 비유하여 설명하고 있다. 때문에 『周易』은 자연의 조화인 건도乾道에 인간이 어떻게 순응하면서 그와 조화된 모습을 갖추어야 할 것인가 하는 곤도坤道의 양상으로 중용의 도를 실천적으로(비록 점괘로 세인에 이용되고 있지만 이것은 『周易』의 진리 그 자체는 아니다) 제시하고 있는 가장 중요한 문헌의 하나라고 할 수 있다.

입장을 취한다는 의미이다. 따라서 중도는 양 변이나 나아가 중간 중에서 어느 하나를 선택한다는 뜻은 아니다.[9]

그러나 兩 가장자리의 극단을 버린다는 것은 결국에는 양 변이 서로 통할 때 가능하다. 예를 들면, 위에서 지적한 변증법적 상대세계인 是와 非, 물질과 정신, 객관과 주관, 고저장단, 너와 나, 有와 無, 선과 악, 정의와 불의, 질서와 무질서 등이 동일한 것이 아니면서도 동시에 하나가 될 수 있는 세계, 즉 둘이 아닌 不二의 세계를 형성할 수 있을 때 진정한 중도의 실천방법이 될 수 있다. 따라서 중도의 상태에서는 막으면서도 동시에 비추는 세계(쌍차쌍조雙遮雙照, 차조동시遮照同時)[10]가 형성될 수 있다. 이것은 막으면서 동시에 빛을 비추는 세계, 즉 有가 비추면서 동시에 無로 막는 세계가 형성된다는 의미이다. 비추면서 곧 막으며 또 막으면서 비추니 이것이 쌍으로 빛을 비추고 쌍으로 빛을 막아서 결국에는 어느 한 곳, 어느 한 때에도 이러한 논리가 통용되지 아니할 수 없어야 된다. 이러할 때 중도의 올바른 길에 들어 설 수 있다고 한 것이다.[11]

이와 같은 중도나 중용의 실천적 내용은 현실적으로 다양한 정보와 자극과 스트레스에 따라서 시간과 공간에서 항상 최적의 심리적 정상상태인 균형을 유지할 수 있을 것인가 하는 점에 달려 있다. 이것은 오랜 훈련과 연습과 경험에 의해서만 달성될 수 있다. 이때의 상태에서 진행된 판단과 결정은 객체와 주체 등의 二元的 요소가 아니라 시간과 공간 및 사물의 진행상태에 따라서 합리적이고 원만한 것이다. 이것이 심리적이고 감성적 균형의 실천이고, 이의 기본이 균형감각balanced-sense이다.

9 "問: 何者是中道義 答: 邊義是 問: 今問中道 因何答邊義是 答: 邊因中立 中因邊立 本若無邊 中從何有 今言中者 因邊始有故 知中之與邊 相因而立 悉是無常 色受想行識 亦復如是"(性徹, 1987: 155).

10 『華嚴靑凉疏』: "卽照而遮 卽遮而照 雙照雙遮 圓明一貫 契斯宗趣."

11 유교儒敎의 중용과 불교佛敎의 중도의 내용을 비교관점에서 자세히 그리고 풍부하게 설명한 최일범의 연구(1991)를 대표적으로 들 수 있다.

이와 같은 심리적 균형감각은 본질적으로 개인, 즉 정책균형에 관한 정책담당자 개인의 훈련과 교육 및 경험이 일차적으로 중요한 속성이지만, 정책담당자들의 행위판단과 결정은 개인적 산물이 아닌 사회적이고 공적인 것이다. 때문에 지극히 개인적이고 사적인 영역에 해당되는 정책담당자의 균형감각을 공적인 영역으로 체화體化 시키는 일이 중요하다.

그래서 이와 같은 체화의 한 방법으로 균형개념의 이해에서 필요한 두 번째인 물리적이고 체제적 측면에서 본 균형개념이다. 이때의 균형은 "모든 구성체 간에 관계와 비율 등에서 일반적으로 조화된 상태general harmony"(옥스퍼드 영어사전, 1989년 판)라고 할 수 있다. 이와 같이 조화된 상태로서 힘의 균형balance of power이나 생명체의 생태적 균형이 잡혀 있는 자연의 균형balance of nature 등을 들 수 있다.

개인적 균형감각이 공적인 상태에서도 통용되기 위해서는 다양한 개인들의 균형이 조화되어야 가능하다. 즉 균형감각으로 판단하고 결정한다는 것은 모든 사회조직이나 단체에서 자신의 위치와 기능, 역할 등에서 타인의 입장이나 역할과의 원만한 조화를 달성할 수 있어야 가능할 것이다. 이와 같은 상태를 일반적이고 보편적 조화라고 할 수 있다. 즉 이것이 관계와 관계(조직관계, 인간관계, 심리관계, 사회관계, 일 관계 등)의 조화이다. 그리고 조직과 사회에서 자신의 비율(또는 이것을 일과 힘, 비교판단, 주제판단, 논리판단 등의 비중이라고 할 수 있다)을 정합시키고 조정시킨 원만한 관계의 조화이다. 따라서 균형은 개인적 수준의 균형감각에서부터 시작해서 公的이고 사회적 수준의 타인과의 공존을 추구할 수 있는 보편적 조화를 달성하는 것이다.

일반적으로 조화된 상태로서 본 균형의 세계를 동양사상인 중용이나 중도의 세계로 다시 정리해 볼 수 있다. 중용의 핵심은 논리와 논쟁의 세계가 아니라 이를 실천하는 사람이 마음의 평정을 유지하고 이를 지킬 수 있는, 즉 자신을 수련하고 교육하는 수신修身의 세계이다. 이것은 본질적으로 중용을 실천하는 개인의 역할과 능력이 중요하다는 것이다. 그래서 孔子는 중용을 덕德의 근원이라고 했으며,[12] 이것을 실천할 수 있어야 조화의 세계도 달성될 수 있다. 이것을 『書經』에서는 중용을 실천하는 실천적 모습으로 아홉 가지 덕을 제시했다. 즉 너그러우면서도 위엄이 있고, 유연하면서도 꿋꿋하고, 성실하지만 공손하고, 대범하면서도 염치가 있으며, 강직하면서도 의리가 있는 등[13] 극단적 모습이 아니라 항상 극단과 극단에서 중용의 실천적 모습을 갖춘 것을 덕이라고 했다.

따라서 치우치거나 모자람이 없는 그러면서도 현실적으로 이변二變 또는 양극兩極의 세계를 때와 조건에 따라서 적절하게 조정하고 설정하여 시간과 공간에서 가장 합리적이고 이성적(이것을 평상(平常)의 이치, 즉 균형감각이 일상적으로 실천되는 상태 또는 마음의 평정과 안정의 상태라고 할 수 있다)[14] 판단의 과정과 결정을 하는 덕의 실천기준으로 작용시킬 수 있을 때(김용재, 2004: 243) 극과 극의 조화의 세계는 달성될 수 있을 것이다.

마찬가지로 중도의 세계도 역시 논리와 논쟁의 세계가 아니라 중도를 실천할 수 있는 사람들의 마음의 평정과 이를 달성하기 위한 훈련과 수신의 세계이다. 그렇기 때문에 균형감각이 현실적으로 발현되는 것은 중도를 실천할 수 있어야 가능하다. 즉 항상 완벽한 의미의 종교적 깨달음이나 득도의 상태 또는 君子의 이상형을 실현하는 것은 아니지만, 몸과 마음이 정상의 상태에서 합리적이고 이성적이며 치우침 없이 사물의 이치와 일의 내용을 판단하고 결정하여 이를 실천할 수 있는 사람들의 수

12 『論語』, 「雍也」: "子曰 中庸之爲德也 其至矣乎."

13 『書經』, 「皐陶謨」: "皐陶曰 寬而栗 柔而立 愿而恭 亂而敬 擾而毅 直而溫 簡而廉 剛而塞 彊而義..."

14 『中庸』: "君子之所以爲中庸者 以基有君子之德 而又能隨時以處中也...(중략), 蓋中無定體 隨時而在 是乃平常之理也."

준에 달려 있다.

현상세계인 事의 세계와 이와 같은 현상의 이치와 법칙을 이해하고 그의 본질을 조명하는 理의 세계가 모든 조건에서 보편적으로 조화되어 있을 때 이것이 진정한 의미의 균형의 세계이다. 그러나 실천적 의미에서 보면 이와 같은 理와 事, 객관과 주관 등의 이원적 요소들의 조화된 상태가 아무런 노력없이 자연적으로 달성되는 것은 아니다. 역시 주체인 우리들이 조화를 달성하기 위해서 내적인 수련과 자아개발을 진행하면서 동시에 외적으로는 다양한 조건들의 이해관계를 원만하게 조정하고 정리하면서(이것을 정상화normalization 또는 균형화balancing라고 표현할 수 있다) 보편적 조화를 달성할 수 있다. 때문에 이제 균형에서 균형화란 보다 동태적 개념을 자세히 이해할 필요가 있다.

복합적 개념의 정책균형을 이해하기 위해서 균형, 즉 밸런스balance를 보편적 조화의 개념으로 설명했지만 이것을 동태적 개념인 균형화의 의미로 보다 정확하게 이해하기 위해서 몇 가지 관련 용어를 비교하여 설명할 필요가 있다. 먼저 일반적으로 균형이라고 하면 체제나 조직 또는 생명체의 정상상태의 유지를 의미하는 균형equilibrium을 들 수 있다. 이때의 균형은 이원적 요소들이 상호간에 교감하면서 일시적으로 균형을 이룬 정적인 상태이다. 그리고 균형balance을 다양한 요소들이 보편적으로 조화된 상태라고 했는데 이와 같은 보편적 조화의 과정에서 나타나는 균형은 'equilibrium' 이다(www.askoxford.com).

'Balance' 와 'equilibrium' 의 균형을 두 가지 관점인 정상분포곡선에서와 수요 · 공급의 법칙에서 그림으로 비교 · 설명하면서 'balance' 의 동태적 의미를 파악하여 정책균형의 균형을 정의할 수 있다.[15]

15 일반체제이론의 균형도 비교해서 설명해야 하지만 제3장에서 정책균형이론의 특징을 일반체제이론과 비교하여 설명할 때 이것을 자세히 지적하기 때문에 여기서는 생략하였다.

〈그림 2-1〉에서 본 정상분포곡선normal distribution curve은 조물주가 만든 것이다. 이때 조물주가 만들었다는 의미는 인위적 작용이 아닌 자연적 상태에서 인간을 포함한 모든 유형의 존재질서는 이와 같이 정상적으로 분포되어 있다는 뜻이다(www.stat.wvu.edu/SRS). 즉 중간 수준이 다수를 차지하면서(물론 확률적 의미이다) 동시에 兩 꼬리에 해당되는 극단을 차지하는 부분은 소수이고 소량이다. 정상분포곡선은 평균값(mean, $\bar{X}$)을 중심으로 정확하게 대칭되고 있기 때문에 兩 극단의 값이나 내용, 즉 차지하는 부분은 같다. 이와 같은 정상상태normality의 분포에서 조직이나 사회 또는 체제, 심지어 개인의 마음(선과 악, 사랑과 증오, 좋아하고 싫어하는好 · 不好 등의 양 극단에서) 까지도 균형equilibrium되어 있다고 할 수 있다.

그러나 이와 같은 균형은 일시적이고 과정적이며 영원하지 못하다. 또한 균형되어 있기보다 불균형되어 있는 경우가 많다. 예를 들면, 자연의 정상상태에서 볼 때, 정상분포에서의 숫자나 量이 가장 적은 분포를 차지해야 할 양 극에 오히려 집중되어 있는 〈그림 2-1〉의 (1)이나 (2)와 같은 것은 불균형의 전형이다. 마찬가지로 (3)도 兩 집단으로 二分된 불균형이다. 그리고 (4)와 같이 분포된 것은 절대적 의미에서 볼 때 평등한 분포이지만 자연적 정상의 상태와는 거리가 먼 불균형의 전형이다. 이것은 강제적이거나 인위적으로 정상분포의 상태를 무시하고 평등화시킨 불균형일 하나일 뿐이다.

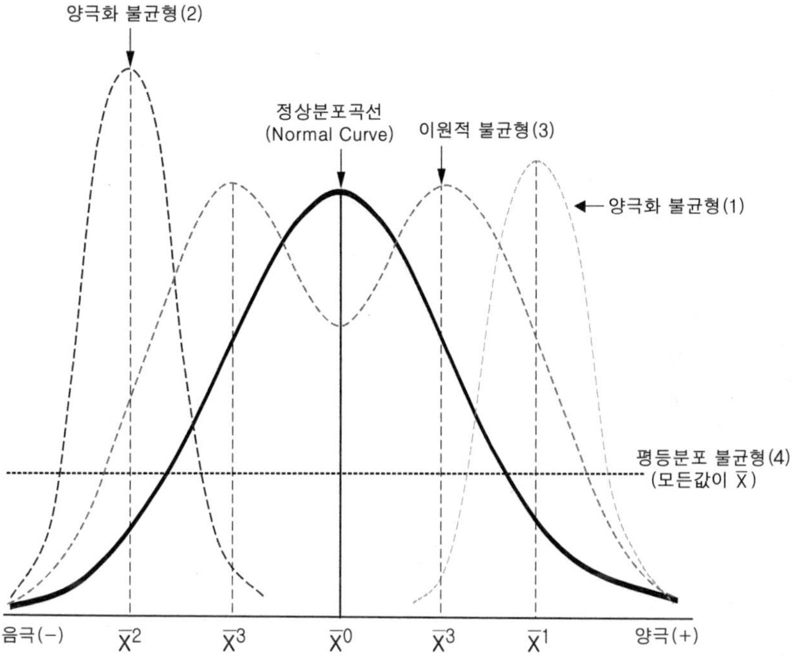

〈그림 2-1〉 정상분포에서 본 불균형의 유형

이와 같은 불균형의 상태를 이제 조물주가 제시하고 있는 정상의 분포 상태로 원상原狀을 회복시키는 일이 중요하다. 원칙적으로 정상분포는 조물주의 작품이기 때문에 그가 할 일이다. 그래서 이것을 자연의 상태로 되돌아가는 것, 즉 'balance of nature' 라고 할 수 있다. 한 예로, 한 무리의 인간이 모인다면 키가 큰 사람과 작은 사람, 잘난 사람과 못난 사람, 똑똑한 사람과 멍청한 사람, 잘사는 사람과 가난한 사람 등등의 상태는 조물주의 작품이라서 정상의 분포를 가지고 있다. 그런데 일시적으로 정상분포가 아니라고 하더라도 자연적 상태가 진행되거나 또는 시간과 장소가 변화되면서 자연적으로 정상상태를 회복하게 된다.

그러나 사회나 조직, 심지어 개인의 마음까지도 자연적인 정상상태로 항상 되돌아 간다는 보장을 할 수 없다. 마음의 경우에, 사랑에 상처를 받았다면 증오와 사랑의 감정간의 불균형이 정상상태로 되돌아 가기에는 '세월이 약' 이라고 하듯이 오랜 세월이 필요하다. 그러나 이와 같은 마음의 평정, 즉 중도나 중용의 상태도 가만히 앉아서 하염없이 세월만 보낸다고 되는 것은 아니다. 세월이 약이라고 하는 것은 외형적으로 보이는 균형상태일 뿐이다. 이와 같은 균형상태를 달성하기 위해서 당사자는 사랑의 열병을 앓는다고 하듯이, 인고의 노력과 수신이 필요하다. 즉 사랑과 증오의 양 극단의 감정을 중화中和하면서 어느 한 편으로 치우치거나 모자람이 없는 평정의 상태로 회복하기 위한 노력이 필요하다. 그렇다고 사랑과 증오의 양 극을 무시하거나 인정하지 아니하는 것이 아니라 사랑과 증오에 관련된 수많은 조건과 요소를 보편적 조화의 상태로 회귀시키려는 노력이 중도이고 중용이다. 그렇지 않고 'the middle way' 처럼 사랑도 아니고 증오도 아닌 중간, 즉 아무런 감정과 의식이 없는 무중력의 상태라고 하는 것은 아니다. 중용에서 때와 조건인 수시隨時에 따라서 합리적 판단을 한다고 하듯이, 중도에서 양 변을 부정하고 긍정하는 차조遮照가 동시에 진행되어 어느 한 편에도 기울지 않는다고 하듯이, 사랑과 증오의 감정을 다스리고 치유하는 능력이 중요하다는 의미이다.

마찬가지로 사회적이고 제도적인 불균형도 조물주가 균형화시킬 수 없다. 물론 궁극적으로는 자연적으로 불균형이 정리될 수 있지만 인위적이고 조작적 요인에 의하여 발생된 불균형을 자연적으로 조물주가 항상 균형화시켜 주지는 않는다. 이와 같은 불균형을 방치하면 체제나 제도 또는 심지어 인간도 더 이상 자신의 기능을 유지하고 활동할 수 없는 상태를 맞게 된다. 마찬가지로 일시적으로 균형된 상태가 영원히 계속될 수도 없다. 왜냐하면, 모든 것은 끊임없이 변화하고 있기 때문이다. 만약 그대로 있다면 이와 같은 균형은 죽은 상태의 균형, 즉 피가 돌지 않고 물이 흐르지 않는 상태와 같은 균형stasis이 되어 버린다.

때문에 다양한 불균형을 조작한 주체들이 불균형을 是正하고 교정하여 균형으로 이동시켜야 한다. 이것을 국가정책에 초점을 맞춘다면 불균형된 정책현실을 균형화시킬 수 있는 다양한 국가정책을 결정하고 시행하여 정상적인 균형상태를 만들어야 한다. 이것이 정책균형의 적극적이고 동태적 개념의 시작이다. 예를 들면, 〈그림 2-1〉의 (1)이나 (2), (3), (4) 등의 불균형을 정상적인 분포곡선의 유형으로 되돌려 놓아야 한다. 이때 필요한 다양한 이론과 방법과 지식을 추구하고 정립하는 것이 정책균형이론의 핵심사항이다.

이와 같이 정태적 개념이 아닌 다양한 요소와 조건을 시간과 공간 및 활용의 정도에 따라서 균형(비록 일시적인 것이지만)을 계속적으로 추구하고 정립해 간다는 것이 정책균형에서는 중요한 개념이다. 따라서 〈그림 2-2〉에서 보듯이, $\bar{X}^0$에서 〈그림 2-1〉 균형된 상태equilibrium가 다양한 불균형을 경험하고 있다면 이것을 이제 $\bar{X}^1$ 또는 $\bar{X}^2$, $\bar{X}^3$, $\bar{X}^4$ 등을 가진 정상분포곡선의 균형(이때에도 'equilibrium' 이다)으로 정립해 가는 동태적이고 복합적인 균형이 정책균형이론에서의 균형balance 개념이다.

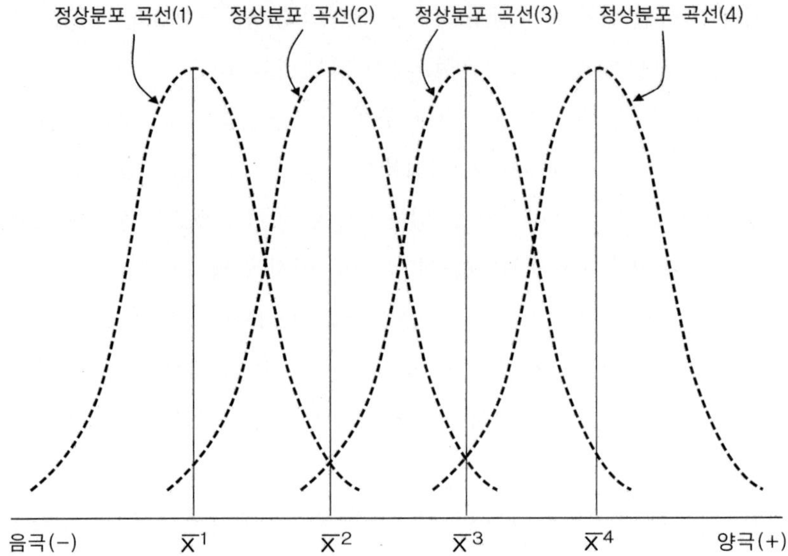

〈그림 2-2〉 정상분포에서 본 균형의 유형

정책환경이나 정책현실 또는 정책문제의 배경이 되는 사회적이고 역사적이며 관습적 차이나 특성에 따라서 정상분포에서 양 극을 중심으로 일시적으로 다양한 균형이 발생할 수 있다(〈그림 2-2〉의 $\bar{X}^1$ 또는 $\bar{X}^2$, $\bar{X}^3$, $\bar{X}^4$ 등과 같이). 이와 같은 균형이 발생하는 것은 다양한 정책분야나 정책과제에 따라서 추구하는 정책이상이나 철학이 다르기 때문이다.

兩 극단을 보수와 진보라고 한다면 보수적 이념을 기본으로 하는 정책과 진보주의 정책은 진보와 보수간의 중간(이것도 아니고 저것도 아닌 중도 노선의 중간이라는 뜻이 아니다)이 아니라 진보의 영역에서도 그 강도의 정도가 어느 한 쪽에 치우치지 아니한 정상적 상태의 강도로 분포되어 있는 균형이다. 보수도 마찬가지이다. 그러나 이와 같은 다양한 균형들이 사회 전체적으로 진보와 보수의 강한 양 극을 중심으로 하면서

절대다수는 진보와 보수 어디에도 종속되거나 매몰되지 않고 현실적으로 진보와 보수를 활용하면서 각자의 조건과 상태를 조화시킬 수 있는 중간(중용이나 중도의 중간이다)을 취할 수 있을 때, 이때의 정상분포를 'equilibrium' 이 아닌 'balance' 라고 할 수 있다. 이와 같은 'balance' 는 자연적으로 달성되는 것이 아니라 부단한 노력에 의한 적극적이고 동태적이며 수정적이고 교정적인 국가정책을 결정하고 집행할 수 있어야 가능하다.

이것을 저울추의 관점에서 孟子는 비유적으로 잘 설명했다. 즉 나만을 위한다는 극단적 사고나 天下를 유익하게 하겠다는 극단적 생각이나 행동은 이기주의일 뿐이다. 그렇다고 중간에서, 즉 중간을 취하거나 잡고 있는 것이 중용이나 중도가 아니라 中에서 수시隨時와 차조遮照의 노력이 없으면 극단을 고집하는 것과 같다고 했다. 이것을 무권無權이라고 해서, 저울질 하지 않는 것과 같이, 가운데中를 잡고서 이것을 고집하고 시간과 공간의 조건에 따른 활용을 모른다면 양 극의 하나를 고집하는 것과 같다고 했다. 따라서 극단적인 생각과 행동이 비단 양 극의 고집 뿐만 아니라 중간을 고집하는 것도 포함되며 이것이 모든 일을 잘못되게 한다고 했다.[16]

이와 같이 동태적이고 수정적이며 복합적 균형의 개념을 수요 · 공급의 법칙을 예로 들면서 더욱 분명하게 이해할 수 있다. 〈그림 2-3〉에서 수요와 공급곡선이 만나는 균형점(E^0, E^1, E^2, 등)은 시장市場에서 수요와 공급이 균형되는 유일한 점이다. 따라서 시장은 항상 자동조절기능에 따라서 수요와 공급이 넘치거나 모자라지 않는, 즉 초과수요나 초과공급이 발생되지 않는 상태의 균형equilibrium을 유지하고 있다.

16 『孟子』, 「盡心 上」: "孟子 曰 楊子 取爲我...(중략), 墨子 兼愛... (중략), 子莫 執中, 執中 爲近之 執中無權 猶執一也 所惡執一者 爲其賊道也 擧一而廢百也"

그러나 이와 같은 균형은 일시적이고 한정적이다. 인간의 능력과 지식이 발달하거나 생산기술이 발달하면서 인간은 끊임없이 수요와 공급을 확대하면서 보다 풍요로운 삶을 추구하고 있다. 만약 균형점 E^0에서 항상 수요와 공급이 균형된다면 그 균형은 정체된 것이다. 수요와 공급의 법칙에서 균형가격 P_e^0과 균형공급량 Q_e^0은 일정한 시기와 조건에 의한 균형일 뿐, 수요자의 기회와 선호의 변화, 생산기술과 방법의 변화, 수요량과 공급량 그 자체의 변화, 외부환경에 의한 수요와 공급의 변화에 따라서 이와 같은 균형은 끊임없이 움직이고 있다.

따라서 실질적으로 시장경제는 성장(양적이나 질적이든지)이라는 일정한 유형을 형성하는, 항상 동태적으로 변화되면서 균형을 추구하고 있다. 물론 〈그림 2-3〉에서 본 균형점 E^0와 E^1, E^2 등을 연결하는 곡선(이것을 여기서는 균형성장곡선이라고 한다)[17]이 이상적 유형이다. 즉 시장가격인 물가를 최소한의 수준으로 유지하면서 소비자들이 보다 풍요롭게 최소의 비용으로 많은 재화와 서비스를 향유할 수 있는 시장의 공급량을 확대시키는 성장의 균형이다. 균형가격의 상승분인 P_e^0~P_e^1과 P_e^1~P_e^2는 실제로 성장에 따라서 증가되는 소득이나 효용의 증가보다 상당히 적다. 때문에 소비자는 실질소득이 상승되면서 동시에 보다 다양하고 풍부한 양의 재화와 용역을 소비할 수 있다. 동시에 생산자의 경우에는 기술발달이나 인지人知의 발달로 생산비 증가를 크게 의식하지 아니하고서도 생산량과 질을 증대하고 확대하면서 시장에서 형성되는 가격상승분 보다도 더 많은 이윤을 창출할 수 있다.

17 이와 같은 성장곡선을 정확히 설정하기 위해서는 생산성(노동생산성과 총요소생산성 포함)과 기술의 진보, 화폐시장에서의 이자율 변동 등과 같은 복잡한 변수를 고려해야 하지만 여기서는 균형의 개념을 동태적이고 복합적으로 이해하기 위해서 단순하게 설정한 것이다. 이와 같은 경제성장이론을 원론적으로 자세히 설명한 문헌으로 William Branson과 James Litvack의 책(1981, *Macroeconomics*, 2판) 제17장을 참조할 수 있다.

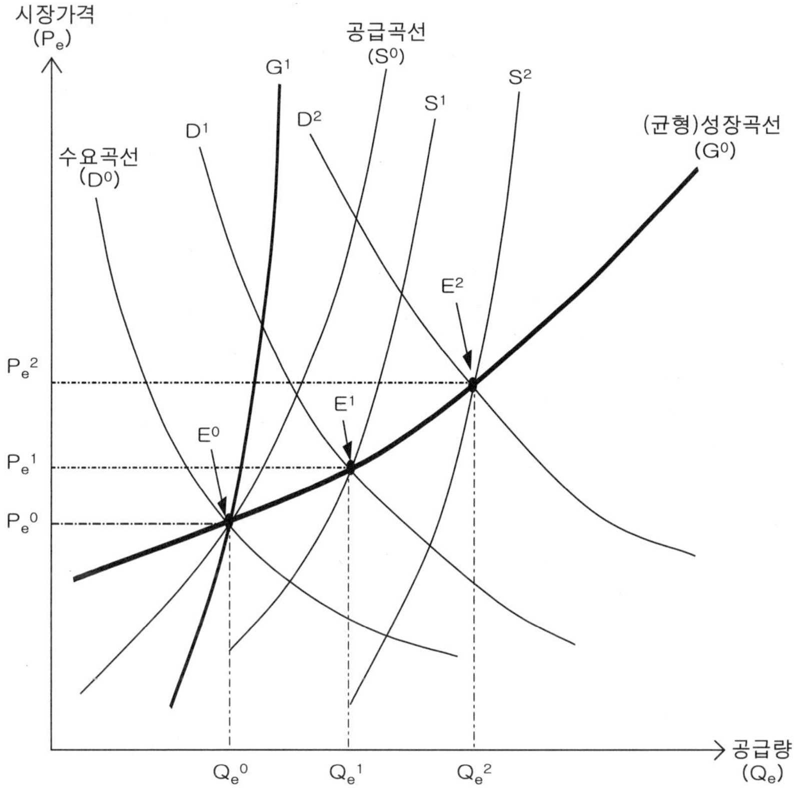

〈그림 2-3〉 수요 · 공급의 균형과 균형의 이동

물론 현실적으로 이와 같은 이상적 균형성장은 어렵다. 그러나 인류의 역사가 진화하면서 실제로 이와 같은 성장의 덕분에 과거의 생활과는 다른 차원의 경제생활을 하고 있다. 그러나 시장의 균형가격이 전혀 변화되지 않은 P_e^0에서 공급만 무한히 확대되는 경우나 또는 공급량의 증가보다 더 큰 시장가격의 상승에 의한 성장균형곡선이 형성되는 경우에는 (〈그림 2-3〉의 G^1 곡선과 같이) 비록 수요와 공급에서 균형점을 형성하면서 성장균형을 달성하지만 앞의 경우는 비현실적이다. 그리고 뒤의 경우는 성장에 지불해야 할 가격이 너무 큰 과도한 물가상승inflation으로 경제의 성장 잠재력이 상실될 수 있는 불안한 경우이다.

그러나 이론적으로 균형성장곡선, G^0에서는 시간과 공간에서 형성되는 동태적이면서 복합적인 균형점들이 형성되어 시장에서 수요와 공급을 통한 시장경제는 균형balance을 이룩하고 있다. 이와 같은 시장의 균형은 자연적 상태에서 시장의 자동조절기능에 따라서 달성되는 것이 아니라 끊임없는 노력과 일정한 제도적 장치(이것이 정책이다)를 발동시켜야 가능하다. 즉 보다 나은 삶을 위한 상품생산의 노력과 기술을 발달시켜야 가능하다.

이것의 원동력은 풍부한 창조력과 교육과 훈련이다. 이것이 국가정책의 근본인 교육정책이나 인력정책 및 과학기술정책의 핵심이다. 마찬가지로 생산현장에서 기술의 적용과 다양한 방법을 도입한 생산능력과 질의 향상을 위해서 생산자도 노력해야 하지만 국가는 산업 및 경제정책으로 시장의 실패나 또는 과점이나 독점 등으로 일정한 경제적 부富를 독식하는 현실을 방지하면서 공정하고도 정의로운 부의 분배를 실천해야 한다. 이것이 모든 조건과 상태가 조화된 상태, 즉 균형balance 개념의 핵심이다.[18]

18 이와 같이 균형개념을 정의하고 그의 의미를 논의하면서 균형개념에 관련된 철학적 사변논쟁이나 개념 등을 전부 포함시키면, 즉 그와 같은 용어나 개념을 균형개념의 범주에 가두어 버리면 필자 스스로의 사유동굴에 갇힐 수도 있다는 지적과 비판에 유의하면서 정책균형의 개념을 논의하여 보았다.

2절 政策均衡의 槪念 定義

1. 政策均衡의 槪念 定義

정책과 균형의 개념을 설명했기 때문에 정책균형은 정책과 균형의 개념을 兩立시킨 것으로 이해할 수 있다. 兩立시킨다는 것은 단순히 정책과 균형의 개념을 병렬적으로 나열하는 것이 아니다. 구체적 정책분야에서의 정책균형에 필요한 방법(론)이나 패러다임을 제시할 수 있는 수준의 공작적이고 창조적이며 논리적이어야 한다는 의미이다. 따라서 정책균형을 다음과 같이 하나의 공작적工作的 수준a working definition에서 정의해 볼 수 있다.

즉 "누가, 무엇을, 어떤 수준에서, 왜 비용을 부담하고 혜택을 받아야 되는가 하는 수혜자 정치를 중심으로 정책의 비용과 효과 등이 일시적으로 균형된 상태를 설명하는 것이 아니라 동태적이고 복합적으로 수많은 다양한 요소들이 공통으로 추구하는 목표와 善을 위해서 보편적으로 조화될 수 있는 상태를 설명하는 것이다. 따라서 정책을 통하여 정책의 인과관계의 불균형을 조정하지만 단순히 사후 정리가 아니라, 사전에*ex ante* 교정correcting하고 조정coordinating하며 보정compensating하고자 하는 균형화의 적극적이고 동태적 국가정책을 결정하고 시행하는 것"을 정책균형이라고 할 수 있다.

이와 같은 정책균형에 필요한 이론과 지식을 정책균형이론이라고 통칭할 수 있다. 이제부터 정책균형을 개념적으로 보다 정확하게 설명하면서 이것을 기초로 하여 정책현실에서 실천적 패러다임이 될 수 있는 이론을 구체적으로 개발하고 정립하는 일이 중요하다. 따라서 위에서 정의한 정책균형의 개념을 세 가지로 요약하면서 구체적으로 다음과 같이 설명할 수 있다.

첫째, 정책균형은 동태적動態的 개념이다.

정책은 고정되어 있거나 정체된 목표를 실현하는 경우보다 일반적으로 항상 움직이면서 변화되고 있는 목표를 실현해야 하는 동태적 개념으로 이해되고 있다. 특히 정치의 속성인 수혜자 정치이든지 또는 전통적 의미의 정당을 중심으로 하는 협상과 타협의 당파적 정치가 정책의 구체적 내용을 결정하는 경우가 많기 때문에 정책은 확정적이지 못하다. 때문에 이와 같은 일시적 상태에서의 정책균형은 항상 유동적이다. 이와 같은 균형이라고 할지라도 정책의 결과나 영향policy impacts 또는 utility에 의하여 정책의 인과관계가 지역간이나 이념간, 사회계층간에 불균형적으로 분포分布되거나 배분되었다면 이것을 수정하고 교정할 수 있는 적극적이고 능동적인 정책을 결정해야 한다. 따라서 이와 같은 조건을 충족할 수 있는 정책은 성공적인 정책이 될 수 있다.

동태적 균형은 동중정(動中靜: 움직임 가운데 고요함이 있다)이나 정중동(靜中動: 고요함 가운데 움직임이 있다)과 같이 항상 움직이면서 변화되고 있다. 그러나 아무런 질서나 규칙 또는 방향도 없이 무감각하거나 또는 불균형적으로 움직이는 것이 아니다. 그러한 움직임과 변화를 주도하고 그 속에서 중심을 유지하고 균형을 잡고 있는 중심축이 있다. 이때가 동태적 상태에서의 균형이다. 이것이 밸런스balance이다. 그렇지 않고 일시적이고 때때로의 균형이라면 정책은 장기간에 진행되는 움직이는 물체와 같은 목표를 명중시킬 수 없고 결국 실패하게 된다.

정책의 동태성을 정책변화 또는 변동policy change으로 설명하기도 한다. 이와 같은 정책변동이 사회변동social change의 한 이론으로 연구되면서 정책변동도 사회체제의 변화의 일부분으로 설명되고 있다. 이와 같은 사회변화를 정책이 주도할 것인가, 아니면 종속적으로 사회변화에 정책이 순응하거나 굴복할 것인가 하는 이론들이 주류를 이루고 있다(대표적으로 Noble, 2000; 정정길, 2002: 255-72).

그러나 정책 그 자체의 변화보다는 정책균형의 초점은 사회적이든 또는 정책상호간의 관계이든 아니면 정책결정자의 문제이든 정상적 상태가 아닌 불균형의 상태를 방지하기 위한 것이다. 그리고 사후적으로 이와 같은 불균형을 적극적으로 치유하고 교정할 수 있는 정책이론이다.

〈그림 2-2〉에서 본 바와 같이, 정상분포곡선이 어느 한 시점이나 공간에서 정체된 것이 아니라 무정체無定體이듯이, 수시隨時나 수의隨宜에 따라서 존재하고 있다고 본다. 그러나 이와 같은 존재가 따로 따로 작용하는 것이 아니라 조화된 것과 같이, 정책균형의 동태성은 다양한 조건과 요소를 일반적으로 조화된 상태의 균형을 중심으로 정책현실을 파악하고 이에 필요한 정책을 결정하고 시행한다는 의미이다.

정책균형의 이론적 특성을 제3장에서 다양한 관련 이론 등과 비교하면서 자세히 설명하겠지만, 우선 간단하게 정책균형의 동태성은 체제이론이 주장하는 체제 그 자체가 他 체제와의 상호작용에서 균형을 유지하면서 자신의 역할을 충실하게 하는 정체적 의미가 아니라는 점만 강조하고자 한다(김유송, 1969: 122-3). 대신에 사회적 형평과 분배의 정의에 기초하여 정책의 불균형을 수정하고 교정하며 보정하는 적극적인 균형을 의미한다.

그리고 정책균형도 비용-편익분석과 같이 정책비용과 편익을 계산하고 정리하지만 왜 이것이 사회적으로 정당하고 타당한가 하는 점을 설명하고 이것을 정책현실에서 교정하고 수정하려는 적극적 균형의 논리를 가지고 있다. 즉 어떤 정책을 어느 규모에서 얼마만큼의 사업비용으로 최대의 효용을 창출한다는 일반방정식의 등식等式을 기초로 하는 것이 아니다. 정책비용과 혜택에 대한 불만과 불균등과 평등에 문제가 있다면 이를 수정하고, 보정할 수 있어야 정책은 보편적으로 균형될 수 있다는 점을 강조하는 것이다. 또한 사회의 통합이나 사회관리의 한 방법으로 정책조정론을 제시하고 있지만 방법론에서 볼 때, 정책균형은 정책조정론의 사후적 통합이나 또는 체제이론의 균형과 같은 입장이 아니라 사전적으로 발생될 불균형을 적극적으로 수정하고 보완하며 보정하는 방법을 추구하는 것이 특징이다.

특히 여기서 정책균형의 동태성을 지적하면서 한 가지 더 설명해야 할 것은 정책은 그의 최종 목적인 인간존재와 민주주의를 실천하고 향상시킬 수 있도록 정책결정의 초기단계에서부터 정책을 설계하고 구성해야 한다는 정책설계론policy design이다. 이것은 1970년대에 정책집행이 정책성공의 중요한 변수임을 밝히는 연구가 성행하면서, 정책성공의 중심변수는 정책대안을 결정하고 선택하는 단계보다 실제로 정책을 현실화시키는, 즉 집행에 영향을 미치는 변수라고 한 연구를 비판하면서, 정책의 성공은 역시 무엇이 정책문제이며, 이를 어떻게 정의하고, 해결수단을 어떻게 구성하고 설계할 것인가 하는 정책설계가 성공적인 정책의 집행과 밀접히 관련된다는 사실을 강조하였다(Robertson, 1984: 391-405).

따라서 의도적이고 목적론적으로 정책안案을 창조하고 설계하는 정책설계가 중요하다고 했다. 정책은 민주주의와 정의, 문제해결 등의 사회적 맥락속에서 다양한 조건들이 형성되고(조화라고는 하지 아니했지만) 이것이 이슈맥락으로 발전되면, 정치세력과 제도적인 구성 요소 등에 따라서 정책을 설계하게 된다(여기서도 그들은 세력균형 등을 논의하지는 아니했다). 설계된 정책을 문제와 목표, 정책담당자와 집행자, 대상집단과 규정 등을 보다 상세하고 구체적으로 실행가능하게 재설계하여 이를 다시 사회적인 맥락으로 전환시킬 때 정책의 메시지와 정부사업의 역할과 시민의 참여 등을 고려할 수 있고 나아가 정책은 성공할 수 있다고 했다(Dryzek, 1983: 345-67; Ingraham, 1987: 611-28; 노화준, 1992: 1-16).

그러나 정책설계론은 특별한 정책문제에 대응하기 위한 조직설계가 중심내용이다. 따라서 정책설계 단계에서 정책의 주요 담당자가 누구이고 그리고 실제로 정책을 설계할 때의 정책문제의 인과관계와 해결가능범위, 전략선택, 전략과 자원의 분배 등을 강조하고 있다.[19] 때문에 정책설계 단계에서부터 정책의 불균형이나 부조화不調和를 정비해야 한다는 주장은 정책균형이론과 상통하지만 그러나 정책이나 균형 등에 관한 논의는 없다.

정책설계론은 정책을 구성하고 설계할 수 있다는, 정책체제의 균형을 형성하고 계속 유지할 수 있어야 생존할 수 있다는 사실을 전제로 하고 있다. 그러나 정책체제의 생존 그 자체만이 중요한 것이 아니라 정책의 결과산물에 따른 정책비용과 혜택의 균형도 중요하다. 또한 이것들이 불균형되었거나 또는 불균형될 것으로 사전에 인식되었다면 이를 교정하고 수정하며 보정할 적극적이고 동태적 지식과 방법을 찾아야 정책은 실질적으로 성공할 수 있고 나아가 정책의 최종목적을 달성할 수 있다. 이 점에서 정책균형이 보다 현실적이고 구체적이며 실천적이다.

둘째, 정책균형은 복합複合균형의 集合개념이다.

앞서 균형의 개념을 정의하면서 설명했지만, 일시적이고 조건적 균형(equilibrium이든지 stasis 또는 stability이든지)은 단일균형이다. 대표적으로 체제이론에서 체제가 환경에서 생존하기 위해서 투입과 지지를 받아 자신의 고유한 기능으로 산물을 제출하면서 환경과 끊임없는 유기적 상

19 보다 구체적인 방법으로 Patricia Ingraham(1987: 611-28)은 여덟 가지를 제시하기도 했다(① problem solubility/ intractibility/amenability to analysis, ②goal consensus/level of conflict, ③placement on policy agenda/commitment to solution, ④availability of policy alternatives and instruments/potential consequences, ⑤diversity of stakeholder, ⑥locus of required expertise/consensus of experts/ conflict among experts, ⑦resources available for policy/policy resource demand, ⑧implementation responsibility/determination of performance criteria).

호작용에 의한 정상의 상태에서 유지하는 균형은 단일균형이면서 일시적이다. 마찬가지로 시장에서 수요와 공급의 균형은 그 균형점이 E^0, E^1, E^2 이든지 간에 수요와 공급이라는 한 조건과 시간에서의 균형이다〈그림 2-3〉. 또는 정상분포곡선이 평균값($\bar{X}$)을 중심으로 양 극으로 대칭하는 균형은 한 시간과 장소 및 조건이라는 일시적이고 단일적이다〈그림 2-1〉.

그렇지만 정책균형의 균형은 이와 같은 E^0, E^1, E^2〈그림 2-3〉나 $\bar{X}^1$, $\bar{X}^2$, $\bar{X}^3$, $\bar{X}^4$〈그림 2-2〉 등이 연속적이고 복합적으로 진행되어 다양한 조건과 내용이 보편적으로 조화된 균형이다. 즉 시장의 수요와 공급이 연속적이고 복합적으로 진행되면서 균형성장곡선 위에서 형성되는 수많은 균형점이 합쳐진 집합개념의 균형이고〈그림 2-3〉, 정상분포곡선이 양 극에 따라서 연속하여 진행하면서 다양한 조건과 시기에 조화되는 정상의 상태를 연출하는 균형이다〈그림 2-2〉. 왜냐하면, 정책의 인과관계에 의한 정책현실은 단일차원이 아닌 多次元적이고 복합적이기 때문이다. 그리고 정책균형에서는 소수의 균형이 아니라 수많은 균형이 연속하여 진행되는 상태의 균형이다. 때문에 이와 같은 균형을 유지할 수 있는on balance 균형화의 작용이 대단히 중요하다.

복합균형이라고 해서 게임이론의 복수複數균형과는 다르다. 게임이론에서는 복수균형(물론 이때에도 'equilibrium' 이다)이 존재하기 때문에 합리주의자들이 선택하는 균형점 또는 해결solution은 하나밖에 될 수 없다. 그래서 이 점을 선택하는 한 동일한 효용을 가지게 된다는 의미의 복수균형(Munck, 2001: 175-6)과는 차이가 있다.

물론 게임이론도 다양한 이해관계를 가진 게임참여자들이 게임에서 자신이 선택할 최적의 합리적 조건을 기술하거나 예측하여 게임에서 딜레마에 빠지지 않게 노력한다. 이때의 전략이 하나의 부분게임에서 적용된다면 모든 부분게임에서도 적용되는 균형(정확하게는 Nash equilibrium)을 이룩한다는 전제가 있다(정준표, 1993: 130). 그리고 게임의 규칙을 지켜야 하는 사회현상에서 규칙이 변화된다고 항상 게임참여자에게 유인구조를 유발하거나 게임에서의 균형점을 변화시킬 수 없다는 주장도 타당하다(이명석, 1996: 59).

그러나 다차원적인 정책현실에서 하나의 균형은 다차원의 이해관계에 해답이 될 수 없다. 뿐만 아니라 해답 또는 균형점이라고 하더라도 일시적이고 조건적일 뿐이다. 따라서 마음의 평정과 평상의 상태에서 합리적 판단과 결정을 할 수 있는 중용과 중도의 정책균형의 개념은 다양한 이해관계에 의한 인과관계를 일시적으로 균형화시키는 것이 아니라 다양한 조건과 시기의 변화에 따라서 계속적으로 진행하면서 사회 전체적으로 조화를 추구하는 균형이다.

물론 정책담당자들이 게임을 하는 사람과 같이 자신의 주관적이고 내면적 세계에서 추구하는 정보와 전략 등의 실수에 의하여 균형을 잘못 인식할 수도 있다(Squintani, 2006: 618-9). 그러나 게임처럼 정책은 시간과 장소에 일시적이지 아니하다. 때문에 연속적으로 진행되는 정책결정의 과정에서 균형감각은 중용과 중도의 세계가 강조하듯이, 끊임없는 수신에 의한 막고 비추는 차조遮照가 동시에 진행되면서 무정형의 수시隨時를 발현시켜야 한다. 때문에 스스로를 수정하고 교정할 수 있다. 이것이 장기적으로 진행되면서, 만약 하나의 정책균형에서 실패했다고 하더라도(특히 시장실패와 같이), 계속되는 정책균형에서 전체적으로 조화시키고 조정시킬 수 있게 된다. 만약 이것이 불가능하다면 정책균형은 존재하기 어렵다.

셋째, 정책균형은 정책담당자의 균형감각均衡感覺을 기초로 한다.

위에서 정책담당자의 균형감각이 연속적이고 복합적으로 진행되는 정책과정에서 끊임없이 정책균형을 유지할 수 있는 중심이라고 했다. 정책균형은 이처럼 정책결정자나 주체의 중도나 중용의 상태와 같은 균형감각을 중시重視하고 있다.

균형의 개념을 중용과 중도에서 설명한 것에 따르면, 균형감각은 양극이나 양 변에 치우치거나 편협된 이원적 상대주의를 극복하면서 현실적으로 양변兩邊을 다양한 조건에 따라서 조화된 상태로 이해한다. 따라서 합리적이고 이성적 판단과 결정을 할 수 있는 마음의 평상의 상태라고 할 수 있다. 때문에 정책담당자의 균형감각이 연속적이고 복합적으로 진행되는 정책과정에서 끊임없이 유지될 수 있는가 하는 것이 실천적으로 중요하다.

균형의 개념을 설명하면서 중용이나 중도의 상태가 결국에는 마음의 수련에 관한 법心法이고 깨달음의 세계得道에 관한 것처럼 어려울 수 있다고 했다.[20] 그러나 중용이나 중도에서도 어려운 가운데 쉬운 것이 있다. 쉽다고 해서 산술풀이와 같은 쉬운 것이 아니다. 마음의 평정과 평상의 상태를 실천하는 일이기 때문에 자신에게 속지 아니하고 자신을 수양하는 일을 진행한다는 의미의 중도의 실천적 쉬움이다. 또한 쉽다는 것은 수신修身의 일 그 자체가 쉬운 것이 아니라 이론적이고 논리적으로 중도세계를 설명하는 것이 쉽다는 의미이다. 그래서 중도를 통달한 군자가 이것을 현실적으로 체화하지만 여기에 정체되거나 몰입되지 아니하고 현실적으로 실천하면서 각각의 사업, 즉 국가정책을 결정하고 시행하면서 최고의 美의 경지, 즉 조화의 상태를 추구한다는『周易』의 지적[21]이 진정한 실천적 의미의 중도관이다.

때문에 정책주체들의 균형감각은 중도나 중용의 이론적 해석이나 문

20 『中庸』: "子曰 天下國家 可均也 爵祿 可辭也 白刃 可踏也 中庸 不可能也...(중략) 至於中庸 雖若易能然 非義精仁熟而無一毫人欲之私者 不能及也 三者(智 仁 勇) 難而易, 中庸 易而難."

21 『周易』, 「坤爲地」: "君子 黃中通理 正位居體 美在其中 而暢於四支 發於事業 美之至也."

자의 주석이 아니라 실천적이고 실용적 관점을 중시한다. 국사國事를 보편적으로 타당하고 합리적 수준에서 결정하면서 여기서 문제와 잘못 등과 같은 불균형이 발생되지 아니하도록 사전事前에 정책균형의 지식과 이론을 적용하여 정책을 결정한다. 그러나 정책이 항상 성공할 수 없듯이, 사후적으로 불균형이 발생된다면 이것을 수정하고 교정하여 그의 차이를 보정하는 정책을 연속하여 결정하면서 사회 전체적으로 조화와 정상의 상태를 실현하고자 한다. 이것이 중용이나 중도가 균형감각으로 체화된다 또는 자아수련과 같이 정좌(靜坐: 고요히 앉아서 생각을 집중하는 것)하면서 의식을 통합시키는 것과 같이 쉬울 수 있다는 뜻이다 (Humphrey, 2000).

2. 政策事例에서 본 政策均衡의 概念

이제 정책의 구체적 사례를 들면서 현실적 감각에서 정책균형의 개념을 이해해 볼 수 있다. 먼저 인터넷 사회에서 '인터넷 댓글'[22]과 정치 또는 정책에의 참여와의 균형문제이다. 누구든지 자신의 생각과 감정을 표현할 수 있다. 반대로 이와 같은 생각과 감정의 표현으로부터 누구든지 부당하거나 억울하게 자신의 감정이나 사상을 침해받지 않아야 한다. 동시에 윤리적이며 도덕적이고 일반적으로 통용되는 허용의 수준에서 감정과 사상의 표현의 방법과 정도가 있다. 이와 같은 세 가지의 요건이 충족되는 인터넷 댓글이나 또는 원글(원래 발표된 글)은 문제가 없다.

22 인터넷 댓글을 정확하게 정의한 것은 없지만, 일상적 의미에서 보면, 인터넷 게시판이나 블로그blog 등에 올려진 글을 읽고 이에 대한 자신의 생각을 간단하게 덧붙여 둔 글이라는 뜻이다. 또는 인터넷에 등장하는 다양한 여론에 관한 글을 통칭하기도 한다. 영어에서는 댓글을 'reply' 또는 'ripple' 등의 뜻으로 사용되고 있지만 사전 등에서 용어를 설명한 것은 아직까지 없다.

그런데 국가정책에 관한 이해관계나 또는 단순히 정책자체에 관한 찬반 등을 인터넷이라는 가상공간에서 소수의 참여자가 댓글로서 참여를 독점하거나 과잉대표할 때 이것을 어떻게 할 것인가 하는 것이 문제이다. 예를 들면, 「在外동포법」이 국회에서 부결된 후에 댓글을 중심으로 하는 네티즌들의 비판과 참여에 어쩔 수 없이 새로운 유사 법안을 만들어 재외동포에 관한 국가정책의 대안을 제시하겠다는 정부의 대응을 들 수 있다(중앙일보, 2005년 7월 4일). 그래서 정치집단에서는 네티즌 지지자를 결성하고 지원하거나 여론을 다양화하기 위한 인터넷집단을 형성하여 대응하기도 한다.

인터넷 댓글이나 기타 참여방법이 개인적 수준에 관한 것은 국가가 여러 가지 제도적 장치(물론 이것도 국가정책의 주요 내용이다)인 전자서명제도나 인터넷 실명제, 사이버윤리와 사생활보호제도 등을 실시하여 과잉참여나 대표를 견제하면서 균형을 유지할 수 있다. 그러나 구체적 국가정책 그 자체에 관한 찬반이나 이해관계가 댓글에 의해서 지배당한다면 여기에는 정책균형을 통한 정책정화政策淨化 policy purification가 필요하다. 위에서 예를 든, 재외동포에 관한 한국에서의 지위와 권리 등에 관한 국가정책을 결정하기 위해서는 물론 인터넷 등에서 제시된 다양한 여론을 검토하고 취사선택하는 일도 중요하다. 그러나 더욱 중요한 것은 정책담당자들의 정책결정의 전체적 과정과 진행에 관한 인과관계의 지식과 이론 및 이에 관한 균형감각이다.

정책을 결정하는 전체의 과정에서 보면, 인터넷 댓글이나 여론은 하나의 정책의제를 선정하는 이슈제기의 수준이다. 이슈로 제기된 것을 공공의 문제로 토론하고 그에 필요한 국가의 대응수준과 단계를 결정하는 공식적인 정부의제가 되기 위해서는 법적이고 행정적인 다양한 절차와 과정을 거쳐야 한다. 이 과정에서 자연적으로 필터filter역할을 하는 제도와 법률 및 또 다른 대응여론 등이 형성된다. 만약 정부의 공식의제의 지위를 획득했다면 이것을 해결할 수 있는 정책의 인과관계 및 분배의 이론과 정보 등을 수집하면서 필요한 대안을 형성시켜야 한다. 이때에도 각 정책대안의 장단점과 인과관계, 분배의 기준에 의한 정의, 정치적 판단에 의한 당파성 등을 양 극의 입장이 아니라 양 극을 포용하면서 이것을 중화中和하고 조화시킬 수 있는 판단이 필요하다.

이와 같은 판단과 노력에는 기본적으로 정책담당자나 정치인들의 국가정책에 관한 지식과 이론이 선행되어야 한다. 이것을 두고 아는 것이 힘이라고 할 수 있다. 특히 균형감각을 유지하기 위한 수신의 노력을 중심으로 하는 정책균형의 이론과 지식 등을 실천적으로 활용할 능력과 현장의 리더십 감각이 있으면(정책리더십의 내용이다) 홍수와 같은 인터넷 댓글이나 기타 과잉대표되는 여론 등에 함몰되지 아니할 수 있다. 국가정책에 관한 철학과 이념 및 자신의 철학을 뒷받침 할 과학적 이론과 지식을 균형감각에서 익힌다면 과잉여론이나 폭력적 판단의 글, 이해관계의 광적인 대변 등과 같은 여론의 쓰레기더미 속에서 허우적거리지 않을 수 있다.

두 번째의 예로서, 학생의 두발규제에 관한 정부정책(구체적으로 교육정책의 한 프로그램)에서 정책균형의 개념을 이해할 수 있다. 국가인권위원회에서는 중고교생의 두발을 학교가 규제하는 것은 학생의 기본권(자유로운 개성을 펼칠 권리, 자기결정권, 사생활의 자유 등)을 침해하기 때문에 두발과 관련된 학칙을 개정해서 학생의 의견이 반영되어야 한다고 했다(국가인권위원회, 2005: 중앙일보, 2005년 7월 5일). 그러나 학교당국이나 교육부(현재 교육과학기술부) 또는 학부모 등에서는 학생의 두발규제는 필요하다는 입장이다. 특히 두발규제를 최종적으로 집행하는 교사들의 입장에서는 실천적으로 학생 두발의 정도와 기준 및 모양이 학생의 학습과 정서 발달에 도움이 될 것인가 하는 것을 판단하고 결정해야 하는 어려움이 있다.

국가인권위원회에서는 당연하게 학생의 두발규제가 인권人權에 위배된다고 할 것이다. 왜냐하면, 국가인권위원회는 인권에 초점을 두어야 조직 그 자체가 생존할 수 있기 때문이다. 반대로 학부모나 학교에서는 子女(학생)들이 두발 때문에 혹시라도 학습을 소홀히 하거나 잘못(非行 등)되지 않도록 건강하고 건전하게 자랄 것을 바라는 마음에서 두발을 규제할 것을 찬성한다. 이와 같은 양 극의 입장에서 학생두발에 관한 학교정책은 수시의 중용과 비추고 막는 차조의 동시가 필요하다. 즉 두발규제의 정책목표는 학생의 건전한 학습을 도우는 것이다. 이것이 지나치거나 감정에 의한 규제가 되면 인권이 문제되지만 청소년의 교육정신과 목적에 합치되는 합목적적 판단과 이성적 행위라면 두발의 일정한 규제는 동서고금을 막론하고 균형적 정책이다.

두발의 유형과 길이, 채색여부, 양태 등을 학칙學則에 규정하여야 한다. 그러나 더욱 중요한 것은 두발규제를 시행하는 교사와 이를 수용해야 하는 학생간의 교육적 공감과 인간적 유대의식이 선행되어야 한다. 이것을 실천할 수 있는 것은 교사의 균형감각에 달려있다. 즉 동태적 상태에서 학생의 심리적 상태와 육체적 발달을 관찰하고 일시적이고 즉흥적 판단에 의한 것이 아닌 두발의 모양과 길이, 채색, 세탁, 부착물 등을 복합적 균형상태에서 판단하여 교육적이면서도 훈계적으로 정의롭다는 균형적 판단을 하는 것이 중요하다. 이것이 두발정책을 시행하는 일선교사의 실천적 정책균형이다. 즉 교사에게 왜 학생의 두발규제라는 권한과 임무를 부여하고 있는가 하는 대승적 판단이 학생들의 자유로운 표현의 권리 및 신체의 소유권 등과 같은 소승적(개인적이라는 의미에서 이것을 소승적이라고 표현한다면) 판단보다 항상 우선이라고 하는 입장을 수정하면서, 동시에 청소년의 인권보호가 우선한다는 판단도 수정하는 것이 정책균형을 실천적으로 이해하는 길이다.

3절 東洋思想에서 본 政策均衡의 概念

정책균형의 개념을 定立하면서 정책균형의 본질은 정책주체의 균형감각에 의한 정책의 인과관계를 과학적이면서도 윤리적이고 도덕적으로 타당하게 결정할 수 있는 이성적 능력과 자질이라고 할 수 있다. 따라서 정책균형의 본질을 균형의 동태적이고 복합적 개념과 이에 의한 정책주체의 균형감각을 중심으로 하고 있다는 사실을 동양사상에서는 어떻게 설명하고 있는가 하는 것을 찾아 보고자 한다. 즉 정책균형을 동태적이고 무정형으로 존재하는 조화된 상태로서 수많은 균형이 연속적이고 복합적으로 진행되는 균형이라고 개념을 정의했을 때, 정책주체의 균형감각과 동태적이고 복합적 균형으로서의 정책균형의 기초철학이나 사상이 될 수 있는 것을, 물론 정확하게 정책균형이라고 표기된 것은 아니지만 동양사상에서 찾을 수 있을 것이다.[23]

동양사상에서 균형은 대단히 중요한 개념으로 사상의 기본 맥을 형성하고 있다. 이때의 균형은 일반균형이론의 균형equilibrium이 아니라 본 연구에서 개념을 정립하듯이 양 변에 치우치지 아니하면서 모든 요소를 고

23 동양사상이라면 불교나 기타 동양사상에서의 균형 개념도 논의해야 할 것이지만 여기서는 유교의 고전을 중심으로 하는 유교사상을 중심으로 했다. 따라서 이하에서 동양사상이라고 표기된 것은 유교사상을 대칭하는 것으로 한정하고자 한다. 또한 동양사상에서 정책균형의 본질을 논의하면서 유교사상을 기초로 하지 아니할 수 없지만 정책균형에 관련된 내용에 집중하면서 유교사상이 행정이나 정치철학의 기본으로 평가되는 문제에 관한 논쟁 등을 다루지 아니했다. 이와 같은 논의는 최근에 한국 사회과학의 정체성 과제로 부각되고 있기 때문에 관련 문헌을 참조할 수 있다(대표적으로 이대희, 1991: 549-67; 한석태, 1999: 95-111).

려한 조화된 상태의 균형balance이다. 때문에 근본적으로 동양사상에서는 균형과 조화를 분리해서 설명하기는 어렵다. 그래서 균형과 조화는 음양론陰陽論이나 오행론五行論 또는 이기론理氣論이나 심성론心性論 등의 사유체계의 기본전제가 되고 있다. 나아가 자연과 인간, 사실과 가치 등의 통합원리로 작용하고 있으며 하나의 실천방법과 패러다임으로서 현실감각을 중요시 하고 있다. 때문에 균형과 조화의 중심개념인 중용이나 중도사상은 원천적으로 동양사상의 기본 핵이 되고 있다(이상호, 2005: 67-88). 따라서 왕도정치를 주장한 孟子의 기본사상도 물질적으로 풍요하면서도 도덕적으로 성숙될 수 있는 兩者의 조화와 균형을 강조했다고 할 수 있다(안외순, 2002: 235-7).

이와 같은 조화와 균형을 유가사상에서는 화해和諧라고 일칭一稱하고 있으며 화해의 기본방향과 실천방법은 역시 중용이다(김연재, 2005: 7-35; 안재순, 2005: 37-65). '和' 는 다양한 종류의 재료와 조미료로 맛있는 국을 끓이는 것과 같고, '諧' 는 모든 사람의 말과 같이 각기 자신의 말을 하지만 서로 충돌되지 아니하면서 공통적 요소를 가진, 즉 다양성을 전제로 하면서도 조화롭게 통일된 상태를 의미한다. 이것을 유가儒家에서는 감성의 단계인 인간의 감정의 표현과, 이성적 노력과 판단에 의한 예禮의 단계와, 이와 같은 감성과 이성의 예가 조화를 이룬 악樂의 상태라고 했다.[24] 이것을 현실감각에서 가장 잘 설명하는 개념이 중용이다(안재순, 2005: 43-4). 이와 같은 화해의 개념을 서양문화권의 이론인 'melting-pot' 이론이나 'salad-bowl' 이론인, 하나의 문화나 제도에서도 다양성이 서로 간에 갈등과 충돌이 아닌 조화와 상생의 상태를 연출하는 것으로 설명할 수도 있을 것이다.

24 『論語』, 「泰佰」: "子曰 興於詩 立於禮 成於樂."

화해의 실천 덕德으로서 중용을 실현하고 실천할 수 있어야 조화와 균형의 세계를 형성할 수 있다는 지적은 타당하다. 왜냐하면, 중용은 현실사회의 복잡한 환경과 주어진 여건속에서 가장 이상적 상태를 연출할 수 있는, 원만한 의사결정을 할 수 있는 덕의 실천기준으로 보기 때문이다. 그래서 인간사회는 중용의 덕을 끊임없이 실천할 수 있는 노력이 중요하다고 보았다(김용재, 2004: 234-43). 특히 중용의 덕, 즉 중덕中德과 관련하여 周易의 세계관인 음양합일과 중용의 덕성 및 일원론적 사고에 의한 우환憂患의식과 도덕적 자각 등에 의한 성찰적이고 능동적 행정인의 덕목으로 역동적 상호작용관계 등의 덕목을 제시한 연구(장순희 · 이광모, 2005: 97-118)도 중용의 이와 같은 실천과제를 논의한 것이다.

1. 均衡感覺에서 본 東洋思想에서 政策均衡의 概念

균형의 동양사상인 중도나 중용의 실천적 내용은 현실적으로 다양한 정보와 자극과 스트레스에 따라서 시간과 공간에서 최적의 심리적 정상상태인 균형을 유지할 수 있을 것인가 하는 점에 달려 있다. 이것은 오랜 훈련과 연습과 경험에 의해서만 달성될 수 있다. 이때의 상태에서 진행된 판단과 결정은 객체와 주체 등의 二元的 요소가 아니라 시간과 공간 및 사물의 진행상태에 따라서 합리적이고 원만한 것이다. 이것이 심리적이고 감성적 균형의 실천이고 이의 기본이 균형감각이다.

정책균형의 본질은 이와 같은 정책주체의 중도나 중용의 상태에 의한 균형감각이 중심이 되고 있다. 그러나 균형감각은 양 극이나 양 변에 치우치거나 편협된 二元的 상대주의를 극복하면서 현실적으로 양 변을 다양한 조건에 따라서 조화된 상태로, 즉 합리적이고 이성적 판단과 결정을 할 수 있는 마음의 평상의 상태를 강조하지만 이와 같은 균형감각이 정책현실에서 어떻게 작용할 것인가 하는 것이 실천적으로 중요하다.

이와 같은 균형감각의 실천에 관한 구체적 방법의 하나를 다산茶山 정약용丁若鏞이 제시하였다. 즉 "평상의 고요하면서도 화목한 상태에서 단정히 앉아서 다양한 국가정책을 생각하여야 한다"고 했다. 또한 "정신을 산란하지 않게 고요하면서도 집중해서 백성을 편안하게 할 정책을 생각하고 또 생각해야 한다"고 했다.[25] 이것은 정상상태인 균형감각에서 국가정책을 고려하고 결정하는 모습을 구체적으로 제시한 것이다.

정신적이고 감성적인 정상의 균형감각을 유지하거나 창출할 수 있는 정책주체의 능력과 자질은 결국 자신을 수련하고 다스리는 군자수신론君子修身論[26]으로 집약되고 있다. 즉 동양사상에서 본 정책의 균형은 수신을 한 군자의 중용이나 중도의 상태에서 달성될 수 있다고 보고 있다. 때문에 『中庸』에서 "오직 군자만이 중용을 체화하여 행할 수 있고 소인은 안된다"[27] 라고 했다. 그리고 『論語』에서 "君子는 편벽되거나 치우치지 않지만, 즉 중용이지만 小人은 그렇다"고 했다.[28] 그러나 선천적 신분에 관계없이 누구든지 군자의 조건, 즉 수신을 하면 군자가 될 수 있다는 의미에서 볼 때 동양의 군자엘리트는 카스트제도와 같은 신분계급과는 다

25 『牧民心書』, 「赴任六條, 上官」: "穆然端坐 思所以出治之方." 「律己六條, 飭窮」: "必凝神靜慮 思量安民之策." 여기서 현재의 정책을 '方'이나 '策'으로 표현했다. 茶山의 『牧民心書』는 그 당시의 임금의 命令을 전달하고 집행하는 鄕職(지방관료)인 수령이나 현령 등의 地方首長에 관한 것이지만 그 당시의 지방수장은 중앙의 정책을 단순히 집행하는 역할보다 지역정책을 자신의 책임으로 결정하고 집행하는 독립된 기관의 역할도 하고 있었다. 때문에 현재의 정책결정자의 역할모형이 될 수 있다.

26 君子受信論의 중심 사상은 『大學』의 8條目(明明德於天下者 使天下之人 皆有以明其明德也 心者 身之所主也 誠 實也 意者 心之所發也 實其心之所發 欲其必自慊而無自欺也 致 推極也 知 猶識也 推極吾之知識 欲其所知無不盡也 格 至也 物 猶事也 窮至事物之理 欲其極處無不到也 此八者 大學之條目也)과 『孟子』의 修己(人有恒言 皆日 天下國家 天下之本 在國 國之本 在家 家之本 在身(「離婁, 上」) 등에서 잘 표현되고 있다. 그러나 여기서는 군자수신론이 정책주체의 중도사상을 실현하는 균형감각의 중심주체라는 사실을 강조하는 수준 정도이기 때문에 심층적 군자수신론의 논쟁이 아님을 밝힌다.

27 『中庸』: "仲尼日 君子 中庸 小人 反中庸...(중략) 唯君子爲能體之 小人 反是."

28 『論語』, 「爲政」: "子日 君子 周而不比 小人 比而不周."

르다(정인재 · 황경식, 1995: 4-5; 김종식, 2003: 200-1).

이와 같은 군자수신론의 핵심은 국가정책의 결정이나 집행자로서의 자질과 지식을 스스로 터득하고 이를 활용할 수 있는 실천덕목이 중요하다는 것이다. 즉 국사의 담당자로서 국사를 결정하고 관리할 수 있는 군자는 정책의 본질을 파악하고 분석할 수 있어야 하고, 구체적 정책수단이나 프로그램 등을 정책목표와 관련하여 균형있게 마련하고 시행할 수 있는 능력과 자질을 가지고 있어야 한다는 것이다.

이와 같은 균형, 즉 중용의 상태에서 국사를 담당하는 것이 중요하다는 사실을 특히 『書經』에서는 백성과 더불어 중도의 길을 가는 것이라고 했다. 즉 일반 백성들의 마음이 불안하고 도심道心을 구하는 일이 적으니 국가지도자는 오직 정신을 하나로 모아 성실하게 그 중도의 길을 지켜야 한다고 했다.[29] 그리고 老子는 수신한 군자들이 국가정책을 결정하고 시행하여 균형된 사회를 형성하는 방법을 활대에 활줄을 메우는 장궁張弓에 비유하기도 했다. 즉 높은 쪽은 억누르고, 낮은 쪽은 추켜올리고, 부족하면 보태고, 남으면 덜어내는 것이 하늘의 도이다. 이것은 모든 조건을 보편적으로 조화시킬 수 있는 상태이다. 그러나 사적인 이해관계에 몰입하여 국가 전체의 균형된 국익과 사회의 조화를 외면하는 인간무리의 도는 하늘의 도와 반대로, 모자라면 더욱 덜어내서 그것을 남는데 보태 주는 것이라고 했다.[30]

29 『書經』, 「大禹謨」: "民協于中...(중략), 人心 惟危 道心 惟微 惟精惟一 允執厥中..."

30 『道德經』, 「제77장」: "天之道 其猶張弓與 高者抑之 下者擧之 有餘者損之 不足者補之 天之道 損有餘而補不足 人之道則不然 損不足以奉有餘." 그러나 老子는 무위정치無爲政治를 주장하면서, 물론 무위자연의 만물의 조화로운 상태나 도의 경지를 표현한 것이지만 그의 사상이 대중적으로 오해될 여지가 있기도 하다. 즉 백성의 근본적 탐욕과 욕망을 없게 하고 이것을 알지도 못하게 하며, 지식인들이 우쭐대고 경거망동하지 않도록(常使民 無知無慾 使夫知者 不敢爲也 爲無爲 則無不治(『道德經』, 「제3장」)하는, 소위 字句 그대로의 해석에 의한 愚民의 도는 현재의 지식정보사회와 상당한 거리가 있다.

때문에 『中庸』에서는 “노나라 애공哀公이 공자에게 정사政事, 즉 국사를 묻자 정책을 잘 결정하고 시행하는 것이다. 여기에는 정책을 담당할 사람, 즉 인과 덕을 겸비한 수신한 군자가 있어야 정사를 성공시킬 수 있지 군자가 없으면 정사가 끊어진다”라고 했다.[31] 이와 같은 중용의 덕을 실천하는 균형감각을 가진 정치, 즉 정책은 “君(임금)은 君답고 신하는 신하답고 백성은 백성답게 하는 것”이라고 공자는 지적하였다.[32] 즉 ‘답다’는 것은 자신의 위치에서 해야 할 일을 평상의 상태에서 균형있게 수행하고 있다는 것이다. 그래서 자신의 위치와 직위에서 타당하고 적절한 정책을 준비하고 결정하는 것이 군자다. 따라서 군자는 항상 이와 같은 본문을 잊지 않는다고 했다.[33] 이와 같이 군자는 국사를 해치는 편벽된 말이나 간사한 말, 책임을 회피하는 말(정보) 등에 현혹되거나 속지 않아야 된다고 했다. 또한 항심恒心, 즉 편벽되거나 치우치지 않는 일정한 마음의 상태를 유지해야 된다고 했다.[34]

그리고 『周易』에서는 항심의 항恒을 강한 것이 위에 있고 부드러운 것이 아래에 있으며, 천둥과 바람이 서로 함께하고, 온순하면서도 동태적이고, 강하고 부드러움이 서로 함께 상응하는 것이 일시적이 아니라 계속되는 것이라고 해서 역시 중도의 의미를 설명하고 있다. 중도는 땅의 도坤道로서 하늘의 도乾道를 순리로 수행하는, 유연하면서도 그 움직임이 강

31 「中庸」: “哀公 問政, 子曰 文武之政 布在方策 其人存 則其政擧 其人亡 則其政息.”

32 「論語」, 「顔淵」: “齊景公 問政於孔子 孔子 對曰 君君臣臣父父子子.” 이것은 孔子의 정명론(正名論)으로 잘 알려져 있다. 그러나 여기서는 조화된 사회에서 올바른 정치를 실현할 수 있는 정책균형의 중요성을 지적하면서 각자의 역할과 책임에 대한 균형감각을 강조한 것이다. 이것을 『周易』에서는 “집안의 도家道가 올바로 수행되는 것을 아버지는 아버지답고, 아들은 아들답고, 형은 형답고, 동생은 동생답고, 남편은 남편답고, 아내는 아내다워야 한다”(「風火家人」: “父父子子兄兄第第夫夫婦婦而家道 正...”)고 한 것과 같다.

33 「論語」, 「憲問」: “子曰 不在其位 不謀其政, 曾子曰 君子 思不出其位.”

34 「孟子」, 「公孫丑, 上」: “何謂知言, 曰 詖辭 知其所蔽 淫辭 知其所陷 邪辭 知其所離 遁辭 知其所窮 生於其心 害於其政 發於其政 害於其事.” 「梁惠王, 上」: “而有恒心者 惟士爲能...(중략) 苟無恒心 放辟邪侈...”

하고, 고요하면서도 그 덕이 사방에 미친다고 했다. 따라서 이와 같은 중용의 도를 얻은 것을 동인同人이라고 했다. 동인이기 때문에 중용으로서 하늘의 뜻에 계합할 수 있으며 문명을 밝히는 일을 중용으로서 응할 수 있다. 때문에 이것을 실천할 수 있는 사람은 오직 군자만이 할 수 있다고 했다.[35]

특히 국사의 최고결정권자가 균형감각을 유지하지 못하고 편벽되거나 사사로운 감정에 지배당해서 안된다는 논의는 동양사상의 중심을 점하고 있다. 그래서 공자孔子도 정공定公이라는 노나라 임금에게 '임금 역할하기도 어렵고 신하의 역할을 하기도 쉽지 않다'[36]고 하는 세인의 말을 인용하여 최고지도자의 어려움을 지적했다. 그래서 "오직 천자만이 복을 짓거나 벌(위협)을 받는다"는 『書經』의 지적은 최고지도자의 중요성을 한마디로 요약한 것이다.[37] 왜냐하면, "하늘 아래 그 어느 한 곳도 임금의 땅(영역, 영향력이 미치는 범위)이 아닌 곳이 없고, 그 누구도 임금의 신하가 아닌 사람이 없다. 그래서 부드럽다고 모두 다 수용하지 않고 딱딱하다고 모두 다 뱉지 않으며, 홀아비나 과부도 업신여기지 않고, 힘세고 사나운 자도 두려워하지 않는다"는 『詩經』의 지적과 같이[38] 최고결정권자의 중용의 실천덕목이 중요하기 때문이다.

그래서 『周易』에서는 이것을 한마디로 요약하여 "大君, 즉 군왕君王이라야 마땅히 중용을 행한다"라고 했다.[39] 이와 같이 중용의 도를 실천하는 대군은 윗자리에 위치하지만 천자나 군왕으로서 자연과 사람의 질서

35 『周易』, 「雷風恒」: "彖曰恒 久也 剛上而柔下 雷風相歟 巽而動 剛柔皆應 恒..." 「坤爲地」: "文言曰坤 至柔而動也 剛 至靜而德方...(중략), 坤道 其順乎 承天而時行." 「天火同人」: "彖曰 同人 柔得位 得中而應乎乾 曰同人...(중략) 乾行也 文明而健 中正而應 君子正也 唯君子 爲通天下之志."

36 『論語』, 「子路」: "人之言曰 爲君難 爲臣不易."

37 『書經』, 「洪範」: "惟辟作福 惟　作威...(중략), 臣無有作福作威"

38 『詩經』, 「北山」: "溥天之下 莫非王土 率土之濱 莫非王臣..." 「蕩」: "柔亦不茹 剛亦不吐 不侮矜寡 不畏疆禦..."

39 『周易』, 「地澤臨」: "彖曰大君之宜 行中之謂也."

에 순응하고 겸손하면서 중용의 도로서 천하의 여론과 그들의 욕구와 이해관계를 살피고 관찰하여 국사를 베풀 수 있다고 했다.[40] 때문에 『書經』에서 조화로운 자연현상도 국가를 다스리는 군왕이 천도를 따르고 중도를 실천하면 가능하다고 했다. 예를 들면, 군왕이 엄숙하면 때에 맞추어 비가 오고, 정치를 잘하면 때에 맞추어 날이 맑고, 오만하면 장마가 계속되고, 무질서하면 가뭄이 심하고, 조급하면 춥고, 도리를 모르면 바람이 심하다는 등,[41] 자연적 조화의 현상을 국가통치자의 중용적 균형감각에 비유하여 설명한 것이 흥미롭다.

역으로 보면, 군왕과 신하가 자신에게 주어진 역할을 제대로 하는 것이 어렵다고 했다. 그러나 이와 같은 국사의 어려움을 잘 알고 있다면 원래 의도하고 목적한 대로 국사를 진행할 수 있고 이에 따라서 정책은 성공할 수 있다는 『書經』의 지적에서 보듯이,[42] 단지 어렵다고 두려워 할 것만이 아니라 두려움과 방자함(경박함)의 兩者의 입장에서 중용의 실천적 능력을 발휘하는 것이 중요하다고 할 것이다.

그래서 『書經』에서는 치우치거나 편벽되거나 어느 당파에 기울지 아니하는 균형감각에 의해서 국사를 결정해야 王(최고결정권자)의 길이 평탄蕩蕩할 것이고 평정하여 쉬울 것이다平平. 반反하지 않고 기울어지지 않으면(즉 정의롭고 형평하면) 왕의 길(여기서는 정치이고 정책이다), 왕도는 곧고 바를 것이라고 했다.[43] 물론 최고정책결정권자인 군왕이 사사롭고 편협된 생각에서 벗어나서 음과 양, 바람과 비, 어두움과 밝음 등 국가정책의 결정에 중요한 다양한 조건을 조화시킬 수 있도록 정책참모나

40 『周易』, 「風地觀」: "彖曰大觀 在上 順而巽 中正 以觀天下...(중략), 象曰風行地上 觀..."

41 『書經』, 「洪範」: "曰休徵 曰肅 時雨若 曰乂 時暘若 曰哲 時燠若 曰謀 時寒若 曰聖 時風若, 曰咎徵 曰狂 恒雨若 曰僭 恒暘若 曰豫 恒燠若 曰急 恒寒若 曰蒙 恒風若..."

42 『書經』, 「大禹謨」: "曰后克艱厥后 臣 克艱厥臣 政乃乂 敏德."

43 『書經』, 「洪範」: "無偏無黨 王道蕩蕩 無黨無偏 王道平平 無反無側 王道正直..."

관료君臣의 노력이 중요하다는 지적도 있다.[44] 그렇지만 더욱 중요한 것은 최고결정권자의 균형감각이 선행되어야 한다. 그렇지 않다면 기타 정책결정자들이 균형적 정책보고나 분석을 아침에 올렸다가 저녁에 화禍를 당하여 교체당하는 선인先人의 전철을 밟게 되는 일이 많다는 것은 東西古今의 사실이다.[45] 그래서 군왕이 균형감각을 상실한 상태에서 결정하는 정책의 결과는 호랑이보다 더 무섭다는 이야기가 회자된다.[46]

따라서 보편적 조화의 균형감각은 평상의 무정형의 수시에 의하지만 그러나 균형잡힌 국사를 펼쳐야 조화된 사회를 실현할 수 있다고 본 것이다. 이와 같은 조화의 세계를 달성하기 위한 개인적 노력이나 수련은 동양사상에서 수신론의 핵심이다.

동양사상에서 강조하는 개인적 수준에서의 수신론이 아닌 단체나 조직에서의 조화를 달성하는 서양의 수신론도 있다. 예를 들면, Goldberg (1989: 74-5)는 서양중심의 기술문명사회에서 체제적 균형을 강조하는 의사결정에서 다양한 생각을 가진 사람들의 다양한 행동을 조화롭게 하는 방법을 제시하기도 했다. 즉 타산지석他山之石이나 시행착오 또는 성공한 사례 등에서 과거를 배울 수 있는 시간을 가지면서 점증적이고 천천히 변화를 시도하는 것이 중요하다. 그러면서도 의사결정에는 항상 무지와 불확실성 등의 요인이 많다는 점을 인정하면서 성공을 위해서 꾸준히 노력하고, 현재의 결정이 최악의 상태를 피할 수 있다는 사실을 증명

44 왕우칭王禹偁, "待漏院記": "歲功成者 何謂也 四時之吏 五行之佐 宣其氣矣... (중략), 六氣不和 災眚薦之 願避位以禳之"(이장우 외, 2003: 609-13). 여기서 6기氣는 陰과 陽, 風과 雨, 명(冥 어두움)과 明 등이다.

45 이와 같은 비유는 초나라 굴원屈原이 간신들의 질투에 참소되어 멀리 유배당하자 우수에 젖은 서정시의 내용 중 "아침에 말을 더듬을 정도로 조심스럽게 진언했다가 저녁에 교체된다(謇朝誶而夕替)"는 글에서 온 것이다(굴원, "離騷"(이장우 외, 2003: 38).

46 『禮記』, 「檀弓, 下」: "공자가 태산을 지나 가다가 한 여인이 슬피 우는 이유를 묻으니 시아버지와 남편이 호랑이에게 물려서 죽었다고 했다. 그러면 여기를 떠나면 될 것이 아닌가 하고 물으니, 여기에는 호랑이는 있지만 가혹한 정치가 없기 때문에 떠날 수 없다고 한 것을 공자가 제자들에게 이른 말이다(夫子曰 小子識之 苛政猛於虎也)."

하면서 다양한 결정방법과 대안을 항상 공개해야 된다. 그러면 다양한 사람들의 다양한 생각과 방법이라는 복잡한 의사결정의 사회적 맥락을 이해할 수 있다. 따라서 다양성의 조화는 수많은 차원을 동시에 설정하여 구체적 영향력을 타진하면서 결정과정의 인내력 속에서 달성된다고 하기도 했다.

2. 東洋思想의 實踐的 意味에서 본 政策均衡의 槪念

정책균형에서 균형과 균형감각이 정책현실에서 어떻게 구체적으로 발현되면서 실천되고 있는가 하는 실천적 의미에서 본 정책균형의 개념을 동양사상으로 정리하여 이해할 수 있다.

실천적 의미의 중도 또는 중용이 균형감각으로 현실화되는 것을 한마디로 『周易』에서는 "큰 수레에 골고루 짐을 실어야 어느 한편으로 넘어지지 않는다"[47] 라고 했다. 그리고 『論語』에서 국가나 가정을 다스리는 자는 "적음을 걱정하기보다는 어떻게 균등하게 분배되어 있는가 하는 것을 걱정하고, 가난한 것을 걱정하기보다 편안하지 못한 것을 걱정하는 것"[48]이라고 해서 균형을 실천하는 중요성을 지적했다.

그렇지만 또한 중요한 지적으로, 정책균형은 정책결정자들이 자신의 전문적 능력과 중용의 수신에 의한 균형감각을 실천하는 것도 중요하지만, 정책대상자와의 차별의식에 의한 선민選民사상으로 진행되어서는 진정한 의미의 실천능력이 아니라는 사실이다. 이점을 『書經』에서는 특히 자신은 크고 위덕이 있고 남은 작고 형편없다고 할 것이 아니라 일반 시민들, 즉 정책의 최종 수혜자이고 대상자들도 그들의 능력과 자질을 충분

47 『周易』, 「火天大有」: "大車以載 積中不敗也."
48 『論語』, 「季氏」: "有國有家者 不患寡 而患不均 不患貧 而患不安,"

히 발휘할 수 있도록 해야만 정책은 성공할 수 있다고 했다.[49] 그래서 자신들의 능력과 전문지식만을 과신하지 말고 현장의 감각도 고려해야 한다는 점을 『詩經』에서는 마치 살얼음판을 밟듯이(여리박빙)如履薄氷, 깊은 연못에 이르러 조심하고 두려워하듯이(여임심연)如臨深淵 해야지 맨손으로 호랑이를 잡으려하거나 걸어서 험한 강을 건너겠다[50]는 식의 무모함을 경계하고 있다.

이와 같은 정책균형의 실천적 내용으로 가장 풍부하고 다양한 내용을 가진 동양고전의 대표로 『孟子』를 들 수 있다. 그 대표적으로, 孟子는 요堯임금과 순舜임금의 치산치수 정책을 비교하여 설명한 내용이다. 즉 堯 때는 아직 지역개발이나 산림개발 등을 시행하지 아니한 상태의 자연친화적 환경정책으로 치산治山과 치수治水를 조절할 수 없는 일이 발생하여 국가 생산량을 확보할 수 없었지만 舜 때는 치산과 치수의 지역개발사업을 시행하여 백성이 먹고 살 수 있게 되었다고 했듯이,[51] 자연적 상태와 이를 개발하고 이용하는 상태와의 균형을 강조하였다. 따라서 보다 구체적으로 孟子는 국가정책을 결정하는 주체의 정책타이밍에 관한 균형감각을 중요시하였다. 즉 농사철에 백성을 동원하지 아니하며, 물고기를 함부로 남획하지 않게 하고, 산림벌채에서도 적절한 방법과 시기를 잘 가리고 고려해야 백성이 굶주리지 않고 계속해서 물고기를 먹을 수 있고, 필요한 목재를 언제든지 얻을 수 있다고 했다. 이것을 孟子는 여민동락與民同樂의 왕도정치의 시작이라고 하여,[52] 현실정책에서 정책균형을 실천

49 『書經』, 「商書, 咸有一德」: "無自廣以狹人 匹夫匹婦不獲自盡 民主罔與成厥公."
50 『詩經』, 「小雅, 小旻」: "不敢暴虎 不敢馮河 人知其一 莫之其他 戰戰兢兢 如臨深淵 如履薄氷."
51 『孟子』, 「滕文公, 上」: "當堯之時 天下 猶未平 洪水橫流... 草木暢茂 禽獸繁殖 五穀不登 禽獸偪人... 舜使益掌火... 疏九河 瀹濟漯 而注諸海 決汝漢... 然後 中國 可得而食也."
52 『孟子』, 「梁惠王, 上」: "不違農時 穀不可勝食 也 數罟 不入汚池 魚子 不可勝食 也 斧斤 以時入山林 林木 不可勝用 也... 王道之始也,"

하는 일이 어렵고 힘든 것이 아니라 쉽고 가까운 일임을 강조하였다.[53]

예를 들면, 治山사업의 경우 구체적으로 『詩經』에서는 시들고 죽은 나무는 뽑아내고, 거칠고 빽빽한 곳은 간벌하고, 길가에 자라거나 떨기로 자라는 나무는 곧게 하고, 능수버드나무나 영수목 등은 줄기를 치거나 가지를 자르고, 뽕나무 등은 가지를 치거나 베어야 한다[54]고 할 정도였다.

정책주체가 균형감각을 실천하는 또 하나의 간단한 일로서 孟子는 자신이 개인적으로 백성을 위하는 일보다 국가 전체적으로 사업을 적기에 실시하여 백성이 그 혜택을 누릴 수 있게 하는 것이 중요하다고 했다. 즉 정국鄭國의 재상 자산子產이 자신의 수레로 강을 건너는 백성을 태워주는 은혜보다는 농한기에 그 강에 인도교와 차도를 건설하는 일이 더욱 중요하다고 했다.[55]

孟子는 단순히 왕이 영토를 확장하고 국가의 재물을 모으는 방법으로 우호국과 동맹을 맺고 전쟁을 하는 것 등은 백성을 괴롭히는 만민萬民의 적이라고 했다. 따라서 왕이 도의에 따라 仁에 뜻을 둔 부국강병책을 추구하는 것이 정도의 균형감각의 실현이라고 보았다.[56] 또한 孟子는 治水사업과 같은 문제도 중국이라는 국가 전체에서 홍수의 조절방법과 물길을 정리해야지 자신이 다스리는 영토의 물길을 단지 이웃 나라로 돌리는 것은 결국 큰 홍수가 나면 전체가 다 잠기는 일이라고 했듯이,[57] 정책균형은 한 국가나 통치지역(자치단체)만이 아닌 국제적 감각(당시의 중국)도

53 이와 같은 쉬운 균형감각의 실천, 즉 중도의 체화는 『周易』에서 美의 경지와 조화의 달성이라고 한 것과 상통한다.

54 『詩經』, 「大雅, 文王」: "作之屛之 其菑其翳 修之平之 其灌其栵 啓之辟之 其檉其椐 攘之剔之 其檿其柘."

55 『孟子』, 「離婁, 下」: "子產 聽鄭國之政 以其乘輿 濟人於溱洧, 孟子 曰 惠而不知爲政 歲十一月 徒　成 十二月 輿梁 成 民未病涉也"

56 『孟子』, 「告子, 下」: "君不鄕道 不志於仁 而求爲之强 是 輔桀也"

57 『孟子』, 「告子, 下」: "禹之治水 水之道也 是故 禹 以四海爲壑 今 吾子 以隣國爲壑 水逆行 謂之洚水 水者 洪水也."

중요함을 강조했다.

그러나 정책균형을 현실적으로 실천하는 것이 쉽고 가깝지만 여기에도 어렵고 힘든 속성도 있음을 孟子는 비유를 들어 설명하였다. 즉 齊나라의 선왕宣王에게 왕도정치의 본질을 설명하면서, 비유하여 소를 죽여 그 피를 사용하여 종을 만드는 종교의식에서(흔종)釁鐘 소를 죽이지 아니할 것인지, 아니면 소 대신에 양을 사용할 것인지, 아니면 이와 같은 종교의식을 폐지할 것인지 하는 국사결정의 균형감각의 어려움을 지적했다. 즉 소를 살려주고 양을 대체하는 것은 다같이 존귀한 생명을 둘 다 보호하지 못하기 때문에 어려운 결정이다. 마찬가지로 종교의식을 폐지하는 것은 제정일치의 사회에서 있을 수 없는 일이다. 백성의 입장에서 보면 소보다 값이 싼 양을 사용하여 국비를 절약하겠다는 선왕의 선정이라고 할 것이고, 선왕의 입장에서는 도살장으로 끌려가면서 벌벌 떨고 있는 소를 차마 볼 수 없는 어진 마음, 즉 인仁의 발로였을 것이다. 그래서 孟子는 선왕이 양이 끌려가는 것을 보지 못했으니 어쩔 수 없지 않겠는가, 즉 군자는 죽어가는 모습을 차마 보지 못한다는 仁의 발로를 이야기하고[58] 仁이 갖추어진 왕은 왕도정치를 할 수 있다고 했다.[59]

孟子의 이와 같은 지적을 신행정수도건설 정책으로 다시 이해할 수 있다. 즉 신행정수도건설과 같은 국가사업은 국토의 균형발전을 추구하기 위한 중요한 전략의 하나로 진행되고 있다. 그러나 『書經』에서도 지적했듯이, 그 지역의 주민만이 아니라 일반 시민들의 일상적 생업을 보장하여 그들을 이익되게 하고 모두가 편안하게 생활 할 수 있도록 하는 것이 수

58 「孟子」, 「梁惠王, 上」: "王 坐於堂上 有牽牛而過堂下者... 將以釁鍾, 王曰 舍之... 然則廢釁鍾與, 曰 何何廢也 以羊易之... 王若隱 其無罪而就死地則牛羊 何擇焉... 是乃仁術也 見牛 未見羊也, 君子 不忍見其死..."

59 孟子의 지적처럼, 정책주체의 인식범위에 있었는가 하는 것은 우연의 결과이거나 아니면 운명일 뿐이라는 숙명론fatalism이 될 수 있지만 仁의 발로에 의한 왕도정치의 본질을 이야기한 것으로 이해할 수 있다.

도 이전의 목적이고 정당성이다.[60] 이렇게 본다면, 행정중심의 복합도시를 건설하여 수도권과 지역간의 균형발전에 따른 지역주민 뿐만 아니라 한국국민 전체가 보다 편안한 삶을 영위할 수 있는가 하는 점이 정치보다 중요할 것이다.[61]

또 하나의 실천적 예로서, 공직의 윤리강령이나 행동규범에 관한 정책균형을 들 수 있다. 『書經』에서는 중정中正, 즉 중도를 지키면서 총명하거나 재주가 있다고 해서 기존의 법질서나 도의를 문란하게 하지 말 것이며, 보고 들음에 따른 정보수집과 분석을 정확하고 자세하게 하여 한편에 치우친 분석(글)이나 말로서 정책을 수정하면 아니된다는[62] 윤리규범을 강조했다. 마찬가지로 法을 집행하는 정책현장에서도 왕의 명령대로 罰하라고 해서 벌하고 용서하라고 해서 당연히 용서하는 것이 아니다. 대신에 백성을 미워하거나 백성에 대하여 분개하지 말고 그리고 한 사람에게 모든 것이 갖추어지기를 바라지 말고, 인내하고 정확하면서 너그러움과 덕으로서 현장의 균형감각을 실천하는 것이 중요하다고 했다.[63]

특히 국정의 최고책임자인 王은 무편무당無偏無黨해서 모든 사람이 다 돌아서고 난 후에 형벌을 결정하고 모든 사람이 다 찬성한 후에 상을 결정하며, 상관을 업신여기고 부하를 괴롭히는 자를 약화시켜야 혼란스러

60 『書經』, 「商書, 盤庚, 上; 中」: "盤庚 遷于殷... 若顚木之有由蘖 天其永我命于玆新邑 紹復先王之大業 底綏四方...; "視利民 用遷... 承汝俾汝 惟喜康共 非汝有咎 比于罰.

61 국가의 부역이나 조세를 담당하면서 힘든 일상생활을 하는 백성들을 편안하게 하는 것이 동서고금을 막론하고 국정의 중심목표였다. 이와 같이 고생에 지친 백성을 조금이라도 편안하게 하기 위해서(이것을 小康, 小休, 小息, 小愒, 小安이라고 했다) 거짓말하고 속이고 포악하고 간사한 무리를 용서하지 말고 조심할 것을 당부하는 『詩經』의 지적은(大雅, 生民) 신행정수도건설과 같은 국책사업에 귀중한 지침이 될 수 있을 것이다.

62 『書經』, 「周書, 蔡仲之命」: "率自中 無作聰明 亂舊章 詳乃視聽 罔以側言 改厥度 則予一人 汝嘉."

63 『書經』, 「周書, 君陣」: "爾無忿疾于頑 無求備于一夫 必有忍 其乃有濟 有容 德乃大." 특히 「周書」의 '呂刑'에서는 죄인을 판결하는 구체적 방법(다섯 가지 허물과 벌금, 형벌, 변명 등)과 송사를 다루는 일까지도 자세히 기록하고 있다.

움을 다스릴 수 있고, 억울한 일들을 바르게 한 후에 잘못된 것을 똑바로 할 수 있다고 했다.[64] 그래서 孟子는 죄인을 다스릴 때도 좌우의 측근들이 죽여야 한다고 해서 죽여서는 안되고, 모든 신하들이 죽여야 한다고 해서 죽여서는 안되며 오로지 온 백성이 죽여야 한다고 할 때에도 자세히 살펴 본 후에 결정해야 한다고 했다.[65]

마지막으로 정책균형의 실천에서 말言語에 관한 예이다. 주요 현안을 논의하는 정책회의 등에서 균형감각을 실천하는 것이다. 이때 말이 많으면 반드시 막히기 때문에 中을 지켜야 한다고 老子가 지적했듯이,[66] 적절한 말과 글로써 정확하게 표현하는 것이 중요할 것이다. 이것을 『周易』에서는 중용의 말은 적지만 믿음이 있기 때문이라고 했다.[67] 그렇지만 한유韓愈는 '쟁신론爭臣論' 에서, 말해야 할 것을 알면서도 말하지 않은 것이나, 무엇을 말해야 할지도 모르면서 자리를 떠나지 않는 것 등은 옳지 않다고 했다. 따라서 일정한 직위를 가지고 있고 국록國祿을 받으면서도 국정을 물으면 모른다고 대답하는 것은 참다운 선비의 자세가 아니라고 했다.[68]

이상의 내용은 중도에 의한 정책균형을 실천한 또는 실천해야 하는 사례를 설명한 것이다. 그러나 정책균형에 따라서 국사를 실천하지 못한 경우도 많을 것이다. 그 대표적 예로서, 당나라의 시인 유종원柳宗元은 세 가지를 들었다. 즉 사마천司馬遷은 흉노와의 전쟁에서 항복한 한나라 장

64 이 내용은 장온고張蘊古가 王이 지켜야 할 교훈으로 당 태종에게 올린 글에서 『書經』의 무편무당 또는 무편무피(周書, 洪範)를 인용하여 중도의 실천내용을 지적한 것이다(衆棄而後加刑, 衆悅而後行賞, 弱其强而治其亂, 伸其屈而直其枉)(이장우 외, 2003: 218).

65 『孟子』, 「梁惠王, 下」: "左右 皆曰可殺 勿聽 諸大夫 皆曰可殺 勿聽 國人 皆曰可殺 然後 察之 見可殺焉然後 殺之, 故 曰 國人 殺之也."

66 『道德經』, 「上篇」: "多言 數窮 不如守中" 그래서 老子는 아는 자는 말이 없고 말하는 사람은 알지 못한다(知者 不言 言者 不知 (下篇))라고 했다.

67 『周易』, 「乾爲天」: "庸言之信."

68 한유韓愈, "爭臣論", "得其言而不言 與不得其言而不去 無一可者也... 問其官則曰 諫議也, 問其祿則曰 下大夫之質也, 問其政則曰 我不知也 有道之士 固如是乎哉?"(이장우 외, 2003: 340-1).

군(이릉)을 변호하다가 한나라 무제의 노여움을 받아 궁형을 당한 경우와, 후한의 반고班固는 자기의 종이 술에 취하여 낙양령의 충궁에게 무례를 범한 일로 역모사건에 연루되어 옥사를 당한 경우, 그리고 북조의 최호崔浩는 태泰의 무제가 소집명령한 국사편찬사업에 참여하면서 평소에 자신을 모함한 일이나 조정의 부정한 사건까지도 전부 기술하였기 때문에 이것에 불만을 품은 북조인들이 그가 반역을 도모하고 있다고 모함하여 무제가 그의 일가족을 참살한 사실 등을 들었다.[69]

69 유종원柳宗元, "與韓愈論史書": "司馬遷 觸天子喜怒, 班固不檢下 崔浩沽其直 以鬪暴虜 皆非中道"(이의 내용을 자세히 설명한 것은 이장우 외, 2003: 517의 〈각주 35〉에서 〈41〉까지의 내용을 참조한 것임).

참고문헌

국가인권위원회, 2005, 『학생두발제한의 인권적 쟁점과 대안』, 2005년 5월 13일.

김연재, 2005, "역전의 '변역의 도' (역도)와 화해관", 『동양철학연구』 44집: 7-35.

김용재, 2004, "동양사상과 보편주의 가치관," 『유교사상연구』 20집: 213-48.

김유송, 1969, "정학적 경제이론에 있어서의 일반균형체계," 『경제학연구』 17집: 122-31.

김종식, 2003, "공자와 리더십," 『한국행정사학지』 12집: 189-213.

노화준, 1992, "정책설계의 위치와 성격," 『한국행정연구』 1집 3호: 1-16.

성철, 1987, 『돈오입도요문논 강설』, 경남 합천: 장경각.

안외순, 2002, "맹자의 왕도정치론: 조화로운 공존의 정치사상," 『동방학』 8집: 226-51.

안재순, 2005, " '조화와 균형' 에 대한 유가적 해명," 『동양철학연구』 44집: 37-65

이대희, 1991, "유교식 행정문화에 대한 새로운 해석," 『한국행정학보』 25집 2호: 549-67.

이명석, 1996, "정책분석에서의 게임이론의 활용: 제도분석틀의 관점," 『한국행정학보』 30집 2호: 49-63.

이상호, 2005, "주자학에서 균형과 조화의 관념," 『동양철학연구』 44집: 67-88

이장우 · 우재호 · 박세욱, 옮김, 2003, 『고문진보 · 후집』, 서울: 을유문화사.

이해영, 2004, 『정책학신론: 이론-실제 이원론의 극복』, 전정2판, 서울: 학현사.

장순희 · 이광모, 2005, "능동적 행정인의 도덕적 덕목: 『주역』의 세계관과 '9덕괘(九德卦)' 의 해석을 중심으로," 『행정논총』 43권 3호: 97-118.

정인재 · 황경식, 1995, "군자와 시민," 『철학연구』 37집: 1-13.

정정길, 2002, "정책과 제도의 변화과정과 인과법칙의 동태성 성격," 『한국정책학회보』 11집 2호: 255-72.

정준표, 1993, "집단행동과 게임이론," 『한국정치학회보』 27집 2호: 109-39.

최일범, (1991), "유교의 중용사상과 불교의 중도사상에 관한 연구: 자사(子思)의 『中庸』과 용수의『中論』을 중심으로", 성균관대학교 박사학위논문.

한석태, 1999, "한국행정문화의 유교적 전통요소: 문헌비평적 고찰," 『한국행정학보』 33집 4호: 95-111.

『論語』, 『大學』, 『道德經』, 『孟子』, 『牧民心書』, 『書經』, 『詩經』, 『禮記』, 『周易』, 『中庸』

Berman, Evan M., 1991/92, "The Politics of Federal Technology Policy: 1980-1988," *Policy*

Studies Review 10(4): 28-41.

Dryzek, John S., 1983, "Don't Toss Coins in Garbage Cans: A Prologue to Policy Design," *Journal of Public Policy* 3(4): 345-67.

Dunn, William N., 2004, *Public Policy Analysis: An Introduction*, 3rd edition, Upper Saddle River, New Jersey: Pearson Education, Inc.

Humphrey, Nicholas, 2000, "One-Self: A Meditation on the Unity of Consciousness," *Social Research* 67(4) (proquest.umi.com...... 검색일: 2005년 6월 9일).

Goldberg, Michael A., 1989, *On Systemic Balance: Flexibility and Stability in Social, Economic, and Environmental Systems*, New York, New York: Praeger Publishers. Inc.

Ingraham, Patricia W., 1987, "Toward More Systematic Consideration of Policy Design," *Policy Studies Journal* 15(4): 611-28.

Lasswell, Harold D., 1951, "The Policy Orientation," in *The Policy Sciences: Recent Developments in Scope and Methods*, edited by Lasswell and Daniel Lerner, Stanford, California: Stanford University Press: 3-15.

Munck, Gerardo L., 2001, "Game Theory and Comparative Politics: New Perspectives and Old Concerns," *World Politics* 53(2): 173-204.

Noble, Trevor, 2000, *Social Theory and Social Change*, New York, New York: St. Martin's Press.

Parsons, Wayne, 1995, *Public Policy: An Introduction to the Theory and Practice of Policy Analysis*, Aldershot, England: Edward Elgar.

Robertson, David B., 1984, "Program Implementation versus Program Design: Which Accounts for Policy "Failure"?" *Policy Studies Review* 3(3/4): 391-405.

Squintani, Francesco, 2006, "Mistaken Self-Perception and Equilibrium," *Economic Theory* 27(3): 615-41.

Torgerson, Douglas, 1986, "Between Knowledge and Politics: Three Faces of Policy Analysis," *Policy Sciences* 19(1): 33-59.

Wilson, Woodrow, 1887, "The Study of Administration," *Political Science Quarterly* 2(June): 197-222.

http://www.askoxford.com/concise_oed.... 검색일: 2005년 6월 4일.

http://www.stat.wvu.edfu/SRS/Modules/Normal... 검색일: 2005년 6월 8일.

제 3 장 | 政策均衡理論의 特徵

제 3 장

政策均衡理論의 特徵

제2장에서 정책균형을 중용의 수시隨時나 중도의 수의隨宜를 중심으로 하는 복합적 상황과 변수를 균형된 감각에서 고려하고 정립하는 개념으로 설명하였다. 특히 정책균형의 핵심은 정책담당자의 감성적 의미 뿐만 아니라 물리적이고 현실적 의미의 체화體化된 균형감각을 중심으로 하고 있다고 했다. 이와 같은 균형감각의 본질은 중용과 중도의 세계를 실천하는 것이다. 이것은 전통적으로 동양사상의 수신론修身論을 기본으로 해야 가능하다는 점도 강조하면서 동양사상에서 본 정책균형의 개념을 자세히 설명하였다.

이렇게 정책균형의 개념과 본질을 정립하면서 제3장에서는 정책균형이론을 비교적 관점에서 이해하기 위해서 정책균형이론과 관련되는 다양한 이론들을 설명하고자 한다. 물론 정책균형이론의 정립에 필요한 선행연구나 관련되는 기존의 이론으로서 여기서 소개하고 설명하는 이외의 이론들도 많다. 그러나 여기서는 정책균형이론의 특징과 속성을 비교적 관점에서 구체적으로 이해하기 위해서 이에 관련되는 전통이론들과 대비對備하여 설명하고자 한다. 이와 같은 전통이론으로 정치사회학에서의 균형에 관한 주요 이론인 세력균형론과 일반체제론, 조절이론, 코프라티즘 등을 대표적으로 지적할 수 있고, 정책학에서는 정책조정론, 정책급변론 등을 들 수 있다. 그리고 경제학의 전통균형이론인 비용-효과분석과 공공선택론 등이 있다.

그리고 보다 구체적이고 정확한 의미에서, '정책균형policy balance' 이라는 용어를 사용한 선행연구와, 지역균형이론과 조직학에서의 조직균형이론 등도 비교하여 설명하고자 한다. 이와 같은 선행연구를 설명하는 이유는 정책균형이론의 개념정립, 특히 정책균형이론의 현실적 실천기준으로서 정책의 인과관계와 분배의 정의 등을 설정하는데 도움이 될 수 있기 때문이다.

1절 政治社會學의 傳統的 均衡理論과의 差異

1. 勢力均衡論과의 差異

세력균형론balance of power은 세력, 즉 힘power의 물리적 균형을 국제관계나 동맹관계 및 노동자와 사용자 관계勞使關係 등에 적용하는 균형이론의 하나이다. 특히 국제정치나 외교정책 및 국가관계 등에서는 세력균형론이 주요한 선행이론으로 정착되고 있다. 이와 같은 세력균형론의 핵심은 세력 개념을 중심으로 하고 있다. 때문에 우선 힘이나 세력의 정확한 내용을 이해할 필요가 있다.

힘을 물리적 힘과 非물리적(주로 정신적이고 문화적이며 사상적 의미에서) 힘으로 구분할 수 있으며, 힘은 곧 영향력influence이라고 할 수 있다. 이처럼 힘과 영향력을 중심으로, 힘의 역학적이고 동태적인 사회관계를 설명하는 것이 세력균형론의 핵심이다. 따라서 전통적이고도 대표적으로 힘은 다양한 방법(대표적으로 설득이나 통제, 강제, 정신적이고 사상적 지배 등)으로 타인에게 영향력을 행사하는 것(Dahl, 1984: 24)이라고 정의할 수 있다.[1]

이와 같이 정의한 힘이 실제로 행사되는 관계에서 3차원으로 설명하는 것이 힘의 균형을 이해하는데 도움이 된다. John Gaventa(1980: 3-32)는 힘을 B를 제압하는 A의 힘과, A에 대항할 수 없는 B의 힘, B의 도전에 대한 A의 대응이라는 세 가지로 정의하면서 각각에서 1차 및 2차, 3차 차원의 힘의 실질적 행사관계를 〈그림 3-1〉과 같이 자세히 설명하였다.

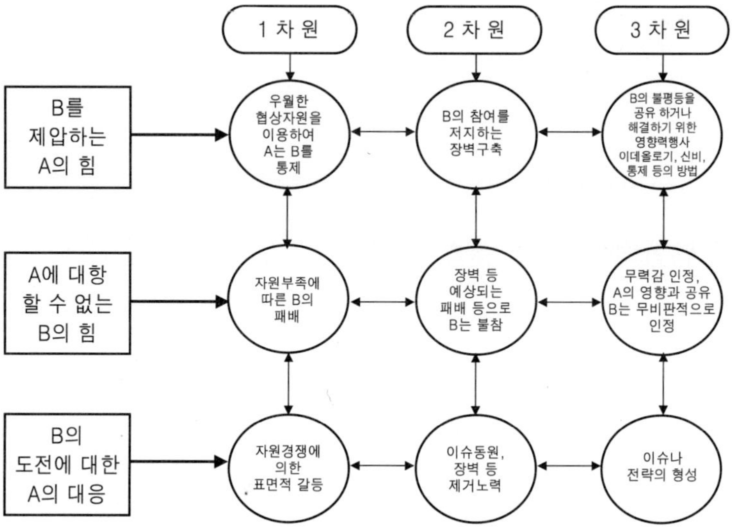

출처: Gaventa, John, 1980, *Power and Powerlessness*, p.21 그림의 재구성.

〈그림 3-1〉 Gaventa의 3차원 관계에서 본 힘의 정의

1 힘power을 정확하게 정의하는 것도 대단히 복잡하고 어려운 일이다. 그러나 여기서는 세력균형론과 나아가 정책균형이론을 이해하기 위한 범위내에서 대표적으로 Robert Dahl의 정의를 참조하였다. 그러

이처럼 힘은 그 자체로서 존재하기보다 관계로 존재해야 힘의 본질이 밝혀진다. 조직이나 개인 또는 국가간의 관계에서 힘이 존재한다는 것은 힘을 현실적으로 체현體現시킬 관계, 즉 이것을 Harold Lasswell(1948: 10)은 사회적 관계에서 '주고 받는giving-and taking' 관계로 정의하면서, 힘이 세력균형론의 중심변수로 등장할 수 있게 되었다.

힘이 균형되고 안정된 상태(power balance 또는 power parity)(황영배, 1995: 333)에서 미래의 상황을 규칙적으로 예측할 수 있고 이에 따라서 관계를 지속시킬 수 있다는 것이 세력균형론의 근간이다(김계동, 2001: 346). 세력이 균형된 상태가 계속되면 관계가 계속되지만 체제의 변동이나 기술의 발달 또는 관계 그 자체의 변화에 의해서 세력의 불균형, 즉 힘의 분배 메커니즘에 이상이 발생되면 세력은 새로이 균형점을 찾아 이동하게 된다. 이때 국가간의 세력균형론에서는 각 국가들이 힘을 추구할 때 자동적으로 세력간의 균형이 달성된다는 주장과, 역사적 기록에서 볼 때 의도적이고 의식적으로 세력의 균형을 유지하고자 하는 노력이나 국가정책을 시행하지 않는다면 세력의 불균형이 보편적 현상이라고 반박하기도 했다(김계동, 2001: 348).

하나의 예로서, 국가동맹은 국제체제의 안정에 필수적 요인이면서 힘의 결집현상이다. 때문에 더 많은 국가들이 독립적이고 자율적으로 참여하면서 국제사회에서 동맹과 非동맹간의 세력은 균형을 이룩할 수 있다. 그러나 동맹이 붕괴되거나 전쟁이나 갑작스럽게 발생되는 테러리즘(대표적으로 미국 New York市와 Washington, D.C. 등에서 발생된 2001년

나 Dahl 자신도 힘의 정확한 개념이 어렵다고 보면서 힘과 영향력influence, 권위authority, 통제control 등이 정치학계에서는 같은 의미로 이해되고 있다고 했다(1984: 20). 그래서 그는 힘을 이해하는데 세 가지의 오류誤謬(유일한 하나의 집합체로 이해하려는 오류, 힘과 자원을 혼동하는 오류, 힘과 보상 및 박탈과 혼동하는 오류)(1984: 20-2)가 있다고 지적하면서, 힘은 결과를 발생시키는 原因이라고 했다. 그래서 그는 힘을 영향력의 한 수단으로 보면서 힘이라는 용어 대신에 영향력을 더 자세히 설명하였다.

9.11테러와 같은 경우) 등에 의해서 기존의 동맹이나 안보공동체 등에 불균형이 발생된다. 그러면 이와 같은 불균형의 세력이 과연 자동적으로 균형될 것인가, 아니면 적극적 노력과 방법(이것이 국가정책이나 세계정책이다)으로 새로운 동맹이나 관계를 형성하여 세력을 균형시킬 것인가 하는 것이 문제이다.

일반적으로 세력균형론에서는 국가가 정책의 주체로서 세력균형을 유지하고 조정하는 적극적 방법을 이야기하고 있다. Hans Morgenthau (1904-1980)(1993: 183-93)에 의하면, 전쟁이나 국가비상사태의 경우에는 각 국가간의 세력을 비교적 정확하게 측정하면서 균형을 유지할 수 있지만(직접적인 반대연합의 형성에 의한 균형과 상호간의 경쟁에 의한 균형) 평화적인 시기에는 세력측정이 어렵다. 그래서 국가간의 세력균형은 항상 불확실하면서도 비현실적이고 부적합한 상태로 진행되면서 정확하게 국가간이나 지역간 또는 동맹간에 균형점을 찾기 어렵다. 때문에 국가나 지역동맹은 국가이익이라는 목표에서 세력을 균형화시키기보다 세력을 극대화 할 수 있는 국가정책을 시행하게 된다. 그러면 균형상태보다 불균형상태가 지속되는, 즉 전쟁이나 테러리즘, 파괴 등과 같은 일들이 발생하게 된다는 지적이다. 이와 같은 세력의 불균형에 의한 국제관계의 균형론은 주권국가의 안정에 필수적 요인이라고 지적하면서 역사적으로 한국을 예로 들면서 간단하게 설명하기도 했다.

그래서 그는 이와 같은 계속적인 불균형상태를 막기 위해서는 독립된 국가간의 도덕적이고 규범적 합의合意와 이를 지키고 유지하려는 의지와 구체적 정책프로그램이 중요한 요소라고 역설하면서 세력균형을 사회적 균형social equilibrium으로 설명하였다. 따라서 사회적 균형에서 설명하는 국가간의 세력의 불균형이 다반사茶飯事라면 이것을 균형점으로 조정하면서 계속 균형을 유지할 수 있는 방법을 Morgenthau(1993: 194-212)는 분할分割통치, 보상, 군비증강 및 동맹 등으로 제시하였다. 이철현(1999: 95-126)은 연합형성, 전쟁, 평화유도의 전략, 세력균형의 평행 축(균형자), 분할과 보상, 조정 등을 제시하였다. 그리고 김계동(2001: 348-49)은 여러 방법을 종합하여 일곱 가지로 제시하였지만, 근본적인 것은 힘이 센 편에는 힘을 줄이고 약한 편에는 힘을 실어 주는 균형화 방법이라고 할 수 있다.

첫째는 분할통치divide and rule 방법으로서, 강한 힘을 가진 반대편을 약화시키거나 잠재적 경쟁력을 분산시키기 위해서 상대를 분할하거나 내부적 분리정책을 취하여 경쟁국가를 약화시키는 방법이다.

둘째는 보상compensation으로서, 전쟁이나 천재지변 등에 참여한 승리국가나 연합이 영토나 물리적이거나 인적 자원 등을 보상받는 방법이다. 따라서 균등한 분배를 통하여 상당기간 동안에 힘의 균형을 유지하고자 하는 전략이다.

셋째의 군비증강armaments은 강대국이나 약소국의 전통적 방법이다. 그러나 과대한 군비증강은 국내자원의 불균형으로 국력의 과잉지출 때문에 전체적 수준에서 세력균형에 부정적 효과가 있을 수 있다. 그 대표적 예가 북한과 이라크의 경우를 들 수 있다. 즉 과도한 군비증강(핵무기 개발과 보유나 재래식 무기와 생화학무기 등의 제조 및 보유 등)이 결국 국제사회에서 힘의 균형점을 찾을 수 없게 하면서 미국을 중심으로 하는 多국적군의 공격에서 국가존립이 위태롭게 되는 현실(이라크의 경우)이나 힘이 센 주변강대국들의 회담에서(6자회담) 국가운명이 결정되어야 하는 현실(북한)을 들 수 있다.

넷째의 동맹alliances은 기본적으로 지역이나 이념에 따라서 다수의 국가들이 연합이나 연맹 또는 파트너십 등을 형성하여 군사적 힘의 균형을 집단적으로 유지하는 방법이다. 그러나 21세기에 진입하면서 국가적이거나 국지적 전쟁이 아닌 경제적인 시장기능의 이해관계를 공동으로 유지하여 국가의 힘을 균형화시키기 위한 다양한 유형의 동맹(대표적으로 유럽연합(EU: European Union), 아시아태평양경제협력체(APEC, 아프리카연합(AU: African Union) 북미자유무역협정(NAFTA: North American Free Trade Agreement) 등이 결성되어 세력균형을 유지하고 있다.

다섯째의 개입intervention은 군사점령 이후의 합법적 통치방법(신탁통치나 점령통치)이나 또는 비밀기관을 이용하여 공격적이거나 방어적으로 국가의 정책을 변경시키면서 자국自國의 세력균형에 유리하도록 조정하는 방법이다. 물론 요인암살 등의 극단적 공격방법이나 테러 등의 보편적 방법을 이용하기도 하지만 현재에는 주권국가의 이해관계를 존중하면서 정치적 영향력을 증대하기 위한 개입방법을 많이 사용한다.

여섯째는 완충지대buffer zone의 설치방법으로 지정학적으로 강대국간의 세력충돌의 완충지역 역할을 할 수 있는 국가(한국이나 폴란드, 스위스 등)를 설정하여 각 편이 영향력을 행사할 수 없도록 하는 방법이다.

일곱째는 영향권의 형성방법이다. 세력균형의 가장 보편적 방법으로서 경제적이고 문화적이며 군사적으로 자국의 영향권을 형성하여 국가정책이나 군사정책에서 자국의 이해관계를 극대화하기 위한 방법이다. 그러나 이 방법의 실질적 효력은 장기적으로 진행되기 때문에 위에서 지적한 여러 가지 방법을 병행하면서 이것을 기본으로 하는 전략을 취하고 있다.

세력균형론은 국제정치나 국제관계 또는 외교정책을 설명하는 주요이론으로 오랜 기간 동안에 제시되고 있지만 정책균형이론과는 몇 가지 차이점이 있다.

첫째, 세력균형론은 일시적이고 정적이며 단일균형이다. 반면에 정책균형은 복합적이고 동태적이며 계속적 작용에서 균형감각이라는 중용사상을 기본철학으로 하고 있다. 따라서 세력균형론은 우선적으로 세력 또는 힘power을 물리적이고 군사적 힘이라는 일반적 의미로 정의하면서도 균형을 정확하게 정의하지 아니하고 있다.

그래서 심지어 Mogenthau(1993: 183-4)도 균형equilibrium을 'balance'의 균형과 동의어同義語로 본다고 하면서 'equilibrium'의 내용을 간단하게 설명할 뿐이었다. 때문에 세력균형론을 영어로 "Balance of Power"로 표기하면서도 '무엇이 균형balance인가' 하는 것을 정확하게 개념을 조작하지 아니했다. 때문에 표제는 'Balance'이면서 실제의 내용은 'equilibrium'이다.

둘째, 국가나 주체는 세력의 불균형을 적극적으로 치유하고 보정하기 위한 다양한 방법을 제시하는 측면에서 세력균형론은 정책균형이론에 크게 시사示唆하는 바가 있다. 정책의 불균형을 사전적으로 조정하고 보정하며 이를 치유하고자 하는 적극적 수단으로서 균형정책을 강조한 것이 시사점이다. 그러나 세력균형론은 이와 같은 보정수단과 정책을 결정하고 수행하기 위한 균형정책의 기본철학이 없다는 것이 약점이다. 역시 변증법적 二元論을 역사발전이나 논리전개의 기본으로 하고 있는 서양의 접근방법이기 때문에 세력의 균형을 유지하면서 다양한 조건과 변수가 조화되는 상태, 즉 二元論의 중화中和를 설명하지 못하고 있다. 때문에 현재의 국제관계나 외교정책이나 정치현상의 진행을 설명할 뿐, 규범적이고 가치판단적 관점에서 균형의 조화와 균형감각의 중요성을 제시하지 못하고 있다.

셋째, 세력균형론도 세력의 불균형이 균형화되는 방법을 설명하고 있다. 그러나 균형화의 작용과정을 설명하는 것이 아니라 균형화의 방법이나 전략만을 제시하고 있다. 그리고 오랫동안의 이론적 발전에도 불구하고 과거 20세기 중엽까지 냉전시대의 군사적 세력이나 이해관계만을 주된 변수로 설명했기 때문에 현재의 사이버공간에서 진행되는 국제화시대와, 지리적이고 정치적이며 사상적으로 국가의 경계가 불명확해지는 21세기의 세계사회를 설명하기에는 한계가 있다(Walt, 1998: 29-46). 반면에 정책균형이론은 동양사상에 의한 균형감각과 이를 실천하는 정책담당자의 수신론修身論 등을 강조하고 있다. 더구나 정책균형의 기준과 이것을 적용하는 방법 등에 물리적이고 시대적인 한계가 있는 것은 아니다.

넷째, 제1장의 〈각주 4〉에서 간단히 언급했듯이, 동북아 균형자론도 세력균형론을 중심으로 하고 있다. 동북아 균형자론의 핵심은 국가의 물리적 힘(주로 군사력)의 有無에 관계없이 공통된 의지와 사상(이것을 물리적 힘인 경성국력hard power에 비교하여 연성국력soft power이라고 표현했다)을 공유共有하는 국가와 전략적으로 연대하여 한반도 주변의 강대국인 미국이나 중국, 소련, 일본 등의 힘의 균형에서 한국은 각 축의 힘을 균형적으로 조절할 수 있다는 주장이다. 그 하나의 방법으로 민주주의와 시장경제의 가치를 중심으로 韓美동맹을 기초로 한다고 했다. 즉 미국의 힘에 의한 동맹을 유지하면서 때로는 중국이나 일본 등의 힘을 적절히 조절하여 한반도의 위상을 지정학적地政學的으로 조절할 수 있다는 설명이다. 따라서 이때까지 세력균형론에서 설명하는 바와 같이 한반도의 운명과 역할이 강대국들의 힘의 논리에 종속되는 것이 아니라, 경제적 힘을 바탕으로 한국은 동북아에서 종속적 지위가 아닌 주요 행위자key actors의 역할을 한다는 주장이다(koreascope.org, 2005년 6월 13일).

동북아 균형자론은 동북아에서 한반도가 중심이 되어 유럽연합EU과 같은 개방적 지역연합체를 형성하여 동북아지역의 평화를 항구적恒久的으로 구축하고자 하는 정책목표를 가지고 있다. 그러나 힘의 균형과 불균형의 현실에서 북한의 핵무기와 연계된 6者회담 등의 복합적 국제분쟁에서 어떻게 한반도가 독자적으로 힘을 행사하여 강대국의 세력균형이 한반도에서 유지될 수 있도록 할 것인가 하는 방법론이 약하다. 그래서 현실적으로 동북아 균형자론은 강대국의 입장에서 볼 때 한반도는 힘 있는 축(국가)에 언제든지 이동하면서 강대국들의 힘의 균형에 위협적 요소로 등장하게 되면 한반도의 운명은 동북아의 패권경쟁에서 희생양이 될 수 있다는 비판(이근, 2005) 등이 제기되기도 했다.

그러나 동북아 균형자론도 세력균형론을 중심으로 하는 논의이다. 때문에 균형과 균형자의 개념이나 방법 등에서 볼 때 세력균형론의 한계를 그대로 가지고 있다. 더구나 현실적으로도 동북아 균형자론은 한국에서 미국의 패권주의에 대한 정치적 논쟁의 소용돌이에 함몰되면서 실질적으로 국가정책의 구체적 프로그램으로 진행되지 못하는 한계를 노출하고 있다.

2. 一般體制理論과의 差異

사회현상을 설명하는 일반체제이론general system theory은 연구분야에 따라서 다양하고 복잡하게 발달되고 있다. 대표적으로 경제현상을 설명하기 위한 경제체제의 균형분석equilibrium analysis은 경제학의 금과옥조와 같은 이론으로, 경제현상이 일정한 조건하에서 정상正常상태를 유지한다는 기초이론으로 이용되고 있다(김유송, 1969: 122-3). 앞서 제2장에서 자세히 설명했듯이, 수요와 공급의 법칙에서 생성되는 일시적이고 정태적 의미의 시장균형이 경제체제의 균형이론의 대표적이다.

또한 사회학에서 사회를 구성하는 다양한 체제를 설명하기 위한 체제(계)이론은 Talcott Parsons를 대표로 하고 있다. 그는 사회체제를 구성하는 요소들이 균형(이때에도 'equilibrium' 이다)을 이루고 있는 상태를 설명하기 위해서 자연과학의 작용과 반작용의 법칙, 관성의 법칙 등과 같은 이론을 원용援用하여, 사회체제의 계속적인 상호작용과, 체제를 구성하는 요소가 변화되면 그에 대응하는 반작용으로 변화하여 상호간에 교환되면서 균형을 회복하게 된다(항상성恒常性의 원칙). 이와 같은 균형회복은 경제학에서의 정태적 균형체제와 달리 끊임없이 상호간에 항상성을 유지하려는 동태적 균형을 설명할 수 있다(이장수, 1989: 43-5). 그리고 신체제이론으로 Nicolas Luhmann을 중심으로 하는 일반체제이론은 사회체제와 인간체제의 유기체적 복합성이 상호간에 의존하면서 동시에 확대되거나 축소되는 조건과 과정을 설명하면서, 이와 같은 복합성이 자동생산을 통해서 계속적으로 체제의 균형을 형성하여 사회질서에 융합된다고 하였다(김종길, 1993: 25-51).

조직이론에서는 경험주의와 기술주의에 따라서 조직 구성체세간의 상호작용 관계를 중점적으로 설명하는 이론이다. 즉 다양한 체제의 공통적인 요인, 동형同型구조isomorphism를 설명하고자 하는 이론으로서 체제과학과 체제공학, 체제철학(체제의 존재론과 인식론 및 가치론 등) 등으로 구체화하여 연구하고 있다(강신택, 1981: 208-12). 즉 경험적으로 관찰가능하고 분리하여 설명할 수 있는 다양한 요소들을 인과관계의 상호의존성인 유기체적 생명을 가진 체제와 생명이 없는 무기체제 등으로 다양하게 구분하여 설명하는 이론이다(허철부, 1982: 127-31).[2]

일반적으로 체제이론은 자연과학 뿐만 아니라 사회과학의 全 영역에서 범학제적 설명방법의 하나로 발달하고 있다. 특히 개별적 분과학문분야에 공통적으로 적용되고 설명될 수 있는 일반이론으로서 경험사회의 일반적 현상을 분석하고 이것을 설명할 수 있는 일반적인 이론으로 발달하고 있다. 보다 구체적으로는 공식적인 수학이론이나 장場이론field

2 조직이론에서 일반체제이론의 다양한 논의와 논쟁을 잘 정리하여 간결하게 설명한 허철부의 논문("일반시스템이론(GST)과 현대조직이론")을 참조하면 좋을 것이다.

theory 등으로 발달되는 일반체제이론과 경험과학적 공학연구의 체제공학이론, 사이버체제의 이론을 의사결정에 응용하는 운영체제OR: Operation Research와 경영과학이 중심이 되는 체제기술, 전체적 접근방법과 존재론 등을 강조하는 체제철학 등으로 복잡하게 발달하고 있다(김영진, 1991: 297-311).

여기서는 정책균형이론과의 비교적 관점에서 정치현상을 체제이론으로 설명하는 David Easton의 일반체체이론을 좀 더 자세히 살펴 볼 필요가 있다. 물론 Easton은 구체적으로 정책분야를 연구한 것은 아니지만 정책의 주요 환경인 정치체제를 체제이론으로 모형화 했기 때문에 그의 이론을 설명하고자 한다.

그(1957: 383-400)에 의하면, 기본적으로 정치체제는 內的 사회환경(생태체제, 생물체제, 인성체제, 사회체제 등)과 外的 사회환경(국제 정치체제나 생태체제 및 사회체제 등)에서 투입을 받게 된다. 환경요인이 욕구수준으로 투입되면 정치체제는 다양한 정보의 진행과 환류과정을 거치면서 욕구와 지지를 체제의 기능과 작용으로 변환시켜서 외부환경에 산출시키는 일련의 과정을 진행시킨다는 설명이다. 이와 같은 정치체제의 작용을 그는 '블랙박스black box' 모형이라고 했다. 즉 정치체제의 진행과정을 설명할 수 있지만 정치체제 그 자체의 변환기능이나 역할이 무엇인지를 분명하게 알 수 없기 때문에 이름을 블랙박스라고 붙었다.

지금까지 설명한 체제이론을 〈그림 3-2〉와 같이 요약해서 정리할 수 있다.

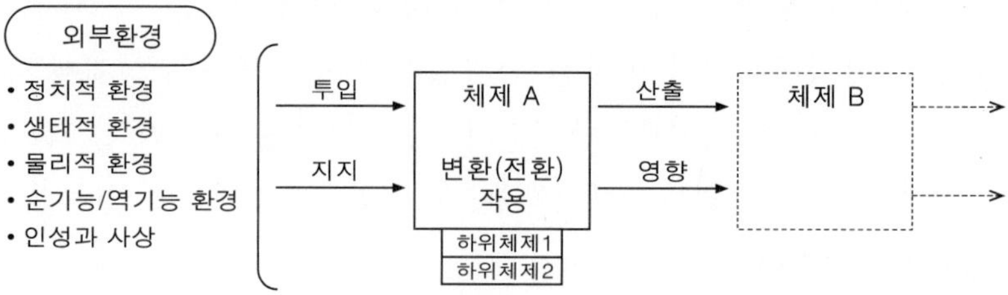

〈그림 3-2〉 일반체제이론의 모형

위의 그림에서 보면, 일정한 사회적 기능과 역할을 하고 있는 체제가 외부환경으로부터 생존의 기능에 필요한 자원을 받아들여서(투입), 이를 체제의 독특하고도 유일한 방법으로 소화하고 변형하고 가공하고 변화시켜서(변형), 체제의 가공물, 즉 최종산물로 외부환경에 제공한다는(산출) 이론이다. 이때 중요한 것은 체제 스스로의 생존과 목표달성을 위해서 끊임없이 외부환경으로부터 자원을 받아들이고 이를 이용해서 또 다른 체제가 자신이 생산한 생산물을 이용할 수 있도록 하는 체제의 기능이다.

따라서 체제는 수많은 他 체제와의 상관관계에서 스스로의 정상상태를 유지하려고 노력하고 있다는 사실이다. 이때의 체제의 정상상태를 체제는 균형equilibrium되어 있다고 한다. 균형된 체제란 체제는 하나의 생명체로서(有機體) 他 체제가 제공하는 생산물을 자신의 입장에서는 투입물로 받아들이고, 이를 이용하여 체제의 고유기능에 의한 생산물을 산출하여 자신의 위치와 힘과 권위와 생산력을 끊임없이 계속 유지시키려는 부단한 노력에 의해서 이루어지는 균형이다.

〈그림 3-2〉와 같은 일반체제이론이 정책과정의 투입과 정책의 전환 및 정책결과의 산물이라는 정책과정을 설명하는 이론으로도 응용될 수

있다. 따라서 〈그림 3-3〉과 같이, 문제와 욕구수준이 투입되면 규제나 분배 또는 정책에 필요한 자원을 형성하고 정책의 기능과 역할을 수행하여 그 결과산물인 정책산물이 발생되는 정책과정을 체제이론으로 설명한 것이다.

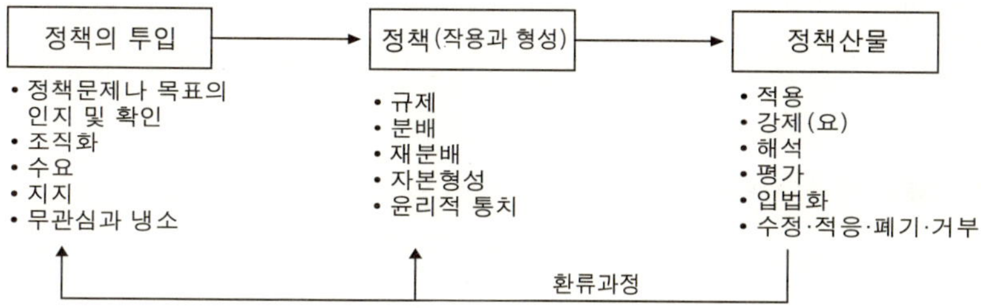

출처: Frohock, Fred, 1979, *Public Policy*, pp.16-7.

〈그림 3-3〉 투입과 산출로서 본 정책과정

복잡하게 발달하고 있는 체제이론을 간단히 지적하면서 일반적으로 이해되는 체제이론을 설명하였고 이것이 정책과정에서 응용되는 모습도 간단히 지적하였다. 그러나 일반체제이론은 다음과 같은 점에서 정책균형이론과 차이가 있다.

첫째, 체제이론에서의 균형은 단일單一 균형이론이다. 체제가 외부환경에 적응하기 위해서 유기체로서 정상의 상태인 균형을 유지하여, 자신의 위치와 힘과 권위와 생산력을 끊임없이 유지할 수 있는 능력의 균형이론이다. 그 대표적인 것이 경제현상을 설명하는 수요와 공급의 균형이론이라고 할 수 있다. 따라서 체제이론은 일대일一對一의 균형으로서 체제 상호간의 경쟁에 의한 사회적 균형이론이면서 물리적 현상의 균형을 사회현상에 적용하여 설명한 균형이론이기도 하다.

그러나 정책균형이론에서의 균형은 복합複合균형이다. 복합균형이란 단일체제나 제도가 아니라 다양한 정책결과를 판단하고 실천할 수 있는, 하나의 접점이 아니라 복수의 접점에서의 균형이다. 따라서 정책결정자는 복수의 균형점에서 정책을 선택할 수 있는 여지를 가질 수 있다. 때문에 정책균형이론은 사회적 정의의 개념에 기초하고 있으며, 정책에 의한 불균형을 수정하고 교정하며 보정하는 적극적인 정의正義의 개념이다. 그러나 체제이론의 균형은 승자와 패자의 힘의 세력균형을 유지해서 계속적인 경쟁상태를 유지하고자 하는 것이다.

둘째, 정책균형이론은 사회적 형평과 분배의 정의 등의 개념에 기초하고 있지만 체제이론은 체제의 경제와 생존법칙에 기초하고 있다. 즉 정책균형은 국가정책이 사회 전체적으로 보다 타당하고 정의로우며 보다 만족할 만한 분배의 정의를 달성할 수 있을 것인가 하는 점에 초점을 두고 있다. 따라서 국가정책에 의해서 비용이나 혜택의 분배방법이나 실질적인 혜택과 비용 측면에서 절차나 내용상 공정하지 못하다거나 불평등하다면 이를 보상하고 교정하고 수정하는 노력이 정책균형이론의 핵심이다. 그런데 체제이론의 균형론은 경쟁상태에서 승자와 패자와의 힘의 균형을 유지해서 계속적인 경쟁상태, 즉 환경과의 적응능력과 생존능력을 유지해 가고자 하는 이론이다.

셋째, 체제이론에서의 균형개념은 'equilibrium' 이고 정책균형이론에서의 균형은 'balance' 이다. 'equilibrium' 과 'balance' 의 개념적 차이점을 제2장에서 자세히 설명했지만, 근본적으로 일반체체이론의 균형은 일시적이고 정태적이다. 물론 Parsons는 체제가 궁극적으로 균형을 이룩하는 것은 정태적 균형이 아닌 체제의 질서정연한 변동과정에 의한 동태적 균형이고, 사회체제의 행위자 중심의 상호작용을 강조한 이론이라고 했지만(이장수, 1989: 44) 정책균형이론에서 설명하는 연속적이고 복합적 작용으로서 균형과는 차이가 있다. 그리고 사회체제 행위자의 상호작용도 중용이나 중도를 실천하는 균형감각을 가진 행위자라는 분명한 주체가 있는 균형의 체화體化는 아니다. 더구나 일반체제이론에서의 균형은 정상상태에서의 균형이지 정상상태가 아닌 상황이나 조건에서 균형화를 지속하는 과정으로서 균형이 아니다.

3. 調節理論과의 差異

조절이론régulation theory은 1970년대 후반부터 프랑스와 독일 등 유럽에서 마르크스주의 경제이론이 주장하듯이, 자본주의는 그 자체의 구조적 모순과 갈등에 의하여 역사적으로 필멸必滅한다는 것을 비판하면서, 동시에 신고전학파 경제학이 설명하는 시장의 자동조절 기능과 작용에 의하여 경제의 생산과 소비 및 자본과 노동은 사회체제적으로 균형을 유지하면서 시장경제는 발전한다는 등을 동시에 비판하면서 발달하기 시작한 이론이다. 그러나 아직까지도 조절이론은 하나의 완성된 이론체계가 아닌 발달의 단계에 있는 연구방법의 수준이라고 할 수 있을 정도이다(Skrypietz, 2003: 170).[3] 따라서 경제학 분야와 정치학이나 사회학 분야에서 각각 설명하는 조절이론이 다르기도 하다. 더욱이 조절이론이라는 용어 자체가 영어권으로 번역되면서 원래의 프랑스를 중심으로 하는 조절이론의 본질이 상당히 잘못 전달되면서 영어권 독자들에게 혼동과 잘못을 주게 되었다는,[4] 조절이론의 핵심주창자의 한 사람인 Robert

3 조절이론의 탄생지인 프랑스에서도 아직까지 경제적 불균형에 관한 연구가 진행중이다. 독일에서는 조절의 주체로서 국가의 역할을 어떻게 정립할 것인가 하는 점 등이 연구되고 있다(정국헌, 2004: 273).

4 조절이론의 조절의 프랑스어인 'régulation'을 英語로 번역할 때 적당한 용어를 찾을 수 없는 것이 문제였다. 그래서 동음어인 영어의 'regulation'으로 번역하면서 조절regulation이 영어권의 규제regulation와 혼동되었다는 지적이다. 그러나 조절의 사전적 의미는 운동이나 행위의 과정이나 결과 등

Boyer(1995: 1)도 크게 우려할 정도로, 조절이론은 이론발달의 초기단계에 있다.

때문에 여기서도 조절이론 주창자들의 의도와 내용을 완벽하게 이해하지 못했다는 점을 전제로 하면서 영어권에서 통용되는 참고자료와 이를 국내에 소개하는 문헌을 중심으로 이해하면서 정책균형의 균형이론과의 차이점을 찾아 낼 수 있는 범위에서 설명하는 수준임을 우선 밝힌다.

조절이론에 의하면(Boyer, 1995: 13-20; 김진영, 1994: 283-320), 자본주의는 생산과 소비 및 재생산이라는 시장구조와 체제속에서 체제의 일반적 균형을 유지하듯이, 때로는 불균형과 시장의 실패 등을 경험하면서도 이와 같은 불균형과 실패를 치유하고 조정하는 조절의 일정한 방법을 통하여 생존해 가고 있다. 이와 같은 자본주의의 시간적이고 공간적인 역사적 진행과정을 분석하고 설명하기 위해서 축적체계regime of accumulation와 조절의 방법mode of regulation이라는 두 가지 핵심개념을 제시했다.

축적蓄積체계란 자본주의는 위기와 안정이 연속적으로 교체되면서 발달한다는 전제에서, 시장중심의 자본주의가 발달되면서 생산과 소비가 항상 동일한 조건과 환경에서 발생되지 않는다는 것이다. 생산기술과 양식의 변화와 소비자의 기호와 선택의 변화 및 일반적 사회환경의 변화에 의해서 물론 상당한 기간에 걸쳐서 진행되지만, 시장경제의 자본주의는 생산과 소비가 재구성되고 재배치되면서, 즉 재생산再生産이라는 조절과정을 거치면서 균형을 달성하고 있다. 특히 생산주체의 과잉착취나 노동자 계급의 투쟁, 소비자의 변덕 등과 같은 자본주의의 피할 수 없는 갈등

을 일정한 규칙과 법칙에 따라서 정리하고 조정하는 것이 중심이라고 했다(Boyer(정신동 옮김), 1991: 32). 이 번역서도 Boyer의 프랑스어판 원서를 일본어판으로 번역된 것을 다시 한국어로 번역했기 때문에 번역과정에서 조절이론의 원천적 주장이 잘못 전달될 가능성도 전혀 없지는 않다.

과 모순이라는 불안정속에서 균형을 유지하고 있다는 설명이다.

이와 같은 불안정속에서의 균형은 일시적이기 때문에 축적체계를 상대적으로 안정시키면서 끊임없이 자본주의의 생태적 모순과 갈등을 조정하고 환경조건에 적응할 수 있는 재생산은 조절양식과 방법에 따라서 달라지게 된다는 지적이다. 따라서 조절방법은 축적체계내에서 생산과 소비주체들이 시장질서와 국가사회의 전체적 규범과 질서를 존중하여 생산과 소비라는 재생산 구조의 균형조건에 적합하도록 하는 제도적 형태나 구조, 사회적 네트워크, 규범과 일반화된 관습 등이다. 보다 구체적인 조절방법으로 화폐 및 신용관계, 임금네트워크, 경쟁유형, 국가의 간섭과 규제, 국제체제에서의 위치 등을 지적하고 있다.

이와 같은 조절방법 때문에 자본주의는 시장실패와 자본가와 노동자 계급의 계급갈등, 생산과 소비의 불균형 등과 같은 구조적 모순과 생태적 불안정을 국가라고 하는 사회적 제도와 틀 속에서 조정하고 통제하면서 불안정하지만 그러나 장기적으로 마르크스 학파가 주장하듯이, 종말을 고하지 않고 발전하고 있다고 했다. 즉 조절이 의미하듯이, 자본주의가 진행되면서 자본축적으로부터 발생된 경제적 모순과 갈등, 이에 따라서 발생되는 사회적 생산과 소비의 불균형이 사회적 제도와 노력에 의해서 매개媒介되고 조절된다는 것이 핵심이다.

여기서 국가의 경제현상과 시장조건에 개입하고 간섭하는 정도에 따라서 자유방임 시절에 자본주의 시장경제가 외부세력에 의하여 붕괴되지 아니할 정도의 조절방법인 경쟁적 조절방법과, 국가가 적극적으로 시장경제 질서에 개입하고 간섭하면서 시장경제의 기본계획과 활동을 다양한 국가정책으로 조절하는 독점적 조절방법 등이 있다. 특히 2차세계대전 이후 미국이 전승戰勝국가의 중심이 되면서, 자본가와 노동자의 갈등과 모순을 최소화하면서 자동생산과 대량생산을 통하여 산업화에 의한 국부를 축적할 수 있었다는 포드주의Fordism[5]가 나타나면서 조절이론에 미국식 이념과 가치를 접목하게 되었다.

이와 같이 설명한 조절이론의 핵심적 내용을 Boyer가 아래의 그림으로 정리하였다.

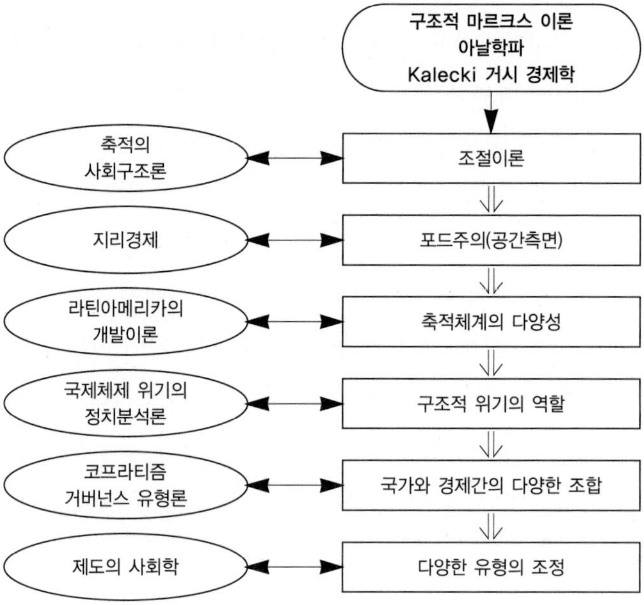

* Boyer의 〈그림 1〉를 재구성한 것임.

출처: Boyer, Robert, 1995, "The Origin of Regulation Theory," in *Regulation Theory: The State of the Art*, p.16, 그림 1.

〈그림 3-4〉 조절이론의 계통과 이론적 근원

5 포드주의Fordism는 미국에서 시작된 산업혁명의 대명사로 대량생산과 대중소비사회를 달성했던 자본주의의 역사적 발전을 설명하는 이론이다. 자본가의 잉여착취에 의한 자본축적과 이에 대항하는 노동자계급의 투쟁이 아닌, 자본축적을 적극적으로 확대재생산하여 대량생산이 가능하고 여기서 발생된 이윤을 임금상승으로 지불하면서 노동자에게도 부의 기회를 제공하게 되었다. 이와 같은 재생산 과정에 이들을 참여시키고 그들의 권리를 보장하면서 자본주의는 발달하게 되었다는 것이다. 포드주의는 과학적 관리

〈그림 3-4〉에서 Boyer가 지적하듯이, 조절이론은 마르크스 경제학의 구조적 모순이론(자본축적에 의한 자본주의가 붕괴되지 아니하고 계속적으로 성장하는 문제)과 폴란드 경제학자 Michael Kalecki(1899-1970)의 거시경제이론(케인즈의 완전고용과 경제성장 및 사회정의 등을 자본가와 노동자 계급에서 설명하는 경제이론)과 아날학파(the Annales school 역사서술에서 행태과학적이고 종합과학적 접근방법을 강조한 1940-50년대의 프랑스의 역사연구학파) 등에 상호영향을 받았다고 했다. 그리고 보다 구체적으로는 경제학의 사회구조적 축적이론이 조절이론에 직접으로 영향을 미쳤으며, 포드주의에는 지리경제이론이, 축적체계에는 라틴아메리카의 개발이론이, 구조위기의 역할에는 국제정치체제와 위기에 관한 정치분석론이 상호간에 영향을 미쳤다고 했다. 그리고 조절이론에서 국가와 경제간의 다양한 역할의 조합에는 코프라티즘과 거버넌스 유형이, 다양한 유형의 조정에는 제도사회학의 이론이 상호간에 영향을 주고 받았다고 요약하고 있다.

지금까지 발달하고 있는 조절이론에서의 균형이론과 정책균형이론에서의 균형이론과의 차이점을 다음과 같이 설명할 수 있다.

첫째, 조절이론의 균형이론은 경제학의 일반균형이론을 전반적으로 대체할 수 있는 이론형성에 초점을 두고 있다(Boyer(정신동 옮김), 1991: 34). 즉 시장경제의 생산과 소비의 일반균형의 질서에서 볼 때, 단기적으

론의 창시자인 Frederick Taylor(1856-1915)의 20세기 초반의 과학적 관리론(노동과정의 과학적 분석인 시간과 동작에 관한 연구, 분업의 원리, 능률성과 체계적 상품생산 등)을 이론적 기초로 하고 있다. 특히 2차 세계대전 이후 미국의 힘이 국제적으로 확대되면서 경제논리에 의한 포드주의가 미국의 영향력을 받게 되는 국가로 전이되었다는 현상을 주변부 포드주의peripheral Fordism로 설명하기도 한다. 그러나 선진국 경제의 종속이론과 미국내에서도 과학적 관리론이 비인간적이고 때로는 냉혈한 이윤의 착취이론으로 비판되면서bloody Taylorism, 후기포드주의post-Fordism가 대두하기도 했다. 포드주의에 관한 보다 자세한 것은 이영희의 책(1994, 『포드주의와 포스트 포드주의』, 한울아카데미)을 참조할 수 있다.

로는 시장실패와 자본축적의 非도덕성과 잉여가치의 지나친 착취에 의한 노동자 계층과의 갈등과 마찰을 빚고 있지만, 장기적으로는 마르크스 경제이론이 주장하는 자본주의 체제가 붕괴되는 것이 아니다. 재생산과정에서 다양한 조절방법을 사용하면서 시장의 실패요인을 수정하고 나아가 노동자의 생산참여와 잉여가치의 사회적 환원을 통하여 상호간에 인정하는 범위의, 불안정하지만 그 속에서 균형을 유지하고 발전한다는 것이다.

이와 같은 불균형속에서의 균형을 유지하는 자본주의를 설명하면서 경제학의 일반균형이론을 대체하려고 하지만 실제로 일반균형이론이 설명하지 못했던 시장실패의 관리와 자본과 노동의 관리를 추가하여 설명하는 균형이론의 수준이다. 따라서 제2장에서 균형의 개념을 수요와 공급곡선으로 설명한 〈그림 2-3〉에서 보듯이, 조절이론의 균형은 시장에서의 수요와 공급이 교차하는 곳에서 시장가격과 생산량이 결정되고, 이것은 조절방법을 작용하여 달성될 수 있는 불균형속에서의 균형이라는 설명이다.

이것은 균형 개념에서 설명했듯이, 시장경제에서의 균형equilibrium인 전통적 경제학의 일반균형이론을 수정하고 보충하는 개념이다. 이와 같은 균형을 달성하기 위해서 시장의 자동조절기능만을 믿을 수 없고, 사회적이고 경제적인 다양한 조절양식을 적용하여야 시장균형은 달성될 수 있다는 논지이다. 이점에서 조절이론은 자본주의 발전에 대한 기계적이고 기술결정론적 설명이 아니라 경제와 정치 및 사회문화 등의 非경제적 요인을 통합적으로 설명하려는 이론이라고 하지만(이선미, 2002: 29-30) 균형이론의 관점에서 보면, 전통적 경제학의 일반균형이론의 수정이론에 불과하다고 할 것이다.

이와 대조적으로 정책균형이론은 제2장의 〈그림 2-3〉에서 설명한 균형성장곡선과 같이 장기적으로 자본주의가 발전하는 복합적이고 동태적인 시장의 균형을 설명하는 이론이다. 이와 같은 균형balance은 일시적이며 단일적 의미의 균형equilibrium과 다르다.

둘째, 균형 개념에서도 차이가 있지만, 조절이론과 정책균형이론의 가장 큰 차이점은 정책균형의 주체에 관한 명확한 개념과 설명이 있는가 하는 점이다. 조절이론은 조절방법을 제시하면서 경제와 국가간의 다양한 조합組合방법을 설명하고 있다. 그러나 조절개념에서 국가는 시장실패나 자본주의의 모순과 마찰을 수정하고 조정하는 경제정책의 사회적 주체로 작용하고 있지만 어디까지나 자본주의의 경제적 메커니즘 속에서 조절방법을 주관하는 기관으로 작용하고 있다는 점이다. 그래서 이와 같은 조절과정에서 조절의 주체가 명확하지 않다고 하는 비판이나, 조절이론이 다양한 조절방법을 설명하면서 국가의 역할을 정확하게 분석하지 못했다는 비판(정국헌, 1994: 528)은 정당하다고 할 것이다.[6]

따라서 정책균형이론과는 여기서 분명한 차이점을 발견할 수 있다. 정책균형이론은 국가정책의 중심이론이고 국가정책을 담당하는 정책주체의 균형감각을 중심개념으로 설정하고 있다. 국가정책에 의한 정책비용과 효과 등의 정책성과를 객관적이고 과학적으로 측정하려는 정책의 인과관계도 정책균형의 기준이지만 정책에서 발생될 또는 발생된 불균형을 국가를 중심으로 정책을 결정하는 정책주체(정책관료(정책결정자나 분석가, 입안자 등)들이나 정책리더(주로 정치인집단)가 적극적으로 이와 같은 불균형을 교정하고 수정할 수 있어야만 정책은 균형되면서 성공할 수 있다는 점을 강조하고 있다.

이와 같은 정책성공을 연속적이고 동태적으로 계속할 수 있어야 국가,

6 조절이론에서 국가의 역할을 재구성하면서 통합국가론적 입장에서 자본주의 역사발전의 개방성을 개념화하고 이를 실증적으로 연구한 조절이론의 재구성론자 등이 등장하면서 조절이론에서도 국가의 역할과 국가와 정치와의 관계를 설명하려고 한다는 지적도 있다(정국헌, 1994: 525-48; 이선미, 2002: 40). 그러나 여기서는 조절이론의 중심론자인 Boyer의 이론에서 국가의 역할을 비판한 것이다.

즉 각 정권의 정체政體의 정당성이 확보될 수 있고 국가는 발전할 수 있다. 나아가 정책불균형을 균형화시킬 정책주체의 균형감각을 정신적이고 감성적 측면에서 동양철학의 중용의 군자수신론君子修身論과, 물리적이고 체제적 측면에서의 조직과 사회에서 개인의 균형감각이 체화되는 것으로 설명하고 있다. 때문에 균형주체인 국가와 국가정책의 주체인 정책인의 역할도 분명히 설명하고 있다.

셋째, 조절이론에서는 조절을 곧 재생산으로 보고 있다. 자본의 축적과 노동의 참여 등으로 자본주의가 재생산과정을 진행하면서 장기적으로 균형을 달성한다고 설명하고 있다. 이와 같은 조절이론에서 지배적 철학은 역시 서양의 변증법적 이원론의 역사발전이고 구조주의적 관점에서 국가의 제한적 역할과 이념을 중심으로 하고 있다.

이점에서 정책균형이론은 이원론적이고 헤겔식의 변증법적 역사발전이나 구조주의構造主義와는 근본적 입장을 달리하고 있다. 정책균형의 균형은 정책주체의 균형감각이 중심이고 이와 같은 균형감각은 동양사상의 핵심인 중도에 기초하고 있다. 따라서 중도사상은 正과 反의 合에 의한 새로운 正의 개념정립이 아니라, 正과 反 그 자체를 부정도 긍정도 하지 않으면서 동시에 수용하는 총체성總體性을 중시하고 있다. 따라서 정책균형은 현실에서 균형이라는 이상의 상태를 설정하는 것이 아니라 정책현실과 정책의 균형을 총체적으로 설명한다. 그리고 여기서 발생되는 현실의 불균형을 교정하는 방법과 기준 및 교정담당자의 중용적 철학과 수신의 도덕적 감성을 중요시 하는 이론이다.

4. 코프라티즘과의 差異

코프라티즘corporatism은 2차 세계대전 이후에, 물론 유럽을 중심으로

1800년대부터 코프라티즘을 제안하고 연구하였지만, 전승국戰勝國인 미국을 중심으로 경제성장과 사회발전을 주도한 주체들을 집중적으로 연구하고 설명하고자 하는 패러다임으로 크게 발전하고 있다. 따라서 사회적으로 다양한 이해관계 집단의 사회적 조화를 강조하는 이론으로서, 개인주의에 의한 과다한 경쟁과 이에 따라서 필연적으로 발생되는 갈등과 마찰, 불평 등을 국가라고 하는 주체가 어떻게 사회 전체의 이해관계에서 조정하고 조화시킬 것인가 하는 점을 설명하는 이론이다.

이와 같은 국가 중심의 이해관계의 조정과 사회적 타협을 설명하는 대표적 이론은 다원주의pluralism이다. 다원주의 사회에서 국가사업, 즉 국사인 정책을 결정하고 이것을 실행하는 방법과 절차 및 기준 등을 과학적 합리성과 동시에 민주주의의 깃발아래 설명하고자 하는 중심이론이 1940-50년대부터 시작된 미국 중심의 정책학 또는 정책이론이었다.

그러나 코프라티즘은 Harold Lasswell(1902-1978)을 중심으로 하는 실천적이며 구체적 정책문제의 해결이라는 종합과학적 접근방법에서 국가의사의 결정과학을 행태과학적으로 연구하는 정책학과는 그 접근방법을 달리한다. 그래서 정책학보다는 조금 늦게 1970년대와 80년대에 미국 뿐만 아니라 유럽, 특히 北유럽을 중심으로 국사의 결정에 다양한 이해관계를 조율하여 사회적 안정과 조화를 달성하고자 하는 이론으로 발달되고 있다.

이와 같은 점에서 본다면 코프라티즘도 앞서 설명한 프랑스와 독일 등의 유럽국가에서 발달한 조절이론과 그 맥을 같이 한다고 할 수 있다. 왜냐하면, 조절이론은 주로 경제학적 측면에서 자본주의 경제가 장기적으로는 비록 불균형적이지만, 시장의 기능과 역할에 부족한 그리고 필연적으로 발생되는 마찰과 갈등을 해결하고 조정하는 조절의 방법과 자본의 축적체계를 설명하는 이론으로써, 역시 사회의 갈등과 불균형을 조정하면서 조화와 균형을 달성하는 과정과 방법을 설명하는 이론이기 때문이다.

그러나 코프라티즘의 정확한 용어와 실체는 아직까지도 논쟁의 대상이 되고 있다. 특히 코프라티즘의 이론적 뿌리를 사회적 권리와 의무를 자율적으로 지키면서 전체 사회의 안정과 질서를 유지하기 위해서 전문 직능집단간의 참여와 타협을 강조하는 中世의 장원제도와, 파시즘Fascism이나 나치즘Nazism 정권과 같이 자신들의 정책의 정당성을 획득하면서 정치적 지배를 강화하기 위한 국가중심주의에 두고 있다는 지적도 있다(정병기, 2004: 325). 이것은 코프라티즘의 이론적 근원을 미화美化하려는 논자의 작업일 수도 있다. 왜냐하면, 국가의 개념이 정립되면서 동서고금을 막론하고 국사를 정당화하기 위해서 각층의 다양한 이해관계와 목소리를 조정하면서 화합이나 질서를 유지하는 것이 정권유지의 제일의 철칙이기 때문이다. 그렇기 때문에 아시아의 고대 국가들, 특히 유교 이념과 철학을 기반으로 하는 중국이나 한국 등의 아시아 왕조국가들의 이상은 자율적 집단의 소국가나 변방국가와의 정치적 조화나 왕권내에서의 권력 갈등과 마찰을 최소화하여 정권을 안정시키는 것이 가장 중요한 국가의 목적이었다.

이와 같이 코프라티즘을 특히 한국에서는 전문적 학술용어로 번역하는 것까지도(조합주의로 번역소개하기도 하지만) 논의의 대상이 되고 있지만, 여기서는 정책균형이론과 비교하여 균형을 어떻게 설명하고 있는가 하는 점에 초점을 두고 코프라티즘을 간단히 소개하고자 한다.

코프라티즘의 본질은 국가를 중심으로 하는 사회의 조화를 설명하는 것이다. 이와 같은 설명방법으로, 먼저 Philippe Schmitter(1979: 7-48)는 다원주의와 비교하면서 코프라티즘을 다양한 이해관계를 조정하는 체제로 설명하고 있다. 그에 의하면, 다양한 이해관계의 공식적 연합이 증가하면서, 이에 따라서 상이相異한 이해관계에서 갈등과 마찰이 확대되고 이것을 해결할 전문적이고 행정적 기술과 정보를 가진 과두집단이 결과적으로 등장하게 된다는 점을 강조하고 있다. 그러면 지역적이고 당파적 대표성이 약해지면서 국가정책은 이해관계에 따라서 세속적으로 형성되게 된다. 그러나 다원주의와 코프라티즘은 이해관계의 구조적 차이점과 다양성을 인식하고 여기에 대응하는 정치적 해결책을 달리 제시하고 있다. 즉 다원주의는 다양한 이익집단의 수평적 확장과 공식적이고 수직적 팽창을 상호경쟁관계로 조정하면서 기계적으로 강제되는 균형balance의 전환을 강조하는 입장이다. 반면에, 코프라티즘은 이해관계 집단의 양적인 조정 자체부터 시작해서 이익집단을 수직적으로 계층화하면서 보완적인 상호의존성을 강조하여 각각의 이익집단들이 유기체적으로 사회 전체에서 상호의존하는 기능적 조정을 강조하는 것이 다르다고 했다.

한편 Gerhard Lehmbruch(1979: 53-61)는 대규모의 조직체계를 구축한 이익집단들이 상호간에 각자의 이해관계를 서로 공유共有하면서 의존하고 있다고 보았다interdependence of interests. 이것이 이해관계의 갈등과 적대 욕구가 兩立될 수 없다고 주장하는 마르크스학파와 다른 것이다. 따라서 케인즈 거시경제이론의 균형모형으로 이익집단의 사회적 동반자정신을 강조하여 상호간에 공존하는 방법을 중시하는 코프라티즘을 제시하기도 했다.

최근의 코프라티즘의 연구에 의하면, 코프라티즘을 거시적으로 정의하는 초기의 Schmitter나 Lehmbruch에서부터 미시적이고 구체적 분야에서 정의하는 다양한 논자들까지의 주장을 파악한 Alan Siaroff(1999: 177)의 설명이다. 즉 코프라티즘의 이상적 형태를 노동자와 사용자간의 기능적 구조와 집중화 등의 경제적 이상형을 제시하여, 이것을 고도 자본주의와 민주주의 체제에서는 국가와 중앙집권적 세력을 가진 사용자財界와 노동자가 국가경제를 조정하고 협력하여 체계적으로 관리하는 것으로 설명하기도 했다.

이와 같은 코프라티즘과 정책균형이론이 주장하는 균형이론에서의 차이점과 특징을 다음과 같이 지적할 수 있다.

첫째, 코프라티즘의 실질적 주체는 국가이다. 국가는 이익집단의 대표자들을 국가정책에 참여시키고 그들의 갈등적 이해관계를 조정하고 협의하여 국사를 결정하고 이를 정책으로 결정한다. 그러면 이익집단의 대표자는 그들 구성원들에게 자신들의 이해관계의 조정내용을 설득하고 통제하면서 국가정책의 실질적 집행에 참여하게 된다. 이때 공공정책의 주체인 국가와 사익을 추구하는 이익집단 대표자들은 공사公私간에 밀접한 상관관계를 구성하게 된다. 이것이 때로는 자신들의 이익을 우선시하는 독점엘리트 그룹으로 성장하기도 한다고 본다(박인숙, 2003: 114).

그렇다면 코프라티즘은 민주적 국가정책의 결정이나 집행보다는 엘리트의 담합談合과 협력에 의한 국가 권위주의의 정책결정을 정당화시키면서, 사회 전체적으로 추구하는 이익과 선호를 반영한 조화와 균형이 아니라 특수 엘리트 계층의 이익대변의 조화라고 하는 비판을 면하기 어렵다.

예를 들면, 노동자와 사용자 및 국가(정부)의 3자간의 협력과 조정에 의한 유기체적 협력관계에서 달성되는 사회적 조화와 균형은 국가정책의 균형이 아니라 각 이익집단의 이해관계의 협상과 거래deal에 의한 정치적 조정이고 타협이다. 한국의 경우에 김대중정부는, 소위 IMF구제금융이라는 한국경제의 위기를 해결하기 위한 하나의 정책으로 노동자와 사용자 및 정부가 공동으로 참여하고 논의하여 국가정책, 특히 노동관련 산업정책을 결정하는 협의체로 노사정勞使政위원회(www.lmg.go.kr)를 1998년 초에 신설하였다. 노사정위원회는 법률적으로 대통령자문기구이지만 노와 사가 정부정책에 참여하면서 자신들의 이해관계를 상호협의하고 조정하는 역할을 강조했다. 때문에 사회적 협의기구로서 상호간에 대화와 타협으로 노동 및 산업정책에 반영되는 이해관계의 공정한 대변과 이에 따른 균형을 강조한 조직이었다(www.lmg.go.kr/sub01... 2005년 10월 21일).

노사정위원회를 코프라티즘으로 그 성격을 규정한다면 노동 관련 국가정책에 노동자와 사용자 및 국가가 타협하고 설정한 국가정책을 암묵적 사회계약으로 성립시키면서, 성실히 집행하여 노사관계의 안정과 노동자와 사용자간의 힘의 균형을 실현할 수 있다는 것으로 설명할 수 있을 것이다(이것을 니오(新)코프라티즘으로 설명하기도 한다)(김황조, 2001: 229-55).

여기서 정책균형이론과의 차이점에서 보면, 정책균형은 균형의 주체를 분명히 한다는 점이다. 국가정책의 중심주체는 정책담당자이고 이들의 집합체인 정책결정기관이다. 여기서도 정책주체는 정책결정자와 분석가 및 정책을 집행하는 집행자들이다. 이와 같은 정책주체의 균형감각에 의하여 정책의 인과관계를 판단하고 이것을 분배의 정의에서 조정하고 수정하고 교정하는 역할을 정상적으로 수행했을 때 정책의 균형은 실현된다고 설명하는 이론이다. 이와 같은 정책균형을 달성하기 위해서 정책주체의 일차적 균형감각을 중시했고 이것으로 중론에 의한 수신론修身論을 제시했다. 그리고 정책을 결정할 때 정책의 이해관계자의 다양한 욕구와 관점을 참여시키고 수용하지만 단순히 엘리트 위주의 대표자 중심이 아니라 일반 시민의 욕구와 선호를 조정하고 타협시킬 수 있는 방법과 과정을 중시한다.

그러나 코프라티즘에 의한 사회적이고 정치적 교환관계에 의한 사회적 조화는 합리적이고 전체적 수준에서 국가이익과 이에 동반되는 비용과 효용의 과학적 인과관계를 균형적으로 배분할 수 있는 사회정의를 설명하기 어렵다. 즉 사회정의는 상호간의 의존성 만이 아니라 상호간에 독자적 실체를 먼저 인정하면서도 서로 의존해야만 존재할 수 있다는 상호교섭相互交涉의 내용을 설명하기 어렵다. 또한 코프라티즘에 의한 사회조화를 강조하면, 대중의 인기와 여론을 대표한다는 이익집단 대표자의 이해관계에 국가정책이 함몰될 수 있다. 따라서 다양한 이익집단이나 시민단체, 전문집단 등의 정책협의에 의한 협의체 중심이 민주주의라는 이름으로 오용誤用되면서 국가정책의 비용과 효과 및 정책결정의 조정과 집행의 가능성 등을 무시하는 국가정책의 무정부상태를 경험하게 될 수도 있다.

이것이 南美를 중심으로 하는 코프라티즘과 대중정치의 결과에서 증명되었다. 한국에서도 시민단체와 이익집단의 이익주장과 협의에 정책이 함몰되면서 사회적이고 국가적 관점에서 본 전체의 이해관계의 조정에 의한 정책균형을 실현할 수 없는 현실(대표적으로 방사성폐기물저장소(방폐장放廢場)의 결정을 주민투표로 처리하는 경우나 시민들의 촛불집회 등과 같은 반대여론에 각종 국가정책의 함몰 등)이 증명하고 있다.

정책균형이론은 대중의 이해관계를 내세우면서 자신들의 입장과 선호를 중시하는 코프라티즘과 동시에 이들에 의하여 협력되고 협의된 정책은 사회적으로 조화를 추구할 수 있다는 국가정책의 정당성을 포퓰리즘populism에 맡기는 정책의 형성과 결정은 일시적이고 단편적 균형을 달성할 수 있지만 복합적이고 동태적인 정책균형을 달성할 수 없다는 점을 분명히 하고 있다.

둘째, 코프라티즘은 사회의 조화와 균형을 강조하고 있지만 구체적으로 국가사업에 의한 조화와 균형이 무엇인가 하는 점을 설명하지 않고 있다. 나아가 조화와 균형의 개념도 분명하지 않다. 일반적으로 조화와 균형을 체제나 구조의 안정으로 이해하고 있지만 이것은 정책균형이론의 균형과는 크게 차이가 있다. 안정은 정체된 일시적 균형의 결과일 수도 있다. 또한 불균형되면서도 안정될 수 있다. 마치 묵시적 사회계약처럼 이해관계를 현재화 하지 않고 시기와 방법을 논의하고 있는 경우와 같이 정치적 교환이 진행될 때도 균형이 달성될 수 있다.

그러나 정책균형이론은 무엇보다도 균형과 정책균형의 개념을 분명히 정립하면서 이에 따라서 국가정책의 균형에 필요한 기준과 방법을 제시하고 있다. 때문에 정책균형을 계속적이고 진행적 개념으로 파악하면서 단일적 균형이 아니라 복합적으로 진행되는 균형으로 본다. 그리고 이와 같은 균형은 사회적으로 조정되고 수정될 때 달성될 수 있지 단순히 이익집단 대표자의 이해관계가 대표되거나 반영된다고 해서 유기체적으로 국가정책의 균형이 달성된다고 주장하지 아니한다.

셋째, 코프라티즘은 국가 권력의 통치전략으로 정권의 정치적이고 사회적 정당성과 지배를 정당화 할 수 있는, 특히 국가코프라티즘의 형태로 발전했다는 지적(정병기, 2004: 325)에서 볼 때, 정책균형이론은 통치전략이 아니라 정책의 결정전략이나 방법론이다. 정책균형이론은 국가정책의 비용과 효과에 관한 과학적 인과관계나 이것을 사회분배의 정의에 따라서 조정하고 수정하는 균형이론이다. 때문에 국가중심주의의 정책결정, 특히 정책주체의 정책결정을 정당화 한다거나 정책 그 자체를 합리화하는데 이용될 수 없다. 정책균형은 계속되는 과정이며on-balance, 복합적인 균형으로 일시적 균형과 불균형을 수정하고 교정하는 국가의사의 결정인 정책 그 자체를 중시한다. 때문에 정책균형에 의해서 균형이 달성되었다는 의미는 정책의 인과관계의 불균형을 균형화시킬 수 있는 다양한 국가정책을 계속적으로 결정하고 집행할 수 있어야 가능하다는 의미이다.

따라서 정책균형이론은 국가정책을 결정하고 이것을 집행하는 일련의 정책과정에서 정책주체들이 어떻게 하면 정책의 비용부담과 효용의 혜택을 사회적 분배의 정의의 기준에서 상호간에 교섭할 수 있도록 교정하고 수정할 것인가 하는 것을 균형감각을 중심으로 분석하고 결정한다는 국가정책의 결정전략이면서, 동시에 정책주체인 개인들의 정책철학과 사상에 관한 방법론이다.

2절 政策學의 均衡理論과의 差異

1. 政策調整論과의 差異

정책의 갈등현상을 통합하고 조정하는 정책조정론policy coordination은 정책균형이론에서도 중요하다. 정책조정은 정책조직에서 다양하게 분화된 정책활동을 특정한 목적이나 정책의 우선순위에 따라서 정렬시키는 것이다. 이때 정책활동을 정렬시킨다는 의미는 정책의 갈등요인이 발생된 이후에 갈등관계를 사후적으로*ex post* 조정하고 해결한다는 것이다. 특히 정책담당기관이나 부처部處간에 정책의 갈등이나 이견異見이 발생할 경우, 이것을 통합하고 정리하는 작업이다. 따라서 대부분의 정책조정에 관한 연구는 정책갈등이 발생된 원인이나, 정책기관이나 정책부처간의 이해관계를 조정하는 제도나 조정과정 또는 법률적인 조정체계 등을 설명하고 있다(김영평 · 신신우, 1991: 이성우, 1993: 5-22).

또한 정책조정은 보다 上位의 정책목표에 대한 다양한 下位 목표를 관리하는 활동이다. 목표관리에 의한 정책조정은 정책통합policy integration과 함께 논의되면서 국내정책보다는 국제정책이나 외교정책 또는 정책의 목표갈등 요인이 다국적으로 연계되는 국가정책에서 정책조정의 통합이론으로 발달하고 있다(대표적으로 Clarke, 1985: 3-18). 특히 정책조정론은 경제학분야에서 자본과 노동 및 기술정보의 통합과 조정, 다양한 구체적 경제정책 프로그램의 조정과 통합, 금융시장에서의 금리金利와 관련된 통화정책의 조정, 노동시장에서 노사勞使간의 갈등조정과 해결, 시장실패요인의 조정 등의 구체적 사례연구로 크게 발달하고 있다(대표적으로 Dobson, 1991).

따라서 정책조정론에서는 정책갈등과 정책목표라는 두 가지 변수를 중요하게 설명하고 있다. 첫째, 정책갈등policy conflict에 의한 정책조정론은 갈등이 발생하게 될(또는 된) 원인과 양태 등을 설명하고 있다. 즉 정책갈등을 정책과정에서 역기능적 측면과 순기능적 요인으로 설명하면서 역기능적 현상을 극복하고 정리하는 방법으로 정책조정의 방법을 제시하기도 한다(김영평, 2002: 113-43). 특히 정책담당자의 개인적 차원에서의 갈등보다 정책기관이나 체제간의 갈등을 조정하는 이론이다. 즉 정책지향과 목표 및 정책현실과의 인식차이, 정책기관의 관할 권한에 의한 갈등 및 정책결정의 규칙과 일상적인 방법 등의 차이에서 발생한 정책갈등의 조정을 설명하기도 한다(김영평 · 신신우 1991: 307-24).

이와 같은 정책조정의 방법을 갈등관리의 한 방법으로 설명하기도 하지만(정정화, 2002, 185-96), 일반적으로 정책갈등에 의한 정책조정의 방법으로 협력으로 문제를 해결하고자 하는 통합이나, 정책담당자의 차원에서 대인적對人的 갈등해결로서 순응하는 방법, 경쟁과 게임에 의한 지배, 회피, 협상과 타협의 정치적 논리에 의존하는 방법(이창원 · 전주상, 2003: 4), 제3자의 개입에 의한 화해나 중재 또는 조정의 방법(김영평, 2002: 127-8) 등을 제시하고 있다. 그리고 정책기관이나 조직수준에서는 동종同種 유형의 정책업무를 한 부서에 통합시킨다든지, 정책지침이나 목표를 사전에 통일시키고 정리하는 방법, 정책과정에서 정보와 자료를 공유하여 의사전달을 원활하게 하는 방법, 조직구성원들의 자발적 참여와 의지에 의한 정책조정, 감독기관이나 상급기관의 조정역할이나 제3기관으로서 정책조정 통합기구나 조직에 위한 정책조정의 방법, 법률이나 행정규정의 절차에 의한 강제적 형태의 정책조정 방법 등 다양한 수단과 방법이 사용되고 있다(조이현, 1994).

이와 같은 정책조정의 필요성을, 좀 더 확실하고 타당성이 있으며 설득력 있는 정책을 결정할 수 있고, 다양한 정책수단을 유기적으로 통합하여 정책비용을 최적화하기 위해서, 특히 정책을 현장에서 집행하는 과정에서 발생될 현장갈등을 사전에 조정·통합하여 원활한 정책시행으로 정책을 성공시켜야 할 것 등으로 설명하고 있다(이송호, 2001: 71-2).

정책갈등에 의한 정책조정 연구는 구체적 정책사례를 중심으로 진행되고 있다. 그 중에서도 특히 환경분쟁이 심화되면서 환경갈등에 의한 정책조정을 집중적으로 연구하는 사례연구가 중심이 되고 있다(대표적으로 사득환, 1999: 249-72). 또한 사회갈등과 사회통합의 방법으로 정책조정의 중요성을 논의하기도 한다(박동서, 1982: 21-6).

두 번째로, 정책목표에 의한 정책조정론이다. 원천적으로 정책문제를 다양하게 인식하고 분석하면서 정책주체간에 차이와 갈등이 발생하게 된다. 이와 같은 차이점이나 갈등을 조정하기 위해서는 공통적으로 추구하는(또는 할 수 있는) 정책의 목표나 가치를 제시하면서 다양한 문제인식과 수단을 조정하고 통합시킬 수 있다. 그래서 많은 경우에 정책조정은 여러 주체가 상호의존적으로 관련된 정책을 결정하거나 집행할 때의 일관성과 통일성을 확보하는 과정이나 방법으로 정의하기도 한다(최병선, 1993: 154-7). 따라서 추상적인 가치보다 구체적이고 관리적인 경우에 정책조정은 쉽게 이루어질 수 있지만 정치적이거나 이상적인 경우에는 정책목표나 가치 그 자체에 대한 인식의 차이점 때문에 정책조정은 어려워질 수 있다.

목표에 의한 정책조정은 목표관리MBO: Management by Objective 에서도 설명되고 있다. 즉 정책목표를 달성하고 실천할 집행기관의 독립성이나 자율성과 분권화를 강조하는 목표관리는 정책의 성과, 즉 목표를 달성하는 정도나 효과성을 측정하면서 다양한 수단의 통합을 강조한다. 때문에 정책조정론에서도 중요하게 취급하고 있다. 따라서 정책조정을 정책의 목표관리에 의한 우선순위를 설정하면서 이것을 실현할 다양한 정책수단을 보완하거나 대체하는 일련의 분석적 활동으로 정의할 수 있다(이승호, 2001: 70).

따라서 정책조정은 조직 전체의 목표를 중심으로 하위체제나 수단이 유기체적으로 연계되면서 의사전달과 정보의 유통을 원활히 하여 조직활동을 조화시키거나 조직의 균형과 생존능력을 향상시키는 역할을 할 수 있다. 그리고 구체적이고 개별적 조직활동이나 목표달성의 수단을 계층적으로 정렬 · 배합시키면서 정책비용을 최소화하여 조직생산성을 향상시키는 역할도 하게 되면서 조직의 발달과 균형을 이룩할 수 있다는 설명이다(조이현, 1994).

정책조정론은 다양한 이해관계를 정책목표나 정책의 우선순위 또는 제3자의 개입이나 중재에 의하든지 아니면 정책조직의 상위계층이나 상위체제에서 하위체제의 다양성을 일관성있게 통합하려는 것이 핵심이다. 이와 같은 정책조정론은 몇 가지 점에서 근본적으로 정책균형이론과 차이가 있다.

첫째, 정책조정론도 정책조정의 이익(합리적 결정에 의한 정당성의 확보나 민주적이고 자발적 참여에 의한 정책응집력의 확보, 정책집행의 순응력 증대)을 극대화하면서 동시에 조정비용(갈등조정의 시간과 기회비용, 조정에서 패자의 반발과 사기 저하, 하위체제의 독립성 저하 등)을 최소화하여 조정의 순이익을 극대화하고자 하는 기본철학을 가지고 있다(이성우, 1993: 164-5).

이것은 정책균형이론의 실천기준의 하나인 정책의 인과관계, 즉 정책비용과 혜택을 분명히 정립한다는 내용과 같다. 그러나 정책조정에서의 비용이나 이익관계는 거래비용의 개념인 상호간의 대차대조나 비교우위의 한계분석이다. 정책균형에서의 비용과 혜택은 그 원인과 과정에서 도덕적이고 규범적 정당성을 확보하는 사회적 교환분석이고 규범분석이다. 이때의 정책분석의 범위는 이와 같은 정책의 인과관계를 기초로 해서 이것을 전체적 수준에서 다양한 조건을 고려하여 균형되게 조화시키는 수정과 보정을 논의하는 수준까지 확대되고 있다.

둘째, 정책조정론에서 전체 사회의 통합이나 사회관리의 방법에 관한 연구는 광의의 정책조정 개념을 전제로 하고 있다. 이때의 정책조정은 사회 전체적으로 발생되는 이념이나 계층, 지역 또는 특정 정책에 대한 이해관계의 갈등이나 찬반 등을 사회의 목적이나 사회체제의 정상적인 균형을 달성하기 위한 정책의 조정으로 보고 있다. 따라서 사회체제의 불균형을 균형화시키고자 하는 입장에서는 정책균형이론과 그 맥을 같이한다고 할 수 있다. 그러나 사회통합에 의한 정책조정론도 일반체제이론에 기초를 두고 있다. 때문에 복합균형에 의한 불균형의 적극적인 수정과 보완 및 補正을 그 방법으로 하는 정책균형이론과는 다르다.

셋째, 조정과 통합은 본질적으로 힘이나 권위, 자원 등에서 우위를 점하는 자의 강제적 결정방법이 중심이다(이성우, 1993: 7). 때문에 조정 이후에도 갈등관계는 계속될 수 있다. 또한 정책목표와 수단과의 관계도 항상 유동적이다. 때문에 수단과 목표를 연계하는 상호의존성만으로 정책조정이 달성되기 어렵다.

반면에 정책균형이론은 정책주체의 균형감각을 중심으로 하고 있다. 균형감각은 정책주체의 중용이나 중도사상에 의한 수신론을 기본으로 하면서 다양한 조건들이 복합적이고 연속적이며 동태적 상태에서 진행되는 균형을 제어하는 개념이다. 따라서 힘이나 지위의 고하 등의 권위에 의한 강제적 조정이 아닌 불균형의 갈등과 원인을 사전에 방지하면서 동시에 그것이 사후적으로 문제가 되면 이것을 교정하고 치유하는 수단과 방법의 구체적 정책도 고려하는 이론이다.

넷째, 정책조정론은 정책갈등이나 정책목표의 관리가 중심이면서 정책이나 구체적 프로그램을 설명하기보다 정책결정의 체제나 제3자에 의한 조정의 방법과 절차 또는 조정과정 등을 설명하고 있다. 그러나 정책균형이론은 정책 그 자체에서 발생될 정책의 비용과 효과 및 영향의 불균형이나 정책이 진행되면서 발생하게 될 이해관계의 불균형을 사전 및 사후에 평가하고 이것을 균형화시키는 동태적 활동(정책)을 설명하는 이론이다. 따라서 정책균형이론은 총체적 접근방법을 강조하는 반면에 정책조정은 체제적이고 거시적 조정을 강조하고 있다.

특히 정책균형이론은 조정된 정책이라도 정책 그 자체가 진행되면서 발생시킬 정책영향과 산출의 이해관계나 이것을 분배하는 정의의 기준, 정책은 상호의존적이지만 상호간에 독립적 실체와 작용을 중심으로 하면서 방해나 부담이 되는 의존이 아닌 상호교섭 등의 관계를 중시하고 있다. 때문에 정책균형은 중용의 수시隨時나 중도의 수의隨宜에 따라서, 의존하면서 동시에 독립적으로 존재하여 상황과 조건에 의해서 조화와 통합의 상태를 만들어 가야만 상호교섭의 기준이 적용될 수 있다는 점을 강조하고 있다.

2. 政策急變論과의 差異

정책급변모형policy punctuation model은 Frank Baumgartner와 Bryan Jones(1993) 등이 제시한, 정책의제를 설정할 때의 정책변동을 설명하고

있다. 즉 다원주의에 의한 점진적 변화가 아니라 장기적으로 정책은 급변하면서도 균형을 달성하고 있다punctuated equilibrium는 사실을 1990년대 이후의 미국의 다양한 정책사례(원자력발전, 도시문제, 끽연, 미국연방정부의 예산 등)에 적용하여 검증하고 있는 이론이다.

정책급변론에 의하면, 장기적으로 정책과정은 비교적 안정되면서 점진적 변화를 경험하고 있다고 본다. 그러나 정책간에 서로 경쟁적으로 균형을 유지하고 있지만 외부의 환경적 요인이나 내부적인 정치변동이나 이미지와 가치의 변동에 의해서 정책은 급변punctuation하게 된다. 비교적 소규모의 정책변동은 정책주체들이 자신의 정책영역을 독점하고 있거나 혹은 정책의 하위체제들이 서로 간에 정책을 독점하기 위해서 경쟁하는 경우이다. 이것을 정책의 연속성이라고 보았다.

그러나 정책이 국가 전체의 수준에서 재조정되거나 정치적 압력이나 급격한 외부환경의 변화에 의해서 정책수단과 문제해결의 방법을 변화시켜야 되는 대규모의 정책변화를 정책급변이라고 했다. 그러면서도 균형을 설명하는 이유로, 장기적으로는 국가정책을 정치제도의 투입과 산출이론으로 설명하면서 정책산출의 비용부담과 증가에 의한 마찰이 정치제도에 증가되면 그에 따라서 결정되는 정책은 점점 더 급격하게 변화된다(Jones 외, 2003: 151-69). 이와 같은 과정에서 정책주체들은 자신들의 정책전문성과 자율성을 지속시키면서 발달된 기술이나 정보통제력의 덕분에 점점 더 자신들의 정책분야인 이슈영역을 독점하게 된다. 그러면 정책독점을 지속할 하위체제를 구성하고 외부의 지지와 영향을 지속적으로 유지하기 위해서 시민을 참여시키는 전략을 취하게 된다. 이와 같은 정치제도적 구조에 의해서 정책균형policy equilibrium을 유지할 수 있다고 본다.

이와 같은 균형과 안정의 시기에는 정책경쟁자간에 정책의제와 그를 해결할 문제에 대하여 합의하면서 새로이 형성된 정치제도에서 새로운 안정시기를 만들어 간다. 이와 같은 안정화 시기가 장기간 계속되면서, 물론 단기적으로는 점진적 변화를 경험하지만 정책은 점진적으로 변화를 겪기보다는 정책간의 독점적 경쟁이 심화되거나 외부요인(이것을 정책지진policy earthquake이라고 했다)이 발생하면 정책은 변화를 경험하지 아니할 수 없다. 이때의 변화는 급진적이고 대규모적이라고 보았다.

이와 같은 정책급변모형의 설명에서 정책균형이론과는 다음과 같은 점에서 근본적으로 차이가 있음을 발견할 수 있다.

첫째, 정책급변모형의 기본명제는 정책변동이다. 정책변동을 지금까지의 다원주의적 점진방법으로 설명할 수 없는 분야를 장기간에 걸친 정책의 급변으로 설명하고 있다. 그러면서도 정책은 장기간에서 볼 때, 정치제도와 이념에 따라서 정책을 독점할 수 있는 정책세력이, 특히 공공관료조직과 정치제도가 존재하기 때문에 급변하지만 균형된다는 전제이다.

이와 같은 장기간의 정책균형, 특히 급격히 변화되면서도 어느 일정한 시기에는 안정된 균형을 유지한다고 하는 사실을 미국의 정책사례에서 실증적으로 검증하고는 있지만, 정책균형이론의 균형balance의 개념과는 근본적으로 다르다. 즉 제2장에서 정책균형을 설명하였지만, 정책균형이론의 균형은 정책 그 자체 뿐만 아니라 외부적 환경변수에 의해서 정책의 비용과 효과, 즉 정책의 실현에 의한 정책의 불균형을 설명하면서 처방적이고 규범적 입장에서 이와 같은 불균형을 是正하고 교정할 수 있는 적극적 의미의 개념이다. 때문에 정책급변론이 주장하는 정책의 변화하는 시기 동안에 일시적이고 한정적 의미의 균형(이것이 비록 'equilibrium' 이거나 'stability' 또는 'stasis' 이든지 간에)과는 균형에 대한 개념정의부터가 다르다.

둘째, 정책급변론이 설명하는, 장기간에 정책이 급변하지만 균형을 유지한다는 것을 William Dunn(2004: 55)은 굳이 정책급변이라고 할 것이 아니라 오랜 세월의 기간이기 때문에 정책은 스스로 학습하여 자신의 위치에서 자신의 살길을 찾아가는 과정으로 이해하면 될 것이 아닌가 하는 비판을 하듯이, 정책이 급격하게 변화하는 것과 정책의 균형을 동시에 설명하기에는 한계가 있다. 왜냐하면, 정책변동의 진행과정을 장기간에 걸쳐서 관찰하면서 일정한 기간에는 정책주체의 정책독점현상에 의해서 정책이 안정적이라고 하는 것을 정책사례에서 검증한다는 것은 이미 일정한 결론을 도출하고 이것을 검증하고자 하는 연역법의 접근방법이지만 내부적으로는 그와 같은 결론을 도출하기 위한 질료오류material fallacy를 범하고 있다고 할 것이다.

그래서 합리적 정책결정의 진행과정보다는 검증이 어려운 非합리적 정책과정에서의 정책급변을 설명한 것이다. 비록 Herbert Simon의 인간의 인식능력의 한계를 인용하면서, 비합리적 정책과정은 순간적 균형이 아닌 급변적 균형이라는 사실을 미국 연방정부의 학교예산을 사례로 제시하고 있지만(Robinson, 2004: 25-38), 정책 그 자체가 아니라 정책의 내용과 정책의 성과나 결과에 의한 정책균형을 설명하기는 어렵다.

셋째, Jones(1994: 174-5)가 주장하는 다원주의적 정책균형과 포퓰리즘populism[7]적 정책균형 등과의 차이점을 설명할 필요도 있다. 그에 의하면, 구체적 정책분야나 영역에서 정책결정의 하위체제들이 주어진 법령과 예산 및 기득권 세력과 이슈 네트워크 등에 의하여 구체적 정책분야에서의 균형, 즉 지역균형local equilibrium을 유지하고 있다. 이와 같은 지역균형이 국가나 사회 전체적인 이해관계나 정책선호와 일반적으로 조

7 포퓰리즘을 민중주의民衆主義나 대중인기영합주의 등으로 번역한다. 포퓰리즘의 역사와 발전 및 구체적 내용은 대단히 다양하기 때문에 관련된 문헌을 참고할 수 있지만(대표적으로 주정립(2005, "포퓰리즘의 개념적 규정을 위한 시도"『대한정치학회보』, 13(1): 245-68), 일반적으로 포퓰리즘은 자본주의의 부정적 요인과 기존의 사회질서에 대한 도전을 주된 이념으로 하면서 대중적 인기나 감정 등에 호소하는 정책이나 사업을 중시하는 사상이라고 할 수 있다.

화된다면, 이것을 다수의 정책선호와 구체적 정책이 조화되는 포퓰리즘적 정책균형populist policy equilibrium이라고 했다.

그래서 정책결정의 체제산물인 지역균형은 대단히 다양하고 복잡하지만 외부의 영향요인이나 간섭 또는 압력에 의하여 새로운 정책으로 변동 또는 이동되기 이전에는, 즉 새로운 갈등과 마찰이 발생하여 정책의 하위체제의 주체들이 움직이기 이전에는 상당한 기간에 정책은 안정을 유지할 수 있다. 이것을 다원주의적 정책균형pluralist policy equilibrium이라고 보았다.

이와 같은 정책균형도 정책의 산출과 결과의 일반체제이론의 한 내용으로 체제의 안정과 균형이 유지되는 한 정책의 균형도 달성된다는 입장이다. 또한 정책결정의 체제는 다수의 이해관계나 정책선호와 대중의 변화에 대한 압력과 새로운 관심의 집중이 진행되어 정책을 변동시켜야 하는 단계에 이르기까지는 정책영역이나 지역은 안정적으로 정책을 유지하고 운영할 수 있다고 본다. 이와 같은 정적靜的인 상태의 정책결정의 체제균형이 대중의 인기나 지지에서 발생된 포퓰리즘적 균형일 수도 있고, 다양한 구체적 하위체제들이 균형을 유지하면서 전체적인 다원주의적 균형을 유지할 수도 있다.

그러나 문제는 정책의 영향이나 효과에 의한 정책균형이 아닌 정책결정 체제의 균형이론이다. 때문에 정책균형이론은 동태적으로 변화하는 과정에서의 균형balance이며 복합적이고 동태적 균형이다. 따라서 정책급변론은 정책의 결정체제 그 자체의 균형이나 이해관계의 일시적 균형이 아니라 정책의 결과산물에 의한 정책효용, 즉 정책비용과 혜택, 정책결정자와 대상자간의 균형, 정책이 추구할 수 없었던 또는 무지無知했던 분야를 수정하는 분배의 정의를 실현하고자 하는 적극적 의미의 정책균형 등을 설명할 수 없다.

3절 經濟學의 均衡理論과의 差異

1. 費用 - 便益分析과의 差異

비용-편익분석(B/C분석: benefit-cost analysis, 이하에서는 B/C분석이라고 한다)이 후생厚生경제학의 응용이론으로 발달되면서 공공분야에서 의사결정의 한 기법으로 현실적으로 크게 이용되고 있다. 후생경제는 개인의 문제가 아니라 사회적이고 公共의 문제이다. 때문에 각 개인의 선호選好나 효용效用을 사회 전체의 선호나 우선순위로 전환시키는 일이 중요하다(장노순, 1985: 109-110). 여기에 필요한 대표적 이론이 파레토 최적Pareto Optimality이다. 그러나 개인의 최적상태에서 사회적 파레토 최적상태를 구성할 수 있어야 한다. 즉 어느 한 부분의 효용이나 가치를 손상시키지 아니하면 他 부분의 효용을 증대시킬 수 없는 최적의 선택상황을 만들 수 있어야 한다는 뜻이다.

B/C분석은 사회적 최적상태를 달성하기 위한 편익benefit, *pros*과 비용cost, *cons*을 개인적 수준이 아닌 사회적이고 공공의 수준에서 평가하는 대표적 방법이다. 이와 같은 B/C분석을 진행하기 위한 일반적 절차와 원칙으로, 정책사업의 총비용에 대한 총편익을 비교해서 어느 정책대안이 가장 많은 순純편익을 제공할 수 있을 것인가를 결정하는 기법이다. 구체적으로 설명하면, 정책의 여러 가지 사항 중에서 그 사업을 시행할 초기의 비용이나(여기에는 매몰비용도 포함) 기타 관련 비용과 유지비용 등을 총비용으로 계산(물론 사회적 비용과 비화폐적 비용도 최대한의 합리적인 방법으로 화폐적 비용으로 계산하려고 노력한다)해서 먼저 그 사업에 필요한 총비용을 계정計定한다.

이와 반대로 총효과, 즉 총편익이란 정책사업에 의해서 발생될 모든 효과(비화폐적이고 사회적인 것을 포함)를 화폐편익으로 계산해서 총비용과 총효과의 차이가 가장 크게 발생되는, 즉 한계限界편익을 극대화 할 수 있는 정책을 선택하는 것이다. 물론 사업규모가 크고 장기적이라면 비용과 편익을 현재의 가치로 환산하는 할인방법이 동원되기도 한다. 또한 일정한 비용의 제약이 있다면, 즉 사용해야 할 정책비용이 제한된 예산액으로 결정되어 있다면 이 범위 내에서 한계비용MC과 한계편익MB이 동등해지는 사업규모를 결정할 수 있다(Stokey and Zeckhauser, 1978: 134-58).

국가정책에 B/C분석을 이용할 때는 위에서 설명한 바와 같이 그렇게 간단하지 않다. 정책의 영향은 국가나 인류사회의 全 범위에 해당되기도 하고, 정책효용이 발생될 시간적 범위가 복잡하다. 그리고 대부분의 정책비용은 정책을 집행하면 그 비용을 복구할 수 없는 매몰비용sunk cost이다(김홍배, 1997: 4-5). 더구나 국가정책의 비용과 편익(효과)을 정확히 계산한다는 그 자체는 신화일 수 있다. 왜냐하면, 경제현상에서 보이지 않는 손이 존재하여 시장가격과 공급을 결정하듯이, 정책에는 보이지 않는 정치현상과 가치판단이 존재하여 정책의 비용과 편익을 결정하기 때문이다. 그 대표적으로 정책담당자나 분석가의 문화적이고 인지적이며 윤리적 가치판단과 성향을 과학적이고 객관적으로 분석할 수 없기 때문이다(김서용, 2004: 76-83).

때문에 B/C분석은 정책의 비용과 편익의 화폐적 인과관계의 정보를 제공하는 것이지 국가정책의 의사결정 그 자체에 관한 정보를 제공할 수 없다. 그리고 현재에서 정책의 값을 분석하는 것이지 과거나 미래(물론 이것을 다룰 수 있는 방법으로 할인율이나 가중치의 부여 등과 같은 기법이 있지만)의 값을 개발하거나 창조하는 수준의 정보는 제공할 수 없다. 때문에 B/C분석은 정책규정에 따라서 발생될 가치와 사회의 전체적 입장에서의 선호에 관한 정보를 제공하기 어렵다(Zerbe, Jr., 1998: 421-38).

B/C분석이 공공분야에 응용되기 시작한 역사를 간단히 소개할 필요도 있다(Campen, 1986: 15-21).[8] B/C기법이 발달하게 된 배경(미국의 경우에)에는 1902년의 「강과 항만에 관한 법River and Harbor Act」이 제정되면서 美 육군 공병단이 시행하는 연방정부의 지출사업에 상업적 비용과 편익을 계산해야 하는 규정이 있었다. 또한 1936년의 「홍수통제법Flood Control Act」이 제정되어 공공사업(특히 댐의 건설과 관개 등의 'water projects')의 비용과 편익을 평가하게 되면서부터 현실적으로 B/C분석이 1930년대의 경제공항 동안에 크게 발달하였다.

1940년대에는 미국의 연방예산국Bureau of Budget이 중심이 되어 예산편성지침에 B/C분석의 활용을 지시하면서 발달하게 되었고, 1950년대에는 Rand연구소가 중심이 되어 B/C분석이 발달하였다. 그리고 Lyndon Johnson 행정부가 성과주의 예산PPBS: planing-programming-budgeting system을 全 연방정부에 확대시행하면서 1960년대에는 B/C분석기법이 가장 활발하게 적용된 시기라고 할 수 있다. 그러다가 Jimmy Carter 행정부 때 영기준예산제도ZBB: zero-base budgeting가 시행되면서 B/C분석의 한계와 문제점 등이 비판되기도 했지만, 국가사업의 비용과 편익의 인과관계를 계량적이고 체제적으로 비교 · 평가하는 방법이라는 기본원칙이 중요한 정책분석의 기준으로 활용되기도 했다.

이와 같이 B/C 분석은 공공분야에서 현재의 가치기준에서 볼 때, 어떤 정책이 가장 효율적이고 효과적일 것인가 하는 것을 판단하는 계량적이

8 물론 美國을 중심으로 하는 경우이다. 한국에서는 미국에서 발달된 B/C분석 이론과 기법이 어떻게 도입되었으며 공공분야에서는 어떻게 이것을 적용하고 있는가 하는 역사를 잘 알 수 없다(필자가 알고 있는 범위에서). B/C분석은 비용과 편익을 화폐가치로 환산하여 계산하는 기법이다. 때문에 현실에서 응용하고 이를 활용하기 위해서 또는 기본절차와 방법을 분명히 이해하기 위해서는 실제의 사례에서 이것을 활용해 보아야 한다. 이와 같은 기법을 자세히 이해하기 위해서는 김홍배의 책(1997,『비용편익분석론: 기획가와 정책가를 위한 Note Book』)이나 Edith Stokey 와 Richard Zeckhauser의 책(1978, *A Primer for Policy Analysis*) 등을 대표적으로 추천할 수 있다.

고 체제적이며 한계분석(한계비용과 한계편익의 개념)을 중심개념으로 하고 있으면서, 지금까지 다양한 분야에서 정부사업이나 프로그램에 광범위하게 활용되고 있다. 그러나 정책균형이론과는 다음과 같은 점에서 차이가 있다.

첫째, B/C분석은 정책사업의 비용이나 편익을 누가, 어느 집단이, 무엇 때문에, 언제, 어떻게, 무엇을 받을 것이며, 만약 이것이 정의롭고 타당한가 하는 것을 설명할 수 없다. 물론 시간적 문제를 해결하게 위해서 할인율 방법을 사용하거나 정책대상자의 주관적 판단이나 선호의 만족도 등을 해결하기 위해서 가중치를 부여하는 방법을 이용할 수 있으며, 미래의 불확실성을 비용과 편익에 계산하기 위해서 민감도분석이나 위험분석 등을 병행할 수 있다. 그러나 근본적으로 B/C분석은 비용과 편익의 분배의 문제에서는 무차별곡선에서 처럼 무차별곡선에 해당되는 모든 점들(실제로 정책에서는 다양한 정책대안과 행동프로그램이다)의 효용은 차이가 없다는 공리주의功利主義 입장을 취하고 있다(Trumbull, 1990: 214-5; Hubin 1993: 181-6).

그러나 정책균형이론은 바로 이와 같은 점을 설명하고 이것을 실제의 정책현실에서 교정하고 수정하려는 것이다. 특히 정책비용이나 편익을 어느 계층에서, 왜 부담하고 향유해야 되는지, 이때 공평하고도 타당하게 분배되었는가 하는 것을 설명하고자 하는 것이 정책균형이론의 핵심이다. 때문에 정책균형이론은 무엇보다도 어떤 정책을, 어느 규모에서, 얼마만큼의 사업비용으로, 최대의 효용을 창출한다는 일반방정식의 등식等式을 기초로 하는 것이 아니다. 정책비용과 혜택에 대한 불만이나 불균등, 불평등과 문제점 등이 있다면 이를 수정하고 보정할 수 있어야 정책은 균형될 수 있다는 것에 초점을 두고 있다.

둘째, B/C분석도 정책의 인과관계를 시간적 범위에서 장기간에 걸쳐서 발생되는 비용과 편익으로 계산하기 위해서 노력하고 있다. 이것은 정책균형이론의 실천기준인 정책의 인과관계를 정립하는데 중요한 이론으로 기여하고 있다. 그러나 장기적인 비용과 편익을 현재가치로 환산하려는 노력을 한다 해도 정책비용과 편익의 미래세대에 대한 값을 현재에 구체적으로 설명할 수 없다. 또한 정책혜택이나 효용을 아무런 비용을 부담하지 않은 무임승차자free-riders 현상도 설명할 수 없다. 특히 국가정책에 의한 개인적이고 집단적인 이해관계의 갈등현상을 B/C분석은 설명할 수 없다. 또한 외부적이고 간접적인 영향이나 비용부담 등도 구체화하기 어렵다. 물론 정책에 의해서 발생되는 비용과 혜택의 유형을 다양하게 마련해서 외부비용이나 효과의 항목 등으로 포함시킬 수도 있지만 그것만으로 정책의 균형은 달성되기 어렵다.

대신에 정책균형이론은 이와 같은 비용과 편익 분석의 문제점과 한계점을 수정하거나 교정하기 위한 정부정책을 제도적으로 시행하고자 하는 것이다. 즉 정책의 全 과정에서 다양한 이해관계를 균형화시키고자 하는 것이다.

이와 같은 점에서 볼 때, 정책균형이론은 정책의 전후前後관계의 맥락을 강조하고 있다. 전후관계의 맥락 또는 환경설정은 Harold Lasswell (1971) 정책학의 중심적 내용이다. 따라서 정책결정자나 연구자는 이방인異邦人이나 제3자 또는 중립자가 아니라, 다양한 환경과 조건과 인과관계에 총체적으로 몰입하여, 종합적인 관점에서 국가정책을 결정해야 한다는 전후관계의 맥락은 정책균형의 이론과 지식이 있어야 가능할 것이다.

특히 21세기의 사이버사회나 또는 포스트모더니즘의 정책이론에서는 정책의 인과관계를 상호간에 의존하지만, 상호간의 실체는 독립적인 의존이고, 동시에 상호간에 방해나 장애가 될 수 없는 의존인 상호교섭으로 파악하는 정책균형이론이 더욱 더 정책의 현실에 타당하고 적실할 것이다.

정책의 상호교섭론에 관한 자세한 것은 제4장 2절에서 설명하면서 참조하기로 하고 그렇다고 해서 B/C분석과 같은 기법중심의 이론이 필요없다는 것은 아니다. 서양의 학자들도(대표적으로 Morcol, 2002) 객관주의나 현실주의를 지배하고 있는 B/C분석의 기술적이고 경제적이며 量적인 합리성의 개념과 방법에 다양한 요소와 변수, 특히 복잡성이나 혼돈chaos 등과 같은 인식과학의 요소를 보완하여 이해할 필요가 있다고 했다. 즉 다양한 요소들이 상호간에 연계되면서 조화된 상태를 설명할 수 있는 이론이 최근에 발달하고 있다는 사실을 강조하기도 했다.

2. 公共選擇論과의 差異

공공선택론public choice은 합리적 경제인으로 판단하고 선택하는 경제이론을 공공분야의 공공재公共財의 선택에 도입하여 공공기관, 특히 관료의 행위와 의사결정을 설명하고자 하는 경제이론의 한 분야이다. 순수경제이론이라기 보다는 시장실패에 의한 정부의 역할을 어떻게 규정하고 설명할 것인가 하는 국가재정학에 뿌리를 둔 이론이다. 그렇기 때문에 정치와 경제의 상호연관성을 미시적으로 설명하기 위한 정치경제학political economy의 한 분야로 발달하고 있다.

이와 같은 공공선택론은 1960년대부터 미국에서 발달되고 있다. 1950년대 이후 미국경제가 세계경제로 성장하면서 경제성장과 발전의 이론과 실천전략을 미국의 공공분야에 적용하면 공공정부도 경제분야와 같은 성과를 이룩할 수 있다는 실천철학이 있었다. 특히 미국의 연방정부나 州 정부의 공공관료제는 서구유럽이나 중국을 중심으로 하는 아시아 관료제와 같은 역사와 경험이 없었다. 때문에 경제학의 중심이론인 합리적 소비자 선택이론과 의사결정을 공공분야에 적용하여 설명하면 공공관료의 합리적 결정과 성과를, 고전 관료제이론과는 달리 미국식의 독자적 방법으로 설명할 수 있다고 믿었다(Borooah, 1996: 43-5).

특히 1986년에 노벨 경제학상을 수상한 James Buchanan과 Gordon Tullock(1962) 등이 공공선택론을 집중적으로 발달시켰다. 또한 게임이론과 사회적 최적이론 및 투표이론 등의 수리모형과 정치선택을 설명하는 공공선택론의 다양한 이론도 있다. 그리고 공공행정분야에서 공공선택론의 철학적 기초를 연구하면서 헌법적 질서를 강조하는 이론도 있다. 그러나 공공선택론의 공통적 기본전제는 방법론적 개인주의와 경제인 및 교환으로서 정치 등이다.

첫째, 방법론적 개인주의가 강조하는 것은 합리적으로 자신의 이익을 극대화할 수 있는 의사를 결정하는 개인이다. 이들의 선호와 선택을 존중하는 것이 공공선택론의 기본입장이다. 개인은 자신의 이익을 중심으로 합리적 결정과 판단을 하면서 이와 같은 결정에서 발생될 효용과 이윤을 극대화하려는 전략을 취한다. 자신이 소유한 정보의 수준에 따라서 다양한 대안을 선택하지만 기존의 법과 질서의 범위내에서 합리성을 추구하는 특성을 가지고 있다(유금록, 1995: 126).

둘째, 경제인으로서 사익私益을 추구하는 개인주의의 인간이 자신의 이익을 극대화 할 수 있는 최적의 행동을 한다는 전제이다. 사회행위에서 자신의 효용가치를 화폐가치로 환산할 수 있는 경제인이 공공선택론의 중심이다. 따라서 개인의 사익을 추구하는 경제인으로 분류할 수 없는 공공관료의 경우에도 항상 공익公益을 추구하는 것이 아니라 자신의 이해관계를 극대화 하는 경제적 인간의 맥락에서 설명하고 있다(소병희, 1996: 272). 때문에 공공선택론에서는 공익과 사익의 관계를 설명하지 아니할 수 없다. 그래서 방법론적 개인주의와 경제인의 내용을 공공선택론에서 사익적 접근방법이라고 하고, 공통의 善이라고 하는 공익public interest을 정치교환의 논리로 설명하는 공익적 접근방법으로 구별하기도 한다(유금록, 1995: 122-3).

셋째, 교환으로서 정치이다. 경제인의 선택행위를 정치에서는 투표의 선택행위로 설명하는 것이다. 따라서 정치행위의 대표격인 투표에서도 거래행위를 하는 당사자들의 이익이 증가될 수 있기 때문에 정치교환이 가능하다고 본다. 그렇지만 정치교환에서 발생되는 효과는 공동체에 속하는 모든 사람에게 비용과 효과(외부효과나 무임승차자 문제 등)를 발생시키기 때문에 공익추구라고 하는 사실을 전제로 하고 있다.

그러나 공공관료나 정치인의 선택행위가 항상 공익을 추구하는 것이 아니라 개인적이거나 집단적 이해관계를 추구하는 현상도 보편적이라면 이것을 설명할 수 있는 이론도 필요하다는 것이다(소병희, 1996: 275). 그래서 공익을 추구하는 방법으로 다수결원칙에서 절대다수가 지지하는 대안代案이나 중간값을 취하는 해결책만이 유일한 것이 아니다. 대신에 다양한 선호와 이해관계가 소용돌이치는 정치의 장場에서는 규범적 공공선택이론으로서, 일정한 헌정질서와 사회적 규범이나 가치판단의 정치적 최적수준을 모색하는 방법도 중요하다는 것이다(유금록, 1995: 125).

그렇다면 공공선택론에서 강조하는 경제적 선택과 합리적 경제인을 정책균형이론과 비교하여 볼 때 균형의 개념을 어떻게 설명하고 있는가 하는 점이 궁금하다.

첫째, 공공선택론은 우선 개인의 만족과 효용을 경제학의 소비자 행동이론으로 설명한다. 때문에 개인의 효용과 만족이 어디에서 유래되었으며, 효용이 어느 시점에서 사회 전체적으로 타당하고 합리적인가 또는 효용과 만족에 대한 비용을 누가 부담할 것인가 하는 점 등을 설명하기 어렵다. 물론 공공선택론적 접근방법과 같이 정치적 비용이나 편익과 같은 非경제적 요소를 고려하여 보다 총체적인 비용과 편익을 계산하면 정책결정과정에서 정책주체의 선택과 판단을 설명할 수 있다는 지적도 있다(소병희, 1996: 287). 또한 경제인의 최적행위를 사회적 최적행위로 설명하면 결국 개인의 효용의 최적점들이 총합하여 사회 전체의 공익의 최적점을 구할 수 있다는 사회최적론도 가능하다.

그러나 정책균형이론은, 물론 개인의 정책효용을 기초자료로 활용하지만, 사회 전체적으로 정책효용이나 그에 대한 정책가치의 원인이 어디에 있으며, 이것이 불공평하거나 부당하다면 수정하고 보완할 수 있는 이론과 방법을 강조하고 있다. 공공선택론에서는 개인을 중심으로 그들의 신성한 효용극대화의 행동원칙을 강조하지만 그들이 전체의 이익과 조건이 아닌 개인적이고 미시적 이해관계에 초점을 두기 때문에 사회 전체적인 불평등과 불균등이나 부당한 원인과 결과를 고려하기 어렵다. 때문에 정책균형이론에서는 개인의 선호와 선택 때문이거나 아니면 공공의 선택과 결정 때문에 사회적 불평등과 불균등이 발생되는 정책의 현실을 분석하고 그것을 사후적으로 수정하고 교정하는 새로운 노력(정책)을 강조하면서 사회적 균형social balance을 달성하고자 하는 입장이다.

둘째, 때문에 공공선택론은 정책비용과 혜택에 의한 사회적 분배의 정의나 형평을 설명하기 어렵다는 점도 지적할 수 있다. 즉 국가정책에 의해서 발생된 정책편익이나 효용을 어떻게 조정하고 균등화시켜야 사회 전체적으로 불균형된 자원을 올바로 분배할 수 있을 것인가 하는 점을 설명하기 어렵다는 것이다.[9]

그래서 공공선택론의 주창자인 Buchanan도 민주주의 수단인 다수결

9 공공선택론도 실증적 분석이론으로 파레토최적에서의 분배의 문제를 설명하고 있으며, 규범적 공공선택론은 파레토의 최적배분 중에서 사회적으로 최적의 상태를 선택하는 재분배의 과제도 설명하고 있다고 한다(유금록, 1995: 124). 그러나 공공선택론은 분배가 아니라 개인의 효용을 극대화하는 사회적 조건과 정치적 비용과 효과를 강조하는 이론이기 때문에 분배와 재분배 등의 사회적 정의를 설명하는 이론은 아니다.

의 원칙과 진행방법이 잘못 이해되면서 정치적 균형political equilibrium이 존재할 수 없다는 점만 강조되었다고 비판하면서 다수결주의자의 균형(이때에도 equilibrium이다)도 설명해야 한다고 했다(Buchanan, 1996: 3).

그렇지만 정책균형이론에서 균형은 'equilibrium' 이 아닌 'balance' 의 균형이론이다. 그리고 더욱 중요한 것은 공공의 정책에 의한 분배의 사회정의를 실천 할 수 있는 정책의 사회적인 대응기준이나 절차, 사회적인 합의의 상태 등을 설명하기 때문에 공공선택론과는 차이가 있다. 특히 국가정책에 의한 비용과 편익이 사회 전체적으로 용인되고 받아들여질 수 있는 최적의 상태를 강조한다. 이와 같은 최적상태는 개인이 아닌 사회 전체에서 유지되어야 한다는 정책의 사회적 분배의 정의를 강조하는 것이 정책균형이론의 핵심이다.

4절 政策均衡理論에 관련되는 其他 均衡理論과의 差異

지금까지 균형과 정책균형의 개념정립에 의한 정책균형이론의 특징을 비교적으로 이해하기 위해서 정치사회학이나 경제학과 정책학 등의 관련 이론들을 비교하여 설명하였다. 물론 근본적으로 균형balance의 개념에서부터 상당한 차이가 있는 이론들이지만 정책균형이론을 정립하는데 필요한 선행연구로 그 가치를 자세히 설명하였다.

그러나 여기서는 보다 구체적 선행연구로서 정책균형policy balance이라는 용어를 사용한 관련연구를 설명하면서 정책균형이론의 관점에서 정책균형을 설명하는 패러다임으로서의 한계와 문제점 등을 지적하고자 한다. 이와 같은 선행연구들이 정확하게 균형의 개념이나 정책균형이라는 용어를 사용하지 않고 있지만 이와 같은 연구사례나 연구내용 등을 정책균형이론에서는 어떻게 설명할 수 있을 것인가 하는 관점에서 소개하고자 한다.

1. 政策均衡이라는 用語를 사용한 先行研究와의 差異

먼저 정책균형이라는 용어를 사용한 선행연구를 정책균형이론에서 본 균형이론과의 차이점으로 우선 설명할 수 있다. 여기에 해당되는 가장 대표적 연구로, 미국 보수진영의 공화당과 진보진영의 민주당이라는 양당제도兩黨制度를 중심으로 하는 선거에서, 유권자들의 투표행태를 분석하여 각 정당의 구체적 정책을 지지하는 시민들의 선택은 정치적 균형을 달성하고 있다는 정책균형모형policy balancing model을 제시한 Morris Fiorina(1996)의 연구와, 그의 균형모형을 적용한 다양한 연구들을 우선 들 수 있다(대표적으로 Born, 2000: 131-62; Mattei and Howes, 2000: 379-408).

Fiorina는 유권자들의 이념과 지역별 정당선호 및 공화당과 민주당으로 兩分되는 정부구성에서, 실제로 유권자들의 투표는 각 정당 간에 균형적으로 배분된다는 것을 증명하였다. 또한 그의 정책균형모형을 이용하여 1972년부터 1996년까지 미국 대통령선거에서 나타난 정책균형을 증명한 연구 등은 정치적인 이념의 양극화 현상에서도 유권자들이 선호하고 결정하는 정책은 정책이념간에 균형적이라는 사실을 증명하기도 했다.

이와 같은 연구는 선거에서 표시되는 시민의 정책선호의 균형을 연구한 것으로 국가정책의 결정을 어떻게 균형적으로 결정하고 성공시킬 것인가 하는 점과는 차이가 있다. 그 예를 들면, Fiorina는 미국의 민주당과 공화당의 정책균형의 정도를 평가하기 위해서, 정책 = q(행정부정책) + (1−q)(입법부 정책) (단 $0<q<1$)라는 간단한 함수식을 제시하여, 양당제도하에서 의회의원들의 정책선택과 행정부의 정책결정의 균형점이 여러

가지라는 사실을 증명하였다. 그러나 정책균형이론은 정책의 결과와 원인의 균형만이 아니라 정책의 진행과정에서 다양한 이해관계의 균형과, 정책이 독립변수로써 정책균형을 스스로 조정할 수 있는 정책균형이라는 사실을 강조하고 있다.

Fiorina를 중심으로 하는 정책균형모형과 관련하여 여기서 좀 더 설명이 필요한 것으로 분할分割정부divided government[10]에 관한 연구이다. 분할정부는 대통령제도를 시행하는 국가의 고유한 현상이다. 즉 선거에 의해서 행정부의 권한을 획득한 대통령의 소속정당이 입법부인 의회(국회)의 다수정당이 되는 경우에는 통합정부unified government이다. 반대로 의회의 다수정당이 대통령이 소속한 정당이 아닌 他 정당이 되는 경우에 입법부와 행정부의 권한을 대통령과 의회가 각각 분할하여 점령하는 것을 분할정부라고 한다. 한국의 경우에는 여소야대與小野大, 즉 여당은 대통령이 소속된 정당을 장악하고 야당은 국회를 장악하는 경우이다.

그러나 더욱 중요한 것은, 이와 같은 분할정부를 구성하게 된 원인과 그에 따라서 진행되는 결과를 연구하고 설명하는 것이다. 그래서 선거를 중점적으로 연구하는 정치학계에서는 왜 분할정부가 발생했는가 하는 것을 설명하고 있다. 예를 들면, Fiorina 등은 미국의 유권자들이 대통령 선거에서는 그가 소속된 정당의 정책(예: 급진정책과 진보주의)을 선택

10 'Divided government'를 '분점정부'라고 번역하기도 한다(대표적으로 장훈, 2001: 10727). 그러나 정확한 의미에서 보면 행정부를 지배하는 대통령과 그가 소속한 정당이 아닌 야당이 입법부의 의회를 지배하면서 정책적이든 정치적이든지 상호간에 견제하면서 균형을 유지하는 상태를 의미한다. 때문에 분점은 정확한 의미가 아니다. 대신에 '분할'정부나 또는 대통령과 의회의 권력을 서로 다른 정당이 지배하는 '兩分'정부라고 하는 것이 보다 더 타당하다(대표적으로 진영재, 1998). 분점이라는 용어는 중앙의 중심기관을 중심으로 주변의 다양한 기관이 배치되는 상태를 이르는 용어이다. 실제로 국어사전에서도 분점을 "본점이나 지점에서 나누어 따로 벌인 점포"(우리말 큰 사전)라는 의미로 정의하고 있다. 또한 divided government의 반대현상을 'unified government,' 즉 행정부의 수장이 된 대통령이 소속된 정당이 입법부의 다수정당이 되는 현상을 '통합'정부라고 번역하는 것이 '단점'정부라고 번역하는 것보다도 더 정확한 의미이다. 따라서 여기서는 '분할정부'라고 할 것이다.

했다면, 의회를 지배할 다수정당은 대통령과 반대되는 정책(예: 온건정책과 보수주의)을 가진 정당을 선택해서 각 정당간의 정책의 균형을 유지시켜 간다고 설명하고 있다. 이것이 민주주의의 한 원리인 견제와 균형checks and balance을 실천하는 것이라고 했다.

그렇지만 분할정부에 의한 의회와 행정부의 대립 때문에 의회와 행정부가 국가정책에 정치적으로 갈등을 만들거나 감정적으로 국사를 처리하는 경우에는 조화로운 국정운영과 정책결정을 어렵게 하고 있다는 연구(장훈, 2001: 107-27)도 정책이론에서는 중요한 지적이다.

그러나 분할정부는 미국식 민주주의인 대통령제하에서는 보편적 현상이고 한국에서도 1987년의 민주화 이후에 나타 난 가장 중요한 정치변화의 하나인 여소야대의 분할정부이다. 때문에 분할정부 그 자체가 대통령과 국회의 정치적 마찰에 의한 국정운영의 장애요인이 아니라 여당과 야당의 정당정책과 대통령과 국회의 정치조화의 기술과 방법 등을 개선하는 것이 중요하다는 연구가 더욱 우세하다(김용호, 2000; 이명남, 2002: 227-51; 오승용, 2004: 167-92). 마찬가지로 미국에서도 분할정부가 행정부나 입법부에 구체적이고도 분명하게 정책사항이나 의사결정에 영향을 미친 인과관계의 사실을 확인하기 어렵다는 연구(대표적으로 Edwards 외 2인, 1997: 545-63)도 상당한 설득력을 가지고 있다.

이와 반대로 분할정부가 되는 원인은 이처럼 미국의 유권자가 합리적으로 판단하여 대통령과 의회의 권한을 분할하여 정부의 균형을 유지하도록 투표하는 것이 아니라 의회선거의 전략과 후보자의 인물과 선거자금 등의 변수에 의해서 부차적으로by-product 발생된 현상이라는 설명도 있다(대표적으로 Burden and Kimball, 1998: 533-44).

분할정부의 원인이나 결과를 논의하면서 정책균형과 관련된 범위에서 본다면, 아직까지 분할정부에 의해서 국가정책이 의회와 대통령의 정치적 견제에 의해서 정체되거나 파행적으로 진행된다는 연구에는 결론을 짓기 어렵다. 그리고 왜 시민은 분할정부를 선택하는가 하는 점도 선거이론에서 좀 더 심층적이고 실증적으로 설명할 필요가 있다. 단지 과연 주권자인 시민들이 대통령과 의회 어느 한 편이 정부권력을 독점하여 정책을 독점적이고 불균형적으로 결정할 위험을 방지하기 위해서 분할정부를 합리적으로 선택했는가 하는 점은 중요한 지적이다. 그리고 분할정부의 정책결정과 그에 따른 구체적 입법내용이 정치적 균형인 분할정부에 의해서 균형되고 있는가 하는 점도 한국의 경우에는 보다 더 구체적이고 사실적으로 설명할 필요가 있다.

정책균형이론에서 본다면 분할정부와 Fiorina의 정책균형모형 등은 시민들의 투표선택에 의한 균형이면서 정치적 견제와 균형의 결과에 관한 설명이다. 때문에 국가정책 그 자체의 결정과정이나 영향에 의한 비용과 효과, 목표와 과정, 정책대상자와 결정자 등의 이해관계에 관한 균형이나 여기서 발생될(또는 된) 불균형을 적극적이고 사전적이며 동태적으로 수정하고 보정하는 의미의 균형이론과는 차이가 있다.

또한 분할정부의 균형은 행정부의 권력을 장악한 대통령과 입법부의 권력과의 정치적 균형political equilibrium이지 구체적 정책결정이나 정책 그 자체의 균형은 아니다. 때문에 정치권력의 구조를 어떻게 구성하는 것이 정당간의 정치게임을 균형있게 할 것인가 하는 것을 설명하고자 하는 이론이 분할정부이다. 그럼에도 불구하고 균형 개념을 사용하고 있지만 과연 유권자들이 합리적이고 목적적目的的으로 대통령과 의회의 정치적 권한과 정책결정의 힘을 균형적으로 형성하기 위해서 투표하고 있는가 하는 것은 의문이다(Mayhew, 1996: ix). 그러나 정책균형은 정책 그 자체의 독립적 특성과 변수에 의한 정책영향이나 정책비용, 정책결정의 과정에서의 참여나 非참여 등의 문제를 구체적으로 설명하는 균형이론이다. 때문에 분할정부가 비판받고 있는 유권자의 합리적 투표행위라든가 정치적 균형 등과 같은 논쟁의 여지는 없다.

분할정부의 정책균형모형 이외에는 순수한 정책균형에 관한 논의가 거의 없는 실정이다. 그러나 부분적으로 정책성공이나 정책실패 또는 정책설계, 정책신뢰나 정책갈등 등을 설명하는 곳에서 정책균형의 중요성을 지적하고 있는 연구가 있다.

먼저 국가정책을 불신하는 여러 가지 요인 중에서도 정책의 불균형(이것을 'mismatch' 라고 했지만 그 의미는 불균형이다)이 가장 중요하다고 했다. 즉 정책에 의하여 발생될 재정적이고 사회적 정책비용과 효과 뿐만 아니라 세대간世代間의 비용과 효과의 공정한 분담 등에 의한 불균형, 정책성공과 실패를 평가할 수 있는 시간적 요인에 따라서 정책의 결과에 대한 영향과 이를 정책과정에 환류시키는 시차時差에 의한 불균형, 정책담당자의 능력과 자질에 대한 기대의 불균형, 정치공약과 정책실제와의 괴리에 의한 불균형 등이 정책불신의 원인이라고 했다(대표적으로 문태현, 1989: 2349-72; La Porte and Metlay, 1996: 341-47). 특히 정책의 비용과 효과의 불균형을 균형화시키는 일이 정치와 정책의 중심이론이다. 때문에 국가정책에서는 누가 비용을 부담하고 이에 대응하며, 누가 혜택을 받게 되는가 하는 기본적 데이터와 정보를 제공하는 일이 중요하다는 주장 등은 항상 제기되고 있다(대표적으로 Chi Huang and Mints, 1992: 347-58).[11]

정책성공과 실패에 관한 논의에서 복합균형을 정책성공의 한 조건으

11 정책비용의 부담과 정책혜택의 수혜에 관한 논의는 정책학의 중심이론의 하나인 정책과 정치에서 많이 논의되고 있다. 자세한 것은 필자의 책(『정책학신론: 이론-실제 이원론의 극복』(전정2판, 2004), 제7장('정책학에서의 정치현상')을 참조할 수 있다. 이것을 필자는 '수혜자 정치client politics'로 정의하고 설명하였다.

로 설명한 것이 있다. 정책이 성공할 것인가 아니면 실패할 것인가 하는 요인 중에서도 경제적 요인에 초점을 두고 네 가지(신뢰성, 합리적 기대치, 구축효과crowding out, 복합균형) 개념적 분석도구에 따라서 각종 경제정책을 분석하였지만 여기서 주목할 것은 복합균형 개념이다. 복합균형은 제2장의 정책균형의 개념에서 설명한 바와 같이 연속적이고 동태적 의미의 균형화 노력 과정에서 발생되는 균형이다. 물론 이와 같은 명확한 개념을 설정하지는 아니했지만 동일한 상황에서도 다양한 정책결과가 발생되는 것을 설명할 수 있는 개념으로서, 정책은 여러 가지의 가능성 있는 균형적 결과에 따라서 결정될 수 있다. 그렇지만 이것이 정책성공을 담보할 수 있는 것은 아니고 단지 다양한 결과의 진행범위에 따라서 정책결정자가 어느 분야에서 어느 균형을 선택할 것인가 하는 과제이다. 여기에 따라서 정책의 일관성과 정책목표가 실현될 수 있다는 설명이다(Galzer and Rothenberg, 2001: 1-8).[12]

균형(보다 정확하게는 균형화balancing이다) 개념을 중시하여 조직이나 제도의 변화를 관리하는 기본전략으로 균형화의 기술을 제시한 연구도 있다. 즉 조직을 구성하고 있는 다양한 요소를 연계시키고 균형화시키는 일이 단순히 물리적 관리작업으로서 기술적 모형을 적용하고 통제하는 일보다 더욱 중요하다고 보았다. 따라서 각각의 분야를 他 분야와 관련하여 일의 균형을 꽤하면서 한 분야의 변화와 그의 결과에 따라서 타 분야의 변화와 결과 및 전체 조직구조에 미치는 영향을 분석하는 일이 더욱 중요하다고 보았다. 이와 같은 균형기술이 조직의 변화과정을 관리할 시간과 에너지를 집중하는 조직리더들의 핵심으로서, 변화의 조

12 정책성공policy success이나 정책실패policy failure에 관한 다양한 연구가 진행되고 있지만 여기서 이것을 검토하지 아니한 이유는 이와 같은 연구에서 정책성공과 실패의 원인으로 정책균형이나 또는 정책의 불균형 등의 원인을 설명한 것을 발견할 수 없었기 때문이다.

건과 여건을 제시하고 그에 따른 지침을 마련하여, 변화에 필요한 적절한 자원을 제공하고, 다양한 조직정책이나 활동, 메시지 등을 조화시키면서 구성원들의 문제를 예측하고 확인하고 표출시켜서 비판적 여론과 인식에 대응할 준비를 갖추게 하는 것이라고 보았다(대표적으로 Duck, 1993: 109-18).

이와 같은 연구들이 균형의 중요성과 실천적 과제를 제시하고 있다는 사실이 중요하다. 그러나 정책균형이론의 관점에서 보면 균형의 개념을 연구목적과 과제에 따라서 조작하거나 또는 균형의 동태적 과정을 설명한다면 이것이 현실적으로 정책성공이나 실패에 어떻게 작용하고 있는가 하는 점, 특히 복합균형으로서 정책결정자의 선택문제 등을 깊이있게 제시하지 못한 결점이 있다. 그럼에도 불구하고 전체적으로 균형의 중요성, 특히 정책이나 사업에서 그 결과나 과정에서의 균형, 직접적으로 균형감각이라고 표현하지는 아니했지만, 균형감각 등의 중요성을 지적한 연구임에 틀림없다.

그리고 구체적 정책사례연구인 정책균형이란 용어를 사용한 연구로서 정책균형이라는 용어에서 보면, 가장 많이 발견되는 사례연구는 경제학 분야의 균형(이때의 용어는 'balance'가 아니라 'equilibrium'이다)연구이다. 예를 들면, 화폐의 공급과 수요의 균형정책이나 재정분야의 예산균형, 고용에서의 완전고용과 물가상승과의 균형 등 고전적인 경제정책 분야에서 정책균형이라는 용어를 사용하고 있다. 그러나 여기서는 제2장에서 수요·공급의 균형과 정책균형의 균형 개념과의 차이점을 설명하면서 경제학의 일반균형이론의 의미를 설명했기 때문에 더 이상 중복해서 경제학의 균형이론을 검토할 필요는 없을 것이다.

경제학의 일반균형이론 다음으로 균형에 관한 많은 연구가 진행되고 있는 분야가 국방이나 외교정책에서의 힘의 균형이다. 그렇지만 힘의 균형도 앞서 설명한 정치학의 세력균형론에서 자세히 비교적으로 설명했기 때문에 여기서 더 이상 중복할 필요는 없을 것이다.

사례연구로서 정책균형에 관한 이와 같은 연구들을 연구분야나 연구방법 또는 연구내용 등으로 분류하여 정리할 정도는 아니다. 그러나 정책균형이론의 형성과 비판에 도움이 될 수 있는 사례연구를 다음과 같이 소개할 수 있다. 먼저 지역산업정책에서의 공공분야와 사私분야간의 파트너십의 형성에 따른 公·私간의 균형을 강조한 연구이다. 즉 경영의 이해관계를 가진 사기업체를 지역산업정책의 형성에 참여시키면서 그들의 입장이 공평하고도 정의롭게 반영될 수 있는 방법으로 뉴가버넌스new governance 이론을 제시하기도 했다(Svensson, 2001: 21-35).

그리고 미국의 山林정책(서부 버지니아Virginia의 Monongahela 국립산림)을 엘리트 모형으로 설명한 연구가 있다. 산림자원에 관한 기술적이고 과학적 전문지식과 경험을 가진 산림 관련 엘리트의 정책결정방법은 기술중심적이다. 반면에 산림지역의 주민이나 일반 시민들 또는 공공단체나 환경단체 등은 생활환경적이고 자연친화적 삶의 터전으로서의 산림가치를 주장하는 가치중심적이다. 따라서 이와 같은 엘리트 모형과 참여모형간의 균형점을 어떻게 찾을 것인가 하는 문제를 제기하면서 결국에는 어느 모형이 지배하는 것이 아니라 정책결정의 전체 과정에서 기술과 가치의 균형된 관점을 유지하는 것이 중요하다고 보았다(Steelman, 2001: 71-89). 그리고 산림자원을 이용하는 개인 소비자로서의 산림의 소비(깨끗한 공기, 맑은 물, 아름다운 환경, 목재의 이용 등)에 의한 경제적이고 심리적 효용의 만족수준과, 일반적 산림자원을 사용하게 되면서 사회적 수준의 산림보존과 개인적 소비에 의한 만족간의 균형을 어떻게 조화시킬 것인가 하는 연구(Goetzel, 2000: 19-21) 등이 있다. 그러나 이와 같은 연구들도 어떻게 균형된 관점을 유지할 것인가 하는 방법이나 이론 등에 관한 구체적 내용을 설명하고 있지는 않다.

이외의 다양한 연구로서, 인터넷시대의 사이버사회에서 어려운 문제의 하나로 대두되는 정보의 안정성과 사생활 보호를 어느 수준에서 균형되게 맞출 것인가, 특히 직장에서 직원들의 개인적 정보이용이나 활용과 이를 공적인 수준에서 조정하고 통제할 방법과의 균형 등의 문제를 제기한 연구(Glover, 2002: 13-5), 그리고 디지털 정보가 일상적으로 편리하고 다양하게 이용되면서 동시에 개인의 사생활보호가 침해될 위험요인이 증가하면서 兩者의 균형을 취할 방법으로 법률적(저작권 등)이고 기술적 방법(익명성이나 프로토콜의 형태 등) 등을 제안하기도 했다(이남용, 2004: 46-52).

직장여성이 직장생활에서 시간과 부담이 증가하면서 가족에 대한 책임과 직장, 즉 일에 대한 책임과의 균형문제를 제기한 연구들도 눈에 띈다. 대표적으로 여성취업자의 경우, 물론 남성의 경우에도 해당되지만, 육아育兒 등을 포함한 가족내에서의 책임과 자기가 일해야 하는 직장에서의 일에 대한 책임과 만족감 등과의 심리적이고 경제적이며 시간배분의 균형을 찾는 것이 중요하다는 것이다(대표적으로 Ezra and Deckman, 1996: 174-9; Borysenko, 2003). 일과 가정생활 사이에 경제적이고 심리적이며 사회적 균형을 유지할 수 있도록 할 수 있는 국가정책으로 가족친화적 정책인 의료보험을 한 쪽 부모에게 일원화 하거나 탁아시설 이용의 국비부담이나, 어린이 안전사고 보험, 초등학교 아동의 방과 후 프로그램 등과 직장내의 가족친화적 사업(탁아시설, 근무시간과 공간의 융통성) 등이 필요하다는 연구도 있다(박성옥 외, 1995: 13-25; 정영금, 2004: 91-100).

연구자들이 자신의 학문적 양심에 따라서 과학적이고 객관적이며 또한 자신의 전문가적 이해와 사상적 기반에 의한 연구의 객관성이나 전문성을 손상시키지 아니하면서, 동시에 구체적 정책이나 일반적 국가정책에 타당한 이론을 제공할 수 있는 연구로서의 책임성을 어떻게 균형화할 것인가 하는 문제, 즉 연구자로서의 연구의 전문성과 정책현실로서의 책임성간의 균형의 문제를 제기하는 연구에서부터(Anderson, 2000: 71-6), 연구에 필요한 자료를 연구목적과 필요에 따라서 균형적으로 선택하는가, 아니면 편견에 따라서 선택하는가 하는 연구(Barford, 1997: 53-71), 대학(교)에서 교수를 임용할 때 남성과 여성간의 性 균형을 유지하기 위해서 헌법상의 남여차별 금지사유와 평등심사 기준을 강화하거나 임용에서 적극적 평등을 실현할 다양한 임용정책을 시행하는 방법 등을 제시한 연구(조홍석, 2004: 35-58) 등 다양한 연구들이 있다.

물론 이와 같은 연구들도 심리적이거나 경제적 균형 등을 연구수준에 따라서 정립하거나 조작하기 보다는 일반적으로 어느 한편에도 치우치지 않으면서 兩者를 동시에 선택하여 무리없이, 파탄없이 진행시키는 의미의 현실적 균형 개념을 묵시적으로 전제하고 있다는 점이 공통이다.

2. 其他의 主要 均衡理論과의 差異

地域均衡理論

균형이론으로 가장 다양하고 풍부하게 연구되는 분야가 지역균형발전으로서 균형이론이다. 지역간의 불균형을 균형적으로 발전시켜 지역격차와 차별을 해소解消하여 균등한 국토의 이용과 효율을 추구하고자 하는 이론으로 발달하고 있는 것이 지역균형발전론이다. 특히 지방자치시대가 진행되면서 지역을 중심으로 하는 지방정부의 분권分權과 균형발전이 지역균형발전의 주요한 내용으로 등장하고 있다.

제1장에서 정책현실적 측면에서의 정책균형이론의 대두를 설명하면

서 지역간의 불균형현상을 통계적으로 제시하였다. 특히 수도권 중심의 지역불균형과 도시와 농어촌간의 불균형, 그리고 영호남의 東西간의 불균형 등을 지적하였다. 때문에 지역균형발전은 이와 같은 지역간의 불균형을 균형적으로 교정하고 수정하는 방법과 이론에 초점을 두고 있다.

예를 들면, 국가균형발전위원회(www.balance.go.kr)가 설치되면서(2003년 4월) 지역의 중점적 발전과 지역자치의 역량을 강화하는 지방분권과 연계하여 국가, 즉 국토의 균형적 발전을 추구하여 소외된 지역주민의 삶의 질을 향상시키고 그들의 소외감을 해소하여 국가 전체의 경쟁력을 극대화 할 수 있는 전략에 초점을 두고 있다. 이와 같은 전략에 따라서 균형발전의 추진을 지역대학과 지역의 산업체 그리고 지방자치정부가 공동으로 지역혁신체계를 구축하고 각 지역의 특성과 장점을 극대화하여 지역의 특성화된 발전을 추구하는 전략산업 등을 육성하기 위해서 중앙정부는 각종 법령法令이나 제도를 개선하고 도입하여 실질적으로 각 지역이 중심적이고 주도적이 될 수 있는 지역균형발전의 비전을 제시하였다(성경륭, 2003: 5-17).

여기서 각종 법령이나 제도는 실질적으로 지역균형발전에 관한 국가정책이다. 때문에 그 내용을 좀 더 자세히 설명할 필요가 있다. 국가의 균형발전과 지역분권의 추진을 위한 노무현정부의 3대 특별법인 「국가균형발전특별법」(법률 제7061호, 2004년 1월)과 「지방분권특별법」(법률 제7060호, 2004년 1월), 「신행정수도의 건설을 위한 특별조치법」[13](법률 제

13 「신행정수도건설특별조치법」은 헌법재판소의 위헌결정에 따라서(2004헌마554) 폐기되었지만 2005년 3월에 「행정중심복합도시건설특별법」(정확하게는 「신행정수도 후속대책을 위한 연기 · 공주지역 행정중심복합도시 건설을 위한 특별법」(법률 제7391호))을 다시 재정하여 실질적으로 신행정수도건설을 추진하고 있다. 이에 따라서 2006년 1월에 당시 건설교통부 산하기관으로 행정중심복합도시건설청(www.macc.go.kr)을 설립하였고 그 이전에(2005년 4월) 국무총리 산하에 행정중심복합도시건설추진위원회를 구성하고 있다.

7062호, 2004년 1월) 등이 제정되어 지역균형발전의 중심적 정책사업을 제시하였다.

이와 같은 3대 특별법은 국가의 균형발전에 관한 중심적 사업과 전략을 제시한 것이다. 특히 「지방분권법」은 5년이라는 한시限時법으로(2009년 1월까지) 지방자치단체와 유사하거나 중복되는 업무기능을 가진 특별지방행정기관을 정비하고, 지방교육 자치제도를 개선하며, 지방자치경찰제를 실시하고, 지방정부의 실질적 예산관리 능력과 재정을 건전하게 확충하는 방안 등을 주요 사업으로 제시하고 있다(양영철, 2004: 11-3).

「국가균형발전특별법」은 지방정부가 지역사업을 주도하면서 중앙정부가 지원하는 중앙－지방간의 협력체계를 중심으로 혁신체계를 구축하고 지역전략산업을 육성하며 지방대학의 육성과 지역정보화 촉진 등을 자율적으로 추진하는 것이 목적이다. 그리고 국토의 상생적 발전을 도모하기 위해서 균형발전사업을 추진하여 지역간의 불균형을 균형적으로 조정하고자 하였다. 이와 같은 사업의 추진방법과 평가 및 심사 기능 등을 강화하는 내용이 중심이 되고 있다(한표환, 2004: 8-10).

「신행정수도 건설을 위한 특별조치법」이나 이를 대체한 「행정중심 복합도시건설 특별법」 등은 경제적이고 인구적이며 사회정치적으로 수도권 집중에 의한 지역의 불균형을 해결하기 위한 특별법이다. 지역적으로는 충청남도의 공주와 연기 지역에 새로운 수도를 건설하는 것을 목적으로 제정된 법이다. 비록 헌법재판소에서 위헌違憲결정을 받았지만 실질적이고 정치적으로 신행정수도를 건설하여 수도권의 과밀을 완화시키면서 지역간의 균형발전을 도모하는 국가정책을 시행하고 있다(이춘희, 2004: 27-8).

지역균형발전에 관한 이론이나 사례연구는 대단히 다양하고 풍부하다. 그러나 균형과 정책균형의 개념 정립에 관한 범위에서 보면 지역균형의 균형이론은 대체적으로 일반균형general equilibrium 이론이지 동태적이고 복합적이며 균형감각을 중심으로 하는 균형balance 이론은 아니다. 때문에 지역균형이론은 대표적으로 구체적인 국가정책에서 발생되는 각 지역의 혜택과 비용을 대차대조하여 지역균형의 지침을 제공하는 이론으로 발달되고 있다(대표적으로 Jones and Whalley, 1990: 421-35). 이와 같은 혜택과 비용을 비교하여 지역간의 불균형이 발생되면 불균형의 원인과 유형, 불균형의 정도나 강도 등을 객관적이고 과학적으로 측정하고 이를 是正하고 수정하는 방법을 연구하는 것이 지역균형이론의 핵심이다.

예를 들면, 먼저 각 지역간의 발전지표를 객관적으로 측정하기 위해서 그 영역을 지역경제와 지방의 세계화 수준, 지방의 공공행정의 수준, 지방의 사회간접자본과 과학기술 수준, 인적자본의 형성과 수준, 생활환경, 사회통합(정치 및 사회참여 포함) 등으로 구분하였다. 이에 따라서 각 지역의 발전정도를 과학적으로 측정하여 각 지역간에 발전의 불균형 정도와 그 원인을 비교분석, 대차대조貸借對照하는 연구를 들 수 있다. 특히 이와 같은 지역간의 불균형 또는 불평등 정도를 지니계수*Gini coefficient*에 의한 불평등 지수나 로렌츠 곡선*Lorenz curve*[14]으로 설명하는 것도 있다(박성복, 1997: 165-85).

지역간의 불평등이나 불균형의 원인과 정도와 그 과정을 설명하면서 이제 어떻게 하면 이와 같은 불균형을 균형화시킬 것인가 하는 점이 지

14 로렌츠곡선*Lorenz curve*은 1905년에 美國 경제학자 Max O. Lorenz(1880-1962)가 소득분포의 불평등 상태를 측정하기 위하여 개발한 것으로 *x*축에 총가계의 구성을, *y*축에는 총소득수준의 합계를 나타내며, 이에 따른 하위소득 수준의 정도를 전체 소득수준에서 차지하는 비율을 나타내는 점들로 이루어진 곡선이다. 이때 $y=x$의 45° 직선은 완전평등선이고 그 이하로 처지는 곡선에 따라서 그 사회의 소득이나 기타 사회적 불평등도를 측정하는 것이다. 이와 같은 완전평등선과 로렌츠 곡선 사이를 차지하는 부분의 비율을 측정하는 것을 지니계수(*Gini coefficient* 또는 *Gini concentration ratio*)라고 하며, 0(완전한 평등)과 1(완전한 불평등) 사이에 값을 가진다. 지니계수는 이탈리아 통계학자 Corrado Gini(1884-1965)에 의하여 1912년에 개발되었다(//en.wikipedia.org.. 2006년 2월 24일).

역균형이론에서도 중요하게 취급되고 있다. 이와 같은 대표적 방법으로 지역의 분권分權 decentralization을 들 수 있다. 분권과 균형발전이 하나의 수단적 보완관계도 있지만 부정적 관점에서, 국토의 전반적 균형개발과 효율성의 문제점과 지역격차가 심한 상황에서의 분권은 오히려 지역불균형을 악화시킬 수도 있다는 지적도 있다(대표적으로 김안제, 1991: 69). 그러나 지역의 일과 사업을 지역의 특성과 조건에 따라서 결정할 수 있는 능력과 조건을 제시하는 지방자치의 분권이론이다. 따라서 분권은 지방자치의 존립근거이며 실천적으로도 어느 특정지역의 집중적 개발과 발전에 의한 지역불균형에 대한 분산적 균형발전의 요구라고 할 수 있다(이승종, 2003: 73-100).

지역균형발전이론도 지리적이고 공간적인 지역간에 경제활동이나 有·無형의 문화적 시설과 사회간접자본 등과 같은 물리적 격차나 공공행정이나 문화가치, 인적자본, 사회환경 등과 같은 보이지 않는 사회적이거나 개인적 격차를 해소하는 것을 설명하고 있다. 지역불균형이 해결되면 인간다운 삶의 질을 평등하게 유지할 수 있고 나아가 지역갈등과 이에 따라서 표출表出되는 사회적 갈등을 해결하여 전체적으로 국토의 조화로운 발전을 추구할 수 있다는 설명이다.

이것은 정책균형이론의 주요 관점이고 또한 목표이기도 하다. 그러나 정책균형이론은 균형의 동태적 과정에서 복합적 균형을 계속적으로 추진하는 정책결정과정의 균형이론이다. 그리고 규범적 관점에서 정책주체의 심리적이고 이론적이며 현실적 균형감각에 의한 정책결정과 정책의 실현을 중심으로 하고 있다. 때문에 구체적이고 개별적 정책이 발생시키게 될 또는 발생시킬 결과나 영향에 의한 불균형을 정책주체들이 중심이 되어 수정하고 교정할 수 있는 수단과 방법(이것도 중요한 정책의 하나이다)을 개발하고 집행시키는 이론이다. 때문에 지역균형이론에서 보듯이 지역간의 불균형 그 자체도 중요하지만, 정책균형이론은 불균형을 발생시킨 정책의 인과관계를 분석하고 이것을 분배의 정의에 따라서 균형화시키는 정책의 철학적 지식과 방법론적 실천지식을 중심으로 하고 있는 점 등이 지역균형이론과의 차이점이다.

組織均衡理論

지역균형이론 이외의 대표적 균형이론으로 조직학에서 연구되고 있는 조직균형organizational equilibrium 이론을 들 수 있다. 조직균형이론도 제1절에서 정책균형이론과 비교하여 자세히 논의할 필요성도 있었지만 그러나 근본적으로 조직활동의 일반균형이론이다. 때문에 일반균형이론이나 비용-편익분석론과의 차이점을 설명하는 것과 중복되기 때문에 생략하였고 여기서 간단히 설명하고자 한다. 조직균형이론은 고전 조직이론으로 Chester Barnard와 그 뒤를 이은 James March나 Herbert Simon 등이 중심이 되어 발달시킨 이론이다.

조직균형이론은 조직을 하나의 유기체로 본다. 즉 조직은 자신의 고유한 목표와 이를 달성하기 위한 다양한 기능과 역할을 수행하는 하나의 생명체이다. 따라서 조직의 목표달성에 공헌하는 개인들의 공헌貢獻 contributions과 이에 대한 반대급부로 조직은 각 개인들의 공헌에 대한 값을 지불하고 계속적으로 활동할 수 있도록 하는 유인誘因 inducements과의 균형, 즉 대차대조표 상에 적어도 동등하다equal는 것을 조직균형이라고 하였다. 따라서 조직이 존속하고 균형적으로 성장하기 위해서는 적어도 유인과 공헌이 같거나 또는 유인이 공헌보다 증가해야 가능하다는 조직에서의 동기motivation 이론이다(March and Simon, 1958: 84-8).

조직균형은 이와 같이 조직을 구성하고 있는 개인들의 주관적이고 內的인 목표나 효용의 만족추구와 조직이라는 고유한 생명체의 조직목표가 조화되고 일치되어야 가능하다고 본다. 이와 같은 조직목표와 개인목표는 적어도 상호간에 兩立하거나 동일성이 있어야 조화와 통합될 수 있다. 그와 같은 통합의 방법으로 John Barrett(1970)는 교환모형(조직목표와 개인목표를 교환할 수 있는 영역을 확대), 사회화모형(개인목표를 조직목표에 이동), 수용모형(조직목표를 개인목표로 이동) 등을 제시했다.

특히 Barnard(1938: 57-61; 244)에 의하면, 그의 기본 이론은 조직의 협력체계의 능률성과 효과성이다. 그는 조직균형의 개념보다는 협력cooperation 개념을 중심으로 했다. 즉 외부적 환경에 의한 조직의 협력체계를 관련시키고 나아가 내부 조직구성원의 만족을 충족시키고 배분하는 일들이 조직협력의 생존조건이라고 보았다. 이와 같은 조직협력의 두 가지 조건은 협력목표의 달성인 조직의 효과성effectiveness과 조직구성원의 개인동기의 만족인 능률성efficiency 이라고 했다. 조직이 이와 같은 능률성을 달성할 수 있는 능력을 균형이라고 보았고 그는 능률성과 균형을 같은 의미로 설명하였다. 즉 협력의 능률성은 계속적인 생산활동과 동시에 이것을 상황변화에 따라서 어떻게 분배할 것인가에 달려 있다고 했다. 따라서 Barnard의 균형 개념은 조직협력을 확보할 능률성에 초점을 둔 것이다. 비록 그의 조직협력이론이 조직균형이론의 발전에 많은 영향을 미쳤지만 실제로 그의 조직론에서 균형이라는 단어나 개념은 중심이 아니었다.[15]

그 이후에 Simon(1997: 140-50)은 조직구성원들이 조직으로부터 제공받는 경제적이거나 非경제적 유인에 대한 만족도는 그들의 욕구수준과

15 실제로 Barnard는 조직균형이라는 용어를 사용하지 아니했다. 단지 조직협력의 체계로 조직이 생존하는 조건으로 능률성의 능력을 균형(물론 'equilibrium'의 개념이지 'balance'의 균형개념과의 차이나 조작적 정의 등은 없다)이라고 했으며 그에 의한 조직균형이론은 그 이후의 학자들(특히 Simon이나 March 등)에 의하여 체계화된 것이다. 그 하나의 증거로 Simon(1997, 4판: 141, 〈각주 1〉)이 균형equilibrium에 관한 아이디어를 Barnard에서 얻었다고 한 사실이다.

관련되어 있다고 보았다. 균형이라는 아이디어를 Barnard에게서 얻었다고 한 그는 그래서 조직균형은 조직이 제공하는 유인의 효용과 구성원이 공헌하는 공헌이 균형되기 보다는 구성원의 욕구수준과 유인수준이 균형되어야 한다고 균형론을 수정하기도 했다. 또한 조직은 자신의 목표를 달성하고 이를 성장 · 발전시키기 위해서 계속해서 변화하고 있는 불안정한 조직환경과 동태적으로 변화되는 조직 구성원들의 욕구수준과 만족도 정도에 따라서 정적인 의미의 체제균형이 아닌 동태적이고 신축적으로 움직이는 균형을 Simon이 강조하기도 했다.

그러나 무엇보다도 일반체제의 균형이론이지 정책균형이 강조하는 동태적 균형화의 균형balance과는 차이가 있다. 또한 조직과 개인간의 목표와 이를 달성하는 관계에서의 균형개념은 구체적 정책과제에 의한 정책의 인과관계의 균형 수준이다. 이것은 비용과 편익의 균등개념의 균형이다.

반면에 정책균형이론은 정책담당자의 균형감각이라는 심리적 개념을 전제로 분배의 정의라고 하는 규범적 가치에 따라서 정책과 정책 및 정책의 다차원적 요소간의 상호교섭의 이론을 중심으로 하는 균형이론이다. 때문에 조직균형에서도 조직의 유인과 개인의 공헌을 균등화하기 위한 다양한 방법이나 프로그램, 즉 정책을 마련하고 실천할 수 있어야 한다고 했다. 물론 이와 같은 것으로 자극이나 일반적 유인방법, 설득 등을 전통적으로 제시하고 있지만 조직균형이론은 구체적으로 조직의 정책이나 의사결정으로서의 각각의 정책에 의하여 발생될 비용과 효용(효과나 산출)에 대한 조직과 구성원들에게 미칠 영향의 균형을 설명하기에는 한계가 있다.

조직균형이론과 관련하여 조직의 생존과 성공적인 리더십의 핵심을 소방공무원의 리더십의 현장에서 고무풍선이 터지지 않고 항상 그 상태로 유지하는 것에 비유하여 균형을 설명하기도 했다. 즉 효과적인 리더십을 발휘하려면 고무풍선의 공기의 내압과 외압이 적정하여 균형을 유지하여 그 형태를 가지듯이, 리더는 조직의 가치와 비전이나 목표 등을 개인적이고 조직적 수준과의 균형을 이해시키고 이와 같은 균형의 이동이나 변화를 인지認知하면서, 균형이 깨어지기 전에 적절한 적응수단을 마련하고, 리더십의 불균형이 발생될 상황에서 조직이나 개인생활에서의 중요한 순간을 감지하여, 불균형을 발생시킬 조직의 內·外的 변수를 조정하고 통제하는 것이라고 보았다(Martinette, Jr., 2005: 117-26).

지금까지 설명한 것과 같이 다양한 분야에서 정책균형이라는 용어가 등장하고 있고 이의 중요성을 지적한 연구나 일반적 균형이론 등이 다양하게 발달하고 있다. 그러나 여기서는 일반적인 정책결정에서 정책균형이론의 개념 정립과 구체적인 실천방법 등을 제시하고자 하기 때문에 이와 같은 연구에서 많은 시사점을 발견하기가 어렵다. 더구나 정책현실이나 정책실무에서 정책균형에의 관심은 정책결정의 과정과 결과산물이 사회 전체적으로 공정하고 정의롭게 분배되는 방법과 이를 실천할 수 있는 실천이론이다. 때문에 구체적 정책사례에서의 균형에 관한 연구는 한계가 있다.

따라서 다음 장에서부터는 본격적으로 정책균형이론을 현실적으로 실천하고 적용할 수 있는 이론적 방법과 기준 등을 설명하고자 한다.

참고문헌

강신택, 1981, "행정체제이론을 위한 기초개념의 고찰," 『행정논총』 19(1): 207-34.

김계동, 2001, "한반도 분단전쟁에 대한 주변국의 정책: 세력균형이론을 분석틀로," 『한국정치학회보』 35(1): 345-63.

김서용, 2004, "비용편익분석에서 인지적, 문화적 판단편향에 대한 연구," 『행정논총』 42(2): 55-87.

김안제, 1991, "지방자치하의 효율적인 지역균형개발," 『지방행정』 40(1): 65-72.

김영진, 1991, "일반 시스템 이론의 비판적 재인식," 『서강대학교 논문집』 19: 297-311.

김영평, 2002, "정책갈등의 양상과 갈등 관련자의 윤리적 대응," 『정부학연구』 8(2): 113-43.

김영평 · 신신우, 1991, "한국관료제의 기관갈등과 정책조정," 『한국행정학보』 25(1): 307-24.

김유송, 1969, "靜學的 경제이론에 있어서의 일반균형체계," 『경제학연구』 17: 122-31.

김용호, 2000, "한국 의회정치의 새로운 비전," 2000년도 한국정치학회 발표논문.

김종길, 1993, "니콜라스 루만(N. Luhmann)의 일반체계이론," 『한국사회학』 27(여름호): 25-51.

김진영, 1994, "조절이론의 재검토," 『한국정치학회보』 28권 2호: 283-320.

김찬동 · 김대건, "거버넌스 효율성을 위한 정치행정시스템: 국정운영조정과 정책조정사례를 중심으로," 2005년도 한국행정학회 춘계학술대회 발표논문.

김홍배, 1997, 『비용편익분석론: 기획가와 정책가를 위한 Note Book』, 서울: 홍문사.

김황조, 2001, "니오코프라티즘의 발전과 경제주체의 역할분담," 『연세경제연구』 8(2): 229-55.

문태현, 1989, "농촌주민의 농촌정책불신과 그 원인," 『한국정치학회보』 23(2): 2349-72.

박동서, 1982, "한국의 사회관리와 정책조정," 『행정논총』 20(2): 21-6.

박성복, 1997, "지역발전도 및 지역불평등도의 측정," 『한국행정학보』 31(3): 165-85.

박성옥 · 김정훈, 1995, "就業母의 가정생활과 일의 균형을 위한 방안 모색," 『대한가정학회지』 33(5): 13-25

박인숙, 2003, "20세기 미국사와 '코프라티즘' 적 접근," 『국제지역연구』 7권 2호: 111-37.

사득환, 1999, "민선시대의 환경갈등과 정책조정," 『한국정책학회보』 8(1): 249-72.

성경륭, 2003, "국가 균형발전의 비전과 과제," 『지방자치정보』 144호: 5-17.

소병희, 1996, "공공선택론의 이해와 정책학분야에서의 응용," 『한국정책학회보』 5(2): 267-92.

양영철, 2004, "지방분권특별법 제정과 분권적 국가발전 전략," 『국토』 269: 16-23.

오승용, 2004, “한국 분점정부의 입법과정 분석,” 『한국정치학회보』 38(1): 167-92.

유금록, 1995, “공공선택론과 한국행정에 대한 함의,” 『한국사회와 행정연구』 6: 121-39.

이 근, 2005, “동북아 균형자에서 동북아 신뢰구축자로,” www.kifs.org/new/Dbview.html.... 검색일:2005년 4월 8일).

이남용, 2004, “디지털 저작권과 프라이버시의 경합과 균형,” 『정보보호학회지』 14(6): 46-52.

이명남, 2002, “분점정부와 정치효율성 관계의 비교연구,” 『한국동북아논총』 25: 227-51.

이선미, 2002, “조절이론의 사회이론적 비판: 구조와 행위의 통합관점에서,” 『한국사회학』 36(5): 29-57.

이성우, 1993, “한국의 정책조정체계: 평가와 대안,” 『한국행정연구』 2(4): 5-22.

이송호, 2001, “미국과 프랑스의 정책조정시스템 비교,” 『행정논총』 39(2): 69-102.

이승종, 2003, “분권과 균형발전,” 『지방행정연구』 17(3): 73-100.

이장수, 1989, “사회개발의 기초로서 사회이론의 이해: T. Parsons의 사회체제이론을 중심으로,” 『지방행정연구』 4(1): 39-49.

이창원 · 전주장, 2003, “갈등당사자의 상대적 지위와 개인간 갈등의 관리방식,” 『한국행정학보』 37(2): 1-19.

이철현, 1999, 『현대 국제정치의 세력균형론: 서양외교사적 고찰』, 서울: 박인사.

이춘희, 2004, “균형발전 국가로의 도약과 균등한 기회의 제공: 신행정수도건설을 위한 특별조치법,” 『국토』 269: 24-33.

장노순, 1985, “공공부문에서 비용-편익분석의 유용성에 관한 연구,” 『서강대학교 논문집』 22:105-33.

장 훈, 2001, “한국 대통령제의 불안정성의 기원: 분점정부의 제도적, 사회적, 정치적 기원,” 『한국정치학회보』 35(4): 107-27.

정국헌, 1994, “조절이론에서 국가이해: Joachim Hirsch의 조절이론적 재구성을 중심으로” 『한국정치학회보』 28(2): 525-48.

정국헌, 2003, “조절이론의 확산과 세계화: 포드주의와 주변부 포드주의,” 『한 · 독사회과학논총』 14권 1호: 273-90.

정병기, 2004, “서유럽 코프라티즘의 성격과 전환: 통치전략성과 정치정체성,” 『한국정치학회보』 38(5): 323-43.
정신동, 옮김, 1991, 『위기에 도전하는 경제학: 조절이론』, Robert Byoer 저, 서울: 학민사.
정영금, 2004, "가족친화적 정책을 통한 일-가족 균형에 관한 연구," 『한국가정관리학회지』 22(5): 91-100.
정정화, 2002, "개발과 보전을 둘러싼 부처간 정책갈등," 『한국정책논집』 2: 185-96.
조이현, 1994, "국무총리실의 합리적 정책조정을 위한 기능으로서의 정책평가," 공공정책연구 12(1)(cat2.riss4u.net.... 검색일: 2004년 7월 3일).
조홍석, 2004, "국 · 공립대학의 교수임용과 보직에 대한 성적 균형발전 방안," 『공법학연구』 5(3): 36-58.
진영재, 1998, "분할정부는 지방선거에서도 연장되는가?" 1998년도 한국정치학회 학술회의 발표논문.
최병선, 1993, "부처간 정책조정의 개선: 경제정책분야를 중심으로," 김영평 · 최병선 편저, 『행정개혁의 신화와 논리』, 서울: 나남출판사.
한표환, 2004, "국가균형발전특별법 제정과 상생적 국토발전전략," 『국토』 269: 6-15.
황영배, 1995, "군사동맹의 지속성: 세력균형론과 세력전이론," 『한국정치학회보』 29(3): 333-58.
허철부, 1982, "일반시스템이론(GST)과 현대조직이론," 『경영학연구』 11: 127-43.
Anderson, Frederick R., 2000, "Science Advocacy and Scientific Due Process," *Issues in Science and Technology* 16(4): 71-6.
Barford, Jane A., 1997, "Balance or Bias? Information Selection for the Researcher," *Electronic Networking* 7(1): 53-71.
Barnard, Chester I. 1938, *The Functions of the Executive: 30th Anniversary Edition*, Cambridge, Massachusetts: Harvard University Press.
Barrett, John H., 1970, *Individual Goals and Organizational Objectives: A Study of Integration Mechanism*, Michigan: University of Michigan Survey Research.
Baumgartner, Frank R. and Bryan D. Jones, 1993, *Agendas and Instability in American Politics*, Chicago, Illinois: University of Chicago Press.
Born, Richard, 2000, "Policy-Balancing Models and the Split-Ticket Voter, 1972-1996," *American Politics Quarterly* 28(2): 131-62.
Borooah, Vani K., 1996, "Widening Public Choice," in *Current Issues in Public Choice*, edited by Jose Casas Pardo and Friedrich Schneider, Brookfield, Vermont: Edward Elgar Publishing Co.
Borysenko, Joan Z., 2003, *Inner Peace for Busy Women: Balancing Work, Family, and Your Inner Life*, Carlsbad, California: Hay House.

Boyer, Robert, 1995, "Introduction," in *Regulation Theory: The State of the Art*, edited by Robert Boyer and Yves Saillard, English translated by Carolyn Shread, New York, New York: Routledge.

Boyer, Robert, 1995, "The Origin of Regulation Theory," in *Regulation Theory: The State of the Art*, edited by Robert Boyer and Yves Saillard, English translated by Carolyn Shread, New York, New York: Routledge.

Buchanan, James M., 1996, "Foundational Concerns: A Criticism of Public Choice Theory," in *Current Issues in Public Choice*, edited by Jose Casas Pardo and Friedrich Schneider, Brookfield, Vermont: Edward Elgar Publishing Co.

Buchanan, James M. and Gordon Tullock, 1962, *The Calculus of Consent: Logical Foundations of Constitutional Democracy*, Ann Arbor, Michigan: University of Michigan Press.

Burden, Barry C. and David C. Kimball, 1998, "A New Approach to the Study of Ticket Splitting," *American Political Science Review* 92(3): 533-44.

Campen, James T., 1986, *Benefit, Cost, and beyond the Political Economy of Benefit-Cost Analysis*, Cambridge, Massachusetts: Ballinger Publishing Co.

Chi Huang and Alex Mintz, 1992, "Guns" *vs.* "Butter": Conceptual and Methodological Issues," *Policy Studies Review* 11(3/4): 347-58.

Clarke, Duncan L. 1985, *Public Policy and Political Institutions: United States and Defense and Foreign Policy: Policy Coordination and Integration*, edited, Greenwich, Connecticut: JAI Press.

Craswell, Emma and Glyn Davis, 1994, "The Search for Policy Coordination: Ministerial and Bureaucratic Perceptions of Agency Amalgamations in a Federal Parliamentary System," *Policy Studies Journal* 22(1): 59-73.

Dahl, Robert A., 1984, *Modern Political Analysis*, 4th edition, New Jersey, Englewood Cliffs: Prentice-Hall, Inc.

Dobson, Wendy, 1991, *Economic Policy Coordination: Requiem or Prologue?* Washington, D.C.: Institute for International Economics.

Duck, Jeanie D., 1993, "Managing Change: The Art of Balancing," *Harvard Business Review* 71(6): 109-18.

Dunn, William N., 2004, *Public Policy Analysis: An Introduction*, 3rd edition, Upper Saddle River, New Jersey: Pearson Prentice Hall.

Easton, David, 1957, "An Approach to the Analysis of Political Systems," *World Politics*

9(April): 383-400.

Edwards, George C., Andrew Barrett, and Jeffrey Peake, 1997, "The Legislative Impact of Divided Government," *American Journal of Political Science* 41(2): 545-63.

Ezra, Marni and Melissa Deckman, 1996, "Balancing Work and Family Responsibilities: Flextime and Child Care in the Federal Government," *Public Administration Review* 56(2): 174-9.

Fiorina, Morris P., 1996, *Divided Government*, 2nd edition, New York, New York: Pearson Education, Inc.

Frankel, Jeffrey A. and Katherine Rockett, 1988, "International Policy Coordination When Policymakers Do Not Agree on the True Model," *American Economic Review* 78(3): 318-40.

Frohock, Fred M., 1979, *Public Policy: Scope and Logic*, Englewood Cliffs, New Jersey: Prentice-Hall.

Gaventa, John, 1980, *Power and Powerlessness: Quiescence and Rebellion in an Appalachian Valley*, Chicago: University of Illinois Press.

Glazer, Amihai and Lawrence S. Rothenberg, 2001, *Why Government Succeeds and Why It Fails*, Cambridge, Massachusetts: Harvard University Press.

Glover, Rodney, 2002, "Balancing Security and Privacy in the Internet Age," *HR Focus* 79(8): 13-5.

Goetzl, Alberto, 2000, "Consumptions and Concerns: A Delicate Balance," *Journal of Forestry* 98(10): 19-21.

Hubin, Donald C., 1993, "The Moral Justification of Benefit/Costs Analysis," *Economics and Philosophy* 9(1): 169-94.

Jones, Bryan D., 1994, *Reconceiving Decision-making in Democratic Politics: Attention, Choice, and Public Policy*, Chicago, Illinois: University of Chicago Press.

Jones, Bryan D. Tracy Sulkin, and Heather A. Larsen, 2003, "Policy Punctuations in American Political Institutions," *American Political Science Review* 97(1): 151-69.

Jones, Rich, and John Whalley, 1990, "Regional Balance Sheets of Gains and Losses from National Policies," *Regional Science and Urban Economics* 20(1990): 421-35.

La Porte. Todd R. and Daniel S. Metlay, 1996, "Hazards and Institutional Trustworthiness: Facing Deficit of Trust," *Public Administration Review* 56(4): 341-47.

Lasswell, Harold D., 1948, *Power and Personality*, New York, New York: W · W · Norton & Co.

Lasswell, Harold D., 1971, *A Preview of Policy Sciences*, New York, New York: American Elsevier.

Lehmbruch, Gerhard, 1979, "Consociational Democracy, Class Conflict, and the New Corporatism," *in Trends Toward Corporatist Intermediation*, edited by Philippe Schmittewr and Lehmbruch, London, UK: SAGE Publications Ltd.

March, James G. and Herbert Simon, 1958, *Organizations*, New York, New York: John Wiley & Sons, Inc.

Martinette, Jr., C.V., 2005, "Leadership and Balance," *Fire Engineering* 158(4): 117-26.

Mattei, Franco and John S. Howes, 2001, "Competing Explanations of Split-Ticket Voting in American National Elections," *American Politics Quarterly* 28(3): 379-408.

Mayhew, David, 1996, "Forward," in *Divided Government*, Morris P. Fiorina, 2nd edition, New York, New York: Pearson Education, Inc.

Morcol, Goktug, 2002, *A New Mind for Policy Analysis: Toward a Post-Newtonian and Postpositivist Epistemology and Methodology*, Wesport, Connecticut: Praeger.

Morgenthau, Hans J., 1993, *Politics among Nations: the Struggle for Power and Peace*, brief edition, revised by Kenneth W. Thompson, Boston, Massachusetts: McGraw-Hill.

Robinson, Scott E., 2004, "Punctuated Equilibrium, Bureaucratization, and Budgetary Changes in Schools," *Policy Studies Journal* 32(1): 25-38.

Siaroff, Alan, 1999, "Corporatism in 24 Industrial Democracies: Meaning and Measurement," *European Journal of Political Research* 36: 175-205.

Schmitter, Philippe C., 1979, "Still the Century of Corporatism?" in *Trends Toward Corporatist Intermediation*, edited by Schmittewr and Gerhard Lehmbruch, London, UK: SAGE Publications Ltd.

Simon, Herbert A., 1997, *Administrative Behavior*, 4th edition, New York, New York; The Free Press.

Skrypietz, Ingrid, 2003, "Book Review: Regulation Theory and the Crisis of Capitalism," *Capital Class* 79: 170-75.

Steelman, Toddi A., 2001, "Elite and Participatory Policymaking: Finding Balance in a Case of National Forest Planning," *Policy Studies Journal* 29(1): 71-89.

Stokey, Edith and Richard Zeckhauser, 1978, *A Primer for Policy Analysis*, New York, New York: W · W · Norton & Company, Inc.

Svensson, Bo, 2001, "Partnership for Growth: the Public-Private Balancing in Regional Industrial Policy," *International Review of Sociology* 11(1): 21-35.

Trumbull, William N., 1990, "Who Has Standing in Cost-Benefit Analysis?" *Journal of Policy Analysis and Management* 9(2): 201-18.

Walt, Stephen M., 1998, "International Relations: One World, Many Theories," *Foreign Policy* 110(Spring): 29-46.

Zerbe, Richard O., Jr., 1998, "Is Cost-Benefit Analysis Legal? Three Rules," *Journal of Policy Analysis and Management* 17(3): 419-56.

http://koreascope.org/jsp/person/simple/... 검색일: 2005년 6월 13일.

제 4 장 | 政策均衡理論의 實踐基準 定立

제 4 장

政策均衡理論의 實踐基準 定立

제2장에서 균형을 어느 한 쪽이나 양변에 치우치지 않는 중도와 중용 사상으로 설명하였다. 즉 치우치거나 모자람이 없는 중도의 수신修身에 의한 다양한 조건과 요소를 보편적 질서와 가치체계로 조화시키는 동태적이고 연속적 작용으로 보았다. 이때의 균형의 주체는 정신적이고 물리적 균형을 체화體化하는 내적 능력, 즉 균형감각을 가진 개인으로 보았다. 이와 같은 의미에서 균형balance은 일시적으로 정적인 균형equilibrium과는 다르다는 점을 정상분포곡선에서의 균형과 수요와 공급에 의한 단일균형 등과 비교하여 설명하였다.

이와 같은 균형의 개념에 따라서 정책균형의 본질을 정책의 인과관계를 분배적으로 정립하면서 정책 상호간의 교섭관계를 중심으로 하는 개념으로 설명했다. 따라서 정책균형은 균형개념을 동태적이고 연속적으로 이해하면서 단순히 일반적 의미의 균형과는 차이가 있음을 강조하였다. 때문에 균형은 어느 한 쪽이나 양 변에 치우치지 않는 고른 상태이면서, 실천적으로는 안정되고 조화된 심리상태에서 합리적이고 이성적 결정과 행동을 할 수 있는 균형감각을 중심으로 하고 있다.

이와 같이 균형을 개념적으로 정립하면서 정책균형은 정책의 비용과 효과 등이 일시적으로 균형된 상태가 아니라 동태적이고 복합적으로 다양한 요소들이 공통으로 추구하는 목표와 善을 위해서 보편적으로 조화될 수 있는 상태로 설명하였다. 그리고 정책균형은 정책을 통하여 이해관계의 불균형을 조정하지만 단순히 사후적 정리가 아니라 사전事前에 조정하며 보정하고자 하는 적극적이면서도 동태적으로 국가정책을 결정하고 시행하는 정책현실의 실천능력을 강조하였다. 따라서 정책주체의 균형감각에 의한 정책의 인과관계를 과학적이면서도 윤리적으로 타당하게 결정할 수 있는 이성적 능력과 자질이 중요하다. 때문에 복합적이고 연속적으로 진행되는 균형의 과정을 통제하고 유지할 수 있는 정책주체의 정신적이고 규범적 균형감각과 이것이 현실적으로 체화되는 동양사상에 의한 중도와 중용의 실천작용을 설명하였다.

따라서 정책균형에서 균형은 안정된 상태에서 균형을 유지하거나 창출할 수 있는 능력과 자질에 관한 심리적 정상상태를 강조하고 있다. 정상상태는 어느 한 쪽이나 양 변에 치우치지 않는 고른 상태이면서 실천적으로 안정되고 평온한 심리적 상태이다. 이것을 합리적이고 이성적 결정과 행동을 할 수 있는 능력과 자질이라고 할 수 있다.

이와 같은 심리적 상태의 균형이 현실적이고 물리적으로 체화된 것이 균형의 실천이며 이의 바탕이 균형감각이다. 이와 같이 균형은 어느 한 편에 치우치거나 또는 편협되지 아니하면서 사물事物의 본질을 이해하는 중심 개념으로 유교사상을 중심으로 하는 중용 또는 중도의 핵심내용이라고 설명했다. 특히 중용中庸의 수시隨時나 中道의 수의隨宜 개념으로 균형이 체화되면서 균형감각에 의한 정책균형을 정책주체의 수기치인修己治人으로 연계하여 설명하였다. 특히 동양고전에서 발견되는 균형과 정책균형의 개념을 다양한 문헌을 인용하여 설명하면서 정책현실에서 실천되는 정책균형의 사례도 설명하였다.

그리고 제3장에서는 이와 같이 정립된 균형과 정책균형의 개념을 바탕으로 정치사회학의 전통적 균형이론인 세력균형론이나 일반체제이론, 조절이론, 코프라티즘 등과의 차이점을 설명하였다. 또한 정책학의 균형이론인 정책조정론이나 정책급변론, 경제학의 일반균형이론인 비용-편익분석과 공공선택론 그리고 기타 지역균형론이나 조직균형론 등과의 차이점도 지적하였다. 따라서 일반균형의 정태적이고 단일균형이 아닌 복합적이고 동태적이며 규범적 특성을 갖는 중도나 중용의 체화에 의한 정책주체의 균형감각 등이 정책균형의 본질이라고 설명하였다.

그러면 이와 같은 정책균형을 정책현실에서 실천할 수 있는 실천이론이 필요하다. 즉 균형감각의 심리적이고 정신적 작용에 의한 정책균형을 정책현실에서 어떻게 정책주체가 응용하고 적용할 것인가 하는 정책현실에의 실천이론이 정책균형이론의 또 하나의 핵심적 내용이다.

정책균형을 현실적으로 실천할 수 있는 이론적 기준으로 두 가지를 구체적으로 제시하면서 실천이론을 정립하고자 한다. 첫째, 정책이 존재하게 된 존재의 이유와 정책이 실현되면서 발생시키는 영향과 결과 또는 정책산출과 이에 필요한 다양한 유형의 직접적이고 간접적 정책비용 등과의 관계를 물리적이며 정신적으로 설명할 수 있는 기준으로 정책의 인과관계policy causation를 제시할 수 있다.

둘째, 정책의 인과관계를 가치판단에 의한 윤리적이고 도덕적 정당성을 확보할 수 있는 실천기준으로 정책의 분배의 정의policy distributive justice를 들 수 있다. 분배의 정의는 정책정의의 실천기준으로서 정책의 사실적 원인과 결과의 관계가 윤리적으로 정당하고 타당한가 하는 점을 설명하는 실천이론으로서 정책균형이론에서는 대단히 중요하다. 즉 정책의 존재의 이유와 가치를 동시에 설명할 수 있는 이론으로서 계속적이고 동태적 정책균형을 달성하기 위한 정책주체의 균형감각의 현실적 실천기준에 관한 것이다.

특히 정책의 분배의 정의를 실천할 원칙으로서 상호교섭相互交涉 mutual interpenetration을 설명하고자 한다. 상호교섭은 정책의 다차원성多次元性 multi-dimensionality을 이해하면서 이와 같은 다차원성이 독립적 실체와 작용을 하지만 상호간에 의존하지 아니하면 공존할 수 없는 정책현실을 설명하는 실천기준이고 이론이다.

정책의 다차원성은 다차원적 정책현실에 타당한 정책이론은 다차원적이어야 한다고 본다. 즉 시간적 차원의 정책결정의 진행과정과 공간적 차원의 정책공간, 정책비용과 혜택의 인과관계, 정책결정자와 정책대상자의 정책주체, 정책목표와 정책수단의 문제해결 등의 차원을 들 수 있다. 이와 같은 다차원을 총체성의 개념으로 설명할 때 정책의 다차원성은 균형을 유지할 수 있고 이때 정책균형은 실천될 수 있을 것이다.

이와 같은 두 가지의 실천기준을 구체적으로 자세히 설명하기 이전에 정책균형의 실천기준을 두 가지로 정립하게 된 이론적 배경이나 근간을 여기서 우선 지적하고자 한다. 왜냐하면, 정책균형이론이 정책학에서 차지하는 이론적 역할이나 정책학의 학문적 체계에 공헌할 가능성이나 또는 정책균형이론이 차지할 위치나 위상을 이해해야 하기 때문이다.

정책균형의 실천기준인 정책의 인과관계는 정책에 관한 정신적이고 과학적 지식과 기술에 관한 정보와 분석이다. 즉 정책의 다차원성을 객관적이고 과학적으로 분석하는 정책사실의 정보와 지식을 제공할 수 있는 실천이론이고 기준이다.

두 번째는 분배의 정의의 실천기준이다. 과학적 지식과 정보를 사실적 판단에만 의존해서는 정책학의 본질인 인간의 존엄성과 민주주의 가치를 달성하기 어렵다. 그래서 윤리적이고 도덕적 판단의 기준과 이론인 분배의 정의가 필요하다. 이의 구체적 실천원칙인 상호교섭은 과학적이고 정신적 판단에 관한 정책의 인과관계와 도덕적이고 윤리적 실천기준인 분배의 정의를 통합시킬 수 있는 실천기준이다. 이와 같은 정책사실과 정책가치를 상호간에 원만하게 교섭할 수 있는 실천이론으로서 상호교섭은 동양사상의 중심철학인 중도나 중용의 조화와 화해和諧의 이론과 방법을 기초로 하고 있다. 특히 二分法으로 발달하고 있는 서양 중심의 정책이론의 한계를 보완하거나 수정할 수 있는 하나의 실천이론으로서도 중요하다.

사실 정책학의 근대적 창시자이고 현재의 정책이론의 근간을 형성한 Harold Lasswell(1902-1978)에 의하면, 정책학을 탄생시킨 주요 목적은 과학과 도덕과 정책을 통합시킬 수 있는 지식과 지혜의 기능intelligence function을 발달시키는 것이라고 했다(Lasswell, 1943). 이와 같은 그의 선구적인 학문적 정열과 노력에 의하여 현재의 정책학의 기본이론인 정책과정이나 정책학의 존재목적 및 정책윤리와 가치 등을 형성하게 되었지만 무엇보다도 정책균형이론에 중요한 것은, 과학과 도덕을 정책으로 연결하고 통합할 수 있는 사회이론으로서 지식과 지혜의 기능을 실천할 수 있는 정책학을 주창한 점이다.

그렇다면 정책균형이론에서도 이와 같은 과학적이고 객관적 사실에 관한 지식과 정보를 실천할 기준과 이론이 필요하다. 그것으로 필자는 정책의 인과관계를 제시했다. 그리고 윤리적이고 도덕적인 판단에 관한 지식과 이성의 수준도 필요하기 때문에 이것으로 분배의 정의를 제시했다.

이와 같은 관점에서 정책균형이론은 그의 실천기준과 방법으로 동양의 중론적 접근방법에 따른 상호교섭의 원칙을 제시하여 과학적 기준의 인과관계와 가치판단의 분배의 정의의 기준을 통합 · 조정할 수 있는 패러다임을 제시하고 있다. 동시에 동태적이고 연속적 정책균형을 달성할 정책주체의 균형감각의 형성에도 필요한, 정책의 다차원성을 이해하고 현실적으로 실천할 방법으로도 적용될 수 있을 것이다.

정책균형의 두 가지의 실천기준을 설명하면서 또 하나의 이론적 근간을 소개할 필요가 있다. 이것은 정책의 인과관계나 분배의 정의를 위한 상호교섭 등과 이론적이거나 실천적으로 직접 연계되는 것은 아니지만 균형감각에서 정책을 결정하고 실행하기 위한 실천이론이라는 전제를 가지고 있기 때문에 여기서 소개할 필요가 있다.

Woodrow Wilson(1856-1924)이 정치와 정책 등의 당파적 이해관계와 가치판단 등이 아닌 합리적이고 객관적이며 능률적 가치중립의 전문적 행정을 주창하면서 발달되고 있는 미국식 행정학에 지배적인 세 가지의 핵심가치를 Herbert Kaufman이 선도적으로 주창한 것을 들 수 있다. 즉 대표성representativeness과 행정부 수장首長의 리더십executive leadership과 중립적 능력neutral competence 등이다.

Kaufman(1956: 1057-73)에 의하면, 대표성은 민주주의의 직접적 가치로서 주민의 이해관계를 대표하는 의회정치의 근본가치이다. 행정부 수장의 리더십은 행정부를 통솔하는 대통령의 국정운영에 관한 관리 능력과 정치적 판단과 경험적 가치를 의미한다. 반면에 중립적 능력은 정치적이고 개인적 이해관계 등에서 중립적인 입장의 행정부의 전문적이고 객관적이며 과학적 지식과 기술을 의미한다고 했다.

물론 객관적 전문성을 중시하는 중립적 능력을 국가정책 분야에 적용할 때 이것을 가치중립적value-free으로 이해할 것이 아니라 정책에 관한 다양한 가치를 정당화 할 수 있는 가치판단과 담론談論에 관한 전문적 능력으로 이해해야 한다는 지적도 있다(Weimer, 2005: 132-3). 그러나 중립적 능력의 중심가치는 인간의 존엄성에 대한 확실한 믿음과 민주주의에 대한 신뢰의 바탕에서 과학적이고 전문적이며 당파적 이해관계에 예속되지 않는 가치라고 할 수 있다.

정책균형이론의 실천기준으로도 대표성과 행정부의 리더십 및 중립적 능력 등의 가치를 실현시킬 수 있는 다양한 구체적 수단이나 제도 등이 필요하다. 특히 미국행정학이나 정책학에서는 대표성이나 행정부 리더십보다는 중립적 능력의 기술전문성과 과학적 지식관리가 중심이론으로 발달하고 있다. 그러나 거시적 관점에서 볼 때 이와 같은 두 가지 가치의 우선순위나 이것을 상호간에 조화시킬 수 있는 방법 등을 찾는 일이 필요하다.

대표성이나 리더십은 정치학이나 기타 학문분야에서 중요한 과제로 연구되고 있다. 그러나 행정학이나 정책학에서 본다면, 대표성은 관료제의 대표성으로서 인종과 지역 및 性이라는 다양한 사회계층의 구성을 반영할 수 있는 미국관료제의 실천이론으로 더욱 잘 알려져 있다. 예를 들면, 적극적이고 공정한 평등의 실현정책인 'Affirmative Action' 등을 들 수 있다.[1] 반면에 행정부의 리더십은 대통령이나 그를 중심으로 하는 정치인들의 국가정책의 결정이나 촉진facilitation 또는 창도advocacy 리더십 등으로 발달되고 있다.[2]

1 미국관료제의 대표성에 관한 연구는 다양하고 풍부하다(대표적으로 Selden, 1998). 그리고 'Affirmative Action' 이론이나 정책에 관한 법학적, 사회학적, 정치경제학적 다양한 이론들도 있다. 'Affirmative Action'의 역사와 진행과정 등을 설명한 Terry Anderson의 *The Pursuit of Fairness: A History of Affirmative Action*(2004, Oxford University Press)이 미국의 현실에 의한 필요성과 당위성, 문제점 등을 잘 설명하고 있다.

2 Kaufman의 행정부의 리더십executive leadership 가치란 행정부의 수장首長으로서 대통령의 역할이나 능력 및 국가정책의 리더로서의 중심역할 등을 의미한다. 이와 같은 리더십이 전통적 의미의 정치적 리더십political leadership으로 설명되고 있지만 정책분야에서는 정책리더십으로 최근에 크게 강조되고 있다. 정책리더십policy leadership은 적극적이고 능동적으로 정책문제와 목표를 창조하거나 조합하면서 정책을 제안하고 발의하며 창도하고 주창하는 역할을 강조한다. 이와 같은 과정에서 다양한 이해관계자의 의견충돌과 갈등을 평화적이고 원만하게 해결할 정책과정과 전략을 구상하는 리더십이다. 필요한 자원과 지지를 동원하면서 정책의도대로 집행되어 효과가 성공적으로 나타날 수 있게 하는 정책변수인 참여자, 자원, 시행자, 환경, 기술, 정책대상자의 이익과 손익관계 등을 조정하고 통제하여 원만하게 합

정책결정과 시행이라는 넓은 의미에서 본다면 정책은 민주주의 가치인 주민의 대표성을 확보하면서 동시에 당파적 이해관계나 인종적이고 지역적 편견에서 벗어나 과학적이고 객관적 정보와 자료에 의한 정책의 인과관계를 분석해야 한다. 이와 동시에 정책주체의 리더십이 정책의 진행과 성공에 필수적으로 작용한다. 이것을 정책과정에서 어떻게 균형적으로 적용할 것인가 하는 실천이론이나 기술 등이 정책학의 중심으로 발달되고 있다.[3] 그리고 정책결정의 미시적 접근방법에서는 전통적으로 정책과정의 이론이나 정책대안의 형성과 분석의 이론과 모형 등이 필요하다. 물론 이때에도 대표성이나 리더십 등과 같은 실천가치와 중립적 능력에 의한 과학적이고 객관적 가치와 균형을 유지해야 한다.

정책균형이론의 실천기준으로 중립적 능력이나 리더십 및 대표성 등도 실천적으로 적용시킬 수 있다. 즉 중립적 능력을 정책의 인과관계 기준으로 설명할 수 있고, 대표성이나 리더십 등을 분배의 정의의 실천기준으로 설명할 수 있다. 그러나 정책균형이론에서 정책균형의 실천기준은 보다 구체적이고 미시적이며 규범적이어야 한다. 따라서 정책 그 자체에 초점을 둔 균형으로서 정책을 통한 균형, 정책에 의한 균형, 정책의 비용과 결과와의 균형 등을 정책현실에서 설명할 수 있어야 한다. 때문에 리

의된 상태로 최대의 정책효용을 민주적이고 도덕적이며 윤리적으로 정당하게 창출하고자 하는 리더십이다. 따라서 이와 같은 정책리더십을 정책기업가policy entrepreneur(Robert, 1992)나 정책촉진(Svara, 1994), 정책창도(Sabatier and Jenkins-Smith, 1993: 211-35), 정책리더십 자정모형self-purification(이해영, 2005: 7-26) 등으로 연구하고 있기도 하다.

3 전통적으로 정책학의 중심이론prime or central theories은 정책과정의 단계적 진행이론과 정책대안의 결정방법이나 모형 그리고 정책안을 형성하는 분석적 방법 등이다. 그래서 정책학의 원론적 교과서나 정책학을 가르치는 과목 등도 이것을 중심으로 하고 있다. 물론 정책과정의 이론이나 정책대안의 형성이론인 정책분석도 정책학의 근간이론이지만 정책학의 학문적 정체성이나 정책결정의 실천이론으로서 위의 세 가지 가치 기준을 중심으로 하는 입장에서는 정책학의 중심이론으로 정치와 정책결정politics and policymaking, 정책리더십policy leadership, 정책과 민주주의democracy in policy sciences, 정책가치와 윤리policy philosophy, 정책균형policy balance theory 등과 같은 이론을 정립시키고 있다. 그래서 이와 같은 맥락에서 필자도 정책학의 중심이론을 구성하고 있다.

더십이나 대표성 또는 중립적 능력 등은 정책결정이나 행정학의 중심이론으로 발달되고 있지만 여기서 설명하는 정책균형의 구체적이고 실천적인 기준으로 사용되기 어렵다.

또한 행정이나 정책결정의 전통적 기준인 능률성과 효과성, 합법성, 합리성 등이나 정의와 공익의 형평성과 자유와 평등의 민주성 등을 정책균형의 실천기준이나 이론으로 사용할 수도 있다. 예를 들면, 능률성은 정책의 경제적 합리성과 최적성과의 가치를 판단하는 기준으로 예산이나 시간, 정보, 능력 등의 제약에서 최소의 비용으로 최대의 산출을 판단하는 기준이다. 이와 같은 능률성의 개념을 구체적 목표나 목적달성과 연계하여 판단하면 효과성의 기준으로 사용할 수 있다. 즉 정책의 비용과 편익과의 경제적 인과관계를 설명할 수 있는 기준이다.

그리고 합법성은 정책의 최종결과 산물이 아닌 정책이 법령화法令化되는 과정에서 기존의 국가 법질서나 자연법의 정의의 질서와 개념에 타당하고 합법적인가 하는 수단적 성격의 판단기준이 될 수 있다. 왜냐하면, 대부분의 정책은 국가의 최고 기본법인 헌법憲法에 합치되면서 법령의 형태로 형성되기 때문이다.

정의와 공익을 중심으로 하는 형평성은 정책의 분배의 정의의 주요 실천기준과 유사하다. 정의는 사회적 정의이고 공익은 사회적 정의를 인정할 수 있는 공적 이해관계의 최대공약수라고 할 수 있다. 따라서 정책의 과학적이고 객관적 인과관계를 주관적이고 가치판단적인 정책현실에도 타당하고 적절하게 적용시킬 수 있는 기준으로 형평성을 이용할 수 있다. 이와 같은 사회적 정의에 근거한 형평성도 자유와 정의인 민주주의의 이념과 실천을 위배할 수 없다. 그래서 정책학은 탄생될 때부터 평등한 인간의 존엄성과 존재가치를 달성하기 위해서 민주주의를 실천할 수 있는 지식과 정보를 구비하는 것이라고 했듯이, 정책에서의 민주주의 기준은 정책의 존재를 정당화 할 수 있는 핵심기준임에 틀림없다.

합리성을 중심으로 하는 능률성이나 효과성, 합법성, 형평성, 민주주의 등과 같은 가치기준을 구체적인 정책의 기준으로 사용할 수 있지만, 여기서 제시하는 정책균형이론에서 볼 때 정책균형을 달성할 수 있고 판단할 수 있는 실천기준으로서는 한계가 있다. 더구나 정책균형이론의 실천기준인 정책의 인과관계는 정책의 합리성(능률성과 효과성)과 합법성 등을 포함하고 있다. 동시에 정책의 분배의 정의에는 형평성과 민주주의 등의 기준이 포함되어 있다.

또한 정책균형은 정책 그 자체의 균형적 기능, 즉 정책에 의한, 정책을 통한, 정책의 사회적이고 실천적 균형작용을 설명할 수 있고, 나아가 이것을 정책현실에서 확보할 수 있는 실천이론이 필요하다. 그래서 합리성과 합법성, 형평성, 민주주의 등을 포함하면서도 정책균형의 실천기준인 정책의 인과관계나 분배의 정의에 의한 다차원적 정책의 성격을 설명하고 이를 실천할 수 있는 실천이론이 필요하다. 이때 정책주체의 균형감각이라는 윤리적이고 규범적 성격의 균형이론이 정책에서 어떻게 현실적으로 구체화 될 것인가 하는 것도 설명할 수 있어야 정책균형은 현실적으로 가능할 것이다. 그렇다고 전통적인 기준들을 무시하는 것이 아니라 지금까지 전통이론들의 한계나 또는 설명할 수 없었던 것을 정책균형이론의 실천기준에서 좀 더 구체적으로 제시하고자 하는 것이다.

1절 政策의 因果關係

정책균형을 현실적으로 실천할 첫 번째의 기준으로 정책의 인과관계 policy causation를 들 수 있다. 결론적이지만 정책의 인과관계 기준에 의해서 두 번째 기준인 분배의 정의와 그의 실천원칙인 상호교섭 등을 설명할 수 있다. 따라서 이점을 자세히 설명하는 것이 여기서 중요하다. 왜냐하면, 보다 근원적인 것으로 정책의 인과관계를 현실의 경험사회에서 검증되는 물리적 인과관계physical causation 만으로 설명해서는 정책주체의 정신의 결과산물인 정책을 설명하기에 한계가 있기 때문이다.

정책은 정책정신policy mind에 의해서 살아 움직이는 생물生物과 같다. 정책은 물리적으로 고정된 실체나 사건이 아니다. 정책주체의 정책정신이 정책현실에서 끊임없이 도전받고 수정되면서 실천되어 정책의 목표를 달성하게 된다. 이때 객관적 사실로만 인식하고 검증할 수 있는 정책의 인과관계로 설명해서는 정책의 진실된 의도와 목적과 정신을 이해할 수 없다. 그래서 정책의 정신적 인과관계인 정책주체의 정책정신, 정책의 결과 등을 정책현장에서 이해하고 설명할 수 있는 정책의 정신적 인과관계mental causation도 대단히 필요하다.

특히 정신적 인과론의 중심사상을 설명하고 있는 유식론과 연기설 등이 정책의 정신적 인과관계의 기초이론으로 필요하다. 즉 이것이 있음으로 해서(次有故彼有) 저것이 존재한다는(次起故彼起) 연기사상緣起思想과 유식론唯識論에 의한 정책의 정신적 인과관계의 본질을 설명해야 정책의 인과관계를 중심으로 해서 분배의 정의와 상호교섭의 기준 등이 설명될 수 있다는 사실을 이해할 수 있다.

따라서 정책의 인과관계를 두 가지 관점인 과학적이고 실증적인 물리적 인과관계와 심리철학이나 동양사상에서 설명하는 정책의 정신적 인과관계 등으로 구분하여 설명하고자 한다.

1. 政策의 物理的 因果關係

정책의 물리적 인과관계란 일반적으로 서양중심의 과학주의科學主義에 의한 인과관계이다. 이와 같은 인과관계에도 두 가지 측면이 있다. 첫째는 정책 그 자체의 독립변수적 성격에 따라서 발생되는 시간적 순차順次에 종속되는 결과의 인과관계이다(〈그림 4-1〉의 유형 I). 즉 정책이 존재하는 시간적 선후先後에 따라서 정책의 효용이나 성과가 발생되는 관계의 원인과 결과와의 관계이다. 정책이 원인이 된 후에 발생된 결과와의 상관관계의 유형으로서 정책 그 자체에 의한 정책성과와의 관계를 실증적으로 분석해서 정책의 당위성과 성공의 여부를 결정할 수 있는 기준이다. 이것을 일반적으로 정책의 수단과 목표와의 인과관계로 설명할 수 있다. 이때 정책의 인과관계는 구체적이고 경험적이어야 하며 이것을 현실적으로 증명하고 설명할 수 있어야 한다.

두 번째는 정책의 비용부담과 그에 따른 정책의 혜택이나 효용과의 작용관계를 실증적으로 분석하는 간접적인 인과관계이다(〈그림 4-1〉의 유형 II). 정책 그 자체 보다는 정책을 형성하고 결정하게 된 원인과 비용 중심의 개념으로 정책의 인과관계를 확인하는 것이다. 이와 같은 정책의 인과관계는 정책 그 자체를 동인動因으로 하는 직접적인 상관관계라기보다는 정책사업이 제3의 매개변수가 되면서 발생되는 인과관계라고 할 수 있다. 여기에는 정책의 형성과 결정 또는 시행에 필요한 비용이나 부담이 먼저 제공되고 그에 따라서 정책사업이 존재하고 시행되어, 정책혜택이 발생되는 시간적인 先後관계가 분명한 인과관계도 있다. 그리고 정책비용이나 부담과 혜택 등이 상당히 중복적이면서도 혼재하여 진행되는 시간적이고 공간적 순서나 정리를 분명하게 구별하기 어려운 인과관계도 있다.

이와 같은 두 가지 유형의 차이점을 〈그림 4-1〉과 같이 정리할 수 있다.

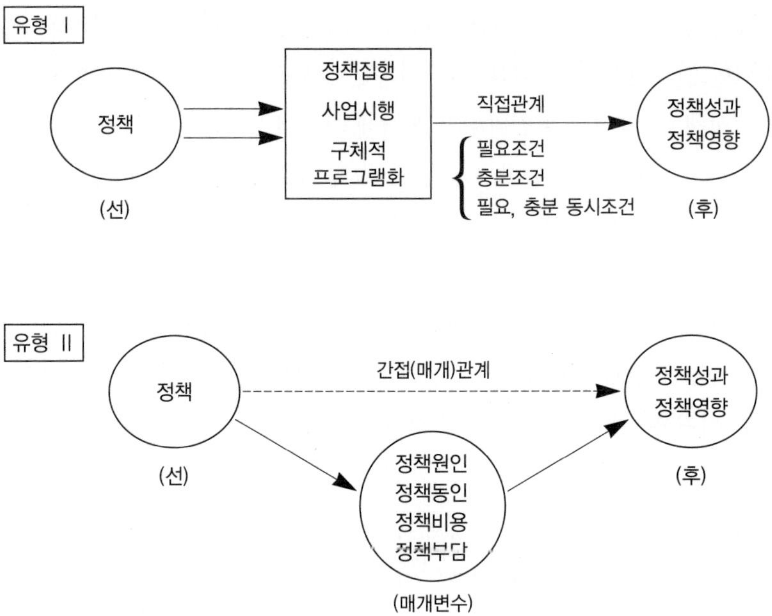

〈그림 4-1〉 정책의 물리적 인과관계의 유형

위의 두 가지 유형의 정책의 인과관계를 분석하는 이론과 지식이 현재 정책평가론이나 정책분석론 등에서 발달하고 있다. 때문에 자세한 것은 정책분석론 등을 참조하기로 하고 여기서는 정책의 과학적 인과관계에 공통적 현상을 정책균형이론의 실천기준이라는 관점에서 좀 더 설명하고자 한다.

첫째, 정책 그 자체나 정책형성의 비용과 부담이라는 조건이 시간적으로 선행되어야 정책결과나 성과가 발생되는 관계를 설명하여, 즉 兩者 관계의 불균형의 정도를 평가하여 정책의 균형을 실천할 수 있는 기준으로 이것을 활용할 수 있다.

예를 들면, 정책의 존재에 의해서 항상 그리고 유일하게 정책의 성과가 결정된다면 정책과 정책성과(영향)와의 인과관계는 필요하다고 충분한 조건을 동시에 만족하게 될 것이다. 그렇지 않고 정책의 인과관계가 일시적인 필요나 부분적 전제조건으로 존재한다면 이것은 필요조건 necessary condition 정도의 약한 인과관계일 것이다. 정책이 존재하면서 항상 충분한 수준으로서 정책결과를 발생시킬 수 있는 것이라면 충분조건 sufficient condition의 인과관계일 것이다. 따라서 정책환경의 영향이나 기타 다양한 조건과 변수에 의한 영향과 순수한 정책의 영향력 등을 구별하여 정책의 타당성과 존재의 가치 등을 설명할 수 있을 것이다. 이것이 가장 일반적인 의미의 정책의 인과관계 분석이다. 이 결과에 따라서 정책의 실패와 성공을 결정할 수 있다. 이것이 전통적으로 경험적 기준과 측정에 의한 정책평가나 정책결정의 기본지식이 되고 있다.

그러나 정책혜택이나 비용발생과의 인과관계를 정할 때 다음과 같은 사실도 중요할 것이다. 즉 국가정책이 부분적인 사업으로서 기타 제3의 수많은 他 변수가 되는 정책이나 환경조건과 결합하여 정책혜택을 발생시킬 수 있는 필요조건이었는지, 아니면 국가정책 그 자체로서 충분하고도 독립적으로 정책혜택을 발생시켰을 충분조건이었는지 또는 유일하고도 완전한, 필요하고도 충분한 동시의 조건이었는지를 분석할 필요가 크다. 이러한 기초 자료나 정보가 있어야 정책과 성과의 인과관계나 정책비용에 대한 혜택의 인과관계, 즉 누가, 무엇을, 언제, 얼마만큼의 혜택을 받았는지, 누가 그 비용을 부담했는지 하는 것 등에 대한 정확한 정보를 확보할 수 있을 것이다. 이와 같은 정보와 지식이 있어야만 이것을 정책균형의 실천기준으로 활용할 수 있을 것이다.

둘째, 그러나 현실적으로 정책비용과 정책사업 그리고 정책혜택의 인과관계를 정확하게 계산하고 설명하는 것이 쉽지 않다. 즉 정책사업에 소요된 비용이 정책이라는 매개변수를 통해서 얼마만큼의 정책혜택으로 구체화 되었는가 하는 사실 등을 정확하게 밝히는 일은 상당히 어려운 과제이다. 왜냐하면, 정책의 영향범위나 기간 등이 정책평가나 정책의 비용과 편익분석이 전제로 하고 있는 개인적이거나 또는 사적私的인 분야의 사업보다는 매우 다양하고 복잡하기 때문이다. 그러면서도 동시에 국가정책에 의해서 필연적이고 충분하게 정책의 부담과 혜택 등을 경험적이면서 논리적으로 확인해야만 정책의 인과관계를 정립할 수 있기 때문이다. 또한 인과관계에는 개인적인 수준 뿐만 아니라 구체적인 국가정책에 관련된 집단이나 구성원 전체, 세대간, 지역간 또는 사회나 국가, 심지어 국가간의 수준에서 정책의 인과관계를 찾아내는 일이 쉽지 않다.

이와 같은 어려움을 해결할 하나의 현실적 방법으로 현재 많이 이용되는 전통적인 비용-편익분석cost-benefit analysis을 이용할 수 있다.[4] 그러나 이때에도 정책균형의 방법으로 활용되기 위해서는 단순히 비용 편익의 상호 대차대조나 비교우위의 한계분석이 아니라, 누가, 무엇 때문에, 어떻게 비용과 혜택의 인과관계를 가지고 있는가 하는 교환분석이고 사회적 규범분석이라는 점을 밝혀낼 수 있어야 할 것이다.

따라서 정책비용과 혜택을 정확하게 확인하고 정의하여 계산하는 것만으로는 정책비용과 혜택이 자동적으로 균형될 수 없다. 정책담당자나 분석가는 적극적이고도 능동적으로 정책비용과 정책혜택의 불균형과 불평등을 형평화하고 균형화하려는 노력과 의지와 제도를 만들어야 된다.

4 보다 자세한 것으로 비용-편익분석과 정책균형론과의 차이점을 설명한 제3장 3절을 참조할 수 있다.

정책은 승자와 패자와의 관계가 아니다. 정책사업에 의하여 혜택을 받게 될 정책혜택과 정책비용 부담과의 인과관계를 계산해서 이를 수정하고 보상할 수 있어야 정책의 성공가능성이 있다는 사실을 실증적으로 찾아내는 일이 중요하다.

셋째, 이와 같은 정책의 인과관계를 경험적으로 정책현실에서 검증하고 확인할 수 있어야 한다는 전제가 있다. 인과관계의 유형에 관계없이 과학적 인과관계는 정책에 의한 결과와 성과를 논리적 분석기준에 따라서 그 정도를 실증實證할 수 있어야 한다. 따라서 대표적으로 정책평가의 다양한 기법이나 이론은 정책에 의한 결과, 물론 좋거나 바람직한 또는 예측한 결과 뿐만 아니라 그렇지 못한 결과가 정책변수에 어느 정도로 관련되어 있는가 하는 것 등을 설명하기도 한다.

이와 같은 정책의 인과관계는 물리적物理的 인과관계의 전형이다. 물리세계에서 발생되는 시간의 선후관계에 따라서 정책이 시간적으로 先行되면 정책결과가 발생되는 관계이다. 이때 시차時差에 따라서 정책의 인과관계는 다양하게 변화될 수 있다. 즉 물리주의에 의한 인과법칙의 주요 원리의 하나인 시간의 선후관계에서 원인되는 선행先行변수 뿐만 아니라 결과가 되는 後行변수도 시간의 흐름에 따라서 변화된다는 사실을 정책의 인과관계에서도 설명할 수 있어야 한다. 왜냐하면, 정책은 살아 움직이는 생물과 같다. 때문에 정체된 시간이 아닌 동태적 시간에서 정책의 생명주기에 따라서 전혀 다른 결과를 발생시키기도 한다. 동시에 필요한 결과에 전혀 다른 원인이 필요할 수도 있기 때문이다(정정길, 2002: 255-72).[5]

5 전통적 인과법칙에서 시간은 대단히 중요한 개념이다. 시간순서time order에 의한 인과의 성숙정도나 차이 등을 설명하고자 하는 노력이 동시인과simultaneous causation와 다차원 인과multi-dimensional causation (시간과 공간, 위도, 경도, 고도 등) 등으로 설명되고 있기도 하고(Mellor, 1995: 220-29),

시간의 선후先後 관계 이외의 물리적 인과관계에는 폐쇄성, 즉 하나의 물리적 사건은 하나의 원인만을 가지는 원칙이 있다. 그리고 하나의 물리적 사건에는 충분하고 독립적인 원인이 있다는 배타성이나 완전성의 원칙과, 모든 물리적 사건은 시간과 공간에서 인지되고 성숙되어야 하는 시간과 공간의 인접성의 원칙 등이 있다.[6]

정책균형이론에서 보면, 정책에서의 물리적이고 과학적 인과관계는 정책 그 자체의 존재의 실증적 가치를 결정하는 기초자료이다. 그리고 정책의 존재가 증명된다면, 즉 정책의 타당성과 실천가능성 등이 현실적으로 증명된다면 이와 같은 정책이 실행되면서 발생되는 정책결과와 영향을 정책의 실행에 필요한 다양한 비용과 부담 등과 비교형량해야 한다. 이것은 사후적이든지 아니면 정책의 시행 이전에도 보정하고 수정하고 교정할 새로운 정책사업을 시행하게 되는 연속적 과정에 필요한 기초자료로 이용된다. 즉 정책의 과학적 인과관계를 정확하게 분석하고 설명해야 정책균형의 실천원칙이 현실적으로 작용할 수 있을 것이다.

2. 政策의 精神的 因果關係

정책의 정신적 인과관계는 물리적 인과관계와 달리 정책의 정신에 의한 정신인과mental causation의 개념전제에 따라서 정책이라는 사상적 원인이 정책의 실현결과에 미치는 인과 영향력 등을 설명하고자 하는 이론

동적이고 정적인 개념에 의한 물리세계의 분석과 시간에 관한 비결정론적 입장과 이에 대한 Hans Reichenbach와 Storrs McCall 등의 대안적 접근방법 등을 논의한 연구(Tooley, 1997: Part I) 등도 있다.

6 물리적 세계에서의 인과관계의 이론적 발달이나 원칙 등에 관하여, Hume과 Auguste Comte(1798-1857), Bertrand Russell(1872-1970), John S. Mill(1806-1873) 등에서부터 시작해서 실증주의 및 본질주의essentialism, 반증주의falsificationism, 활동이론activity theory, 진화론evolution theory, 실재론realism 등으로 자세히 설명한 Thomas Cook과 Donald Campbell(1979) 책을 참조할 수 있다.

이다. 그러나 심리철학이나 과학철학 분야에서도 아직까지 정신적 인과관계에 관한 이론과 연구방법 등이 논의되고 있는 수준이다. 특히 정책에서의 정신적 인과관계는 잘 알려지지 않거나 무지無知의 분야이다.[7] 때문에 여기서는 우선 정신적 인과관계의 이론적 쟁점을 설명하면서 정책에서의 정신적 인과관계에의 필요성 등을 지적하여 정책균형의 실천기준으로 활용될 가능성 등을 제시하고자 한다.[8]

과학적 인과관계는 정책에 의한, 정책을 위한 인과관계를 실증적으로 분석하여 정책균형을 담보할 수 있는 실천기준으로 활용되지만, 정신적 인과관계는 정책현실에서 경험적으로 실증實證되는 정책의 인과관계의 윤리적이고 도덕적 책임성이나 가치 등을 설명할 수 있다. 따라서 과학적 인과관계를 수량적이고 실증적으로 해석하면서 동시에 정책에 의한 인과관계의 영향이나 타당성, 신뢰성, 책임성과 윤리, 어느 것이 바람직한가 하는 정책가치와 정의 등에 대한 판단기준으로 활용될 수 있을 것이다. 이와 같은 정책에서의 정신적 인과관계의 정당성과 책임성 등을 논의할 할 수 있어야 다음에 설명할 정책의 분배의 정의의 실천기준인

7 필자도 서양의 심리철학이나 과학철학 등에서 정신적 인과관계의 논의와 연구가 오래전부터 활발하게 진행되고 있다는 사실을 잘 몰랐다. 정책균형이론을 논의하면서 정책균형의 하나의 실천기준으로 정책에서의 인과관계를 연구하면서 알게 되었다. 과학적 인과관계 뿐만 아니라 경험적으로 실증하기는 어렵지만 서양 중심이 아닌 동양사상에서 설명할 수 있는 인과관계를 유식론이나 연기론 등으로 설명하면서 정신적 인과관계(처음에는 정책에서의 '사상적 인과관계'라고 명칭하다가 정신인과精神因果 MC: mental causation라는 용어가 벌써부터 정립되고 있다는 사실을 알면서 정신인과로 통칭하였다)의 관련 연구를 발견하였다. 따라서 서양의 심리철학 등에서 발달된 이론도 동시에 원용될 수 있을 것이라는 가능성에서 정책에서의 정신적 인과관계의 필요성과 가능성 등을 설명하게 된 것이다.

8 정책이론을 공부하는 필자의 제한된 이해의 범위와 능력 때문에 여기서 설명하는 정신적 인과관계에 관한 내용이나 토론에 오류誤謬나 잘못이 있을 수 있다. 정신인과를 두고 평생토록 정진하는 제방의 선학先學들에게 지면으로 양해를 구하면서 잘못이 발견되면 수정하도록 하겠다. 非철학도로서 필자가 알고 이해한 범위내에서 정책에서의 정신적 인과관계의 필요성과 가능성 등에 초점을 두고 정신적 인과관계 이론을 원용한 것이라는 사실을 여기서 분명히 밝히고자 한다. 그래서 필자가 이해하고 정리한 정신적 인과관계의 내용에 필요한 참고문헌이나 자료를 일일이 제시하기 보다는 구체적 사안이나 내용에서 꼭 출처를 밝혀야 할 경우에만 참고문헌 등을 밝혀 두었다.

상호교섭 등도 이해할 수 있을 것이다.

精神的 因果關係란 무엇인가?

西洋의 心理哲學에서 설명하는 精神的 因果關係

정신적 인과관계는 물리세계나 경험세계의 검증가능한 인과관계가 아니다. 정신세계의 사상이나 철학, 신념, 의도, 소망(희망), 가치판단, 추구, 주의ideology 등이 현상세계에서 진행되고 발생된 결과와의(그 결과가 물리적이거나 또는 정신적이든) 원인과 결과와의 관계를 논증論證하는 것이다. 때문에 정신적 인과관계는 물리주의와 과학주의가 주도하고 있는 서양 중심의 학문세계에서는 크게 발달되지 못하고 있다는 점을 쉽게 이해할 수 있다.

그러나 물리세계에서의 인과론을 정신세계로까지 그 영역을 확대하여 이해하고자 하는 심리철학이나 과학철학 등에서는 서양에서도 상당히 오래전부터 정신적 인과관계를 심도있게 연구하고 있다. 이와 같은 연구들의 핵심주제인 정신적 인과관계의 본질은 정신적 특성과 작용이 신체적 행동과 어떻게 인과적으로 연계되는가 하는 것을 설명하는 것이다. 때문에 정신과 신체의 二元관계mind-body dichotomy 또는 dualism를 전제로 하면서 정신작용이 물리적 세계의 인과에 미치는 영향을 설명하고자 하는 것이다. 즉 정신적 작용이나 사건을 물리적 세계에서의 인과관계에 인과적 영향력이나 효력causal power 또는 efficacy으로 설명하고자 하는 것이다(이종왕, 2004: 59).

따라서 정신적 인과관계를 설명하고자 하는 서양 중심의 심리철학의 방법이나 논리적 유형 등을 크게 두 가지로 구분해 볼 수 있다. 이와 같은 연구는 동양사상적 입장에서 인과관계를 설명하고자 하는 소수의 연구를 제외하고는 본질적으로 20세기 정신철학의 왕자인 물리주의物理主義를 근본으로 하면서 정신적 인과관계를 물리세계에서 어떻게 처리하고 설명할 것인가 하는 이론이다(Walter and Heckmann, 2003: v).

첫째, 데카르트 식의 심·물이원론心·物 二元論[9]의 전제에서 마음과 정신의 실체와 그의 작용을 구분하는 입장이다. 그래서 정신적 인과관계를 물리적 인과관계의 논증방식과 논리구성으로 설명하고자 한다. 이것을 크게 다시 두 가지로 정리해 볼 수 있다. 소위 환원주의와 非환원주의 등이다.

환원주의reductionism에 의하면, 이 세상에 존재하는 모든 것은 물리적 요소와 사건과 실체로 구성되어 있으며 또한 있어야 한다는 명제에서 출발한다. 물리적 세계에서의 인과관계의 구성요건과 법칙과 원칙으로 정신적 인과관계를 인정하고 설명하기 위해서는 존재하는 정신세계의 실체를 물리세계의 실체로 환원할 수 있어야 한다는 주장이다(대표적으로 Kim Jaegwon, 2005).[10] 즉 정신적 요소나 사건 또는 실체가 인과적으로 효력을 가지려면 반드시 정신은 물리적 실체로 환원還元되어야 한다. 그러나 일부의 정신적 요소인 느낌이나 감성, 성질 등은 물리적으로 환원될

9 데카르트(Rene Descartes, 1596-1650)의 心·物 이원론에 의하면, 마음의 본성에는 물리적 속성이 없는 것이고, 신체는 질량質量과 관성을 가지고 시공時空 속에 존재하는 물리적 속성이 있다는 것이다. 이와 같이 兩立될 수 없는 두 가지 실체의 문제를 해결하고자 노력한 이론이 그의 인과관계의 형이상학론, 즉 마음을 물리세계의 밖에 두면서도 물리적 세계에서 작용하는 신체와의 상호작용의 인과관계를 가진다고 설명하는 것이 후기 정신철학의 큰 비판이 되고 있다(김광수, 1990: 44).

10 김재권(Jaegwon Kim)은 1987년부터 Brown University의 철학과 교수William Herbert Perry Faunce Professor로 재직하고 있는, 미국의 정신철학계에서 정신적 인과관계와 心·身관계의 핵심적 인물로 활약하고 있는 철학자이다. 그는 1934년 대구에서 태어났으며, 서울에서 불문학을 전공하다가 1955년 渡美하여 Princeton University에서 철학박사 학위를 받고 미국의 여러 대학에서 연구와 강의를 하였다. 그는 미국 정신철학계에서 정신인과나 형이상학 분야의 탁월한 연구업적을 가진 학자로서 최근의 저서, *Physicalism, or Something Near Enough*(2005, Princeton University Press)와 *Philosophy of Mind*(2nd ed. 2006, Westview Press) 등을 출간하고 있다(http://en.wikipedia.org... 검색일: 2007년 8월 9일).

수 없다. 따라서 정신적 속성을 물리적으로 환원할 수 없으면서도 이것의 인과관계를 주장하는 것은 거짓이다. 동시에 실체를 물리적이고 정신적으로 구분하여 정신적 인과관계를 설명하거나 허용할 수 없게 하는 어떠한 논의도 거짓이라는 입장이다.

환원주의는, 정신적 속성은 기능적으로 환원될 수 있어야 한다는 기능주의를 주장하고 있으며 정신적 명제나 태도 등을 두뇌속의 물리적 혹은 기능적 상태와 동일시하고 있다(백도형, 2004: 1-31). 따라서 이와 같은 환원주의는 수반논변supervenience argument으로 보다 세련된 이론을 주장하고 있다(이종왕, 2004: 59). 김재권을 중심으로 하는 수반논변에 의하면, 모든 물리적 인과관계는 오직 물리적 원인과 결과와의 관계(인과폐쇄의 원리와 인과적 완전성의 원리)로만 결정되며(이점에서 결정주의적deterministic이다), 정신적 사건은 물리세계로부터 이탈해서 존재할 수 없다. 즉 정신속성은 물리적 속성에 잇따라 발생한다(수반隨伴한다). 따라서 모든 물리적 속성에 있어서 정신이든 물질이든 이와 같은 두 가지를 동시에 구별할 수 없으면 정신적 속성도 찾아 볼 수 없다는 주장이다(Kim Jaegwon, 1999: 4-15).

그러나 非환원주의는 환원주의를 반박하면서, 정신적 속성은 물리적 속성으로 환원되지 아니한다(이것을 반환원주의anti-reductionism이라고 하기도 한다). 따라서 정신적 세계에 속한 정신적 내용은 물리적 속성과는 구별되는 정신세계만의 특성을 가지고 있다(이것을 非환원주의non-reductionism라고 하기도 한다). 때문에 정신세계의 속성을 물리세계의 속성으로 동시에 잇따라 발생되도록 조작하거나 자연적으로 환원시킬 수 없다. 때문에 정신적 인과관계는 정신실재론mental realism에서만 허용된다고 주장하고 있다(이종왕, 2004: 61).

따라서 非환원주의자들이 정신적 인과관계를 설명하는 방법은 좀 다양하다. 예를 들면, Donald Davidson(1993: 3-17)이 주장하는 정신적 무법칙에 의한 一元論mental anomalous monism, 즉 정신적 사건과 물리적 사건은 인과적으로 상호작용하지만 정신적 사건에는 물리적 사건을 설명하는 것과 같은 엄격한 인과의 법칙이 존재하지 아니한다는 주장이다. 따라서 물리적 사건과 정신적 사건의 인과관계에 兩者를 포섭하는 인과법칙이 반드시 있어야 한다고 보았다.

그래서 등장하는 논의가 부수현상론epiphenomenalism이다. 즉 물리적 사건이 정신적 사건을 발생시키지만 반대로 정신적 사건은 아무 것도 발생시키지 못한다. 물리적 원인에 의하여 정신적 사건이 발생하면 이것은 더 이상 아무런 사건도 발생시킬 수 없다는, 즉 정신적 속성은 물리적 속성에 부수된 현상이라는 주장이다(명목token 부수현상론). 또한 사건은 다른 사건을 유발하지만 이와 같은 현상은 물리적 유형으로 형성되는 한에서만 가능하다. 그러나 물리적 유형이 아닌 어떠한 정신적 유형으로 형성되는 한에서 사건은 여타의 사건을 발생시킬 수 없다(이것을 유형type 부수현상론이라고 한다)는 것이다(McLaughlin, 2003: 28).

그렇다면, 정신적 사건이나 속성이 물리적 진행과정에 아무런 유형이나 명목名目 조차도 없는 것이라면 현실적으로 정신적 작용이나 사건이 물리적 사건을 발생시키거나 물리적 과정에 간섭하고 개입하는 현실을 설명하기 어렵게 된다. 이와 같은 문제점을 넘어서기 위해서 개입의 원리interfere or intercept 또는 교량의 법칙bridge law 등이 나타나고 있다. 정신적 사건이 非물리적 원인이 된다면 이것은 인간의 신경생리학적 과정에 개입하여, 즉 진행되는 인과과정에 개입하여 변화를 유발시킨다는 설명이다(윤보석, 2005: 147).

이와 같은 신경생리학적 개입의 과정을 기폭원인triggering cause과 구조원인structuring cause 등으로 나누어 설명하기도 한다; 심리적이고 생물학적으로 원인이 촉발되고 유발되어 이것이 결과를 발생시키기 이전에 구조적으로 원인들이 하부조건화되어 최종 사건을 유발하게 된다는 논의이다(Dretske, 2003: 121-36).

그러나 교량의 법칙도 유물론唯物論에서 본 정신적 인과의 설명을 시도한 것이다. 물리적 속성과 정신적 속성에 존재하는 가장 미시적 입자를 전제하고 이와 같은 공통전제가 兩 세계를 기능적으로 연결하는 역할을 수행한다는 설명이다. 그렇다면, 연결역할을 수행한다는 것은 결국 정신적 속성을 물리적 속성으로 환원되게 하는, 환원주의적 입장이 되는 모순을 범하게 될 수도 있다(김광수, 1990: 48).

둘째, 환원주의와 非환원주의에 대응하여 정신과 물질의 관계를 동일시하거나identity theory 또는 一元的으로monism 설명하여 정신적 인과관계 그 자체의 인과율因果律을 정립하고자 노력하는 연구들이다. 즉 물리주의의 틀과 범위가 아닌 정신적 인과관계 그 자체를 설명하고자 하는 입장이다.

정신적 인과관계를 물리주의의 전제에서 논의하는 환원주의나 비환원주의 또는 다양한 이론들은 실없는 철학적 스캔들을 만들고 있다고 비판하면서, 일상적이고 상식적 사실인 정신의 자율성과 자유의지를 결정론적이고 물리적 법칙성에 따라서 설명할 수 있다면 이것은 경이로운 현상이 된다고 했다. 왜냐하면, 인간은 물리적 인과법칙에 따라서 기계적으로 작동하는 타율적 존재가 아니다. 자신의 자유의지에 의한 신념과 사상과 가치에 따라서 합리적 판단과 행위를 하는 자율적 존재이기 때문이다. 따라서 이와 같은 사실을 무시하거나 애써 외면하는 것은 "목욕물을 버리면서 어린애까지 버리는 우를 범하는" 것이라고 비판하면서, 물리주의를 공식적이거나 공개적으로 비판하면 '진리' 의 대열에서 낙오한 패잔병 취급을 하는 현대 심리철학의 허구虛構를 지적하기도 했다(김광

수, 1990: 41-65; 2003: 1-27).

이러한 논의에 조심스런 입장은, 근본적으로 정신의 자율성과 자유의지의 존재가치에 찬성하면서 현대 물리주의 심리철학이 깊은 반성을 해야 한다고 하면서도 이와 같은 철학적 스캔들에 빠지게 된 이유를 자세히 논증할 필요가 있다는 입장도 있다(윤보석, 2003: 63-91). 또한 물리주의에 의한 결정론 그 자체를 논박하는 수준을 넘어서서 경험적이고 실증적으로 논박論駁할 가능성이 희박하다면 아직까지 우리는 물리주의 심리철학에, 즉 결정론적 물리법칙에 지배받는 세계에 예속될 운명이 아니겠는가 하는 솔직한 심정을 밝히기도 했다(김명석, 2004: 111-37).

東洋思想에서 설명하는 精神的 因果關係

서양 심리철학의 이원론적 패러다임에 의한 연구에 대조적으로 소수의 경우에는 물리주의를 단순히 비판하는 입장을 넘어서서 동양철학의 기氣사상이나 연기사상 등으로 정신적 인과관계나 인과법칙을 논의해야 한다는 주장이 있다. 즉 서양 중심의 현대과학은 연구방법을 익힌 기술자로서 학문활동을 인격이나 성품에 관한 것이 아니라 인지활동으로 생각하는 술학術學이다. 때문에 본질적으로 심 · 신이원론心 · 身二元論을 전제로 하는 서양의 심리철학은 정신적 인과관계를 물리주의의 기본 틀에서 탈출하여 설명하기 어렵다는 지적이다(홍승표, 1999: 1-8).

따라서 마음과 몸의 근원체를 주체하는 '氣' 사상에 의하여 인과법칙을 설명해야 한다. 즉 '氣'는 스스로의 운동질서를 가지고 있기 때문에 '시時,' 즉 '때'와 정신적 작용과 행위에 의한 인과법칙을 설명할 수 있다. 이때 정신적 인과관계에서 인과관계를 형성하는 것을 '업'業karma이라고 해서 '업'을 설명하는 동양의 유식론이나 연기론 등에서 정신적 인과관계의 실체를 이해할 수 있다고 했다(김도종, 1999: 15-43).

그래서 이와 같이 주장하는 정신적 인과관계를 이해하기 위해서 먼저 유식론에 의한 연기론을 간단히 정리해 보고자 한다.[11] 유식학唯識學 또는 유식론은 삼라만상의 실체를 객관적일 뿐만 아니라 주관적인 관점에서 분석하고 기술할 수 있는 것을 마음心이라고 보았다. 따라서 마음인 의식을 분석적으로 설명한 불교의 인식론적 사상체계를 정립한 이론으로서, 일체는 오직 마음이고 마음이 없으면 존재하는 것도 없다. 따라서 인식하는 마음의 작용을 통해서 물질을 구분尺한다고 하는 이론이다(서제갑, 2003: 284-5).[12]

인간이 현상세계를 인식하고 이해하는 것을 여덟 단계의 작용으로 설명하고 있다. 먼저 5감五感작용에 의한 다섯 단계로 현상을 이해한다; 눈으로 보고, 귀로 듣고, 코로 냄새를 맡고, 혀로 맛의 감각을 느끼고, 신체의 접촉이나 느낌으로 현상의 상태를 인식하는 것이 일반적인 의미의 감각작용에 의한 이해의 범위이다. 그러나 5감작용에 의한 5식識은 그 자체로서 아무런 의미도 없다. 단지 의식이라는 제6식의 작용이 있어야 비로소 가능하다. 또한 생각하는 것은 개인의 관점과 경험과 환경과 조건에 따라서 천차만별이다. 인간의 자유의지가 중요한 인식의 방법이다. 이것을 제7식 또는 말나식末那識이라고 한다. '말나' 란 사량思量 또는 분석이라는 의미이다. 마지막으로 제8식은 아뢰야식阿賴耶識이다. 아뢰야란 숨

11 유식론 또는 유식학*vijnaptimtra*이나 연기론*paticcasamuppada* 등은 불교철학에서 마음의 작용과 실체를 설명하는 기초사상이다. 때문에 종교적 관점에서 자세히 논의하기에는 여러 가지로 한계가 있다. 따라서 여기서 설명한 것은 동양사상에서 오래 전부터 정신적 인과관계를 설명하는 이론과 사상이 체계적으로 발달되고 있다는 정도의 수준으로 지적한 것이다. 실제로 서양 중심의 정신적 인과관계와 동양의 유식론과 연기론 등에서 본 정신적 인과관계의 비교연구는 그 자체로서도 대단히 중요하고 힘든 과제이다.

12 그 하나의 구체적 예로서, 바람에 의하여 깃발이 펄럭이는 물리적 세계의 인과관계를 바람과 깃발과의 원인-결과가 아니라 그것을 인식하고 이해하는 인간의 마음의 작용 때문이다. 따라서 바람과 깃발이 움직이는 물리세계라고 할지라도 마음이 움직이는 정신세계가 우선적이라고 하는 일화(不是風動, 不是幡動, 仁者心動) (『六祖壇經』, 「悟法傳衣」 1)를 들 수 있다.

기고 저장한다는 의미이기 때문이 이것을 장식藏識이라고도 한다. 인간의 자유의지는 후천적으로 경험하고 교육받은 것에 따라서 결정될 수도 있지만 선천적으로 다양한 특성과 자질에 따라서 다양하다고 본 것이다(고목, 2006: 79-95).

유식론에 의한 인식작용의 설명은 궁극적으로 깨달음의 수준으로 나아가는 방법과 길을 제시하고 있지만 유식론에서 정책의 정신적 인과관계의 실천기준을 이끌어 내려면 유식唯識의 작용과정이 연계되는 연기사상을 이해해야 한다. 왜냐하면, 연기사상의 근원을 이해하기 위해서는 유식론을 간단하게나마 설명해야 하기 때문이다.

연기론緣起論은 인간의 허망한 망상의 인식이 계속적으로 작용하고 있는 것을 다음과 같이 설명하고 있다; 우리가 인식하는 주관적이거나 객관적 사물의 정립은 망상이고 이것은 무명無明, 즉 밝게 알지 못하는 것이라고 보았다. 무명의 작용에 의해서 인간은 현상의 사물을 객관적으로 존재하는 것으로 인식한다. 동시에 선악善惡과 정의, 미추美醜 등의 가치판단을 하게 되고, 어디에, 무엇으로 활용될 것인가 하는 실천 또는 수단적 세계로 인식하게 된다. 이것은 앞서도 지적했듯이, 분별과 사량심思量心에 의한 망상된 생각이고 결론이라는 것이다. 그렇기 때문에 무명은 시작도 없고 종결도 없는無始無終 것이지만 모든 인연의 원인작용을 한다.

이와 같은 무명의 작용에 의한 생각이나 분별과 판단 등은 연기사상의 시작이다. 연기는 인연생기因緣生起로서, 모든 현상이나 사물은 인연과 결과가 상호간에 의존하는 관계이다. 앞서 무명에 의한 망상과 허망한 인식도 원인에 의한 결과이다. 이것을 발생시키는 근본 원천인 무명을 제거하고 단절시켜야 이에 따라서 계속적으로 발생되는 인과관계의 작용을 종식시키고 밝은 세계로 나아 갈 수 있다는 것이다.

그러나 정책의 정신적 인과관계에서 볼 때 더욱 중요한 것은 무명을 시작으로 하는 현상세계의 인과관계를 열 두 가지의 원인과 결과로 설명한 12연기설十二緣起說이다. 이에 따르면, "이것이 존재하기 때문에 저것이 존재한다. 그래서 무명, 즉 지금까지 과거에 지은 모든 망상과 허망 등이 원인이 되어 行, 즉 업karma이 생성된다. 무명의 원인은 생사의 윤회를 반복하면서 쌓아 온 번뇌와 망상과 허망 등이다. 이것이 원인이 되어 무명이 존재하게 되고 다시 이것이 원인이 되어 다양한 결과들이 연쇄적으로 인과관계를 맺게 된다.

그래서 이제 사고와 행동이 원인이 되어 식識인 마음의 인식작용이라는 결과가 생긴다. 이와 같은 식이 원인이 되어 名色인 다양한 모양과 형상에 관한 해석과 이론이 발생되고, 이것이 원인이 되어 안 · 이 · 비 · 설 · 신 · 의眼耳鼻舌身意라고 하는 여섯 가지의 감각기관들이 형성된다. 이와 같은 감각기관의 작용에 의하여 촉觸인 객관과 주관의 인식주체의 활동이 형성된다. 여기에 따라서 受(촉의 작용에 의한 인식활동을 6식이 수용하는 것)가 발생되고, 이것이 원인이 되어 愛인 마음에 집착함이 생긴다. 다시 이에 따라서 애착하는 대상을 갈구하는 취取가 생기고, 취에 따라서 발생되는 온갖 업이 있게 되는 有가 생성된다. 이것에 따라서 다양한 유형의 생명을 받게 되는 生이 있고, 태어 났으니 늙으면서 죽고老死, 근심과 고통과 슬픔憂悲苦惱 등이 필연적으로 나타난다. 따라서 이와 같은 인연생기의 근원인 無明을 소멸하면 이에 따라서 연쇄적 인과관계로 연기되는 행行, 식識과 名色, 六入, 촉觸, 수受, 애愛, 취取, 有, 生, 老死 등이 연계하여 연쇄적으로 없어 진다고 설명하고 있다.[13]

13 원래 12연기설은 불교의 『雜阿含經』 '圈 12' 에서 잘 설명되고 있다. 그러나 12연기가 없어지는(滅) 것까지도 지적한 『妙法蓮華經』의 내용(廣說十二因緣法 無明緣行 行緣識 識緣名色 名色緣六入 六入緣觸 觸緣受 受緣愛 愛緣取 取緣有 有緣生 生緣老死憂悲苦惱, 無明滅則行滅 行滅則識滅 識滅則名色滅 名色滅則六入滅 六入滅則觸滅 觸滅則受滅 受滅則愛滅 愛滅則取滅 取滅則有滅 有滅則生滅 生滅則老死憂悲苦惱滅) (『妙法蓮華經』 권3, 「化城喩品」 제7)이 보다 구체적이다.

그러나 정책의 정신적 인과관계에서 본다면 연기설은 존재론적 측면에서 경험적 세계를 인식하는 것이 중요하다고 강조한다. 연기설에서는 정신세계에서 반사실적 조건으로 취급하는 '만약 이것이 있으면 저것이 있고若有此卽有彼, 만약 저것이 발생하면 이것도 발생한다若生此卽生彼. 또는 만약 이것이 없으면 저것도 없으며若無此卽無彼, 만약 저것이 멸하면 이것도 멸한다若滅此卽滅彼' 라는 존재론적 생성의 인과관계를 설명할 수 있다.

이것이 연기의 네 가지 일반적 원리로서, '若有此卽有彼' 는 시간의 개념을 배제시킨 사건의 인과론적 관계만을 지적한 것으로, 원인은 결과보다 존재적으로 선행한다는 사실을 설명하는 것이다. 이에 따라서 '若生此卽生彼' 는 앞의 조건진술의 단순반복이 아니라 추상적 연기법칙을 구체적으로 진술한 것으로, 수동적인 인과의 존재법칙에서 생산성의 원칙으로 전환시키면서 인과관계를 존재의 영역에서 생성의 영역으로 발전시킨 필수불가결한 부가원리를 설명한 것이다. 그리고 '若無此卽無彼' 는 반사실적 조건문으로 인과의 결정론과 의존성의 법칙을 설명하여, 조건이 있지만 그 조건이 철저히 사라져 소멸하는 '없음無' 의 가능성을 제시한 인과이다. 그러면서 마지막으로 '若滅此卽滅彼' 는 앞의 '若無此卽無彼' 의 무조건적 가능성에 대한 수반적 인과관계의 강화를 설명하는 것이다(전재성, 1999: 80-97). 그래서 연기설에 의한 인과관계는 정신세계와 물리세계를 이원적으로 분리 · 고립시키는 것이 아니라 물리적 인과에 도덕적인 것을 수반하는 정신세계와 물리세계를 총체적으로 설명하는 것이 특징이다(전재성, 1999: 20-2).

3. 政策에서 精神的 因果關係의 定意

정책학은 인간의 존엄성과 본질에 관한 이성적이고 합리적 지식과 이론을 체계적으로 정립하고자 하는 목적을 가진 학문으로 발전되고 있다는 사실에도 불구하고 지금까지 대부분의 정책이론은, 특히 미국을 중심으로 하는 행태과학의 과학주의에 의한 실증적 이론과 지식 중심의 정책학은 정신적 인과관계를 연구하거나 언급하지 아니했다. 그래서 앞에서 소개한 심리철학과 유식론 및 연기론 등에서 발전된 정신적 인과관계를 참조하면서 정책에서의 정신적 인과관계를 먼저 정의하고자 한다. 그리고 이에 따라서 정책에서의 정신적 인과관계의 영역으로까지 정책이론은 확대 · 발전되어야 하면서 이것이 정책균형이론에의 실천기준으로 어떻게 작용할 것인가 하는 점 등을 설명하고자 한다.

정신적 인과관계는 정신적 특성과 작용이 신체적 행동과 어떻게 인과적으로 연계되는가 하는 것을 설명하는 것이다. 때문에 정신과 신체의 二元的인 관계를 전제로 하면서 정신작용이 물리세계의 인과에 미치는 영향을 설명하고자 한다. 그렇다면 이와 같은 정신적 인과관계가 실질적이고도 현실적으로 정책의 물리적 인과관계에 영향을 미치는가 하는 문제를 먼저 해결해야 정책의 정신적 인과관계를 정의할 수 있을 것이다.

정책은 본질적으로 의도적이고 목표지향적이다. 자연발생적인 정책은 없다. 정책을 결정하고 집행하는 일련의 일이나 사건은 정책이라는 수단적 가치를 동원하여 정책이 이상적으로 지향하는 목표나 가치를 완성시키기 위한 것이다. 즉 정책이 존재하게 되는 가장 중요한 근원은 정책사상에 의한 정책목표의 형성과 확인이다. 이에 따라서 연속적으로 정책과정이 진행된다. 정책인식과 목표에 의해서 정책수단을 준비하고 선택하며, 이것을 정책현장에서 집행하고, 집행된 정책의 결과나 효과, 성과 등이 발생되면서 정책의 성공을 진단하고 판단하게 된다. 그래서 단순하게 '정책은 철학哲學' 이라고까지 주장할 수 있다(김형렬, 2003: 1-20).

그렇다면 정책은 그 자체가 추구하는 이상과 비전 및 가치를 소유하고 있다. 이와 같은 정책의 이상과 비전 및 가치(이것을 단순하게 정책사상, 철학, 정신이라고 할 수 있다)를 실현하는 정책집행은 수단적 인과관계를 구성해야만 정책은 본질적으로 성공할 수 있다, 즉 성공적 정책이라고 그 결과를 평가할 수 있게 된다. 이때 정책의 정신은 정책의 결정과정과 결과에 영향을 미치게 된다. 이것을 실현하는 것은 물리적이든 非물리적이든 정책이라는 수단을 통한 원인이 된 결과를 발생시키게 되고 이에 따라서 구체적 정책의 인과관계를 과학적으로 검증할 수 있다.

때문에 정책의 정신은 정책의 인과관계에 실질적으로 영향을 미친다. 그러나 이와 같은 영향의 인과관계를 물리적으로 검증할 수 없다는 주장은 과학주의에 의한 인과관계의 논의이다. 그래서 정책정신의 정책목표에의 인과관계를 非과학적이고 신화myth이며 허구fiction이고 환상illusion에 불과한 미신superstition이라고 주장한다면 이것은 물리주의에 의한 인과관계의 폐쇄성의 원칙만을 강조하는 것이다(양은석, 2002: 127-48).

따라서 정책의 의도, 목표, 정의, 철학 등이 정책의 실천적 행위에 의한 정책결과에 인과적 효력이나 영향력을 행사한다는 전제를 충족시킨다면 정책의 정신적 인과관계를 다음과 같이 정의해 볼 수 있다; 정책결정은 본질적으로 정신적 사건mental events이고 일affairs이다. 정신적 사건의 결과인 구체적 정책을 집행하고 실천하여 발생되는 정책결과를 정책 그 자체를 독립변수로 하는 인과관계로만 설명해서는 정책의 본질적 속성인 정책의 정신, 즉 철학을 이해할 수 없다. 따라서 본질적으로 정신적 사건이고 일인 정책은 정책의 원인과 결과와의 정신적 인과관계를 논리적으로 설명하는 것이라고 할 수 있다.[14] 이와 같이 정의한 정책의 정신적 인과관계를 〈그림 4-2〉과 같이 구성해 볼 수 있다.

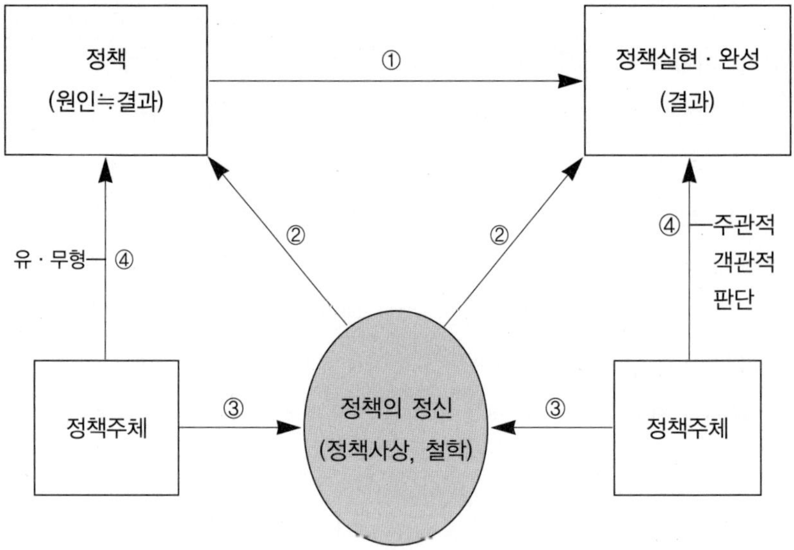

범례 :
① 물(物) · 物 인과관계(물리적 인과)
② 心 · 物 인과관계(정신적 인과)
③ 心 · 心 인과관계(정신적 인과)
④ 心 · 物 또는 心 · 心 인과관계(정신적 인과)

〈그림 4-2〉 정책의 정신적 인과관계

14 이와 같은 정책의 정신적 인과관계의 정의定意는 아직까지 초보적 수준이다. 지금까지 정책이론에서 정신적 인과문제를 논의한 연구가 거의 없는 실정에서 필자가 시도한 조작적 수준의 정의는 앞으로 여타의 많은 연구가 진행되면서 수정되거나 보다 세련될 수 있을 것이다.

위의 그림에서 보여준 정책의 인과관계를 크게 네 부분으로 나누어 볼 수 있다. 먼저 정책 그 자체가 원인으로 정책의 실현을 통한 정책의 결과를 발생시킨, 전통적 의미의 인과관계인 물질 대 물질의 物·物 인과관계이다(〈그림 4-2〉에서 ①). 이것을 중심축으로 정책을 평가하고 설명하는 것이 과학적 인과이론이다. 이것은 사실 존재론fact ontology에 의한 사건 인과로서 사건 대對 사건 또는 일affairs 대 일의 인과관계로 설명되고 있다. 수단이나 도구로서 정책이 원인이 되고 이에 따라서 정책의 결과가 발생되는 인과관계라고 할 수 있다(Mellor, 1995: 79-85).

그러나 두 번째 부분은 정책의 정신(정책사상과 철학)을 원인으로 하여 정책이 결정되고 형성되는 것, 즉 정책 그 자체가 이제 결과가 되거나 원인이 되면서 정책의 실현이나 결과를 발생시키는 정신 對 물질의 심·물心·物인과관계이다(〈그림 4-2〉에서 ②). 이것은 정책을 결정하는 정책주체가 행위자이면서 이들이 주장하고 의도하거나 목표하는 정책의 정책철학이라는 유형으로 결정되거나, 아니면 정책의 실현과정에 끊임없이 작용하여 정책의 결과를 실천하는 원인으로 작용하는, 소위 행위자-의도 관계로서의 인과관계라고 할 수 있다(이좌용, 2006: 173).

이때 행위자인 정책결정자나 정책주체의 정신인 정책사상이나 철학이 물리적이어야 한다는 주장은 더 이상 의미가 없다. 단 정책주체의 정신이 주관적이라는 독특한 심성心性의 작용을 어떻게 설명할 것인가 하는 것이 핵심이다. 이와 같은 심성작용의 인과관계를 전통적 인과관계가 주장하는 법칙과 요건에 합치되어야 한다고 주장한다면 이것도 본질적으로 정신적 인과관계를 부정하는 것으로서 더 이상 논의의 여지가 없다. 그러나 정책주체의 정신적 작용과 속성에 의한 정책의 결정과 실현 등을 어떻게 인과관계로 논의하고 설명할 것인가 하는 것이 정책의 정신적 인과관계의 주요 과제이다.

세 번째는 정책주체와 정책의 정신과의 心·心 인과관계이다(〈그림 4-2〉에서 ③). 정책 그 자체가 독립변수로 작용하여 정책실현이라는 결과를 발생시키는 것을 물리세계의 인과법칙으로 경험할 수 있고 판단할 수 있다. 그러나 이때 정책을 창안하고 제안하고 결정하고 집행하고 수정하면서 정책의 목적과 의도와 사상을 실현하는 주체가 있다. 이것이 정책주체policy stakeholder이다. 정책은 하늘에서 떨어지거나 땅에서 솟아나는 것이 아니다. 정책주체의 창의적이고 문제해결적 인식작용과 노력에 의해서 정책은 창조되고 주조되는 것이다. 정책을 만드는 사람, 조직, 집단 등등의 정신적 작용의 결과산물이 정책이다. 이와 같은 정책이 때로는 유형적인 모습을 가질 수도 있고, 무형적 산물로서 인간의 심리상태의 변화와 변동을 유발하거나 고착시키는 목적을 수행할 수도 있다.

그래서 정책주체는 정책인식의 주인공이다. 정책의 정신, 즉 정책 이상과 의도, 목표, 철학 등을 생성하고 생산한다. 이것이 위에서 지적한 구체적 정책을 산출하는 정책의 정신이다. 이때 정책주체와 정책정신은 상당히 순수한 의미의 정신적 인과관계이다. '상당히 순수하다'는 의미는 물리적 세계가 아닌 정신적 세계에서 정책의 인과작용이 지배적이라는 의미이다.

네 번째는 정책주체와 정책 그 자체나 또는 정책의 결과와의 心·物 또는 心·心 인과관계이다(〈그림 4-2〉에서 ④). 정책주체는 心·心 인과관계의 중심체이지만 그러나 정책의 인과관계는 계속적 진행과정에서 발생되는 정책에 의한 원인과 그 결과와의 관계이다. 때문에 정책주체는 정책 그 자체를 현실적이면서 유형적으로 구체화시켜야 한다. 동시에 정책주체는 정책의 실현결과를 항상 평가하고 환류받으면서 정책을 수정하거나 변동시킬 수 있다. 따라서 정책주체는 정책을 형성하면서도 계속된 정책의 결과에 대한 주관적이거나 객관적인 판단을 하게 된다.

때문에 정책주체는 본질적으로 정신적 인과관계의 원인이 되지만 정책이나 정책결과는 물질적 속성을 가진 물리세계의 사건이나 일이 될 수 있다. 이것이 정책의 물리적 결과산물이다. 이때는 정책주체의 정신세계와 정책이나 결과라는 물리세계와의 心·物 인과관계가 형성된다. 그러나 정신적이고 무형적無形的 정책이나 또는 심리적 만족이나 행복, 삶의 질, 인간의 성숙, 인간의 존엄, 자긍심, 사랑, 복지, 민주주의 등과 같은 非유형적이면서도 정신적이고 철학적 사변의 범주에 해당되는 정책이나 그 결과는 정신세계의 속성을 가지고 있다. 이때에는 정책주체의 정신과의 心·心 인과관계를 형성하게 된다.

4. 政策均衡의 實踐基準으로서의 必要性

정책결정은 본질적으로 인간의 정신적 작용의 결과산물이라는 사실을 이해한다면, 이제 정신작용에 의한 정책이 물리세계의 정책과 어떻게 연결되고 영향을 미치고 있는가 하는 점을 근원적으로 고민하지 아니할 수 없다. 또한 정책의 정신적 사건과 일들이 정책행위와 결정에 인과적 영향이 있다는 상식적 믿음과 지식을 인정한다면, 정책에서 인간의 자유의지와 자율성 및 존재의 가치를 설명하지 아니할 수 없을 것이다.

그래서 정책주체의 인과적 책임성과 도덕성을 물리적 인과만으로 설명할 수 없다. 때문에 정책의 정의와 윤리, 가치판단 등을 정신적 인과관계로 설명할 수 있어야 한다. 이와 같은 전제를 제시하면서 정책균형의 실천기준으로서 정책의 정신적 인과관계의 필요성을 다음과 같이 지적할 수 있다.

첫째, 일반적으로 정책의 인과관계 지식이란 경험적 검증을 거친 제한된 범위에서 과학적 지식을 추구하는 것이었다. 그래서 이와 같은 인과관계를 검증하기 위한 정책모형을 개발하고 이것을 적용하여 정책지식을 축적하고 있다. 물론 과학적 방법이 아닌 담론談論이나 논쟁, 논리적 추론推論 등에 의한 정책이론도 크게 발달하고 있다.

그러나 정책지식을 찾기 위한 인과모형이 물리적 범위에 한정되면 정책이라는 정책주체의 창조적 기능이나 활동 등을 설명하기 어려워진다. 이것을 지금까지 익숙하게 발달된 물리주의에 의한 정책의 인과모형으로 설명하는 것도 대단히 중요하고 힘든 일이었다. 그렇다고 이와 같은 정책지식을 창출하는 과학적 경험방법이 정책학에서 맞지 않거나 또는 非실용적이거나 학술적 가치가 없다는 비판(Flyvbjerg, 2001: 166-8)을 수용하는 것은 아니다.

그러나 물리주의에 의한 정책의 인과이론의 한계나 문제점 등을 외면하거나 무시해서는(MacRae, Jr. 1985: 81-92) 인간중심의 정책이론에 의한 정책균형이론을 이해하기 어려워진다. 예를 들면, 정책의 물리적 인과관계의 실증實證은 가능하지만, 동태적 시간의 변화에 의한 원인과 결과와의 변화과정을 어떻게 인식하고 관찰할 것인가, 그리고 정책결정이나 정책의 실행현장에서 정책의 물리적 인과관계를 과연 인간이 완벽하게 조작하거나 통제할 수 있을 것인가, 아니면 단지 제3자의 입장에서 관찰하고 인식할 뿐인가, 아니면 정책의 목적과 의도를 제외할 것인가, 아니면 정책결정자나 집행자 또는 정책주체들의 마음의 작용인가 하는 등등의 문제에 정책지식은 대답할 수 없을 것이다.

때문에 정책의 정신적 인과관계를 〈그림 4-2〉에서 본, ②, ③, ④와 같은 心·物 또는 心·心의 인과관계로 이론적으로 설명하고 체계화하는 일이 중요하다. 즉 정책주체의 정신, 정책의 정신적 작용을 물리적 속성으로 환원시킬 수 있을 것인가, 가능하다면 심리철학에서 주장하는 환원방법을 정책은 원용할 수 있을 것이다. 그러나 환원이 불가능하다면 정책의 정신적 속성을 부정하기보다 정책의 정신과 정책의 물리적 속성을 二元的으로 구분하면서 독자적으로 정신적 인과관계의 이론을 정립할 수 있어야 할 것이다.

그러나 물질과 정신의 이분법적 구분이 아니라 연기론에 의한, 물리적 존재와 정신적 인식의 인과를 총합總合하는 차원에서 정책의 정신적 인과관계를 설명할 수도 있다. 정책의 정신과 정책의 물질 사이를 구분하는 인과관계도 개체적個體的으로 필요하지만 사건이나 일로서 정책의 존재는 정책주체의 정신 속성에 의한 정책의 인식이 시간적 선후관계 뿐만 아니라 동시적 수반관계로서 계속적으로 진행되고 있다. 이와 같은 의미에서 인간의 정신체계를 구체적 8단계로 자세히 분석하고 각각의 정신작용이 물리세계와 연결되는 양태를 설명한 유식사상이 정신적 인과의 필요성을 이제 가능성의 차원으로 끌어 올릴 수 있을 것이다.

정책균형에서 보면, 정신적 인과관계는 정책주체의 정신작용에 의한 정책의 의도나 목표, 동기와 철학이 정책현실로 구체화 되는 정책결과와의 관계이다. 물리적으로 형상화 되고 경험되는 정책세계에서의 비용과 효과, 주체와 객체, 목표와 수단 등이 균형되는 것도 중요하지만 정책의 정신세계에서 정책주체가 결정하고 선택한 정책, 이와 같은 정책에 의한 정책의 실현결과의 도덕적 판단, 윤리적 정당성, 정의 등과의 정책균형도 중요하다. 그래서 정책주체의 균형감각을 중용中庸의 덕을 갖춘 수신修身의 세계에서 마음의 평정으로 설명하는 이유가 바로 정책의 정신적 인과관계를 강조한 것이다.

둘째, 다차원적인 정책지식을 축적하고 확대하기 위해서도 정책의 정신적 인과관계가 필요할 것이다.

정책이론의 물리적 인과관계에서도 다양한 변수의 多변량을 가정假定하고 측정하는 다차원 인과관계 이론과 측정방법이 발달하고 있다(남궁근, 1993: 39-55; Scheines, 2002: 158-80). 이와 같은 다양한 변수를 측정하는 것은 정책의 다차원성을 이해하고자 하는 것이다. 정책의 결정과정과 공간을 시공時空에서 설명할 수 있고, 정책주체를 결정자와 분석가 중심이 아닌 정책대상자와의 정책공유로 설명하거나, 정책목표와 수단이 이분법적인 원인-결과 또는 수단-목표가 아니라 정책존재와 정책인식의 인과관계로 설명하는 것, 그리고 정책의 비용과 혜택을 단순 비교형량(비용-편익분석 등)할 것이 아니라 비용과 혜택의 非화폐적이고 非계량적 가치를 정책균형의 패러다임에서 논의하는 것 등과 같은 정책의 정신적 인과관계를 설명할 수 있는 이론과 방법론이 필요할 것이다. 때문에 정책균형은 물리적 세계에서의 균형 뿐만 아니라 정신세계에서의 정책가치와 정의의 균형도 필요하다.

예를 들면, 정책과 패션 쇼fashion show를 비교하여 볼 수 있다. 물리적 욕망과 욕구에의 만족과 충족감을 가장 강하게 표현하는 패션 쇼는 show-girl이나 show-man을 통한 패션 디자이너들의 패션에 대한 가치와 철학을 발표하게 된다. 이때 패션 쇼에서 디자이너가 만든 옷이나 기타 장신구 등을 착용하고 등장하는 사람은 단지 자신의 의지와 철학이 아닌 디자이너의 것을 물리적으로 표현하는 것이다. 그러나 단순 관람객은 물리적 형상을 판단할 수도 있지만, 이것을 전문적으로 판단하고 평가하는 사람은 무대 뒤의 디자이너의 의상철학과 의도, 목표 등에 초점을 두고 있다. 그래서 패션 쇼의 show-girl을 수단이나 도구로 하면서 이것과 패션 결과와의 물리적 인과관계만을 이해하고 설명해서는 패션 디자이너의 가치와 판단 등과 같은 정신적 속성을 정확하게 구체적으로 이해하기 어렵다. 이때 패션의 정신적 인과관계인 패션 디자이너와 패션 결과와의 관계 또는 패션 디자이너와 패션 show-girl과의 관계 등의 心·物 또는 心·心의 인과관계를 설명하는 것도 중요하다.

또한 바둑이나 장기를 예로 들 수 있다. 바둑판에 표현되고 결정되는 착수나 집수는 기사棋士의 정신작용의 결과이다. 이것에 따라서 승패가 결정된다. 그러나 이것은 단순히 바둑판의 집수와 승패와의 물리적 인과관계만이 아니라는 지적(Menzies, 2003: 195) 등을 정책에 응용해 볼 수 있다.

이와 같이 정책에서도 정책주체가 정책 디자이너이고 창안자이며 바둑기사와 같다. 그들에 의하여 결정된 정책은 무대에 등장하는 show-girl이나 바둑판의 착수와 같다. 즉 수단적이고 도구적인 성격이 강하다. 정책을 이용한 정책결과를 실현하는 것은 정책주체의 정책의지와 목표, 철학을 실현하는 것이다. 이때 정책과 그 실현결과와의 物·物 인과관계는 정책의 물리적 속성을 설명할 뿐 정책의 정신적 속성을 설명하는 것이 아니다. 물론 정책정신이 정책으로 완벽하게 전환되거나 환원될 수 있다는 가정을 참true이라고 한다면 문제는 간단하다. 그러나 환원될 수 없는 정신적 속성이 존재한다면 이것을 설명할 수 없는 정책의 물리적 인과관계는 정책이론의 절반이론half-theory[15] 수준일 것이다.

절반이론이라면 정책학은 학문적으로나 실천적으로 불균형이다. 정책가치를 설명할 수 있는 정책의 정신적 인과관계도 설명할 수 있어야 정책학은 인간존재의 가치를 실현하고자 하는 본질에 보다 충실해 질 수 있을 것이다.

셋째, 동양사상에 의한 정책의 정신적 인과관계를 좀 더 정밀하면서도

15 그렇다고 정책이론에서 정신적 인과관계를 논의하는 것을 절반이론이 아닌 완전한 이론이라고 하는 주장은 아니다. 절반이론half theory이란 과학적으로 정립된 용어라기 보다는 일상적 의미에서, 모든 것을 다 알고 이해하는 것이 아닌 어느 한 부분만을 이해하는 한에서 성립된 이론이라는 의미이다. 그래서 심지어 John Keynes(1883-1946) 자신도 경제현상의 절반정도만 이해했지만 그가 이해하지 못한 부분을 애써 무시했다는 지적(Marris, 1999: 24-9)도 음미해 볼 만하다. 그러나 *Progress Report*의 수석편집장인 Fred Foldvary는 절반이론이지만 현실생활에는 충분하다고 한 것(www.progress.org/2004/fold362.htm, 검색일: 2007년 8월 15일)도 일리가 있다.

구체적으로 설명할 필요성이 크다. 지금까지의 인과론은 서양 중심의 물리주의 법칙하에서 정신작용의 물리적 가능성이나 또는 정신 그 자체의 중요성 등을 강조하는 정도의 수준으로서, 동양사상이 발달시킨 유식론이나 연기론 또는 '기' 사상 등과 같이 정신세계를 치밀하게 분석한 이론과는 거리가 멀다.

현재의 인간세계는 물리적 형상과 행위를 중심으로 하는 色 또는 경계境界의 세계이다. 색은 고정된 실체가 있는 것이 아니라 변화와 변동을 거듭하는 것이 특징이다. 동시에 색의 중심에는 인간의 욕구와 욕망이 지배하고 있는 욕欲의 세계이기도 하다. 이것은 물리주의가 지배하는 세계로서 '물리적인 것이 아님은 아무것도 없다everything is a physical entity' 라는 주장을 하게 된다.

반면에 인간세계는 인간들의 정신적 속성과 작용에 따라서 물리세계의 색과 욕을 주체적으로 형성하고 변화시킬 수 있는 세계(이것을 '無色界' 라고 한다)이기도 하다. 이때에는 '마음 이외에는 한 물건도 없다心外無一物' 라는 주장도 가능하게 된다. 즉 정신세계가 물리세계를 지배한다는 주장을 하게 된다.

앞서의 내용은 서양 중심의 물리주의의 원칙이다. 뒤의 정신세계의 주장은 동양의 정신철학, 특히 유식론 등의 핵심적 원칙이다. 이와 같은 논쟁의 중간에서 정책학은 이제까지 20세기에 승리한 물리주의의 인과이론에 따라서 정책이론과 방법론을 형성해 왔다. 그러나 반세기 정도의 물리적 과학주의에 의한 정책이론의 발달에 힘입어 또한 동양의 정신철학들이 주장하는 정신세계의 원칙들이, 단지 신학이나 종교학에서 주장하는 지혜나 깨달음의 세계가 아니라 정신적 활동의 결과인 정책에서도 정책의 인과관계를 물리적으로 뿐만 아니라 정신적으로도 설명할 수 있는 지식체계를 제공할 수 있을 것이다.

이와 같은 정신적 지식체계를 정책이론이 원용하고 차용하면서 정책학은 서양 중심의 물리법칙만이 아니라 동양의 정신지식의 이론으로까지 발달될 가능성이 있다. 특히 정책주체의 정책정신에 의한 정책의 다양한 心·物 또는 心·心 인과관계를 정신의 체계적 작용과 체體를 설명하는 유식론에 따라서 정책이론에서 (뿐만 아니라 심리철학에서도) 정신과 사물의 인과적 연기를 설명할 필요가 있을 것이다. 왜냐하면, 인간세계는 물리주의만으로 설명될 수 없는 정신적 작용의 세계이기도 하다.

특히 사회과학에서의 인과법칙은 물리주의에 의한, 오직 물리적 결과에는 물리적 원인만이 존재한다는 폐쇄성이 아니라, 인과因果는 정신과 물질이 다차원적이고 다양하다는 사실을 이해한다면(Gerring, 2003)[16] 정신적 인과관계의 정책이론이 발달될 수 있을 것이다. 그래서 인과관계의 실증적 검증도 중요하지만 정책의 인과관계를 가치판단적으로 설명하는 정책이론도 필요하다는 점(Starling, 1985: 207-19)을 강조할 수 있다.

이와 같이 서양의 과학주의 중심의 물리적 인과이론과 동양의 유식사상 중심의 정신적 인과이론이 정책학에서 동시에 설명되면서 정책학의 학문적 발달을 유지한다면 정책학은 균형된 학문으로 발달할 수 있을 것이다. 즉 정책학 본래의 존재가치인 인간의 존엄성과 인간존재의 실현이라는 목적을 보다 충실히 달성할 수 있을 것이다.

넷째, 정책의 인과관계를 물리적 법칙으로 설명하고 기술해서는 정책 그 자체나 정책주체의 사회적 책임성이나 도덕성 등을 논의하기 어렵다. 정책의 책임성과 도덕성은 정책의 균형감각의 중심 변수이다. 이것을 설명할 수 있는 정책에서의 정신적 인과관계의 논의와 패러다임이 필요하다.

16 John Gerring(2003)은 인과관계 논쟁에서 설명해야 할 기준으로 물리적 원칙 뿐만 아니라 인과관계의 전제가 작용하는 세계에 대한 지식coherence and correspondence, 인과메카니즘의 설명explanation of causal mechanism, 이해의 명료성intelligibility, 적절성relevance, 혁신innovation, 비교comparison 등을 제시했다.

정신적 인과관계에서도 인과의 책임성을 강조하는 주장들에 주목할 필요가 있다. 예를 들면, 특히 법학이나 의학 분야에서는 인과의 물리적 조건만이 아닌 인과에 대한 법적이고 도덕적이며 사실적 책임성을 중요한 법칙으로 설명하고 있다.[17] 그러나 일반적으로 사회과학에서도 인과의 책임성을 중요한 인과법칙으로 정립하고자 하는 연구들에 의하면, 사회현상에 대한 인과적 설명이나 검증에는 도덕적이고 윤리적 정당성에 대한 책임성이 원인변수에 당연히 포함된다고 주장한다. 그래서 인과법칙을 설명하기 위한 변수의 선택 그 자체는 도덕적 판단이다. 개인의 신념과 가치와 판단과 선택에 의한 인과는 이제 도덕적이고 윤리적이며 사회적 정당성을 가질 수 있어야 한다. 즉 사회적 인과의 효력을 설명할 수 있어야 한다는 주장이다(MacIver, 1973: 73-95; Little, 2001).

현실적으로 물리적 인과와 정신적 인과를 동시에 설명하기 어려운 한계가 있지만 이와 같은 어려움을 극복할 하나의 방법으로 물리적 인과론과 인간의 도덕적 책임성을 양립시킬 수 있는 건설적이고 확장된 인과이론 등을 주장하기도 한다(Clayton, 2004: 615-46). 또한 물리적 인과와 정신적 인과를 분리하여 고립시켜 취급할 것이 아니라 정신과 물리 인과를 총체적으로 설명할 수 있는 연기론에 의한 인과관계 이론도 있다(전재성, 1999: 22). 이와 같이 인과관계에서 책임성을 설명할 수 있는 정신적 인과론의 중요성을 제기하고 있다.

따라서 정책주체의 도덕성이나 윤리적 책임 등을 정책의 사상이나 철학 등 형이상학적으로 담론하는 수준을 벗어나서 정책현장에서 정책주체의 정신적 인과관계의 책임자(기관)로서 결정하고 집행하는 책임성을

17 사실 인과관계는 법학에서는 대단히 중요한 연구주제가 되고 있다. 그리고 의학에서도 의료행위와 환자와의 사실적이고 법적이며 윤리적 측면 등에 관하여 다양한 인과이론이 발달하고 있다. 그러나 이와 같은 분야의 연구들을 법과 정책이나 의료정책 등에 원용할 가능성 등을 여기서 설명하기에 한계가 있다.

인과적으로 설명하고 기술할 수 있어야 할 것이다. 그러면 정책현장에서의 정책의 책임성을 보다 확실하게 확보할 수 있을 것이다.

다섯째, 정책현장에서 정책의 물리적 현상과 정신적 현상을 균형적으로 인지認知할 수 있는 정책주체의 균형능력이 정책이론에도 중요하다. 따라서 이와 같은 균형능력을 설명할 수 있는 정책의 정신적 인과관계가 정책균형이론에서 필요하다.

하나의 정책사례를 들면, 性의 불법적 매매현상이라는 사회적 문제를 해결하기 위해서 성매매특별법이 시행된 이후의 정책의 파급효과를 인과지도로 분석한 연구이다. 몇 개의 독립변수와 종속변수간의 단선적 인과관계 분석이 아니라 성매매에 관련된 인과관계 시스템의 역동적 현상을 이해하기 위한 전체적인 인과순환 지도 또는 모형과 환류상태를 설명하고자 한 연구(정석환 · 주영종, 2005: 219-36)[18]는 성매매특별법에 의한 정책이라는 체제의 동태적 성격을 물리적 인과법칙으로 설명하고자 했다. 이것은 물리세계에서의 정책과 정책의 효과 및 결과와의 판단과 비교분석이다.

여기에 더하여 정책주체의 정책정신인 사회적 정의의 실현, 양성兩性 평등권의 실현, 성매매에 의한 범죄사회와의 연계에 따른 사회불안 등과 같은 정책정신이 어떻게 인과지도에서 설명될 수 있을 것인가 하는 점도 논의되어야 할 것이다. 동시에 성매매 현장에서 성매매특별법이 규정한 법의 집행과 정의의 실천, 집행담당자나 집행기관의 인간적 가치와 규범의 판단, 구체적이고 개별적 성매매사건에서의 인과와 성매매라는 사회적 일탈행위에 대한 통제와 인간의 자유와 행복추구 권리와의 갈등현상에 대한 정신적 인과관계, 사회경제적 고용시장의 왜곡현상, 성매매 당사

18 여기서 例를 든 사례는 과학적 인과관계에 가장 충실하면서도 전체적인 인과순환 구도(위의 사례연구 논문저자들의 연구목적)를 제시하고자 하는 연구라서 무작위로 인용한 것이다.

자들의 이성적 판단과 감성적 판단과의 갈등, 사회적 악의 해방구로서 성매매시장의 순기능과 역기능, 매춘의 역사와 인간의 심리철학, 자유로운 삶의 추구방식의 다양성에서 오는 성매매에 의한 개인적 효용의 문제, 그런 팔자는 어쩔 수 없다는, 소위 운명론(명리학적)적 담론, 음주와 기생문화라는 사회적이고 문화적 특징 등등과 같은 물리적 인과지도로는 설명할 수 없는 정신적이고 감성적이며 판단적 인과과제를 총체적으로 인식하고 개념화하여 성매매방지 정책의 인과관계를 검증하거나 설명할 수도 있어야 한다. 물론 이것을 정책현실이나 현장에서 판단하고 설명할 수 있는 균형감각이 필요하다.

5. 政策의 因果關係에 의한 政策均衡

정책의 존재는 정책주체의 정책사상과 철학에 의한 정책의 인식과 필요성 등을 정책목표의 형성과 확인 등으로 구체화시키는 과정에서 실현된다. 이에 따라서 연속적으로 물리세계에서의 정책과정이 진행된다. 정책인식과 목표에 의해서 정책수단을 준비하고 선택하며, 이것을 정책현장에서 집행하게 되고, 집행된 정책의 결과나 효과, 성과 등이 발생하면서 정책의 성과와의 균형화를 진단하고 판단하게 된다. 이와 같은 정책의 진행과정이 물리적 법칙에 의한 진화의 과정이나 진보 또는 변화의 과정만이 아니라 정책주체의 끊임없는 정책정신이 정책의 인과관계를 판단하고 평가하면서 정책의 성공을 관리하게 된다.

이때 두 가지의 길이 있다. 하나는 정책의 인식과 목표에 의한 정책효과나 혜택의 균형이 달성되었다고 평가된 경우에는 정책은 성공적으로 진행된 것이다. 정책성공에 따라서 정책을 계속할 것인지 아니면 새로운 정책으로 전환할 것인지 하는 등의 정책의 운명을 판단하게 된다. 그러나 두 번째는 정책의 성과 등이 불균형적이라고 평가된다면 이와 같은 불균형을 균형화시킬 새로운 정책수단을 결정하든지 아니면 기존의 정책을 수정하거나 변경하여 정책을 진행시키게 된다.

여기에도 또한 두 가지의 인과관계를 판단하고 실천할 수 있어야 한다. 정책성공이나 실패를 물리적 세계에 한정된 인과관계의 검증이라는 경험적 방법과 이론으로 판단할 수 있다. 동시에 정책주체의 정책정신의 실현과 정책의 정당성과 책임성, 도덕성, 정의 등을 물리적으로 판단할 수 없다. 때문에 원인과 결과의 兩 변수로서 정책정신이 작용하여 정책의 물리세계를 변화시키거나 또는 정책의 정신세계를 변동시킨 관계를 설명할 수 있어야 한다. 이와 같은 두 세계의 인과관계를 동시에 설명하고 판단할 수 있어야 정책성공이나 실패에 대한 정책균형을 결정할 수 있을 것이다. 이와 같은 정책의 인과관계에 의한 정책균형을 〈그림 4-3〉과 같이 구성해 볼 수 있다.

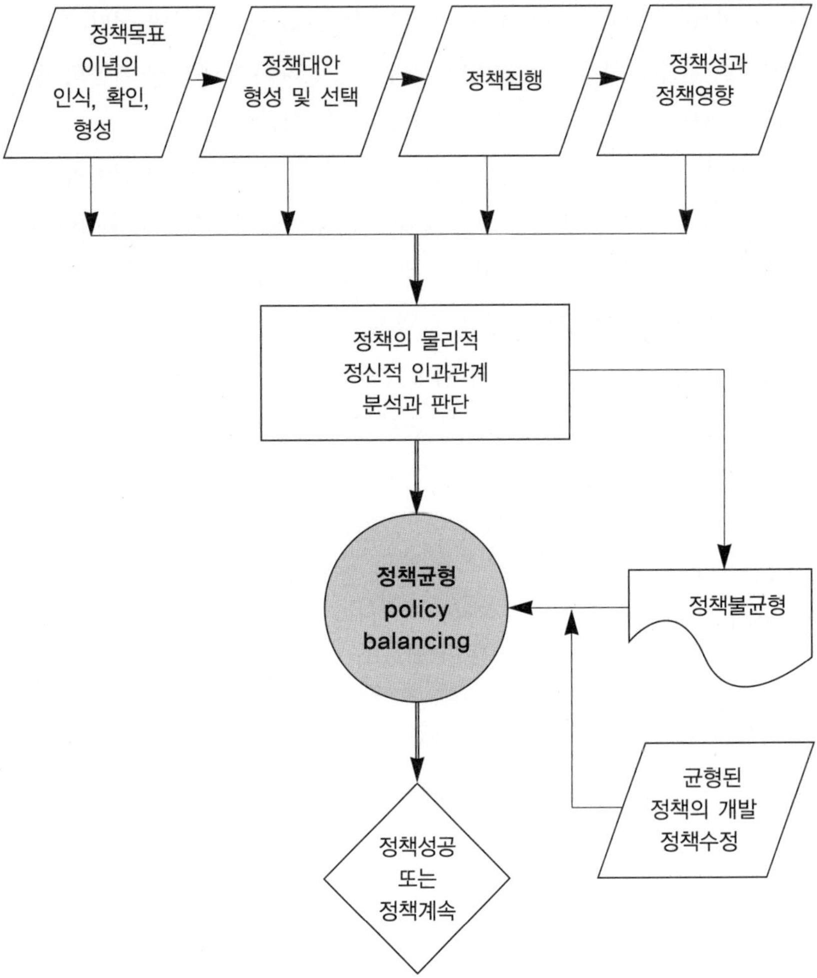

〈그림 4-3〉 정책의 인과관계에 의한 정책균형

〈그림 4-3〉은 연속적 정책의 진행과정의 내용과 크게 다르지 않다. 전통적 정책과정론도 정책의 진행단계를 시차時差 논리적으로 설명하고 있기 때문에 정책의 물리적 인과관계를 기초로 하고 있다. 그러나 정책의

각 진행단계를 인과관계로 설명할 수 있는 또 하나의 기초는 정책의 정신적 인과관계이다. 이것이 정책의 정신적 인과관계를 설명하는 주요 이유가 된다.

첫째, 정책의 과학적 인과관계는 정책이 시간적 선후에 의한 원인변수가 되면서 이에 따라서 정책결과가 발생되는 관계이다. 따라서 정책이 존재하면서 정책결과와 정책영향이 존재하게 된다. 또한 정책의 비용부담과 정책효용과의 인과관계도 객관적으로 검증하게 된다.

그러나 정신적 인과관계는 정책이 존재하기 때문에 정책결과도 필연적이지만 정책의 결과, 즉 정책목표가 있기 때문에 정책이 수단으로서 존재하게 되는, 특히 연기사상에 기초를 두고 있다. 연기사상도 시간에 의한 공간에서의 인과관계이다. 때문에 이것을 시절인연時節因緣(전재성, 1999: 97-114)으로서 시기적 적기에 따라서 필연적 공간에서의 인과관계의 발생이다.

때문에 정책도 정책목표와 수단이 별개로 존재하는 것이 아니라 상호간의 의존하여 존재하는 인과관계이다. 실제로 연기사상을 비유적으로 설명한 『雜阿含經』에서도 세 다발의 갈대를 빈 땅에 세우려고 할 때 상호간에 의지해야만 세울 수 있다고 했듯이,[19] 여러 가지의 인연과 결과가 독립적으로 존재하는 것이 아니라 각각 의존하여 어울리면서 자체의 동일성과 정체성을 확보한다고 했다(학담 편역, 2000: 275).

정책도 마찬가지로 정책의 인과관계의 다양한 요소들, 특히 정책의 목표와 수단, 정책의 비용과 효과, 정책의 결정주체와 대상자 등등이 상호간에 의존하여 존재하면서 각자의 존재의 가치와 정체성을 가지고 있다. 이와 같은 인과관계의 정신적 맥락에서 정책균형의 상호교섭의 기준을 정

19 『雜阿含經』 「卷12, 288」: 「蘆經」: "譬如三蘆立於空地 展轉相依 而得竪立 若去其一 二亦不立 若去其二 一亦不立 展轉相依 而得竪立..."

립할 수 있다. 따라서 정책의 정신적 인과관계는 정책 그 자체의 원인과 결과로서의 독립성과 개별적 작용을 경험사회에서 검증하여 제시하는 과학적 인과관계를 그대로 해석하고 설명하는 것이 아니다. 대신에 근원적으로 정책의 다양한 결과와 이에 필요한 정책비용 등과의 관계를 상호간에 의존적이고 교섭적으로 파악하면서 정책의 균형이론을 실천적으로 정립하고자 한다. 이것을 설명하기 위해서 정책의 정신적 인과관계가 기초이론이 되어야 한다는 것이다.

둘째, 정책의 정신적 인과관계는 정책의 연속성을 전제로 하면서 이것이 있기 때문에 저것이 존재하는 연기설에 의한 인연생기의 법칙을 중시한다. 위에서 지적한 연기의 네 가지 원칙들이(이것이 있기 때문에 저것이 이다(若有此卽有彼), 이것이 발생하면 저것이 발생한다(若生此卽生彼), 이것이 없으면 저것도 없다(若無此卽無彼), 이것이 없어지면 저것도 없어진다(若滅此卽滅彼) 현실의 정책세계에서는 상호간에 연계하여 작용하면서 정책의 물리적 인과관계가 정신적 인과관계와 상호작용하여 연계되는 것을 설명할 수 있다.

이때 물리적이고 정신적 인과관계가 상호간에 의존하여 존재하기 때문에 상호간의 실체를 인정하지 아니 할 수 없다. 즉 정책의 비용과 혜택이나 정책목표와 수단의 경우를 예로 들면, 정책비용에 의한 정책혜택이 존재하지 아니하면 정책은 성공하기 어렵다. 때문에 정책혜택을 발생하게 해야 하고 동시에 그 혜택이 공정하게 분배되어야 한다. 마찬가지로 정책목표만 존재하는 정책은 선언적 의미의 무용無用정책이 되기 쉽다. 정책은 수단으로서 정책목표를 실현해야 한다. 양자간에 불균형이 발생되면 이것을 균형화시킬 새로운 정책을 계속적으로 준비하고 형성해야 한다.

이것이 정책의 분배이다. 분배지만 시기와 조건에 따라서 공평하고도 정의正義로워야 한다. 즉 어느 측에도 정책에 의한, 정책을 위한 불평등과 불공정과 불평을 인내하면서 그들만의 희생을 강요할 수 없다. 그렇다면 정책은 저항을 받게 되고 실패하게 된다. 따라서 정책현실에서 정책균형을 달성하기 위해서는 정책의 인과관계는 분배되어야 하지만 공평하고도 정의롭게 분배되어야 한다. 이것이 다음에 자세히 설명하게 될 정책균형의 분배의 정의의 실천기준이다.

2절 分配의 正義

정책의 최종목표는 개인의 행복과 만족의 극대화이지만, 이것이 사회적이고 공익적으로 정의롭고 형평하게 분배되지 못한다면 각 개인의 인간존엄성은 실현될 수 없다. 따라서 개인간의 정책비용과 혜택이 불균형되어 있다면, 개인의 만족도와 감성과 판단과 취향에 따른 분배도 중요하지만, 동시에 사회적인 만족의 분배도 중요하게 연계될 수 있어야 한다(Alexander, 2000: 504-7; Keller, 2002: 529-32). 이것이 정책균형의 두 번째 실천기준인 분배의 정의distributive justice이다.[20]

20 'distributive justice'의 한국어 번역 용어는 통일되어 있지 못하다. 예를 들면, 연구자의 편의에 따라서 분배적 정의, 배분적 정의, 분배 또는 배분정의 등으로 다양하다. 마찬가지로 일본에서도 분배적 정의나 배분적 정의 등으로 번역되고 있다(http://ci.nii.ac.jp/search/servlet/Kensaku, 검색일: 2008년 2월 11일). 그러나 여기서는 'distributive justice'를 '분배의 정의'로 통일하여 사용하고자 한다. 또한 정의justice와 공평성 또는 공정성fairness을 같은 의미로 사용하여 분배공정성(서용원, 2002: 114; 고종욱 · 서상혁, 2003: 118; 이용규 · 정석환, 2007: 10.)으로 번역하여 사용하고 있기도 하다. 물론 논자에 따라서 공정성을 좀 더 포괄적 개념으로 볼 수도 있지만(이용규 · 정석환, 2007: 10, 〈각주6〉), 필자는 공정성과 정의를 분명히 구분하여 정의는 공정성公正性을 포괄하는 개념으로 보고자 한다. 사실 후생경제학에서 공정성을 정의의 한 기준으로 복지 개념과 충돌되는 현상을 피하면서 파레토 최적과 같이 자원할당allocation의 방법으로 사용하여 이것을 '질투하지 않음envy-free'과 동의어로 사용하고 있다(Roemer, 1996: 317). 그러나 Rawls(1999: 77; 2001: 50)도 주장했듯이, 공정성으로서의 분배의 정의는 전통적인 공리주의 관점에서 본 자원의 최적할당이 아니라 사회정의

분배의 정의는 전통적인 의미의 사회진화론 또는 적자론適者論 social Darwinism이 주장하는 정의와 다르다. 사회적자론은 자격과 조건과 능력과 기회 등의 제약요인에 의하여 발생된 불평등이나 불공평, 불이익 등은 적자생존의 원칙에 의한 것이다. 때문에 개인이나 사회는 상호간에 최대한 선의善意의 그리고 공정한 경쟁을 할 수 있는 제도와 규칙과 과정을 설정할 수 있으면 그 자체로서 최소한의 사회적 정의는 달성된 상태라고 보고 있다.

따라서 이와 같은 사회진보의 과정에서, 특히 과학적 객관주의에 의한 과학적 이론과 기술을 독점하면서 발생되는 개인적이고 사회적인 불균형을 정치적인 이상주의나 또는 진보주의의 이데올로기에 따라서 약자와 피치자 계층을 돌보거나, 그들의 한계효용을 향상시키는 것이 사회정의의 실천이라고 하는 이론도 있다(Alejandro, 1996: 1-24; Rawls, 1999; 2001). 물론 이와 같은 사회정의론은 정책균형에서도 중요한 하나의 기준과 방법이 될 수 있다.

또한 자유경제의 원칙에 따른 사회적인 파레토 최적상태[21]인 타인이나 他 집단의 복지(만족 등)를 희생하지 않고서는 더 이상의 사회적인 행복이나 복지를 향상시킬 수 없는 상태를 유지하는 그 자체만으로도 분배의 정의의 기준이 될 수 있다. 즉 파레토 최적상태 그 자체는 정의의 기준이 될 수 없지만, 역설적으로 최적의 상태가 아닌 상황에서는, 최적의 상태를 달

로서 상호간에 인정하면서도 조화를 달성할 수 있는 수준에서 자원의 분배와 재분배에 의한 공정성을 의미한다.

21 파레토 최적상태Pareto Optimality 또는 Optimum는 19세기 말경 이탈리아의 경제학자이며 사회학자였던 파레토(Vilfredo Pareto, 1848-1923)가 제시한 공리주의적인 경제이론으로, 한 사람의 행복이나 만족을 향상시키기 위해서는 더 이상의 사회적인 재화와 용역을 사용할 수 없고, 단지 다른 사람이 향유하고 있던 행복이나 만족을 그 만큼 손상시켜야 가능하다는 이론이다. 따라서 파레토 최적상태에서는 그 사회나 제도는 일반체제이론에서 보듯이, 균형상태equilibrium를 유지하고 있다는 일반균형이론의 한 내용이다(cepa.newsschool.edu/het/profiles/pareto.htm, 2005년 5월 5일).

성하고자 노력하기 때문에, 이것이 정의의 기준이 될 수 있다는 주장(Cudd, 1996: 1-34)도 정책균형의 중요한 방법론이 될 수 있다.

그러나 분배의 정의는 강자가 약자를 돌보고, 제도나 체제의 작용이나 구조적으로 발생되는 불균형을 균형화시키는 것으로 분배의 정의가 달성된다고 보지 아니한다. 하나의 예로서, 『孟子』에서는, 흉년을 당한 지역주민을 풍년을 맞이한 지역으로 이주시키거나, 미처 이주하지 못한 주민에게는 식량을 지원하여 기아飢餓를 면하게 하는 것은 소극적이며 미봉적인 대책이라고 했다. 때문에 이것이 왕의 선정善政에도 불구하고 국민이 증가되지 않는 이유하고 했다.[22] 따라서 이것은 소극적인 의미의 파레토 최적상태를 달성하려는 균형노력이라고 할 수 있다.

그러나 정책균형은, 여기에 더하여, 근원적으로 인간이 정책의 中心이고, 나아가 우주의 중심이라는 인간존엄의 정책철학을 달성할 수 있도록 정책가치의 분배가 이루어져야 분배의 정의가 달성될 수 있다고 본다. 물론 분배의 일차적 정의는 경제적인 정의의 달성이다(Hochman, 1994: 35-42). 또한 최대다수의 최대행복이나, 개인의 이해관계나 효용을 극대화하고자 하는 공리주의功利主義 정의(Arneson, 1989: 77-93)도 분배의 정의를 실천하는 한 방법론이다. 그러나 여기에 더하여, 무엇이 보다 바람직하며 가치로운가, 무엇이 보다 인간적이며 훌륭한 것인가, 무엇이 보다 형평하며 공평한가, 무엇이 보다 사회적으로 타당한가 하는 규범적이고 가치적인 정의의 달성도 중요하다.

따라서 분배의 정의를 달성하기 위한 방법은 정책불균형의 문제점을 교정하고 수정하며 치유하고, 나아가 그에 따른 잘못을 보정補正하는 것이다. 뿐만 아니라 사전적으로*ex ante* 정책의 全 과정에서 정책의 이해관계

22 「孟子」, 「梁惠王 上」: "梁惠王 曰 寡人之於國也 盡心焉耳矣, 河內 凶則移其民於河東 移其粟於河內 河東 凶 亦然."

를 정상적으로 균형시킬 수 있는 균형감각을 가지는 것이 분배의 정의를 실천할 구체적 방법이라고 할 수 있다. 또한 분배의 정의는 개인적일 뿐만 아니라 사회적이고 공익적인 정의도 동시에 실천될 수 있어야 한다.

현실적으로 정책은 사회적 자원과 기회를 실질적으로 분배하거나 재분배하고 있다. 이와 같은 분배나 재분배에의 기준이나 절차 등이 다양하지만 정책은 본질적으로 사회가 가용할 수 있는 자원을 최적으로 활용하여 사회구성원들이 정당하고도 정의롭고 공평하다고 인정하고 수용하는 수준을 중요시 하고 있다. 특히 정책에 관련된 이해관계가 복잡하고 다양해지면서 이것에 관련된 분배의 정의는 점점 더 복잡하고 다양한 절차와 방법 및 이에 필요한 이론을 요구하고 있다.

더구나 한국사회의 경우에는 사회적 자원의 공정한 분배의 정의에 관하여 전통적으로 서양에서 논의되고 있는 다양한 이론이나 방법론 등과는 현실적으로 상당히 차이가 있다. 즉 계약주의적 관점이나 시장경제활동의 자동조절기능에 의한 자본주의식 조정 또는 개인의 자유로운 경쟁을 통한 실적과 업적에 의한 자유주의적 조정, 정치적 다원주의의 질서와 절차에 의한 자원의 당파적 분배나, 최대다수의 최대행복을 추구하는 공리주의적 조정 등과 같은 분배의 정의에 관한 전통적 사상이나 이론과 한국사회가 추구하는 분배의 정의와는 상당한 괴리가 있을 수 있다.[23]

23 정의를 분배와 과정의 정의로 분리하여 실증적으로 측정한 전성표(2006: 92-127)는 "적어도 한국사회에서는 어떻게 재화를 분배하는 것이 공평한가 하는 점에 있어서 보편적 여론이 형성되어 있다고 믿을 만한 근거를 발견할 수 없었고(2006: 92)," 공평성으로서 정의를 인식하는 한국인의 정의관은 서양인과 다르다는 사실 그 자체보다도 온정주의와 같은 더욱 복잡한 기준에 근거하고 있을 것(2006: 121)이라고 추론하고 있다. 더욱이 1980년대에 조사한 연구에 의하면(이종은, 1985: 231-45) 적어도 한국사회에서 분배의 정의는 최소한의 생활수준을 국가가 보장해 줄 것을 요구하는 복지로서의 분배관이 강하다. 때문에 이것을 사회동태적으로 이해해야 한다고 했다. 보다 구체적으로 Rawls의 분배의 정의관이 한국의 정치문화에서는 타당하지 않다는 실증적인 결론을 도출하기도 했지만(Bond and Park, 1989: 47-63), Rawls의 분배의 정의가 한국의 민주정치의 구조와 과정에 많은 영향을 미치고 있다는 보편적 결론을 제시하는 서양 중심의 정의론을 수용하는 입장도 있다(장동진, 2006: 80-152).

따라서 역사적이고 본질적으로 수기치인修己治人에 기초한 통치자 중심의 절대권력의 온정주의溫情主義에 의한 사회자원의 분배를 수용한 한국사회에서 정책균형의 실천기준으로 제시할 분배의 정의로서, 사회공동체 중심의 인간관계나 의존성을 바탕으로 하는 상호간의 교섭이라고 하는 실천기준을 제시할 수 있다. 이것이 서양을 중심으로 발달된 분배의 정의에 관한 다양한 방법이나 패러다임보다는 보다 타당할 것이다.

동서고금을 막론하고 한정된 사회적 자원을 공평하고 정의롭게 나우어 가지는 것은 중요한 이슈였다. 물론 분배는 공정하고 타당하고 정의로워야 하지만 역사적이고 문화적으로 사회나 집단이 수용하고 허용하는 공정하고 정의로운 분배의 기준과 절차는 다양할 수 있다. 서양사회에서는 시장중심의, 개인의 업적과 자질 중심의 또는 자유로운 계약조건과 상황에서 공정한 경쟁을 통한 분배의 정의를 강조하고 있다.

반면에 한국사회는 공동체 중심의 사회에서 首長의 결정에 의한 온정적이고 때로는 정명론正名論에 의한 강제적 분배가 정의롭게 수용되거나 수용되어야 하는 역사와 문화적 배경을 가지고 있다(박병련, 1998: 359; 이상익, 2006: 34-58).[24] 이와 같은 현실에서 정책균형의 분배의 정의를 서양에서 발달된 다양한 이론과 방법론 보다는 공동체 중심주의의 사회적 의존과 상호공존을 강조하는 분배의 정의에 관한, 특히 정책균형을 실천할 패러다임과 이론이 필요하다.[25]

24 이와 같은 역사적이고 문화적 배경을 박병련(1998: 359)은 역사적 대면관계historical face to face relation라고 했다. 즉 인간의 정체성은 시기적으로 개인의 능력이나 자질 등만이 아니라 가계와 씨족 등과 같은 역사적 사회계층망 속에서 형성되기 때문에 한국사회에서 분배의 정의는 시대적 상황에서 가문과 조상, 조건과 명문 요소 등과 같은 공간적 변수에도 영향을 받지 아니 할 수 없을 것이라고 보았다.

25 분배의 정의에 관한 동서양 중심의 비교논의나 논쟁도 중요한 연구과제이다. 왜 유교문화를 중심으로 하는 동양사회에서는 서양을 중심으로 하는 분배의 정의에 관한 논의와 논쟁 및 실천방법과 차이가 있는가 하는 점 등은 중요한 연구주제로 다루어져야 할 것이다.

1. 分配의 正義에 관한 論爭

分配의 正義의 槪念

분배의 정의 그 자체에 관한 실천적 관심과 논쟁은 인류의 공동체 역사가 시작되면서부터 진행되었다. 특히 분배의 정의에 관한 실천기준이나 개념 또는 분배의 정의를 실천해야 할 철학적이고 종교적 논쟁은 실제로 인류의 역사가 시작되면서부터 대두되었다. 마찬가지로 학문적 관점에서도 분배의 정의를 논의하고 연구한 역사는 대단히 장구長久하다.

그러나 일반적으로 정치철학이나 실천철학의 영역에서는 분배의 정의에 관한 논쟁의 기원을 아리스토텔레스(Aristotle, BC 384-322)나 플라톤(Platon, BC428-347?) 또는 아담 스미스(Adam Smith, 1723-1790)의 분배의 정의에 관한 논의로부터 시작한다고 보고 있다. 이것은 적어도 200년 이전부터 분배의 정의가 학문적으로 중요한 논쟁의 대상이 되고 있었다는 사실이다(Roemer, 1996: 1; Fleischacker, 2004: 1).

그 이후로 18세기의 계몽주의와 19세기의 공산주의 공동체사상, 중유럽을 중심으로 하는 공리주의와 사회복지의 이상주의, 20세기의 사회정의에 의한 분배의 정의, 특히 John Rawls의 실천적 정의론 등을 중심으로 분배의 정의가 연구되고 있다.[26] 그러나 동양적 관점에서 분배의 정의에 관한 학문적이고 실천적 관심과 연구는 아마도 서양의 역사보다도 더욱 오래된 것으로 보인다. 유교儒敎의 正名사상이나(이상익, 2006: 36) 孔子의 예禮사상(김인규, 2004: 56) 등은 정치철학적으로 분배의 정의에 관한 중요한 논의의 출발점이 되고 있다.

26 서양 중심의 분배의 정의의 역사를 잘 설명하고 있는 Samuel Fleischacker의 *A Short History of Distributive Justice*(2004)를 참고할 수 있다(번역판도 있음: 강준호 옮김, 207, 『분배적 정의의 소사』, 파주: 서광사).

그러나 동양에서는, 적어도 한국에서는 근대적 의미의 서구철학과 특히 Rawls를 중심으로 하는 정치적 개인주의 철학과 사회정의론이 1970년대 이후부터 소개되면서 서양 중심으로 발달하는 분배의 정의를 비판하면서도 한국적 관점에서 수용하는 입장에서 분배의 정의를 논의하고 있다(장동진, 2006: 80-152). 그래서 정책균형이라는 실천적 관점에서 '정의'를 사회적 의미의 공평성으로 이해하고자 한다. 이에 따라서 '분배의 정의'를 정책에 의하여 발생될 또는 발생된 결과 뿐만 아니라 정책을 결정하고 수정하는 계속적 정책과정에서 분배의 대상을 사회적으로 원만하고 조화롭게 나누어 가지는 방법과 절차라고 이해하고자 한다.

따라서 정책균형은 정책의 사실적 인과관계나 정책의 이상과 목표에 의한 정신적 인과관계를 우선 정확히 분석하고 정리할 수 있어야 한다. 정책의 인과관계는 제1절에서 자세히 설명하였다. 그러면 인과관계에서 확인된 내용을 어떻게 사회적으로 정의롭게 조정하고 조화하여 정책자원을 원만하게 분배할 것인가 하는 이론과 방법론이 현실적으로 정책균형에서 분배의 정의로 설명되어야 할 부분이다. 물론 정책의 본질적 기능과 역할인 자원이나 기회의 분배와 재분배에 관련된 정책이론은 다양하다.

예를 들면, 대표적 이론으로 먼저 Theodore Lowi(1972: 298-310)의 정책유형론policy typology을 들 수 있다. 그는 정책을 분배나 재분배 또는 규제정책 등으로 구별하는 기준으로 정책의 비용과 부담을 어떤 기준과 절차에 따를 것인가 하는 점을 고민하였다. 그래서 사회적 자원을 나누어 가지는 방법으로 정치政治에 초점을 두고 상호간의 경쟁이나 결탁, 다원주의적 정치, 엘리트 정치 등과 같은 기준을 제시하였지만 구체적으로 분배의 정의에 관한 논의는 하지 아니했다. 그리고 좀 더 일반적으로 정책에서 정치를 갈등과 긴장의 연속인 정책과정이나 결과의 분배를 수혜자 정치client politics로 정의하면서, 누가, 무엇을, 어떤 기준과 절차에 따라서 이익을 얻고 비용을 부담해야 하는가 하는 선택이론이나(대표적으로 공공선택이론을 들 수 있다) 이것을 민주주의와 관련하여 논의하는 정책이론(Lasswell, 1936; DeLeon, 1997) 등으로 다양하다.

그러나 잠정적이거나 묵시적이든 이와 같은 다양한 정책이론들도 정책의 비용과 부담을 공정하고도 정의롭게 나누어 가질 수 있어야 한다는 사실을 전제로 하고 있다. 단 이것을 직접적으로 논의하고 그 기준을 제시하는 연구가 아니라 당연하고도 명백한, 사실적이고 가치적이며 도덕적 전제를 하고 있으면서도 정책에서의 정치나 민주주의, 선택이론, 정책가치론 등으로 다양하게 접근하였을 뿐이다.

그럼에도 불구하고 이와 같은 명백하고도 당연한 가치와 사실의 전제를 굳이 논의해야 할 필요성이나 가치가 있는가 하는 비판과 의문이 제기될 수 있다. 그러나 분배의 정의에 관한 연구는 전 학문적으로 아직까지 계속되는 끊임없는 연구영역이다. 특히 정책이라는 한정된 그리고 보다 실천적 영역에서 분배의 정의를 기준으로 제시하는 연구는 미약하다. 그렇지만 이론적일 뿐만 아니라 실천적으로도 대단히 중요한 하나의 이론이면서 실천분야이다.

구체적으로 분배의 정의에 관련된 것은 아니지만 정책균형이론의 정립에 도움이 될 수 있는 기존의 다양한 이론이나 논의도 실질적으로 분배의 정의를 이해하는데 도움이 될 수 있다. 제3장에서 이와 같은 대표적 이론들을 자세히 설명했다.

때문에 여기서는 생략하지만 간단히 언급하면, 지역간의 불균형을 균형적으로 조정하고 조화시켜 지역격차와 차별을 해소하여 균등한 국토의 이용과 효율을 추구하고자 하는 지역균형이론regional equilibrium이나, 조직목표와 개인 목표간의 조화로운 兩立과 동일성을 추구하여 조직유기체로서의 조직생존과 발전을 설명하는 조직균형organization equilibrium

의 이론과 방법도 분배의 정의의 중요한 실천기준이 될 수 있다. 또한 힘의 물리적 균형을 국제관계나 동맹관계 및 노사관계의 균형 등에 적용하여 설명하는 세력균형론balance of power과, 자본주의의 진행에 의하여 자본의 축적으로부터 발생된 경제적 모순과 갈등, 이에 따라서 발생되는 사회적 생산과 소비의 불균형이 사회적 제도와 노력에 의하여 매개되고 조절된다는 조절이론régulation theory, 개인주의에 의한 과다한 경쟁과 이에 따라서 필연적으로 발생되는 갈등과 불균형을 국가가 어떻게 사회 전체의 이해관계에 따라서 조정하고 조화시킬 것인가 하는 코프라티즘corporatism, 정책조직에서 다양하게 분화된 정책활동을 특정한 목적이나 정책의 우선순위에 따라서 정렬시키는 이론과 전략에 초점을 두는 정책조정론policy coordination이나 정책급변론policy punctuation 등도 정책균형이론에서 본 분배의 정의를 설명할 수 있는 중요한 기초이론이 될 수 있다.

그러나 이와 같은 균형이론들은 정책균형의 동태적 개념과 복합적 균형으로서 계속적인 정책의 수정과 교정, 새로운 정책의 구성과 재구성, 정책에 의한 자원과 기회의 불균형에 대한 보정과 조정 등의 실천기준으로서 분배의 정의를 제시한 것은 아니다.

정책균형에서 분배의 정의와 가장 가까운 입장에서 보면 Iris Young (1990: 15-24)이 제시한 분배의 정의에 관한 논의를 들 수 있다. Young은 사회적 정의를 공평하고도 정당한 분배로만 보는 것은 잘못된 것이다; 따라서 분배 그 자체가 아니라 분배를 결정하는 생산양식이라고 할 수 있는 사회적 구조와 제도적인 맥락, 의사결정의 절차와 힘, 분업, 문화 등과 같은 요소가 실제로 분배를 결정한다; 때문에 지배domination와 억압oppression이 사회적 정의를 논의하는 출발점이 되어야 한다고 했다.

본질적으로 사회적인 가용자원과 기회의 정의로운 분배를 중심적 실천개념으로 하고 있는 정책에서 본다면 Young의 주장대로, 사회적 정의는 그 결과에 초점을 둔 분배만이 아니라 분배를 결정하는 구조적이고 제도적이며 의사결정과 문화에 대한 차이와 맥락을 이해하는 것이 중요하다는 논쟁이 상당히 사사하는 바가 크다. 그러나 정책이라는 국가의 공식적 의사결정에서(결과와 과정을 포함한) 발생된 또는 될 수 있는 불의不義를 계속적으로 수정하고 교정하면서 정책의 균형을 달성한다는 원칙을 제시한다면 굳이 Young과 같이(물론 그녀도 분배가 중요하지 않다거나 또는 기존의 분배이론을 대체할 수 있는 새로운 이론을 제안하는 것은 아니라고 했지만(Young, 1990: 16), 분배 대신에 지배와 억압이라는 개념으로 사회적 정의의 실천을 주장할 필요는 없을 것이다. 그렇다고 사회적 정의는 분배의 정의로 광의로 이해될 수 있다는 논쟁(Deutsch, 1985: 31-7)은 이해되지만 일반적으로 통용된다는 주장(장성수, 1984: 194)도 좀 무리가 있다.

정책균형이론에서의 분배의 정의에 관한 패러다임은 윤리적이거나 도덕적 관점도 아니고 정치철학적 관점도 아니다. 더욱이 순수철학이나 실천철학의 입장에서 정의한 것도 아니다. 정책균형이론을 정책현실에서 실천할 수 있는 기준으로서 분배의 정의를 논의하는 것이다. 그래도 분배의 정의는 본질적으로 추상적 개념이기 때문에(Rawls, 1999: 10) 실천적 관점에서 구체적인 기준으로 응용할 수 있는 수준으로 논의하면서 정의定意한 것이다.

正義의 多樣한 類型

정의의 구체적 하위개념이나 실천수단으로서 분배의 정의, 절차의 정의, 상호간의 정의, 정보정의(Nowakowski and Conlon, 2005: 4-29), 영역정의(배미애, 2003: 552), 교정의 정의(Fleischacker, 2004: 19; 이상익, 2006: 42) 등으로 구분하기도 한다.

첫째, 절차의 정의procedural justice는 절차적 정당성이나 정확성에 의한 자원의 분배를 의미하면서 분배의 정의의 내용을 공유하거나 또는 보완하는 것으로(Nowakowski and Conlon, 2005: 6) 이해할 수 있다. 특히 Rawls(1999: 73-77)는 절차의 정의를 순수한 절차의 정의로서, 정의로운 결과를 실현시킬 수 있는 절차나 불편부당한 공정한 체제를 형성하고 실행하는 것으로 보면서, 분배절차에서의 문제와 잘못을 교정하는 것이 중요하다고 했다.[27]

그러나 공정하고도 정의로운 행정에서의 의사결정의 과정과 결과의 기준으로 분배의 정의와 절차의 정의를 구분하여 설명한 것(Pops and Pavlak, 1991: 72-93)은 정책균형의 실천기준으로 본 분배의 정의에도 참고가 될 수 있다. 예를 들면, 공정한 행정의 기준으로 분배의 정의, 정확성, 관료의 정치적 책임성 등을 확보할 수 있는 정당하고도 민주적 정치권력에 의하여 정책이 결정되었다는 합리적 관계검증, 일반적 의미의 정의의 원칙에 맞아야 하고, 규정과 재량행위에 관한 균형을 유지해야 하며, 사회적 목적과 개인이 생각하는 공정성과의 균형도 맞아야 하고, 시민의 수요와 욕구에 만족할 수 있는 결정이어야 한다는 등의 기준을 제시하였다.

결과에 의한 분배의 정의가 기준이지만 그러나 행정과정에서는 절차의 정의가 중요하다. 구체적으로 의사결정자에의 평등한 접근, 불편부당하고 중립적인 의사결정, 공개적이고 종합적인 투명한 의사결정, 행정의 책임성과 시기에 관한 능률성 등을 지적했다. 이것을 실제로 정책결정과정에서 균형을 실현하면서 결과적으로 정책비용과 혜택의 균형 뿐만

27 Rawls는 순수한 절차의 정의인 완전한 절차의 정의를 공정한 분할로서 그리고 불완전한 절차의 정의를 교정의 결과로 구분하여 설명하기도 했다. 그러나 이와 같은 구분에 의하여 각각 구체적으로 구분될 수 있는 결과를 발생시킬 수 있다는 그의 주장은 구체적 사례에 따라서 달라지기 때문에 비현실적이라는 비판도 있다(Gustafsson, 2004: 300-5).

아니라 정책결정의 과정에서의 정의로도 적용할 수 있다.[28]

둘째, 정보정의information justice도 최근에는 중요한 정의의 이슈로 등장하고 있다. 분배의 결과나 과정에서 정책결정자나 분석가가 정확하고도 타당하며 믿을 만한 완전하고도 시기적절한 정보를 사용하였는가 하는 의미에서 정보정의도 중요하다는 의미이다(Nowakowski and Conlon, 2005: 7). 그러나 이와 같은 정보정의도 정보를 사용하고 제공하는 상호간의 인간관계적 정의의 한 부분으로 작용할 수 있다고 보는 것이(Roberson and Stewart, 2006: 285) 정책균형이론에서는 보다 타당할 것 같다. 왜냐하면, 특히 사이버공간을 중심으로 진행되는 정책정보가 정책결정의 주요한 동력작용을 하기 때문이다.

이와 같은 시간 개념이 중심인 정보정의에 비교하여 영역정의territorial justice는 다양한 이해관계자나 참여자들이 상호간에 영향을 주고 받는 장소인 정책공간policy space에서의 분배의 정의에 관한 사항이다. 그렇다면 상호간의 정의가 정의의 중요한 한 유형이 될 수 있다(Morris, 2004: 14).

셋째, 상호간의 정의interpersonal justice의 유형이 있다. 정의의 실현과정에서 단지 분배의 결과 뿐만 아니라 분배의 과정에서 상호간에 존중과 존경, 그러면서도 의지와 필요 및 환경적 제약 등에 따라서 각자의 분배의 몫과 과정에 반응하는 정도의 조정, 도덕과 예절 등과 같은 非물리적이고 정신적 요인을 강조하는 정의의 유형이다(전성표, 2006: 101). 실제로 분배의 정의를 사회의 공정한 교환이나 상호작용에 의하여 받은 결과의 공정성으로 논의하는 것이나(대표적으로 Adams, 1965: 267-99; Makoba, 1993: 227-40) 또는 공동체이론(대표적으로 Walzer, 1983) 등으로 설명하는 연구에서

28 그러나 많은 사례연구(대표적으로 장성수, 1984: 193-218; Lambert 외, 2005: 411-27)는 절차의 정의와 분배의 정의를 구별하면서, 특히 조직정의의 실천으로 연구하고 있기도 하다. 이와 같은 주제도 차기의 중요한 연구분야일 것이다.

는 인간들의 상호작용에 의한 정의를 중요하게 취급하고 있다.[29]

근대 이후 정치철학적 관점에서 사회정의론의 代父로 알려진 Rawls도 분배의 정의는 사회적 협력과 화해를 통하여 가장 중요한 사회적 산물인 자존심self-respect 또는 self-esteem을 공정하고도 능률적인 생산체제를 통하여 분배할 때 달성될 수 있다고 했다. 이와 같은 사회는 질서가 정연하게 갖추어진well ordered society 민주주의 사회이며 정치적 자유주의에 의한 배경정의[30]가 실현되는 사회로서의 기본구조를 갖춘 사회라고 했다. 이와 같은 상호작용과 협력에 의한 분배의 정의를 상호주의 원칙으로 설명하고 있다(Rawls, 2001: 77).[31] 그렇지만 Young(1997: 38-59)은 상호간에 동등하고도 공평한 입장에서 분배에 참여하고 결정할 수 있는 상태가 아닌 문화적이거나 의사결정력의 차이를 인식하지 못한 非대칭적 상호주의asymmetrical reciprocity 때문에 분배의 정의를 달성할 수 없다. 그래서 이와 같은 차등差等 difference을 바로 잡는 일(정책)이 우선이라고 했다.

넷째, 교정의 정의corrective justice는 아리스토텔레스(Aristotle)가 평등규범을 대표할 가치로 분배와 교정의 정의를 구별하면서부터 중요한 정의의 유형으로 논의되고 있다. 즉 잘못이나 불법에 대한 응분의 대가를

29 분배의 정의에 관한 주제를 사회교환론social exchange이나 사회상호작용론social interrelation 등은 크게 연구하고 있지 않지만 사회학이나 심리학 등에서는 중요한 이론으로 연구하고 있다. 여기서는 공동체주의에서 설명하는 분배의 정의와 더불어 정책균형의 실천기준인 분배의 정의의 한 원칙으로 제시할 상호교섭에 타당한 범위내에서 뒤편에서 간단히 설명하고자 한다.

30 Rawls는 배경정의를 절차적 배경정의procedural background justice 또는 background procedural justice 등과 같은 용어를 사용하고 있지만(Rawls, 2001: 52-3) 핵심내용은 분배의 정의를 실천할 절차로서의 사회적 가치와 질서 및 민주주의, 상호간의 존중과 자존심 등이 기초가 된 사회basic structure of society를 강조한 내용이다. 그러나 좀 더 공정한 입장에서 그의 정의론을 이해하기 위해서는 이와 같은 Rawls의 사회기초론을 강하게 비판하는 연구(Cohen, 1997)도 참조할 만하다.

31 Rawls의 상호주의 원칙의 내용을 원문대로 소개하는 것이 중요할 것 같다"since society is viewed as a fair system of cooperation from one generation to the next between free and equal citizens, and since the political conception is to apply to the basic structure which regulates background justice"(2001: 77).

지불해야 하는 부정적 의미의 정의이다(Fleischacker, 2004: 19).

유교사상에서는 전통적으로 재물에 대한 각자의 응분의 몫을 보장하는 것을 분배의 정의로, 그리고 是是非非의 정확한 판단에 따라서 잘못을 저지르지 않도록 하는 것을 교정의 정의로 해석하고 있다(이상익, 2006: 42).[32] 이와 같은 관점에서 보면 孔子의 정명론正名論이 교정의 정의의 중요한 핵심이라고 할 수 있다. 왜냐하면, 사회의 구성원은 각자의 역할에 따른 책임과 의무를 다하면서[33] 사회정의를 실현하는 것이고正名 이와 같은 정의의 실현으로 사회의 질서와 조화가 달성될 수 있기 때문이다(김인규, 2004: 46). 또한 정치란 바로잡는 것正義[34]이라고 하는 孔子의 사상도 교정의 정의의 핵심적 내용이다. 물론 수기치인修己治人의 덕치德治에 의하여 사회정의가 원만히 달성되어야 하지만 각자의 역할과 영역에서 주어진 응분의 몫과 책임을 완수하는 것이 교정의 정의의 핵심이다.

서양의 분배의 정의론들도 교정 또는 수정이나 是正을 중요한 항목으로 제시하고 있다. 예를 들면, Rawls(1999: 76)는 각자의 장단점에 관한 상호간의 협력과정에서 분배의 교정이 절차정의에 필요하다고 했고, Robert Nozick(1974: 152-3)은 분배의 정의의 한 원칙으로 교정의 원칙principle of rectification을 제시하였다. 즉 획득의 원칙과 획득한 소유물 이전移轉의 원칙으로서, 발생된 불의에 관한 실질적 정보를 사용하여 이와 같은 원칙에서 발생된 잘못을 교정하는 원칙이라고 했다. 이와 같은 수

32 이상익은 그의 논문(2006)에서 서양의 분배의 정의에 해당되는 것을 理財(재물에 대하여 각자의 몫을 보장함)라고 했고, 교정의 정의(그는 이것을 '是正的 정의'라고 표기했다)를 '正辭(是非의 판단)'와 '잘못을 범하지 않도록 금하는 것禁民爲非'으로 보고 있다.

33 이와 같이 각자의 역할론에 대한 正名論의 핵심은 『論語』, 「顔淵編」에서 "임금은 임금답고, 신하는 신하답고, 백성은 백성다워야 하는 것(君君 臣臣 夫夫 子子)"이라고 할 수 있다. 여기서 '답다'라는 의미는 자신의 위치에서 해야 할 일을 균형있게 수행하는 것으로서 정책균형의 핵심개념인 균형감각으로 설명할 수도 있다. 때문에 교정의 정의의 유교사상적 내용이 정책균형이론의 실천기준인 상호교섭의 원칙으로 발달될 수 있을 것이다.

34 『論語』, 「顔淵編」: "政者 正也 子師以正 孰敢不正"

정이나 교정에 의한 분배의 정의보다 좀 더 광의의 개념으로 Young(1990: 15, 173-4)은 사회정의를 논의할 출발개념으로 구조적이고 제도적이며 정치적 문화와 가치의 소산인 지배와 억압을 제거할 수 있고 치료할 수 있는, 집단에 의한 의식적인 사회정책을 강조하기도 했다.

Rawls(1999: 3)도 정의는 사회제도의 제일의 덕德 virtue이라고 했지만(제도로서의 정의에 관한 그의 주장에 반대되는 입장(Murphy, 1999)과 여기에 또한 반대를 하는 입장(Pogge, 2000) 등 실천철학적으로 상당히 논쟁이 많다), 공정성으로서 정의를 합리적 인간에 의한 사회계약과 민주주의, 상호간의 존중과 자존심 등이 기반이 된 사회에서 평등한 이념이라고 했다. 반면에 Young(1990: 37-8)은 사회구조적으로 차등差等의 현실에서 상호간의 주고 받는 계약은 더욱 더 사회적 불평등을 심화시킬 수 있다는 점을 강조하였다. 따라서 Young은 착취나 소외, 무기력, 문화적 제국주의, 폭력 등과 같이 사회환경에서 자신의 기술과 능력을 활용하거나 배울 수 없도록 하는 제도적 과정 또는 타인과 상호작용하여 자신의 위치와 입장을 교환할 능력을 제도적으로 방해하는 억압과, 자신의 행동을 결정할 수 있는 참여를 제한하고 봉쇄하는 제도적 조건인 지배 등을 해결할 차등의 정치를 주장한 것이다.

그리고 분배의 정의를 하나의 원칙이나 유형으로 접근하는 공리주의와 계몽주의, 사회주의에서의 논의, 특히 Rawls의 정의의 원칙인 차등의 원칙[35]과 같은 논의를 비판하면서 구체적 가치인 행복이나 자유, 평등,

35 분배의 정의에 관한 원칙이라면 가장 먼저 Rawls의 差等의 원칙difference principle(사회적이고 경제적 불평등은 기회의 공정한 평등전제에 의한 사회적 최열자最劣者의 최대편익이 전제되어야 함)(2001: 42-3)이나 최소극대화규칙maximin rule(최악의 결과를 비교하여 그래도 그 중에서 가장 우수한 대안을 선택)(1999: 133; 2001: 97-9) 등을 제시할 수 있다(그러나 Rawls는 차등의 원칙이 가장 중요하다고 했다(2001: 43(각주 3). 그의 차등의 원칙도 1999년 판(수정판)의 『정의론』에서의 내용과 2001년의 『공정성으로 정의』에서의 내용에 좀 차이가 있다. 관심있는 독자는 비교하여 볼 필요가 있다). 그러나 여기서는 그의 차등의 원칙을 자세히 설명하지 아니 했다. 외냐하면, 첫째, 필자가

능률, 실적, 기술 등을 활용하여 복합적인 원칙을 제시한 Norman Bowie (1971)의 논의도 언급할 필요가 있다.

分配의 對象

분배의 정의에서 어떻게 분배할 것인가 하는 과정이나 절차, 제도 또는 원칙들도 중요하지만 무엇을 분배할 것인가 하는 분배의 대상에 관한 것도 또한 중요한 논의의 대상이 되고 있다. 실질적으로 정책균형의 한 실천기준으로서 분배의 정의를 논의한다면 분배의 대상이 분배의 과정이나 원칙보다도 중요할 수 있다. 즉 무엇을 나눌 것인가 하는 것은 정책에서 보면 정책의 구체적 내용을 어떻게 결정하고 집행하여 실천할 것인가 하는 것과 같다. 이때의 기준이 분배의 정의라면 그 내용도 원칙과 마찬가지로 중요한 이슈일 것이다.

무엇보다도 먼저 분배의 내용은 경제적 자원이다. 경제적 물질이지만 소유나 기회 또는 능력과 자원이 아니라 소득이 중심과제였다(Ryan, 1916: 1). 이와 같은 경제의 분배에 가장 많은 관심과 논의를 한 것이 경제학, 특히 후생경제학이다. 즉 수요나 욕구에 의한 경쟁관계에서 희소한 경제자원을 공정하게 분배하는 방법과 기술 또는 원칙들을 제시하는 논의가 특히 파레토 최적론이나 비용-편익분석론[36] 등을 중심으로 진행되어 왔다. 그러나 경제학은 인간 상호간의 효용이나 선호 등을 비교적으로 판단하지 않고 경제자원을 공정하게 분배할 수 있는 일반균형이론이 존재한다고 보았다(Roemer, 1996: 10). 따라서 경제자원의 공정한 분

제시하는 상호교섭의 원칙에서 볼 때 차등의 원칙이나 최소극대화규칙 등은 선언적 의미가 강하기 때문에 상호교섭 원칙에 직접적으로 관련되지 않기 때문이다. 둘째, Rawls가 강조하는 상호주의나 상호관계, 상호간의 존중, 사회적 덕목, 배경정의 등과 같은 사회의 기본구조 등의 내용을 각각 선별적으로 논의했기 때문이다.

36 비용-편익분석과 정책균형론과의 일반적 차이점을 제3장 3절에서 설명하였지만 여기서는 비용-편익분석론에서 설명하는 분배에 관한 과제와 정책균형의 실천기준으로서 분배의 정의와의 차이점이다.

배가 결정된 균형상태를 경제학에서는 누구도 타인의 상태를 질투하지 않을 때 분배의 정의는 실현되고 있다고 했다(Roemer, 1996: 317-22).

이와 같은 경제학의 분배의 이론은 공정성을 도덕적이고 윤리적이며 정치사회적 개념이라는 사실을 잘못 인식했다는 사실이 지적되면서 (Rescher, 2002: ix, 30) 분배의 대상은 경제만이 아니라 非경제적 요인도 중요하다는 것이 또한 오래전부터 철학이나 정치학, 사회학 등에서 크게 논의되어 왔다.[37] 그래서 분배는 경제자원도 중요하지만 권력과 富, 소유와 기술 및 능력, 기회, 참여, 인간 존엄성의 실현이나 가치 등과 같은 가치판단적이고 윤리적이며 형이상학적 내용을 공정하게 분배하는 것도 더욱 더 중요하다는 논의는 아리스토텔레스 이전부터 또는 초기의 종교철학에서부터 논의된 것이다.

이와 같은 논의에서 가장 주목할 것으로 Rawls가 제시하는 분배의 대상인 제1의 사회재화primary social goods에 관한 것이다. 그는 분배는 복지의 분배가 아니다(1999: 6). 합리적 인간으로서 평등한 자유인은 개인과 비교해 볼 때 기본적 권리와 자유, 이동과 직업선택의 자유, 권위와 책임을 지키고 담당할 수 있는 힘과 특권, 소득과 재산, 자존심 등을 정의롭게 분배받을 기대를 하고 있다(2001: 58-9, 172). 또한 개인의 기본적 능력과 재능에 따라서 이와 같은 재화의 상대적 중요도는 신축적이다(2001: 175). 그래도 중요한 것은 개인의 가치에 따른 목적을 충족시키는 자존심이 가장 중요한 사회재화라고 했다(1999: 386).[38] 그러나 Amartya

37 이것을 John Roemer(2002: 1-3)는 경제학자와 철학자들이 각자의 지적영역과 과정에만 몰두하면서 다양한 접근방법에 의한 다양한 이론의 가능성과 설명력을 무시한 결과라고 보았다.

38 그러나 Walzer(1983: 8-9)는 이와 같은 제1의 재화를 구체적으로 제시할 수 없다고 했다. 왜냐하면, 구체적인 분배의 상황에서는 이와 같은 추상적 개념을 적용하기 어렵고, 분배의 기준이나 방법은 사회적 善이 아니라 善 그 자체로서 본질적인 것이며, 시대에 따라서 정의로운 분배인가 아닌가 하는 사회적 의미가 변화된다. 따라서 어떤 재화를 분배할 것인가 하는 것은 단지 어떤 기준과 방법에 적합한 영역에서만, 즉 분배는 때와 장소와 기준 등에 따라서 자율적이어야 한다고 보았다.

Sen(1985)은 복지와 재화의 중간개념으로 능력이 분배의 중심대상이라고 했고, Nozick(1974: 151)은 합법적으로 가질 수 있는 것의 획득acquisition이라고 했으며, Ronald Dworkin(1981b: 283-345)도 복지가 아니라 개인이 가용할 수 있는 자원과 책임이라고 하기도 했다.

물론 분배의 가장 중요한 대상과 관심은 경제이고 물리적 자원이다. 그러나 평등한 인간으로서 자신의 위치와 존엄성을 침해당하거나 파괴당하면서도 물리적 조건만을 공정하게 분배 받는다고 해서 정의는 실천될 수 없다. 이점에서 Young(1990: 20-1)이 제시한 억압과 지배를 제거할 수 있는 사회제도와 구조 및 의사결정력과 절차, 참여 등과 같은 제도적 맥락이 중요하다는 주장은 정책을 통한 구조와 제도 및 맥락의 수정과 교정이라는 정책균형을 위한 분배의 정의에 중요한 논쟁이 된다. 따라서 정책균형에서의 분배의 정의는 정책을 통한 정의의 실현이기 때문에 굳이 Rawls나 기타 연구자들이 구분하는 분배의 대상을 구체화 하기보다 차라리 Michael Walzer의 주장처럼 '정책' 이라는 시 · 공간적 조건에서 정책 그 자체를 중심대상으로 한다고 보는 것이 보다 정확할 것 같다.

政策事例에서 分配의 正義

구체적으로 정책이론이나 사례에 한정된 분배의 정의에 관한 논쟁을 찾아 볼 필요가 있다. 물론 구체적 사례에 따라서 분배의 정의의 개념 적용과 실천방법 등을 연구한 것은 너무나도 다양하지만 정책균형의 실천기준으로 본 분배의 정의에 관한 정책사례는 많지 않다. 그렇지만 그 중에서도 먼저 Young(1990)이 미국의 몇 가지 사회정책 사례를 제시하면서 제도적이고 구조적 맥락에서 분배의 정의를 논의하였다.

예를 들면, Young은 적극적으로 차별이나 차등을 수정하려는 미국정책인 'Affirmative Action' 에서도 단지 주어진 결과의 적극적 是正이나 수

정보다는 그와 같은 결과가 발생하게 된 문화적이고 집단적이며 제도적인 차등이나 모순, 정치적 세력의 정도와 같은 기본적 구조와 체제가 분배의 정의에 위배되면 실적이나 업적에 의한 적극적인 차별금지정책은 하나의 신화에 불과하다는 입장이다. 또한 여성평등권의 실현정책이나 非영어사용 시민들의 평등정책도 본질적으로 결과의 분배의 정의가 아니라 그와 같은 결과발생의 구조적이고 차등적인 정치와 제도에 관한 정의가 선행先行되어야 한다고 주장했다.

그리고 구체적인 정책사례는 아니지만 다원주의 사회에서의 점증적 변화를 주장한 David Braybrooke and Charles Lindblom(1963: 177-97)은 Rawls의 정의원칙을 분명하게 구체적으로 적용하기 어렵다고 비판하면서(1963: 220-3), 복잡한 정책의 이해관계에 관련된 당사자들의 분배의 문제를 해결할 방법으로 합의를 강조한 분배의 해결을 주장했다. 즉 그들은 정책의 분배는 복지와 행복, 평화, 문화적 성숙 등과 같은 추상적이면서도 인간존재의 실현에 가장 중요한 가치들을 집단중심의 정치에서 상호간에 비교하는, 누가 더 많은 특권을 가져가면서 누구는 반대로 불행해지는가 하는 것을 설명하는 것이라고 했다. 그래서 비교한 합의와 장래에 비교해 볼 합의가 중요하다. 그러나 합의는 윤리적이거나 형이상학적 개념이 될 수 없고 개인간의 비교에 의한 평등주의적 이데올로기의 산물로 보았다. 이와 같은 합의의 전략으로 兩 정책이 동일하게 효과적이라면 兩 정책에 의한 혼합된 결과를 선택한다거나, 선택이나 결정하는 사람의 변화, 그리고 점증주의가 주장하는 기본전략과 같이 정책을 재설계하거나 또는 정책보상의 방법, 상황에 따른 정책의 수정과 교정 등을 제시하였다.

국내에서도 분배의 정의에 관한 논의는 있지만, 정책균형이론의 입장에서 보는 분배의 정의에 관련된 연구는 아직 일천하다. 그러나 사회적 형평성 개념을 분배의 정의의 관점에서 심화하여 행정이념 연구로 제시한 연구가 있다(임의영, 2003: 47-64). 그리고 사례에 적용한 분배의 정의에 관한 연구로서 보상이 균등하게 분배될 조건에 관한 모의실험을 실시하여 분배의 형태(형평과 과다, 과소)와 친숙도, 상대방의 결핍요인과 분배자의 요인 등에 따라서 분배의 정의를 실증적으로 조사하기도 했고(장성수, 1984: 193-218), 지방공무원의 노력과 책임, 교육훈련 및 경력의 투입에서 자신에게 돌아오는 보상의 공정성 정도의 인식을 분배 및 절차의 공정성(그들은 공정성이라고 했지만 정의이다)으로 측정하기도 했다(고종욱 · 서상혁, 2003: 117-36). 또한 공공조직에서의 조직 공성정(정의)을 분배와 절차의 정의에서 설명하기도 했다(대표적으로 이용규 · 정석환, 2007: 7-34).

이와 같은 연구들이 분배의 정의가 어떻게 실천될 수 있는가 하는 점을 구체적으로 고민하고 논의한 것으로 큰 의의가 있다. 그러나 구체적 정책문제나 분야에서 분배의 정의의 원칙이나 전략 또는 일반적 분배의 정의의 원칙과 패러다임 등을 제시하지는 아니했다.[39]

2. 分配의 正義의 實踐基準: 相互交涉의 原則

개념적이고 辭典적 입장에서 본 분배의 정의는 간단히 정의할 수 있고

39 한국에서 분배의 정의에 관한 구체적 사례연구를 제외하면 이에 관한 연구는 상당히 제약적이다. 그 중에서도 Rawls의 정의론을 중심으로 하는 비판이나 적용연구 등을 제외하면 정의론이나 분배의 정의 등에 관한 연구는 미약하다. 예를 들면, 한국정치학계나 행정학계 등의 전문학술지에서 분배의 정의distributive justice나 정의justice, 분배정의 등을 검색하여도 소수(2008년 2월 15일 기준으로 『한국정치학회보』에서 2편, 『한국행정학보』에서 3편, 『한국정책학회보』에서 없음)에 그치고 있다. 추론적이지만 유교사상이 지배하는 가치나 이념과 서양의 개인주의에 의한 합리성이 지배하는 가치에 따라서 (적어도 정치철학이나 행정이념에 있어서) 분배의 정의나 정의론 등이 연구되는 수준차이를 설명하는 것도 중요한 연구주제가 될 수 있을 것이다.

그 원칙을 제시할 수 있지만 복잡한 현실세계에서 분배의 정의를 실천하기는 어렵다(Walzer, 1983: 3; Cohen, 1997: 8; Rescher, 2002: xii). 특히 구체적 국가의사의 결정으로 자원과 기회를 공정하고도 정의롭게 분배해야 하는 본질적 기능과 역할을 수행하는 정책의 영역에서는 분배의 정의를 실천하기가 더욱 어렵다. 그래서 이념적이고 사상적으로 당위의 개념인 분배의 정의를 현실적으로 실천할 수 있는 실천지침이나 방법 또는 전략, 원칙 등을 구체화하는 것은 다양하고도 복잡하다. 물론 정의나 분배의 정의를 개념적으로나마 정의定意하는 일도 연구자에 따라서 다양하고 복잡하지만 추상적이고 관념적이며 다분히 형이상학적形而上學的 개념인 분배의 정의를 실천해야 하는 현실 또는 정책균형이론에서 정책균형을 실천해야 하는 현실에서 분배의 정의에 관한 원칙과 기준을 설정하고 정립하기가 그리 쉽지 않다.

그렇다고 해서 이것이 불가능하다는 의미는 아니다. 단지 인류사회는 분배를 중심으로 하는 사회이면서 자원과 가치를 공유하거나 나누고 교환하는 기준이나 절차, 방법, 주체 등이 대단히 복합적이라는 의미를 강조할 뿐이다. 분배의 정의를 사회주의적 공산물의 분배나 공동체주의가 주장하는 공유共有의 의미를 강조하거나 또는 자유주의에 의한 평등한 개인의 합리적 합의合意에 의한 보편적인 도덕원칙이나 규칙만을 주장하는 것은 아니다. 따라서 여기서 제시하고자 하는 상호교섭 원칙이 전통적으로 공리주의나 평등주의 또는 사회주의의 한 관점을 표명하거나 대변하는 것은 아니다.

적어도 정책에서는 정책의 결과나 과정 뿐만 아니라 정책의 비용과 혜택을 분명하고도 정의롭고 공평하게 나누어 가질 수 있어야 한다. 이것이 전제되지 아니한다면 그 정책은 성공하기 어렵다. 통계적 숫자나 또는 겉모습만으로 정책의 성공을 평가할 수도 있다. 정치적이거나 집단적 이해관계나 이데올로기적 관점과 평가 등에 따라서 다양하게 정책의 결정과정이나 결과 등을 판단할 수 있다. 그러나 과학적인 정책의 인과관계를 기준으로 하면서도 정책철학의 실현과 가치의 판단에 관한 정신적 인과관계 등에 의한 정책의 결정과정과 정책의 결과 등을 공정하게 분배할 수 있는 실천기준과 방법이 필요하다. 또는 정책 그 자체와 정책결정자나 정책대상자 등이 물리적이거나 非물리적인 부담이나 혜택이 어떻게 분배되었는가 하는 사실과 이와 같은 분배의 결과를 상호간에 인정하면서 감응感應하고 있는가 하는 사실을 설명할 수 있어야 궁극적으로 성공한 정책이라고 할 수 있다.

정책은 본질적으로 사회자원을 이용하고 활용하고 소비한다. 그러나 이와 같은 활동이 그 자체로서 종결되는 것이 아니다. 정책이 추구하는 이상과 목적에 따라서 더욱 더 부가가치를 가질 수 있는 사회자원으로 환원하여 분배하는 역할을 수행한다. 이때 분배를 어떻게 할 것인가 하는 방법론이나 전략에 초점을 둔다면 정책에 의한, 정책의 비용이나 부담 측면과 그 반대적 현상인 정책의 효과나 효용, 즉 혜택과의 균형이 달성되어야 한다(Morcol, 2002: 1). 이것이 사회적으로 뿐만 아니라 개인적으로도 인정되고 허용되고 수용될 수 있다면 이것은 정책을 통한 사회정의의 실현이다. 이것이 정책의 분배의 정의이다. 따라서 정책균형을 실천하는 분배의 정의는 개인적이거나 사회적으로 상호간에 분배의 몫과 방법 및 절차 등에 원만한 합의(Braybrook and Lindblom, 1963: 177)와 조화(Rescher, 2002: ix)를 강조한다.

이와 같은 조화와 합의를 실천할 수 있는 하나의 원칙이 상호교섭相互交涉이다.[40] 상호교섭mutual interpenetration은 정책이론과 현실이 괴리되는

40 상호교섭론에 관한 철학적이고 이론적 배경이나 필요성 등에 관한 자세한 것은 『다차원 정책론』(이해영, 2001)에서 설명되었기 때문에 여기서는 기본내용만 소개하기로 한다.

이원적 현상을 多次元 정책이론으로 설명하기 위한 하나의 패러다임으로 발전시킨 방법론이다. 다차원 정책이론은 복잡한 다차원의 정책현실에 타당하고 적실한 정책이론은 다차원적이어야 정책이론과 현실은 원만히 조화될 수 있다는 전제를 가지고 있다. 따라서 정책결정의 과정과 정책공간, 정책목표와 수단, 정책비용과 혜택, 정책결정자와 정책대상자 등 각각의 대칭적 성격과 특성을 가진 다차원성은 상호간에 독자적 실체와 존재를 가지고 있지만 상호의존하면서도 동시에 具足하고 상응相應한다는 이론이다.

상호교섭에 관한 철학적이고 이론적 배경 등은 다차원 정책이론(이해영, 2001: 제3장)에서 이미 잘 설명되어 있다. 때문에 생략하기로 하고 여기서는 분배의 정의에 필요한 기본 내용만 설명하기로 한다. 상호교섭 원칙의 기본 이론은 중용 또는 중론과 화엄철학의 4법계론이다.

먼저 중론, 중도, 중용 등으로 표기할 수 있는 중론*madhyamika* philosophy or theory은 동양사상의 진수이다. 중용에 관한 자세한 것은 제2장의 동양사상에서 본 정책균형의 개념에서 이미 설명하였다. 그 내용을 참조하면 된다. 여기서는 중론이라고 해서 중간적 의미의 'the middle way' 가 아니라 양변을 포섭하면서도 동시에 자신의 존재적이고 인식적인 가치와 값을 온전히 지니는 보편적 조화의 상태를 의미한다는 점을 강조하고자 한다.

그러나 중용의 핵심은 논리와 논쟁의 세계가 아니라 이를 실천하는 사람이 마음의 평정을 유지하고 이를 지킬 수 있는, 즉 자신을 수련하고 교육하는 수신修身의 세계이다. 현실적으로 치우치거나 모자람이 없는, 그러면서도 이변二變이나 양변兩極의 세계를 때와 조건에 따라서 적절하게 조정하고 설정하여 시간과 공간에서 가장 합리적이고 이성적 판단과 결정을 할 수 있는 실천기준으로 중용을 활용 할 수 있을 때 보편적 조화를 달성할 수 있다고 본다. 때문에 정책균형이론에서는 정책주체의 균형감각을 중용의 실천기준으로 강조해서 설명했다. 즉 현실의 세계에서 현상의 이치와 법칙을 이해하고 그의 본질을 조명하는 이론의 세계가 모든 조건에서 보편적으로 조화되어 있을 때 이것이 진정한 의미의 균형의 세계이다. 이것을 정책현실에서 어떻게 실천할 것인가를 논의하는 것이 정책균형이론의 핵심이다.

때문에 이와 같은 실천기준이 정책현실에서 어떻게 작용할 것인가 하는 실천내용이 중요하다. 그 실천기준으로 정책의 물리적이고 정신적 인과관계와 분배의 정의를 제시하였다. 나아가 분배의 정의를 현실적으로 실천하여 정책균형을 달성할 원칙이 있어야 한다. 그것으로 상호교섭을 제시하면서 중도라고 하는 조화된 균형감각에 관한 실천철학을 강조하는 동양철학이 상호교섭의 중요한 기초가 될 수 있음을 강조한 것이다.

두 번째의 기초사상이나 이념으로 화엄철학華嚴哲學의 4법계法界 이론을 들 수 있다.[41] 우선 4법계론을 좀 더 현실적으로 이해하기 위해서는 화엄철학의 핵심적인 내용인 총체성과 상즉상입相卽相入을 이해해야 한다. 총체성totality이란 모든 존재의 가치와 본질을 포용하는 개념으로서, 존재는 각각의 고유한 영역에서 그의 작용과 역할을 수행하기 위해서 이 세

41 화엄철학philosophy of hua-yen buddhism은 大方廣佛華嚴經*Mahavaiplya-buddha-ganda-vyuha-sutra*(약칭하여 華嚴經*Avatamsaka sutra*)을 중심으로 하고 있다. 화엄철학을 때로는 화엄학華嚴學 또는 화엄사상, 화엄종hua-yen school 등으로 다양하게 부르기도 한다. 화엄철학은 방대하기 때문에 이를 실천철학으로 이해하기 어려운 것이 사실이다. 화엄철학은 실제로 화엄경을 기초로 하여 불교의 중심사상인 법신불사상과 보살 및 유심唯心사상, 법계연기와 정토사상 등 불교철학의 중심적인 내용을 담고 있는 방대하면서도 체계적인 내용으로 구성되어 있다. 따라서 분배의 정의의 원칙인 상호교섭을 응용할 수 있는 간단한 수순 정도로 한정하여 설명할 수밖에 없다. 그 중에서도 존재론적 관점에서 인간존재의 본질과 사물의 진리와 그의 작용을 설명하고 있는 법계연기사상의 핵심인 네 가지의 법계이론인 事, 理, 理事무애, 事事무애 법계의 내용만 간단히 이해하고자 한다. 여기서 설명하는 화엄철학에 관한 자세한 것은 『다차원 정책론』(이해영, 2001)의 제3장의 내용을 요약한 것이다. 때문에 구체적 참고문헌 등은 생략하였다.

상에界 존재하고 있다. 이것을 상호상즉相互相卽이라고 한다. 이것은 모든 존재하는 것들의 신성한 존재의 법칙이다.

그럼에도 불구하고 다양하고 복잡하게 고유한 영역과 활동을 가지고 있는 존재들이 자신들의 존재가치를 확인하면서도 동시에 他 존재의 가치나 영역을 부정하거나 무시하는 것은 아니다. 이것을 상호상입相互相入 또는 상호의존이라고 한다. 상호간에 의존의지만 각각은 각각의 존재의 가치를 상호존중하여 조화상태를 이루고 있다. 조화를 달성하고 있기 때문에 자신의 존재를 자각自覺하면서도 타의 존재가치를 인정하지 아니할 수 없는, 즉 자신이 존재하면서 동시에 타의 존재에도 방해나 장애가 될 수가 없다. 이것이 상호무장애 또는 무애無碍 simultaneous non-obstruction이다. 이와 같이 개체와 존재가 상호조화되어 있는 세계가 중도 또는 중용의 세계이다. 이것을 두고 상호교섭이라고 할 수 있고 또는 총체성이라고 할 수도 있다.

이와 같이 총체성이나 상호교섭의 발전정도와 그 과정에 따라서 네 가지의 법계이론이 있다. 그 중에서도 총체성의 상태가 완벽하게 실현되고 달성된 것이 사사무애事事無碍 법계이다. 이것은 총체성의 개념과 관련하여서 4법계론을 이해하기 위한 것이고 실제로 총체성의 화엄학적인 개념을 구체적으로 이해하기 위해서는 총체성의 하위개념이라고 할 수 있는 상즉과 상입의 뜻을 알아야 한다. 상즉과 상입의 원리를 이해한 후에 총체성이 달성된 법계의 연기사상, 즉 법계연기를 이해할 수 있다. 나아가 법계연기론에 의해서 구체적으로 제시된 네 가지의 법계를 체계적으로 이해할 수 있다. 또한 상즉상입한 상태를 시간적인 개념과 공간적인 개념으로 설명하는 이론으로, 하나 가운데 전체가 있고(一卽多), 동시에 전체가 곧 하나의 세계라는(多卽一) 사상도 이해할 수 있다. 그러나 상호교섭의 구체적 내용인 세 가지, 상호상즉과 상호의존 및 상호무장애의 내용에 관련된 4법계론의 내용을 간단히 설명하면서 정책균형의 분배의 정의의 실천원칙으로 이 세 가지를 다시 설명하고자 한다.

4法界論[42]

4법계론은 현상의 세계인 事와 이론의 세계인 理는 상즉相卽하여 동일하다는 총체성의 원리와 동시에 상호간에 장애나 방해되지 아니하고 의존하면서 교섭하고 있다는 법계연기 사상 등으로 정립되어 있다. 즉 실제의 세계인 事와 이론과 원리의 세계인 理의 관계나 또는 계界를 네 가지로 나누어서 이와 사의 계가 어떻게 조화되고 통합될 수 있는가 하는 것을 설명하는 사상이다

첫째, 사법계事法界는 구체적인 현상이나 개별적인 사건 또는 사물 등이 다양하면서도 고유한 독자적인 모습과 개체성을 갖추고 존재하고 있는 현실세계라고 할 수 있다. 그러나 현실세계는 스스로 독립적으로 존재할 수 있는 것이 아니라 조건들에 의해서 상호의존적으로 존재하는 세계이다.

둘째, 이법계理法界는 현상의 사물이나 사건의 존재가치나 질서 또는 실존의 법칙 등이 밝혀지는 세계이다. 실증주의 입장에서는 이법계를 과학적 검증을 거친 이론의 세계로 이해할 수 있지만 4법계론에서의 理는 모든 존재의 질서와 가치를 포용하는 원리이며 존재의 근본을 의미하고 있다.

그러나 理의 내용을 확정적으로 결정하기 어려운 것이 사실이다. 그래서 화엄철학에서는 궁극적인 理의 세계를 진여眞如 또는 진공眞空의 세계로 보고 있다. 그러나 이와 사의 세계가 두 개로 분리된 二分法的 세계란 의미는 아니며 理와 事가 전체를 형성하면서 또한 상호의존적인 세계로 설명하는 것이다.

42 4법계론의 내용은 "정책이론과 정책실제의 조화(II): 다차원 정책이론"(이해영, 1999: 365-67)에서 인용한 것이다.

셋째, 이와 사가 상입하고 상즉하기 때문에 서로가 의존하고 독립하여도 장애나 방해가 될 수 없는 불가분不可分의 단일체를 설명하는 것이 理事무애 법계이다. 따라서 현실의 세계가 곧 이론의 세계이며 그 반대도 마찬가지이다. 따라서 이사무애란 총체성의 개념에서는 이와 사의 세계의 일치나 모순 등이 서로 간에 방해되지 않고 조화를 이루고 있으며 이것이 또한 상호의존하고 있다는 의미로 해석할 수 있다.

넷째, 4법계론의 가장 핵심이 事事무애無碍이다. 이사무애는 현실의 세계인 사가 이의 세계로 환원되는 과정에서 상호간에 방해와 걸림이 없는 것을 강조하였지만 사사무애는 사와 이가 상호원융하여 서로 간에 아무런 장애가 없다면 무애를 입증하기 위한 논증 그 자체가 필요 없다는 것이다. 따라서 사법계나 이법계 또는 이사무애 법계는 그 자체로서 독립적인 실체를 가지고 있는 것이 아니다. 단지 사사무애 법계만이 실체로서, 사의 세계는 이의 세계와 다른 양상이 아닌 것으로 兩者의 세계를 자유롭게 왕래할 수 있다. 또한 반복된 동일성과 상호의존성으로서 조화롭게 포용될 수 있다는 것을 설명할 수 있는 개념이다. 이와 같은 사사무애의 법계가 달성된 세계는 차별과 구별, 같음과 다름 등의 이분적인 사고와 사건들이 원만하게 상호융화되고 조화되어 있음을 설명할 수 있다.

相互交涉의 原則

중용 또는 중도사상과 4법계론을 사상적 기초로 하는 상호교섭의 중심 내용은 상호상즉과 상호의존 및 상호무애이다.

첫째, 상호상즉相卽으로서, 이원적으로 대립하거나 대칭되는 현상 뿐만 아니라 모든 존재는 상호간에 서로의 존재의 가치나 실체를 부인하거나 부정하지 아니한다. 동시에 각각은 자신에게 고유한 침해받을 수 없고 양도할 수 없는 작용과 역할을 한다는 사실을 설명하는 개념이다. 따라서 상호상즉은 상호간의 실체를 인식하는 정도에서 끝나는 것이 아니다. 나와 남의 개체의 독자성과 존엄성을 인정하면서도 이와 같은 실체를 가진 모든 존재는 같다, 즉 범아일여梵我一如 또는 색즉시공色卽是空과 같은 사상을 전제로 하고 있다.

이와 같은 실체의 인정 사상을 일찍이 Geoffrey Vickers(1995: 82-90)도 강조하였다. 그는 전통적 자유주의나 개인주의는 사회적으로 점점 더 상호간에 의존하는 현실을 설명하기 어렵다고 보고 공동체적 사상으로, 혼자만의 인정이 아닌 상호간의 의사전달과 교감에 의한 관계적이고 간주관주의적 인식으로서 인정認定체계appreciation system를 제시하였다. 그는 인정을 판단의 중요한 부분이라고 보았다. 더구나 정책결정은 항상 무엇을 어떤 과정으로 분배할 것인가 하는 실천판단을 해야 한다. 이때의 판단은 인간 공동체를 창조하고 끊임없이 유지할 수 있는 집합적인 공유된 경험과 지식을 기억, 즉 인정하고 이에 대한 사회적 유대감과 의무를 갖는 것이 중요하다는 논의(Adams and Catron, 1994: 44-63; Forester, 1994: 64-74)도 Vickers의 주장을 잘 대변하고 있다.

Vickers의 인정체계와 비슷한 내용으로 이상익(2006: 36-8)은 각자의 이름과 존재에 고유한 몫分이 있다. 따라서 이와 같은 각자의 응분의 몫에 대한 상호간의 인정에 의한 정의로운 인간관계를 유교에서는 군신과 상하로부터 만물에 이르기까지 서로 감응感應하는 원칙이 있다고 했다.

따라서 상호상즉의 개념이 전제되어야 Rawls(2001: 42)가 주장하는 합리적 판단과 결정을 할 수 있는 평등한 인간과 조건으로서의 원초적原初的 지위가 확보되면서 상호간의 이해에 구속되지 아니한다[43]는 정의의

43 Rawls는 이와 같은 뜻을 "rational and mutually disinterested"(1999: 12)라고 표현했다. Rawls가 정확하게 밝힌 것은 없지만 그러나 'disinterested'를 단지 상호간에 아무런 교류나 공감이 없는, 즉 어떠한 상태나 상황에서도 '나는 알일 아니고 신경 쓸 것 없다'는 식의 무관심의 내용은 아닐 것

원칙이 설명될 수 있을 것이다. 그리고 자신의 이해관계에 가장 충실한 합리적 인간관과 자유주의적 원칙을 주장하는 경제학이나 기타 시장원리에 의한 분배의 정의도 설명될 수 있을 것이다.

상호상즉은 원칙적으로 모든 존재의 평등을 설명한다. 즉 독자적인 존재의 가치를 인정하면서도 동시에 동등同等하다는 절대평등이다. 그러나 평등이라고 해서 차이의 존재를 무시하는 것이 아니라 각자의 실체의 차이나 특성을 존재하는 그대로 인정한다. 그러면서도 그것이 너와 내가 차이가 있는 것이 아니라 실세계에서 자신만의 고유한 기능과 역할을 다할 수 있다는 평등이다.

때문에 정책균형은 우선적으로 상즉에 의한 평등의 실현을 설명할 수 있다. 정책의 결정 그 자체는 이와 같은 상호상즉에 타당한 평등원칙을 실현하기 위한 것이다. 동시에 정책의 실현에 의하여 원초적 입장이나 조건에 변화가 발생하여 그것으로 상즉의 평등이 파괴된다면 이것을 수정하고 교정하고 보상할 정책이나 결정과정을 끊임없이 상즉의 상태가 될 수 있도록 조정하는 것이 정책균형이다. 이것을 담보할 수 있어야 정책을 통한 분배의 정의가 실현될 수 있다는 의미이다.

정책균형의 기준으로 본 분배의 정의는 무엇을 분배할 것인가 하는 분배의 대상이나 방법 또는 분배의 절차(이것을 절차적 정의라고 할 수 있다)도 또한 중요하다. 즉 분배의 결과에 의한 정책균형만이 아니다. 정책이 추구하는 이상과 목표에 따라서 분배의 대상은 다양할 수 있다. 이것을 Rawls가 주장하듯이 제1의 사회재화로 규정할 필요는 없을 것이다. 따라서 분배의 대상은 물리적이거나 非물리적일 수도 있다. 어느 것이

이다. 왜냐하면, 그와 같은 상황은 무정부 상태의 밀림의 자유에 의한 약육강식이나 먹이사슬에 의한 분배의 정의가 지배하는 사회이다. 때문에 이것을 Rawls가 정의의 원칙으로 주장하지는 아니 했을 것이다.

중요하다는 절대평가가 아니라 정책의 목적과 이상, 분배 당사자들의 심리적이고 경제적 효용과 만족도 등에 따라서 달라질 수 있다. 그래서 정책균형에서 본 분배의 정의는 상호의존이라는 각자의 존재가치가 의존적으로 결정되지만 상호상즉의 실체를 전제로 하는 의존임을 강조할 수 있다.

둘째, 때문에 정책균형의 분배의 정의는 상호의존적이다. 상호간에 상즉한다고 해서 모든 개체나 존재가 항상 자신의 세계에만 安住하며 자신의 입장에서 판단하고 결정해 버리는 것은 아니다. 그렇다면 이것은 '사회' 라는 개념이나 상황이 아닌 로빈슨 크루스 방식의 분배이다. 상즉하지만 의존한다는 것이다. 의존하지만 짐이 되거나 방해가 되는 의존이 아닌 상즉을 전제로 한 의존으로서 상호주의나 호혜주의 등으로 표현되는 내용과 같다.

이것은 앞서 설명한 상호간의 정의의 내용에 해당되는 것으로, 공정한 몫desert에 대한 수용, 타인의 존재에 대한 존경과 존중, 사회적 가치와 질서에 대한 수용, 민주주의, 상호협력과 작용, 차등의 원칙의 준수 등과 같은 분배의 정의의 원칙이나 방법 등을 설명할 수 있는 개념이다. 마찬가지로 공정한 사회교환이나 상호작용이론이 주장하듯이, 정당한 분배의 정의는 상호간의 특성과 특징 및 비교우위의 가치를 인정하면서 자신의 강점과 특권으로 생산한 자원과 가치 및 기회를 공정하게 교환할 수 있을 때 분배의 정의는 실현될 수 있다는 이론들이(Adams, 1965: 267-99; Dworkin, 1981a: 185-246) 정립될 수 있다.

또한 상호의존은 서로간에 의존하면서 발생할 수 있다는 연기사상적 입장에서 분배의 정의를 진화개념(Alexander, 2000: 490-516)에서 설명할 수도 있다. 즉 연기는 인연에 의하여 발생되는 것으로 의존하면서 발생되는 것mutually depending arising을 설명한다. 따라서 상호간에 의존하는 그 자체로서 마감되는 것이 아니라 새로운 인연, 즉 새로운 것을 생산하고 창조하는 의존이다. 그래서 연기사상에서 설명하는 상호의존은 존재론적 생성의 인과관계를 설명하고 있다. 즉 만약 이것이 있으면 저것이 존재하고 그리고 저것이 발생하면 이것이 발생하지만, 단순히 쇠사슬과 같은 연결고리에 의한 작용이 아니라 과거나 현재에 존재하는 것과는 다른 차원의 새로운 것의 발생을 설명하고 있다(홍성기, 2007: 239-69). 때문에 진화개념으로서 상호의존을 설명할 수 있다.

그러나 정책균형을 실천할 분배의 정의도 공정한 상호간의 교환이지만 교환 그 자체가 아니라 교환이나 상호작용에서 발생될 새롭게 창출된 가치를 어떻게 분배할 것인가 하는 점에 초점을 두고 있다. 그렇지 않고 존재하는 자원이나 사회적 기회만을 끊임없이 분배한다면 정체된 균형은 될 수 있지만 동태적이고 연속적 과정으로서 균형은 아니다.

상호의존 개념과 관련하여 의존하는 개인의 인식과 동기부여의 정향에 따라서 Morton Deutsch(1985: 74-95)는 의존의 유형을 협력 대 경쟁, 평등한 권력 대 불평등한 권력, 객관적인 과업 중심 대 주관적인 사회적 감성(즉 감정개입과 분리의 대결), 공식적 관계 대 비공식적 관계, 깊은 관계 대 피상적 관계 등 다섯 가지로 분리하여 설명하였다. 이와 같은 상호간의 의존을 특히 화엄철학의 대표적 이론으로 6상원융론六相圓融論을 들 수 있다.

보편성을 의미하는 총상總相과 특수성의 별상別相은 각각의 본질에서 대칭되어 있다. 그리고 이와 같은 본질의 작용 측면에서 보면 동일성의 동상同相과 차이성의 이상異相으로도 대칭되고 있다. 또한 각 개체의 특성에서 보면 통합성의 성상成相과 해체성의 괴상壞想으로 대칭되고 있다. 때문에 상호간에 의존하면서 각각의 반대되는 개념들이 더욱 뚜렷이 존재하고 있다는 사실을 부각시킬 수 있다. 그러나 이것이 그 자체로서 존재하는 것이 아니라 서로간에 조화롭게 종합되어 있는, 상즉상입의 상태를 설명하는 이론이다(김천학, 역주, 1998: 75-6).

따라서 Deutsch의 논의나 6상원융론은 이와 같은 관계의 의존유형들이 변화되면서 대립이 아니라 조화를 추구하는 것이 궁극적 목적이라고 보았다. 특히 국제적으로 자원과 기회가 점점 더 의존적으로 변화되고 있는 현실에서 분배의 정의를 세계적으로 통용되는 이론으로 구축하기 위해서 국제적 의존의 도덕적 중요성을 지적한 것이나(Caney, 2005: 389-99) 또는 미시적으로 집단에서의 정의를 인식하는 정도는 집단의식을 통한(즉 상호상즉) 상호간의 의존성이 중요한 변수로 작용한다는 실험결과가 밝혀지기도 했다(Roberson, 2006: 323-44).

이와 같은 조화의 추구는 마찬가지로 상호의존에서도 대단히 중요하다. 의존하는 실체들이 항상 대립적으로 발전하거나 진보하는 개념이 아니라 상호의존은 상호간에 조화롭게 종합되어 있는 총체성을 전제로 하고 있다. 하나의 예로, 우주만유의 상태를 총합적으로 보는 상태와 각각의 구체적 개념으로 보는 상태, 동일한 상태와 서로 다르다는 상태, 인연에 의하여 생성되면서 소멸되지만 스스로의 존재형태를 고수하여 본성에서는 조금도 변화되지 않는 상태 등이 원만하게 조화된 상태를 총체성이라고 할 수 있다. 그렇다면 앞서 대칭적 의존유형이 조화된다는 지적이나 총체성에서 설명하는 원만조화의 내용은 같다. 때문에 상호의존은 반드시 조화되는 의존이면서 각자의 실체를 원만히 실현하는 의존이라는 사실을 강조하고 있다.

상호의존 개념이 정책균형이론에서는 정책의 인과관계로도 설명될 수 있다. 정책의 인과관계는 정책 그 자체의 독립변수적 성격에 따라서 발생되는 시간적 순차順次에 종속되는 결과의 인과관계를 분석하거나, 정책의 비용부담과 그에 따른 정책의 혜택이나 효용과의 원인과 결과의 작용관계를 과학적이고 물리적으로 설명하기도 한다. 그러나 정책은 본질적으로 정책이념과 철학에 의한 목표지향적이다. 따라서 정책을 중심으로 하는 인과관계는 물리적 인과 뿐만 아니라 정책이 추구하는 이상과 비전 및 가치를 실현하는 정책과 정책주체 및 정책결과 등과의 정신적 인과관계도 설명할 수 있어야 정책균형의 실체를 설명할 수 있다(자세한 것은 제1절 참조).

정책의 정신과 물질의 인과관계에서, 물론 인과요소와 특성 및 내용은 독자적 존재가치와 값을 가지고 있는 상즉相卽이지만 이것이 상호간에 의존하여 발생하는, 즉 연기하면서 동시에 실존가치를 실현하는 사실을 설명할 수 있는 상호의존의 개념이 이제 필요하다.

정책균형의 실현을 정책 그 자체가 상호간에 의존하고 있다는 사실에서부터 먼저 설명할 수 있다. 정책의 독자성이나 특성에 의한 존재가치를 인정하면서도 모든 정책은 정책문제나 과제 그 자체에만 고유한 역할과 기능을 하는 것이 아니라 의도적이든 또는 우연이든, 아니면 제3의 매개媒介에 의한 작용이든 항상 연계되어 의존하고 있다. 물론 상위 수준의 정책과 구체적 하위 수준의 프로그램의 체제적 연계 뿐만 아니라 정책목표와 이념에 따라서 정책을 결정하고 집행할 때에도 전혀 관계없는 정책이란 존재하기 어렵다. 때문에 이렇게 연계된 정책의 상호의존적 연기에 의한 정책균형의 실체를 설명할 수 있어야 궁극적으로 다차원적 정책의 실상을 정책균형이론으로 설명할 수 있다.

그래서 독자적 의미의 정책이 아니라 다차원적 의미의 정책을 강조하면서 정책의 다양한 요소들이 상호간에 원만히 조화되는 상태를 정책에서의 분배의 정의가 달성된 상태라고 설명할 수 있다. 이와 같이 다차원적 정책의 조화상태를 다음의 상호무애의 개념에서도 더욱 분명히 설명될 수 있다.

셋째, 상호무애無碍로서, 상호간에 의존하지만 장애나 방해로서의 의존이 아닌 창조적 진화로서 의존하는 상태를 상호교섭은 상호무애 또는 무장애라고 할 수 있다.[44]

상호의존의 개념으로 상호무애도 설명할 수 있다. 그러나 상호무애는 상호의존하는 사건이나 사상 또는 행위들이 서로간에 영향력을 미칠 수 있는 범위나 영역들이 언제나 일정한 경계, 즉 상즉을 가지고 있지만 계界 그 자체로서 또는 의존해서 존재의 의미가 발생되는 것이 아니라 상호간에 원융하여 조화된 상태를 연출할 때 의미가 있다는 사실을 강조하기 위해서이다. 그래서 무애는 원융하여 조화를 달성한 상태를 의미한다. 따라서 이것은 정책에 의한 분배의 정의의 실천과정이 아니라 분배의 결과에 대한 정의로운 상태를 설명할 수 있는 개념이다.

이와 같은 상호무애는 시간과 공간적인 조화를 설명할 수 있다. 먼저 공간적으로 존재하는 것은 그들의 차이점이나 특성, 다양성을 그대로 유지하면서 상호간에 방해나 장애가 되지 아니하고 있다. 그러면서도 동시에 각자의 가치를 실현하고 있다. 이것을 自在라고 할 수 있다. 다양한 공간에서도 스스로의 존재가치를 유지하면서 상대방의 존재의 실현에 방해나 장애가 되지 아니하는 조화이다.

그러나 이와 같은 조화의 상태가 어느 시기나 시점 또는 미래의 어느 한정된 시기에만 가능한 것이 아니라 언제나 가능한 중중무진重重無盡이다. 때문에 시간적으로도 조화된 상태를 설명할 수 있다. 즉 시간적으로

44 물론 항상 창조적 진화만 발생하는 것은 아니다. 특히 정책이 진화의 수단으로 사용될 경우에 정책에 의한 이해관계의 불균형이 심화되어 발생되는 사회적이거나 개인적 갈등이나 불만 등은 분명히 부정적 진화이다. 그러나 여기서 창조적 진화라고만 표현한 이유는 정책균형의 개념적 본질은 이와 같은 부정적 진화를 수정하거나 교정하는 새로운 차원의 정책을 계속적으로 진행시키기 때문이다. 그래서 정책균형에서의 분배의 정의는 경제학이나 체제이론 등에서 설명하는 일반적 균형이론equilibrium theory이 아니라 정책을 중심으로 하는 인과의 계속과정에서의 균형이론balancing theory이라는 점을 강조했었다.

상호간의 무애는 동시에 구기俱起하면서 동시에 무애無碍하다는 뜻이다. 모든 존재의 가치는 시간적 선후先後나 완속緩速에 따라서 차이가 있거나 달라지는 것이 아니다. 자신의 역할과 가치를 실현하기 위해서 그 때에 존재한다는 것이다. 그러면서도 동시에 他의 존재에도 방해가 될 수 없다는 뜻이다.

따라서 이와 같은 공간과 시간에서의 상호무애의 개념이 전제되면, Rawls의 제1의 사회재화, 특히 그 중에서도 자존심이 가장 중요한 분배의 대상이라는 차등의 원칙이나 원초적 입장, 배경정의 등이나, Young(1990: 163-73)이 주장하는 문화적이고 정치적이며 세력적인 집단간의 차이를 인식하는 분배의 정의, 모든 인간은 그들이 분배할 대상을 창조하고 인식하기 때문에 확고한 실체에서 때와 장소와 기준 등에 따른 자율적인 분배론을 주장한 Walzer(1983: 8-10)의 입장 등을 쉽게 이해할 수 있을 것이다. 즉 다양한 원초적 입장이나 집단간의 차이 또는 자율적 분배 등을 강제적으로 수정하고 교정하여 분배하는 것은 분배의 정의가 아니다.

물론 다양한 정의론이나 분배의 정의 등이 구체적으로 상호무애의 개념을 이해하거나 전제로 하고 있는 것은 아니다. 때문에 여기서 이해하기 쉽다는 의미는 상호무애 등의 개념을 먼저 인식하고 설명할 수 있는 입장에서 이와 같은 다양한 이론들을 보다 쉽게 자신의 입장에서 이해할 수 있다는 뜻이다.

예를 들면, Rawls의 입장에서 본 분배의 정의에 관한 내용을 보면, 그는 강하게 자신의 정의론을 종교적이거나 윤리적이며 형이상학적 개념이 아니라 민주주의에서 정치철학적 개념이라고 주장했다(1985: 223; 2001: xvii-xviii). 그러나 그가 주장하는 내용들, 예를 들면, 합리적 정보와 지식을 가진 당사자들이 자유롭고도 평등한(공평성) 상태에서 사회적 협력과 계약을 만든다는 원초적 입장은 본질적으로 추상적이고 가설적이라는 주장(2001: 16), 상호간에 무지의 장막속에서 정의의 원칙이 진행된다는 주장(1999: 11), 상호주의 원칙(2001: 77) 또는 시간에 관계없이 공정한 사회협력을 보장할 수 있는 배경정의(2001: 50-2) 등을 보면 그가 아무리 부인한다고 해도 본질적으로 종교적이고 윤리적이라고 할 것이다(Alejandro, 1996: 1). 만약이지만 Rawls가 상호교섭 원칙의 전제 개념 등을 이해할 수 있었더라면 보다 분명하게 그의 정의론의 철학적 입장을 주장할 수 있었을지도 모른다고 추측해 볼 수 있다. 그래서 Rawls의 정의의 원칙에 관한 배경설명이나 주장은 상당히 산만하고 중복적이라는 사실을 느낄 수 있다.

상호무애는 자신의 입장에 가장 충실하면서도 타인의 입장의 실현과 사회적으로 조화되는 범위에서 가능하다. 때문에 분배의 정의는 자원이나 기회 등을 강제적으로 분배하여 그 원초적 입장이나 차이 등을 수평적으로 평등화시키는 것이 아니다. 대신에 불균형과 불평등이 발생된 조건과 차이를 정책을 통하여 수정하고 교정하였을 때 그와 같은 불균형의 조건 등이 원래의 원초적 조건이나 차이와 동등할 수 있다. 이것을 사회적으로 가장 조화로운 분배로 인정하고 수용할 때 분배의 정의는 실현된다고 설명할 수 있다.

따라서 결론적으로 상호상즉과 의존 및 상호무애의 개념 등이 전제되어야 이제 다양한 조건들이 조화된 상태로서 존재하는 상호교섭의 의미를 완성된 내용으로 설명할 수 있다. 각자의 실체를 정확하게 유지하고 실천하면서도 상대방에 대한 방해나 장애의 실체가 아닌 중중무진과 동시구기와 동시무애의 연기상황을 한 마디로 교섭交涉이라고 할 수 있다.[45]

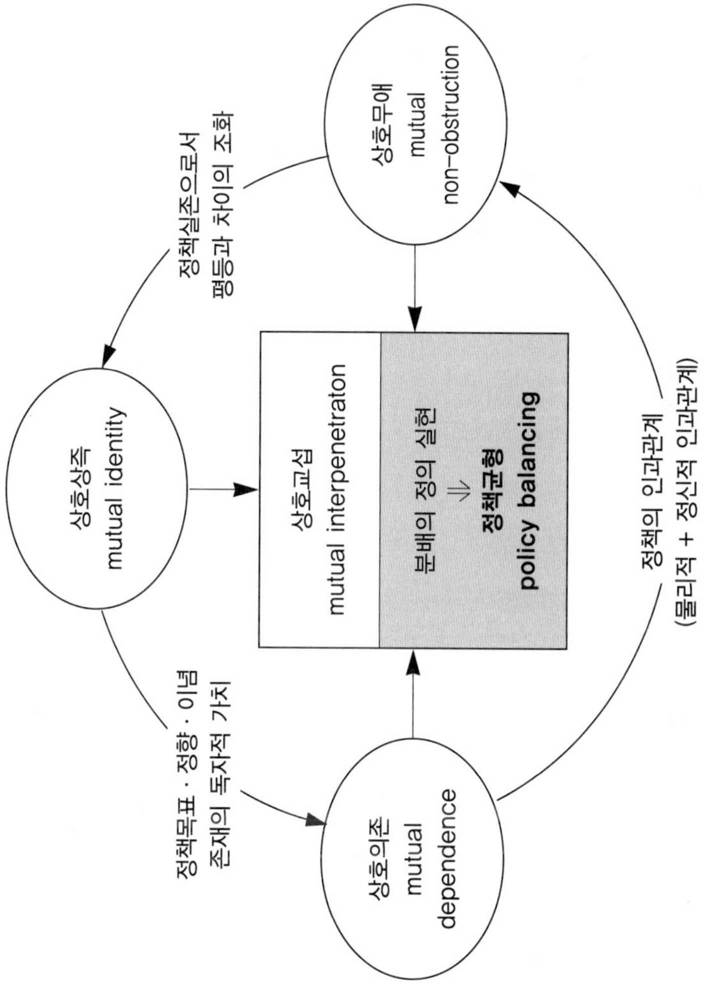

〈그림 4-4〉 상호교섭 원칙에 의한 정책균형

45 이와 같은 교섭의 의미를 종교철학자인 Garma Chang(1971: 121)은 영어로 "mutual(inter) penetration=simultaneous mutual arising+simultaneous mutual entering+simultaneous mutual containment"라고 설명하기도 했다.

이와 같은 상호교섭의 원칙을 〈그림 4-4〉와 같이 요약정리할 수 있다. 즉 정책의 목표와 존재의 가치, 정향, 정책이념, 정책의 주체 및 대상자 또는 정책 그 자체는 스스로의 존재와 실체를 분명히 정립하고 있다는 사실을 상호상즉으로 설명하고 있다. 상호간의 상즉은 의존하고 있지만 상즉에 의한 정책 고유의 가치와 존재를 자유롭고 정의롭게 교환한다는 의미이다.

또한 이것이 발생하면 저것이 발생하는 연기적 의존관계가 상호의존이다. 이것을 가장 중심적으로 설명하는 것이 정책에서 물리적이거나 정신적인 인과관계에 관한 이론이다. 그리고 상호간의 상즉과 의존이지만 상대방의 존재의 가치나 실현에 방해나 장애가 되는 것이 아니다. 각자의 고유한 실체에서 차등과 차이가 상호간에 원만하게 조화된 평등의 상태가 상호무애이다.

이와 같은 세 가지의 전제가 동시에 진행되면서 정책에서의 분배의 정의를 실천적으로 설명할 수 있을 때 정책은 균형되었다 또는 동태적으로 균형되고 있다고 할 수 있다.

〈그림 4-4〉와 같이 상호교섭 원칙에 의한 정책균형의 실천기준과 이론을 정리하면서 '혁신도시건설 정책'을 구체적 정책사례로 예시例示하여 정책균형이론의 현실적 실천가능성 등을 다음 제5장에서 자세히 설명하고자 한다.

참고문헌

고 목, 2006, 『신유식학』, 밀양: 도서출판 밀양.

고종욱 · 서상혁, 2003, "분배 및 절차공정성이 지방공무원의 직무태도에 미치는 영향," 『한국지방자치학회보』 15(4): 117-36.

김광수, 1990, "법칙과 마음의 존재론적 지위," 『철학』 34: 41-65.

김광수, 2003, "심리철학과 정신의 자율성," 『철학적 분석』 7: 1-27.

김도종, 1999, "역사적 세계에서의 인과법칙," 『역사와 사회』 3(23): 15-43.

김명석, 2004, "자유의지는 논증될 수 없는가?" 『철학적 분석』 10: 111-37.

김인규, 2004, "공자의 정치사상," 『한국철학논집』 14: 38-68.

김천학, 역주, 1998, 표원 輯, 『화엄경문의요결문답』, 서울: 민족사.

김형렬, 2003, "정책은 철학이다", 『한국정책논집』 3: 1-20.

남궁근, 1993, "다원적 인과관계에서 원인변수의 상대적 영향력 비교방법," 『한국정책분석평가학회보』 3(1): 39-55.

박병련, 1998, "한국행정문화의 기층구조," 강인제 · 이달곤 편, 『한국행정론』, 351-72. 서울: 대영문화사.

배미애, 2003, "사회정의와 복지지리학에 관한 고찰," 『한국지역지리학회지』 9(4): 546-58.

백도형, 2004, "기능적 환원주의와 인과적 세계관: 김재권과 암스트롱의 실재론," 『철학적 분석』 9: 1-31.

소명진, 2004, "행정학에 있어서 현상학적 방법의 가능성 탐색," 『한국행정학보』 38(4): 1-20.

서용원, 2002, "공성성 지각과 리더 행동간의 관계," 『한국심리학회지: 산업 및 조직』 15(3): 113-32.

서제갑, 2003, "유식학에서의 四分설," 『동서철학연구』 29: 283-301.

양은석, 2002, "자연주의 두 얼굴: 과학주의 대 반과학주의: 후기 비트겐슈타인과 콰인의 철학관을 중심으로," 『철학』 73: 127-48.

윤보석, 2003, "정신의 자율성과 인과성," 『철학적 분석』 8: 63-91.

윤보석, 2005, "유형 부수현상론 문제해소를 위한 한 전략," 『철학사상』 20: 137-165.

이용규 · 정석환, 2007, "공조직에서 조직공정성이 구성원의 혁신행동에 미치는 영향," 『정부학연구』 13(1): 7-34.

이상익, 2006, “정의관의 충돌과 변용: 근대 한국의 정의관,” 『정치사상연구』 12(2): 34-58.
이종왕, 2004, “왜 환원주위를 받아들일 수 없는가?” 『범한철학』 33: 57-80.
이종은, 1985, “경제상황과 배분적 정의,” 『한국정치학회보』 19: 231-45.
이좌용, 2006, “심성과 인과성,” 『철학적 분석』 14: 171-87.
이중표, 1991, 『아함의 중도체계』, 서울: 불광출판사.
이해영, 1999, “정책이론과 정책실제의 조화(II): 다차원 정책론,” 『한국정치학회보』 33(4): 359-77.
이해영, 2005, “정책리더십의 접근방법으로 자정모형의 가능성탐색,” 『한국정치학회보』 39(2): 7-26.
임의영, 2003, “사회적 형평성의 개념적 심화를 위한 정의론의 비교연구: Rawls에 대한 Nozick, Walzer, Young의 비판적 논의를 중심으로,” 『한국사회와 행정연구』 14(2): 47-64.
장동진, 1991, “분배정의와 평등: 한국정치에 있어서의 분배문제 해결을 위한 이론적 논의,” 『한국정치학회보』 25(2): 615-43.
장동진, 2006, “서양 정의이론의 동아시아 수용: 롤즈 정의이론의 한국적 이해,” 『정치사상연구』 12(2): 80-152.
장성수, 1984, “분배정의와 절차정의가 보상의 불만족에 미치는 효과,” 『사회심리학연구』 2(1): 193-218.
전성표, 2006, “배분적 정의, 과정적 정의 및 인간관계적 정의의 관점에서 본 한국인들의 공평성 인식과 평등의식,” 『한국사회학』 40(6): 92-127.
전재성, 1999, 『초기불교의 연기사상』, 서울: 한국빠알리성전협회.
정석환 · 주영종, 2005, “시스템다이내믹스 방법론을 이용한 정책파급효과분석: 성매매특별법을 중심으 로,” 『한국행정학보』 39(1): 219-36.
정정길, 2002, “정책과 제도의 변화과정과 인과법칙의 동태적 성격: 시차적 접근방법을 위한 제언,” 『한국정책학회보』 11(2): 255-72.
한정섭 · 경철 편역, 1979, 『구사론 · 유식론』, 梶川乾堂 · 慈明 原著, 서울: 법륜사.
홍성기, 2007, “연기(緣起)의 관계론적 해석에 기반 한 “공동체자유주의”의 재구성,” 『한국불교학』 48: 239-69.
홍승표, 1999, “동양사상과 사회과학의 새로운 정체성 모색,” 『사회과학논총』 18(2): 1-8.
Adams, Guy B. and Bayard L. Catron, 1994, “Communitarianism, Vickers, and Revisioning American Public Administration,” *American Behavioral Scientists* 38(1): 44-63.
Adams, J. Stacy, 1965, “Inequality in Social Exchange,” Leonard Berkowitz, ed., *Advances in Experimental Social Psychology* : 267-99, vol. 2, New York: Academic Press.

Alejandro, Roberto, 1996, "What Is Political about Rawls's Political Liberalism?" *The Journal of Politics* 58(1): 1-24.

Alexander, J. McKenzie, 2000, "Evolutionary Explanations of Distributive Justice," *Philosophy of Science* 67(3): 490-516.

Arneson, Richard J., 1989, "Equality and Equal Opportunity for Welfare," *Philosophical Studies* 56: 77-93.

Bon, Douglas G. and Jong-Chul Park, 1989, "Notions of Distributive Justice: A Comparative, Empirical Test of Rawls's Theory of Justice in Korea and the United States," *Pacific Focus* 4(1): 47-63.

Bowie, Norman E. 1971, *Towards a New Theory of Distributive Justice*, Amherst: University of Massachusetts Press.

Braybrooke, David and Charles E. Lindblom, 1963, *A Strategy of Decision: Policy Evaluation as a Social Process*, New York: The Free Press.

Caney, Simon, 2005, "Global Interdependence and Distributive Justice," *Review of International Studies* 31(2): 389-99.

Chang, Garma C. C. 1971. *The Buddhist Teaching of Totality: The Philosophy of Hwa Yen Buddhism*, University Park: Pennsylvania State University Press.

Clayton, Philip, 2004, "Natural Law and Divine Action: The Search for Expanded Theory of Causation," *Zygon* 39(3): 615-36.

Cohen, G. A. 1997. "Where the Action Is: On the Site of Distributive Justice," *Philosophy and Public Affairs* 26(1): 3-30.

Cook, Thomas D. and Donald T. Campbell, 1979, *Quasi-Experimentation: Design & Analysis Issues for Field Settings,* Boston: Houghton Mifflin Co.

Cudd, Ann E., 1996, "Is Pareto Optimality A Criterion of Justice?" *Social Theory and Practice* 22(1): 1-34.

Davidson, Donald, 1993, "Thinking Causes," in John Heil and Alfred Mele (ed.), *Mental Causation*: 3-17, Oxford, UK: Oxford University Press.

DeLeon, Peter, 1997, *Democracy and Policy Sciences*, New York: State University of New York Press.

Deutsch, Morton, 1985, *Distributive Justice: A Social-Psychological Perspective*, New Haven: Yale University Press.

Dretske, Fred, 2003, "Mental Events as Structuring Causes of Behavior," in John Heil and Alfred Mele (ed.), *Mental Causation*: 121-36, Oxford, UK: Oxford University Press.

Dror, Yehezkel, 1993, "Policy Professionalism as a Vocational Calling," *Policy Studies Journal* 21(1): 6-13.

Dworkin, Ronald, 1981a, "What Is Equality? Part 1: Equality of Welfare," *Philosophy and Public Affairs* 10(3): 185-246.

Dworkin, Ronald, 1981b, "What Is Equality? Part 2: Equality of Resources," *Philosophy and Public Affairs* 10(4): 283-345.

Fleischacker, Samuel, 2004, *A Short History of Distributive Justice*, Cambridge: Harvard University Press.

Flyvbjerg, Bent, 2001, *Making Social Science Matter: Why Social Inquiry Fails and How It Can Succeed Again*, Cambridge, UK: Cambridge University Press.

Forester, John, 1994, "Judgment and the Cultivation of Appreciation in Policy-Making," *American Behavioral Scientists* 38(1): 64-74.

Gerring, John, 2003, "Causation: A Unified Framework for the Social Sciences," A paper presented at the annual meeting of the American Political Science Association, Philadelphia, 2003.

Gustafsson, Martin. 2004. "On Rawls's Distinction between Perfect and Imperfect Procedural Justice," *Philosophy of the Social Sciences* 34(2): 300-5.

Hochman, Harold M., 1994, "Economics and Distributive Ethics," *Society* 32(1): 35-42.

Kaufman, Herbert, 1956, "Emerging Conflicts in the Doctrines of Public Administration," *American Political Science Review* 50(4): 1057-73.

Keller, Simon, 2002, "Expensive Tastes and Distributive Justice," *Social Theory and Practice* 28(4): 529-53.

Kim, Jaegwon, 1999, *Mind in A Physical World: An Essay on the Mind-Body Problem and Mental Causation*, Massachusetts: MIT Press.

Kim, Jaegwon, 2005, *Physicalism, or Something Near Enough*, New Jersey: Princeton University Press.

Lambert, Eric G., Terry Cluse-Tolar, Sudershan Pasupuleti, Daniel E. Hall, and Morris Jenkins, 2005, "The Impact of Distributive and Procedural Justice on Social Service Workers," *Social Justice Research* 18(4): 411-27.

Lasswell, Harold D. 1936, *Politics: Who Gets What, When, How*, New York: Peter Smith.

Lasswell, Harold D., 1943, "Memorandum: Personal Policy Objectives," in "On the Policy Sciences in 1943: Harold D. Lasswell," Ronald D. Brunner and Andrew R. Willard, 2003, *Policy Sciences* 36(1): 71-98.

Little, Dan, 2001, "Causation in Meso-History," Internet Material form University of Michigan-Dearborn.

Lowi, Theodore J. 1972, "Four Systems of Policy, Politics, and Choice," *Public Administration Review* 32(2): 298-310.

MacIver, Philip, 1973, *Social Causation*, Massachusetts: Peter Smith.

MacRae, Duncan, Jr., 1985, *Policy Indicators: Links Between Social Science and Policy Debate*, North Carolina: University of North Carolina Press.

Makoba, J. Wagona, 1993, "Toward a General Theory of Social Exchange," *Social Behavior and Personality* 21(3): 227-40.

Marris, Robin, 1999, "Keynesian Economics in the Twenty-first Century," *Economic Affairs* 19(1): 24-9.

McLaughlin, Brian P., 2003, "On Davidson's Response to the Charge of Epiphenomenalism," in John Heil and Alfred Mele (ed.), *Mental Causation*: 27-40, Oxford, UK: Oxford University Press.

Mellor, D. H., 1995, *The Facts of Causation*, London, UK: Routledge.

Menzies, Peter, 2003, "The Causal Efficacy of Mental States," in Walter, Sven and Heinz-Dieter Heckmann(ed.), *Physicalism and Mental Causation*: 195-23, Essex, UK: Imprint Academic.

Morcol, Goktug, 2002, *A New Mind for Policy Analysis: Towards a Post-Newtomian and Postpositivisdt Epistemology and Methodology*, Westport, CT: Praeger Publishers.

Morris, Christopher W. 2004, "The Trouble with Justice," *Philosophy & Public Policy Quarterly* 24(3): 14-20.

Murphy, Liam B. 1999, "Institutions and the Demands of Justice," *Philosophy and Public Affairs* 27(4): 251-91.

Nowakowski, Jaclyn M. and Donal E. Conlon, 2005, "Organizational Justice: Looking Back, Looking Forward," *International Journal of Conflict Management* 16(1): 4-29.

Nozick, Robert. 1974. *Anarchy, State, and Utopia*, New York: Basic Books, Inc.

Page, Benjamin I., *Who Gets What from Government*, California: University of California Press.

Pogge, Thomas W. 2000, "On the Site of Distributive Justice: Reflections on Cohen and Murphy," *Philosophy and Public Affairs* 29(2): 137-69.

Pops, Gerald M and Thomas J. Pavlak, 1991, *The Case for Justice: Strengthening Decision making and Policy in Public Administration*, San Francisco: Jossey-Bass Publishers.

Rawls, John, 1985, "Justice and Fairness: Political Not Metaphysical," *Philosophy & Public Affairs* 14(3): 223-51.

Rawls, John, 1999, *A Theory of Justice*, revised edition, Massachusetts: Harvard University Press.

Rawls, John, 2001. *Justice as Fairness: A Restatement*, Cambridge: The Belknap Press of Harvard University Press.

Rescher, Nicholas, 2002, *Fairness: Theory and Practice of Distributive Justice*, New Brunswick: Transaction Publishers.

Roberson, Quinetta M. 2006, "Justice in Teams: The Effects of Interdependence and Identification on Referent Choice and Justice Climate Strength," *Social Justice Research* 19(3): 323-44.

Roberson, Quinetta M., and Marcus M. Stewart, 2006, "Understanding the Motivational Effects of Procedural and Informational Justice in Feedback Processes," *British Journal of Psychology* 97(3): 281-98.

Roberts, Nancy C., 1992, "Policy Entrepreneurship and Innovation," *Policy Studies Review* 11(1): 55-74.

Roemer, John E. 1996, *Theories of Distributive Justice*, Cambridge: Harvard University Press.

Ryan, John A. 1916, *Distributive Justice: The Right and Wrong of Our Present Distribution of Wealth*, New York: Macmillian Co.

Sabatier, Paul A. and Hank C. Jenkins-Smith, 1993, "The Advocacy Coalition Framework: Assessment, Revisions, and Implications for Scholars and Practitioners," in *Policy Change and Learning: An Advocacy Coalition Approach*, edited by Sabatier and Jenkins-Smith: 211-35, Colorado: Westview Press.

Scheines, Richard, 2002, "Computation and Causation," *Metaphilosophy* 33(1/2): 158-80.

Selden, Sally C. 1998, *The Promise of Representative Bureaucracy: Diversity and Responsiveness in Government Agency*, New York: M. E. Sharpe.

Sen, Amartya, 1985, *Commodities and Capabilities*, Amsterdam: North-Holland.

Starling, Grover, 1985, "New Issues in the Logic of Policy Analysis," *Policy Studies Review* 5(2): 207-19.

Svara, James H., 1994, "Redefining Leadership in Local Government: The Facilitative Model," in *Facilitative Leadership in Local Government: Lessons from Successful Mayors and Chairpersons*, edited by Svara: 1-33, California: Jossey-Bass Publishers.

Tooley, Michael, 1997, *Time, Tense, and Causation*, New York: Clarendon Press.

Vickers, Geoffrey, Sir., 1995(1965), *The Art of Judgment: A Study of Policy Making*, Centenary Edition, Thousand Oaks: SAGE Publications.

Walter, Sven and Heinz-Dieter Heckmann, 2003, *Physicalism and Mental Causation*, Essex, UK: Imprint Academic.

Walzer, Michael, 1983, *Spheres of Justice: A Defense of Pluralism and Equality*, New York: Basic Books.

Weimer, David L., 2005, "Institutionalizing Neutrally Competent Policy Analysis: Resources for Promoting Objectivity and Balance in Consolidating Democracies," *Policy Study Journal* 33(2): 131-46.

Young, Iris M. 1990, *Justice and the Politics of Difference*, Princeton: Princeton University Press.

Young, Iris M. 1997, *Intersecting Voices: Dilemmas of Gender, Political Philosophy, and Policy*, Princeton: Princeton University Press.

제 5 장 | 政策均衡理論의 實踐: 政策事例에의 適用

1절 政策均衡理論의 實踐

2절 革新都市建設 政策에의 適用

1. 政策의 特性
2. 政策의 因果關係
   物理的 因果關係
   精神的 因果關係
3. 政策의 分配의 正義
4. 政策均衡

제 5 장

政策均衡理論의 實踐: 政策事例에의 適用

1절 政策均衡理論의 實踐

정책의 이론적이고 현실적 필요성에 의하여 제시된 정책균형이론을 연속적이고 동태적 균형balancing 개념에 의한 하나의 정책이론으로 정립하기 위해서 지금까지 이론적 측면에 초점을 두고 설명하였다. 이와 같은 이론적 패러다임에 따라서 제5장에서는 구체적 정책문제나 사례에서 정책균형이론을 어떻게 적용하고 설명해 볼 것인가 하는 실천적 측면에서 이것을 설명하고자 한다.

모든 학문분야에서 이론과 현실의 조화, 즉 이론의 현실적용이나 적실성 또는 이론의 현실에 대한 타당성 등이 동서고금을 막론하고 중요한 과제였다. 아마도 영원히 이론과 현실의 괴리현상theory–practice dichotomy은 해결될 수 없는 숙제일지도 모른다. 그러나 모든 이론은 항상 현실을 모태로 하면서, 현실에서 검증되고 현실에서 그 자생력을 발휘할 수 있어야 이론으로서 완성된 형태를 갖추게 된다. 특히 정책학은 정책문제나 과제라고 하는 정책현실에 타당하고 적절한 정책이론을 추구하고 형성할 응용사회과학으로서 존재목적을 가지고 있다. 때문에 정책이론은 정책현실에서 그 타당성을 인정받을 수 있어야 한다.[1]

그러나 정책이론이 항상 그리고 확실하게 정책현실을 설명할 수 있고 예측할 수 있는 실천이론이 될 수 있을 것인가 하는 과제는 어느 학문분야보다도 어렵다. 때문에 여기서 제시하고 정립한 정책균형이론도 쉽게 정책현실에서 성공할 수 있을 것이라고 단언할 수 없다. 그럼에도 불구하고 정책현실에 정책균형이론을 적용할 가능성과 타당성 등을 설명하면서 이론을 수정하고 보완할 수 있는 기회를 가질 수 있어야 한다.

이와 같은 의미에서 노무현정부에서 계획하고 결정한 공공기관의 지방이전에 따른 혁신도시건설 정책에서 정책균형이론의 현실적 가능성이나 설명력 등을 점검해 보고자 한다. 혁신도시건설 정책은 거시적이고 국가적 수준의 정책으로서 국토의 균형발전과 국가경쟁력에 초점을 둔 국가중심주의 정책이다. 때문에 정책의 인과관계나 분배의 정의 기준에 의한 정책균형이론에서 볼 때 정책의 민감도는 크다. 특히 구체적이고 미시적이며 개인적 수준에서의 정책인과나 분배의 정의보다는 국가적이고 거시적이며 장기적 수준에서의 정책균형에 관한 민감도는 크다는 의미이다.

그래서 혁신도시건설 정책의 과학적 인과관계도 중요하지만 혁신도시의 건설 그 자체에 관한 상징적이고 정치적인 당위에 관한 정신적 인

1 이론과 실제의 이원론에 관한 논쟁과 논의는 중요하면서도 다양하게 진행되고 있다. 특히 과학철학이나 방법론 분야에서는 중요한 연구주제로 취급되고 있다. 자세한 것은 관련되는 연구를 참고하기로 하고, 필자는 『조사방법의 이해』(2005: 398-408)(서울: 대영문화사)에서 이 점을 좀 더 자세히 설명하였다. 그리고 정책학에서의 정책이론과 정책현실의 괴리현상과 조화에 관한 과제도 다차원이론(이해영, 2001: 238-45)(『多次元 政策論: 실체와 적용』, 2001, 서울: 법문사)으로 설명하기도 하였다. 자세한 것은 관련된 내용을 참조할 수 있다.

과관계도 중요하게 작용할 수 있다. 그리고 물리적이거나 지리적인 국가의 균형발전과 경쟁력의 배분 등과 같은 실천적 요건이 중요한 성공요인이라는 점을 강조할 수 있다.

분배의 정의에서 볼 때, 혁신도시건설 정책에는 지리적이고 경제적 의미의 물리적 분배가 우선적으로 작용할 수 있다. 현재 한국의 지역발전과 국토의 균형성장 또는 국가경쟁력이라는 관점에서, 지방과 중앙 및 지방간의 사회경제 및 문화 등에서의 격차를 어떻게 균형화시킬 것인가, 즉 분배의 정의를 사회적이고 국가적으로 어떻게 실현할 것인가 하는 점이 설명되어야 한다. 국토의 균형적 발전과 국가경쟁력이라는 정책목표의 실현에 의한 분배의 정의는 다차원적이고 정치적이다. 때문에 혁신도시건설 정책에서의 정책균형은 다차원적 정책현실을 설명할 수 있어야 한다.

정책사례를 인용하여 정책균형이론의 현실적 타당성을 설명하는 것이 다양한 정책사례에 적용될 가능성을 좀 더 높일 수 있을 것이다. 그래서 정책사례를 인용하여 정책균형이론을 설명하기 이전에 독자들의 정책균형에 대한 현실적 이해를 돕기 위해서 정책균형이론의 패러다임을 〈그림 5-1〉과 같이 요약하였다. 또한 이 그림은 실질적으로 정책균형이론의 현실적용에 필요한 분석모형과 틀framework의 역할을 할 수 있다.

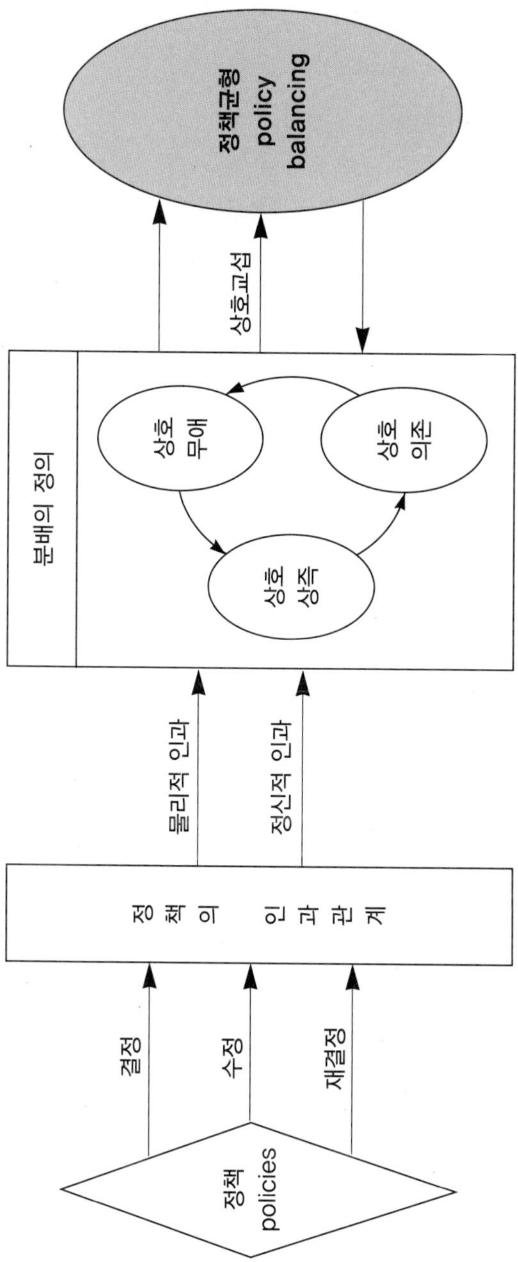

〈그림 5-1〉 현실적용을 위한 정책균형의 이론모형

물론 제2장에서 정책균형의 개념을 균형감각을 중심으로 하는 중도사상과 수기치인修己治人에 의한 복합적 균형으로 설명하였다. 이에 따라서 제3장에서 일반적 균형이론과의 차이점 등을 자세히 설명했다. 그리고 제4장에서는 실천적으로 정책균형의 기준으로 정책의 물리적이고 정신적 인과관계와 상호교섭 원칙에 의한 정책의 분배의 정의를 설명하면서 정책균형이론을 현실에 적용할 실천기준을 중점적으로 설명하였다. 이와 같은 자세한 설명과 내용을 종합적이면서도 단순하게 하나의 모형으로 정리하여 정책현실을 보다 쉽게 설명할 수 있는 이론적 패러다임이나 틀을 〈그림 5-1〉과 같이 정리한 것이다.

〈그림 5-1〉에서 보면, 이 모형은 먼저 정책을 결정하거나 재결정하고 수정하는 단계에서부터 출발하고 있다. 이 단계는 단순히 정책을 결정하고 실행하는 정책과정policy process 또는 cycle만을 의미하는 것이 아니다. 정책은 정책주체나 인간에 의한 정신적 창조물이다. 때문에 정책을 결정하고 수정하는 물리적 현상만이 아닌 정책을 창안하고 발안하여 형성하는 정신작용도 동시에 정책균형에서 중요한 인과관계나 분배의 정의의 기준으로 설명할 수 있어야 한다는 점을 강조하기 위해서이다.

따라서 정책결정을 일정한 유형이나 정형에 따른 또는 非정형적 정책의 진행단계에 의한 결과산물로 이해하는 것이 아니라 계속적인 정책의 수정과 이에 따른 재결정 등과 같은 정책활동의 연속으로 이해하고 있다. 왜냐하면, 정책균형이론에서 정책균형을 동태적이고 연속적 진행과정으로 이해하면서 일시적으로 균형된 상태가 아니라 동태적이고 복합적으로 수많은 다양한 요소들이 공통으로 추구하는 목표와 善을 위해서 보편적으로 조화될 수 있는 상태로 이해하고 있기 때문이다. 그래서 정책균형이론은 정책을 통하여 정책의 불균형을 사전事前에 조정하고 수정하지만 계속적으로 정책불균형을 교정하고 수정하는 적극적이고 동태적으로 국가정책을 결정하고 시행하는 것을 중심으로 설명하고 있다.

두 번째의 단계는 정책의 인과관계를 확인하고 설정하는 과제이다. 여기서 단계stage라고 표현한 것은 분석틀을 이론적으로 설명하기 위한 순서일 뿐이다. 실제로 정책균형이론은 복합적이고 동태적 균형개념에 따라서 정책의 존재가치의 실현에 초점을 두고 있다. 때문에 어느 단계가 시간적으로 선행先行되거나 순차적으로 진행되는 것을 의미하는 것이 아니라 정책균형의 현실을 논리적이고 실제적으로 설명하고 적용하기 위한 순서일 뿐이다. 정책균형의 모든 내용을 동시에 설명할 수 없기 때문에 기준의 적용과 방법을 방편적으로 화살표로 해서 정리한 것이다.

물리적이고物 정신적心 정책의 인과관계를 물론 구별해서 그 실체를 이해하고 분석하는 것이 필요하다. 그러나 현실적으로는 정책의 인과관계는 연속적이고 동태적 정책결정과 마찬가지로 心·物의 인과관계가 상호 복합적으로 진행되고 있다. 그래서 정책균형이론에서는 정책의 인과관계의 연속성과 연기적 진행과정이나 결과에 초점을 두고 있다.

세 번째 단계는 분배의 정의에 의한 정책균형의 실천이다. 확인되고 정리된 정책의 물리적이고 정신적 인과관계 그 자체는 정책균형이론에서 큰 의미가 없다. 이와 같은 정책의 인과관계의 실체가 구체적이거나 종합적으로 정책에 의한 또는 정책 그 자체에 관한 분배의 정의의 기준으로 설명될 수 있어야 한다. 즉 정책의 존재론적 정당성이나 본질이라고 할 수 있는 인간존재의 실현에 얼마나 타당하고 정의로운가 하는 점이 설명되어야 한다는 뜻이다.

따라서 정책의 이상과 목표, 이념, 가치 등이 원만히 실현되는 과정이나 결과가 상호간에 독자적 실체相互相卽를 가지면서도 연기적으로 의존하고 있다; 동시에 조화의 상태로서의 실존實存인 상호무애에 의한 상호교섭相互交涉의 기준으로 설명될 수 있어야 한다. 이와 같은 상태에서 정책은 균형될 수 있다고 보았다.

마지막 네 번째 단계가 원圓으로 표시된 정책균형의 실현상태이다. 그러나 균형된 정책이 그 자체로서 정체된 또는 일시적 현상이 아니라 동태적이고 연속적으로 정책균형이 끊임없이 순환되는 사실을 강조하기 위해서 〈그림 5-1〉에서 정책균형을 의미하는 원circle이 계속적으로 돌아가는 상태를 화살표로 표기해 두었다. 그러나 동태적 의미의 화살표가 일반적 체제이론에서 강조하는 자료나 정보의 환류feedback 작용을 표시하는 것과 다르다. 여기서는 정책균형이 일시적으로 정지된 상태가 아니라 계속적으로 순환하는 동태적 진행과정에서 정책의 균형상태를 표시하기 위한 것이다. 그래서 정책균형을 나타내는 원에서 逆 화살표는 정책의 불균형상태를 균형상태로 전환시키기 위한 정책균형의 한 작용을 설명하는 것이다.

〈그림 5-1〉과 같은 정책균형의 이론적 모형에 따라서 혁신도시건설 정책을 구체적으로 설명하기로 한다. 그러나 여기서 분명히 해야 할 것으로 제3장에서 비교설명한 지역균형이론에서 설명하는 혁신도시건설 정책이 아니라는 것이다. 즉 지역간의 경제적이고 사회적이며 문화환경적 격차와 차별 등을 완화하여 국토의 균등한 이용과 효율을 추구하고자 하는 이론으로 발달하고 있는 지역균형이론에서 설명하는 균형이론이 아니다. 대신에 정책 그 자체를 중심으로 하는 균형이론인 정책균형이론에서 설명하는 혁신도시건설 정책에 관한 균형이론이다.

2절 革新都市建設 政策에의 適用

1. 政策의 特性

혁신도시innovation city의 건설정책은 참여정부를 국정모토로 한 노무현정부(2003년 2월~2008년 2월)의 국가균형발전 정책의 구체적 정책이었다.[2] 이에 따라서 노무현정부가 혁신도시건설 정책을 결정하고 집행한 실천이념이나 정책철학은 국가혁신체계NIS: national innovation system와 지역혁신체계RIS: regional innovation system 등 이었다.

먼저 지역혁신체계의 연계구상으로 각 지역별 특화된 혁신도시를 건설하여 이것을 중심으로 지역발전의 파급효과를 극대화 할 수 있는 혁신도시건설 정책을 제시하였다. 이와 같은 혁신도시들은 지금까지 진행했던 특수기능의 신도시, 즉 주택공급을 중심으로 하는 신도시나 산업이나 기업 활동 중심의 테크노파크technopark, 테크노폴리스technopolis 또는 technopolis innovation park 또는 행정기능을 중심으로 하는 정부의 행정중심도시 등과는 다른 유형이었다. 따라서 정부조직인 공공기관公共機關을 기능이나 역할 또는 핵심사업 중심 군群으로 혁신 클러스터innovative cluster를 만들어 이들을 각 지역이 조성하는 혁신도시 공간으로 이전移轉시켜 이와 같은 기능과 역할을 지역발전의 전략메카니즘으로 활용하고자 하였다. 이와 같은 전략메카니즘을 지역의 대학(교)이나 연구소 등과 연계하여 지역발전에 필요한 다양한 지식과 정보를 제공할 수 있는 복합

2 독자들의 이해의 폭을 넓히면서 동시에 오해를 없애기 위해서 한 가지 사실을 먼저 밝히고자 한다. 혁신도시건설에 대한 비판이 제기되면서 실현가능성 등이 정치적으로 제기되고 있는, 실용정부를 표방하는 이명박정부가 출범한 초기에(2008년 5월) 정책균형이론의 실천사례로 이것을 설명하는 이유는 정책균형이론의 실천적 가능성과 내용을 이해하고 설명하기 위한 교육적 목적에 초점을 둔 것이다. 따라서 혁신도시건설에 대한 다양한 의견이나 여론 또는 정치적 판단 등에 관한 것은 정책의 인과관계나 분배의 정의 등을 설명할 때 간단히 언급하기로 한다.

도시를 형성하는 것이 혁신도시건설의 주요 목적이었다.[3]

이와 같은 혁신도시는 그 자체로서 지역발전의 중심추 역할을 하면서 동시에 응집된 지역발전과 역량이 시너지효과를 발휘할 수 있도록 하였다. 즉 혁신도시를 응집하여 국가혁신체계로 종합할 수 있는 국가균형발전의 패러다임을 구성하였다. 따라서 지역혁신도시를 중심으로 하는 지역간의 균형발전이 달성되면서 동시에 이것이 국가의 균형발전으로 승화되도록 설계된 정책이었다(국가균형발전위원회 · 건설교통부, 2005: 14; 진미윤 외, 2006).

따라서 노무현정부는 출범 초기부터 혁신도시건설 정책의 일정표를 제시하면서 추진계획을 진행시켰다(www.innocity.moct.go.kr, 검색일: 2008년 5월 5일). 이와 같은 추진내용을 시기에 따라서 보면, 먼저 2003년 6월에 공공기관을 지방으로 이전시켜 국가균형발전을 달성하기 위한 정책이념과 목표를 제시하면서, 2004년 1월에 「국가균형발전 특별법」(법률 제 97061호)을 제정하였다. 이 법 제3장에서 국가균형발전의 구체적 사업추진을 명시하여 지역혁신체계의 기본구상을 정립하였다. 특히 제18조에서 공공기관의 지방이전사업을 명시하여 同年 8월에 공공기관의 지방이전의 기본계획과 정책방향을 제시할 수 있는 법적 기준과 근거를 마련하였다. 동시에 이와 같은 법적 근거에 따라서 혁신도시건설 정책의 구체적 진행절차와 방법 및 제도 등을 법령화 한 「공공기관의 지방이전에 따른 혁신도시 건설 및 지원에 관한 특별법」(법률 제8238호)을 2007년 1월에 제정할 수 있었다.

3 지역혁신체계RIS와 클러스터cluster 등의 개념과 관계 및 유형 등에 관한 자세한 설명은 강현수와 정준호(2006: 29-39)의 논문을 참조할 수 있다. 그들에 의하면, 지역혁신체계를 일정한 지역을 공간적 범위로 설정하여 지식과 기술 및 부가가치를 창출하고 확산 및 활용하는 체제의 활동으로 이해할 수 있다. 클러스터는 지리적 공간을 공유하면서 기능적 생산조직의 양식과 가치를 연계하여 기술과 경영 및 조직혁신, 상업화 등을 창출하는 집단으로서 축소된 형태의 혁신체제로 이해할 수 있다.

혁신도시건설 특별법을 제정하여 본격적으로 혁신도시건설 사업을 시행하기 이전에 실질적으로 혁신도시건설의 정책결정에 관련된 다양한 이해관계의 조정과 해결에 가장 중요한 사건이 있었다. 먼저 지방의 혁신도시로 이전해야 할 공공기관과 이전받을 지방정부, 그리고 혁신정책의 중심적 역할을 하고 있는 중앙정부, 즉 노무현정부와의 3자간에 혁신도시정책에 대한 기본이념과 방법을 공유하고 공동으로 노력하여 정책을 추진하겠다는 기본협약을 2005년 8월에 체결하였다. 그리고 이전해야 할 공공기관을 선택하고 결정하는 가장 중요한 정책과제를 2005년 12월 말까지 완료했다는 사실이다.

구체적으로 혁신도시로 선정된 지역과 혁신도시의 중점기능 및 지역별 도시의 특징 등을 〈표 5-1〉과 같이 요약정리할 수 있다. 요약하면, 지방혁신도시로의 이전에 선정된 공공기관은 국가균형발전위원회의 최종심의를 거쳐 수도권에 소재하고 있는 346개 기관 중 절반수준인 총 175개 기관이다.[4]

〈표 5-1〉 혁신도시별 이전대상 기관 및 혁신도시 특징

시도(위치)	기능 군	이전기관	도시특징
부산 (영도구 해운대구 남구) (12개)	해양수산 금융산업 영화진흥 등	한국자산관리공사(간사기관), 한국해양연구원, 한국해양수산개발원, 국립해양조사원, 국립수산물품검사원, 한국주택금융공사, 증권예탁결제원, 대한주택보증(주), 영화진흥위원회, 영상물등급위원회, 한국남부발전(주), 한국청소년상담원	21세기 동북아시대 해양수도 남부 경제권의 중추도시 세계자유무역 거점도시

4 175개 기관 중에서도 실질적으로 행정중심복합도시(세종: 신행정수도)로 이전할 49개(12부 4처 2청, 2008년 2월 정부조직개편 이전)(『2005년도 행정중심복합도시 백서』: 2006: 146) 기관을 제외하면 혁신도시에로의 이전대상 공공기관은 126개 기관(전체의 36.4% 수준) 정도이다.

제주 (서귀포) (9개)	국제교류 교육연수 국세관리 등	한국정보문화진흥원(간사기관), 한국국제교류재단, 재외동포재단, 건설교통인재개발원, 국세공무원교육원, 공무원연금관리공단, 국세청기술연구소, 국세종합상담센터, 기상연구소	국제교류 · 연수 폴리스 국제교류 거점도시 연수휴양 · 관광도시
대구 (동구) (12개)	산업진흥 교육 · 학 술진흥가 스산업 등	한국가스공사(간사기관), 한국산업기술평가원, 한국산업단지공단, 신용보증기금, 한국학술진흥재단, 한국사학진흥재단, 교육인적자원연수원, 한국교육학술정보원, 한국정보사회진흥원, 한국감정원, 중앙119구조대, 중앙신체검사소	Brain City(지식창조) 학원중심의 Edu-City 에너지 절약형 Solar City
울산 (중구) (11개)	에너지산 업근로복 지산업안 전 등	근로복지공단(간사기관), 한국석유공사, 에너지관리공단, 에너지경제연구원, 한국동서발전(주), 한국산업안전공단, 한국산업인력공단, 산재의료관리원, 노동부종합상담센터, 운전면허시험관리단, 국립방재연구소	경관중심 에너지 폴리스 에너지 절약형도시 환경친화형 도시
강원 (원주시) (13개)	광업진흥 건강생명 관광 등	도로교통안전관리공단(간사기관), 대한광업진흥공사, 대한석탄공사, 광해방지사업단, 국민건강보험공단, 건강보험심사평가원, 대한적십자사, 한국보훈복지의료공단, 한국관광공사, 국립공원관리공단, 산림항공관리소, 국립과학수사연구소, 한국지방행정연구원	Vitamin City 건강도시 (Well-doing) 참살이 도시(Well-being)
전북 (전주시 완주군) (13개)	국토개발 관리농업 생명식품 연구 등	한국토지공사(간사기관), 대한지적공사, 농업과학기술원, 농업생명공학연구원, 농업공학연구소, 원예연구소, 작물과학원, 축산연구소, 한국농업전문학교, 한국전기안전공사, 자치인력개발원, 한국간행물윤리위원회, 한국식품연구원	Agricon City 농생명 과학도시 친수공간형 전원도시
경북 (김천시) (13개)	도로교통 농업기술 혁신전력 기술 등	한국도로공사(간사기관), (주)한국건설관리공사, 교통안전공단, 국립농산물품질관리원, 국립수의과학검역원, 국립식물검역소, 국립종자관리소, 한국전력기술(주), 조달청중앙보급창, 정보통신부조달사무소, 대한법률구조공단, 한국갱생보호공단, 기상통신소	경북 Inno-Valle IT · BT(농업) 벤처도시 교육 · 문화 · 환경도시
경남 (진주시) (12개)	주택건설 중소기업 진흥국민 연금 등	대한주택공사(간사기관), 주택관리공단(주), 한국시설안전기술공단, 중소기업진흥공단, 산업기술시험원, 요업기술원, 한국전자거래진흥원, 국민연금관리공단, 한국남동발전(주), 한국승강기안전관리원, 국방품질관리소, 중앙관세분석소	경남 Inno-River City 기업지원 거점도시 녹색친수 도시

광주 (광주 3개)	전력산업	한국전력공사(간사기관),한전기공(주), 한국전력거래소	Agro-Energypia
전남 (나주시) (전남 15개)	정보통신 농업기반 문화예술 등	한국농촌공사(간사기관), 정보통신부지식정보센터, 한국정보보호진흥원, 전파연구소, 한국전파진흥원, 프로그램심의조정위원회, 한국농촌경제연구원, 농업연수원, 한국문화예술위원회, 한국문화콘텐츠진흥원, 저작권심의조정위원회, 한전KDN(주), 해양경찰학교, 사립학교교직원연금관리공단, 농수산물유통공사	신재생 에너지 및 농업 생물 산업 중심도시
충북 (진천군 음성군) (15개)	정보통신 인력개발 과학기술 등	한국가스안전공사(간사기관), 정보통신정책연구원, 한국소프트웨어진흥원, 한국인터넷진흥원, 한국교육개발원, 한국교육과정평가원, 중앙공무원교육원, 법무연수원, 한국노동교육원, 한국소비자보호원, 기술표준원, 한국과학기술기획평가원	교육 · 문화 이노벨리 ITBT 벤처도시 연수도시 문화 · 정보 · 환경도시
기타(1개)		한국수력원자력(주)	방사성폐기물유치지역(경주)에 배치

* 단 충남은 행정중심복합도시(세종) 이전기관으로 지정되어 있기 때문에 이 표에서 제외하였음.

출처: 공공기관지방이전추진단(innocity.moct.go.kr: 검색일: 2008년 5월 5일); 최봉문 외, 2007: 8 등을 참조하여 재정리한 것임.

이와 같은 이전移轉 대상기관을 결정한 기본방향으로 "수도권首都圈과 대전청사 및 대덕연구단지가 있는 대전을 제외한 12개 광역시 · 도에 형평성의 원칙에 따라서 적정하게 차등 배치하면서 동시에 공공기관 지방이전의 효과를 극대화하기 위하여 이전기관을 최대한 유사한 영역의 업무를 수행하는 동일 기능군으로 분류하였다"고 공공기관지방이전추진단이 밝혔다. 그러나 보다 구체적 결정기준으로 혁신거점으로서의 발전가능성(간선교통망과의 접근성, 혁신거점으로서의 적합성, 기존도시 인프라 및 생활편의시설 활용가능성)과 도시개발의 적정성(도시개발의 용이성 및 경제성, 환경친화적 입지가능성) 및 지역내 동반성장 가능성(지역내 균형발전, 혁신도시 성과 공유 방안, 지자체의 지원) 등 세 가지 큰 기준에 따라서 보다 세부적 선정기준과 배점항목을 이용하여 선정하였다고 했다(innocity.moct.go.kr, 검색일: 2008년 5월 5일).

이에 따라서 시기적으로 보면, 2006년과 2007년 중반까지는 혁신도시 건설을 구체적으로 집행시키기 위한 준비단계였다. 즉 실질적으로 혁신도시를 건설할 사업자를 선정하였으며, 선정된 공공기관이 각각 구체적 이전계획과 내용을 마련하는 「이전공공기관 지방이전계획 수립」과 이에 필요한 지침 등이 완성되었다(건설교통부[5] 산하 공공기관지방이전추진단). 이에 따라서 각 지역의 지방자치단체는 공공기관의 이전지원계획을 수립하면서(혁신도시건설 지원 특별법 제5조) 특히 건설지원에 관한 혁신도시관리위원회(동법 제31조)의 조례 등도 제정하기 시작했다.[6]

이와 같은 정책결정의 구체적 단계를 완성하여 정책을 집행시키는 단계로 이동한 시기도 실질적으로 2007년 하반기였다. 혁신도시건설 정책 집행의 가장 초기단계는 선정된 각 지역별 혁신도시에 필요한 공간부지를 확보하는 일, 즉 토지매입과 용지보상을 진행하는 것이었다. 이에 따라서 2008년 초반에 노무현정부가 종료되기 이전에 상징적으로나마 혁신도시건설을 실질적으로 집행하고 있다는 사실을 알리기 위해서 토지매입과 동시에 지역별 혁신도시 착공식을 진행하였다.[7] 노무현정부가 끝

5 2008년 3월 조직개편에 따라서 건설교통부는 건설교통부와 해양수산부를 합친 國土海洋部Ministry of Land, Transport and Maritime Affairs로 명칭이 변경되었다. 이하에서는 '국토해양부'로 통일하여 사용한다.

6 하나의 예로서, 대구시는 2007년 7월에 「대구광역시 혁신도시관리위원회 조례」(2007-07-30 조례 제3865호)를 제정하였다. 그러나 2007년 3월에 공공기관 지방이전추진단에서 「이전공공기관 지방이전계획의 수립지침」을 제시한 이후에 현재까지(2008년 5월) 혁신도시의 해당 지방자치단체가 구체적으로 이전계획을 수립하지 아니하고 있다.

7 대체적으로 2007년 후반기부터 진행된 토지보상은 2008년 5월 현재까지 토지소유자와 시업시행자간의 협의된 협의율로 보면 보상금액 기준 94.7%의 경북과 93.8%의 광주·전남 순으로 진행되고 있다(innocity.moct.go.kr... 검색일: 2008년 5월 9일). 그러나 실질적으로 보상금이 지급된 것은 아니다. 그리고 가장 먼저 혁신도시 착공식을 진행한 제주(2007년 9월)를 시작으로 경북, 경남, 광주·전남,

나기까지 혁신도시건설 착공식을 한 혁신도시는 2007년 9월에 제주와 경상북도 혁신도시 등이며, 2008년 4월에 부산의 혁신도시가 착공식을 진행하였다. 따라서 노무현정부의 혁신도시건설은 2012년까지 관련 공공기관을 지방의 해당 혁신도시로 이전을 완료하는 것으로 계획되어 있다.

그러나 2008년에 이명박정부가 등장하면서 노무현정부의 혁신도시건설 정책에 관한 수정이나 교정 또는 정책 그 자체의 폐지 등에 관한 논의와 논쟁이 제기되면서(청와대 국정설명회, 2008년 5월 2일(조선일보) 혁신도시건설 정책은 상당히 변동policy change 될 가능성이 있다. 즉 노무현정권이 결정한 국가균형발전의 핵심정책인 혁신도시건설이 이명박정부에서 정치적 지지를 상실한다면 정책의 목적과 범위가 크게 변동되거나 심지어 정책 그 자체가 소멸될 수도 있다. 비록 국가법령으로 혁신도시건설을 법제화法制化하고 있지만 법을 집행해야 할 이명박정부가 적극적으로 혁신도시정책을 지지하고 계속적으로 사업을 추진하지 아니하면 실질적으로 혁신도시 정책을 성공적으로 마무리하기 어렵다. 또한 혁신도시의 완성시기를 정한 2012년에는 이명박정권도 종결되는 때다. 추진일정대로 진행된다면 이명박정부가 끝날 때 혁신도시가 완성될 수 있고, 만약 정책이 변동된다면 노무현정부가 결정한 혁신도시건설의 완성 시기나 규모 등을 예측하기 어렵다.

혁신도시건설 정책의 결정과정과 내용 및 특징 등을 이와 같이 설명하면서 정책균형이론에서 혁신도시건설 정책을 어떻게 설명할 수 있을 것인가 하는 점을 〈그림 5-1〉에서 제시된 모형에 따라서 차례대로 설명할 수 있다.

혁신도시건설 정책을 설명할 때 정책의 인과관계부터 시작하고자 한

울산 등이 2007년 말까지 착공식을 하였고, 2008년 4월에 부산이 혁신도시 착공식을 진행하였다(공공기관지방이전추진단).

다. 물론 정책균형의 패러다임을 제시한 〈그림 5-1〉에서는 정책의 결정과 계속적인 수정 또는 재결정 등에서부터 시작되는 것으로 되어 있다. 정책균형을 실천하는 현실에서는 정책의 인과관계와 분배의 정의 등에서 제시된 균형에 필요한 정보와 지식 및 방법 등이 정책의 결정과 수정 및 재결정에 필요한 정보와 자원으로 먼저 투입되어야 한다. 이와 같은 수정과 재결정 등의 노력에 필요한 정책정보와 지식이 끊임없이 투입되면서 정책은 결정과 수정 등의 변동을 경험하게 된다. 동시에 정책은 변화하면서 정책의 인과관계와 분배의 정의 등의 기준에 따라서 변화하게 된다. 이것이 정책균형의 현실적 실천이다. 이와 같은 현실적 실천내용을 〈그림 5-1〉과 같이 동태적인 이론모형으로 제시한 것이다.

따라서 혁신도시건설 정책의 인과관계와 분배의 정의를 먼저 설명하고 여기에 따라서 정책균형이 어떻게 실천되는가 하는 현실을 정책의 결정과 수정 및 再결정 등으로 설명하고자 한다.

2. 政策의 因果關係

物理的 因果關係

먼저 혁신도시건설 정책의 인과관계를 물리적이고 정신적 인과관계로 구분해서 설명할 수 있다. 먼저 물리적 인과관계는 혁신도시건설 정책의 비용－효과분석에서 가장 잘 제시될 수 있다. 물론 비용－효과분석과 정책균형이론의 균형개념에서 본 비용과 효과는 다르다. 제3장 3절에서 정책균형이론의 특징을 설명하면서 경제학의 일반균형이론인 비용－효과분석과의 차이점 등을 자세히 지적하였지만, 정책의 물리적 인과관계에 필요한 기초자료와 정보는 전통적인 화폐중심의 정책비용과 혜택에 관한 정보이다. 이와 같은 정책의 물리적 인과관계의 정보를 기초로 해서 정책비용과 혜택의 분배의 정당성이나 정의 및 시간과 공간적 범위를 확대했을 경우에 정책의 영향 등을 맥락적으로 비교하고 형량衡量하는 일들이 정책균형이론의 핵심과제이다.

먼저 전통적인 비용-효과분석에 의한 혁신도시건설 정책의 인과관계 중 지역경제의 파급효과를 계산한 예를 들면, 먼저 지역의 고용증대로 공공기관이 지방에 이전하면서 연간年間 산업의 일자리를 포함하여 약 13만 3000개의 일자리가 창출되고, 전체적인 지방의 생산유발효과는 연간 약 9조 3천억 원, 부가가치 유발효과는 연간 약 4조 원이고, 一人당 지역내총생산GDRP: gross regional domestic product은 약 1.4% 증가할 것 등으로 예측한 것을 들 수 있다(innocity.moct.go.kr/public/public05.jsp, 검색일: 2008일 5월 5일).[8]

그러나 혁신도시건설의 일반적 비용-효과분석은 다양하고 복잡하다. 특히 효과항목은 물리적으로 정확한 인과관계를 분석할 수 없을 정도로 시간적으로나 공간적으로 다차원적이다. 비용측면도 구체적 항목이나 내용은 다양하지만 일반적으로 정부예산이라는 공공자금이다. 화폐적으로 구체화된 비용이다. 물론 혁신도시건설에서 발생될 소음이나 공해 또는 교통혼잡 등과 같은 비용이나 토지나 공간의 기회비용 등과 같은 매몰비용sunk cost, 이전대상 공공기관의 이전에 따른 업무의 일시적 중단에 의한 시민들의 불편 등과 같은 보이지 않는 비용항목도 있지만 일반적으로 조세租稅로 충당된 국가나 지방자치 정부의 예산이다.

8 이와 같은 비용-효과 분석의 구체적 화폐내용이 비판의 대상이 될 수 있다. 여기서 인용한 자료는 공공기관지방이전추진단의 홈페이지에서 제공하는 것이며 원 출처는 국토연구원 연구결과(2004년)이다. 보다 정확하게 비용-효과의 각 항목이나 분석절차 등을 검토하려면 원 출처를 입수할 수 있어야 하지만 현재 이 연구를 찾기 어렵게 되어 있다. 왜냐하면, 감사원 국토연구원의 연구결과인 혁신도시의 부가가치가 3배 정도나 과장되었다는 내부보고서 유출사건 등이 발생하면서(news.google.com.... 검색일: 2008년 4월 21일) 국토연구원의 위의 연구내용이 공개되지 않고 있기 때문이다.

단순한 비용 측면과 달리 다차원적인 효과 측면의 첫째 항목은 혁신도시 건설의 목적이다. 즉 지역혁신체계를 통한 국가혁신체계의 달성으로 국가균형발전이 정책목표이다. 이것을 달성하는 것이 가장 중요한 효과 항목이다. 그러나 혁신도시 건설이 국토의 균형적 발전에 미치는 효과를 각 지역별 불균형을 측정하는 지니계수*Gini's coefficient*로 조사한 한 연구에 의하면, 실질적으로 혁신도시 건설은 미래의 국토의 균형발전에 매우 미미微微한 영향만을 줄 수 있다고 측정하고 있기도 하다(권일 · 류상규, 2006: 75-9).

국토균형발전의 또 하나의 지표로서, 전국적으로 파급될 효과 중에 혁신도시로의 인구이동에 의한 수도권의 과밀현상을 완화하면서 지역별 인구분산효과를 들 수 있다. 예를 들면, 이전대상 공공기관의 임직원들과 그의 가족들 또는 관련 단체나 기관 등의 이전으로 인한 인구의 지방이동으로 수도권 인구의 과밀현상을 완화시키는 효과이다. 그래서 인구분산 추계에 의하면 2011년, 즉 혁신도시건설이 거의 완성될 시점에서 수도권과 지방의 인구비중을 59.8% 대 50.2%로 측정하고 있다(innocity.moct.go.kr... 검색일: 2008년 5월 5일).

공공기관 지방이전추진단에서 밝힌 자료와 진미윤 등의 연구(2006: 부록 1)에 의하면, 약 27,000명 정도가 지방이전으로 이동할 예정인원으로 되어 있다. 따라서 직접적 이동인구와 기타 간접적으로 가족이나 관련 기업인 등의 인구이동 등을 고려한다고 하더라고 지방과 수도권의 인구비중의 목표를 달성하기가 쉽지 않을 것으로 판단된다(서준교, 2006).

그러나 장기적으로 보면 인구분산효과가 어느 정도 달성될 수 있을 것으로 예측할 수 있다. 혁신도시의 기능 중에서 인구를 유입할 수 있는 가장 중요한 요소인 자녀교육이나 문화 및 여가환경, 교통이나 도시생활에 적합한 생활환경, 주택문제의 해결 등과 같은 정주停住 permanent residence

기능이 실현될수록 공공기관의 직원들과 가족들이 실질적으로 혁신도시의 지방으로 이동할 뿐만 아니라 관련기관이나 산업 등의 인구도 이동할 것이다. 또한 각 혁신도시와 연계되는 산업의 발달은 산업인구의 고용효과를 발생시키면서 수도권 등으로 이동할 인구가 지방의 혁신도시에 정착할 수 있는 기회를 제공하게 되면 장기적으로 인구분산의 효과가 발생할 수 있다.

둘째, 혁신도시건설에 의한 각 지역별 구체적이고 특화特化된 발전을 추진하면서 국가의 균형발전을 달성할 수 있다는 정책의 인과관계이다. 이와 같은 국가균형발전의 정책효과를 물리적 인과에 한정하기 어렵지만 중심적 효과는 인구분산과 지역경제의 활성화 및 지역발전 등과 같은 양적이고 가시적可視的으로 측정할 수 있는 발전지표이다.

예를 들면, 지역의 혁신도시로 이전하는 공공기관과 기타 관련 산업의 경제활동으로 발생되는 지역경제의 활성화 및 직접적인 지방정부의 조세수입의 증가 등으로 지방재정 확보에 의한 연쇄적 유발효과 등을 지적할 수 있다. 구체적 사례로서, 수도권 인구분산정책에 의해서 1974년에 서울에서 대전으로 이전한 한국수자원공사(www.kwater.or.kr)가 2002-2004년에 납부한 지방세는 78억4천7백만 원이었고, 대전과 충청권에 소재하고 있는 대학졸업생을 채용한 비중은 총 채용인원의 12.0%였다(김태환 · 이동우, 2005: 9).[9]

셋째, 지방세의 증가나 또는 지방인력의 고용기회의 증대 등과 같은 구체적 효과 이외에 일반적으로 지역발전 효과에 관한 좀 더 구체적 인과관계를 지적할 수 있다.

9 특히 지방대학 졸업생의 취업기회와 관련하여 아직까지 혁신도시로 이전할 공공기관별로 구체적 자료가 없지만 하나의 사례로 인용한 한국수자원공사의 예를 본다면, 실질적으로 각 혁신도시에 위치할 공공기관, 특히 대졸자大卒者의 고용창출효과가 클 연구기관 등이 채용할 지역대학 졸업자의 채용비율은 클 것으로 예측된다.

혁신도시건설은 지역경제와 지역산업의 성장에 필요한 혁신클러스터를 조성하는 것이 주요 목적이었다. 이와 같은 정책목표 달성에 가장 중요한 기폭장치나 발단수단triggering mechanism으로 수도권에 소재하고 있는 공공기관을 지방에 분산 · 이전하는 것이었다. 때문에 공공기관을 각 지역의 혁신도시로 이전을 완료하는 것이 혁신도시건설의 정책목표가 아니다. 물론 중간단계의 목표는 될 수 있지만 지역발전의 동인動因으로서 이전된 공공기관이 혁신도시의 정책효과를 발생시킬 수 있어야 한다.

이와 같은 효과로서 지역산업과 경제의 발달에 의한 지역발전이 중심이다. 지역발전 효과의 결과에는 경제적 효과가 가장 중심적이지만 그 이외에도 지역의 삶의 질 향상, 즉 사회적이고 교육적이며 문화적 발전효과도 인과관계의 중요한 항목으로 측정될 수 있어야 한다. 그러나 현재의 상태에서 이와 같은 非경제적 효과를 구체적이고 계량적 측정단위로 제시하기 어렵다. 물론 경제적 효과도 양적으로 구체화하기 어렵지만 비경제적 효과의 정책인과를 분명히 설명하기는 더욱 어렵다. 그래서 일반적으로 지방의 교육여건의 개선, 국제교류의 증가와 국제화촉진, 지역정체성 확보와 특화로 인한 주민들의 애향심愛鄕心 고취 등과 같은 파급효과(김태환 · 이동우, 2005: 8)를 물리적 인과관계로도 측정할 주요 내용이다.

精神的 因果關係

정책균형이론에서는 물리적이고 실증적으로 측정하고 계량화하기 어렵지만 정책이 원인이 되고 동인이 되면서 정책의 비용과 부담에 의해서 발생될 결과와의 상관관계를 설명할 수 있는 정신적 인과관계도 또한 중요하다. 그래서 혁신도시건설 정책의 정책이념과 철학인 지역발전을 통한 국가의 균형발전을 원인으로 해서 다양한 정책수단과 방법을 개발하고 정립하는 것도 정책의 정신적 인과관계의 한 내용이다. 마찬가지로 혁신도시건설 그 자체에 의하여 발생되는 정신적인 인과관계는 시간적으로나 공간적으로 다양하고 복잡하다. 또한 물리적 원인에 의하여 정신적 결과가 발생할 수도 있고 그 반대로 정책의 정신적 원인에 의하여 물리적 정책결과가 발생할 수도 있다. 따라서 물리적 인과와 정신적 인과는 연계되어 작용하고 있다. 때문에 정책의 순수한 정신적 인과관계만이 존재하기 어렵다.

그러나 혁신도시건설 정책의 정신적 인과관계를 물리적 인과관계와 같이 구체적 화폐액이나 계량적 단위로 설명하기는 어렵다. 왜냐하면, 현실적으로 보이지 않는 정책효과를 이처럼 정량화定量化 하기 어렵기 때문이다. 그럼에도 불구하고 정책균형이론에서 정신적 인과관계는 분명히 존재하고 있고 이를 설명할 수 있어야 정책균형을 현실적으로 실천할 수 있다.

혁신도시건설 그 자체는 눈에 보이는 도시건설이기 때문에 물리적이다. 그러나 혁신도시를 건축학적이거나 미학적이든지 또는 기능과 도시환경 및 목적에 타당하게 설계하는 일들은 정신적 인과작용이다. 또한 건설된 혁신도시가 발생시킬 지역경제나 지역발전에의 효과로서, 사회적이고 문화적이며 교육적인 삶의 질質이나 지역에 대한 일체감이나 애향심 등은 정신인과mental causation의 한 내용이다. 이와 같은 정신적 인과내용을 다음과 같이 구분해서 설명할 수 있다.[10]

첫째, 혁신도시건설 정책의 정책주체, 즉 정책의 당위성과 목적 및 정책의 필요성 등을 제기하면서 국가균형발전 정책으로 제안하고 결정한 정책주체(정치인이나 행정공무원, 전문가집단 또는 일반시민 등 다양할

10 정신인과의 유형이나 내용을 구분해서 설명한 것은 제4장 1절에서 정책의 정신적 인과관계를 정의하고 구성한 것에 따른 것이다. 제4장의 〈그림 4-2〉를 참조하면 보다 쉽게 정신적 인과관계의 설명을 이해할 수 있다.

수 있다)의 정책이념과 철학이 혁신도시건설 정책을 구체적으로 발생시킨 것이다. 따라서 정책주체의 국가균형발전과 지역발전의 철학哲學이 원인이 되어 결과변수로 혁신도시건설, 보다 정확하게는 수도권에 소재하고 있는 공공기관을 지방에 분산·배치하여 지역발전의 중심역할을 할 수 있도록 하는 정책을 개발하고 결정한 것이다. 이것이 정책의 정신적 인과관계에서 설명한 행위자-의도 관계로서의 인과관계의 대표적 사례이다.

둘째, 동시에 정책주체는 정책결정의 동인, 즉 정책사상과 이념에 따라서 구체적이고 가시적이며 물리적 정책 뿐만 아니라 정신적이고 사상적 정책도 개발하고 결정한다. 그래서 혁신도시건설 정책이 물리적 정책으로서 눈에 보이고 실천되는 것 뿐만 아니라 정신적 정책으로서 혁신도시건설을 위한 정부의 담당조직과 구조의 개편 및 신설,[11] 혁신도시 건설법령과 기타 조례 등의 제정, 혁신역량 강화 프로그램,[12] 혁신마인드 조성의 교육 및 훈련 프로그램,[13] 혁신사업의 정당성과 당위성 확보를 위한 홍보정책,[14] 정치적 지지와 협력을 확보하기 위한 사업[15] 등도 결정하고 시

11 구체적 예로서, 공공기관의 지방이전과 혁신도시건설 정책의 실질적 정책프로그램을 구체화 할 국토해양부 산하 공공기관 지방이전추진단의 구성(2005년 8월), 국토해양부에 혁신도시위원회와 각 시·도에 혁신도시관리위원회를 구성하는 일(「혁신도시건설특별법」 제 30조, 및 31조) 등을 들 수 있다.

12 대표적 예로서, 각 지역별 또는 특화 산업별 혁신역량 정도를 지표로 비교하여(박동배, 2003) 혁신역량을 높일 수 있는 방법을 추구하는 일 등을 들 수 있다.

13 대표적 예로서, 정부나 기타 이전대상 공공기관의 임직원을 대상으로 혁신역량강화를 위한 특강이나 열린 토론회 등의 개최, 국가균형발전위원회(www.balance.go.kr)가 주최한 대한민국 지역혁신 박람회의 개최(2004년과 2005년) 등을 들 수 있다.

14 대표적 예로서, 국가균형발전위원회가 '참여정부 국가균형발전정책의 비전과 성과'를 주제로 혁신도시건설보고회의를 개최하여(2006년 2월 21일) 혁신도시건설의 의미와 정당성을 홍보한 경우, 2006년 5월부터 시작한 월간지, 『혁신도시 소식지』를 발간하여 혁신도시건설의 소식과 동향 등을 홍보하는 것, 한국도시행정학회 등이 주최한 제주 국제세미나에서(2006년 6월) 혁신이념과 정당성 등을 학술적으로 홍보하는 일 등을 들 수 있다.

15 구체적 예로서, 중앙정부와 혁신도시가 건설될 지역정부가 상호간에 협력하고 협의할 혁신도시건설에 관한 중앙정부와 지방정부간의 기본협약의 체결이나(2005년 5월 27일), 이전할 공공기관의 노동조합

행하고 있다. 이것은 정책주체를 동인으로 하는 정책의 결과로서 정신적 인과관계의 주요 항목이다.

셋째, 정책주체는 자신들의 정책이념과 사상에 따라서 정책결과의 정신적 인과관계를 평가하게 된다. 혁신도시건설의 정책결과는 혁신도시의 건설에 의한 지역발전과 국가의 균형발전의 연속적 인과관계를 정책이념과 목적인 혁신과 균형발전에 기여하는 정도나 방법으로 평가하게 된다. 물론 과학적이고 객관적 실증자료를 이용하는 인과관계의 평가이지만 혁신도시건설에 의한 평가기준이나 평가대상 및 평가항목의 설정에 주관적 판단도 크게 작용한다.

예를 들면, 지역경제성장에 기여한 혁신도시건설의 효과를 측정할 때 단순히 건설비용과 이전 공공기관이 납부한(하는) 지방세 수입만 활용할 것인지, 아니면 혁신도시건설의 파급효과를 非경제적 요소까지 포함하여 광범위하게 설정할 것인가 하는 것 등은 주관적 판단이다. 이것은 정책의 정신적 인과관계로 설명되어야 할 분야이다.

3. 政策의 分配의 正義

혁신도시건설 정책의 분배의 정의는 정책의 인과관계보다 좀 더 분명하고 단순하다. 이때 단순하다는 의미는 혁신도시건설 정책의 목적이 지역간 균형발전을 달성할 수 있도록 각 지역에 정책자원, 즉 수도권에 집중적으로 소재하고 있는 공공기관을 형평성과 효율성의 원칙에 따라서 (innocity.moct.go.kr... 검색일: 2008년 5월 5일) 분산하여 이전시킨다는 것을 지적한 것이다. 이때 형평성은 분배의 정의를 실천할 중요한 하나

과 정부가 협력하고 공동으로 노력할 노정勞政기본협약의 체결(2005년 6월) 등을 들 수 있다 (innocity.moct.go.kr... 검색일: 2008년 5월 5일).

의 기준이다. 효율성은 이전될 공공기관의 역할과 지역산업 및 기타 교육과 도시연계 시설 등과의 상호작용으로 최적의 혁신도시 건설의 효과를 달성할 수 있도록 하기 위한 경제적經濟的 이전 기준이다.

또한 분명하다는 의미는 분배의 정의의 실천기준으로 제시한 상호교섭의 원칙에서 볼 때 분명하다는 뜻이다. 제4장 2절에서 정책균형의 실천기준인 분배의 정의를 설명한 내용에 의하면, 혁신도시건설은 기존의 도시나 또는 신도시나 기업도시 및 산업도시 등과는 별개로 존재하면서도 상호간에 조화를 달성하고자 설계하고 있다. 이것이 상호상즉의 개념으로 설명될 수 있다. 동시에 혁신도시와 기존의 도시 및 기타 신도시나 행정중심복합도시, 즉 신행정수도 등과는 상호간에 서로 방해되거나 장애되지 아니하고 있다. 따라서 혁신도시건설 정책 그 자체로 보면, 기존의 도시정책이나 또는 기타 신도시나 기업도시 등과는 갈등적이거나 장애적인 정책으로 작용하고 있지 아니하다. 이와 같은 의미에서 분배의 정의에서 본 혁신도시건설 정책은 분명하다고 할 수 있다.

그러나 좀 더 구체적으로 혁신도시건설 정책의 분배의 정의를 지적하면 상당한 논쟁의 여지가 있다. 제1절에서 간단히 지적했듯이, 국토공간을 행정과 정치적 공간으로 구분하면서 수도권 등에 비교하여 상대적으로 낙후된 지방에 수도권에 소재한 공공기관을 이전하여 발생될 경제적이고 비경제적 효과를 물리적으로 분배하려는 정책이다. 즉 한국의 지역발전과 국토의 균형성장 또는 국가경쟁력이라는 관점에서, 지방과 중앙 및 지방간의 사회경제 및 문화 등에서의 격차를 어떻게 균형화시킬 것인가, 즉 분배의 정의를 사회적이고 국가적으로 어떻게 실현할 것인가 하는 정책목적을 실현하기 위한 혁신도시의 건설이다. 때문에 혁신도시건설 그 자체가 분배의 정의를 실천하는 중요한 정책수단이 되고 있다. 따라서 혁신도시건설 정책의 분배의 정의는 혁신도시건설 정책 그 자체의 분배의 정의와 동시에 혁신도시건설 정책에서 발생될 구체적 결과의 분배의 정의 등도 논의되어야 한다.

이와 같은 논의를 제4장의 분배의 정의의 실천원칙인 상호교섭에 의한 정책균형을 〈그림 4-4〉로 요약한 것에 따라서 다음과 같이 전개할 수 있다.

첫째, 혁신도시건설 정책은 본질적으로 분배의 정의를 실천할 수단적 성격을 가지고 있다. 정책균형이론에서는 정의를 사회적 공평성 또는 형평성으로 이해하면서 분배分配의 정의를, 분배할 대상을 원만하게 나누어 가지는 방법과 절차에 관한 계속적인 정책결정으로 이해하고 있다.[16] 따라서 혁신도시건설은 그 자체로서 공공기관을 지방에 이전시키는 분배의 대상을 각 지방의 특성과 조건에 따라서 원만하게 나누어 가지는 방법이고 절차에 관한 정책이다. 그래서 공공기관을 지방에 이전하는 기준이 형평성과 효율성이었다고 위에서 지적했다.

따라서 175개의 공공기관을 각 지방에 분산 · 배치하면서 사회적 합의를 달성할 수 있도록 형평성을 강조했었다. 즉 상대적으로 비교하여 사회적이고 경제적으로 낙후落後된 지역에 더 많은 공공기관을 이전시키는 정책을 결정하여 균형발전효과, 즉 분배의 정의를 실현하고자 했다(김현수, 2006: 254).

사회적이고 경제적 낙후지역을 비교할 수 있는 다양한 기준, 즉 혁신도시 예정지의 인구이동률이나 주택보급률, 一人당 소득수준, 대학(교) 등의 교육과 문화시설, 상하수도 보급률, 기타 공공시설 현황, 재정자립도나 一人당 지방세 부담액, 고속도로 및 철도 등의 교통접근성과 통행량

16 제4장에서 분배의 정의를 "정책균형이라는 실천적 관점에서 '正義'를 사회적 의미의 공평성으로 이해하면서 정책에 의하여 발생될 또는 발생된 결과 뿐만 아니라 정책을 결정하고 수정하는 계속적 정책과정에서 분배의 대상을 사회적으로 원만하고 조화롭게 나누어 가지는 방법과 절차(p. 237)"라고 했다.

등과 같은 다양한 기준에 따라서 혁신도시건설 후보지를 신청한 지역의 상대적 낙후성을 비교한다면 아마도 강원도나 제주도 또는 경북이나 전남 등의 산간오지 등과 같은 지역이 분배의 정의에 가장 타당한 지역일 수 있다.

그러나 실제로 이전될 공공기관을 지역별로 분산한 결과를 보면 위와 같은 낙후지역에 우선적이고 중점적 배치를 확인하기 어렵다. 왜냐하면, 공공기관을 지방에 이전하여 혁신도시를 건설하면서 혁신도시의 효과와 결과를 최대한 극대화 할 기준인 효율성도 중요하기 때문이다. 그래서 혁신도시를 신청한 각 지역별 후보지의 상대적 발전가능성과 현재의 도시주변이나 기타 위에서 지적한 사회간접시설인 도로나 학교 등과의 연계망의 설치 정도 등에 따라서 상당히 역설적으로 분배의 징의가 아닌 효율성에 의한 이전 공공기관을 배분한 결과라는 사실도 알 수 있다.

다시 말하면, 이전할 공공기관의 임직원들이 이전해야 할 지역이 상대적으로 낙후된 곳이 아니라 수도권보다는 만족스럽지 못하지만 교통이나 주거환경, 도시생활에 필요한 시설, 교육시설과 조건 등이 어느 정도 상대적으로 우수한 지방의 지역을 선호하는 勞使간의 협의와 타협에 의하여 지역선정과 이전기관이 실제로 배분되었다는 사실이다.

여기에 더하여 분배의 정의는 정책을 통한 사회정의social justice의 실현이다. 때문에 정책은 한정된 사회자원을 최적의 수준으로 사용해야 한다. 이때 최적의 수준은 정치적 타협과 협력에 의한 정책주체나 참여자, 정책대상자(또는 집단) 간의 힘의 균형power balance에 따라서 결정될 수 밖에 없다. 그래서 공공기관을 지방에 배치한 결과를 보면 각 지역별로 타 지역에 비교하여 크게 손해를 보거나 또는 크게 이익을 받지 아니하는 수준에서 결정된 것을 알 수 있다. 예를 들면, 부산과 경남 및 울산지역에 35개 공공기관, 대구와 경북지역에 25개, 광주와 전라남북도 지역에 31개, 충청권지역에 16개, 강원도에 13개, 제주도에 9개(innocity.moct.go.kr.... 검색일: 2008년 5월 5일) 등으로 배치되어 있다. 이것은 지역별로 숫자적으로 균등하게 배치된 것을 보여준다.

이때 골고루 배치는 분배의 정의의 실천기준인 상호교섭의 원칙이나 또는 사회적 최적상태를 실현할 기준이나 조건 등에 의한 것이 아니다. 정치적 힘의 균등과 게임에 따라서 각 지역에 비교적 섭섭하거나 또는 대박 터지는 것과 같은 현상을 피하면서 적당히 분산한 배치결과이다. 그렇다고 이와 같은 분산배치가 잘못되거나 비현실적이라는 지적은 아니다. 단지 분배의 정의에서 보면, 정책이란 한정된 사회자원을 골고루 나누어 가지는 방법과 절차를 중시하면서 사회적 정의, 즉 사회적 형평과 공평을 달성할 수 있는 정책결정과 과정이다. 이와 같은 방법과 절차를 상호교섭의 실천기준으로 설명할 때 위에서 지적한 것과 같이 각 혁신도시에 분산된 공공기관과 기존 도시와의 관계 등에서 상호상극과 상호무애를 통한 상호교섭의 원칙에 타당한가 하는 점이 문제된다는 뜻이다.

그러나 현재 이명박정부가 등장하면서 혁신도시건설의 수정이나 변동 등과 같은 제의와 논의가 진행되는 것을 보면 이것은 분배의 정의로 다시 설명되어야 할 사항이다. 이점을 뒤편의 '정책균형' 에서 좀 더 자세히 논의할 것이다.

둘째, 이전할 공공기관을 지역별로 골고루 또는 지역간 큰 불평이나 불만 없이 배치한 결과에 의한 분배의 정의도 중요하다. 그러나 실질적으로 어떤 기능과 역할을 수행할 공공기관을 어떤 기준에 따라서 분산시켜 배치할 것인가 하는 과제이다. 즉 공공기관의 기능과 역할에 관한 클러스터cluster와 이것을 수행할 지역의 역량과 발전가능성, 기존의 교육이나 산업과의 연계클러스터coupling cluster 등을 판단하여 분산 · 배치했는가 하는 분배의 정의의 실천에 관한 것이 또한 중요하다. 그래서 이전 공공기관을 최대한 유사한 영역의 업무를 수행할 수 있는 동일同一 기능 군群으로 분류하여 결정했다는 설명이다(innocity.moct.go.kr/public/public03.jsp, 검색일: 2008년 5월 5일).

그러나 분산된 공공기관의 기능과 역할을 보면 이와 같지 않다. 예를 들면, 대구지역의 혁신도시로 교육과 학술진흥의 이전기능을 중심으로 하면서 한국학술진흥재단, 한국교육학술정보원, 한국전산원 등이 배치되었다. 그러면서 이와 같은 교육과 학술기능을 중심으로 하는 공공기관인 노동교육원이나 중앙공무원교육원, 법무연수원 등은 충북지역에 배치되었고, 한국정보보호진흥원이나 정보통신부 지식정보센터 등은 전남지역에, 국세공무원교육원이나 건설교통 인재개발원 등은 제주도에 배치되기도 했다(자세한 것은 〈표 5-1〉의 혁신도시 이전대상 기관 및 특징을 참조).

전체적인 이전기능의 분류와 분산기관을 보면 기능 군에 의한 클러스터 중심의 분산배치가 진행되었지만 구체적 내용에서 보면 기능군에 의한 분산배치가 완전하게 실현된 것은 아니다. 때문에 혁신도시건설 정책의 분배의 정의는 위에서 지적한 혁신도시건설이라는 정책 그 자체의 분배의 역할과 또한 공공기관을 지방에 이전 · 배치하는 실질적인 분배 대상을 분배하는 정의 등을 종합적으로 이해할 필요가 있다.

셋째, 혁신도시건설과 비슷한 유형의 도시건설에 관한 정책간의 분배의 정의 문제가 등장하고 있다.

예를 들면, 「공공기관 지방이전에 따른 혁신도시 건설 및 지원에 관한 특별법」이 제정되어 집행되고 있으면서도 실질적으로 혁신도시의 기능과 역할을 분산하여 담당할 수 있는 새로운 도시, 소위 신新도시를 건설할 수 있는 다양한 법령, 즉 정책들이 있다. 그래서 혁신도시건설 특별법에서 이와 같은 다양한 법령과의 상호보완 및 적용관계를 명시하고 있다.

구체적으로 「택지개발촉진법」(1980년 제정), 「도시개발법」(2000년 제정), 「지역균형개발 및 중소기업육성에 관한 법률」(1994년 제정), 「산업입지 및 개발에 관한 법률」(1990년 제정), 「도시 및 주거환경정비법」(2002년 제정), 「기업도시개발특별법」(2004년 제정), 「지방소도읍 육성지원법」(2001년 제정),「국토의 계획 및 이용에 관한 법률」(2002년 제정), 「신행정수도건설에 관한 특별법」(2005년 제정) 등에 따라서도 혁신도시와 같은 기능과 역할을 담당할 수 있는 도시를 건설할 수 있다.

그럼에도 불구하고 혁신도시건설은 특별법으로 노무현정권에서 한시적限時的으로 시작하여 종결하고자 하는 특징을 가지고 있다. 비록 공공기관을 완전히 이전하는 시기는 2012년까지이지만 노무현정권내에서 혁신도시건설의 실질적 분배의 기능과 역할은 끝난 것이다. 즉 분배의 정의에서 보면 분배의 대상인 공공기관의 이전과 지방의 특수산업기능과의 연계 및 기타 도시공간의 용지매입 등과 같은 실질적 정책비용을 회수하거나 중단할 수 없을 정도로 매물비용으로 정리할 것을 계획하였다.

따라서 혁신도시건설은 위에서 지적한 다양한 정책과의 조정과 조화의 과제를 제기하면서 정책간의 분배의 정의를 실현할 방법을 찾아야 할 입장이다. 다시 말하면, 분배의 정의의 실천기준인 상호상즉과 상호의존 및 상호무애 등을 실천하는 상호교섭 원칙에 따라서 분배의 정의를 실현하면서 정책균형을 달성할 방법론이 필요하다.

① 먼저 상호상즉相卽에 의하면, 노무현정권의 정치적 지지와 정당성을 확보할 목적이 강한 혁신도시건설은 지금까지 여러 정권의 정치적 목적이나 이해관계와는 관계없이 국토의 균형적 발전과 지방발전을 추구하고 있는 다양한 정책들, 특히 신도시건설에 관한 다양한 정책과의 절대평등을 전제로 할 수 있어야 한다. 노무현정권이 결정한 혁신도시건설만

이 가장 우수하고 타당한 국토균형발전의 정책으로 정치적으로 선전되면서 기존의 신도시에 관한 모든 정책은 필요없는 또는 혁신도시건설에 장애가 된다고 한다면 혁신도시건설은 문자 그대로 노무현정권의 등장으로 시작되었다가 노무현정권의 끝으로 종결되어야 하는 정치적 숙명을 가진 정책일 뿐이다. 따라서 전국적으로 175개나 되는 공공기관을 이전시키면서 건설하는 12개의 혁신도시를 5년의 임기가 보장된 정권에서 마무리한다는 것은 물리적으로 불가능하다. 때문에 정치적 동기와 목적 및 이해관계에 초점을 두고 혁신도시를 정치적으로 선전하고 이용하여 정치적 목적을 달성하기 위한 수단으로 노무현정권이 결정했다는 것이 확실하다면 혁신도시건설 정책의 운명은 5년이라는 한시적 생명을 가진 불행한 정책으로, 정책균형을 달성하기 어렵다.

반대로 지금까지의 다양한 신도시건설 정책과 혁신도시건설 정책은 그 자체로서 상호간에 각 정책의 필요성과 당위성 및 정책의 구체적 목적 등을 인정하는 인정認定체계appreciation system를 갖추어야 한다. 그러면서도 동시에 상호간에 평등한 정책이라는 존재의 가치를 인정할 수 있어야 한다.

예를 들면, 「지방소도읍 육성지원법」에 의한 신도시나 기타 지역발전에 필요한 도시건설의 다양한 프로그램도 혁신도시건설을 위한 특별법에 규정된 다양한 프로그램과 경쟁적이거나 대체적인 것이 아니라 보완적으로 작용하면서, 兩 정책의 필요성과 존재가치를 인정하고 동시에 평등하다는 사실을 존중할 수 있어야 한다. 그렇지 않고 내가 결정한 국가사업은 신성하고 절대적이면서도 남이 결정한 신도시건설에 관한 정책은 더 이상 정책환경과 시대적 요구에 맞지 않은 불필요한 정책으로 판단하고 결정한다면 신도시 건설, 특히 각 정권마다 제공하고 결정하는 신도시나 혁신도시 또는 우주도시 등과 같이 그 이름에 관계없이 그 정책은 그 정권 內의 정책으로 끝나야 할 운명을 가진 정책이다. 이와 같은 정책은 단지 정치적 목적에 의한 정치선전의 수단으로 화려하게 등장할 수 있지만 정책의 성과나 기대효과 등을 달성하기 어려운 쓸쓸한 정책으로 막을 내려야 한다. 왜냐하면, 정치적 필요성에 의하여 탄생된 정책은 그 정권이 없어지면 더 이상 존재해야 할 가치와 목적을 상실했기 때문이다.

때문에 노무현정권에서 형성된 혁신도시건설 정책은 우선적으로 기존의 신도시 건설에 관한 다양한 정책들의 특성과 차이점 그리고 정책의 필요성과 평가 등을 인정해야 한다. 동시에 혁신도시건설 정책만의 고유한 기능과 역할, 국토의 균형발전의 가치를 달성할 정책으로서의 목적 등에 관한 정책이라는 사실을 확인하고 실천하면 된다. 따라서 혁신도시건설 정책은 이와 같은 상호상즉에 타당한 평등원칙을 실현할 수 있으면 된다. 동시에 혁신도시건설을 진행하면서 기존의 다양한 정책들의 원초적 입장이나 조건에 변화가 발생하여 그것으로 상호상즉에 의한 정책간의 평등이 파괴된다면 이것을 수정하고 교정하고 보정할 구체적 정책들을 끊임없이 개발하고 결정하여 상호상즉의 상태가 될 수 있도록 조정하면 된다. 이와 같이 상호상즉에 의한 혁신도시건설 정책을 집행할 수 있어야 혁신도시건설 정책을 통한 분배의 정의가 실현될 수 있을 것이다.

② 상호의존依存의 기준에 의하면, 혁신도시건설 정책과 기존의 신도시 건설에 관한 다양한 정책은 상호간에 의존적으로 존재하면서 발전하고 있다는 사실을 각 정책의 주체들과 정책결정자들이 인식하고 정책을 집행할 수 있어야 혁신도시건설 정책은 균형될 수 있다. 그래서 정책균형에서 본 혁신도시건설 정책의 분배의 정의는 앞서 지적한 다양한 정책들의 고유한 독립적 존재가치를 인정하면서 동시에 각 정책은 의존적으로 존재하고 있을 때 달성될 수 있다는 사실을 강조할 수 있다.

앞서 신도시 건설이나 혁신도시건설 정책이 상호간에 상극한다고 해서 각 정책을 항상 그 정책의 이념과 목적에만 집착하여 판단하고 결정하는 것은 아니다. 즉 상호간에 독자적인 신성한 가치를 인정하지만 의존한다는 것이다. 의존하지만 다양한 신도시건설 정책들이 상호간에 짐이 되거나 방해가 되는 의존이 아닌 상극을 전제로 한 호혜주의互惠主義의 의존이다. 즉 정당한 분배의 정의는 신도시 건설의 다양한 정책들이 상호간의 특성과 특징 및 비교우위의 가치를 인정하면서, 동시에 자신의 강점과 특권으로 건설되는 신도시와 기대효과 등을 공정하게 국토균형발전과 국가경쟁력에 활용할 수 있을 때 분배의 정의는 실천될 수 있을 것이다.

다양한 신도시 건설과 혁신도시건설 정책이 대립이 아니라 조화를 추구하는 것이 정책균형의 목적이다. 조화의 추구란 의존하는 정책들이 대립적으로 발전하거나 진보하는 것이 아니라 상호간에 조화롭게 종합되어 있는 총체성의 개념을 전제로 하고 있는 의존이라고 강조했다. 때문에 다양한 신도시건설 정책의 상호의존은 조화되는 의존이면서 각자의 정책목표와 가치를 원만히 실현하는 의존이다.

따라서 혁신도시건설 정책은 노무현정권에서 국가균형발전 및 지방분권의 정치적 정당성과 목적에 의하여 탄생된 정책이라는 독자성이나 특성에 의한 존재가치를 인정받으면서도 혁신도시를 정권의 시기에 관계없이 성공시키려면 혁신도시건설 정책은 의도적이든 또는 우연이든, 아니면 제3의 매개작용이든 기존의 신도시 건설정책과 연계되어 의존하고 있다는 사실을 알아야 한다. 그렇지 않고 앞서 지적한 것과 같이, 노무현정권이나 또는 지방분권이나 지역혁신, 좌파정치 등과 같은 정치적 당파주의에 의한 이해관계의 조정과 협상 등과 같은 정치적 지지에만 의존한다면 혁신도시건설 정책은 노무현정치와 운명을 같이 해야 하는 비운悲

運의 정책이다. 때문에 이렇게 연계된 신도시건설 정책의 상호의존적 연기緣起에 의한 혁신도시건설 정책의 실체를 설명할 수 있어야 상호간에 원만히 조화되는 상태인 정책의 분배의 정의를 달성할 수 있을 것이다.

③ 상호무애無碍 또는 무장애 기준으로서 혁신도시건설 정책의 분배의 정의이다.

노무현정부의 정치적 이상에 의하여 탄생된 혁신도시건설 정책과 기존의 다양한 신도시건설에 관한 정책들이 상호간에 의존하지만 장애나 방해로서의 의존이 아닌 창조적 진화로서 의존하는 상태를 상호무애 또는 무장애라고 할 수 있다. 따라서 혁신도시건설 정책도 신도시건설이라는 정책의 고유한 사건이나 정책사상 또는 정책프로그램을 가지고 있으면서 기존의 신도시건설의 다양한 정책들과 서로간에 영향력을 미칠 수 있는 범위나 영역들이 언제나 일정한 경계, 즉 상즉의 상태가 있다. 그렇지만 혁신도시건설의 일정한 정책의 범위와 영향력들이 상호간에 의존해서 존재의 의미가 발생되는 것이 아니라 상호간에 신도시건설을 통한 국가균형발전과 지역의 경쟁력 강화 및 삶의 질 향상 등과 같은 목표를 위하여 조화된 상태를 연출할 때 의미가 있다는 사실을 강조하고자 한다. 때문에 상호의존은 분배의 정의의 실천과정 보다는 분배의 결과에 대한 정의로운 상태를 설명할 수 있는 주요 개념이다.

정책균형이론에서 상호무애는 시간과 공간적인 조화를 강조하고 있다. 때문에 혁신도시건설 정책은 먼저 공간적으로 기존의 혁신도시나 기업도시 또는 주택문제해결을 중심으로 하는 신도시나 행정중심복합도시 등과 중복되거나 갈등적이지 않아야 한다는 의미이다. 즉 각 정책에 의한 지역적이고 지리적 공간을 차지할 정책의 차이점이나 특성, 다양성을 그대로 유지하면서 상호간에 방해나 장애가 되지 아니한다는 뜻이다. 그러면서도 동시에 다양한 신도시 정책의 목적을 실현할 수 있어야 한다.

그리고 시간적으로 보면 혁신도시건설 정책은 국가의 지역균형개발이나 국토의 효율적 이용을 위한 국토계획의 가장 최근의 정책이다. 즉 노무현정부에서 계획하고 실천하기 위한 도시정책이지만 노무현정권 시기에만 한정될 수 없는 정책의 물리적 성격과 특성을 가지고 있다. 때문에 시기적으로 과거에서부터 진행되고 있는 신도시에 관한 다양한 정책들과 조화로운 관계를 설정하면서 혁신도시건설의 고유한 목적과 실천방법을 추구할 수 있어야 혁신도시건설 정책은 분배의 정의를 달성할 수 있다. 그렇지 않고 기존의 정책을 무시하거나 부정하면서 혁신도시건설 정책만이 국가균형발전의 만병통치약과 같은 유일하고 온전한 정책이라는 자기환상自己幻想이나 정치적 이해관계에 함몰되면 정권의 시기가 끝나면 또한 혁신도시건설 정책도 종결될 수밖에 없다.

상호무애는 자신의 입장에 가장 충실하면서도 타인의 입장의 실현과 사회적으로 조화시키는 범위에서의 실현을 강조한다. 때문에 혁신도시건설 정책의 분배의 정의는 자원이나 기회 등을 강제적으로 분배하여 각 지역이나 공공기관 등의 원초적 입장이나 차이 등을 수평적으로 평등화시키는 것이 아니다. 지역간 불균형과 불평등이 발생된 조건과 차이를 혁신도시건설 정책을 통하여 수정하고 교정하였을 때 그와 같은 불균형의 조건 등을 초래한 원천적 조건이나 차이를 수정할 수 있다는 뜻이다. 나아가 이와 같은 분배가 사회적으로 조화로운 것으로 인정되고 수용될 때 분배의 정의는 실현된다고 할 수 있다.

결론적으로 혁신도시건설 정책의 분배의 정의는 상호상즉과 의존 및 상호무애의 개념 등이 전제되어야, 신도시에 관련된 다양한 정책들이 조화된 상태로서 존재하는 상호교섭의 원칙을 완성된 내용으로 이해할 수 있다. 즉 혁신도시건설 정책과 기존의 신도시의 다양한 정책들의 목표와 존재의 가치, 정향, 정책이념, 정책의 주체 및 대상자 또는 정책 그 자체는 스스로의 존재와 실체를 분명히 정립하고 있다는 사실이다. 그러나 상즉에 의한 정책 고유의 가치와 존재를 자유롭고 정의롭게 교환하면서, 이것이 발생하면 저것이 발생하는 연기적 의존관계를 설명하는 것이 혁신도시건설 정책과 기존 신도시 정책과의 상호의존이다. 그리고 상호간의 상즉과 의존이지만 각각의 다양한 도시정책의 존재의 가치나 실현에 방해나 장애가 되는 것이 아니다. 혁신도시는 혁신도시대로, 각 신도시나 기타 도시건설 정책은 그대로 고유한 실체에서 차등difference과 차이dissimilarity가 있지만 이것들이 상호간에 원만하게 조화된 평등의 상태를 상호무애로 설명할 수 있다.

이와 같은 세 가지 전제가 혁신도시건설 정책에서 동시에 진행될 때, 즉 상호교섭일 때 이것을 명칭해서 분배의 정의가 실현되고 있다고 할 수 있다. 이때 혁신도시건설 정책은 균형되었다 또는 동태적으로 균형되고 있다고 할 수 있다.

4. 政策均衡

실질적으로 혁신도시건설은 노무현정부의 지방분권과 국가균형발전의 대표적 정책이었다. 따라서 5년이라는 정치적 임기동안에 노무현정부는 혁신도시건설을 완성하겠다는 정치적 목적을 분명히 했다. 즉 노무현정부가 취임하자마자 2003년 6월에 공공기관을 이전하여 혁신도시를 건설하겠다는 소위, '국가균형발전을 위한 대구구상大邱構想' 을 발표하면서 시작된 정책이 정권이 종결되는 2008년 초반까지 실질적으로 공공기관을 지방의 혁신도시에 물리적으로 이전만 하면 될 수 있도록 모든 구체적 추진일정을 계획했었다.

물론 2012년까지 공공기관을 완전히 이전한다는 계획이지만 실질적이고 물리적으로 2008년 이후의 어느 정권에도 관계없이 혁신도시건설을 진행할 수 있도록 용지매입을 완료하거나 이전할 공공기관을 매각한다는 계획이었다. 그러나 현재 이명박정권의 등장으로 정치적 목적이 변동되고 정치적 지지가 감소되면서 혁신도시건설 정책 그 자체의 존립에 관한 수준에서부터 범위와 내용, 즉 이전할 공공기관의 변화, 혁신도시의 도시기능과 내용의 변경이나 추가, 혁신도시 규모의 변경이나 축소, 총비용의 삭감(즉, 건설예산) 등과 같은 정책의 변동과 변화가 예상되거나 제시되고 있는 실정이다.

예를 들면, 175개의 공공기관 중 이미 28개 기관이 2007년 12월에 국가균형발전위원회에서 이전계획을 심의받아 확정되어 있다. 하나의 예로서, 경북 김천에 이전할 한국도로공사는 2011년까지 1,046명의 인원과 3천 112억 원의 사업비를 승인받고 있고, 기상통신소도 2011년까지 9명과 81억 원의 사업비 승인 등을 받고 있다(영남일보, 2008년 5월 5일). 그러나 이명박정부는 한국의 各 공공기관 및 산하기관을 민영화民營化나 또는 통폐합의 개혁대상으로 관계 부처간에 정책조정과 협의를 진행하면서(조선일보, 2008년 5월 4일), 혁신도시로 이전할 공공기관의 숫자나 내용에 상당한 변동과 변화가 예상되고 있다.

이명박정부가 공공기관의 민영화 및 통폐합 정책을 우선적으로 집행할 경우, 혁신도시건설 정책의 가장 핵심내용이면서 정책성공의 평가대상인 이전할 공공기관의 대상이나 이전 공공기관의 지역별 분배 및 기능별 클러스터의 정리 등을 실행하기 어려울 수 있다. 특히 이명박정부는 공공기관 개혁의 대상으로 총 305개 공기업公企業을 민영화하거나(50개), 통폐합(50개) 또는 지방자치단체에 이관한 후 청산하는(30여 개) 등의 공기업정책을 집행할 경우(중앙일보, 2008년 5월 23일), 혁신도시에 이전할 공공기관 중 공기업 성격을 가지고 있는 기관들이 제외되거나 없어지면서 혁신도시건설 정책의 목적과 구체적 내용이 크게 변화될 수 있다.

예를 들면, 전북의 혁신도시로 이전할 한국토지공사와 경남의 혁신도시로 이전할 대상인 한국주택공사가 통합된다면 통합된 공공기관을 어느 혁신도시에 배치해야 할 것인가 하는 문제에서부터 시작해서 만약 배치되거나 배치되지 아니한 혁신도시의 규모의 조정 등과 같은 이전계획의 모든 내용이 다시 논의되고 결정되어야 하는 문제가 발생된다. 특히 이미 2조 8천여억 원의 토지보상비로 토지소유자와 혁신도시건설 당사자간에 협의가 완료된 상태라고 하지만(영남일보, 2008년 5월 5일) 실질적으로 토지보상비를 지급하지 아니하기 어렵다. 왜냐하면, 협의완료는 법적 계약의 성격보다 정책의 신뢰성으로 국민과의 약속이다. 이를 실천하지 아니하면 토지소유자의 격렬한 반대에 의한 정치적 부담의 문제이기 때문이다. 또한 노무현정권에서 계획된 대로 집행한다면 혁신도시에 이전할 공공기관의 내용과 숫자가 상당히 그리고 큰 범위로 조정되거나 축소 또는 소멸되면서 혁신도시는 시작부터 공동화空洞化될 것이다.

따라서 이명박정부는 이와 같은 정치적으로 큰 부담을 지게 될 정책을 과연 정치적 게임으로 진행할 것인지 아니면 경제원리에 의한 이명박정부의 공공기관의 정책(민영화 및 통폐합 등)을 집행하기 위해서 국민설득과 이해를 구하면서 정치적 승부를 걸 것인지 하는 연속되는 정책의 혼돈 policy chaos이나 정책완패完敗 policy fiasco 등의 문제를 연계시키게 된다.[17]

17 정책혼돈은 혼돈이론chaos theory에서 설명되면서 생소하지 않지만 정책완패policy fiasco에 관한 논의는 아직까지 정책학계나 실무계에 생소한 편이다. 일반적으로 정책완패는 어느 한 분야나 프로그램에서 정책이 실패하는 것이 아니라 거의 모든 분야에서 연계하여 정책이 연속적으로 실패하는 경우와 ubiquity of failure, 구체적이고 정확한 정책의 평가기준이나 절차가 없지만 그러나 전체적으로 볼 때 정책은 상당히 실패했다고 평가할 경우relativity of failure, 그리고 분명하고 명백하게 정치적이고 관리적 실수와 잘못에 의하여 정책이 실패할 것으로 예측 또는 예상되는 경우inevitability of failure 등을 설명하는 이론이다. 특히 이와 같은 정책실패들을 평가하는 이론, 즉 실패의 확인과 평가, 실패책임자

그러면 혁신도시건설 정책은 문자 그대로 노무현정권의 화려한 등장과 더불어 청사진blue print 수준에 머물다가 그 정권의 퇴장으로 종결되는 정책이 될 것인가 하는, 정책의 문제가 아닌 정권의 문제로 등장하게 될 것이다. 이것은 분명히 정책균형에서 본 정책의 수정이나 보정 또는 승계 등의 변화가 아니라 정권에 의한, 정권을 위한 정치구호 정책이 될 뿐이다.

더구나 혁신도시건설 정책 뿐만 아니라 국가의 주요한 정책은 정치에 따라서 변동 또는 소멸되어야 하는 운명이 예정되어 있다. 즉 한국의 국가정책은 본질적으로 정치선전의 주요 테마이면서 각 정권은 서로가 서로를 비난하고 책임을 떠넘기려고 하는 비난의 정치politics of blaming 만이 있다. 실제로 정책완패나 혼돈에 대한 정치적이고 관리적 책임이나 도덕적 소명의식을 가질 정권은 아무도 없는 현실이 계속 진행될 뿐이다(대표적으로 Bovens and 'THart, 1996: 145-7).

결론적으로 정책균형이론에서 설명할 수 있는 혁신도시건설 정책의 균형은 동태적이고 순환적 균형으로서, 정책의 계속적인 수정과 보완 및 교정을 통한 정책의 정신적이고 물리적 인과관계를 먼저 확인하는 일이다. 여기서 구체적으로 확인되고 정의된 인과관계의 분배의 정의를 실천하기 위해서 기존의 신도시건설의 다양한 정책들과의 상호교섭의 원칙을 현재의 이명박정부가 지키는 일이다. 이명박정부가 혁신도시건설은 노무현정권의 정책일 뿐, 우리의 책임이 아니라고 한다면 이것은 〈각주 17〉에서 자세히 지적한 정책완패이다. 더구나 이명박정부가 혁신도시로

(누가 책임질 것인가)의 문제 등이 정책결정에서 존재론적 가치를 제시하고 있다. 따라서 정책실패가 개인의 문제가 아닌 공공의 사건이고 책임이면, 잘못 관리하고 분석mismanagement and misanalysis 하면서 여기에 불운不運마저 겹친다면misfortune 정책결정자는 서로가 누군가를 비난하면서 그 책임을 전가하거나 물으려고 하는 비난의 정치가 정책완패의 가장 부정적 현상이라고 할 수 있다(대표적으로 Bovens and 'THart, 1996).

이전할 계획인 공공기관을 대상으로 민영화나 통폐합 등과 같은 개혁정책만이 현재의 정책이라고 한다면 혁신도시건설 정책 뿐만 아니라 민영화民營化 등의 개혁정책도 균형을 달성하기 어렵다.

따라서 민영화나 통폐합, 지방이전 등과 같은 다양한 수단과 방법에 의하여 공공기업의 생산성과 일자리 창출 및 국가 경쟁력의 기회를 향상시키려고 하는 공공기관 개혁정책을 혁신도시건설 정책의 수정과 보완 및 교정 정책으로 활용할 수 있을 때 혁신도시건설 정책은 균형될 수 있다. 특히 이명박정부가 혁신도시건설과 공공기관 개혁정책의 兩者에서 정치적 갈등과 대립을 피하면서 兩 정책의 균형된 조화를 달성하기 위한 방법을 추구하는 것이 정책결정자나 책임자의 정책균형에 대한 이해를 바탕으로 한 정책의 책임이고 책무責務라고 할 수 있다.

이와 같이 연계된 상호교섭의 원칙에 의하여 설명된 정책균형의 마지막 실천이 〈그림 5-1〉에서 원圓으로 제시된 것과 같은 상태이다. 상호교섭에 의하여 혁신정책의 인과관계와 분배의 정의가 원으로 제시된 것과 같이 그 자체로서 정체된 또는 일시적 균형이 아니다. 혁신도시건설 정책의 균형은 동태적이고 연속적으로 정책균형이 순환되는 사실을 강조한다. 즉 혁신도시건설과 기타 다양한 신도시건설 정책들 그리고 현재 이명박정부가 추진하는 공공기관의 개혁정책들이 혁신도시건설 정책의 수정이나 교정 또는 보정의 역할을 할 수 있어야 한다. 동시에 혁신도시건설은 기타의 다양한 정책들과 원만히 조화될 수 있는 자신의 정책변화에 스스로 적응할 수도 있어야 한다. 즉 정치적 결과산물로 탄생된 혁신도시건설 정책의 숙명적 한계라는 사실도 인식해야 한다는 의미이다.

마찬가지로 이명박정부의 민영화와 통폐합 등에 의한 공공기관 개혁정책도 기존의 정책과의 조정과 조화에 의한 상호교섭의 원칙으로 설명되는 정책균형의 감각으로 정책을 실천할 수 없으면 정치적 갈등이나 반대주의political correctness 등과 같은 정치논쟁에 휘말릴 수밖에 없다. 왜냐하면, 노무현정권에서 계획하고 추진되고 있는 혁신도시건설 정책은 이제 그 자체로서 하나의 중요한 정치적 압력체제의 기능과 역할을 하고 있기 때문이다. 또한 공기업의 민영화 및 통폐합 등은 혁신도시건설과는 관계없는 새로운 정책이슈나 문제, 즉 민영화의 장단점과 정치적 논쟁, 해당 기관의 노사勞使관계, 통폐합기관의 인력조정 등과 같은 새로운 정책이슈를 제기시키면서 혁신도시건설 정책과 연계되기 어렵다. 때문에 기존의 다양한 신도시건설 정책과의 정책조정과 조화를 통한 공공기관 개혁정책을 추진하기 어렵다.

그래서 〈그림 5-1〉에서 강조한 것과 같이, 원으로 표시된 정책균형은 일시적으로 정지된 상태가 아니라 계속적으로 순환하는 동태적 진행과정에서의 정책의 균형상태를 설명하고 있다. 때문에 혁신도시건설 정책이 정치政治가 아니라 정책政策의 영역에서 성공하려면 노무현정부의 균형발전과 지역성장 등과 같은 정치이상을 경제원리의 통치철학에 의한 이명박정부가 혁신도시건설 정책을 정책논쟁政策論爭의 세계로 전환시킬 수 있어야 한다. 일단 이와 같은 정책세계의 논쟁에 들어오면 상호교섭의 정책균형이론으로 혁신도시건설 정책의 계속적이고 동태적인 수정과 조정 및 교정을 통한 정책균형은 달성될 수 있다. 그러면 혁신도시건설 정책의 목표도 달성될 수 있을 것이다.

그럼에도 불구하고 혁신도시건설 정책의 현실적 균형은 쉽지 않다. 혁신革新 innovation은 본질적으로 갈등적이고 충돌적이다. 왜냐하면, 기존의 이해관계를 중심으로 구성된 혁신도시건설 정책 그 자체도 결정될 당시에 기존의 이해관계와의 갈등속에서 탄생되었지만, 새로운 이상과 정치적 비전 등을 가진 새로운 정치적 이해관계를 구성 할, 혁신도시건설 정책이 결정된 이후의 정치와는 본질적으로 갈등을 가지고 있기 때문이다.

특히 혁신도시의 건설은 지방의 혁신도시라는 지리적이고 공간적으로 한정된 장소에 관련된 다양한 이해관계를 조정해야 하기 때문에 정치에 민감할 수밖에 없다(이해영, 2006: 19).[18] 이와 같은 정치적 속성을 혁신도시 건설 정책의 계界나 영역realm으로 균형화시키는 일은 쉽지 않을 것이다.

18 정책에서의 정치政治 논쟁도 중요하다. 때문에 혁신도시건설 정책과 정치와의 관계를 현실적으로 해결할 수 있는 방법이나 이론적 논쟁 등으로 설명할 수 있는 연구가 필요하다. 부분적 연구이지만 필자의 '지역혁신정책에의 함의를 중심으로 본 정책이론에서 정치논쟁'에 관한 연구(2006: 1-24)도 도움이 될 수 있다.

참고문헌

강현수 · 정준호, 2004, "세계의 지역혁신 사례분석: 관련이론, 성공요인 및 실패 사례," 『응용경제』 6(2): 27-61.

건설교통부(국토해양부), 2007, 「이전공공기관 지방이전계획 수립지침」.

권영섭 · 박경현, 2006, "혁신도시 조성과제와 혁신주체별 역할," 『지역정책연구』 17(1): 1-20.

권 일 · 류산규, 2006, "행정중심복합도시와 혁신도시건설이 국토균형발전에 미치는 영향," 한국콘텐츠학회 춘계학술대회 발표논문.

국가균형발전위원회 · 건설교통부, 2005, "새로운 대한민국을 준비하는 공공기관 이전과 혁신도시 건설."

김태환 · 이동우, 2005, "공공기관 이전과 지역발전 효과." 『도시정보』 282: 3-15.

김현수, 2006, "한국형 혁신도시건설의 쟁점과 과제," 한국도시행정학회 학술발표대회 논문.

박동배, 2003, "지역별 혁신역량 분석," 과학기술정책연구원 정책자료 2003-17.

서준교, 2006, "국가균형발전을 위한 혁신도시 전략의 한계에 대한 고찰: 공공기관 이전과 혁신도시 조성계획을 중심으로," 한국거버넌스학회 학술대회 발표논문.

이정록, 2006, "혁신도시 건설의 국가 및 지역발전 파급효과," 『국토』 297: 39-47.

이해영, 2006, "정책이론에서 정치논쟁: 지역혁신정책에의 함의를 중심으로," 『한국지역혁신논집』 1(2): 1-24.

진미윤 · 김성연 · 유수명 · 심찬섭, 2006, "혁신도시 조성의 정책방향과 과제," 주택도시연구원(www.codil.or.kr/filebank/original/RK.... 검색일: 2008년 4월 1일).

행정중심복합도시건설청, 2006, 『2005년도 행정중심복합도시 백서』.

최봉문 · 신동진 · 정영기 · 성장환, 2007, "혁신도시 건설과 지방도시 활성화," 『도시정보』 299: 3-17.

Bovens, Mark and Paul 'THart, 1996, *Understanding Policy Fiascoes*, New Brunswick: Transaction Publishers.

국가균형발전위원회(www.balance.go.kr).

국토해양부 산하 공공기관지방이전추진단(www.innocity.moct.go.kr).

http://news.google.com.

영남일보(2008년 5월 5일), 조선일보(2008년 5월 4일), 중앙일보(2008년 5월 23일).

제 6 장 | 後記: 政策均衡理論의 未來

제 6 장

後記: 政策均衡理論의 未來

1절 要約

정책균형이론policy balancing theory은 정책결정자의 균형감각을 중심으로 정책의 균형작용을 설명하는 실천이론으로 등장하고 있다. 정책결정은 본질적으로 한정된 자원을 어떻게 하면 사회적으로 상호간에 원만하게 나누어 가질 것인가 하는 문제에 초점을 두고 있다. 동시에 단순히 나누어 가지는 것만으로 끝나는 것이 아니라 정책이 추구하는 이상과 목적 등에 따라서 발생되는 다양한 부가가치를 어떻게 정의롭게 나누어 가질 것인가 하는 분배의 정의 등을 실현하고자 한다.

때문에 정책은 그 자체로서 존재의 가치를 가지고 있다. 즉 우주의 중심인 인간존재를 실현할 수 있는, 인간의 존엄성이 정책을 통하여 구현될 수 있도록 정책은 결정되고 시행되어야 정책의 존재가치가 달성될 수 있다. 따라서 정책은 고정된 것이 아니라 정책 스스로 끊임없이 수정과 교정 및 자정自淨 작용을 거치면서 정책에 의한 이해관계와, 정책에 의한 부가가치와, 정책에 의한 인과관계의 분배의 정의를 실현하고 있다.

여기서 제시된 정책균형이론은 동태적이고 연속적인 균형balance과 균형감각balanced sense을 기초로 하면서 정책균형의 실천적 지식과 기술을 제공하고 있다. 정책결정으로 발생될 수 있는 또는 발생된 이해관계의 불균형이나 나누어 가진(질) 응분의 몫과 절차 및 방법에 관한 불균형 등을 수정하고 교정하여 정책의 형평과 균형을 달성할 수 있는 정책이론으로 제시되고 있다.

정책의 이론적 측면에서 보면, 정책균형이론은 정책성공의 우선적 전제조건으로서 정책에 의한 인과관계나 분배의 정의 등을 상호교섭相互交涉의 원칙으로 설명하였다. 따라서 정책에 의한 다양하고 다차원적인 이해관계를 균형화 할 수 있는 지식과 방법에 초점을 둔 응용이론이다. 보다 구체적으로, '누가, 무엇을, 어떻게, 왜 정책에 대한 비용, 특히 정책의 시행에서 발생될 부정적이고 바람직하지 못한 정책비용도 부담해야 되며 이에 대한 대가로서 어떤 혜택과 편익을 제공받을 수 있을 것인가' 하는 정책의 실질적 균형에 필요한 이론과 절차 및 원칙 등에 관한 이론적 패러다임을 제공하고 있다.

동시에 정책의 현실적 측면에서 보면, 다양하고 복잡하게 진행되는 정책의 이해관계에 관한 지식과 정보가 보편화 되면서 정책현실은 더욱 더 복잡하고 역동적이다. 때문에 다양화되고 다극화 된 정책결정의 힘을 중심으로 하는 정책현실에서 정책주체나 정책대상자들의 힘이 불균형된 정책세력을 균형적으로 조정하고 형평화시킬 수 있는 이론이 필요하다. 특히 정책영역에 따라서 한국사회가 경험하고 있는 다양한 불균형을 균형화시킬 실천적 정책이론은 더욱 필요하다.

이와 같은 정책균형이론의 필요성을 제기하면서 균형과 정책균형의 개념을 동양사상東洋思想의 실천개념으로 먼저 정의하고 이에 따라서 정책균형이론의 특징을 다양한 균형이론과 비교하여 설명하였다. 먼저 균형balance을 두 가지 측면에서 정의하였다. 즉 정신적 측면에서 균형은 안정된 상태나 형평을 유지하거나 창출할 수 있는 능력과 자질에 관한 것이고 다양한 요소를 고려한 상태on balance라고 할 수 있다. 이것을 어느 한 쪽이나 양 변에 치우치지 않는 고른 상태이면서 실천적으로는 안정된 심리상태에서 합리적이고 이성적 결정과 행동을 할 수 있는 균형감각으로 설명했다. 따라서 이것은 동양사상의 중도 또는 중용中庸의 의미와 상통될 수 있다. 그리고 물리적 측면에서 설명한 균형은 균형감각이 정책주체에 의하여 체화體化되면서 동태적이고 교정적이며 복합적인 균형이다. 때문에 일시적 균형equilibrium이나 정체된 균형stasis이 아니다.

이에 따라서 정책균형을 동태적이고 복합적 균형으로서 정책주체의 균형감각에 의한 다양한 요소들이 공통으로 추구하는 목표와 善을 위해서 보편적으로 조화될 수 있는 상태라고 보았다. 즉 정책을 통하여 정책의 이해관계의 불균형을 조정하지만 단순히 사후 정리가 아니라, 사전에 교정하고 조정하며 보정補正하고자 하는 균형화 정책을 결정하고 시행하는 것으로 정의하였다. 이와 같은 정책균형을 동양사상에서 균형감각과 이것을 실천적으로 적용하는 관점에서 집중적으로 설명하였다.

정책균형에 필요한 이론과 지식을 응용하는 정책균형이론의 특징을 기존의 다양한 균형이론과 비교하여 설명하기도 했다. 예를 들면, 정치사회학의 전통적 균형이론인 세력균형론이나 일반체제의 균형이론, 조절이론, 코프라티즘 등의 균형이론과의 차이점을 지적했다. 그리고 경제학의 균형이론인 비용-편익분석과 공공선택론과의 차이점을 설명했고, 정책학의 정책조정론이나 정책급변론에서 설명하는 균형이론과의 차이점도 설명했다. 나아가 지역균형이론이나 조직균형이론과의 차이점도 자세히 밝혔다.

정책균형이론을 실천적 입장에서 현실적으로 활용하고 적용하기 위해서 정책균형의 실천기준을 정립하는 것이 정책균형이론에서 핵심분야이다. 그래서 이와 같은 실천기준으로 정책의 인과관계와 분배의 정의를 제시했다.

첫째, 정책의 인과관계를 물리적이고 정신적 인과관계로 구분하였다. 먼저 정책 그 자체의 독립변수적 성격에 따라서 발생되는 시간적 순차順次에 종속되는 결과와의 인과관계와 정책의 비용부담과 그에 따른 정책의 혜택이나 효용과의 원인과 결과의 작용관계를 실증적으로 설명하는 물리적 인과관계를 설명했다. 이것은 정책의 형성과 결정 또는 시행에 필요한 비용이나 부담이 먼저 제공되고 그에 따라서 정책사업이 존재하고 시행되어 정책혜택이 발생되는 시간적 선후관계가 분명한 인과관계이다. 그러나 정책비용이나 부담과 혜택 등이 상당히 중복적이면서도 혼재하여 진행되는, 시간적이고 공간적 순서나 정리를 분명하게 구별하기 어려운 인과관계도 있다.

그리고 정책의 정신적 인과관계를 심리철학 등에서 설명하는 정신인과mental causation와 동양사상의 연기론緣起論이나 유식학唯識學 등에서 설명하는 연기사상에 따라서 정책이라는 사상적 원인이 정책의 실현결과에 미치는 영향력 등으로 설명하였다. 따라서 정책의 의도, 목표, 정의, 철학 등이 정책의 실천적 행위에 의한 정책결과에 인과적 효력이나 영향력을 행사한다는 전제에서, 본질적으로 정신적 사건이고 일affairs인 정책의 원인과 결과와의 연계사건과 작용으로 정책의 정신적 인과관계를 논리적으로 설명하였다. 이와 같은 정책의 정신적 인과관계는 정책주체의 창조적 기능과 활동을 설명할 수 있고 정책활동의 철학적 영역도 설명할 수 있는 장점을 가지고 있다.

두 번째 실천기준으로 분배의 정의를 제시했다. 정책이란 본질적으로 제한된 사회의 자원과 기회를 배분하는 의사결정이다. 때문에 분배에 관한 기준과 방법이나 대상을 정의의 원칙으로 설명할 수 있는 상호교섭 원칙을 제시했다. 즉 정책의 실천적 관점에서 분배의 정의를, 정책에 의하여 발생될 또는 발생된 결과 뿐만 아니라 정책을 결정하고 수정하는 계속적 정책과정에서 분배의 대상을 사회적으로 원만하고 조화롭게 나누어 가지는 방법과 절차라고 이해하였다.

이에 따라서 상호교섭의 세 가지 구체적 실천기준으로 상호간에 서로의 존재가치를 부정하지 아니하면서 각자의 고유한 역할과 기능을 다하고 있는 상호상즉相卽과, 상즉이지만 자신의 입장과 세계에서만 판단하고 결정하는 고립적 실체가 아니라 연기적으로 발생하면서 새로운 것을 창조하고 생산하는 의존의 인과관계, 그리고 의존의지만 상호간에 방해나 장애가 되는, 각자의 실체로서 의존해서 존재하는 것이 아니라 상호간에 조화로운 상태의 의존을 설명하는 상호무애 등을 제시했다. 이와 같은 상호교섭 원칙을 윤리적, 도덕적 또는 정치철학적 관점에서 논의한 것이 아니라 정책균형의 분배의 정의를 정책현실에서 실천할 수 있는 실천원칙으로 설명하였다.

이론적으로 정립된 정책균형을 정책현실에의 적용가능성이나 타당성 등을 검증하기 위해서 정책균형의 이론적 모형을 정리하면서(제5장의 〈그림 5-1〉 참조), 노무현정부에서 결정한 혁신도시건설 정책을 정책사례로 채택하여 설명하여 보았다. 물론 하나의 사례만을 설명하여 정책균형이론의 현실적 타당성을 논의하기에는 한계가 있지만 정책균형이론에서 설명할 수 있는 혁신도시건설 정책의 균형은 동태적이고 순환적 균형으로 정책의 계속적인 수정과 보완 및 교정을 통한 정책의 정신적이고 물리적 인과관계를 먼저 확인하는 것이 중요하다고 지적했다. 여기서 구체적으로 확인되고 정의된 인과관계와 분배의 정의를 실천하기 위해서 기존의 신도시 건설의 다양한 정책들과의 상호교섭의 원칙을 실천하는 것이 더욱 중요하다고 했다.

따라서 이명박정부가 추진하고 있는 공공기관의 민영화나 통폐합, 지방이전 등과 같은 다양한 수단과 방법에 의하여 공공기관의 생산성과 일자리 창출 및 국가 경쟁력을 향상시키려고 하는 공공기관 개혁정책을 혁신도시건설 정책의 수정과 보완 및 교정정책으로 활용할 수 있을 때 혁신도시건설 정책은 균형될 수 있다고 설명했다.

이와 같이 정책균형이론을 요약정리하면서 정책균형이론이 하나의 실천이론으로서 앞으로 어떻게 발전하면서 정책현실에 타당하고 적실한 이론이 될 수 있을 것인가 하는 점을 결론이 아닌 후기後記의 성격으로 설명하고자 한다. 결론이라고 하지 아니하고 後記라고 한 이유는 아직까지 정책균형이론이 정책학계나 실무계에 잘 알려져 있지 아니할 뿐만 아니라 더욱이 하나의 완성된 또는 학계에 통용되는 정책이론이나 패러다임으로서의 기능과 역할에 관한 논의가 더욱 진행되어야 하기 때문이다. 이것을 정책이론과 정책현실의 두 가지 관점에서 설명하고자 한다.

2절 政策均衡理論의 未來

1. 政策理論으로서 未來

정책균형이론의 미래는 정책이론으로서의 역할과 기능을 다할 수 있어야 가능하다. 그러면 과연 정책균형이론이 하나의 정책이론으로서 이와 같은 역할을 다 할 수 있을 것인가 하는 것을 판단하고 결정하는 것은 쉽지 않다. 그러나 앞으로 정책균형이론이 보편적으로 통용될 수 있을 하나의 정책이론이 되기 위한 미래를 다음과 같이 제안할 수 있다.

첫째, 정책균형이론이 왜 필요한가 하는 필요성이 정책균형이론의 미래를 결정한다.

정책균형이론은 정책균형을 설명하는 이론이다. 정책균형은 균형 개념을 전제로 하면서 정책주체의 균형감각을 중심으로 하고 있다. 균형은 정태적이고 일시적 균형이 아닌 동태적이고 연속적이며 복합적 상태의 균형을 의미한다. 이와 같은 균형개념을 중도, 중용中庸 사상으로 자세히 설명하면서 체제이론적 관점에서 물리적 균형에 초점을 둔 서양 중심의 균형 개념이 아니라는 사실을 강조했다.

이와 같은 전제에서 출발할 때, 정책균형이론의 필요성은 명백해진다. 즉 서양의 정책현실을 설명하기 위하여 탄생되고 발달된 균형에 관한 이론들은 전통적인 체제의 균형이나 또는 힘의 균형 등을 중심으로 하고 있다. 때문에 동양사상에 의한 중도의 균형, 즉 양 변을 부정하면서도 동시에 양 변의 입장을 포용하고 포섭하는 균형이론을 이해하기 어려웠다.

정책균형에 관련된 정책조정론이나 조절이론, 코프라티즘, 세력균형론, 비용－편익분석이나 공공선택론 등의 공통적 특징은 서양을 중심으로 하는 변증법적 이원론dialectical dichotomy을 뿌리로 하고 있다. 몸과 마음, 물질과 정신, 원인(과정)과 결과, 객관과 주관, 사실과 가치, 보수와 진보, 목적과 수단 등과 같이 항상 二元的으로 구분하여 균형되는 것을 설명하는 이론이다. 때문에 正과 反이나 몸과 마음 및 주관과 객관 등이 조화되고 균형되는 상태를 설명할 수 있는 이론으로 발달되기 어려웠다. 더구나 한국과 같은 유교儒敎사회의 전통과 가치관을 기초로 하고 있는 정책현실에서 더 이상 서양의 균형에 관한 이론들이 정책현실을 설명하기 어려워지고 있다. 때문에 정책균형을 설명하는 이원론적 패러다임의 한계점과 문제점을 극복할 수 있는 정책균형이론, 특히 동양사상을 기초로 하는 정책균형의 개념과 현실적 실천방법 등에 관한 이론이 필요하다는 사실을 강조할 수 있다.

또한 정책현실에서 보면 정책균형이론의 필요성은 더욱 더 절실하다. 특히 21세기의 정보기술에 의한 정보사회와 국제화가 진행되면서 인류사회는 급격한 사회변동과 가치관이나 문화의 변화와 충격 및 충돌을 경험하고 있다. 더구나 20세기를 지배한 공산주의와 민주주의라는 이데올로기의 이원적 대립이 종결되면서 인류는 보편타당한 인간성에 기초한 인간중심의 보편적 인류사회를 구성시킬 수 있다고 믿었지만 종교적이고 인종적이며 문화적이고 역사적 다양성에 의한 갈등은 더욱 심화되고 있다.

특히 한국사회의 정신적이고도 물질적인 불균형은 심화되어 가고 있다. 남북으로 분단된 한반도라는 사실 자체도 문제이지만 수도권과 非수도권을 중심으로 하는 지역불균형은 국가의 모든 측면에서, 모든 기준에서 점점 더 불균형되어 가고 있다. 정신적으로도 상호간에 신뢰하고 협조하여 상호공존과 상생의 삶을 추구하기보다는 자신이나 집단의 이익과 손익관계에 함몰되면서 이념적, 사회계층적, 성별, 세대간 등에 갈등과 분열현상이 심화되고 있다.

때문에 서양에서 발달되고 있는 조정과 타협과 협상을 중심으로 하는 변증법적 이원론에 기초한 정책조정론이나 정책조화 등의 이론은 정책현실에서 한계와 문제점을 나타내면서, 서양 정책이론의 한계점 등이 반세기에 걸친 정책학의 발달에서 증명되고 있다. 따라서 한국의 정책현실을 설명하고 예측하기에는 이와 같은 정책이론들에 한계가 있다는 사실도 명백해 지고 있다.

그렇다면 서양 중심만이 아닌 동양의 사상과 철학 및 가치체계 등에 기초한 정책균형이론이 새로운 정책이론으로 발달될 가능성과 길을 가지고 있다. 물론 이 책에서 제시하고 정립한 정책균형에 관한 이론적 논거와 논쟁만이 아닌 이것을 기초로 하면서 더욱 정치하고 정교한 이론으로 성숙시킬 노력이 필요하지만, 적어도 현재의 정책이론에서 보면 정책균형이론은 동양적 관점에서, 새로운 시각에서 정책의 조정과 조화 및 정책결정의 균형감각을 설명할 수 있는 이론이라고 할 수 있다.

비판적 입장에서 볼 때, 정책균형이론으로 설명할 수 있는 정책현실을 이미 기존의 정책이론들, 특히 정책조정론이나 정책변동론, 정책의 일관성, 정책의 비용과 편익의 인과관계분석 등과 같은 이론과 지식 등이 설명하고 있다. 때문에 굳이 수고로이 정책균형이론을 형성하려고 할 필요가 없다고 할 수 있다.

이와 같은 비판도 옳다. 그러나 동일한 정책현실을 보다 타당성 있고 적실하게 설명할 수 있다는 전제에서 균형과 정책균형 및 정책균형의 현실적 실천기준 등을 지금까지 서양 중심의 학문적 철학과 방법론이 아닌 동양의 사상과 철학 및 방법론에 따라서 개발하고 정립한 정책균형이론은 이론 그 자체로서도 존재할 가치가 크다. 물론 좀 더 정치情致한 이론으로 발달되어야 하지만 비교론적 관점에서 보더라도 정책이론은 다양하고 풍부하면서 동시에 다양한 정책현실을 다양하게 설명할 수 있어야 한다.

예를 들면, 정책조정론이나 세력균형론, 분할정부론 또는 조절이론 등에서 균형을 중요한 개념으로 취급하면서도 균형 그 자체의 개념 정의를 소홀히 하고 있다. 왜냐하면, 전통적인 변증법적 二元論에서 더 이상 균형 개념을 굳이 정의하거나 설명할 필요가 없기 때문이다. 그러나 변증법적 이원론을 비판하는 전제에서 출발하는 정책균형이론은 균형 개념과 관련된 균형감각 등을 분명히 정의定意하고 있다. 이렇게 정의하기 위한 기초사상과 철학은 서양이 아닌 동양의 중도사상이라고 하는 사실을 이해한다면 이것은 정책현실을 새롭게 그리고 차원이 다르게 설명하는 정책이론이다.

물론 이와 같은 동양의 기초사상과 철학을 굳이 이해하려고 하지 아니하거나 또는 이미 기존의 서양의 이분법적 사상으로도 충분히 균형 개념을 설명할 수 있다고 한다면 논쟁은 다시 원점으로 돌아가야 한다. 그러나 균형 개념을 이분법이 아닌 상호교섭의 중도사상이 보다 현실적이고 이념적으로 더욱 정확하고 자세히 설명할 수 있다는 사실과 가능성 등을 인식한다면 정책균형이론의 미래는 밝다. 즉 이론으로서 정책균형이론의 미래는 더욱 풍성하다고 할 수 있다.

그 하나의 예로서, 정책균형의 실천기준을 찾기 위한 기초이론인 정책의 인과관계는 서양 중심의 물리적이고 과학적 인과관계에만 한정되어 있는 것이 아니다. 이미 서양에서도 오래전부터 정신적 인과관계를 심리철학에서 연구하면서 발달시키고 있지만 동양사상, 특히 연기사상이나 유식론 등에서 보면 정신적 인과관계는 오래전부터 체계적으로 발달되고 있다.

그럼에도 불구하고 지금까지 논의된 정책의 인과관계는 이와 같은 정신적 인과관계를 모르고 있다. 이것은 정책학의 학문적 무지無知의 소산일 수 있다. 한국정책학만이 아닌 서양 중심의 정책학도 서양에서 발달된 정신적 인과관계를 논의하지 않고 있다는 사실이 이것을 증명하고 있다. 때문에 정책균형의 실천기준을 정립하기 위한 정책의 비용과 효과의 전통적 인과관계만이 아닌 정책주체의 정신적 결과산물인 정책이념과 목표 및 정책사상을 중심으로 하는 정책의 정신적 인과관계를 설명하고, 이것이 정책을 균형시킬 중요한 변수라는 사실을 논의하는 그 자체만이라도 정책균형이론의 미래를 다양하고 풍부하게 하는 일이다.

둘째, 정책균형이론의 특징을 다양한 균형이론(물론 'balance theory'도 있지만 'equilibrium theory'가 대부분이다)과 비교하여 제3장에서 자세히 설명했지만, 균형의 개념과 철학 및 실천기준 등을 제시하면서 정책균형이론을 정립하였기 때문에 정책균형이론의 미래는 밝다. 때문에 정책균형이론의 미래를 이와 같은 다양한 균형이론의 장단점을 어떻게, 어느 정도로 보완하거나 수정할 수 있는가 하는 관점에서 설명할 필요가 있다.

먼저 정치사회학의 전통적 균형이론인 세력균형론이나 일반체제론, 조절이론, 코프라티즘 등과의 차이점에서 본 정책균형이론의 미래이다. 세력균형론도 균형balance이론이지만 균형을 분명하게 정의하지 아니하고 국제간의 정치세력이나 외교적 힘의 균형과 불균형의 조정 등을 설명하고 있다. 때문에 정책균형이론에서 제시한 균형과 균형감각 등과 같은 분명한 개념정의와 실천기준 등이 필요할 것이다. 마찬가지로 일반체제이론은 물리적 균형이론이기 때문에 정책균형의 정신적 인과관계나 상호교섭에 의한 분배의 정의 등과 같은 체제균형의 이념적 요소를 설명할 필요가 크다. 조절이론은 자본주의 시장의 조절기능에 의한 균형이론이다. 따라서 사회적 균형을 강조하는 정책균형이론은 국가의 공공정책을 통한 정책의 균형이기 때문에 시장 중심의 조절이론의 한계를 보충할 수 있다. 이에 반하여 코프라티즘은 국가중심주의와 다양한 이익집단이나 이해관계 집단간의 조화와 균형을 지나치게 강조하면서 시장의 조절과 조화의 기능을 설명하지 못하고 있다. 그러나 정책균형이론은 정책을 중심으로 하는 균형이론으로서 정책의 인과관계와 분배의 정의를 실현하기 위한 균형작용으로서 공사公私 영역을 구분하지 않고 있다. 때문에 집단주의나 다원주의에 몰두하는 코프라티즘의 한계점을 보완할 수 있다.

또한 경제학의 균형이론인 비용－편익분석이나 공공선택론 등에서 설명하는 개인이나 집단의 효용과 만족을 균형화시키는 선택이론은 정책균형과 같은 정책을 통한, 정책결정의 과정과 결과에 의한 제도적 균형을 설명하기 어렵다. 마찬가지로 정책학에서 발달되고 있는 정책조정론은 정책목표 추구에 의하여 발생되는 다양한 정책갈등이나 부조화를 해결하고 조화시키는 이론이기 때문에 갈등이론과 목표관리이론이 중심이다. 그러나 정책균형이론은 목표이론이나 갈등이론이 아니다. 정책결정의 균형화 작용과 결정주체의 균형감각을 중심개념으로 하는, 즉 정책주체의 수기치인修己治人과 같은, 정책의 본질적 기능과 역할인 인간존재의 민주주의적 실현이라는 근원적 균형감각을 기초로 해서 결정된 정책의 균형작용을 담보하기 위한 이론이다. 그래서 정책의 물리적이고 과학적 인과관계 뿐만 아니라 非물리적이고 정신적 인과관계도 설명하면서 정책의 궁극적 실천작용인 분배의 정의를 달성할 수 있을 때 정책은 균형될 수 있다는 이론이다. 때문에 정책조정론의 갈등조정이나 목표관리의 본질적 역할론, 정책의 존재론 등과 같은 점을 정책균형이론이 수정 · 보완할 수 있다.

그리고 지역균형이론은 경제적이고 사회적으로 불균형된 지역간의 균형을 설명하기 때문에 균형에 필요한 다양한 정책의 균형과는 차이가 있다. 조직균형이론도 조직내에서 조직과 조직 구성원간의 이해관계의 공통점을 통한 조직의 균형이다. 때문에 정책을 중심개념으로 하는 정책균형은 조직이나 지역의 공간적 한계에 구속되지 아니한다.

또한 제3장에서도 설명했듯이, '정책균형' 의 용어를 사용한 다양한 사례연구는 구체적 정책사례에서 정책의 비용과 효과, 즉 정책의 물리적 인과관계의 균형에 초점을 둔 연구이다. 때문에 정신적 인과관계나 정책의 분배의 정의 등과 같은 정책의 본질적 속성이나 역할 등을 설명하기에는 한계가 있다.

물론 아직까지 정책학계에 널리 통용되는 일반이론으로서의 역할을 정책균형이론이 수행하려면 보다 다양한 사례분석을 통한 이론검증의 노력이 있어야 한다. 동시에 정책의 정신적 인과관계나 분배의 정의, 상호교섭의 원칙 등과 같은 정책철학에 관한 논의와 논쟁도 성숙되어야 한다. 그러나 정책균형이론은 하나의 정책이론으로서 다양한 균형이론이나 정책사례중심의 균형이론 등의 한계점이나 또는 설명하지 못했던 정책균형의 사상적 측면 등을 설명할 수 있다. 때문에 정책이론으로서의 미래는 밝다.[1]

2. 政策現實에서 본 未來

정책현실에서 본 정책균형이론의 미래는 정책현실을 어느 정도로 잘 설명하고 예측할 수 있을 것인가 하는 정책균형이론의 현실적응성, 즉 정책이론과 현실의 조화에 달려 있다. 그러나 일반적으로 이론과 현실의 조화에 관한 논의가 아닌 정책균형이론에 초점을 둔 정책현실에서 본 미래는 정책균형이론이 구체적 정책사례를 설명할 수 있는 범위와 가능성에 달려 있다.

따라서 혁신도시의 건설정책을 사례로 들면서 제5장에서 정책균형이론의 실천적 가능성과 적실성 등을 살펴보기도 했다. 물론 다양한 정책사례에서 정책균형이론의 실천능력과 적응 등을 설명할 수 있어야 한다. 그러나 여기서는 이론적으로 정립된 정책균형이론을 어떻게 정책사례에

1 그럼에도 불구하고 정책균형이론 그 자체가 아니라 이것을 논의하면서 소개하고 설명하는 언어수단이 한국어로 한정되면서 정책학계에 널리 통용되는 이론으로서의 기능과 역할에 관한 논의와 논쟁 자체가 상당히 지역적이 될 수밖에 없다는 사실이다. 때문에 필자가 영어 등을 사용하여 정책균형이론의 미래의 가능성을 시간적이고 공간적으로 확대해야 할 책임이 있다. 그러나 하나의 작은 이론이지만 이것을 구성하고 정립시키기 위한 필자의 창조적 역할이 언어의 한계와 문제점에 의하여 방해받거나 굴절되어서는 안 된다. 따라서 중요한 것은 정책균형이론의 이론적 定立을 필자가 사용하기에 가장 편리한 한국어로 완성시키는 작업이다. 이와 같은 작업이 어느 정도의 수준(만족이든지)으로 향상되면 영어 등을 사용하여 영어권으로 정책균형이론을 소개하고자 한다.

적용하여 설명할 것인가 하는 하나의 모범적 수준에서 혁신도시건설 정책의 균형, 특히 혁신도시의 인과관계와 분배의 정의 등에 초점을 두고 설명하였다.

정책균형이론은 만능이론萬能理論 cure-all theory이 아니다. 정책균형이론이 정책현실을 설명할 수 있는 능력과 가능성 등은 정책의 성격과 범위 및 특성 등에 따라서 달라진다. 그 중에서도 이론적 특징인 복합적이고 동태적 균형 개념과 균형감각에 따라서 정책의 정신적 인과관계가 정책성공의 중요한 변수로 작용하고 있는, 특히 정책 그 자체의 분배의 정의의 실천적 정향이 강한 정책을 설명하기 위하여 정립된 정책균형이론은 이론적으로 적용범위가 한정적일 수밖에 없다. 따라서 정책현실, 즉 정책사례의 성격이 정책균형이론의 이론적 특성과 내용에 적합하면 할수록 정책균형이론의 현실적 미래는 밝을 것이다. 이와 같은 밝은 미래를 좀 더 구체적으로 설명할 수 있다.

첫째, 정책균형이론이 정책사례를 설명할 방법이나 범위 및 능력 등은 제3장에서 설명한 '정책균형' 이라는 용어를 사용한 선행연구의 한계점 등을 수정하거나 보완할 가능성 등에 달려 있다. 이와 같은 정책사례를 설명할 수 있다면 우선 정책이론으로서 타당성이 검증되는 것이지만 여기서는 정책사례를 설명할 수 있다는 그 자체는 정책균형이론이 정책현실에서도 밝은 미래를 보장받을 수 있다는 의미이다.

예를 들면, 산림보전이나 수질보호 정책의 다양한 인과관계, 정신적일 뿐만 아니라 물리적 인과관계의 균형을 단순히 비용과 효과분석에 의한 대차대조표에서 순이익 개념으로만 설명할 것이 아니라 산림보전이나 수질보호의 정신적 인과관계를 논리적이고 철학적으로도 설명해야 한다. 동시에 이와 같은 인과관계에 의한 사회자원을 어떻게 분배하여 정의를 실현할 것인가 하는 점도 설명해야 한다. 이에 따라서 정책의 결과 뿐만 아니라 산림 및 수질정책 그 자체가 균형될 수 있는 이론을 제시하는 하는 것이 정책균형이론의 현실적 능력이고 실천과제이다. 때문에 이와 같은 정책의 균형은 결과의 물리적 균형만이 아니라 非물리적 균형과 사회적 자원의 분배의 정의에 관한 정책으로 설명될 때 정책현실에서의 정책균형이론의 미래는 밝다고 할 수 있다.

둘째, 정책균형이론의 현실적 미래는 정책주체, 즉 정책실무자의 균형감각에 달려 있다고 해도 과언이 아니다. 정책을 실질적으로 결정하고 실현시키는 정책실무자들이 정책균형이론의 중심개념인 균형과 균형감각이 중도나 중용의 수신론修身論에 기초하고 있다는 사실을 인식하면서 정책의 규범적 성격을 최대한 현실화 할 수 있는 능력이 중요한 변수이다. 그래서 정책주체의 균형감각의 체화를 강조해 왔다.

규범이론의 실용성이 규범이론을 실천하는 사람의 실천능력에 달려 있듯이, 정책균형이론도 본질적으로 규범이론이다. 경험적 사실과 자료에 의한 귀납의 세계가 아니라 정책균형의 본질과 필요성을 먼저 제시하는 연역演繹의 세계에서 정책균형을 설명하고 있다. 때문에 정책실무자의 균형감각에 의한 정책결정과 집행이 진행된다는 전제조건을 제시하면서 정책의 결과 뿐만 아니라 정책 그 자체의 인과관계에 의한 정책실현의 분배의 정의를 실천할 수 있는 방법을 제시하고 있다. 이것을 정책실무자들이 균형감각에서 이해하면서 체화하여 끊임없는 동태적 과정으로 정책결정을 이해하고 진행해야 정책의 균형이 달성될 수 있다.

그러나 정책현실에서 정책실무자의 균형감각과 이것에 따라서 인과관계 및 분배의 정의에 관한 동태적 정책결정과 진행을 설명하는 정책균형이론을 정책실무에서 경험적이고 과학적으로 증명해야 한다는 것은 아니다. 정책균형이론은 선험적先驗的이고 규범적이다. 때문에 정책실무에서 정책균형이론의 당위성과 필요성 등을 이해하고 실천하려는 노력이 중요하다는 사실을 강조할 수 있다. 또한 이와 같은 노력에 따라서 정책을 결정하고 시행하면 그 결과는 정책균형이라는 이론과 현실의 조화를 달성할 수 있다는 이념적 교육을 중요시 하고 있다. 때문에 정책균형이론의 현실적 미래는 정책실무자의 균형이론에 대한 현실감각과 교육 및 실천의지와 노력이 또한 중요한 변수라는 점을 강조하고자 한다.

셋째, 두 번째에서 지적한 정책실무자의 균형감각과 체화의 수준을 높이기 위한 교육과 실천의지의 현실적 방법인 정책균형의 실천기준을 정책현실에 적용할 수 있는 사용설명서policy manual로 재구성할 수 있어야 정책균형이론의 미래는 밝을 것이다.

특히 정책균형이론의 핵심내용인 정책의 정신적 인과관계와 분배의 정의를 실천할 상호교섭의 기준 등은 추상적이면서도 이념적이다. 이와 같은 추상적 이념을 현실적 실천이론으로 활용할 방법이나 기술에 관한 지식체계로 만들 수 있어야 한다. 즉 정책균형이론의 사용설명서를 정책실무자들이 정책현실에서 적용할 수 있을 때 정책균형이론은 현실적으로 기능機能할 수 있다.

하나의 구체적 예를 들면, 정책균형을 달성하기 위한 분배의 정의의 실천기준인 상호교섭 원칙의 상호상극과 상호의존 및 상호무애 등을 현실적으로 정책에 사용할 수 있는 수준으로 조작화造作化 하는 일이다. 그러면 상호상극을 다양한 정책에서 구체적 정책사례가 되는 정책의 독립성이나 독자성을 他 정책과 연계하고 대비對比하여 설명하면서 그 정책의 존재의 가치와 정당성 등을 밝혀 낼 수 있다. 동시에 다양한 정책과 의존적으로 존재하는 사실을 정책문제의 역사적이고 문화적 배경, 정책결정의 역사나 외부환경, 특히 정치이념이나 사상, 사회적 발생요인 등으로 설명하여 그 정책의 독자적 존재가치를 밝히면서 동시에 다양한 정책과 의존적으로 발생되고 결정되면서 집행되고 있다는 사실도 구체적으로 지적할 수 있도록 해야 한다.

따라서 다양한 정책들이 상호간에 방해적인가, 즉 정책목표나 정책수단들이 의존적인 정책의 목표와 수단들과 상쇄관계pay-offs에 있는지, 상호보완이나 대체관계인지, 인과관계로 연계될 수 있는가 하는 사실을 구체화시킬 수 있다. 이것이 현실적으로 가능하다면 이것을 정책의 상호무애로 설명할 수 있다. 나아가 구체적 내용에 따라서 상호교섭을 적용하여 정책의 분배의 정의가 어떻게 실현되고 있는가 하는 사실을 정책자원의 사용과 효과, 정책의 효용과 만족도, 정책의 민주주의, 정책의 수정과 교정의 내용 및 방법 등을 총체적으로 설명하여 사회정의社會正義로서 분배의 정의에 의한 정책균형을 설명할 수 있을 것이다.

그러나 정책이론, 특히 정책균형이론과 같은 규범規範이론을 사용설명서로 전환하는 것이 그렇게 쉽지 않다. 또한 정책균형이론을 사용설명서로 조작하면 정책균형이론의 규범적 성격과 특성이 손상되거나 소멸될 수 있다. 물론 일정한 수준에서 정책균형이론의 실천능력과 가능성을 교육할 자료나 지식으로 체계화 할 수 있지만 본질적으로 정책실무자의 균형과 균형감각 및 정책균형이론 그 자체의 체화가 더욱 중요하다. 이것을 교육하고 실천하는 일들이 정책균형이론의 미래를 밝게 할 수 있다.

Policy Balancing Theory

— Contents —

Summary

As policy practices are getting more complex and multifaceted, a policy balancing theory is demanded to coordinate and to harmonize impartially and justifiably conflicting unbalanced interests produced from those multifarious characteristics. Policy-related cost and benefit distributions should be justified practically and theoretically in both short and long terms. Then an unavoidable question is how to elaborate on knowledge and techniques to balance policy burdens and outcomes accrued from both policymaking processes and policies themselves.

The policy balancing theory is suggested to introduce and to build up those policy knowledge by arguments and logical inferences based on some definitions of 'balance,' 'balanced-sense,' and 'policy balance' in which theoretical underpinnings have rooted in the philosophies of *Confucian* and Buddhist '*Madhyamika*'.[1]

The concept of balance is defined as both physical and mental or emotional; physical balance is a general harmony among conflicting and vexing relations and power; mental one is balanced judgment conditioned by on-balancing and composed psychological status having an impartiality to either side aiming at rational and reasonable decisions and behavior. This mental balance has been explained and espoused by the *Madhyamika* philosophy of ethical virtue by maintaining physical and mental impartiality,

1 The *Madhyamika* philosophical approach to western readers is so bizarre, appearing by highly unfamiliar with vocabularies and metaphysical and negative dialectics. To overcome this barrier to understand the middle way(or Doctrine of the Mean, Middle Path, and Jung-Yong, etc.) philosophy, I can introduce two books(one of the superb texts in the *Madhyamika* school and in political thought) written by western scholars, Jay L. Garfiled(1995, *The Fundamental Wisdom of the Middle Way: Nagarjuna's Mulamsdhyamakakarika*, New York: Oxford University Press) and Daniel A. Bell(2007, *Confucian Political Ethics*, edited, Princeton: Princeton University Press).

fairness, and non-swing to each side. Its peaceful and calm configuration of our continuous self-disciplined and well-ordered life is a key factor to reach the reasonable and ethical validity and appropriateness. In this impartiality, the so-called, a balanced-sense can be achieved. This sense is equal to the balance of nature which is the pursuit of harmony in time and in space to both physical and mental worlds.

The definitions of balance and balanced-sense tell differences from an equilibrium theory. First, equilibrium is a single and one-spot balance inducted from dialectics in which explains static and systemic balance between and/or among competing values and power. Second, the equilibrium theory has faced difficulties in explaining the mental balance and balancing activities embodied by balanced judgment. Showing these two differences, the policy balancing theory reviewed intensively and comparatively leading theories of the equilibrium and/or the balance such as power balance theory, general system theory, regulation theory, corporatism, policy coordination, policy punctuation, benefit-cost analysis, public choice, regional equilibrium theory, organizational equilibrium theory, and other studies chosen the vocabulary of balance.

Based on the definitions of balance and balanced-sense, policy balance can be defined as a working paradigm for developing the policy balancing theory; policy can be balanced by dynamic and multiple shift and change on the line of costs and benefits that are calculated and conditioned by client politics. Those balanced positions can be reached by the balanced-sense embodied by policymakers. In practice, policymaking is both *ex post* and *ex ante* activities for correcting, coordinating, and compensating of unbalanced and/or unjustified burdens and benefits by informed judgment to policy causations and distributive justice.

In the second step for building the policy balancing theory, policy causation and policy distributive justice can be understood by *Confucian* and the *Madhyamika* philosophies. The policy causations are not limited to physicalism of the empirical verifications between policy cause and effect. Policy itself is a living creature by policymakers who are entitled to suggest alternatives to policy worlds through their ideological and/or philosophical orientations, the so-called policy minds. Thus policy theory must explain some mental causations that are the logically verified explanations between mental ideology, belief, intention, desire, value-judgment, and even hope and physical and/or mental effects. This mental causation theory has been studied by psychological philosophy and mental science in western societies such as reductionism, mental realism, and epiphenomenalism. Also the oriental philosophies of such as theories of *Vijnaptimatra*[2] and *Pratitya-samutpada*[3] have taught the mental causations in Buddhism and in Hinduism.

In the next, those policy causations in both physical and mental can be distributed by social justice and fairness. As a practical criterion for the balanced distribution in policy, the distributive justice is not the concept of ideological, ethical, and political philosophy and not the one defined by John Rawls's theory of social justice. Rather policy distributive justice is a practical guideline which is followed by three principles of mutual identity, mutual dependence, and mutual non-obstruction. Those principles have

2 The theory of *Vijnaptimatra* is the mind-only philosophy rooted in Buddhism in which mind creates outside worlds and realms based on mind-body monism. For example, human mind can be categorized ten staged-mind(*vijnanas*).

3 The theory of *Pratitya-samutpada* is the interdependent and/or conditioned arising phenomena where this is, there that is. Taught by Buddhism, all physical and non-physical things are interdependent with and mutually conditioned each other. As an example, the twelve links of interdependent co-arising are well known.

been outlined and taught by the theory of four *Dharmadhatus* in *Hua-yen* Buddhism.[4]

The *Hua-yen* philosophy was originated by the *Mahavaiplya-buddha-ganda-vyuha-sutra*(means the flower-ornament(decoration) or garland sutra) that is intricate but the top grade of doctrines discoursed upon Buddhism. The central idea for tracking down these three principles from this philosophy is the four *Dharmadhatus*(law-realms) which explain the existence of realms in the world by using the concepts of simultaneous arising and non-obstruction(totality). These four *Dharmadhatus* are corresponding each other but mutually interrelated and dependent.

That the world of diversity and somewhat conflicting phenomena or events are jointly entering and containing, it means that the world is in harmony with both events and principles as an inseparable unity. The realm of non-obstruction of phenomena against phenomena is completely fitted together by the harmonious interconnection of the phenomena as such universality *vs.* particularity, identity *vs.* difference, and integration *vs.* disintegration. Those worlds of both phenomena and principles are reciprocally identified but dependent. Also it says that those worlds cannot be intrusive because of their concomitant penetration and sharing. Then we can categorize into three principles of mutual identity, mutual dependence, and mutual non-obstruction, eventually to the colligate of the criterion of harmonious mutual interpenetration.

The balanced distribution of policy causations can be achieved by applying these tree principles, then the balanced policy can be called the status of mutual interpenetration. More specifically, the first principle of the mutual identity means that every policy has its

4 To be familar with the *Hwa-yen* philosophy, please try to read a classical book written by Garma C. C. Chang(1971, *The Buddhist Teaching of Totality: The Philosophy of Hwa Yen Buddhism*, University Park, Pennsylvania: The Pennsylvania State University Press).

unique functions and objectives and each policy cannot deny or ignore but appreciate its identity. And the caused effects of each policy have an equal power and distribution. The second principle of the mutual dependence is that all policies coexist in mutually depending arising, that is to say reciprocal existence. That the policy causations must be accepted and deserved to its fairness, esteem, social order and appreciation, and mutual corporation and differences. Thus policy in itself is interconnected each other rather than evolved from *thesis* and *anti-thesis* of materialistic dialectic. It comes into being from the creative depending situations. In view of the fact of mutual dependence, the third principle tells that the mutually dependent policy cannot be intrusive and obstructive because every policy has its mutually recognized and appreciated identity in both policy time and space. That the policy causations can be balanced with each other because policy itself has the reciprocal activities to achieve the deserved ideas and goals formulated by policymaker and stakeholder.

Those three principles must be combined and interconnected harmoniously by the criterion of mutual interpenetration for the policy balance. That the diversified and conflicted policy interests and even policy itself are jointly entering to the world of mutual interpenetration, in which the causations of all policies are in harmony by applying the tree principles inseparably. It is the policy balance. Figure 1 illustrates the application of these three principles to the policy distribution of physical and mental causations.

Figure 1. Application of Three Principles to Policy Distribution of Physical and Mental Causations

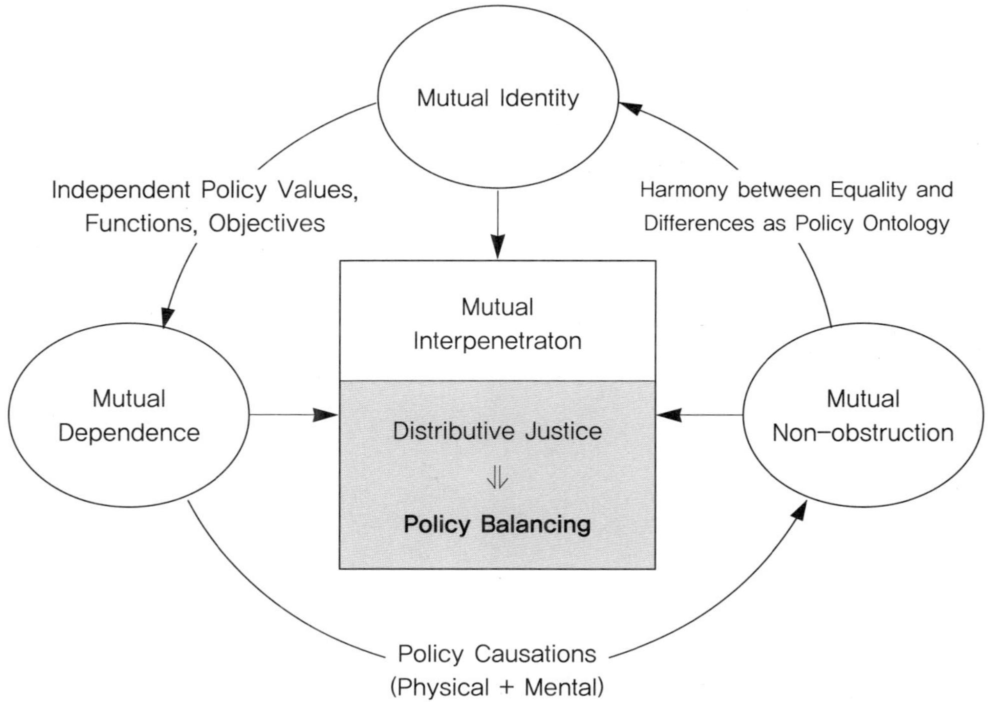

The policy balance is the ongoing activities continuously adjusted to the balanced positions. Thus if policy unbalance develops in the policymaking process, the policy itself modifies, remakes, and changes for reaching to the balanced positions by correcting and compensating the unbalanced causations and injustice.[5] This balancing process is shown in Figure 2.

5 As for the practical application of the policy balancing theory into policy cases, the author actually tried this theory into the case of South Korean innovation-city project, in which its goal is the balanced development of Korean peninsula by allocation of 175 public agencies into eleven local areas based on their economic analysis and geopolitical power game formulated in 2003-2007. However, it needs more policy case studies to achieve validity and practical relevance of the policy balancing theory.

Figure 2. Policy Balancing Process

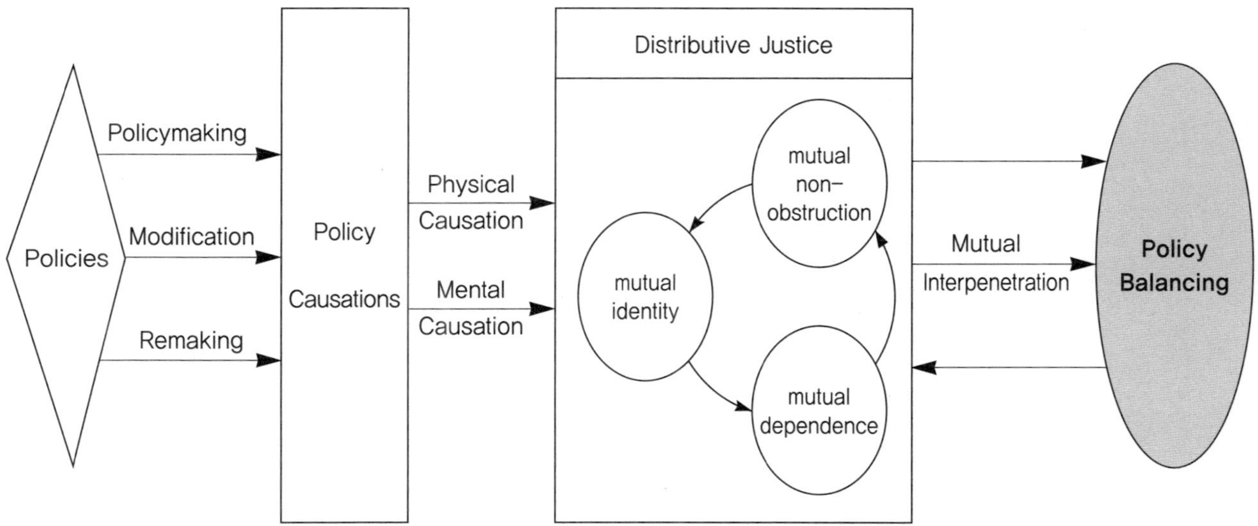

索 引

국문

Index

The Author

Lee Hae Young is professor in the department of public administration and the dean of Graduate School of Public Administration at Yeungnam University, South Korea with teaching and research policy sciences. Since awarded his Ph.D. in policy sciences by the University of Maryland, Baltimore in 1990, he has published papers and books on policy sciences; for instances, *the New Perspectives of Policy Sciences*(second edition, 2004); *Multidimensional Policy Theory: Reality and Application*(2001); *Policy Leadership for Political Leaders*(2003); "A Preview on the History of Korean Policy Sciences prior to the Foundation of the Korean Association for Policy Studies in 1992"(*Korean Policy Studies Review* 2007, 16(4)); "Essential Characteristics of Policy Balance in Confucian Philosophy"(*Korean Journal of Public Administration* 2006, 44(2)); "The Possibility of Self-Purification Model as an Approach to Policy Leadership"(*Korean Political Science Review* 2005, 39(2)). His e/mail: haylee@ynu.ac.kr.

The Author

Lee Hae Young is professor in the department of public administration and the dean of Graduate School of Public Administration at Yeungnam University, South Korea with teaching and research policy sciences. Since awarded his Ph.D. in policy sciences by the University of Maryland, Baltimore in 1990, he has published papers and books on policy sciences; for instances, *the New Perspectives of Policy Sciences*(second edition, 2004); *Multidimensional Policy Theory: Reality and Application*(2001); *Policy Leadership for Political Leaders*(2003); "A Preview on the History of Korean Policy Sciences prior to the Foundation of the Korean Association for Policy Studies in 1992"(*Korean Policy Studies Review* 2007, 16(4)); "Essential Characteristics of Policy Balance in Confucian Philosophy"(*Korean Journal of Public Administration* 2006, 44(2)); "The Possibility of Self-Purification Model as an Approach to Policy Leadership"(*Korean Political Science Review* 2005, 39(2)). His e/mail: haylee@ynu.ac.kr.